国家哲学社会科学基金特别委托项目
责任单位：文化部民族民间文艺发展中心

全国艺术科学规划重大项目
国家哲学社会科学基金特别委托项目
『十二五』国家重点图书出版规划项目

中国节日志编辑委员会
名誉主编 周巍峙

中国节日志·春节（黑龙江卷）课题组
主编 雒树刚 本卷主编 于学斌

中国节日志·春节（黑龙江卷）上

《中国节日志》编辑委员会

顾 问：
孙家正　蔡　武　王文章　丹珠昂奔　冯骥才　周明甫

名誉主编：周巍峙

编委会主任、主编：雒树刚

副主任：
宋兆麟　刘魁立　余　从　徐万邦　郝苏民　拉巴平措　李　松（常务）

特邀执行副主编：
张　刚　王建民　色　音　萧　放　张　跃

委员（按姓氏笔画）：

于　平	大丹增	马盛德	王　丰	王泽洲	王学文	王建民	王　静
乌丙安	方李莉	尹绍亭	巴莫曲布嫫		田兆元	田联韬	包澄洁
吕品田	朱　庆	乔建中	乔晓光	色　音	庄孔韶	刘　嘉	刘文峰
刘铁梁	刘锡诚	刘魁立	次仁央宗		江　帆	孙献涛	李　松
李　强	李汉秋	李耀宗	杨　源	杨正文	杨圣敏	邱邑洪	余　从
宋兆麟	张　刚	张　欢	张　跃	张士闪	张小军	张海洋	
阿扎提·苏里坦		陈景源	武翠英	拉巴平措		罗　扬	岳永逸
周大明	周大鸣	周巍峙	赵心愚	赵宗福	郝苏民	郝时远	段　明
贺学君	敖　其	热依拉·达吾提			徐万邦	高丙中	高占福	唐建军
陶立璠	萧　放	康玉岩	康保成	梁力生	董晓萍	朝戈金	蔡　华
雒树刚	廖明君	樊祖荫	潘剑凯				

办公室

主　任：李　松（兼）

副主任：王　静　唐建军　朱飞跃

成员（按姓氏笔画）：

毕传龙　刘　萱　刘静颐　闫东东　孙　豪　杨晓南　张　帆　张　烨　张　敏　苗　滨　范　彬　姚　金　高仕林　高　颖

《中国节日志》编辑部

主　任：张　刚（兼）

副主任：许雪莲　崔　阳　魏　玮（常务）

成员（按姓氏笔画）：

马秋晨　白立扬　张诗尧　苗丽燕　黄　莺　蓝广胜

《中国节日志·春节（黑龙江卷）》课题组

主　编：于学斌

成　员（按姓氏笔画）：
丁先南　王　迎　王　威　王珊珊　王乾茹　朱思锦　任建华　伊金龙
刘文文　刘君怡　刘露露　许凤明　关　维　杜　影　李　爽　杨　梅
何　晶　余义泽　郝　明　侯　燕　徐和青　焦芳梅　颜祥林

本卷评审专家（按姓氏笔画）：
张跃　岳永逸　徐万邦

责任编审：徐万邦

编辑部责任编辑：黄　莺

凡例

一、《中国节日志》的"节日",主要指中国各民族、各地区的民间传统节日、庆典、祭会等,是具有群体性、周期性,以及相对稳定的内容和程式的特殊时日。

二、《中国节日志》的内容时限不设上限,下限为编纂者调查时间。

三、《中国节日志》在文献梳理与实地调查并重的基础上,依据科学、客观、具体、全面、规范的原则撰写,同时兼顾民族、区域差异,力争全面反映节日的历史和现状。

四、《中国节日志》以单独节日立卷,由综述、志略、调查报告、后记等部分构成。其主要构成及功能如下:

(一)综述:记述节日名称、分布区域,所在地区的自然生态和历史文化背景;叙述该节日的起源、传承、流布、变迁、组织、地区差异及现状等;简述节日活动的基本内容和过程;在本土文化语境中说明节日的意义和功能。

(二)志略:根据节日的一般构成,按照节日时空、节日组织、节日缘起、仪式活动、表演艺术与口头传统、游艺娱乐、节日用品、节日文献等类别,分别设置类别概说,其下根据节日的具体情况设置条目,对于各类别间交叉重叠之处,同时注明参照关系。

(三)调查报告:以亲历、实录为原则,根据节日情况,由具体时间地点的节日调查报告及专题性调查报告两类构成,以完整记录调查点基本信息和节日过程。

(四)后记:介绍各卷编撰者分工、调查过程、方法及其他需要说明的事项等。

总序

节日文化，总是牵动着人们关于生活的记忆和怀念。

家庭、长辈、同伴、乡亲、乡情，家乡连带着童年的欢乐与顽皮、长者的庄严与慈祥，好像留给人们一种无法释怀的文化记忆，节日总是与美好联结，与传统相通。庄严时，仪式伴随着敬畏与伦理，是期待和秩序，是未来的希望与祝福；祥和时，它令人淡忘生活的艰辛，把尊严和快乐送到所有角落；狂欢时，它恣意释放，给突破约束的本能找到出口。总之，节日使生命具有更丰富的节奏和更多的美感，也使社会在张弛之间更加富有弹性而变得温馨。正是这种切身的节日文化感受，标示了节日文化在人类社会文化中不可替代的作用。也正因为如此，节日成为全人类生活的必需。在不同的文明体系里，在不同的社会发展阶段中，人们不约而同地创造着多姿多彩的节日文化，也正是这种美好的创造，使人类社会得以在节日中露出会心的微笑。

作为社会文化关系的纽带和文化传承创造聚集的联结点，节日成为文化研究者观察文化表象、洞悉文化内涵、了解时代变迁、收集各种文化符号、探寻文化深层结构的切入点。社会学、人类学、民族学、民俗学、艺术学等人文学科对节日研究的关注，不仅是学术方法论的建构，更是以人为本、关注民生的学术责任所在。随着社会生产能力的提高，城市化、城镇化进程的推进和人们劳动剩余时间的增长，节庆中的创造力越来越反映着社会生活的多元文化需要，对传统节日的研究，更是成为从理念到方法提高现代公共文化服务水平的基础工作。

作为一个文化艺术领域的"老兵",或思考文化,或感受艺术,或体验文化艺术与大众生活的和谐,或了解民众的创造和需要,节日这个绚丽多彩的"舞台",总是让我流连忘返;感叹其创造的智慧,观察其变迁的纠结,总是让我受益匪浅。故很愿意尽一点绵薄之力,为从事文化研究的专家和有志于此的后来者提供一点方便。因此有了《中国节日志》这样的学术聚集,也有了我这个"老头"在这里的几句唠叨。想的是传统与未来的和谐,也算是国家文化建设与社会进步的一砖一瓦,不敢言志在千里,但十分期待《中国节日志》能够成为典籍,能够在中华文明的长河中留下一点印记,以无愧于我们的历史和未来,这当然要仰仗所有参与者的辛勤和智慧。

有幸与诸公为伍,共襄盛举,很是有些不合时宜的兴奋。算是一个老人的祝愿吧。是以为序。

周巍峙
2013年12月(癸巳年甲子月)·北京

目 录

综述 **001**

一、春节名称和分布区域 003

二、黑龙江的自然生态和历史文化背景 006

三、春节的起源与发展变迁 023

四、春节的基本内容及过程 039

五、地域差异与民族特色 045

六、春节的意义和功能 057

志略 **061**

一、节日时空 063

冬月 063

冬至日 063

腊月 064

腊月三十 065

正月初一 066

正月十五 066

正月十六 067

正月二十五 067

二月初二 068

自家 069

街道 070

碾坊 070

集市 070

手工作坊 071

商店 071

冰面 072

井沿儿 073

坟地 073

哈尔滨冰灯游园会 074

中国哈尔滨冰雪大世界 074

二、组织 075

莫昆达 076

家族 076

商会 077

生产队 077

中国第一重型机械集团公司 078

三、节日缘起 079

祖先神 079

灶王爷 082

天地神 082

门神 083

财神 084

喜神 084

仓神 085

保家仙 086

龙 087

除夕烧包袱的传说 087

笊篱姑姑的来历 088

年的来历 089

过年与春联的来历 090

福字由来 090

灯官的来历 091

二月二炒苞米花的传说 092

腊八粥的来历 093

腊八粥的传说 094

灶王爷的来历 095

祭灶由来 096

贴门神的传说 097

冶铁祭祖习俗的来历 098

供老把头的来历 099

鸡尾翎辟邪习俗的来历 100

踢熊头习俗的来历 101

罕贝舞的由来 102

四、节日活动 103

食腊八粥 104

祀灶 104

扫尘 105

打年纸 106

写大字 107

杀年猪 108
包饺子 109
蒸花馍 110
熬皮冻 112
换饭 112
接年饭 112
封柜 113
请神 114
摆家堂 114
吃年夜饭 115
抱柴回家 115
守夜 115
压岁钱 116
喂骡马 117
烧包袱 117
拜年 118
送神 119
破五 120
人期日 120
送灯 120
撒灯 121
躲灯 122
滚冰 122
扔冰 123
走百步 123

抹黑 123
添仓 124
吃猪头肉 124
撒灰 125
打囤儿 125
引龙 125
抢红包 125
语言禁忌 126
饮食禁忌 126
居住禁忌 127
穿着禁忌 128
出行禁忌 128
行为禁忌 129
笊篱姑姑舞卜 131
农作物卜 132
灯卜 132
火苗卜 132
树挂卜 133
天象卜 133
灰堆卜 134
扑克牌卜 134
花图卜 135
毽子卜 136
灶王爷像卜 136

五、节日用品 136

年嚼咕 137

腊八粥 138

帕奏 139

打糕 140

五谷饭 140

杀猪菜 140

豆腐 141

火锅 141

德固 141

卷煎 142

酒 142

糖 143

炒货 143

挂签 144

龙尾儿 145

家谱 145

三代宗亲之位 147

灶王爷像 148

财神像 148

门神像 149

香碗 149

蜡台 149

六、表演艺术与口头传统 150

秧歌 150

罕伯舞 ... 152
鲁力该嫩 ... 153
依哈嫩 ... 154
得勒古嫩 ... 154
红普嫩 ... 154
群球嫩 ... 154
二人转 ... 155
皮影戏 ... 155
讲瞎话 ... 156
说大书 ... 156
说部 ... 157
伊玛堪 ... 157
说胡力 ... 158
乌钦 ... 158
摩苏昆 ... 159
年俗歌 ... 159
岁时节令歌（十二月调）... 160
节日歌 ... 161
送财神 ... 161
阿布格力贺年歌 ... 162
祀灶祭词 ... 163
办年货歌 ... 163
满族笊篱姑姑舞歌 ... 164
欻嘎拉哈歌谣 ... 165

七、游艺娱乐 ... 165

欻嘎拉哈 ... 166
翻绳 ... 167
打冰尜 ... 167
放风筝 ... 168
打秋千 ... 168
踢毽 ... 169
踢行头 ... 169
打跑球 ... 169
钓砖头 ... 170
打网球 ... 170
弹溜溜 ... 170
扇啪叽 ... 170
剅炸 ... 171
打串儿 ... 171
下猎棋 ... 171
刻侬安处 ... 172
赛马 ... 173
跳舞 ... 173
花图 ... 174
尤茨 ... 174
破闷儿 ... 175
串新门子 ... 175
吃年猪 ... 176
吃年茶 ... 176

送礼	176
明信片	177
讨债	178

八、节日文献 ... 178

柳边纪略	179
巴彦县志	179
望奎县志	180
绥化县志	180
中华全国风俗志	180
双城县志	181
珠河县志	181
宾县县志	181
呼兰县志	182
讷河县志	182
吉林新志	182
宝清县志	183
安达县志	184
中国少数民族社会历史调查资料丛刊	184
中国地方志民俗资料汇编（东北卷）	185
东北民俗资料荟萃	185
东北岁时节俗研究	185
关东岁时风俗论	186
黑龙江民俗	186
黑龙江民俗	186
黑龙江节庆文化	187

东北年节 187
中国民间故事集成·黑龙江卷 187
中国歌谣集成·黑龙江卷 188
中国谚语集成·黑龙江卷 189
中国民族民间舞蹈集成·黑龙江卷 189
中国民间歌曲集成·黑龙江卷 189
中国民族民间器乐曲集成·黑龙江卷 190
中国曲艺音乐集成·黑龙江卷 190
民俗文库 191
黑水世居民族文化丛书 191

调查报告 193

2015—2016年哈尔滨市呼兰区孟家乡孟家村春节习俗调查报告 195
2015年五常市拉林镇和红旗乡满族春节习俗调查报告 244
2016年齐齐哈尔市梅里斯达斡尔族区雅尔塞镇哈拉新村达斡尔族春节习俗调查报告 278
逊克县新鄂鄂伦春族乡鄂伦春族春节习俗调查报告 317
2015年及2017年同江市街津口乡赫哲族春节习俗调查报告 351
2015年讷河市兴旺鄂温克族乡鄂温克族春节习俗调查报告 388
2015年海林市横道河子镇春节习俗调查报告 431
2015年海林市海林镇江北村朝鲜族春节习俗调查报告 461
2014年富裕县友谊乡五家子村柯尔克孜族春节习俗调查报告 480
2014年黑龙江省农垦总局齐齐哈尔管理局查哈阳农场春节习俗调查报告 497

2015年大庆石油管理局总机械修理厂春节习俗调查报告 531

2015年大兴安岭塔河林业局盘古林场春节习俗调查报告 555

2014年中国第一重型机械集团公司春节习俗调研报告 588

附录 613

后记 674

中国节日志 春节（黑龙江卷）

综述

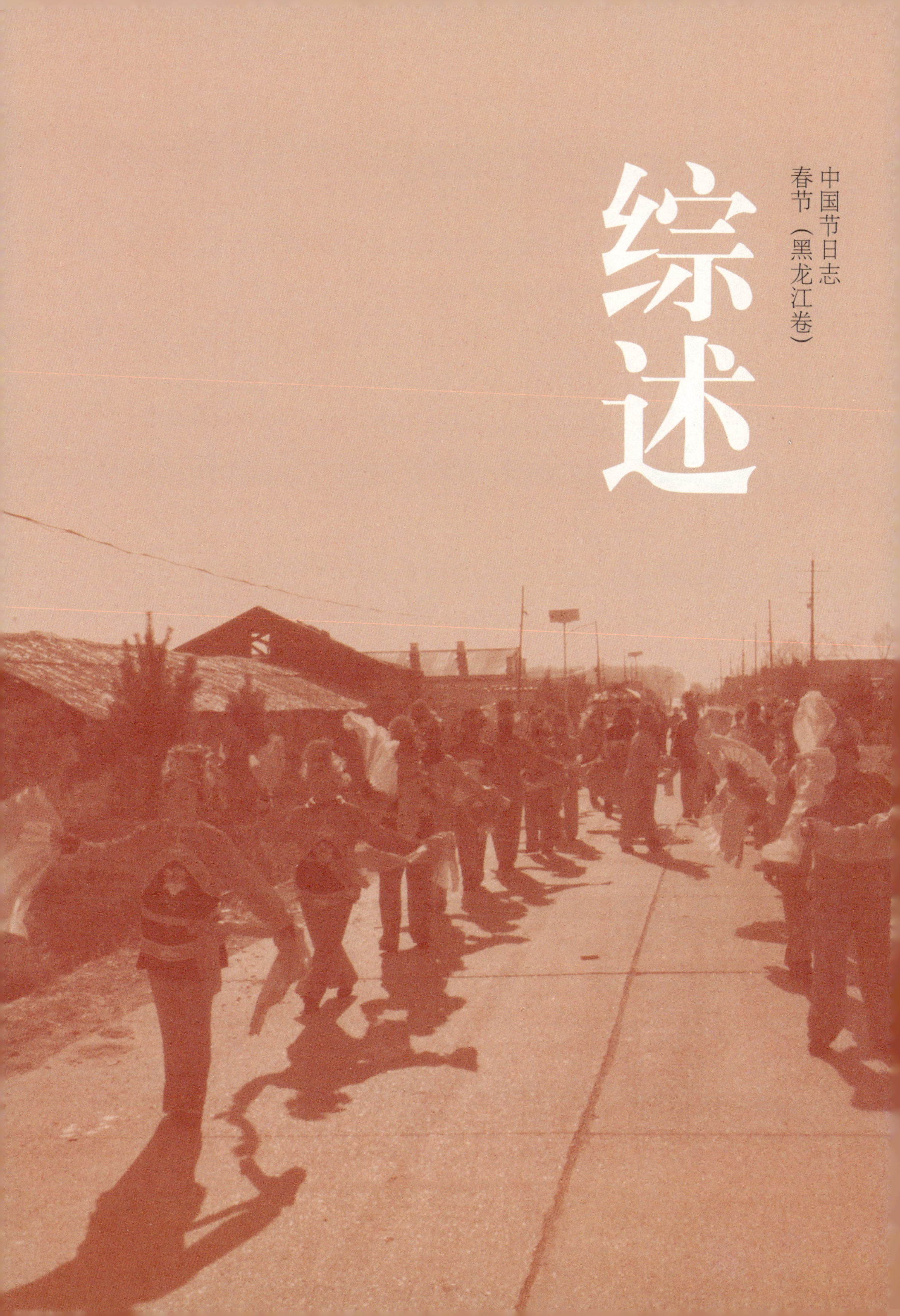

黑龙江省过春节的风俗习惯历史悠久，早在唐代渤海国时期就有明文记载的春节习俗，一直相沿至今。

黑龙江省各民族欢度春节节期时间长，节日内容丰富，节日仪规稳定，人们在过年期间按部就班地完成每一道过年程序，每一道程序都表达着黑龙江人特有的情感和精神寄托。节日的时序和节日的活动内容以及黑龙江省各地过春节的习俗有两个方面：一方面，东北各民族具有同关内各民族同样的春节习俗，这是由于东北各民族的春节习俗是受关内民族春节习俗影响的结果，因此在过年的程序和内涵的表达方面表现出大体一致；另一方面，黑龙江省的过年习俗又具有北国特色，独特的地域气候特点和地貌特征造就了东北人独特的活动方式和情感表达方式。火爆、热烈、欢天喜地是过年的关键词。

一、春节名称和分布区域

春节作为中华民族共同的传统节日，是农历新年，古称元旦，辛亥革命实行公历纪年以后，为了有别于公历一年之首，称公历1月1日为元旦，而改称农历新年为春节。1949年9月27日中国人民政治协商会议第一届全体会议把农历正月初一定为"春节"，相沿至今。不过民间一直沿用"年""大年"的称谓，将一年之首称为新年、新岁，称过春节为过年、过大年、庆新岁。

黑龙江各族对春节的称谓

黑龙江省汉族民间称春节为"年"，称过春节为过年、过大年，称腊月三十为大年三十儿、三十儿、年三十儿，称正月初一为大年初一，在政府机关、企事业单位正式文书和正式的场合一般称"春节"。

黑龙江省是多民族杂居区，有53个少数民族生活在这里，除了回族等穆斯林民族外，其他民族一般都过春节。少数民族对春节的称谓除了年、过年、春节、年三十儿、三十儿外，亦有本民族的语言表述方式，蒙古族崇尚白色，所以又称春节为"白节"，蒙语"查干萨仁"，称正月为"白月"。达斡尔族、鄂温克族、鄂伦春族、柯尔克孜族称春节为"阿涅"。

现在，无论是在民间还是在官方，无论是汉族还是少数民族，"春节"和"过年"两种称谓通用。

春节是农历新年，是以农历纪年计算时间周期的，所以年的纪时均以农历时间为依据和安排节日活动。年的节日活动集中在腊月和正月。黑龙江省民间对年的时间所指有两种：一种是指腊月三十，汉族、满族都是这种表述；另一种是指正月初一，如达斡尔族、鄂温克族、鄂伦春族、蒙古族等均是如此，阿涅均指正月初一。不管所指的是哪天，对腊月三十这一天是最为重视的。

汉族有接神和送神的仪式，接神叫接年，送神叫送年，那么对这些地区的人来说，接神送神之间的时间为过年，在这一过年时间段的禁忌最多、规矩最多，因为年在家看着呢。接神的时间通常在腊月三十的晚上即除夕夜，送神的时间各家各有不同，多数地区在正月初一夜晚，也有的家庭在正月初三。

年的时间虽然所指是腊月三十或者正月初一，但是过年的时间绝不仅仅是这两天。春节是个最大的节日，这一节日时间跨度大，几乎包含整个腊月和整个正月。春节正是东北的农闲季节，过年同东北人的"猫冬"相吻合，所以，人们欢度春节的热情高，春节的节俗活动持续时间长。一进入腊月就开始有了年味，而忙年的时间更早，从天冷以后就陆续开始了。天冷以后，许多食品在天然的状态下能保存住，于是开始杀年猪、打猎物，同时准备其他年货。在如此长的节期内有几个时间节点有重大的仪式性活动，即冬至、腊月初八、腊月二十三、腊月三十、除夕、正月初一、初二、初三、初

五、初七、十五、十六、二十五、二月二。腊月初八是春节的序曲，开始为春节做准备工作，腊月二十三是小年，小年过后就更加忙碌。到腊月三十，节日达到高潮。进入正月，围绕着年的活动仍然在进行。二月初二，当年猪最后的一点猪头肉吃完的时候，过年才宣告结束。对汉族来说，一过二月二，过年的娱乐活动就结束，年过完了，开始备耕等农业生产活动，新的一年劳动周期开始了。

从节日活动的空间范围看，在年的高潮期——除夕和大年初一两个时间点上，年的活动是以家庭为主，家庭是节日活动的中心。在年三十之前的忙年阶段，活动范围较大，山林之中追逐猎物，往来于商店、集市购物，往来于不同村屯换取物品，去坟地给逝去的人送冥币。除夕之后，从新年的第一天开始，节日的活动范围也突破了家庭，由家庭扩展到整个村屯、社区，拜年、走亲访友、扭秧歌等活动都是群众广泛参与的大型活动，有的族群甚至突破了村屯，到外地给亲属拜年，到外地赏灯游园，一派喜气、祥和、欢乐的景象。

春节在黑龙江省的分布区域

春节是黑龙江省的第一大节日，具体表现在两方面：一是全民参与，二是分布地域广。

截至2014年年底，黑龙江省常住人口总量为3833万人[1]，共有54个民族居住在这里，其中世居民族11个，分别是汉、满、蒙古、回、朝鲜、达斡尔、赫哲、鄂伦春、鄂温克、锡伯、柯尔克孜族。汉族占全省人口的绝大部分，约为96.41%，少数民族人口占全省总人口的3.59%[2]。在10个世居少数民族中，满、朝鲜、蒙古、回四个民族人口超过10万人，达斡尔族人

---

1. 黑龙江年鉴编辑部. 黑龙江年鉴2015总第33卷[M]. 2016. 39.
2. 黑龙江年鉴编辑部. 黑龙江年鉴2015总第33卷[M]. 2016. 40.

口4万人，鄂伦春族、鄂温克族、赫哲族、锡伯族、柯尔克孜族五个民族都是人口不足万人的少数民族。满族、朝鲜族、蒙古族有自己民族语言和文字；达斡尔、鄂伦春、鄂温克、赫哲、柯尔克孜族五个民族有本民族语言，没有文字。

每到春节，在黑龙江这片广阔的土地上充满了节日的气氛，无论是深处平原上的汉族、满族、达斡尔族、蒙古族、锡伯族、鄂温克族、柯尔克孜族，还是山林之中的鄂伦春族，抑或是水边的赫哲族，都把春节看作最为重要的节日，到处张灯结彩、喜气洋洋，充满了祥和、喜庆、热闹的节日氛围。

二、黑龙江的自然生态和历史文化背景

黑龙江省因省内最大的河流黑龙江而得名，简称黑。截至2015年年底，全省土地总面积47.07万平方千米（含加格达奇区和松岭区，两区面积共1.82万平方千米）[1]，占全国土地总面积的4.9%，仅次于新疆、西藏、内蒙古、青海、四川，居全国第6位。

黑龙江省位于中国东北部，是中国位置最北、纬度最高的省份，是我国的边疆省份。西起东经121°11′，东至东经135°05′，南起北纬43°25′，北至北纬53°33′。

黑龙江省西部与内蒙古自治区相邻，南部与吉林省为邻。北部和东部与俄罗斯有3045千米长的边境线，是亚洲与太平洋地区陆路通往俄罗斯和欧洲大陆的重要通道，是中国沿边开放的重要口岸。

黑龙江省有着悠久的历史，这里创造的文化丰富多彩，为中华民族文

---

1. 黑龙江省国土资源厅. 2015年黑龙江国土资源统合统计报告，2016年6月.

化的进步和发展做出了重要的贡献。以大农业、大石油、大森林、大煤矿的经济文化特色而闻名全国。

黑龙江自然生态

黑龙江省地势大致是西北部、北部和东南部高，东北部、西南部低，主要由山地、台地、平原和水域构成。西北部为东北至西南走向的大兴安岭山地，北部为西北至东南走向的小兴安岭山地，东南部为东北至西南走向的张广才岭、老爷岭、完达山脉，山地土地约占全省总面积的24.7%；海拔高度在300米以上的丘陵地带约占全省总面积的35.8%；东北部的三江平原、西部的松嫩平原，是中国最大的平原——东北平原的一部分，平原占全省总面积的37.0%，海拔高度为50—200米。

黑龙江省南北跨10个纬度，两个温度带；东西跨14个经度，三个湿润区。黑龙江属中温带和寒温带大陆性季风气候，平均气温多在-4℃—5℃。年降水量400—650毫米，中部山区最多，东部次之，西部和北部最少，5—9月生长季降水量可占全年总量的80%—90%。全省湿润系数在0.7—1.3之间，西南部地区低于0.7，属半干旱地区。四季分明，冬季漫长寒冷，夏季短促，春秋干燥凉爽，无霜期短，全省无霜期在100—160天，庄稼种植一年仅一季。

截至2015年年底，全省耕地面积1593.23万公顷，人均耕地0.416公顷（合6.24亩/人），高于全国人均耕地水平。[1]黑龙江省总耕地面积和可开发的土地后备资源均占全国的1/10以上，人均耕地和农民人均经营耕地是全国平均水平的三倍左右。土壤有机质含量高于全国其他地区，耕地土质以黑土、黑钙土和草甸土为主，黑土、黑钙土和草甸土的耕地占耕地总面积的60%以上。黑龙江省是世界著名的三大黑土带之一，这里是我国重要的商品

---

1. 黑龙江省国土资源厅. 2015年黑龙江国土资源公告，2016年6月．

粮基地，有"北大仓"的美称。主要农作物有大豆、水稻、玉米、小麦、高粱、糜子、马铃薯等粮食作物及甜菜、亚麻、烤烟、向日葵等经济作物。

黑龙江省地下矿产资源丰富，矿产种类比较齐全，截至2015年年底，全省共发现各类矿产135种（含亚矿种），已查明资源储量的矿产有84种（含亚矿种），占2014年度全国已查明储量230种矿产的36.52%[1]。全省已查明有矿产资源储量的矿产中，非金属矿产48类占57.1%，金属矿产28种占33.3%，能源矿产和水气矿产分别占7.2%和2.4%，有54种矿产储量居全国同类矿产前10位[2]。主要矿产有煤、石油、天然气、金、石墨等，是矿产资源大省。

黑龙江省是我国的重点林区之一。截至2015年年底，全省森林覆盖率49.38%，林地面积2324.3万公顷[3]，活立木总蓄积量18.29亿立方米[4]，森林面积、森林总蓄积和木材产量均居全国前列，是国家重要的木材战略储备基地。黑龙江省森林树种丰富，多达100余种，其中材质优良、利用价值较高的树种有红松、黄菠萝、核桃楸、水曲柳等30余种。大小兴安岭林区是我国重要的生态屏障，维系着东北和华北平原的生态安全，为我国两个重要商品粮基地稳产高产提供了重要保障。

截至2015年年底，黑龙江省境内陆生野生动物476种，其中兽类88种、鸟类361种、爬行类16种、两栖类11种，有东北虎、豹、紫貂、貂熊、梅花鹿、丹顶鹤、大鸨、白鹳、中华大秋鸭等国家一级保护野生动物17种，有马鹿、黑熊、白枕鹤等国家二级保护野生动物67种[5]。很多野生动物非常珍稀，数量非常少，如野生东北虎仅10只、紫貂仅2100只、貂熊仅60只。截

---

1. 黑龙江省国土资源厅．2015年黑龙江国土资源公告．2016年6月．
2. 黑龙江省国土资源厅．2015年黑龙江国土资源公告．2016年6月．
3. 黑龙江省国土资源厅．2015年黑龙江国土资源公告．2016年6月．
4. 黑龙江年鉴编辑部．黑龙江年鉴2015总第33卷[M]．2016．38．
5. 黑龙江年鉴编辑部．黑龙江年鉴2015总第33卷[M]．2016．38．

至2009年，全省水产资源多达105种[1]，著名的有大白鱼、大马哈鱼、"三花"（鳊花、鳌花、鲫花）、"五罗"（哲罗、法罗、雅罗、铜罗、胡罗）等。

截至2015年年底，黑龙江省内有野生植物2100余种，其中具有经济价值的植物1000多种[2]，其中有人参、刺五加、灵芝、五味子、龙胆、防风等药用植物；有蕨菜、薇菜、元蘑、榆黄蘑、山葡萄、狗枣、猕猴桃、山梨、樱桃等食用类植物；有椴树、山梨、山楂等蜜源植物，在花期是养蜜蜂的良好蜜源。还有很多经济植物可加工和提取油料、芳香油、农药、淀粉、单宁、纤维、染料、树脂、树胶、饮料、酿酒等。东北红豆杉、野大豆等11种植物是国家保护植物。草地面积203.23万公顷，占全省土地面积的4.32%[3]。

根据黑龙江省人民政府2016年12月28日发布的《黑龙江省湿地名录》，黑龙江省湿地面积556万余公顷，是全国湿地资源分布面积最大的省份之一，居全国第四位。《黑龙江省湿地名录》显示，湿地有沼泽、河流、湖泊和人工四大湿地类型，其中沼泽湿地面积427万公顷、河流湿地75万公顷、湖泊湿地35万公顷、人工湿地19万公顷。在区域分布上，湿地主要分布在三江、松嫩两大平原和大小兴安岭。已建立138处湿地自然保护区、72处湿地公园和9处湿地保护小区，其中扎龙国家级自然保护区、乌裕尔河自然保护区、小北湖自然保护区、洪河国家级自然保护区、三江国家级自然保护区、八岔岛国家级自然保护区、三环泡自然保护区、黑瞎子岛自然保护区、公别拉河湿地自然保护区、五大连池国家级自然保护区、明水湿地自然保护区、兴凯湖国家级自然保护区、珍宝岛湿地国家级自然保护区、凤凰山国家级自然保护区、宝清七星河国家级自然保护区、黑龙江干流湿地区、呼玛河湿地区、嫩江源头湿地区单独区划湿地区、黑龙江东方红湿地自然保护区湿

---

1. 国家统计局编. 新中国60年[M]. 北京：中国统计出版社，2009. 419.
2. 黑龙江年鉴编辑部. 黑龙江年鉴2015总第33卷[M]. 2016. 38.
3. 黑龙江省国土资源厅. 2015年黑龙江国土资源公告. 2016年6月.

地区、黑龙江翠北湿地自然保护区湿地区、黑龙江大沽河湿地自然保护区湿地区、黑龙江带岭碧水自然保护区湿地区、黑龙江红星湿地自然保护区湿地区、黑龙江库尔滨河湿地自然保护区湿地区、黑龙江南北河湿地自然保护区湿地区、黑龙江努敏河湿地自然保护区湿地区、黑龙江乌伊岭湿地自然保护区湿地区、黑龙江新青白头鹤自然保护区湿地区、黑龙江友好自然保护区湿地区、黑龙江挠力河国家级自然保护区、白鱼泡湿地公园、金河湾湿地公园、太阳岛湿地公园等都是国家级湿地保护区。其中扎龙、洪河、兴凯湖、三江、珍宝岛、七星河、南瓮河、东方红是国际重要湿地。扎龙湿地公园是丹顶鹤、东方白鹳等珍稀水禽的重要繁殖栖息地和迁徙停歇地，并因此而闻名全国。

黑龙江省内江河湖泊众多，有松花江、黑龙江、乌苏里江、绥芬河四大水系。流域面积50平方千米及以上河流达2881条，总长度为9.21万千米，其中，常年流域面积100平方千米及以上河流有1303条，常年流域面积1000平方千米及以上河流有119条，常年流域面积1万平方千米及以上河流有21条。主要湖泊有兴凯湖、大龙虎泡、镜泊湖、连环湖和五大连池，水面面积3037平方千米（不含跨国界湖泊境外面积）。黑龙江省与俄罗斯边境长度2981千米，占中俄边境总长度的68.8%，其中，水界2723千米，水界总长度占全省边界总长的91%，共有黑龙江、乌苏里江、松阿察河、兴凯湖、白棱河、绥芬河、瑚布图河、抚远水道8条界河界湖[1]。

全省多年平均水资源总量810亿立方米，其中多年平均地表水资源量686亿立方米[2]，界江、界湖多年平均过境水资源量超过2000亿立方米，约为黑龙江省地表水资源量的3倍，开发利用潜力较大。与地表水不重复的地

---

1. 黑龙江年鉴编辑部. 黑龙江年鉴2015总第33卷[M]. 2016.37.
2. 黑龙江年鉴编辑部. 黑龙江年鉴2015总第33卷[M]. 2016.37.

下水资源量124亿立方米[1]。全省人均占有水资源量2113立方米，略高于全国平均水平；耕地亩均占有水资源量405立方米[2]，不到全国平均水平的1/3（2012年，全国人均占有水资源量约2100立方米，亩均占有水资源量约1400立方米）。全省水资源存在时空分布不均、年内年际变化较大的规律，"春季少，夏秋季多；腹地少，过境多；平原区少，山丘区多；发达地区少，欠发达地区多"。[3] 2015年全年全省总降水量2561.29亿立方米，折合年降水深563.1毫米，比多年平均值多5.6%。[4] 2015年的水资源总量是944.34亿立方米，比多年平均值多16.5%，其中，地表水资源量814.38亿立方米，地下水不重复量129.96亿立方米[5]。

黑龙江省内的兴安岭、兴凯湖、镜泊湖、五大连池、雪乡、北极光都是自然美景。兴安岭苍松翠柏，林木茂盛，是天然氧吧；兴凯湖景色优美，物产丰富，烟波浩渺，水天一色，有"绿宝石"的美誉，是养生、休闲、度假的好去处，有"东方夏威夷"的美称；镜泊湖是中国最大、世界第二的堰塞湖，水质澄清、水产丰富、鱼肉鲜美，是著名的旅游、避暑和疗养胜地；五大连池山秀、水幽、泉奇、石怪，矿泉水常年温度在2℃—4℃，含有丰富的微量元素和矿物质，在中国3500处可开发矿泉水源中，唯一天然含气，在非碳酸型饮料中非常罕见；双峰林场素有"雪乡"之称，每年12月至次年3月是下雪最大的季节，皑皑的白雪随物具形、千姿百态，宛如一个冰雕玉琢的童话世界；漠河北极村是中国最北端，夏至前后这里会出现极昼现象，

---

1. 黑龙江年鉴编辑部. 黑龙江年鉴2015总第33卷[M]．2016.37.
2. 黑龙江年鉴编辑部. 黑龙江年鉴2015总第33卷[M]．2016.37.
3. 黑龙江年鉴编辑部. 黑龙江年鉴2015总第33卷[M]．2016.37.
4. 黑龙江年鉴编辑部. 黑龙江年鉴2015总第33卷[M]．2016．38．与黑龙江省水利厅《2015黑龙江省水资源公报》上的数据稍有差异，公报上的数据是：2015年的总降水量是2528.22亿立方米，比多年平均值多4.2%。
5. 黑龙江年鉴编辑部. 黑龙江年鉴2015总第33卷[M]．2016．38．与黑龙江省水利厅《2015黑龙江省水资源公报》上的数据差异很大，公报上的数据是：2015年全省水资源总量是814.08亿立方米，其中地表水686.04亿立方米，地下水不重复量128.04亿立方米。

▲ 讷河市兴旺乡百路村秧歌队大年初一上街拜年／于学斌 摄／2015年

午夜向北眺望，天空泛白，像傍晚，又像黎明。冰雪是自然界赐予北方的独特资源，借助于独特的自然风貌形成的人文景观独具地方特色，冰灯游园会、冰雪大世界是黑龙江人对冰雪的礼赞，亚布力滑雪场是借助优质的冰雪而形成的融旅游观光、冰雪体育等为一体的大型冰雪旅游地。一年一度的哈尔滨市国际冰雪节（每年1月5日开始）是哈尔滨冰雪景观和冰雪文化集中展示的时间，大约持续一个月的冰雪节把哈尔滨市的冰雪文化推向了极致，节日期间举行冰雕、雪雕国际比赛、冰雪游戏体育、冬泳、冰雪诗会、冰雪笔会、冰雪婚礼、冰雪电影等活动，内容丰富，异彩纷呈。冰雪节期间正值举国欢庆春节，由此吸引大批游客来此观光旅游，体验冰雪文化，也把北国的春节气氛烘托得格外红火、热烈。

黑龙江省历史文化

黑龙江省历史悠久，是人类早期生活的地区之一，考古发掘显示，在旧石器时代早期就有人类在这里生存。目前发现的黑龙江省最早的人类遗址是哈尔滨市阿城区交界镇的溶洞遗址，这里发现了有明显人工打击痕迹的动物骨骼化石，地面残留过火痕迹，表明在17.5万年前曾经有人类在这里生存。

目前已发现五常学田旧石器时代遗址、哈尔滨阎家岗遗址、呼玛十八站遗址、饶河老沟河遗址等旧石器时代晚期遗址共计26处，这说明，在旧石器时代的晚期，黑龙江地域内的绝大部分地区都有了人类活动。新石器遗址在黑龙江大地发现得更多，著名的有昂昂溪遗址、莺歌岭遗址、新开流遗址、饶河小南山遗址等。新石器时代黑龙江人不仅从事渔猎，而且农牧业也有了显著发展。

生活在黑龙江这片大地上的人类在长期发展过程中，不断发展壮大，在同周边邻族交往联系中，逐渐形成三大族系，分别是肃慎族系、秽貊族系和东胡族系。

肃慎族系在先秦时称肃慎，肃慎活动于不咸山一带，也就是现在的长白山以北的黑龙江、松花江、乌苏里江等广大地区，以渔猎为生，以擅长制作楛石石弩闻名中原。并从事家庭饲养业，猪、马、牛、羊是主要家畜，放牧方式是散放于山谷中。饮食和服饰主要从渔猎和家畜饲养中获得，野兽、家畜的皮毛是做衣服的主要原料，并且有用猪油脂涂身御寒的风俗。而兽肉和畜肉是主要的食物。在居住方面"夏则巢居，冬则穴处"[1]。

汉魏时肃慎改称挹娄，经济活动和社会文化同肃慎基本相同，发明了毒箭，即在箭镞上涂毒药，无论野兽和敌人中之即死，是狩猎和战争中的利器。他们的地穴"以深为贵，上下以梯出入"[2]，这是适应北方寒冷天气的选择。挹娄人"无大君长，邑落各有大人"，说明挹娄社会还没有形成部落

---

1. 晋书·卷97·四夷传·东夷·肃慎氏[M].
2. 东汉书·卷85·东夷列传[M].

联盟。

北朝时的勿吉是"肃慎、挹娄之改称"[1]。内分7个部落，分别是粟末部、白山部、伯咄部、安车骨部、拂涅部、号室部和黑水部。7个部落的社会发展不均衡，处于最北部地区黑龙江边的黑水靺鞨社会发展最为缓慢，而粟末靺鞨则较为发达，在农耕方面出现了"耦耕法"，以粟和麦子为主要农作物，家庭饲养业很发达，以猪、羊、马为主要家畜，从文献记载来看，养马业规模很大，他们已经掌握了酿酒技术。勿吉继承了前世的文化，从事渔猎生产活动，捕貂业很发达，并以贡纳貂皮同中原王朝建立了密切的联系。

隋唐时勿吉改称靺鞨，靺鞨结束了勿吉时期"无大君长""不相总一"的状态，在公元6世纪末7世纪初出现了叫作"大莫弗瞒咄"的渠帅，即大部落长、大酋长，进入了部落联盟阶段。唐朝初年，靺鞨形成了两大部族集团，一个是处于北部地区沿黑龙江而居的黑水靺鞨，一个是以松花江流域为中心活动区域的粟末靺鞨。粟末靺鞨文化先进，先是在698年大祚荣统一各部落建立震国，713年大祚荣接受唐太宗的册封任渤海郡王及渤海都督府都督，粟末政权以渤海为号，继之唐朝又将渤海政权升格为国，这就是著名的渤海国。从698年震国建立到926年渤海国被辽朝灭亡，共计存国228年。渤海国政权具有双重属性：一方面它是一个独立的民族政权；另一方面它也是唐王朝管辖下的一个羁縻州。渤海国经济发达，文化先进，同唐朝中原文化水平相当，是黑龙江历史发展的高峰，号称"海东盛国"，广受欢迎的东北大酱在渤海国时期就产生了[2]。而生活在黑龙江中下游的黑水靺鞨，在其首领的请求下，唐朝于722年封其首领倪属利稽为勃利州刺史，725年在黑水靺鞨内置黑水军，后来又设置黑水府，仍以黑水靺鞨首领为都督。至815

---

1. 金毓黻. 东北通史·上编六卷[M]. 北京：五十年代出版社. 171.
2. 《新唐书·渤海传》记载为：靺鞨人"栅城之豉"。《金史》则明文记载：金朝女真人"以豆为酱"。

年，黑水都督府共存约90年。

辽朝时，靺鞨改称女真，分生女真和熟女真，生女真有十几个部落，1115年完颜氏阿骨打统一各部，建立金朝。金朝联合宋朝，于1125年灭掉辽朝，并于次年依靠其金戈铁马占领宋朝首都汴梁（今开封），1127年灭掉北宋，随后又用近20年的时间把南宋逼到江南一隅，同南宋政权以淮河为界划江而治。女真人已经有了较为发达的农业，同时他们依然延续着浓厚的渔猎文化传统。1234年金朝被元朝所灭。

明朝末年，女真人分成三大部分，分别是建州女真、海西女真、东海女真，其中建州女真和海西女真文化发达，而东海女真分布于黑龙江流域一带，仍然过着较为原始的渔猎生活。16世纪初建州女真崛起，努尔哈赤于1616年建立金朝，史称后金。1635年，皇太极改族名为满洲，1636年改国号为"大清"。1644年入关，定都北京，清朝统治中国270余年。

秽貊族系由秽族和貊族两个民族组成，商周时期，秽族主要活动于松嫩平原一带，貊族则主要分布于东北的南部地区，同中原各国为邻。战国时，秽族和貊族开始融合并在两汉时合为一族。秽貊族系分布范围非常广，包含秽、貊、箕、古朝鲜、高夷、橐离、良夷、发、白夷、夫余、高句丽、沃沮、豆莫娄等许多民族。战国时期在嫩江中下游地区建立了民族政权藁离国，公元前2世纪末，藁离国发生内讧，王子东明逃到南方在今农安、吉林地区建立扶余国，494年被勿吉人推翻，扶余国存国700余年。在扶余渐衰之际，一部分扶余人北渡那河（今松花江），以乌裕尔河为中心建立了豆莫娄政权，其国家政体及其管理体制仍然沿袭夫余国，724年被黑水靺鞨和室韦诸部所灭。公元前37年，高句丽在纥升骨城（今辽宁省桓仁县五女山城）建立政权，作为中原王朝的藩属国存国705年，668年为唐与新罗联军所灭，大部分高句丽人迁居中原，秽貊族系逐渐融入其他民族中，作为一个族系在历史上消失。

东胡族系包括山戎、东胡、鲜卑、乌桓、库莫奚、乌洛侯、室韦、契丹等民族。最早以山戎见称，居地在今贝加尔湖附近，春秋时期齐桓公北伐挫败山戎后，山戎的一支东胡崛起，东胡因居匈奴以东而得名，汉代初，东胡被匈奴所灭，余部分为两支：一支叫乌桓，一支叫鲜卑。最初从事游牧、狩猎等生产活动，追逐水草、野兽，居无定所，后来在接近汉族地区渐出现农业和手工业。鲜卑族在历史上建立了前燕（337—370）、后燕（384—407）、西燕（384—394）、西秦（385—400，409—431）、南凉（397—414）、南燕（398—410）、北魏（386—534）、东魏（534—550）、西魏（535—556）、北周（557—581）10个政权。后来，鲜卑族逐渐融入其他民族之中，有的学者认为今天的锡伯族是鲜卑族的后裔。鲜卑之后，东胡族系出现了契丹、室韦、奚等族。907年耶律阿保机统一契丹各部称汗，916年建国号"契丹"，947年辽太宗改国号为"辽"，1066年辽道宗改国号为"大辽"。辽朝与宋朝长期对峙。1125年，辽朝被金朝所灭，自此以后，契丹族在历史上消失，余部融入其他民族之中。据考证，达斡尔族同契丹族具有渊源关系。室韦在契丹以北，居住在黑龙江中下游及嫩江流域，部落众多，有南室韦、北室韦、钵室韦、深末怛室韦、大室韦5部，每一部族之内又分成很多部，如南室韦有25部，北室韦有9部，各不相属，风俗习惯稍异，他们通过朝贡方物的方式同中原王朝保持着密切的联系。791年，唐朝将室韦地区正式纳入版图，在其地设立室韦都督府，委任室韦首领为大都督、都督，唐末五代初，室韦族诸部被契丹人吞并，室韦都督府解体，室韦人与契丹人逐步融合。蒙古族是蒙兀室韦的后裔，鄂伦春族、鄂温克族是钵室韦的后裔。

除了以上三大族系外，学术界认为黑龙江省早期居民还有华夏族系。华夏族系位于东北的南部地区，其来源有两说：一说认为，华夏族系是东北地区自然产生的民族，后来融进了许多来自内地的汉族；另一说认为，华夏族是从内地迁移到东北地区的。

中国历代王朝对包括黑龙江在内的东北地区各民族都实行了有效的管

辖，管辖的方式有两种：第一种方式是建立朝贡制度，黑龙江各民族早在先秦时期就同中原王朝建立了密切关系，并通过朝贡的方式确立对中原王朝的臣属关系；第二种方式是建立地方行政机构实行有效的管辖，唐朝先后在这里设忽汗州、渤海都督府、黑水都督府以及室韦都督府。辽时，黑龙江省归东京道管辖。金朝时黑龙江属上京道管辖，下辖三路，即恤品路、胡里改路、蒲峪路。元朝在黑龙江省设有开元路、水达达路，隶属辽阳行省。明设奴儿干都司。清朝时，现在的黑龙江地区先后归宁古塔副都统、宁古塔将军、黑龙江将军和吉林将军管辖。

黑龙江的古代先民在黑龙江留下了大量的遗迹，除了前述的旧石器和新石器的早期人类遗址外，肇源的小拉哈文化、白金宝文化是青铜文化的代表，这两种青铜文化是先橐离文化遗存。东宁县的团结文化遗址、宁安市的东康遗址、海林市的东兴遗址、友谊县的凤林古城、绥滨县同仁遗址都是汉魏时期的文化遗存，其中凤林古城遗址与隔七星河相望的炮台山古城"七星祭坛"遗址是挹娄人的文化遗存，被誉为2000年前黑龙江流域"亘古荒原第一都"，"这种城邦林立、国家形成、文明发端、城市出现等文物遗存，能够如此完整地保存下来，在人类历史中是十分罕见的，是难能可贵的"。[1]这是黑龙江地区古代历史和文化发展的第一个高峰。黑龙江是渤海国的中心地带，渤海国遗址就在宁安市，遗存丰富。泰来县塔子城是辽代城市建制的具体体现，其中出土的铜印证实这里曾经是辽代的北方军事重镇，一块刻石再现了昔日城内繁华的社会生活。哈尔滨市是金源故都，丰富的金代文化遗存讲述着曾经的繁华。黑龙江边的瑷珲古城遗址，见证着各民族抗击沙俄入侵、守卫边疆的壮举等，不一而足。这些遗址以实物的形式述说着历史，告诉世人这里历史的悠久和黑龙江先人创造的丰富文化。

---

1. 干志耿，殷德明. 黑龙江流域"亘古荒原第一都"——凤林古城及炮台山"七星祭坛"的价值与意义[J]. 学习与探索，2001(5).

黑龙江省的省级建制是在清朝光绪年间形成的，光绪三十三年（1907）清政府在东北实行行省、府、县三级体制，设立黑龙江省。行政区划是个历史概念，在不同的时代会有所变化，自建省以来，黑龙江省的管辖范围几经变化。中华民国实行省、道、县三级体制，黑龙江省共辖4道、21县、6设治局。而今属黑龙江省辖境内的滨江道、依兰道当时归吉林省所辖。俄国"十月革命"后，中国政府逐步收回中东铁路"附属地"的行政主权并于1920年设立"东省特别区"对其进行管理，1924年民国时期北京政府批准东省特别区独立于黑龙江、吉林两省区域之外，成为与省并列的特别行政区。1930年黑龙江省辖42县、11设治局，而当时属吉林省而今属黑龙江省的有22个县。

东北沦陷时期，日伪政权实行省、县（市）二级体制，实行"分而治之"，每个省的区域变小，东北地区省的数量增多。伪满洲国覆亡前夕，东北地区划分为15省、1特别市，其中，在今黑龙江省内设有龙江、滨江、三江、黑河、北安、东安6省，下辖哈尔滨、齐齐哈尔、牡丹江、佳木斯、东安5市，74县，3旗。

自1945年11月至1946年5月，中国共产党在现在的黑龙江省境内先后成立了5省1直辖市民主政府，即黑龙江、嫩江、合江、绥宁、松江5个省级民主政府和哈尔滨市民主政府。

1946年8月，东北各省市（特别市）行政联合办事处在哈尔滨成立，简称东北政联，是东北地区最高行政机关，哈尔滨在东北所处的位置称为北满。同年10月，东北政联改称东北行政委员会，简称东北政委会。在东北行政委员会领导下，实行省（特别市）、县（市）二级行政制度，在今黑龙江省境内有黑龙江、嫩江、松江、合江、绥宁五个省和哈尔滨市。1946年10月，绥宁省改设为牡丹江专区，直属东北行政委员会。同年11月，哈尔滨市改称特别市。1947年2月至9月，黑龙江、嫩江两省合并为黑龙江嫩江联合省，简称黑嫩省，省会齐齐哈尔。同年8月，撤销牡丹江专区，设立牡丹江省，1947年7月该省撤销，所辖区域分别并入合江、松江两省。1949年5月，嫩江省与黑龙江省合并成立新的黑龙江省，省会齐齐哈尔。合江省与松江省合并成立新的松江省，省会哈尔滨，同时，将哈尔滨市改为松江省辖市。黑龙江、松江两省共辖5市（哈尔滨、齐齐哈尔、佳木斯、牡丹江、兴山）、71县、2矿区（鸡西、双鸭山）、2旗。

中华人民共和国成立后实行省、市（地）、县三级体制。在中华人民共和国成立之初黑龙江地区仍设松江、黑龙江两省，所辖市（地）、县（旗）未变。1950年10月，黑龙江省省会齐齐哈尔市设立了市辖区行政建置，松江省省会哈尔滨市设立相当于县一级的市辖区，两省共有14个市辖区。1953年8月，哈尔滨市改为中央直辖市，由东北行政委员会代管。

1954年8月，撤销松江省建制，松江省与黑龙江省合并为新的黑龙江省，省会为哈尔滨市，为黑龙江省省辖市。同时，将原属黑龙江省所辖的白城地区的7个县划归吉林省。此后，黑龙江省的行政区域再没有大的变化。[1]

截至2014年12月31日，黑龙江省辖12个地级市、1个地区（大兴安岭地区），以及65个市辖区和4个地辖区、17个县级市、45个县、1个自治县，省会为哈尔滨市。[2] 黑龙江省有1个少数民族自治县（杜尔伯特蒙古族自治县）、1个民族区（齐齐哈尔市梅里斯达斡尔族区）、69个民族乡镇，其中，满族乡（镇）24个、朝鲜族乡（镇）19个、蒙古族乡（镇）6个、达斡尔族乡3个、鄂伦春族乡5个、鄂温克族乡1个、赫哲族乡3个、联合民族乡（镇）8个，有被认定的少数民族聚居村680个。哈尔滨市是国家历史文化名城（国务院1994年认定）。

黑龙江省地处北国边疆，生活在这里的各族人民为保卫祖国边疆、维护祖国领土完整和统一进行了艰苦卓绝的斗争，谱写了可歌可泣的反抗侵略

---

1. 黑龙江省志·第一卷·综述[M]. 哈尔滨：黑龙江人民出版社，1999. 62–64.
2. 黑龙江年鉴编辑部. 黑龙江年鉴. 2015总第33卷[M]. 2016. 38.

保卫家园的斗争史，为维护国家主权和领土安全做出了卓越的贡献。

黑龙江原为中国的内河，黑龙江流域自古就是中国的领土，沙俄自16世纪末跨过乌拉尔山开始与我国为邻，自此以后就开始觊觎我国领土并于17世纪初开始了对我国黑龙江流域的侵略。从1643年起直至1658年共有四伙沙俄武装分子侵入黑龙江流域，抢占雅克萨和尼布楚，并以此为据点进犯我国，他们所到之处烧杀掳掠、强征暴敛，甚至以人肉为食。居住在这里的各族人民对沙俄的暴行无比愤慨，不承认沙俄的统治地位，拒绝向沙俄缴纳税收，武装抵抗。1643年冬，西林木迪河口的达斡尔人英勇抵抗沙俄军队的进攻，打死沙俄10人，打伤50人，迫使敌人狼狈逃窜。1651年夏天，达斡尔族奋起反抗哈巴罗夫一伙的暴行，最后因力量悬殊而失败，660多名达斡尔人惨遭杀害。1652年清军开始反击，当地居民积极配合，4月，清朝驻宁古塔章京海色奉命率领一支部队突袭黑龙江下游乌扎拉村的沙俄侵略者，在达斡尔、赫哲等族人民的支持下，打死打伤近90个敌人，侵略军头目哈巴罗夫被击伤，不得不带着残卒逃跑。1658年，清军在松花江口讨伐沙俄侵略军，歼敌270人，首领斯捷潘诺夫被击毙，"1655年呼玛尔河口战役、1657年尚坚里黑战役、1658年古法坛战役等几次小规模作战中，鄂温克和鄂伦春的部队都参加了作战，例如根特木耳和毛考代汗等率领鄂温克和鄂伦春人直接参加的呼玛尔河口的抗击沙俄战斗"。[1] 1659年，清军收复雅克萨，1660年，全部肃清了黑龙江中、下游的沙俄侵略军。沙俄野心不死，1665年再次闯入黑龙江流域，强占雅克萨并四处骚扰。同时，另一股沙俄武装分子加强了对黑龙江上游的侵略活动。在多次交涉无果的情况下，清军开始反攻，在1685年和1686年的两次雅克萨战役中彻底击溃了俄军，中俄双方于1689年9月签订了《尼布楚条约》划定了中俄东段边界。在此过程中，当地居民积极参战、筑城堡、建驿站、运送军需粮草、深入敌后做侦察，为战争的胜利做出了很

---

1. 吕光天. 鄂温克族人民反抗外国侵略者的斗争[J]. 黑河学刊, 1987(1): 63-69.

大的贡献。

19世纪下半叶沙俄再次变本加厉地侵略我国东北，胁迫中国签订了一系列不平等条约，《瑷珲条约》和《北京条约》侵吞中国黑龙江以北、外兴安岭以南、乌苏里江以东（包括库页岛）的100万平方千米的土地；《中俄密约》和《中俄合办东省铁路公司合同章程》攫取了西伯利亚大铁路中国段"中东铁路"的建筑权；《旅大租地条约》将辽东半岛及旅顺、大连租借25年，并取得了修筑中东铁路支线从哈尔滨经宽城子(今长春)、奉天(今沈阳)至旅顺、大连的筑路权。1900年沙俄制造了骇人听闻的"庚子俄难"，在海兰泡、江东六十四屯驱赶、杀戮中国居民，共夺走12000多名中国居民的生命。同年，沙俄大举入侵占领中国东北，所到之处烧杀掳掠。沙俄在进入东北的第一天起就遭到了驻扎在东北的官兵以及居住在这里的人民的顽强抵抗和斗争，他们不畏强暴，浴血奋战，给侵略者以沉重的打击。

1931年9月18日，日本帝国主义制造了"九·一八"事变，侵略东北，由于南京政府的退缩，使得日本仅用四个多月时间就占领了东北三省，1932年3月，扶植满清末代皇帝溥仪建立了傀儡政权伪满洲国。自日本侵略者踏入中国的第一天起，中国人民就开始了反抗日本帝国主义的斗争，11月马占山在齐齐哈尔市江桥一带为阻击日军对省会齐齐哈尔的进攻率军顽强抵抗，打响了抗日战争的第一枪，揭开了中日战争的序幕。在1937年"七七"事变之前的六年时间里，东北人民进行着独立的反抗日本帝国主义的斗争。1937年"七七"事变之后，中国全面抗战开始，东北的抗日活动融入全国的抗日战争中，因此直到1945年8月15日日本投降，东北人民整整进行了14年的抗战。在14年的抗日战争中，包括黑龙江省在内的东北人民，不仅为中国人民的抗日战争的胜利做出了卓越的贡献，延缓了日军全面侵华战争的步伐，而且极大地支持了世界人民的反法西斯战争，使得日军深陷中国战场，阻止了日军北扩进攻苏联的步伐，也牵制、延缓了日军太平洋战争的步伐。14年抗战，东北人民抛头颅、洒热血，谱写了可歌可泣的战斗诗篇，涌现出赵尚志、杨靖宇、周保中、赵一曼等民族英雄。1938年10月，东北抗日联军八名女官兵在指导员冷云率领下与日伪军展开激战，她们主动吸引日伪军火力，使部队主力迅速摆脱敌人的攻击，在背水战至弹尽的情况下，誓死不屈，毁掉枪支，挽臂涉入乌斯浑河，高呼"打倒日本帝国主义！"高唱"奴隶们起来"的国际歌，集体沉江，壮烈殉国，表现了中华民族同敌人血战到底的英雄气概。这八位女兵中年龄最大的冷云23岁，最小的王惠民才13岁。以杨靖宇、魏拯民、赵尚志、周保中、张寿筏、冯仲云、赵一曼等为代表的中国共产党人和广大抗联指战员，英勇顽强，坚贞不屈，勇于献身，前仆后继，百折不挠，"谱写了反抗日本侵略者的气壮山河的英雄史诗，铸就了伟大的东北抗联精神"。[1] 1945年8月15日日本投降，东北解放，随之爆发国内革命战争，黑龙江成为中国共产党领导下的大后方，提供兵源、保障军需供给，为中国共产党领导的革命队伍最后夺取政权、取得战争的最后胜利做出了重大贡献。

　　1949年中华人民共和国成立以后，黑龙江省的开发和建设进入了一个新的发展时期。黑龙江是国家重点支持发展地区，优先发展重工业，由此涌现了一些在国民经济中占有重要地位的大型国有企业。这里成为我国的重工业基地，形成了航天、国防军工、重大装备、冶金、石化等许多大型企业，在全国占有重要的地位。

　　东北素有"北大荒"之称，1958年10万名复原官兵深入荒草丛生的黑土地，披荆斩棘，开荒种田，经过几代人的努力，昔日的"北大荒"变成了"北大仓"，如今这里已经是我国重要的商品粮生产基地。20世纪50年代末在松嫩平原上发现了石油，我国的第一代石油工人克服技术落后、经验少的不利局面，不怕困难，硬是在极端艰苦的条件下依靠自己的力量打出了油井，而后这里成为中国最大的油田，从此我国摘掉了贫油的帽子。

---

1. 张洪兴. 东北抗联精神[M]. 沈阳：白山出版社，2010. 42.

在油田的开发和建设过程中形成了铁人精神。改革开放以来，黑龙江省的发展进入一个新的阶段，除了继续发展原有的国有大中型企业而外，还对产业进行升级改造，加强产品的深加工，改变能源输出省的地位，加强产品输出，经济结构发生了重大历史性转变。2011年，黑龙江省委、省政府审时度势、长远谋划，提出以新材料、生物制药、新能源装备、新型农机装备、交通运输装备、绿色食品、煤化石化、矿产经济、林产品加工业、现代服务业十大重点产业为主攻方向。当前，全省正着力构建"龙江丝路带"，其主要内容已经融入国家"一带一路"倡议，确立了在国家总体规划中的重要地位。

三、春节的起源与发展变迁

年的历史非常悠久，据考证，殷商时期年就产生了。

年的形成基础有两方面因素是必须具备的：一是岁时节气的产生；二是原始崇拜。

时间如同流水一样本来没有节点，节点的产生是人们主观界定的，而这种主观界定不是凭空想象的，而是基于对自然现象的周期性变化和天体的运转规律而制定的，而之所以会关注自然和天体变化并制定岁时完全是出于生产和生活需要，没有需要便没有产生的动力和存在的价值。我国历法产生得很早，早在先秦时期就有了非常完备的较为科学的历法。之所以很早就出现非常完备的历法，皆源于生产的需要。我国农业自古就很发达，农业的发展要求人们准确地掌握农时，于是在观察日月星辰变化的基础上产生了年、月的概念，月亮围绕地球转一周为一年，月亮由朔月经上弦月、满月到下弦月为一周期，这之间的时间刚好是一个月。

仅仅有历法还远远不够，还必须对时间有崇拜心理才能出现节日。节日一般是时间的转折点,就我国而言多为朔日、望日,只有当对时间节点产生崇拜心理的时候,节日才最后产生。人们相信在这个节点上必须做某些事情,而做这些事情对人生、对生产、对生活一定产生或好或坏的影响,于是确定某个节点为节日。春节便是这样一个时间节点,这个节点是根据月亮绕地球一周的周期性变化制定的。人们将这个节点神圣化以后,年便最后形成了。时间崇拜使人们相信在这个时间点上所做的任何事情都是有效的,正因为如此,年的主要活动是敬神、娱神和贿神。时间崇拜、神灵崇拜是年存在的核心和思想基础。可以说,只有信仰和崇拜,才能保证年文化的存在。年在历史发展过程中,神圣性不断被强化,首先是不断嵌入神话传说,如关于"年"这种动物的传说,这一传说成为年期间燃放鞭炮、贴对联的理论基础和依据。如灶王爷的传说,这一传说,使得人们坚信灶王爷在腊月二十三这天要升天汇报,由此产生了辞灶习俗。当这些神话传说和节日联系在一起以后更是增强了年的神圣感。其次,谷神、仓神、祖先神、月亮神、太阳神等

▼ 2016年双鸭山市饶河县县城年货市场的鞭炮摊点 / 于学斌 摄 / 2016年

各种神灵都在节日期间成为主要的祭祀对象。

随着社会的发展,年俗逐渐由单一的敬神娱神活动向多元化方向发展,年逐渐变成一个人神共娱的日子,节俗越来越丰富,逐渐定型为融吃、住、行、娱乐、敬神、商贸、社交等为一体的大型节日。

年过去叫元旦、元日、元正、元长、元朔、元辰、元春、端日、上日。关于元旦的时间各个朝代并不统一,夏代是正月初一,商朝为农历十二月初一,周代为十一月初一,秦代为十月初一。汉武帝以后,正月初一为元旦成为定制。

年产生以后逐渐固化为一种生活模式,稳定性非常强。在百姓的生活中占有重要的地位。

古代黑龙江过年

节日的形成是和历法的产生紧密相连的,完备的历法是节日产生的条件,没有历法便没有节日。黑龙江省地处北国边陲,自古这里就是一个多民族杂居的地区,自先秦以来的肃慎族系、东胡族系、秽貊族系各民族由于长期从事游猎、游牧和原始农业,所以一直没有形成科学的历法,往往以物候、天象等的变化来纪年。乌桓人"见鸟兽孕乳,以别四时"[1],"女真旧绝小,正朔所不及,其民皆不知纪年。问之,则曰:'我见青草几度矣。'盖以草一青为一岁也。"[2]鞑靼族"若鞑之本俗,初不理会得,只是草青,则为一年。新月初升,则为一月。人问其庚甲若干?则倒指而数几草青。"[3]宋代女真人"其俗,每以草青为一岁。人问其岁,则曰几草矣。亦尝问彼月日,笑而答曰:'初不知之,亦不能记其春秋也。每见月圆为一

---

1. 〔南朝〕范晔. 后汉书·卷90·乌桓鲜卑列传[M].
2. 〔宋〕洪皓. 松漠纪闻[M]卷上. 辽海丛书(影印本第一集)[Z]. 沈阳:辽沈书社,1985.206.
3. 〔宋〕彭大雅撰、许霆疏证. 黑鞑事略[M]. 北京:中华书局,1985. 5.

月，见草青迟迟，方知是年有闰月也。'"[1] 因此，东北民族节日习俗的形成较晚。

春节最早是汉族的节日，其他民族都是在汉族的逐渐影响下过春节，所以黑龙江过春节习俗的产生和传播是沿着两条线发展的，一条线是汉族移民黑龙江史，迁徙到黑龙江的汉族自然要过春节；另一条线是东北各民族同中原汉族的关系史，东北各民族接受并过春节实际是一个同汉族的关系逐渐密切的过程。

先秦时期以来，东北的肃慎族系民族、东胡族系民族、秽貊族系民族就同中原王朝有着密切的联系，建立了定期向中原王朝朝贡的制度。同时，从汉代开始的各个朝代汉族都有移民东北的情况。因此，从理论上讲，东北地区过年习俗出现应该较早，但是在唐朝以前的文献中并没有黑龙江诸古代民族过年的习俗的记载。根据文献，黑龙江过年最早能追溯到唐朝时期的渤海国，据《渤海国记》记载："官民岁时聚会作乐，先命善歌舞者，数辈前行，士女相随，更相唱和，回旋婉转，号曰'踏锤'。"这里的"岁时"按照其活动内容应该是年节，也有人认为这就是过年[2]。从唐代渤海国以后的历朝历代，黑龙江民族过春节习俗没有间断过。

辽宋金时期是汉族移民东北的第一次高峰期，辽朝屡次用兵中原地区，每占领一地便将当地的汉族群众掳掠至东北，采取投下州县制，建立州县，据研究，当时由掳掠至东北的汉族建立的州县就有50多个[3]。这些汉族很多到达了黑龙江，辽代汉族移民到黑龙江的最有力的证据是泰来县城发现的大安七年刻石，刻石上有47个汉人姓名，是中国历史上汉族人民北徙黑龙江流域进行开发垦殖第一次高峰的历史见证。在汉族影响下契丹人已经

---

1. 〔宋〕孟珙. 蒙鞑备录·鞑主始起[M]. 北京：中华书局，1985.2.
2. 刘中平，鞠延明. 传统岁俗节日中的满族特色[J]. 满族研究，2009(4)：103-109.
3. 张博泉. 东北地方史稿[M]. 长春：吉林大学出版社，1985. 239.

过年，契丹人称年为正旦节，契丹语谓正旦为"乃捏咿儿"。"'乃'，正也；'捏咿儿'，旦也。"¹ 亦称"妳捏离"，意为"丁日"。"正旦，国俗以糯饭和白羊髓为饼，丸之若拳，每帐赐四十九枚。戊夜，各于帐内窗中掷丸于外。数偶，动乐，饮宴。数奇，令巫十有二人鸣铃，执箭，绕帐歌呼，帐内爆盐垆中，烧地拍鼠，谓之惊鬼，居七日乃出。"² 契丹人也有正月初一至初七各有所主动物的说法，而且通过看天气变化看所主动物的吉凶，"凡正月之日，一鸡、二狗、三豕、四羊、五马、六牛，七日为人。其占，晴为祥，阴为灾"。³ 在所主日中最重视"人日"，在正月初七人日这天"俗煎饼食于庭中，谓之'薰天'。"⁴ 契丹人也过正月十五，这是他们的纵偷日或"放偷日"，《契丹国志》记载，每年正月十三、十四和十五三天，允许家家日夜开门、点灯互偷，只要价值不超过十贯都在合法范围之内。

女真建立金朝，灭辽，同南宋政权并立，在同辽朝和宋朝的战争中，金朝采取"移民实内"的政策，将掳掠而来的契丹人、汉族人都迁徙到金朝统治的中心地带黑龙江地区，所以这一时期有大量的汉族和契丹人来到黑龙江，仅在金朝灭北宋的时候从东京汴梁城一次就掳掠1.8万人，另有1.4万余人分期北徙。据统计，整个天会年间，金军掳掠北宋汉人不下12万人⁵。受汉、契丹等族的影响，女真人有了正旦、元夕、上巳、清明、七夕、中元、中秋、重九、下元等节日。《松漠纪闻》记载：女真"自兴兵以后，浸染华风，酋长生朝，皆自择佳辰。粘罕以正旦，悟室以元夕，乌拽马以上巳。

---

1. 辽史·卷22·礼志六[M].
2. 辽史·卷22·礼志六[M].
3. 辽史·卷22·礼志六[M].
4. 辽史·卷22·礼志六[M].
5. 佚名. 燕人麈[M].

其他如重五、七夕、重九、中秋、中下元、四月八日皆然"。[1] 不过，在人们的心目中，正旦没有重五重要。"其节序，元旦则拜日相庆，重午则射柳祭天。"[2] 因为女真人祭天是最大的礼，足见在女真人的心目中重五节之重要。正月十六女真人有"纵偷"习俗，《松漠纪闻》卷上载："唯正月十六日，则纵偷一日，以为戏，妻女、宝货、车马为人所窃，皆不加刑。是日，人皆严备，遇偷至，则笑遣之。既无所获，虽畚锸微物亦携去。妇人至显人人家，伺主者出接客，则纵其婢妾盗饮器。他日，知其主名或偷者自言，大则具茶食以赎（谓羊酒肴馔之类）；次则携壶，小亦打糕取之。亦有先与室女私约，至期而窃去者，女愿留则听之。"[3] "金国治盗甚严，每捕获，论罪外皆七倍责偿。"[4] 唯正月十六这天偷盗合法。

元朝是由蒙古族建立的大一统国家，蒙古族很重视春节，他们称春节为白节，百官放假，脱下礼服与民同乐。年前清扫室内外，蒙古包前立一高杆，上悬红布，除夕夜灯火通宵不灭，因蒙古族崇尚白色，所以这一天从汗到平民都穿白衣。早晨起来要面向日出的方向摆放供桌，上放供品，磕头拜日，再给室内供奉的佛上香磕头。拜年、敬酒、跳舞、唱歌，热闹非凡。

清朝，黑龙江作为极边、寒冷地区，曾有许多政治犯被发配到黑龙江，这部分人后来被称为"流人"。同时，由于贫穷、自然灾害等原因，关内的汉族大量涌入东北，历史上称之为"闯关东"。闯关东的人多是直隶、山东一带的农民，从康熙年间就开始了大规模的迁徙活动。东北被满族统治者视为"龙兴之地"，清朝设置"柳条边"以阻止关内的汉族进入，但是禁

---

1. 〔宋〕洪皓. 松漠纪闻[M]卷上. 辽海丛书（影印本第一集）[Z]. 沈阳：辽沈书社，1985. 206.
2. 〔宋〕宇文懋昭. 金志·初兴风土[M]. 北京：中华书局，1985. 6.
3. 〔宋〕洪皓. 松漠纪闻[M]卷上. 辽海丛书（影印本第一集）[Z]. 沈阳：辽沈书社，1985. 207.
4. 〔宋〕洪皓. 松漠纪闻[M]卷上. 辽海丛书（影印本第一集）[Z]. 沈阳：辽沈书社，1985. 207.

而不绝，到乾隆朝后期禁令虽然存在但是已无法执行，成为一纸空文。到咸丰十一年（1861）禁令解除，允许汉族进入东北开垦，所以汉族大量进入东北，据统计，乾隆三十六年（1771）黑龙江人口10万人，到嘉庆十七年（1812）增至45万人。[1]到光绪朝，汉族移民东北达到高潮，光绪三十三年（1907）黑龙江人口达到257万余人。[2]而汉族的大量进入则意味着年文化在东北地区逐渐普及。

从文献记载来看，清朝初年，黑龙江的春节习俗已经和关内地区大体相同。顺治年间，吴兆骞因科场案被流放到宁古塔（今黑龙江省宁安市），一年后妻子也来宁古塔团聚，康熙三年（1664）生下了儿子吴桭臣，康熙二十年（1681）父子一家赎回京城，吴桭臣写下了《宁古塔纪略》一书，书中记录了宁古塔一带过年的情况："除夕，幼辈必到长者家辞岁，叩首，受而不答。等辈同叩。元旦，城门必严列旌旗弓矢，以壮威武。家家必于半夜贺岁，如迟至午，便为不恭矣。满洲人家歌舞，名曰：'莽式'。有男莽式、女莽式，两人相对而舞，旁人拍手而歌。每行于新岁或喜庆之时。"[3]康熙四十九年（1710），方式济因《南山集》有数处提到其族人方孝标而被贬谪到卜魁城（今齐齐哈尔市），在这里他写下了《龙沙纪略》一书，这本书中记述了卜魁城腊八节、除夕、上元节等盛况。《龙沙纪略》显示，卜奎城不仅重视过年，而且过年习俗已经很完备。"腊月八日，达呼里、红呼里男妇并出，猎兔取脑，为速产之药。"[4]"除夕，悬弓矢门枨间。相传我太祖皇帝曾于除夕克强敌，帝业由此以成。诸属国艳颂之，遂沿为俗。"[5]"除夕，悬弓矢门枨间"是满族的

---

1. 孙占文. 黑龙江省史探索[M]. 哈尔滨：黑龙江人民出版社，1983. 223.
2. 孙占文. 黑龙江省史探索[M]. 哈尔滨：黑龙江人民出版社，1983. 246.
3. 〔清〕吴桭臣. 宁古塔纪略[M].
4. 〔清〕方式济. 龙沙纪略·风俗[M].
5. 〔清〕方式济. 龙沙纪略·风俗[M].

过年习俗,这一习俗在现代满族中已经消失。"上元赛神,比户悬灯。岁前,立灯官,拈之。锁印后,一方之事皆所主。文书可达将军。揭示,有官假法真之语。细事朴罚唯意。出必鸣金,市声肃然,宫亦避道。开印之前夕,乃自匿去。"[1] 嘉庆年间来到齐齐哈尔任职的西清在其所著的《黑龙江外记》中介绍了当地人的节日情况:齐齐哈尔城贴对联、门神,除夕,灯火辉煌,鞭炮齐鸣,"除夕,人家门外烧马通,店肆门外烧炭,盖都下柏叶熰岁之怒。向来爆竹极少,近则通市轰然,亦有锁金、门神、五采画幅之类。官宅则封印、条示、春联,一如内地。"[2] 元宵之夜,齐齐哈尔城内张灯结彩,"上元,城中张灯五夜,村落妇女来观剧者,车声彻夜不绝。有钱五六尺冰为寿星灯者,中燃双炬,望之如水晶人,此为难得。"[3] 人们不仅自己制作节日食品,市场上还有卖的,"土人过节,上元汤圆,端阳角黍,中秋月饼,家自为之,肆亦有鬻者,唯二月二日太阳糕,九月九日花糕,不见食之者,此与都小少异。"[4] 由此可见,在清朝嘉庆年间,汉族的节日在黑龙江已经非常流行。

中华民国时期黑龙江的春节习俗

中华民国时期,山东、河北一带的人口继续向东北地区迁徙,到20世纪20年代,这一被称为"闯关东"现象的移民潮达到高峰,汉族已经广泛分布于黑龙江省各地,汉族人口占黑龙江总人口的绝大多数,这是过年习俗在黑龙江省广泛流行的社会基础。在汉族的影响下,黑龙江省的各个少数民族也都开始过起春节。

从文献记载来看,民国时期,黑龙江省各地的年文化已经非常丰富并

---

1. 〔清〕方式济. 龙沙纪略·风俗[M].
2. 〔清〕西清. 黑龙江外记[M]. 卷6.
3. 〔清〕西清. 黑龙江外记[M]. 卷6.
4. 〔清〕西清. 黑龙江外记[M]. 卷6.

定型，民国年间的春节习俗基本上就是后来黑龙江各民族的春节习俗，而且这些习俗至今仍然不同程度地保留着。

民国时期的春节习俗内容最多，每一习俗所包含的民间信仰成分最为丰富，内涵表达最多。根据民国时期出版的地方志文献，黑龙江省春节从腊月初八就拉开了序幕，腊八这天最为重要的活动就是吃腊八粥，腊八粥的做法是，"农户混各谷为粥"[1]，"家家以黍米掺以稍许杂粮，或加果实煮粥食之"[2]，"以杂粮制粥"[3]。所谓的"各谷""杂粮"包括黍米、稻、粱、枣、栗、芸豆等粮食，将其合煮之就叫"腊八粥"。[4]腊月初八也是女儿归宁日，该天出嫁的女儿回娘家过腊八节，谚语说"吃腊八粥，往家溜"，指的就是女儿归宁的习俗。腊八之后便开始杀年猪，因为平时多吃素食，对过年和杀猪都非常期盼，所以民间流传谚语说："大嫂大嫂你别馋，过了腊八就是年""小孩小孩你别哭，过了腊八就杀猪"，这些谚语至今在东北家喻户晓，耳熟能详。

腊月二十三称为"小年"，"谓是日灶神上天去见玉皇，奏告一年所历之事"[5]，小年这天要"辞灶"，辞灶的祭品是灶糖，这是"饧制之糖"[6]，"用糖以祀者，谓神食而口甘，俾上天言好事也；又或以糖粘灶门上，谓以粘神口，俾上天不能言恶事云。"[7]送灶王爷升天的时候要给灶王爷制作骑乘的坐骑，也要给坐骑准备粮草和水，还要准备小狗和小鸡各一个。焚香、燃放鞭炮，跪拜，"嘱咐灶神曰：'上天多说好事，少说是非'。"[8]撤下

---

1. 刘爽．吉林新志·人文之部·人民·性质与特习[M]．伪康德元年（1934）铅印本．
2. 高芝秀修，潘鸿威纂．安达县志．卷7·礼俗志[M]．民国二十五年铅印本．
3. 高文垣修，张肃铭纂．双城县志．卷6·礼俗志[M]．民国十五年铅印本．
4. 赵汝楳修，朱衣点总纂．宾县县志．卷3[M]．民国十八年铅印本．
5. 齐耀斌等修，韩大光纂．宝清县志·卷13·礼俗志[M]．民国二十五年哈尔滨广记印书局铅印．
6. 高文垣修，张肃铭纂．双城县志．卷6·礼俗志[M]．民国十五年铅印本．
7. 高文垣修，张肃铭纂．双城县志．卷6·礼俗志[M]．民国十五年铅印本．
8. 刘爽．吉林新志·人文之部·人民·性质与特习[M]．伪康德元年（1934）铅印本．

神像烧之，就表示灶王爷升天了。

小年前后就开始忙年，流行的谚语是"糖瓜辞灶，姑娘要花，女儿要帽"[1]。其实，忙年不仅仅买花、买帽子，在年前要购置的年货很多，包括各种神祇像、对联、红纸等，这一购置活动叫"打年纸"。"小年前后，家家预先储备过年食品，包饺子，蒸各种饽饽，必足半月之需，昼夜忙碌，谓之'忙年'。"[2]还要择日打扫室内卫生，叫扫房。

腊月三十，上坟扫墓，家家贴春联，谓之"贴对子"，粘挂钱、年画，而穿孝服的家庭不贴对子、挂钱和年画。天神、地神、门神、灶王爷各神，都换以新牌位和新神像。即所谓"千门万户，气象同新"。

这一时期也出现了做接年饭习俗，所谓的接年饭就是在腊月三十这天做一大锅米饭，足够正月初五以前全家食用，在正月初五以前，生米不下锅。

腊月三十午后，要"供大纸"，即将各个神像挂在各个神位处，包括天地神、祖谱、灶王爷、财神等。在每个神位前都摆放香斗，陈设供品，燃香烛，自此便炉不断香。

除夕夜，"诸神位前及室内外遍燃灯烛达旦，以主家宅光明"[3]"家长率子弟执香，依各向接神（如喜神正北，则向北迎喜神，财神正东，向东迎财神之类）。接毕，焚香奠酒，行三叩首礼"[4]，炸（鞭）爆之声四起。

禁止说不吉利话，禁止打碎器皿。要用米饭喂骒马，念叨说："打一千，骂一万，全仗五更黑间这顿饭。"除夕夜有守岁之俗，整宿不睡觉。如此则能一年常有精神。

满族在除夕夜有烧包袱的习俗，即用纸袋装冥币，送十字路口焚化，祭祀先人。

---

1. 刘爽. 吉林新志·人文之部·人民·性质与特习[M]. 伪康德元年（1934）铅印本.
2. 高文垣修，张鬲铭纂. 双城县志·卷6·礼俗志[M]. 民国十五年铅印本.
3. 高文垣修，张鬲铭纂. 双城县志·卷6·礼俗志[M]. 民国十五年铅印本.
4. 严兆霖修，张玉书纂. 望奎县志·卷3·礼俗志[M]. 民国八年铅印本.

正月初一，有拜年之俗。穿新衣，到各家贺年，"互相拜揖，如新逢者"[1]，互道"新禧""见面发财"等过年话。"若近亲、契友之家，则拜其祖先堂，次及尊长；若携小儿至者，主人必与以钱，以示亲爱之意。去年娶妇，今正必往近亲之家拜年。新妇乘车携礼物，由其姆娌带领而往，至则留饭，去时必与新妇钱，以示亲厚。"[2]

正月初五俗称"破五"，这一天不是吉日，所以禁止出门。自初五以后，过年期间禁针黹、禁止生米下锅等习俗解除。

正月十五为元宵节，元宵节一般为三天，即正月十四、正月十五、正月十六，正月十五是正式的节日。"先一日即设三官(天官、地官、水官也)神位，并天地、神祇、灶神、其他各神及祖先前，仍陈供品、燃香烛，裸酒行礼，如过年时，而另用元宵陈供焉。入夜，家家张灯。尤以各商家之灯为多，种类亦不一，五光十色，遍照街市，间花爆愉目，声歌悦耳。诸杂剧皆出演，复有号称灯官者，曰'灯政司'，列仪仗巡行街市。男女出游，肩摩毂击。"[3]

正月二十五过填仓节，"二十五日为'添仓'。祀仓神，并撒灰于庭中，作各种仓廒形，以各种粮分置少许于内，复焚香焉。室中亦以灰洒作柜箱形，各置钱于内。金斗满日（其日所分配之五行，二十八宿，十二星字，适遇此三字者，在何月无一定，因便置此）打造仓箱，缝制荷囊、钱袋，谓此等物成于是日，其中可常满；但非经历多年，不易一觏金斗满日也。是日，妇女忌针之日甚夥。忌针之日不为缝纫之事，否则谓将有种种不吉云"。[4]

各地均重视二月初二龙抬头日，"各家将年末所食肥猪之头蹄留至是

---

1. 赵汝楳修，朱衣点总纂．宾县县志．卷3[M]．民国十八年铅印本．
2. 严兆霖修，张玉书纂．望奎县志．卷3·礼俗志[M]．民国八年铅印本．
3. 高文垣修，张鼐铭纂．双城县志．卷6·礼俗志[M]．民国十五年铅印本．
4. 高文垣修，张鼐铭纂．双城县志．卷6·礼俗志[M]．民国十五年铅印本．

日食之","于是日晨用烧柴之灰,画圆圈于门前及院中,圈外并画梯子形与圆圈相接,是谓打灰囤。盖祈祷丰收之意也"[1]。"用五色布剪成小圆块,以线穿之,中间以细秫秸,作长虫形,戴于小儿衣帽上,名曰'戴龙尾'。"[2]

总体而言,黑龙江省春节习俗在中华人民共和国成立以前是一个相对稳定的时期,这是传统文化的保存相对完好期。在自然村落中,生活文化按照自己的轨迹发展着、延续着,按照固有的程式、程序进行着,民间文化的模式化、群体化特征非常强。在此历史过程中,生产力的发展、社会的进步、物质财富的丰富、精神活动的发展都会在年文化上产生影响。但是从总体上,年文化的内核是稳定的,所有的发展和进步都是在年文化稳定内核的基础上进行的丰富和发展。此时上层建筑虽然对民间文化有影响,但是上层建筑在意识形态领域和下层文化的民众意识是相一致的。

中华人民共和国成立以后至今的春节习俗

中华人民共和国成立以后,年文化发生了巨变,不仅仅体现在物质层面的变化,也体现在精神层面的变化,这些变化既有对原来年习俗的丰富和发展,也有对年风俗的改造、改变,还有一些习俗的萎缩和消失。

神灵崇拜和神灵祭祀活动是过年期间的主要内容之一,过年期间充满了浓厚的民间信仰成分,人们在过年期间从事的许多活动都充满了民间信仰色彩,在人们的意识中有神的存在,人们都相信在这一时刻从事的一切活动皆是有效的,能够和神进行沟通并得到神的保佑。若是剥去了年文化的神、鬼观念,必然导致年俗发生改变,许多具有仪式感的过年活动会随之消失。中华人民共和国成立以后,春节习俗大致经历了以下三个发展阶段。

---

1. 刘爽. 吉林新志·人文之部·人民·性质与特习[M]. 伪康德元年(1934)铅印本.
2. 高芝秀修,潘鸿威纂. 安达县志·卷7·礼俗志[M]. 民国二十五年铅印本.

1949年10月至1966年是传统年文化延续期。

中华人民共和国成立后,消灭了封建制度,进入社会主义社会,不仅打碎了旧有的国家机器,也粉碎了旧有的社会秩序。国家开始对旧文化进行改造,年文化明显地打上了新社会的烙印,具体表现就是过年的政治色彩浓厚,如黑龙江省肇源县,"1958年的除夕之夜,全县人民全力以赴往田里送粪肥,手提灯笼,身背肩扛,儿童两人抬一筐,以人力拉车,不准使用牲畜"[1]。这实际是对传统观念的颠覆,因为传统观念是除夕必须停止一切生产劳动。

各基层单位开始有意识地主导、引导年文化的走向。市、县、乡镇每逢春节,各机关、企事业、学校都张贴"欢度春节"等大幅宣传标语,亦贴春联、福字、张灯结彩,挂国旗,有的单位还制作冰雕、雪雕、冻冰灯,插松柏,挂纸花。有些原来由民间自发举行的节庆活动开始由政府主导进行,如秧歌队、猜灯谜、冰灯游园会等大型活动都是由政府出资组织的。

虽然这一时期上层建筑对人的意识形态有所干预,但是人们在观念和行为上仍然沿袭传统的方式。传统年文化在这一时期仍然根深蒂固地在民间存在着,传统的节日思想仍然非常浓厚地存在着,节日活动仍然按照传统的方式进行着。这是民俗的惯性使然,所以我们将这一时期界定为传统年文化的延续期。

这一时期出现了许多新型的聚落——嵌入式聚落,国营农场、国营林场、油田、国营企业在这一时期相继产生,它们既是一个聚落,也是一个社会组织。国家从全国各地抽调人员来到这里,他们中有部队转业官兵、知识青年、科技人员、工人、干部等,来源地不同、民族不同,聚合到一起形成了一个新的集体。从文化的视角来审视这些嵌入式聚落,它们和自然聚落有着很大的差异,居住在嵌入式聚落的居民文化背景各不相同,传承不同地域

---

1. 黑龙江省肇源县地方志编审委员会办公室编.肇源县志(修订本)[M].1985.547.

的年文化。且由于脱离了原来的自然聚落，在此之后，家庭氛围也各不相同，所以在过年的条件、主观上的重视程度方面都各不相同，所以在这一类型的聚落中，年文化具有非常强的复杂性和杂糅性。

20世纪六七十年代是年文化严重破坏期。我国政治生活遭受了空前的浩劫，包括年俗在内的传统文化受到摧残。

这一时期政府给传统节日尤其过年以更多的干预，在意识形态领域对国民过年影响最深的思想是马克思主义无神论思想，一切和神有关的思想和行为都是革命的对象。而年文化是人神共娱的节日，因此，在20世纪六七十年代，年文化受到了严重的冲击和破坏，脱离了民间文化固有的发展轨道。

传统节日在这一时期被改造，在移风易俗、破除迷信、破四旧等政策下，许多供奉各种神仙的庙宇、祠堂被拆除，记载家族世系的家谱、家存的神像被收缴和销毁，禁止印刷和买卖神像。与此相对应的是，与祭祀神灵有关的仪式化活动也被强行禁止，贴门神、财神的习俗没有了，绝大多数家庭不敢祭祀祖宗、灶王爷，有些家庭虽然保存祭祖和祭祀灶王爷的习俗，但是已经转入地下，如原来公开供奉老祖宗的行为，这时同政府玩起了"捉迷藏"；有些祭祀活动改变了形式，如祭祀灶王爷原来要烧灶王爷神像，现在因为买不到神像而不烧了，二十三祀灶的时候把旧神像摘下来保存好，年三十重新贴上。有的家庭则不供奉灶王爷像，每到小年这天往灶台上放一两个饺子，象征性地祭祀一下灶王爷。这一时期，每到过年的时候民间仍然贴年画，但是年画的内容以领袖像、样板戏剧照或者影照为主。

这一时期政府倡导过革命化的春节。除夕之夜，机关干部集中在大食堂开忆苦会，学生和各行各业职工将预先准备好的粪肥送往附近生产队。公社干部到贫下中农家吃饭，谓之"过革命化春节"[1]。国营企业在这一时期

---

1. 黑龙江省肇源县地方志编审委员会办公室编. 肇源县志（修订本）[M]. 1985. 547.

还搞一些形式化的生产活动，如搞"开门红"活动，即在新年的第一天实现生产上有突破，新年头一天要干出三五天的活，实际上这些活在年前都已经提前完成了，就等过了年报成绩了。

国家机关、企事业单位在这一时期编排许多大型文艺节目，活跃节日气氛，满足职工的文化生活。在农村，也有一些文艺表演活动，如"文化大革命"期间拉林满族在春节期间会排一些样板戏。

这一时期处在计划经济时期，国家物资短缺，很多生活必需的物资皆凭票购买，所以年货有限。家养的猪要首先完成交公猪任务，完成任务之后才能杀年猪，有的家庭交完公猪之后没有年猪可杀了，有的家庭采取合作的方式，两家合伙交一头猪，合杀一头猪。此时，有限的好吃的食物都要留到过年时吃，所以更增加了人们对年的渴望和期待。

1976年至今是年俗多元化多样化时期。

改革开放以后，国家对民间文化的各种限制取消了，人们的思想解放了，百姓可以按自己固有的生活方式生活了。有些传统习俗得以恢复，如祭祀祖先、供奉保家仙、灶王爷、贴门神、财神等习俗被很多家庭重拾了起来，但有些传统文化已经成为过去。

这一时期也是文化变迁速度最快的时期。科技的发展、文化的进步、交通的方便，都给以地缘为中心形成的具有地方特色的文化带来了冲击。物质财富的极大丰富，人们生活水平的提高，使得过年的年嚼咕[1]越来越丰富。传统年嚼咕多为大鱼大肉，很少有青菜，如今随着商品经济的发展，不仅出现了青菜，而且有了海鲜。

科技的进步促进传统的习俗在新的历史条件下或者发生了变异，或者被新的习俗所取代，或者变成了永远的过去，新的民俗不断涌现成为当下过年习俗的主要特点。拜年方式出现了新形式，手机短信、微信、QQ、电话

---

1. 年嚼咕：过年食品。

▲ 饶河县年货市场上琳琅满目的冻鱼年货／于学斌 摄 ／2016年

等拜年方式成为主要方式，人和人之间面对面交流的机会越来越少，拜年词也开始发生了变化，多为转发网上固定拜年词。过去的儿童游戏如欻嘎拉哈等已经没人玩了，也看不到讲瞎话[1]、听瞎话的了，看电视、上网成为具有时代特征的过年文化休闲方式。从2015年开始，手机微信抢红包开始成为过年的流行活动，无论城乡、无论男女老幼都投入很大的热情参加这一游戏活动。上坟、祭祖用箔纸叠的金元宝、烧纸等冥币，现在出现了仿各种货币制作的大额冥币。写对联、剪窗花的场景很难看到了，取而代之的是到市场上买印刷品的对联和机制的窗花。

自从改革开放以来，特别是20世纪90年代以来，出现了三种新的过年方式，一是饭店吃年夜饭，年夜饭不在家吃，而选择在饭店吃，省去了在家做饭的麻烦，采取这种过年方式的主要是城市居民，临近过年，大中城市的饭店都提前预订酒席。二是旅游过年，过年期间不在家过年，利用过年长假

---

1. 讲瞎话：就是讲故事的意思。

去外地主要是旅游城市过年，有的家庭还选择到外国旅游，既满足了全家旅游的需要，也省去了在家过年的张罗，春节成了黄金旅游季节。三是候鸟式过年，一些人尤其是退休职工每到冬季就"飞往"海南等热带地区过年，以躲避北方的寒冷，许多家庭在海南买了房。这三种过年方式的出现皆是因为现在生活水平提高了，人们在经济条件允许的情况下，可以选择不一样的过年方式。

▲ 尝试包饺子的鄂温克族女孩／于学斌 摄／2015年

四、春节的基本内容及过程

春节是一种综合性的文化事项，"几乎是政治、经济、生产、生活（衣食住行）、宗教信仰、文化艺术、社会交往、民族心理等的综合反映，具有全息性质"[1]。

黑龙江各民族在过年的许多程式化的活动方面同中原春节习俗具有一致性，节日习俗方面表现出的共性特征多于异性特征。时间从腊八开始，直至农历二月初二。节日期间的活动丰富多彩，内涵丰富，每一种活动都具有象征意义，每一民族的过年文化均是其民族文化的集中体现。春节的特点是大节中包含着小的节日，按照时间顺序，两个月期间春节包括腊八节、小年、大年三十、除夕、大年初一、元宵节、填仓节、二月二等。

---

1. 陶立璠. 民俗学概论[M]. 北京：中央民族学院出版社，1987. 187.

▲ 年货市场上守摊的生意人/于学斌 摄/2016年

节日的准备

进入腊月或者冬月，年味就越来越浓厚，为过年所进行的准备工作就正式开始了，忙年所忙的内容非常多。

购置年货是基本内容。进入腊月，各家就开始了购物热潮，整个腊月是各家集中购物时间。商家也适应这种需要，摆摊设点，可谓购销两旺。主要准备的年货有鸡鸭鱼肉、冻梨、冻柿子等食物。新年新气象，每个人尤其是孩子都要做或买新衣服。

通常在腊月二十九、三十贴对子、窗花（挂签）、福字、春条。过去或者自己写对联、福字，自己剪挂签、窗花，或者找人代写代刻，而如今，这些都能在市场上购买到。

年前一定扫房子，打扫卫生，干干净净过新年。

年前要准备大量的干粮在过年期间吃，包括年糕、豆包、馒头、花馍、卷煎、冻饺子。

在有条不紊的忙年过程中，年味越来越浓。虽然说是为年做准备，事实上这些为年所做的准备工作也是年的重要组成部分。

春节的过程

黑龙江省春节节期时间长，从腊月初八一直持续到二月初二。

腊月初八就拉开了春节的序幕，黑龙江各民族很重视腊八，将其视为一个节日，直至现在仍然保持。腊月初八做腊八粥，腊八粥各地有不同的做法，有的地方就是黄米饭，有的地方是用糯米、小米、苞米馇子、花生等八样东西熬成的粥。在困难时期，粮食短缺，填饱肚子都是很困难的事，在这一历史背景下出现用玉米粥、高粱米粥、小米粥代替黏米粥的现象。吃腊八粥的意义是粘住下巴,免得寒冷的天气把下巴冻掉。

腊八前后的杀年猪是重头戏,无论对于家庭抑或对于一个村子都是非常重要的大事,每到此时,全村要聚餐吃猪肉,浓浓的亲情、友情在吃猪肉、送猪肉中得到了充分的体现。

腊月二十三是小年,通常在这天要吃顿饺子。这一天的主要活动是送灶王爷升天,因为这天是灶王爷上天汇报的日子,家家给灶王爷上供,在灶王爷的嘴上抹灶糖。灶糖又叫麻糖,是用麦芽熬制而成的糖,呈黄色,长条形,抹灶糖的目的一方面是粘住灶王爷的嘴,另一方面也是让他嘴甜,到天上给家里说好话。摘下灶王爷像,将其扔到灶坑里烧掉,同时烧掉的还有酱秆儿扎的马和天梯,跪拜、磕头,口中叨念:"灶王爷本姓张,骑马挎着枪,上天见玉皇,好话多说,赖话少说。"每到烧灶王爷像的时候,达斡尔族、鄂温克族大人都会让孩子们到屋外看烟囱,看"灶王爷坐着轿子升天"。灶糖本是祀灶时给灶王爷上的供品,同时灶糖也是这天人们的食品,在过去困难时期能吃上灶糖也是一件非常开心的事情,祭祀完灶王爷后,剩余的灶糖全家分食之。送走灶王爷后,各家开始打扫室内外卫生,谓之"扫房"。

▼ 汉族家谱 / 于学斌 摄 / 2016年

▲ 摆家堂（汉族大年三十的主要活动，敬天法祖，慎终追远，敬宗收族）／于学斌 摄／2016年

　　腊月三十是黑龙江所说的"年""大年"，年三十晚上称为"年午黑天"，是年风俗最为丰富、讲究最多的日子。"农村无论贫富，至是必立杆院内，夜间高悬腊灯，以示明亮吉祥之意。愈富其杆愈高美，是杆直至一月十五后始撤去。"[1] 所挂灯笼随着时代变化而有所不同，早年是自己用纸糊的灯笼罩，里面放蜡烛，现在多在市场上购买现成的大红灯笼罩，里面挂电灯。各家各户要请神，摆上供品供奉众神；当天夜里，把家中所有灯火点明，父系家庭的一家欢聚一堂吃团圆饭；一夜不睡觉，谓之"守岁"；禁止扫地、倒水、用剪刀，禁止说"破""坏""没""死""光"和"少了"等不吉利的话语；家里人要拜年，给小辈压岁钱，有的民族也有去亲属家拜年的习俗。

　　正月初一称为大年初一，该日走亲访友，俗称拜年。黑龙江各民族的

---

1. 刘爽.吉林新志·人文之部·人民·性质与特习[M].伪康德元年（1934）铅印本.

拜年方式有所不同，蒙古族、达斡尔族、鄂伦春族、鄂温克族、柯尔克孜族拜年是团拜，以家庭或者家族为单位集体出去拜年，老人在家接受别人的拜年。有些地区的拜年仅是走动走动，到别人家去串个门，说些过年好之类的拜年话。社会发展到今天，传统的拜年方式逐渐淡化，短信拜年、QQ拜年、微信拜年、电子邮件拜年等成为主要的拜年方式。

正月初二是姑娘回娘家的日子，黑龙江省的汉族、满族、达斡尔族、鄂伦春族、鄂温克族、锡伯族、柯尔克孜族都有这一习俗。汉族选择这天回门的原因是初一这天汉族送走家神，只有送走家神之后，姑娘、女婿才能来，因为女儿女婿不能看见娘家和岳父家祖神，否则对娘家兄弟不好，影响家族人口的发展。

正月初三是出行的日子，这天车马可以出动了，即便不需要出车，也要象征性地出车，要选择一个吉利的方向出车，出车时要燃放鞭炮，有的家庭把鞭炮挂在车后面燃放，走出百步开外。有的地方将这天视为过年的最后一天，过了这天就开始换饭，意味着年过完了。

正月初五，俗称"破五"，之所以叫破五，意思是从年三十到初五之间的一切禁忌都在这一天解除。有的地方也认为，初五一过年就过完了，初五以后就开始换饭了，开始吃平常饭。正月初五"必食饺子，谓之'捏破'"[1]。这一天早晨包饺子叫捏五，也叫"捏破"，以此希望一年之内不出现差池。有的地方要用五样面包饺子，有的人家必须用一部分年前特意留下来的面和馅包饺子。饭前必燃放鞭炮。

正月初六恢复正常日子。该日商店开门营业，不过仅营业半天，第一个顾客为新的一年的第一个顾客，预示好兆头，所以必须给减价优惠。正月十六开始全天营业。现在县城的许多商家仍然沿袭初六开业的传统，不过多数商家在初六这天就正式开业了，在初五这天商家一定燃放鞭炮。省会城市

---

1. 严兆霖修，张玉书纂. 望奎县志·卷3·礼俗志[M]. 民国八年铅印本.

以及地级城市多数商家则没有此时间限定。正月初六是放水的日子，在这一天把春节期间攒下来的脏衣服洗干净。

正月初七是人日或人期日，是小孩的日子，这天观天气，若是天气好，则这一年小孩健康，"天气清朗主吉，阴冷则有灾"[1]。这天吃面条是一种普遍的民俗行为，意思是拴腿，祝小孩健康长寿。

正月初八，祭祀星星。清代潘荣陛《帝京岁时纪胜》记载："初八日传为诸星下界，燃灯为祭。灯数以百有八盏为率，有四十九盏者，有按《玉匣记》本命星灯之数者。于更初设香楮，陈汤点，燃而祭之。观寺释道亦将施主檀越年命星庚记注，于是夕受香仪，代具纸疏云马，为坛而祭，习以为常。"黑龙江省有些地区也有此俗，男女祭祀星星，称为"顺星"，按自己的年岁为数蒸出面灯，豆油棉条点燃后放于供桌上焚香叩头，以灯不灭为吉利。年长未婚的男女也有在此时抱荤油坛子，以借"动婚"的谐音。[2]

正月十五为上元节、灯节、元宵节，既是一个独立的大节，也是春节的一个有机组成部分。通常的习惯是每家每户都吃饺子，也有吃元宵的，吃元宵的家庭在过去多为吃供应粮的家庭，近年吃元宵较为普遍。晚上通宵点灯，汉族有给坟地送灯的习惯，在房前屋后撒灯。到冰上打滚以去百病是黑龙江各民族的共有习俗。满族在这天有往井里扔冰的习俗，寓意是扔病。

达斡尔族、鄂伦春族、鄂温克族、柯尔克孜族、锡伯族、赫哲族在正月十六有用锅底灰互相抹黑的习俗，以求吉祥。

正月十七是人日，这一人日是中年人的日子，这一天通常吃面条，以祝中年人长寿。看天气预测中年人的一年运势，天气晴好则预示中年人一年都旺，天气阴暗则预示中年人一年不顺。朝鲜族没有此习俗。

正月二十五是添仓节，祭"仓神"，将盛得满满的一碗米饭中间垂直

---

1. 赵汝楳修，朱衣点总纂. 宾县县志·卷3[M]. 民国十八年铅印本.
2. 黑龙江省肇源县地方志编审委员会办公室编. 肇源县志（修订本）[M]. 1985. 548.

插一双筷子，摆在仓内并上香祭祀，其用意是，祈求风调雨顺，粮食满仓、丰衣足食。在院内用草木灰画成若干圆圈，象征粮仓，在仓内放五谷杂粮，期盼新的一年五谷丰登。

正月二十七是人日，是老年人的日子，家家做面条吃面条，以拴腿。看天气预测老人一年的好坏，天气晴朗则预示老年人安泰，若阴天下雪，则预示老人不太顺利。

农历二月初二是龙抬头的日子，该日吃猪头肉，剃龙头。在院子中用灰画圆圈，里面压着粮食，谓之"打囤"。从院门或者灶台撒灰到井沿，谓之引龙。吃面条，要将最长的面条挂在幔帐杆子上。

大人给小孩系龙尾（读yǐ）儿，吃炒豆，忌刀剪、斧子，怕砍断龙须，女人忌针线，怕扎龙眼。

农历二月初二一过，年猪吃完了，春节结束，许多娱乐活动结束，此时，新的一年的农忙活动开始了。

五、地域差异与民族特色

总体而言，春节习俗的结构性非常强，各民族在过年过程中所进行的活动和仪式基本相同，这是因为其源头是相同的，都源自汉族的春节习俗，汉族的春节习俗有着稳定的活动内容。但是由于文化背景及传统的差异以及自然环境的差异，黑龙江的过年习俗也有地域差异和民族特色以及同一民族不同支系之间的差异。

城乡之间差异

农村和城市的过年习俗的差异性是个普遍问题，在全国具有共性特征，黑龙江也不例外。农村的过年年味浓厚，每一家都按照年的程序化内容

▲ 饶河县新年景象：布置一新的街道/于学斌 摄/2016年

按部就班地进行，不敢有丝毫的怠慢和懈怠。城市市民家庭年味相较而言较淡，活动内容较少，参与的热情不高，尤其今天，许多过年的程序都被简化了，许多家庭仅吃顿饺子、看看电视就算过年了。虽然城市市民年味越来越淡，但是在年文化的开发方面却远胜于农村，如大型彩灯游园会、大型冰灯会都仅有城市才有。不仅现在，在过去也是这样，如城镇元宵节的鞭炮、花灯较之于农村要丰富得多，"十五日为'元宵节'。商民人等均于是晚张灯、放花炮，形形色色，颇为美观；而城市间尤为热闹，有办灯官及秧歌者，化装游行，锣鼓喧阗，男女翘足围观，极形拥挤焉"[1]。

城镇过年商业气氛明显，如元宵节，农村和乡村的共性是张灯结彩，但是农村的彩灯规模小，仅是各个家庭在室外挂个大红灯笼，有的家庭因为经济状况差有可能不挂；而城镇则不然，过去商铺在商会督办下必须出资，

---
1. 高芝秀修，潘鸿威纂．安达县志·卷7·礼俗志[M]．民国二十五年铅印本．

在正月十四、十五、十六三天必须整宿点灯，商会推选出一名灯官负责监督，每个灯官任期三天，可连选连任，灯官爷有查灯罚款的不成文的权力，灯官爷、灯官娘"坐着抬轿或斗子车，侍从(扮演的)跟随着，沿着大街查灯。沿街商铺、有不点灯或灯的亮度不够，要受灯官爷的罚款"[1]。灯官"扮作清代官人，骑大木杠，前后以二人抬之，沿街查看灯火孰优孰劣"[2]。

造成城镇和农村之间过年差异的原因是多方面的，首先，二者的社会氛围不同。城市中集体性较弱，每个家庭都是独立的个体，他们之间来往很少，互相之间的影响较少；而农村则不然，传统的乡村是一个集体，是熟人社会，在风俗习惯方面不仅表现出很大的一致性，而且集体参与性非常强。其次，居住条件的影响。城市高楼大厦，展开民俗活动的空间有限。而农村都是平房，且自家都有独立的院落，所以有足够的空间展开各种民俗活动。最后，文化传承方式不同。城市中受主流文化的影响较强，而乡村受传统民间文化的影响较强。

城市分成不同的区域，每一个区域中所居住的人群在职业、文化水平、文化背

▲▼拉林满族年货大街／于学斌 摄／2015年

---

1. 黑龙江省兰西县办公室．兰西县志[M]．海口：海南出版社，1992．567．
2. 齐耀斌等修，韩大光纂．宝清县志·卷13·礼俗志[M]．民国二十五年铅印本．

景等方面存在不同，从而各自表现出不同的市民文化，这种现象在中华人民共和国成立以前表现得最为明显，现在虽然有减少的趋势，但是差别仍然存在。如哈尔滨市，不同区域居住着不同阶层的人群，而每个阶层的社会地位是不同的，中华人民共和国成立以前民间有"南岗是天堂，道理是人间，道外是地狱"的说法。中华人民共和国成立以后，这种地域上的人群层次之别逐渐取消，但是差别仍然是存在的，南岗是省直机关事业单位所在地，道理是市直机关事业单位所在地，所以人群的政治地位相对较高，而道外主要集中的是工商业者，商业气息浓厚。人群的不同，各个区的节日文化也有所不同。道外、南岗、道理、香坊、平房、阿城、呼兰等区各有差异，道外的居民绝大多数来自山东和河北，他们是哈尔滨城的最早建设者，传统过年习俗保持得较为浓厚，是哈尔滨市民文化的代表。而南岗和道理的最早居民是俄罗斯以及其他外国人，后来变成政府机关所在地，所以年节习俗程序简单，而且变迁的速度快。平房、阿城、呼兰等区是远离主城区的区，呈现出城乡接合地带的民俗特点。

农村的地区性差异

黑龙江省农村各地区的年文化也有所不同，具体表现在，同一民俗活动，不同的地域所要表达的含义是不同的，同一民俗事项不同地域有不同的解释和理解。如同为包饺子码盖帘，有些地区要由里往外一圈一圈地码，叫"圈福"；有些地区则认为这种码法会把日子过死，要码成行，如此则会财源广进。同一民俗活动，如抹黑节，虽然都是往脸上抹黑，但是其内涵有所不同。

这些不同是由多方面因素造成的。首先是自然环境。黑龙江省的自然环境多种多样，有湿地、草原、山林、平原、丘陵和高山，不同的自然环境造就不同的文化特点。自然环境的差异直接导致的是经济类型的差异，而经济类型的不同直接导致物质生活的差异，物质生活的差异直接导致年货的品种、食物的品种的不同，山区的年货山货、野味较多，而平原地区的年货则以粮食和葵花子为主，水边民族则吃鱼较多。

其次是社会环境。各地的文化底色各不相同，有的地区是农耕文化，所以农耕文化特色明显，在新旧交替的美好时刻，人们的心理是期盼风调雨顺、五谷丰登、粮食满仓。有的地区是牧业文化，因此在新旧交替的时刻盼望牲畜膘肥体壮，没有黑灾白灾。有些地方是渔猎文化，人们则希望山神爷多赐予野兽，狩猎顺利。

自然聚落和嵌入式聚落的差异

从聚落的形成方式来看，黑龙江省有两大聚落形式：一种是自然聚落，一种是嵌入式聚落。自然聚落就是自然形成的，往往以家族、民族为单位组合而成，是在长期的生产实践中形成的，它们有稳定的社会结构，文化有连续性、稳定性。自然聚落同质性强，血缘纽带联系紧密，社会流动较少，经济活动简单，这一聚落就是费孝通先生所说的"熟人社会"，居住在同一村落的人绝大多数人都沾亲带故。在这种社会中，社会习俗具有统一性、一致性，各个家族、各个家庭基本上重复着相同的生活习俗。年也一样，年文化是从祖辈一代代传承下来的，全村往往在过年的主要程序上基本相同，每一家都重复着同样的活动。

嵌入式聚落则是在外力作用下形成的聚落。黑龙江省的嵌入式聚落很多，在黑龙江大地上广泛分布的林场、农场、国企等均属于这种聚落类型。嵌入式聚落是在国家政策的统一协调下形成的，是计划经济下的产物。嵌入式聚落内的居民有以下几个特点：一是人员来自于全国不同地域；二是聚落内的人文化背景不同，他们来自不同的文化区，从小受到不同的家庭氛围和社会氛围熏陶，所以接受和传承的文化有所差异，这就造成他们在重新组合而成的聚落中各自按自己固有的生活方式生活着；三是迁入的情况和原因各不相同，有的是转业官兵，有的是工程技术人员，有的是学生，有的是工人;四是到黑龙江以后的家庭类型各异,有的是整个家庭都搬过来了,而绝大多数人是只身来到这里;五是嵌入式聚落文化受主流文化影响大,政治色彩浓厚。

嵌入式聚落在过年习俗方面与自然聚落有很大不同,具体表现在四方面:一是传承的春节习俗有所不同,到所在的嵌入式聚落以后,家乡的习惯仍然不同程度地保留着;二是节日的氛围和重视程度不同,有些家庭是整个家庭迁移过来的,这类家庭的节日氛围较为浓厚,而有的人是只身过来的,来到这里先是住单身宿舍,所以节日观念较为淡薄;三是宗教观念较淡,春节是个人神共娱的节日,而嵌入式聚落的人们的神都在老家,所以到这里以后许多和神有关的活动都被淡化或者取消了,如供祖宗、上坟等活动没有了;四是嵌入式聚落在意识形态领域受主流文化影响的程度更深,所以在年文化的过法上往往紧跟主流文化,正因为如此,年文化的传统色彩较为淡薄。

民族特色

民族特色和地域差异是相一致的,民族文化是建立在自然环境基础上的,但是之所以强调民族特色,是因为民族文化形成以后,即便民族迁徙到其他地域,民族仍然会沿袭其传统文化。

黑龙江是多民族杂居区,各民族均有过农历新年的习俗。每一个民族都是在自己民族原有文化的基础上接受年文化的,在接受和传承过程中不可避免地打上本民族的烙印,从而形成特色鲜明的民族年文化,在饮食、服饰、室内外装饰、社交、祭祀、祈福、游戏等各个方面有所差异。

饮食方面,农区的汉族、满族、达斡尔族、柯尔克孜族过年时都要杀年猪、做年食。而具有渔猎传统的鄂伦春族、鄂温克族、赫哲族则将野味准备得最为充分,他们平时都是随时打随时吃,过年时则不然,鄂伦春族、赫哲族等进入腊月,就入山打野兽,将好肉留起来到过年时吃,他们也用自己的皮货和野味到山下汉族村换取粮食。即便在今日,世代以捕捞为生的赫哲族仍然要为过年准备充足的鱼，世代以打猎为生的鄂伦春族仍然会为过年准备一两只狍子、野猪[1]，或者自己猎捕，或者购买。

腊月初八虽然都过，但是饮食却有差异，有吃黄米黏饭的，有吃八种粮食熬成的粥的，有喝小米粥的，还有地区只要是粥就可以，鄂伦春族在这天则吃面片。

好吃不过饺子，过年必须吃饺子。吃团圆饺子的时间都在大年三十半夜新旧交替之际，而鄂温克族过去年三十半夜不吃饺子，而在初一吃。饺子馅因为从事生产活动的不同而有所差异，赫哲族生活在三江流域，吃鱼肉馅饺子，鄂伦春族因为常年打猎则以兽肉为饺子馅，农区的汉族和满族主要吃猪肉馅饺子。

同一民族内部春节习俗也存在差异。如桦川县的朝鲜族"正月十四早，人人喝一口酒，吃硬东西（如炒豆等），以兆健康。这天把绳子都藏起来，说见了招蛇"[2]。而海林市海林镇江北村朝鲜族则没有这一习俗。

服饰方面，每到过年的时候，汉族、满族、锡伯族、朝鲜族都要为孩子们做一套布衣。旧时，年前都要忙着做针线活，为的是到过年时每个人都穿一双崭新的布鞋，这些布鞋就是我们通常所说的千层底，是母亲起早贪黑一针一针纳成的。而以渔猎为生的鄂伦春族、鄂温克

▼ 饶河县四排乡四排村赫哲族尤桂华正在做具有赫哲族传统特色的鱼宴／于学斌 摄／2016年

---
1. 在这里有必要交代一下，国家仍然允许鄂伦春族拥有枪支，允许他们入山打猎。
2. 桦川县志办公室，桦川县档案馆合编．桦川四百问[M]．1984．175．

族、赫哲族则要做一套崭新的狍皮衣,这些皮衣、皮裤不仅要经过剥皮的工序,更重要的是要进行鞣制,然后用犴筋线、鹿筋线缝制而成。

室内外装饰方面,各民族在年前都要将室内外环境装饰一新迎接新年,但是装饰方式有很大不同,汉族、满族、锡伯族等的装饰画为"连年有余""加官进禄""步步生莲""松鹤延年""五子夺魁""刘海戏金蟾"等中国传统吉祥图案;朝鲜族过年期间的装饰画是"十长生";长年在撮罗子中生活的鄂伦春族、赫哲族则没有装饰画。

汉族、满族、锡伯族、达斡尔等族都有贴挂签的习俗,挂签上刻有精美的图案。满族挂签不同于其他民族,他们的

▲ 年彩,即挂签,满文年彩具有民族特色,上面刻有满文,为"奇""瑞"之意/于学斌 摄/2001年

"满文年彩"叫"旗彩",按照自家所属的八旗中的某一个旗色选择年彩的颜色,如正黄旗旗人选择黄色年彩,上刻满文,所刻满文也是吉祥话,是"祥""瑞"之类意思的语言。五常市京旗满族的挂签虽然和旗色有关,但是以右面第一个挂签的颜色为旗色,满族以右为大。满族在祖宗匣子下面通常贴白色挂签,上面刻有满文,为"奇""瑞"之意,意为追忆祖宗的功德,以求吉祥。满文四周有碟状图案,有粗犷的方孔与文字相连。但是京旗满族由于受到汉族文化影响较深,所以他们在祖宗匣子下面贴的挂签是红色的。

祭祀方面,黑龙江省各民族的宗教信仰虽然较为复杂,但是信奉萨满教的民族居多,这就注定了各民族信奉的神灵较多。过年是各民族集中祭祀

各种神灵的时候。

由于各民族宗教信仰的不同,节日期间的娱神活动也有所不同,农区的汉族主要是上坟、祭祖,供奉保家仙以及仓神、土地神、门神。锡伯族供奉喜力妈妈、海尔堪玛法。满族供奉子孙绳。而鄂伦春族、鄂温克族、赫哲族所供奉的神灵除了祖先神而外,还有各种自然神。蒙古族信奉喇嘛教,所以室内供奉的是佛像。而采金工人则有自己特有的祭祀习俗,黑龙江流域各个支流均有丰富的金矿资源,金矿工人对"赵公元帅"特别殷勤,因为它是主管财源的财神爷。除夕日,金班要做三件事:一是祭祀神灵,拜五道山神,迎接财神;二是星相占卜,求新年采金出"爆头";三是装饰住室,准备宴席。三件事中,唯祭五道山神与迎接财神最要紧,必须虔诚从事。乌拉嘎金矿白老爷河金班春节祭神的程序是:除夕晚宴后,全金班的人先到山上点燃篝火,迎回财神。然后,在马架子房内摆香案、供桌,供奉财神。供好财神后,大师傅把用来供神的糖馅饺子煮熟放在金箔子里,由班长端着,整个金班的人

▼ 年三十,哈尔滨市呼兰区孟家乡孟家村的张起鹏写对联和保家仙牌位/于学斌 摄/2016年

▼ 用于供奉老祖宗的祭品之一/于学斌 摄/2016年

跟在后面,打起灯笼、火把(燃烧的松明),一齐朝神龛走去。在神像前,把糖饺子放在早已点燃香火的供案上,大家在班长的带领下跪磕三次头。随后,班长代表金班乞求神明保佑新年风调雨顺,探出"爆头",每人都能发财,接着,逐人向神灵祈祷,求得吉祥如意,祛祸赐福。祭完仍举着灯笼、火把从原路返回金班。此时已近午夜时分,大师傅煮好了年夜饺子,朝大家喊"恭喜,恭喜,新年发财!"大家也如此回敬。接着大师傅喊:"端金疙瘩了!"(把水饺比作金疙瘩有象征吉利,新年伊始采得更多黄金之意)大家接过年夜饺子,饿不饿都要吃,一定吃完自己那份。然后再到供奉财神的桌前,跪请财神,班长举着财神尊位,全体跟随到篝火前,跪着祈祷,在一片求神赐福声中,燃放爆竹,把财神送上天去。[1]

过年期间的所有活动都有祈福禳灾的意义,但是方式方法以及对同一活动赋予的含义却因族群差异而有所不同。如正月十六是锡伯族、达斡尔族、鄂温克族、鄂伦春族、柯尔克孜族的抹黑节,方式基本相同,不过所赋予其中的内涵有稍微差异,锡伯族、柯尔克孜族认为这一天"五谷之神"要下凡,所以人们这天相互往脸上抹黑,替五谷承受黑祸,祈求五谷之神免掉庄稼的黑穗病。达斡尔认为正月十六阴阳同在,互往对方脸上抹黑是为了辟邪免灾,预祝着丰收和幸福。鄂温克族抹黑脸有图吉利和消灾辟邪之意,不得头疼病。鄂伦春族抹黑脸表示"去病禳灾",抹上黑脸就能赶鬼驱邪,这一年就不会得病遭灾,保证一年平平安安。

游戏娱乐方面,娱乐活动特别多,每一个人都根据自己的兴趣爱好找乐子。传统娱乐项目虽然基本相同,但是其内容有很大区别。过去,春节期间均有听故事的习俗,汉族叫讲大书,满族叫讲古、说部,赫哲族叫伊玛堪、说胡力,鄂伦春族叫莫苏昆。春节期间是这些说唱文学最为活跃的时期,群众的参与性非常强。做游戏是春节期间各民族最为普遍的活动,各民

---

1. 范德昌主编. 嘉荫县志[M]. 哈尔滨:黑龙江人民出版社,1988. 609–610.

族游戏的内容既有相同的，也有不同的，虽然都有玩噶啦哈的习俗，但是噶啦哈是不一样的，汉族、满族、锡伯族的噶啦哈多选自猪腿、羊腿，而鄂伦春族、鄂温克族、赫哲族等渔猎民族的噶啦哈多选自狍子腿。汉族、满族喜欢扭秧歌，达斡尔族、鄂温克族、柯尔克孜族跳罕伯舞，朝鲜族组织农乐队跳农乐舞。朝鲜族的花图、尤茨等游戏活动是本民族所独有的。

社交方面，过年是个人情味非常浓厚的日子，既讲究亲情之爱，讲究纲常礼教、人伦际序，也讲究乡情、朋友情，在这个新旧交替的日子里都要互相走动，以表尊重和关爱。节日期间的社交最为频繁，都以拜年的方式相互走动，交流语言都是过年话。但是拜年方式有所不同，汉族、满族等民族的拜年多以个人为单位，而达斡尔族、鄂伦春族、蒙古族、鄂温克族、柯尔克孜族的拜年则是集体团拜。

年文化地域性民族性差异逐渐减弱

历史发展到今天，黑龙江春节习俗的地域性和民族性逐渐减弱，各地区、各民族春节文化出现趋同现象较为普遍。过年的程式化活动在简化，有些过年程式消失，过年的活动相同或者相似，过年仅是回家的脚步，过年仅是一桌年夜饭。趋同现象的产生源于地域之间、民族之间联系的加强，黑龙江省广阔的平原和水域给各民族交流提供了便利，频繁的交往、交流，不断的学习和借鉴，形成了黑龙江年文化交融性强的特点，年俗在各民族间传播，使各地、各民族年民俗具有相似性和雷同性。趋同现象的产生还在于现代生活方式对传统生活方式的冲击，现在已经进入工业化时代、信息化时代，传统农耕时代产物的年有些被现代生活所取代、被变异。

比较而言，现在过年同过去过年方式有以下不同之处：

一是，现在过年不忙了。过去过年非常忙，黑龙江人从冬月就开始忙年，因为一进入冬月，猪、鸡、鸭、鹅就不长肉了，所以再继续养下去，就是浪费粮食了，同时这时室外温度很低了，在自然状态下就能保存食物，所以冬月以后就开始宰杀年猪、鸡、鸭、鹅，也开始包冻饺子。继之还有淘米、蒸年干粮、购置年货、给家里每个人制作一套新衣服，所有的这一切都是手工活、体力活，所以各个家庭都非常忙碌。尽管忙碌，但是人们的心里是幸福的，脸上洋溢着笑脸，人们带着期盼、期待，带着对美好生活的憧憬。在忙忙碌碌的准备过程中，浓浓的年味体现了出来。而现在则不然，人们过年不忙了，无论是饮食还是服饰，绝大多数物质需求都从市场上买现成的，商品经济的发达使得买年货变得容易起来，人们不必贮存任何物质，需要的时候现买或者临近春节时再买就可以了。

二是，过去过年仪式感特别强，而今的过年变得随意。过去过年不仅遵守节时、节序，而且每一个时间段要举行一系列的仪式，腊八吃腊八粥，小年送灶神，扫房，年前剃头，除夕夜燃放鞭炮，吃年夜饺子，守岁，给压岁钱，大年初一拜年，正月初五"破五"，正月十五的燃放烟花、撒灯、送灯、滚冰，正月十六抹黑，正月二十五填仓，二月初二吃龙头、戴龙尾儿等，通过一整套繁复的仪式完成了整个过年过程。通过这些仪式使得节日具有神圣感、庄严感。过去过年期间每个人都要谨言慎行，非常严谨、庄严地完成每一个过年活动。现在，许多过年的仪式没有了，有些过年仪式虽然存在但是已经变成个别人的行为，不具有全民性了，还有些仪式虽然存在但是已经流于形式，失去了其原来的意义。人们过年变得越来越随意，想怎么过就怎么过。

三是，过去都在自己家过年，现在过年的形式出现了多样化的趋势。过去过年各个家庭的过年方式基本相同，而现在每个家庭都有着不同的过年方式。旅游过年、看电影过年、听音乐会过年、饭店过年、领着孩子逛书店、候鸟式过年等过年方式在现代生活中屡见不鲜。

四是，过年的热情不高。过去无论生活如何，一定要把年过好，而现在人们的生活水平提高了，年在人们的心目中的地位反倒有所下降，在很多人的心里，过年和平时差不多。

同时我们也应看到，随着社会的发展，一些新的年俗也深入我们的社会生活中，成为我们当今年俗的一个有机组成部分。现在见面拜年的方式减少，但是不见面拜年方式却增多了，不仅增多了，而且范围更广了。通过网络，拜年已经不限于家人、朋友之间，而扩大到学术团体、同事；不限于熟人间拜年，而是扩大到陌生人之间；范围不限于本地，远隔千里甚至国外都能实时收到春节祝福；微信上抢红包成为最近几年最为流行的过年娱乐方式。这些新生的过年方式是社会进步的体现，使得年有了新的时代感。

六、春节的意义和功能

春节在黑龙江省各民族的心目中具有重要的地位，人们重视过年，把过年看成一年中最为重要的大事，忙活一年就是为了过个好年。人们认真地过年，每一年过年的程序人们都认真地完成。春节之所以受到黑龙江人民重视，原因在于春节对于黑龙江省各民族群众的意义重大，满足了黑龙江各族儿女多方面的需求，既满足了人们的物质生活需求，也满足了人们精神生活需求。

满足谢神酬神的需要

具有浓厚原始信仰的黑龙江省各民族认为，生活中的一切都是由神灵决定的，神灵决定人间的生老病死、吉凶祸福、收成好坏、贫穷富贵，因此敬重神灵是各民族信仰文化的重要组成部

▼ 供品/于学斌 摄/2016年

分,由此也使得谢神、酬神成为过年期间的主要内容。谢神、酬神的方式就是娱神、贿神、媚神。

年被视为一年的终点,所以在这个时候要感谢各种神灵对过去一年的佑护,要把祖先、财神、喜神、门神等各种神灵请回家,加以供奉、祭祀。

同时,年也被视为新一年的起点,在这新旧交替的时刻,在这辞旧迎新的时刻,要对各种神灵进行祈祷,祈求神灵保佑新的一年大吉大利。

现在,春节的娱神贿神的功能较之以前有所弱化,但是每到春节来临之际上坟烧纸,正月十五到坟地送灯这些祭祀亡灵的习俗仍然非常普遍。

满足物质需求

年作为黑龙江各族人民最盛大的节日,人们都准备丰富的物质来喜迎欢度这个节日,在过年期间,是各家物质最为丰富的时期,在这一时刻展示的、享用的都是各个家庭、各个民族最好的物质。吃的食物是一年中最好

▼ 饶河县西林子乡马架子林场赫哲族冬捕/于学斌 摄/2016年

▲ 饶河县西林子乡马架子林场赫哲族冬捕／于学斌 摄／2016年

的，在物质财富不发达的旧时社会，过年是各民族集中解馋的时间，平时以素食为主，只有过年的时候才集中吃大鱼大肉，黑龙江省农业地区"普通之食料为秫米、小米、包米查三种，菜则园蔬；至酒、肉、面、大米、烧酒等，则年节及供客用之，非富厚之家不能常御也"[1]。如今人们的生活水平普遍提高了，即便平时伙食也非常好，但是过年期间仍然是食物最丰富和最好的时候，吃仍然是过年的主要内容。

一年复始万象更兴，新年新气象。过新年做新衣，这是以前黑龙江各族人民的习惯，即便没钱做新衣服，也要把旧衣服洗干净。如今人们生活水平提高了，平时穿的衣服就是非常好的衣服了，但是对绝大多数家庭来说，仍然会给家中的老人、孩子买套新衣服。居住的屋舍在过年期间也要焕然一新，年前一定要进行一次大扫除，把房屋打扫得干干净净，门、窗、门柱子

---

1. 赵汝楳修，朱衣点总纂. 宾县县志·卷3[M]. 民国十八年铅印本.

之上以及仓房、猪圈、鸡窝之上都贴上大红的福字、春联、春条，把生活气象打扮得红火、热烈、生气勃勃。

满足精神需求

春节被视为合家团圆的日子，每到过年的时候，全家都团聚在一起，尽享天伦之乐，浓浓的亲情在此时刻得以体现。现在，虽然过年的程序活动在弱化，但是团圆仍然是春节不变的主题，团聚的思想反倒越来越强烈，不论身居何处，春节期间都要赶回家里。父母单过的，兄弟们会聚到父母家；父母和兄弟过的家庭，则兄弟们会聚到父母所在的兄弟家。过去出嫁的女儿必须在婆婆家同男方父母兄弟们过年，现在则没有这种限制，过年时出嫁的姑娘领着丈夫、孩子同父母过年也是一种选择。讲孝道在春节这个重要的节日得到发扬，在此时刻，儿女们都会给老人钱、礼物，尽显孝心。兄弟姐妹情谊在这种欢聚中得到深化。

春节期间是人们集中走亲访友的时间，通过这种来往和走动，加强了亲朋之间的友谊，增进了感情。

春节是一个举国同庆的日子，人们以各种方式庆祝这个活动，踩高跷、扭秧歌、讲大书、唱大戏等各种文娱活动次第登场，欻嘎拉哈、下鹿棋、打扑克、打麻将等游戏活动让人们放松心情。人们尽情地欢乐，充满了幸福。如今，尽管春节期间的许多传统游戏娱乐活动见不到了，但是打扑克、打麻将仍然非常盛行，在新的历史条件下又产生了许多新的娱乐项目，如上网、唱卡拉OK、看春节联欢晚会、抢红包等，这些新的游戏仍然给人们带来了无尽的欢乐。

中国节日志
春节（黑龙江卷）

志略

一、节日时空

春节是农历新年,是按照我国传统的农历计算节序和安排节日活动的。黑龙江春节的节期很长,从腊月初八一直延续到二月初二,为年所做的准备工作从冬月就开始了。黑龙江过年是围绕一头年猪而过的春节,腊八前后杀猪,二月初二最后把猪肉吃完,标志着过年的结束,其间经历了腊八节、小年、大年三十、大年初一、破五、人期日、元宵节、填仓节、二月二等重要的节日,这些节日共同构成了春节的主要内容。

任何一个民俗活动都是在特定的区域内进行的,春节期间节日活动丰富多彩,绝大多数的节日活动都是以家为单位进行的,家庭是节日期间各种活动的中心,家庭的延伸为村屯、乡镇。每一仪式性活动都有固定的地点,室内、院子、街道、墓地、寺庙都是节日期间举行仪式活动的场所,是各种过年活动展演的舞台和空间。若是推而广之,年的地理空间单位更广,在忙年阶段,商店、集市、碾坊、豆腐坊、粉坊等地点都是人们忙年的场所,因此,春节的空间分布范围非常广,整个黑龙江大地上充满了节日的气氛。

冬月

冬月是农历十一月的别称,是黑龙江人民开始忙年的准备阶段。十月是寒月、十一月是冬月、十二月是腊月,冬月是年前最冷的月份之一。一进入冬月,东北民间就进入了猫冬季节,为年所做的准备工作就开始了,尤其是现在,各家生活水平提高了,包冻饺子、杀年猪、杀小鸡等活动一进入冬月就开始了。

冬至日

公历12月22日或者23日是冬至日,是重要的时间节点。这一天古称"日南至",是太阳距离北半球最远的时候,既是阴气最重的时刻,也是阳气开始回升的时刻，所以人们对冬至非常重视，有"冬至大如年"之说，历史上有"亚岁""小岁"之称，即便现在人们也会过这个节日，每到这一天许多家庭都要吃顿饺子。朝鲜族尤其重视冬至，冬至是朝鲜族的冬至节，每到这一天朝鲜族都要做一锅冬至粥，这是一种用糯米、大米、小豆等五种粮食熬成的粥。对朝鲜族来说，吃了冬至粥就意味着长了一岁。

腊月

腊月是春节节期正式开始的时间点。农历十二月为腊月，腊月一词来源于腊祭，因为是月举行腊祭，所以称腊月，由于汉族最重视腊祭，所以，该月在人们的心目中的地位是最高的。进入腊月，春节的序幕就徐徐拉开了，黑龙江各民族开始为年做物资上的准备工作了。一首民谣概括总结出腊月的节序内容："二十三，灶王爷上西天；二十四，写大字；二十五，扫尘土；二十六，刨猪肉；二十七，杀天鸡；二十八，把面发；二十九，供灶友；三十下晚坐一宿。"当然，这是年前的基本节日内容，在每一项活动的时间安排上存在地域、民族及家庭间的差异。

腊月初八是年前的第一个节日，叫腊八节，民间称之为"腊八""过腊八"，汉族、满族、达斡尔族、鄂温克族、赫哲族、蒙古族、鄂伦春族、锡伯族、柯尔克孜族等黑龙江世居民族均过腊八节，吃腊八粥、腌糖蒜。

腊月二十三是小年，除朝鲜族、回族外，黑龙江省民族都过这个节日，鄂温克族、达斡尔族重视小年甚至超过年三十。这天的主要民俗活动是以灶糖和饺子等食物祭祀灶王爷，用来供奉灶王爷的灶糖也是人们喜爱的食物。将供奉在灶台墙上一年的灶王爷年画取下烧掉，送灶王爷升天。腊月二十三扫房是很多家庭一直延续的传统。达斡尔族从小年这天就开始"换饭"，即开始吃好吃的了。

▲ 装族谱及祭器的长木盒子/于学斌 摄/2016年

腊月三十

　　腊月三十是农历的最后一天。黑龙江各民族都重视这一天，朝鲜族称这一天为"小年"，其他民族均称其为"年"或者"年三十儿""三十儿""大年三十儿"。这一天家家忙碌，吃过早饭要贴对子、福字、窗花、年画（朝鲜族除外），浓浓的年的气氛顿时显露出来。汉族家庭这天摆家堂，满族挂家谱、悬老影，供奉老祖宗。年是最受重视的，这顿饭通常在12时至14时之间吃，是一年吃得最好、最丰盛的一顿大餐，也是全家的团圆饭，通常鱼是不能少的，象征年年有余。菜品的数量必须是双数，以双数为吉，四个、六个、八个、十个不等。饭前放炮仗或者鞭炮。

　　腊月三十晚上叫除夕，民间称之为"年午黑天"或者"年三十晚上"，是新旧交替的日子，这是过年的高潮时段。这是一个神圣的时刻，在这一时段内过年的仪式性活动内容最为丰富，汉族、满族要接神。半夜近零时，汉族、满族、达斡尔族、蒙古族、柯尔克孜族等要燃放鞭炮。之后全家围坐在一起吃年夜饺子，叫"发纸饺子"。在汉族影响下，鄂温克族、鄂伦春族、赫哲族、朝鲜族等也逐渐有了半夜放鞭炮吃饺子习俗。这顿饺子是最为讲究的，馅的材料、煮饺子的方式都有很多说法。该夜整宿不睡觉，谓之

"守岁"。要忌口,不吉利的语言不能说。妇女开始忌针,忌针时间有长有短,有的族群到正月初五结束,有的族群到正月十五,有的族群更长,整个正月都不能动针线。很多民族在除夕夜不出门。除夕夜也有占卜之习,在这个新旧交替的时刻,人们通过各种方式卜筮下一年的运势。

正月初一

正月初一是农历新年的第一天,民间称之为"大年初一",朝鲜族把这一天叫"大年"。"晨起出门,先向吉方走,然后始向他方。"[1] 早晨都吃饺子,这顿饺子必须是年三十晚上或者年前包好的,叫吃隔年饺子,寓意年年有余。有些没有半夜吃饺子习俗的族群如横道河子镇的汉族、讷河市的鄂温克族会在太阳出来之前早早起床吃饺子。汉族有担水抱柴之俗,"水读髓,柴读财,土音也。元旦担水抱柴,扣门户问之,答曰'送',则入之。而置其水其柴釜灶中,大喊曰:'添财添财'。家家如是"[2]。初一民间认为是"鸡"日,这天看天气好坏,天气好则预示新的一年会收鸡,鸡会旺盛。有些地区的汉族在初一这天送神。拜年是大年初一满族、达斡尔族、蒙古族、鄂伦春族、鄂温克族、赫哲族、朝鲜族等民族的主要活动。该日最为热闹,达斡尔族、鄂伦春族、鄂温克族、赫哲族、蒙古族等族的村屯街道上到处能看到提着酒瓶子、拿着酒盅拜年的队伍。

正月十五

正月十五是灯节、灯花节。通常称为"十五""过十五",虽然也叫元宵节,但是并不普遍,尤其在改革开放以前,目前普遍接受元宵节之称。

正月十五有的地方吃饺子,有的地方既吃元宵也吃饺子。但是在改革

---

1. 刘爽. 吉林新志·人文之部·人民·性质与特习[M]. 伪康德元年(1934)铅印本.
2. 胡朴安. 中华全国风俗志(下编)[M]. 石家庄:河北人民出版社,1986. 90.

开放以前吃元宵并不普遍，仅存在于个别地区、个别家庭。现在吃元宵则较为普遍。

汉族认为这天是鬼抓虱子的日子，傍晚，汉族男子要到坟地为逝去的亲人送灯，送灯是给"抓虱子的亲人"照亮。夜幕降临的时候，汉族、满族家家在房前屋后犄角旮旯、门前的路边撒灯。晚上家家燃放鞭炮、放花。花名目繁多，"备然各种花爆，有吒花箭、爆打灯、手把花、吒花爆、盒子、歌子等"[1]。夜晚，以"元旦所残蜡烛于是晚燃之，遍照庭院四周，谓可不遭盗窃，照园圃，谓可不生虫云"[2]。通宵灯火不灭是各民族共有的习俗。吃完晚饭要出去散步，谓之"走百步"。晚上汉族、满族、达斡尔族、鄂温克族、锡伯族、赫哲族有到冰面打滚的习俗，此俗谓之滚冰，意思将病滚走。满族在这一天晚上还往井里扔冰，意思是将病扔掉。汉族从井沿凿冰抱回家放到鸡窝、猪圈，意思是在新的一年里"得鸡崽，得猪崽"。

正月十六

正月十六是达斡尔族、鄂温克族、锡伯族、鄂伦春族、赫哲族、柯尔克孜族的抹黑节。抹黑又称抹花脸、抹花鼻子。母亲在子女还没起床的时候就在其脑门上抹点黑锅底灰。大家都早早起床，到别人家抹花脸，所以这天都不敢睡懒觉，否则被堵在被窝里就惨了。人们以被抹黑为吉祥。但是晚辈不能给长辈抹黑，晚辈给长辈抹黑须先磕头。

正月二十五

正月二十五是填仓节，是仓神的生日，这一天要在院中用草木灰或者面等画圆圈或者方框，象征粮仓，内放粮食，用砖压上，旁边画一两个梯

---

1. 王岱修，李麟兮纂. 巴彦县志·财经志[M]. 哈尔滨：黑龙江人民出版社，1987. 76.
2. 高文垣修，张肃铭纂. 双城县志·卷6·礼俗志[M]. 民国十五年铅印本.

子。也有的地方仅画圈，里面不放粮食。以此象征五谷丰登、粮食满仓。有的地区在室内举行添仓仪式，如望奎县"于空屋内，将灰撒为细条，或圆形，或方形，多多益善，各圈皆留口，谓之仓门。门口置高粱者谓之'高粱仓'，置谷子者谓之'谷仓'，置米者为'米仓'，豆者为'豆仓'。粮上压土坯一块，上置馒头一个，插香一枚，谓之'供仓神'"。[1]

正月二十五又叫龙封日，妇女忌针线，防止扎到龙眼、龙首。《望奎县志》记载："此日忌针，恐刺仓龙之首也。"地方志文献还记载："儿童戴五彩布用彩线穿成的'龙尾'。"[2]所谓的龙尾就是寸长的酱秆同圆形的花布穿在一起形成的穗子，用线绳从酱秆的中心部位穿过，两段酱秆之间夹一圆形花布，下面拴一个布穗子，有的还于布穗子上面拴一小盖帘。缝于小儿肩后或衣襟上，也有的挂于窗钩或幔帐杆上。该日，有吃饺子、包子等带馅的食物、把自己的"粮仓"填满的习俗，按照《天官书》所说："胃为天仓。"所以这天必须把肚子用带馅的东西填饱，"各家吃饺子，以示此年粮食充足"[3]。

二月初二

农历二月初二，民间称之为"二月二"，这一天是龙抬头的日子，也有说这天是"土地老"的生日。要吃猪头肉，吃了猪头就可以抬起龙头。要剃头，谓之"剃龙头"。禁忌动剪刀、斧子等刃具，以免剪到龙须、刺到龙眼。这一日禁止出车，以免轧着龙头。

晨起，男人们用小簸箕装满草木灰，从室中水缸处或者院子一直撒到井沿(井台)，谓之"撒龙道"，引龙回家，"保佑一家安泰"。大人为小孩

---

1. 严兆霖修，张玉书纂．望奎县志·卷3·礼俗志[M]．民国八年铅印本．
2. 刘欣主编．绥芬河市志[M]．哈尔滨：黑龙江人民出版社，2000．980．
3. 桦川县志办公室，桦川县档案馆合编．桦川四百问[M]．1984．176．

拴龙尾。以此表示吉祥。有些地区在这一天举行添仓仪式,叫"打囤",其仪式和正月二十五的添仓节仪式相同,即在院子中用灰画若干圆圈,旁边画一个梯子,圆圈中间加五谷杂粮,通过这种方式祈求粮食丰收。这一天有些地区吃面条,谓之吃"龙须面"。将最长的一根面条挂在幔帐杆上。也有吃饺子的,谓之吃龙耳。有些地区炒黄豆拌糖,作为零食吃。"各家皆悬独头蒜于门前,以避瘟疫。"[1] 不过悬挂独头蒜这一风俗,在民间已经不甚流行。二月初二晚上,手持灯或者蜡烛照屋棚的周边,京旗满族的解释是此举可以防止室内进蚂蚁和蛇,文献的解释是:"二月二……夜间以接神残烛照院宅各处,谓可以逼盗。"[2] 室内烧香,将害虫熏绝,"门窗炕沿各处插香,谓可熏虫类使绝"。[3]

自家

家是节日活动的中心。春节节日活动主要是以家为单位进行,民间歇后语"年午黑天吃饺子——没外人",表达的含义就是节日期间的活动都是以家为独立的活动单位,外人掺和不进来。

春节期间的关键词是团圆,无论身处何地都要尽量赶回家过年。所以过年期间我国的海陆空交通都运力紧张,人们争着抢着挤着赶回家,就是为了和家人过个团圆年。

过年期间的多数仪式性活动是在室内进行的。吃腊八粥、吃饺子、吃元宵、吃猪头肉,这些饮食活动是在室内完成的;过年期间送灶王爷升天、祀祖、祭祀财神等祭祀神灵活动都是在家里进行的;燃放鞭炮、除夕发纸、高挂灯笼、正月十五的撒灯、正月二十五的添仓、二月二的打囤等都是在院

---

1. 郭熙楞.吉林汇征[M].第6章.民国三年铅印本.
2. 扶余县乡土志资料[M].1937年铅印本.
3. 高文垣修,张萧铭纂.双城县志·卷6·礼俗志[M].民国十五年铅印本.

子里进行的；春联、福字、春条则既贴在室内，也贴在室外。可以说，春节期间家的每一个角落都充满了年味。

街道

　　街道是村屯中的公共空间，过年期间大街上充满了节日的气氛。进入腊月，推着小车、骑着自行车、赶着驴车马车、开着汽车载着针头线脑、粉条、花生米、海带等货物沿街叫卖的是货郎、小商人；街道两侧一个个摊位，货物琳琅满目，这是正在进行的定期集市；大年初一，你来我往的人群，那是拜年的队伍；踩着高跷，扭着秧歌，那是集体组织的秧歌队表演。

碾坊

　　碾坊就是碾米、碾面的作坊。每个村中一般有一到两个碾坊，这些碾坊都是公共的，独自有碾坊的家庭很少。一进入腊月，碾坊就进入了忙碌期，因为家家在这个时间都要"淘米"、蒸年干粮。所谓"淘米"，就是将黄米用水浸泡，沥干之后晒干，然后在碾坊里碾轧成面。黄米面和成面后在炕上进行发酵，两三天之后就可以包豆包了。每到淘米之时，碾坊是最为忙碌的时候，日夜不停地碾黄米，各家排队轮流使用碾子，排到谁家谁家立即使用。

集市

　　集市是商品集散地，每到过年的时候，也是集市最为活跃的时期。中华人民共和国成立以前和成立初期的集市都集中在大的城镇，每到过年的时候四面八方的人都会聚到这里。中华人民共和国成立以后的一段时间内，由于实行计划经济，所以集市被取消，多数商品凭票在国营商店购买。改革开放以后，集市开始逐渐恢复，而且开始经常化，常年有集市，不仅城镇有集市，农村也开始有集市，城镇集市多在一个比较广阔的广场或者某一条街道，而农村的集市就设在村中主干道的两侧。农村由于人口少，所以集市往往定时举行，每一地点一周举办集市一到两次，并有确定的时间，每到此时商贩云集于此，他们不需要什么门面，一块地或者地面上平铺或者架起的一块木板就能让他们开展起自己的生意。每到过年的时候，集市的商品最丰富，节日商品琳琅满目，最具特色的是卖对联的摊位，将对联铺在地面，用石块压好，供大家选择。购物人群熙熙攘攘，浓浓的节味在这里显现出来。

手工作坊

手工作坊是春节期间年货的主要供应地，适应过年需要，手工作坊会制作和过年有关的商品。在中华人民共和国成立以前，主要的商品都出自手工作坊之手，后来手工作坊逐渐国有化。改革开放以后各种个体手工作坊逐渐恢复。

手工作坊商品意识最强，商品的制作会紧跟时令，对他们来说错过了时令便错过了一年的收入。春节是手工作坊购销两旺的时期，与过年年货紧密相连的手工作坊有蛋糕房、成衣铺、酒坊、油坊、酱醋坊、糖果店等，过年对这些手工作坊来说是生产的旺季，不仅销量高，而且能卖个好价钱，所以每到这个时候他们便加班加点，夜以继日。

商店

商店是制作者和买者的中介，并通过买和卖赚取利润。中华人民共和国成立以前，商店都是私有的，很多商店和手工作坊是一体的，一般为前店后厂，自己加工制作自己出售。中华人民共和国成立以后私有商店被取消，取而代之的是国营商店、供销社。在计划经济时代，国营商店、供销社是商品流通的主渠道，这时购物绝大多数商品须凭票购买，加之物资紧缺，所以所能买到的商品极其有限。改革开放以后，国营商店、供销社相继取消，私人、私企建立的小卖部、商店、仓买、超市应运而生，也出现了大型的农贸市场。每到过年的时候，无论是国营商店还是私人、私企建的商店、集贸市场，都有意识地进些年货供人们选择。

旧时，商铺、手工作坊一般在年三十以前休市、放假，"自初一日至是日（指正月初五）为年之期，无论执何业者皆休息，街市及人家多锣鼓声"[1]。而在商铺歇业期间，也正是一些流动商贩牟取暴利的时间，"市上之卖玩具、乐器及西洋镜者，利市三倍焉"[2]。初六开业，叫"开板儿"，该日起早燃放鞭炮，吃"功成宴""开市宴"，"而商家则于是日晨开市，燃放炸（鞭）炮，以示庆祝，并邀财东及契友，饷以盛馔，名曰'开市筵'"[3]。在这一天，有的店老板要决定新的一年员工的去留。该日仅开半天，正月十六才正式营业。如今，商家已经没有了此等时间规定，很多商家往往正月期间没有休息日，而且正月被视为赚钱的黄金期，不能错过。

▼ 节日的松花江上是儿童的乐园（一）/于学斌 摄/2013年

冰面

寒冬季节，江面、水泡子被冰雪覆盖，形成光滑的表面。一进入冬天，冰面就成为天然室外冰雪乐园，人们嬉戏的舞台，打尜、滑冰、打出溜滑、打冰爬犁、狗拉雪橇，丰富多彩的冰面上嬉戏活动是北方过年所独有的画面。冰同"病"同

---

1. 高文垣修，张萧铭纂．双城县志·卷6·礼俗志[M]．民国十五年铅印本．
2. 高文垣修，张萧铭纂．双城县志·卷6·礼俗志[M]．民国十五年铅印本．
3. 高芝秀修，潘鸿威纂．安达县志·卷7·礼俗志[M]．民国二十五年铅印本．

音，农历正月十五晚上人们都到冰面上打滚，以此去除灾病，保一年平安。齐齐哈尔市、木兰县根据这一传统习俗创立了滚冰节，每到正月十五晚上，人们燃放完烟火，都涌到嫩江冰面，在冰面上打滚、嬉戏，这里成了一片欢乐的海洋。由政府组织在公共场地举行的大型烟火燃放，火树银花，气氛热烈，将节日推向又一个高潮。

▲ 节日的松花江上是儿童的乐园（二）／于学斌 摄／2013年

井沿儿

井沿儿即井边。井是过去人们提取生活用水的地方，每个村子井的数量很少，一两口、三四口不等，独自有水井的家庭基本上没有，每天都在这里打水、饮牲畜。因为村中的水井处是每个家庭必来的村中的公共空间，因此这里成了早期的买卖交易地点，你家多余的东西和我家不用的东西就在这里进行交换，这也是为什么商品交易市场叫市井的来历。冬季，井口边及紧挨着水井口的饮牲畜槽子周边由于提水外溢的水的浇淋会结厚厚的一层冰。远离江河的民族在正月十五晚上要到井沿打滚，以此祛除邪祟。正月十五晚上满族有扔冰习俗，将井沿上凿下来的冰扔到井里，以此祈祝把病扔走，一年无病无灾。

坟地

坟地是埋葬先人的地方。春节既是阳间的节日，也要给阴间的亲人过年。当人购置年货的时候，也要给逝去的亲人送钱买年货，所以在春节到来之前都要到坟地给逝去的亲人上坟烧纸，让逝去的亲人在另一个世界里也能有钱买年货。上坟的时间过去通常在腊月三十上午，不过现在上坟的时间提前了，有的在小年之前就开始上坟了，目的是让亡灵提前买年货。年三十要接神回家过年，有的地方要到坟地接祖宗回家过年。正月十五是死人抓虱子的日子，汉族要到坟地送灯，在坟头点亮灯之后，面对逝去的亲人磕头，同时燃放鞭炮。

哈尔滨冰灯游园会

哈尔滨冰灯游园会是目前世界上形成时间最早、规模最大，并已成为地方传统项目的大型室外露天冰灯艺术展。创办于1963年，每年冬天在兆麟公园举行，占地面积6.5公顷，用冰量约2000立方米，冰景作品1500件左右，一年一届，每年从1月5日开始，一直延续到2月末。哈尔滨的艺术家用松花江原生冰进行创作，雕塑出千姿百态的冰雕艺术作品，再辅以现代科技手段，便构成了独具北国特色的冰灯艺术。在占地6万多平方米的场地上，展出千余个景点，在艺术家和能工巧匠手下，松花江上取来的天然冰变成了一件件灵气活现的精美艺术品，变成了冰奇灯巧、玉砌银镶的冰的世界、灯的海洋。冰灯艺术年年有新变化，被人们称为"永不重复的童话"。从1985年开始，在冰灯游园会期间举办的一年一度的哈尔滨冰雪节上，游客不仅可以参加冰灯游园会，观赏各种冰雕艺术，而且可以参加松花江冰上世界的体育活动，坐冰帆、打冰猴、溜冰、观看冬泳比赛和冰上婚礼，参加冰雪节文娱晚会等活动。

中国哈尔滨冰雪大世界

中国哈尔滨冰雪大世界是由哈尔滨市政府为迎接千年庆典神州世纪游活动，凭借哈尔滨的冰雪优势而推出的大型冰雪艺术精品工程，始创于1999年，目的是展示北方名城哈尔滨冰雪文化和冰雪旅游的魅力，截至2016年，已经成功创办17届。大世界内有大型冰雪景观展示、冰雪活动、实景演出、花车巡游、歌舞表演、互动游戏、焰火燃放、现代三维立体灯光演示等，美

▲ 冰雪大世界/于学斌 摄/2018年

不胜收,具有独特的艺术魅力,每年都吸引成千上万的中外游客来此参观。

二、组织

  春节是自发性的全民性节日。虽然如此,在过节期间,许多活动尤其是仪式性活动和一些大型的集体活动也有一定的组织性,由一定的人和组织领导协调来完成。对家庭而言,年长的家长无疑是整个节日活动的领导者、组织者,全家都在他的领导下或者跟着他完成节日的一个个程序化的活动。对公共事务而言,亦有一定的组织和牵头者负责组织、分配、协调各个家庭、作坊、单位来完成公共事务,公共事务的组织者和协调者有农村和城镇的差异。农村的节日组织为生产队、大队(现在称村委会)、公社(现乡政府、镇政府);城镇的节日组织多为各级政府组织及其行业协会,如党政机关、工商联合会、工厂、灯谜协会、楹联协会等。

对不同的节日礼仪活动由不同的人来主导，如杀年猪的主角是村中的屠夫；写对联的主要人物就是当地会写毛笔字的文化人；对祭祀灶王爷而言，主角则是家中的掌柜的；扫房则主要由家中的主妇来完成；对淘米而言，则是主妇和掌柜的共同努力；接神送神、送灯、撒灯等祭祀活动则由家中的男人来完成；对家族内公共事务来说，主导者是族长、族中老大、莫昆达；对过年期间秧歌队的管理、游园会的建设和维护、灯会的创立和管理等公共事务来说，组织者和领导者是商会会长、灯官、村长、乡（镇）长、县长、市长、厂长、工会主席等。组织者的重视程度及其文化取向直接关系到节日文化的开展情况。

莫昆达

莫昆达是满族、达斡尔族、鄂伦春族、鄂温克族、赫哲族的氏族首领，是历史上节日活动的组织者。莫昆，又写作穆昆、木昆，是氏族组织，是同姓人、兄弟的意思，是父系血缘组织，同一莫昆下的人都是同一男祖先的后裔子孙。达是首领的意思。满族、达斡尔、鄂伦春、鄂温克、赫哲等族实行莫昆制。莫昆之上是哈拉，哈拉是更大的父系集团，汉译为"姓"。莫昆之下是一个个家庭。早年，莫昆是一个严密的社会组织，每一个莫昆都有一个经过选举产生的首领"莫昆达"，由他组织管理家族成员。莫昆内实行氏族外婚制。莫昆有公共墓地，除了出嫁的女儿以及非正常死亡者，所有的莫昆成员均按照辈分大小埋葬在公共墓地里。满族、达斡尔族有莫昆族谱。过年期间，许多活动是在莫昆达组织下进行的，如拜年活动是以莫昆为单位进行的，祭祖是在莫昆达的带领下集体祭祖，赛马比赛是莫昆达组织进行的。中华人民共和国成立以后，各民族莫昆制逐渐瓦解。

家族

家族是同一父系血缘下的共同体，是重要的节日组织。过去汉族、满族都实行大家族制，三世同堂、四世同堂、五世同堂的家庭很多。在这个大家庭内，家长是全家的领导者，家长由全家辈分最高的男人担任，若是他年事已高，则其长子为家长。家长负责领导全家人过年。后来家族制瓦解，分为一个个个体家庭，但是在公共祭祀活动方面仍然统一活动，比如每年年前上坟烧纸、大年三十的祭祖、正月十五的上坟地送灯等活动仍然以家族为单位集体统一进行，每次大的活动一般由兄弟中的老大张罗。

商会

商会是工商业者联合会的简称，是中华人民共和国成立之前重要的春节活动组织。旧时，各城镇都有商会，它们不是过年的专门组织机构，但是在过年期间，商会充当了过年的组织者的角色。当地的秧歌队、灯会、灯展都是商会组织人力、集资搞起来的。每到过年时，商会组织秧歌队，秧歌队的成员、服装、道具由商会分配给每一个作坊、商店、工厂等单位，由他们分别完成，若是有哪家不能完成，则必须出钱雇人完成。每年元宵灯会期间，商会会选出一人担任灯官，检查各商铺、商店、作坊的灯笼的制作和悬挂情况，此时的灯官权力很大，在正月十四、十五、十六这三天之内对商家有处罚权。过了元宵节，灯官之职自动解除。中华人民共和国成立以后，商会撤销。

生产队

生产队是1958年至1984年间我国社会主义农业经济中的一种组织形式。在国营农场，生产队是劳动组织的基本单位。在农村，它是劳动群众集体所有制的合作经济，实行独立核算、自负盈亏。土地等生产资料归生产队集体所有。生产队在国家计划指导下，有权根据本队的实际情况因地制宜地编制生产计划，制定增产措施，指定经营管理方法；有权分配自己的产品和现金；在完成向国家交售任务的条件下，有权按国家的政策规定，处理和出售多余的农副产品。作为一级生产组织，生产队的组织结构包括队长、会计、出纳、民兵连长、领队（打头的）。在20世纪50年代至80年代中叶,过年的集体活动是由生产队组织的,秧歌队的服装及道具由生产队统一制作,秧歌队队员就是生产队社员,组织表演样板戏演出也是由生产队或者大队组织进行。帮扶困难户过年也是生产队负责完成。生产队还在过年期间负责组织除夕夜播放电影,组织社员学习毛主席语录、忆苦思甜等。1984年生产队解散,生产队的一级组织被村委会取代,自此以后,农村过年期间的集体活动渐少。

中国第一重型机械集团公司

中国第一重型机械集团公司,简称一重集团,是目前中央管理的涉及国家安全和国民经济命脉的国有重要骨干企业之一。一重集团总厂位于齐齐哈尔市富拉尔基区厂前路9号,前身是中国第一重型机械厂,始建于1954年。一重集团公司下设公司办公室、计划财务部、企业发展部、人力资源部、监察部、审计部、技术中心办公室、集体企业总公司。属于一重集团的中国第一重型机械股份公司是上市公司,股份公司的管理层为股东大会、董事会、经营管理层,下设党群部门、公司总裁办公室、营销管理部、国际市场部、生产计划部、军工产品管理办公室、质量保障部、计划财务部、企业发展部、人力资源部、装备部、信息技术部、物资采购部、审计部、企业发展部、安技环保部、监察部、技术中心、保卫部、离退休管理部、社会事业部。

在计划经济时代,一重集团非常重视企业的年文化,在过年期间会举办丰富多彩的文艺活动,演员就是厂里的职工,他们举行的大型舞台剧都是免费观看,在齐齐哈尔市的文艺舞台上占有重要的地位。组织冰灯游园会,在冰灯游园会期间组织文艺演出。每逢过年在厂部大门要贴大副对联,挂大红灯笼,厂部的节日气氛很浓厚。自从实行股份制以后,除了贴对联和挂大红灯笼的习俗仍然保留以外,其他的活动渐少。除夕,厂领导到各个车间慰问生产第一线工人是常规性的工作。

与一重集团类似的国有企业如哈尔滨飞机制造厂、哈尔滨轴承厂、哈尔滨电机厂等企业在过年期间的文化活动同一重基本相同。

三、节日缘起

黑龙江各民族在宗教信仰方面表现为多神崇拜，崇拜灵魂、祖先、动物、植物、天体。在人们的观念中，神既掌握着自然，也操纵着社会，人生命运皆在神的掌控之中，神高兴则百事顺，神不高兴则一切努力都会化为泡影，因此，要娱神、贿神。在春节这个新旧交替的时间点上，每个家庭都要将和自己命运息息相关的各种神灵"请回家"，加以供奉祭祀，包括祖宗、天神、地神、财神、门神、灶王爷、喜神、仓神等各种神灵，以报神灵在过去一年的恩赐，以祈神灵在新的一年保佑家人。

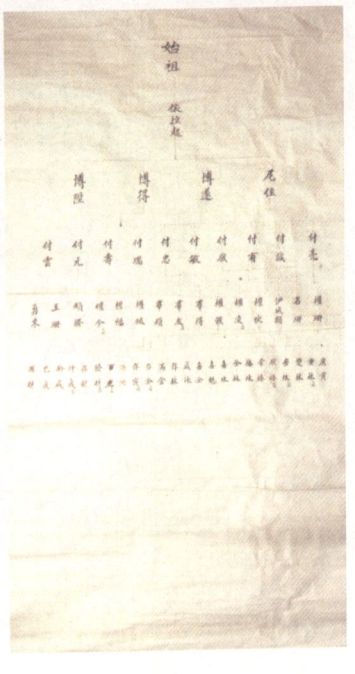
▼ 满族家谱，谱单式，一张八开的大纸记录着家族的繁衍情况，谱系按照宝塔式方法排列／于学斌 摄／2001年

祖先神

祖先神就是逝去的先人。各民族皆有尊祖敬宗的传统，在年终岁尾、一年之始的新旧交替的时刻，各民族都要祭奠先人。祭奠祖先神的方法各民族各不相同，汉族是上坟烧纸，家室堂屋内供奉家谱，也叫供大纸。满族供奉的老祖宗是一个写有家庭谱系关系的谱单，平时放在祖宗匣子里，过年时挂在西墙上。汉族、满族、赫哲族有的家庭供奉三代宗亲，供奉的方法和供奉家谱的方法相同。三代宗亲多数就是一个牌位，在牌位上

竖排写有"某某氏三代宗亲之位"。早年的三代宗亲是张大幅画像,上面画有古装人物及古典建筑图案,20世纪六七十年代这些画像被毁。现在供奉先世遗像较为普遍,过年时也要在遗像前摆放饺子、烧香。

锡伯族的祖先神有两个:一个是女祖先,叫喜利妈妈;一个是男祖先,叫海尔堪玛法。喜利妈妈供奉在室内西北角上,而海尔堪玛法供奉在室外的房檐下,体现了锡伯族女主内、男主外的性别分工。喜利妈妈的形象是,一根长红丝绳上系着小弓箭、红绿布条、羊髌骨(俗名嘎拉哈,也叫背式骨)、悠车子、靴鞋、铁锹、铜钱等物。每一个物件都具有象征意义,生男孩挂一张弓箭,象征能骑善射;生女孩挂一条彩色布条,象征心灵手巧;挂悠车子表示娶进儿媳妇,期盼早生贵子;挂靴子表示子孙众多;挂铁锹表示农业丰收;挂铜钱象征发家致富。中间的羊髌骨表示辈分,中间有几个羊髌骨就表示这家已经发展到几代了,两个羊髌骨之间有多少弓箭就表示这代人有几个男人,有几个彩色布条就表示这代人有几个女人,有几个悠车子就表示娶进几个媳妇,所以喜利妈妈类似于一个记载家族繁衍情况的家谱。在锡伯族室内西北角墙上有一块木板,将象征喜利妈妈的子孙绳折叠好之后放在纸袋内,安放在木板上。除夕,将喜利妈妈取出,将绳子从西北墙角拉出,挂在东南墙角,焚香叩头。直到

▼ 锡伯族男祖先海尔堪玛法/于学斌 摄/2011年

农历二月初二收回，放回原处。男祖先海尔堪玛法的形象就是在一块长方形的白布上画一个男人，常年供奉在室外西南角房檐下的方形墙洞内，过年时要面向海尔堪玛法献香叩头。选一匹良马作为神马，在马尾上系上羽毛或红布条，牵到祖先神位前，表示供祖先骑用。日常禁止妇女骑乘该神马。

达斡尔族的祖神有两种形象，一种是用皮子或者布内塞棉花而成的皮人，皮人略具人的模样，身子、胳膊、腿、眼睛、鼻子均有个

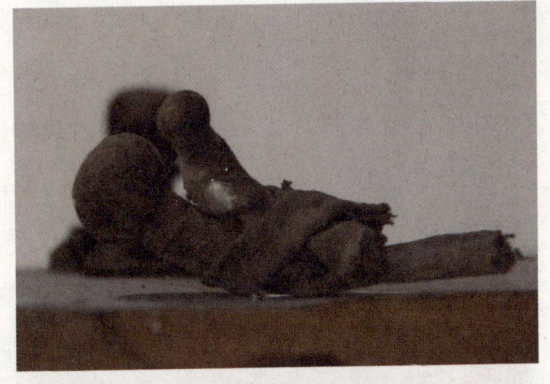

▲ 达斡尔族供奉的祖先神为一男一女，常年供奉在西墙西南角上／于学斌 摄／2016年

大概轮廓，男女各一个。在黑河市爱辉区坤河满族达斡尔族乡征集到的一个祖神是，女祖神胸前没有东西，而男祖神的胸前绑有一枚古钱币。在富裕县友谊达斡尔族满族柯尔克孜族乡登科达斡尔族村看到的祖神是，男祖神胸前没有东西，而女祖神胸前抱着一个婴儿。平时吃好吃的如鸡肉、酒都要先敬祖神，过年时要将猪头敬奉给祖神、奠酒、上香、磕头之后，全家才能吃饭[1]。还有一种祖神像是画像，各个家庭的祖神画像各不相同，因为是各自请画匠画的。

---

1. 访谈人：吴和杰；访谈时间：2016年7月12日；访谈地点：富裕县友谊达斡尔族满族柯尔克孜族乡登科达斡尔族村吴和杰家。

灶王爷

灶王爷又称灶神、灶君、灶君司命,中国古代传说中的司饮食之神。黑龙江省汉、满、蒙古、达斡尔、鄂温克、锡伯、柯尔克孜等民族普遍有供奉灶王爷的习惯,灶王爷的神像供奉在灶台的上方,神像上画的是两个人,分别是灶王爷和灶王奶奶。灶爷灶奶像的两侧是一副对联,分别是"上天言好事"和"下界保平安",横批是"一家之主"。民间传说,灶王爷是老三,老大是玉皇,老二是张天师,老三爱好吃,所以就待在灶台的后身。民间流传一句话:"灶王爷本姓张,骑马挎枪,上天见玉皇。"

▲ 牡丹江市穆棱镇穆棱林业局河北东升小区秦桂香家至今仍然供奉的灶王爷/张璐 摄/2017年

天地神

天地神是汉族各家必须供奉的神灵,天地神没有具体形象,就是一个牌位。牌位都供奉于室外,有两种供奉方式:一种是常年供奉,一般供奉于院中或者房屋两个柱子之间;一种是仅在过年期间供奉,该种供奉方式是一般要在院子中间搭建一个席棚,过了正月十五送完神之后,将天地牌位烧掉。"至于院中之天地牌位,有于户柱之间设纸牌以供者,常年每朔望焚香礼拜;有于院中搭席棚而北面供之者,过正月十五日,撤供焚牌。"[1] 过年时在半夜十二点之前的接神仪式中,所接诸神中也包括天地神。

---

1. 严兆霖修,张玉书纂. 望奎县志 · 卷3 · 礼俗志[M]. 民国八年铅印本.

▲ 牡丹江市穆棱镇穆棱林业局河北东升小区住户秦桂香家至今仍保持除夕供奉天神习俗，这是天棚及内部摆放的祭品／张璐 摄／2016年

▲ 海林市某个家庭过年时贴的门神／于学斌 摄／2014年

门神

　　门神是守护门的神，是民间最受欢迎的保护神之一，具有驱鬼辟邪、保家宅平安、降吉祥等功能。门神是张画像，画像的人物有两人，关于两人的名字有多种说法，一种说法是，二人分别是神话人物神荼和郁垒；另一种说法是，二人分别是历史人物秦琼和敬德（尉迟恭）。过年贴对联时一同将新买的门神像贴于门上，常年不掉，一年一换。《双城县志》记载："有分绘其像于两门上者。过年时家家购画像分帖之两门上，白面者为秦琼，黑面者为敬德，皆御盔甲、执武器，若守门者然，谓妖魔见之，则却走不敢入门云。后门别有一神为魏征，俗称为独坐。祀门神时，即门旁焚香楮焉。"[1]

---

1. 高文垣修，张薦铭纂．双城县志·卷6·礼俗志[M]．民国十五年铅印本．

财神

财神是主管财运的神,是各民族最为看重的一个神。汉族、满族、蒙古族、达斡尔族、鄂温克族、锡伯族、鄂伦春族、赫哲族、柯尔克孜族每年都要祭祀供奉财神。通常在除夕夜零点新旧交替的时刻接财神,接神时要燃放鞭炮,汉族、赫哲族还要在院子中烧纸发纸,要将家门打开,让财神进来。接完财神之后全家吃饺子,家人不准出门。

财神是一张画像,关于财神有多种说法。有的说财神是赵公明;有的说财神有文武之别,武财神是关公,文财神是比干、范蠡;还有的认为财神是五路财神,分别为赵公明及其四位义兄弟或部将,除了中路为武财神赵公明外,其余四路为东路财神招宝天尊萧升、西路财神纳珍天尊曹宝、南路财神招财使者陈九公、北路财神利市仙官姚少司。财神像都是在市场上购买,不过年时有往家里送财神的,乞丐夜间或初一早晨持木板印的财神像到各户串售,高喊"送财神来了","财神到家越过越发,财神到屋淘黄米杀年猪"。如今,财神仍然是各家都要供奉的神灵,每年年前都有小商小贩看准了商机,挨家挨户送财神,出于讨口彩的心理,每家都掏钱,请财神。

喜神

喜神是喜庆之神,年三十晚上和财神一起迎接。但是喜神的概念一直很模糊,有多种说法,一说认为,喜神没有神像,不同时间位于不同的位置,具体在什么位置要根据干支推算日时,再根据八卦定方位,清朝乾隆年间成书的《均纪辨方书·喜神》记载:"喜神于甲巳日居艮方,是在寅时;乙庚日居乾方,是在戌时;丙辛日居坤方,是在申时;丁壬日居离方,是在午时;戊癸日居巽方,是在辰时。"除夕半夜发纸迎喜神、接财神,按照喜神所在方位,由家长主祭焚香出迎。年前张贴"出门见喜""抬头见喜"的春条,所见的喜便是喜神。另一说认为,喜神就是祖先的画像,有的家庭供奉三代或者五代宗亲的画像便是喜神。

仓神

仓神是主管粮仓的神。黑龙江各地普遍祭祀仓神,但是仓神是什么样子的谁也没见过,所以无法从口述资料和现实生活中了解到仓神的图像。根据文献记载,仓神有说是韩信的,有说是萧何的,还有说是刘晏的,还有说仓神是一个抽象笼统的神,没有具体形象。民间供奉的神像形象不一,"清代时北京仓神庙奉祀的仓神,其神像是一个英俊青年,戴王盔,穿龙袍,雍容华贵。

▲ 仓神(民间年画)/于学斌 提供

同时还有四位配享之神:一位老者,两位壮者,据说是掌管升斗之神;另有一个面目狰狞,叫大耗星君——大概是防止粮食损耗的小神"[1]。

各地祭祀仓神的时间不一,有的地方在正月二十五,正月二十五是仓神的生日,这一天是填仓节。有的地方在二月初一,如珠河县(现在的尚志市)二月初一日"祀仓神于庭院内,撒灰做仓廒形,内布杂粮少许,即祈年报赛之意"[2]。有的地方在二月初二祭祀仓神。其中正月二十五和二月初二两个日子祭祀仓神较为普遍。祭祀的方法基本相同,各家都在院子里,也有的在室内,用草木灰画一个或几个或圆形或方形的大圈,代表粮仓,内放五谷,表示五谷丰

---

1. 乔继堂编著. 中国祈福神[M]. 天津:天津人民出版社,2010. 108.
2. 孙荃芳修,宋景文纂. 珠河县志·卷15·风俗志[M]. 民国十八年铅印本.

登、粮食满仓。有的灰圈的外侧还用草木灰画两个梯子,表示粮仓又高又大。

保家仙

保家仙是狐、黄二仙的统称,是汉、满、达斡尔、鄂温克、鄂伦春、锡伯、柯尔克孜等族普遍供奉的神灵。通常的形象就是一个神龛,里面写上"保家仙"三个字,有的保家仙是在一块布上写有很多种神仙的名字。现在保家仙通常供于仓房内。过去许多家庭在屋后院墙根部建庙常年祭祀,狐狸为大仙,黄皮子为小仙,狐仙庙大,建在正北,黄仙庙小,建在西北角,庙内各供狐、黄二仙的神位。狐仙画在厚黄纸上,其形象是两个老人,一个是白胡子老人,一个是白发老太太。柯尔克孜族正月初一、十五各祭一次狐、黄二仙。过年时大祭,掌柜的带着供品到庙里磕头,将熟猪头、糕点、馒头等供品摆放在神位前并烧香磕头,从初一一直供到十五。没有庙的人家过年时也在西炕上摆上猪头,大年三十晚上摆上,初一撤下来。[1]

▼ 富裕县友谊乡登科村某达斡尔族家庭供奉的保家仙/于学斌 摄/2016年

▼ 逊克县新鄂乡某鄂伦春族家庭供奉的保家仙/于学斌 摄/2015年

1. 于学斌.裕尔河畔五家子村研究:一个不同于新疆柯尔克孜族的族群[M].北京:中国社会科学出版社,2013.276.

▲ 哈尔滨市呼兰区孟家乡孟家村张起鹏在为别人家书写保家仙牌位/于学斌 摄/2016年

龙

龙是中华民族的图腾，黑龙江省各民族都信奉龙，为此而产生了许多与龙神有关的年俗。二月二是龙抬头的日子，要吃猪头肉、狍子头、犴头；要剃头，谓之剃龙头；要忌针、忌刀，以防扎龙眼、砍龙尾；要戴龙尾。井和水缸是龙栖息之地，在正月二十五或者二月二，有引龙回家之俗，要用草木灰撒龙道，从家中水缸一直撒到水井处，或者从水井处一直撒到家中的院子里。

除夕烧包袱的传说

除夕夜间，勤得利村上游的赫哲人都烧包袱(也有人说，同江市以上的赫哲人烧包袱)。先在庭院中燃起一大、一小两堆篝火，大火表示阳火，代表烧包袱者本人；小火表示阴火，就在阴火上烧包袱。包袱用黄纸糊成"口褡"形，两端各有口，里边装着用金箔、银箔折成的元宝，每次烧十几包。赫哲族认为他们是金兀术的后代。相传金兀术在白城（阿城附近之金代上京会宁府）和岳飞打仗（实际岳飞未到过白城），金兀术被打败，率领余众沿松花江下行，一部分人过了黑龙江，一部分人便在松花江沿岸住了下来，赫哲人就是他们的后裔。烧包袱是祭奠金兀术和在白城战殁的亡灵。[1]

另一异文说：金兀术和岳飞打仗，岳飞久攻白城不下，有一天，岳飞令士兵抓白城的白家雀（据说白城的家雀是白色的），在白家雀的腿上拴上火药捻，夜间将白家雀放回城内。白家雀飞回窝内，因火药捻燃烧，全城顿时起火，城内人马大乱，金兀术的兵马败退至江岸，乘木筏顺水而下。因为人马众多，前后队伍很长，前边的人马插草把（有人说插草把的地方是在三江口），草把上还插有鸡翎以示方向，本来草把指向东方，可是被风一刮，草把指向南方。于是后面的人们便认为：前面的人马走向南边去了，于是他们就在江的南岸居住下来，这就是今天的赫哲族。其余人向东走去，居住在今天的俄罗斯境内。据说岳飞破白城是在腊月三十晚上，所以赫哲人在除夕之夜都要在室外垃圾堆上或灰堆旁边，架起篝火、烧纸、洒酒，表示给死者送纸钱和供食。[2]

笊篱姑姑的来历

满族、达斡尔族、鄂温克族、鄂伦春族在正月十五晚上有妇女跳笊篱姑姑舞的习惯，这是一种带有宗教色彩的娱乐活动。各民族的跳法虽然有所差异，但是大致相同，即在笊篱上面蒙上白布，在白布上画上人的鼻子、眼睛和口，或者在笊篱上穿一件大人的布衫，由人举着或者两人抬着笊篱跳舞，边跳舞边唱歌，并预测来年吉凶。关于笊篱姑姑的来历有多种传说，满族的传说是：笊篱姑姑是一位善良、勤劳的青年妇女。在一次上山采集果菜时，不幸迷路，在山林之中被野兽吃掉，每到正月十五时，满族青少年便怀念起笊篱姑姑，请她下山和大家一起共享欢乐。

---

1. 《中国少数民族社会历史调查资料丛刊》修订编辑委员会编. 赫哲族社会历史调查[M]. 北京：民族出版社，2009．5.
2. 《中国少数民族社会历史调查资料丛刊》修订编辑委员会编. 赫哲族社会历史调查[M]. 北京：民族出版社，2009．125.

达斡尔族关于笊篱姑姑的传说是：很久以前某个村里住着一位能歌善舞的漂亮姑娘，逢年过节，她带领村里人唱歌跳舞，给山村带来欢乐。有一年春节，姑娘在去借笊篱回家的路上，被自家牛圈旁的冻牛粪绊倒身亡。人们为了表达对这位姑

▲ 讷河市兴旺乡索伦村某鄂温克族家庭一角/于学斌 摄/2015年

娘的怀念，后辈们称她为"笊篱姑姑"，每逢春节时，妇女们要聚在一起举行迎请笊篱姑姑的晚会。在自家用的笊篱上蒙上白布，绘出脸谱，用木棍做身子和腿，并捆扎上衣服。从院里的牛圈请来笊篱姑姑，然后在屋里围着它歌舞。[1]

年的来历

在肇州县流传着关于年的来历的传说。传说年是一种性情暴躁、特别凶猛的动物，每年腊月三十晚上都会来到村子里吃人。这一年腊月三十夜晚又有很多人遭到了年的伤害。可是人们发现，那些围着篝火守岁的人活了下来，人们这才知道，年怕火。于是第二年腊月三十人们都燃起篝火守岁。原以为这样可以平安，但还是有大批人被年吃掉。原来篝火灭了之后，年仍然会出来吃人。可是有人发现，年害怕竹节发出的噼噼啪啪的响声。从那以后，人们就把腊月三十叫"过年"，每逢除夕之夜，人们便点起火堆，燃烧爆竹，噼啪山响，以此吓跑年。北方没有竹子，就做鞭炮吓唬年。后来南方也做起鞭炮来。所以无论南方北方，至今还把鞭炮叫爆竹。除夕放过鞭炮，

---

1. 满都尔图主编. 达斡尔族百科词典[M]. 海拉尔：内蒙古文化出版社，2007. 424.

初一早晨,人们就开始拜年,互相祝福。[1]

过年与春联的来历

过年期间都要贴对联,在饶河县流传着的关于年的传说给出了这一习俗的原因。相传年是上古时期的大怪物,每到腊月最后一天晚上都出来吃人。玉皇大帝感到这样下去不行,就派神仙洪钧下到凡间惩治年。洪钧到了人间,年没把洪钧放在眼里。洪钧了解到年最忌讳别人说它胆小、本领小,于是用激将法刺激年吃了山中的毒蟒、猛猴、恶虎。洪钧借助年的威势,没费劲就把毒蟒、猛猴、恶虎制服了,然后他用金圈往年的脖子上一套,骑着年就上了天,人间这才太平起来。洪钧临走时对人们说:"年怕红颜色,你们今后每到腊月的最后一天,家家户户在门上贴上红纸,防止年溜下界再作怪。"人们听了洪钧的话,家家过年贴红纸,后来又在红纸上写上了一些吉利话,这样就成了现在流行的春联。大年初一见面,互相拜年问候:"恭喜、恭喜!"表示祝贺没有被年吃掉。[2]

福字由来

过年家家门上都贴福字,在密山县流传一个关于这一习俗的传说。相传明朝皇帝朱元璋从小给地主放牛,后来当了和尚,最后当了皇帝,所以一直没见过灯市的热闹景象。这年正月十五,是三天灯节最热闹的一天,他换了衣服,扮作一个文人的模样,来到大街上赏灯,绣球灯、元宝灯、白菜灯、西瓜灯、鲤鱼灯、双龙灯、走马灯,各式各样。走马灯最有趣,灯里的人物是《三国演义》里虎牢关三英战吕布的故事:前面跑的是吕布,手

---

1. 讲述者:老王太太;采录者:单奇。中国民间故事集成·黑龙江卷[M].北京:中国ISBN中心,2005.536–537.
2. 讲述者:钟广瑞;采录者:闺祥庭。中国民间故事集成·黑龙江卷[M].北京:中国ISBN中心,2005.536–537.

持方天画戟；第二个是关公，骑着一匹赤兔马，手持青龙偃月刀；第三个是张飞，骑着一匹乌骓马，手持丈八蛇矛，向吕布刺来；刘备见他二人双战吕布，不分上下，也摆动双股剑，前来助战。有一家门口的走马灯转的是一个大马猴，长长的脸，脸上有毛，手里拿着一双小绣鞋，大马猴两只大脚太大，以致想穿鞋却怎么也穿不上，气得两眼流泪。这个走马灯让朱元璋很不高兴，因为朱元璋的老婆马娘娘姓马，脸长脚大。朱元璋认为这是在嘲讽他的老婆，叫太监在这家门上留个暗号，太监写个"福"字贴在门上。朱元璋回到宫里对马娘娘说，要杀那贴福字的全家。马娘娘说："老百姓不敢骂我，就是真正骂了我，也不至于杀他全家。请求皇上饶了他吧。"朱元璋没有答应。马娘娘暗里派个太监，传知市上人家，门上都贴上福字，有不贴的，就杀头。到了十六早晨，皇帝派武士去杀那家贴福字的人家。可是武士一看，家家门上都贴福字。回来禀报给皇帝，洪武知道是马娘娘做的，这时他的气也消了，说："不杀就不杀吧。"从此以后，家家门上都贴福字，不光正月十五贴福字，春节也贴福字。[1]

灯官的来历

民间流行正月十五闹元宵、办灯会的习俗。灯会期间灯官权力很大，在正月十四、十五、十六三天负责监督灯会，四个人用椅子抬着灯官沿街巡视，若是大买卖家、商号、地主、老财等家灯做得不好，则罚款。东宁县一带传说这个习惯是姜子牙留下的。姜子牙把所有的人都封成神仙，唯独把自己忘掉了。最后自封为灯神，每年用三天权力，在正月十四、十五、十六三天享受民间的香火，什么鬼神都得让路。民间在这三天里家家都太平无事，不管什么凶神恶鬼都不敢危害人们。人们都很敬重姜子牙，过年时都在门前

---

1. 讲述者：姚杰；采录者：姚天葆. 中国民间故事集成·黑龙江卷[M]. 北京：中国ISBN中心，2005．538．

挂灯。在正月十五晚上，家家都要提着灯照仓房、粮囤、牲畜圈，被照过的地方一年之中不遭虫灾，家里不遭盗贼，保全家大吉大利。据说，也有的人不敢扮作灯官，说是扮灯官的人活不过三年。这灯官和灯官娘娘多半都由乞丐和老跑腿子来扮演。[1]

二月二炒苞米花的传说

东宁县流传着二月二炒苞米花习俗来历的传说。传说武则天坐天下，惹怒了天上的玉皇大帝，玉帝命太白金星向四海龙王传旨，三年内不得向人间降雨。人间大旱，人们悲恸欲绝。忽然有一天下了一场倾盆大雨，原来是负责管理天河的玉龙行的雨。玉龙曾因救民行雨而被玉帝打到凡间，成为一匹白马，也曾因随唐僧西天取经有功而被召回天河，官复原职。这次玉龙听到人们的哭声，非常同情，于是向人间降雨。玉帝大怒，把玉龙打下凡间，压在一座山下，并在山上立了一块碑，碑上写道："玉龙降雨犯天规，当受人间千秋罪。要想重登灵霄殿，除非金豆开花时。"人们为了救玉龙，到处寻找开花的金豆。第二年二月初一，正逢赶集，一个老太太买了一袋苞米背在身上，由于没扎好袋口，金黄色的苞米粒儿洒了一地。人们心头一亮，这苞米粒儿不正像金豆吗？放在锅里一炒不就开花了吗？于是商定第二天家家都炒苞米花。二月二这天，各家各户把炒好的苞米花供在院子里。玉龙大声喊道："太白老头，金豆已经开花了，还不快快放我出去！"太白金星人老眼花，以为真是金豆开花了，便一招手收了拂尘。压在玉龙身上的那座大山原来是太白金星的拂尘变的，随着拂尘升起，玉龙抬起头来，一声长吟，腾空飞上天去。玉帝责问，太白金星说道："您那时不是说等金豆开花便放他吗？今天早晨我看见凡间的金豆都开花了，就收了拂尘。"玉帝说："那哪

---

1. 讲述者：石玉清；采录者：张永林．中国民间故事集成·黑龙江卷[M]．北京：中国ISBN中心，2005．539．

是金豆花，那是苞米花呀！"太白金星一听害怕了，可又不肯承认自己人老眼花犯了错误，就忙向玉帝辩解说："人间百姓把苞米花就看成金豆花呀！咱们天上的烟火全靠百姓供奉，我看要是把他们都饿死了，咱们以后咋办呢？"玉帝只得同意召玉龙回到天庭。每年二月初二，人们炒好苞米花，嘴里唱着："二月二，龙抬头，大囤满，小囤流。"[1]

腊八粥的来历

每逢腊月初八家家户户都要吃一顿用糯米、麦子、大豆、豆腐、肉类、蔬菜混合熬成的腊八粥。通河县传说，北宋时期，八百里伏牛山里住着一家三口——老两口和一个娃子。老头是个勤快人，八亩坟园地年年五谷丰登，老婆勤俭持家，因此年年丰衣足食，常常拿出余钱剩米周济左邻右舍。可是儿子好吃懒做，娶了个媳妇也是日头不落就睡，日上三竿才起，不拿针线，不进灶房，油瓶倒了也不扶，整天扔馍块、泼剩饭，挥霍浪费。老两口临终前，嘱托儿子儿媳："要想日子常常富，鸡叫三更离床铺，俭是聚宝盆，勤是摇钱树，男当勤耕耘，女应多织布……"小两口根本没当回事，父母去世后仍然啥也不干，八亩坟园地成了荒草园，家里柴米油盐一天少一天，衣服鞋袜一天烂一天，靠邻居接济活着。到了腊月初八，大雪封门，二人身上无衣，家里一点粮食也没有，他俩眼盯着地皮，忽然发现地缝里有几颗麦粒、杂粮，墙缝里塞着几根干菜玉秸，于是放到锅里煮，煮了一锅杂七杂八的米粥，有糯米、大米、小麦、玉米、干菜帮、萝卜叶，凡是能充饥的全丢到了锅里。小两口这时才想起二老的话，可是已经晚了。腊七腊八，出门冻个大疙瘩。小两口一人一碗杂七杂八粥，端起刚吃几口，一阵风刮来，房屋年久失修，被刮倒了。等邻居们冒着风雪扒开房子一看，小两口已经死

---

[1]. 讲述者：刘金阁；采录者：宋云富。中国民间故事集成·黑龙江卷[M]. 北京：中国ISBN中心，2005. 539–540.

了，每人身边放着半碗杂八饭。从此，每到腊八这天，人们就熬一锅粥让孩子们吃，边吃边讲这件事。由于熬这粥是在腊八，人们就叫"腊八粥"。[1]

腊八粥的传说

农历腊月初八，东北人都要喝黄米、红豆熬的粥。常言道，"腊七腊八，冻掉下巴"，据说喝粥是为了粘住下巴。在大庆流传一个传说，认为这种风俗的真正含义是这样的：

唐朝魏征因为善于进谏而得到李世民的赏识，引起达官显贵们的忌妒。一天，魏征病了，再也不能上朝了，奸官们乘此时机肆意嘲笑他。礼部尚书精通世故，他送给魏征一筐黄米，附言说："丞相一世清廉，最终岂不是一枕黄粱！"户部尚书处世圆滑，送给魏征一箩红豆，附言说："为官者应识时务，明哲保身，今送君红豆，望照它学。"工部尚书口蜜腹剑，送给魏征一包白糖，附言说："遇事少掺言，话到舌尖留半句，君去阴间欲进谏，先用白糖抹抹嘴！"魏征被他们的丑恶嘴脸气得半死。

腊月初八，皇帝送来了一罐子清水。魏征口中叨念："万岁知我，万岁知我啊！"魏征捧着皇帝的亲笔御书，给夫人念道："事成于忠，败于奸；业建于夕，毁于旦。糠米自有清水分，卿下黄泉又何憾？"魏征吩咐夫人用皇帝赐给的水把黄米和红豆熬烂。水开后，红豆先被搓去泥污，扔进锅里，直煮得满锅鲜红。紧接着，黄米也被淘去了糠，倒进锅里，煮得上下翻滚，烂烂糊糊。水干后，糖又被放进粥里，一锅黏糊糊的腊八粥做好了。魏征要把这些东西统统吃掉，以此来消除世间的一切虚伪和奸诈。可惜，他只吃了一半就咽气了。后来人们喝腊八粥有两种意义：一是纪念魏征；二是借

---

1. 讲述者：李母；采录者：李红颖．中国民间故事集成·黑龙江卷[M]．北京：中国ISBN中心，2005．550–551．

▲ 哈尔滨市呼兰区孟家乡孟家村张起鹏制作送灶王爷上天的天梯和马／于学诚 摄／2015年

以来完成他没有做完的事。[1]

灶王爷的来历

  大庆流传一个灶王爷来历的传说。从前有个姓张的庄稼汉，他的两只手像个小簸箕，因此人送外号"张大巴掌"。有一年，皇帝派来的州官一上任就贴出一张布告："本官管辖的黎民百姓，每家都要轮着请本官吃席，谁要是不请，定斩不饶。"轮到张大巴掌家，他让老婆焖上三只母鸡，告诉州官要请他吃龙肝凤肉。州官高兴地带着夫人、下司走进厨房。张大巴掌把门一关，大声说："你们把咱百姓吃得好苦哇。要想吃龙肝凤肉，先吃我的巴掌。"张大巴掌老婆说："他们活着爱吃老百姓的东西，死了就让他们站在锅灶边，看着老百姓吃东西吧。"张大巴掌说了声"好"，啪啪几下子，把州官、夫人、下属打得像画一样粘到厨房墙上。皇帝本想治张大巴掌的罪，

---

1. 讲述者：祛傲；采录者：卢一鸣. 中国民间故事集成·黑龙江卷[M]. 北京：中国ISBN中心，2005. 551-552.

但没抓着。于是下了一道圣旨，封被打死的州官为灶王爷，家家厨房墙上都贴他的画像。时间久了，人们就把这一段来历忘了，还以为灶王爷是神呢。[1]

祭灶由来

通河县流传着一个祭灶由来的传说。古时候盘石山上有座庙，庙里住个老道。山下的村里有张家兄弟二人，哥哥是个泥水匠，弟弟是个画匠。泥水匠是个机灵人，盘的锅台又好烧又省柴，人缘好，爱吃火烧，人称"张灶王"。画匠手巧，每年老道的万年历的历头都由他来画。哥哥走村串乡盘锅台时把画的万年历送给各家。张灶王80岁时在腊月二十三寿终了。弟弟想念他，就在万年历上画上哥哥和嫂子，历头上画上两条龙、底部画上十二童子，在哥哥忌日这天挂在了厨房墙上。过一更天时，他对儿子儿媳说："我做了个梦，梦见你大伯和大娘成了仙。回来看看，见家里闹成这样，非常生气，就去见玉帝，玉帝封了他为灶王神，给他十二才官掌管历头，又给两条龙，叫他到下界坐在厨房里看着各家。男的偷懒，不按历头耕田，女的偷嘴，抛米撒面，打骂公婆，这些事都归他管。年年腊月二十三上天去七天，把各家的事禀报玉帝，对那些好吃懒做、搅家不贤的人，都要提出惩治的办法。只要玉帝点了头，大年初一回来就办。"画匠搬来供桌，把哥哥生前爱吃的火烧、嫂嫂喜欢吃的糖都摆在桌上，然后替好吃懒做、不珍惜粮食、不孝敬父母的儿子儿媳妇求情："哥呀哥，亲不亲，一家人，不要怪罪他们，以后他们学好就是了。你要上天言好事，好话多说，坏事休提，为我们下界保平安，照应全家安宁无事，你是一家之主，都听你的。"画匠写了一副对联贴上，上联是：上天言好事；下联是：下界保平安；横批是：一家之主。各家都想念张灶王，就把灶王像请到家里，贴在厨房后墙上。从此，男耕女

---

1. 讲述者：李景春；采录者：孙龙森。中国民间故事集成·黑龙江卷[M]. 北京：中国ISBN中心，2005．553-554．

织,尊老爱幼,家家户户都和睦,平平安安过日子。每逢腊月二十三,点上蜡,燃着香,放上火烧、灶糖,全家虔诚地磕头祷告,让灶王爷二十三去,初一五更回,然后取下灶王爷画像,连同用高粱秆扎成的马和车、谷草,一同用黄表纸包好,在灶王爷和灶王奶奶嘴上贴上灶糖,最后一同烧掉,嘴里念叨:"年年有个二十三,灶君老爷要上天,有大马,有草料,路途平安顺利到,供上糖瓜把你甜,玉帝面前进好言。"[1]

贴门神的传说

年前家家贴门神,其来历在通河县是这样解释的:徐懋功号称"徐铁嘴",能掐会算,在街上摆了个"拆"字摊子。小白龙变成一个秀才让徐懋功算算近三天有没有雨。徐懋功掐指一算说:"今日中午有一场小雨,能淹湿地皮一寸。"小白龙说:"如果不下或下得比你说的大呢?""那我就不叫'徐铁嘴',你可砸了我的大招牌。"小白龙主管降雨,根本没有接到降雨的旨意。不料,巳时,果然接到玉皇大帝降雨的御旨,命它正午下一寸雨。小白龙为了砸徐懋公的招牌,就违背玉皇大帝的旨意多下了一点。雨过天晴后,小白龙变成白衣秀才找徐懋功说:"先生!你算中午要下一寸雨,如今竟下了一尺雨,是不是应该砸你铁嘴的招牌?"徐懋功冷笑道:"玉皇大帝命小白龙下一寸雨,小白龙为了和我打赌争胜,竟下了一尺雨,闹得平地成湖,庄稼淹死了一大片,触犯了天条,玉皇大帝震怒,已经传旨,今夜子时捉拿小白龙问斩。"小白龙急忙跪下哭求:"哎呀!先生救命!"徐懋功说:"此事只有唐王李世民能救你,李世民手下大臣魏征日管阳、夜管阴,这次就是由他在夜间梦中斩你。你只要让李世民缠住他,半夜子时不让他回家,只要斩你的时辰一过,你就保住命了。"小白龙变成白衣秀才,跪

---

[1]. 讲述者:闫殿文;采录者:刘金.中国民间故事集成·黑龙江卷[M].北京:中国ISBN中心,2005.554-555.

求李世民救命，李世民说："那好办，今晚宣他进宫陪朕下棋，不过子时朕不放他走就是。"下到亥时末，魏征困了，趴在桌上睡着了。李世民心想：魏征爱卿太劳累，让他睡一会儿吧，反正子时不过不让他回家就行了。子时一过，魏征醒来回家。空中有人号叫："李世民！还我命来！你答应救我，为什么还让魏征杀我？"原来，魏征趴桌一睡着，他的真魂就出去把小白龙斩了，所以叫"梦斩蛟龙"。李世民吓病了，不让魏征离开，让秦琼、尉迟恭守房门。病好后，把秦琼、尉迟恭的像画在门上。从此，秦琼、尉迟恭抱锏执鞭，成了门神。[1]

冶铁祭祖习俗的来历

居住在杜尔伯特草原的蒙古族每逢除夕，一家老小聚在一起，搭起露天炉灶，燃起一堆木炭，架上一块生铁，拉起鼓风箱，把铁烧得通红。这是祖上传下来的"冶铁祭祖"仪式。

传说，蒙古部落与其他游牧部落发生了冲突，结果蒙古部落战败，遭到残酷的杀戮，最后只剩下四个人，两男两女，他们组成了两个家庭，一个姓乞颜氏，一个姓讷古氏，躲进深山，来到了一个叫额尔根涅滚[2]的地方，爬上顶峰，在这里繁衍生息，人口不断壮大，形成了许多分支，以至于额尔根涅滚容纳不下了。他们产生了迁回大草原的愿望。但是，进山的路，早已布满乔灌、荆棘，难找难寻。

一天，乞颜氏的一位老猎人在一个山洞里发现几块被火烧焦了的矿石，有的已经成为铁疙瘩。他认为，古人可以冶铁，我们完全可以冶铁熔山，开辟下山的通路。于是在乞颜氏长者的带领下，他们开始昼夜不停地伐

---

1. 讲述者：文华；采录者：范中惠.中国民间故事集成·黑龙江卷[M].北京：中国ISBN中心，2005．556–557．
2. 额尔根涅滚：蒙古语，险峻的山岭。

木烧炭，杀牛取皮，制作鼓风匣，把木炭堆放在冶过矿石的山洞口。他们择了良辰吉日，聚集全部落人，由部落长点燃木炭，轮流拉起鼓风匣，烈焰熊熊，烧了七七四十九天，矿石熔化，流淌的铁水像一条火蛇。烧着烧着，只听得巨雷般的轰隆一声，山石坍塌，险峻的峭壁出现了一个大缺口，为下山的人们铺设了一条通路。三天后，乞颜氏部告别了客居几百年的高山，回到草原过上了游牧生活。

为了纪念祖先"冶铁熔山"、迁徙草原的壮举，蒙古族在除夕之夜都要"冶铁祭祖"。这种原始的冶铁祭祖仪式逐渐被点燃一堆篝火辞旧迎新所替代。[1]

供老把头的来历

过去，采参的、筛金的、放大木的都供老把头，筛金的在每月初一、十五、三月十六都像过节一样做好吃的。呼玛县有一个传说解释了供奉老把头的来历：很久以前，十多个人在东山放山，放山即挖参，也叫挖棒槌，他们住在一个棚子里，白天分别出去单独行动，晚上都回棚子里住。有一人三天没回来，九个人找了十多天也没找到。原来，这个人迷山了，走到老白河时却往逆水方向走，结果越走离家越远。他在一棵树上刻上几句话："家住莱阳本姓孙，漂洋过海来挖参。三天吃个蝲蝲蛄，你说伤心不伤心？如果有人来找我，顺着白河往上寻。"九个人在三月初发现这棵树后就顺着河往上撵，在三月十五找到了姓孙的人，可是，只剩一堆骨头了。三月十六，大家用块红布把骨头包起来埋在地里。大伙商量，以后再不能单干了，必须结成帮一起挖参，选出一个叫"把头"的人领导大家，称死去姓孙的兄弟为老把头。初一是发现那棵刻字的树的日子，十五是找到尸骨的日子，十六是埋葬

---

1. 讲述者：软都圭；采录者：波·少布。中国民间故事集成·黑龙江卷[M]. 北京：中国ISBN中心，2005．557–558.

他的日子,也是定下结帮选把头的日子,所以挖棒槌的每月都要过初一、十五,每年都要过三月十六,来纪念老把头。后来,这个规矩慢慢传到金场,筛金的才有了金班和把头。在沟里头筛金的,你要是运气好,拿到金疙瘩了,都得给老把头和山神上供、挂红,上供挂红的地点就是选一棵树,砍出一个平面,作为老把头和山神的牌位。每月的初一、十五,金班里头预备红糖,包饺子,做许多好吃的,饺子是平常吃的饺子一半大小,不叫饺子,叫疙瘩,象征金疙瘩。先在树上系红布,再给老把头磕个头,往树跟前浇点酒。接着,把饺子摆上,再把饺子汤围着这棵树的四外淋洒。大家围坐在树跟前,大声念叨:"发财发财,拿疙瘩拿疙瘩!"一面念叨,一面拿一个饺子吃下去。不兴使筷子,得用手拿,叫拿疙瘩。筛金的都这么讲:"剩钱不剩钱,一月两个年。每年三月十六,也是这样办。"[1]

鸡尾翎辟邪习俗的来历

满族人过年要在帽筒、掸瓶里插三五根鸡尾翎辟邪。宁安县满族传说:在宁古塔(今宁安市)的西南、镜泊湖南部山区有一个很小的部落,有一年,这里的老噶珊达(村长)死了,按照满族习惯,应该由儿子库达里接任,可是他才十几岁,于是噶珊达的职位被库达里的叔叔抢去了。库达里寄居在叔叔家,婶娘拿他不当人看,让他一天必须打出50斤三花糕、割回100棵秋秸,如果完不成就挨揍,不让吃饭。如此多的活即便成人也完成不了,小库达里实在忍不下去了,想到死,可是上吊三次绳子都断了,投河三次都被河水冲到岸上。狍子说:"小阿哥,你别哭,南山有位纳尔呼,他能给你出路。你要想找纳尔呼,得去问问桦皮玛发,桦皮玛发在南山,南山高,有大雕,它知道纳尔呼住的地方,你赶快找它去吧!"小库达里按照小狍子所

---

1. 讲述者:于增源;采录者:谷丽辉.中国民间故事集成·黑龙江卷[M].北京:中国ISBN中心,2005.561–563.

说的爬上了山顶见到纳尔呼。纳尔呼说："你们部落正在闹天花，我给你个鸡尾翎，能护身，又能治病。你回去有什么危难事儿，这鸡尾翎会帮助你的。鸡尾翎要正扫，不要逆扫。"库达里回到部落，用鸡尾翎治好了很多病人，分文不取，全部落的人无不尊敬他、感谢他。库达里的叔叔暗想：我要能有这个鸡尾翎，就能发大财。有一天，他叔叔乘库达里不备抢走了鸡尾翎，每治好一个病人就要三两银子。可是因为他是左撇子，逆着扫病人，结果扫一个死一个，这可把他恨坏了，把库达里撵跑了。库达里叔叔心想：鸡尾翎到我手怎么就不好使呢？一边琢磨，一边用鸡尾翎扫自己的眼睛，结果把自己扫瞎了。山咕噜子妖乘机把鸡尾翎骗到了手，走的时候还把房子点着了。正好库达里回来了，灭了大火，救出了叔叔。大家推举库达里当了噶珊达。库达里在小狍子的帮助下夺回了鸡尾翎，拿着鸡尾翎给大家治病。从此，野鸡翎就被满族视为吉祥物。[1]

踢熊头习俗的来历

除夕之前，满族村落的族长要召集青年将场院打扫得干干净净，进行踢熊头比赛[2]。在海林市满族中流传着一个踢熊头比赛来历的传说：满族祖先勿吉人骁勇彪悍，擅长渔猎，可是长期被扶余国[3]侵犯，被逼做牛马。离扶余国三百里有个名叫哈达霍罗的高山，山顶住着一个老头，人们尊称他为颠脚哩[4]，他的老家在白头山天池，勿吉人都亲切地称他为老祖宗。颠脚哩说："勿吉人是一盘散沙，难免不受欺辱。"颠脚哩割下熊头，让大家踢，要求苦练三年。可是大家时练时辍。正当大伙泄气的时候，附近林里

---

1. 讲述者：傅英仁；采录者：王士媛。中国民间故事集成·黑龙江卷[M]．北京：中国ISBN中心，2005．583-586．
2. 熊头：指的是用脚踢的一种体育游艺器物，早年多用破布条或牛毛制成，至现代已演化成足球。
3. 扶余国：（？—494）索离人东明在今松辽平原北部所建的奴隶制王国，又作夫余国。
4. 颠脚哩：满语，颠脚天神。

传来"呛嘟嘟"的清脆响声,一个白发苍苍、满脸皱纹、看不出有多大年纪的老奶奶,手里拿着个铁梁,在青石上用泉水磨绣花针。老奶奶说:"只要功夫深,铁打钢梁磨绣针。像你们踢熊头那样,今天高兴就踢,明天不高兴就散,能练出什么本领?要想不受欺侮,就得从苦中来。一曝十寒,时练时辍,只能永远当奴隶。"老奶奶当众踢起熊头来,十八种招式,招招精彩,几乎和颠脚哩教大伙踢熊头的招式一模一样。老奶奶说:"你们就按颠脚哩的嘱咐,苦练三年,就会踢熊头,就会一掌击透十张熊皮。""要灭扶余国,单等九月九重阳日。那天刮西北风,沙土天气,勿吉人要从西北进攻,顺风顺势。扶余人是顶风迎头,借天时地利,勿吉人以一当百,勇不可当,定会一举灭掉扶余。"三年后,九月九日黎明,上万勿吉人集结在扶余国的西北方。霎时西北风骤起,卷起漫天沙尘,刮得昏天黑地。这时牛角声声,勿吉人顺着风势,扑向扶余国,扶余国血流成河,尸横遍野,从此一蹶不振,后代子孙也随了勿吉人。

颠脚哩后来改称拐棍爷爷。满族人没忘颠脚哩夫妻的恩德,重阳祭刀就是源于此,祭祖时挂12幅白绫画,画中就有颠脚哩。踢熊头风俗延续下来,不过,熊头已由猪膀胱取代。[1]

罕贝舞的由来

鄂伦春人能歌善舞,最喜欢围着篝火跳罕贝舞,舞蹈动作中有一种按鼓点踏脚、双手随节奏交替着背手、举过前额的动作,同时喊着"阿罕贝"的号子,该舞蹈动作像举目眺望远方归来的亲人的样子。逊克县鄂伦春族认为,这一套动作和喊的号子就是由盼亲人归来的故事启发而形成的。相传很早以前,在河套子一边桦树林子旁,住着一户猎人家,有公公、婆婆、儿

---

1. 讲述者:常砚樵;采录者:关墨卿。中国民间故事集成·黑龙江卷[M]. 北京:中国ISBN中心,2005. 586–589.

子、媳妇，还有一个6岁小男孩。公公上了年纪，不能打围，一家子全靠儿子打猎过活。儿子是个好猎手，是远近闻名的莫日根。有一次，儿子打围去了五天没回来，又过了两天，媳妇做了个噩梦，梦见犸猊神巨掌拔起一棵大树把他们的仙人柱砸塌了……她吓醒后心里十分害怕，担心丈夫有意外。婆婆叫孙儿拿着他阿曼（父亲）的狂皮靴转三转放在门口算吉凶，若是靴尖朝门里，亲人很快回到家，若是靴尖朝门外，亲人越走越远。结果靴尖朝门外，一家人为此而愁眉苦脸。媳妇领着儿子骑马四处寻找，不停地呼喊着丈夫的名字："阿罕贝，阿罕——贝！"这天晚上，孩子看见远处山脚下有一猎骑匆匆赶来，阿罕贝回来了。一家老小喊呀、叫哇、蹦啊、跳啊，婆婆点上篝火，嘴里不住地喊着儿子的名字"阿——罕贝、阿——罕贝"，他们边跳边举手观望驰近了的猎马。从那以后，就有了围篝火跳罕贝舞的习俗。[1]

四、节日活动

过年从腊八一直持续到二月初二，在将近两个月的时间里，各民族的年活动丰富多彩。

春节是一个新旧交替的时刻，辞旧迎新是这一节日的主题，无论是辞旧岁还是迎新春，人们都通过一系列的仪式性活动来完成这一新旧交替，每一仪式都具有非常强的象征意义，充满了对天、地、先祖、长辈的敬奉，充满了人伦之爱，充满了对未来生活的憧憬和渴望，既满足了人们物质的需要，也满足了人们的精神需求。

---

[1]. 讲述者：初屯老太太；采录者：孟淑珍. 中国民间故事集成·黑龙江卷[M]. 北京：中国ISBN中心，2005. 591-592.

食腊八粥

食腊八粥是腊月初八的饮食习俗。除了朝鲜族、穆斯林民族,其他民族均有腊月初八这天吃腊八粥的习俗。腊八粥有多种,有的地区的腊八粥是黄米黏饭,有的地区的腊八粥是用小米、大米、苞米馇子、大枣、花生等八种粮食熬成的粥,尽量凑足八种粮食。早年生活困难,许多家庭吃不上腊八粥和黄米饭,一般用其他粮食做成粥权当腊八粥。现在由于生活水平的提高,所吃腊八粥较为讲究,有自己配置粮食种类的,也有买现成的配料回家自己熬制的。吃腊八粥的目的是粘住下巴,因为进入腊月就进入了北方的最寒冷时期,吃腊八粥粘住下巴,防止冻掉下巴。还有"庆丰年之意"[1]。

在吃饭之前首先取一些腊八粥抹于猪圈、鸡窝等门上,以祈祷明年牲畜旺盛。该俗类似于古代的以腊八粥涂果树习俗,《燕京游览志》记载:"以粥涂果树,希来年丰收。"

祀灶

祀灶,又称辞灶、祠灶,是腊月二十三祭祀灶王爷、送灶王爷升天的仪式。腊月二十三是灶王爷升天的日子,要举行祀灶仪式。祀灶仪式有所不同,一种祀灶仪式是在灶坑门口祭祀灶王爷,将灶王爷画像摘下在灶坑内烧掉。一种祀灶仪式是用秫秸篾扎一个马、一个天梯,在烟囱根部同灶王爷像一同烧掉。一种祀灶仪式是用高粱篾扎个"小鸡""小车""小马",然后弄个碗,里面放点粮食,扣在地上,粮食是给小鸡和小马吃的,然后将扎的东西跟灶王爷一起在十字路口或者灶坑旁边烧了。一种祀灶仪式是,"天初晚,于皂(灶)神位前,点烛焚香,以粱秸心制成马、鸡、狗等物,供诸案前,高粱一握,锉草一把,饧糖一碟供片时,以糖少许抹于灶门,焚香奠酒,取马、狗等物附于灶神纸牌焚之,放爆竹数声,

---

1. 刘爽.吉林新志·人文之部·人民·性质与特习[M]. 伪康德元年(1934)铅印本.

谓之'送灶神'。"[1]一种祀灶仪式是画匹马上面骑着一个人，在灶门前同灶王爷像一同烧掉。

烧灶王爷像的时候，口中叨咕："上天言好事，下界保平安。"祀灶时要以灶糖给灶王爷上供。灶糖是一种麦芽糖，黏性很大，烧灶王爷像之前要将灶糖摆在灶王爷像前，在灶王爷嘴上抹点糖，在灶坑口抹点糖，目的是让灶王爷嘴甜，在玉皇大帝面前多说好话，不说坏话。"用糖以祀者，谓神食而口甘，俾上天言好事也；又或以糖粘灶门上，谓以粘神口，俾上天不能言恶事云。"[2]

▲ 黑龙江省牡丹江市穆棱镇穆棱林业局河北东升小区秦桂香家供奉的灶王爷 /张璐 摄/2017年

扫尘

扫尘又称扫房、扫房土，是年前必须进行的一次家庭大扫除。以前各家的居室都是草房、土房，以木桦子、草、秫秸、玉米秆子、玉米瓢子等为烧柴，住大火炕，土室内地面，所以一年下来积攒的灰尘很多。年前每家都要将室内统统打扫一遍，以迎接新年。扫房的具体时间各地有所不同，有的地方必须在腊月二十三小年这天扫房；有的地方在腊月二十四扫房土；有的地方在腊月二十五这天扫房土；有的地方在腊月二十三至年三十之间哪天都可以扫房。之所以选择腊月二十三或者二十三以后扫尘土，是因为灶王爷已经升天了；如果灶王爷升天之前扫房还需要用布将灶王爷像蒙上。如果在腊

---

1. 严兆霖修，张玉书纂．望奎县志·卷3·礼俗志[M]．民国八年铅印本．
2. 高文垣修，张鬲铭纂．双城县志·卷6·礼俗志[M]．民国十五年铅印本．

月二十三之前扫房还要算日子，即占卜一下哪天是扫房的吉日。扫房的工具为笤帚、鸡毛掸子，用来扫房的笤帚要求是新的，即便是旧的，也要将笤帚洗干净。有的地区用野生的黄蒿扫房，秋天将黄蒿收割回家，将其绑成一束，即为扫房的工具，用其扫房，室内空气中散发着好闻的香味。有些地方如鄂伦春族、赫哲族用白桦树条子、桦树梢子做成扫把扫房，皆是因地制宜，就地取材。

打年纸

打年纸就是买年货。"打年纸者，即购备各种神纸及过年所用一切物品之谓也。"[1] "乡民购买新年物品，谓之'打年纸'。"[2] 因过去商品都用一张黄纸包装而得名。过去，需要在市场上购买的年货包括红纸、对联、纸马、黄纸、冥币、年画、鞭炮、烧香、蜡烛、灶王爷、天地牌、财神爷、门神、布、红头绳、红绫子、冻梨、冻柿子、糖块。黑龙江省各民族过年都有贴年画的习俗，但是没有自制年画的，都是购买。年画的内容富有时代特征，早年贴的年画多是中国传统吉祥图案，"不外升官发财耳""多戏文及小说之故事"，也有美人图[3]；20世纪六七十年代的年画多是领袖像、样板戏剧照；朝鲜族的年画多为十长生画。现在贴年画的家庭少了。鞭炮又称爆竹，过去民间的鞭炮多指成串的爆竹，又称其为"鞭""小鞭"，单位是"挂"，而称单个的爆竹为"炮仗"，产生两个响声的炮仗叫双响子、二踢脚，还有拉炮、摔炮，这是小孩们最喜欢的鞭炮。还有一种是广义的鞭炮叫法，既包括成串的爆竹，也指单个的爆竹。"爆竹声中一岁除，春风送暖入屠苏"，这是王安石对春节的描述。鞭炮是过年期间必备的，每家年前都

---

1. 高文垣修，张萧铭纂．双城县志·卷6·礼俗志[M]．民国十五年铅印本．
2. 孙荃芳修，宋景文纂．珠河县志·卷15·风俗志[M]．民国十八年铅印本．
3. 林传甲．龙江旧闻录·旧俗[A]．黑水丛书·秋笳馀韵（下）[Z]．哈尔滨：黑龙江人民出版社，2005．1304．

要购买一定数量的鞭炮，富裕的家庭买得多，经济拮据的家庭则少买点。燃放鞭炮最早的作用是驱邪，后来驱邪色彩渐弱，娱乐成分越来越浓。在以下几种情况下要燃放鞭炮，一是从腊月三十到正月初五、正月十五，每顿饭前都要放炮仗或者鞭炮；二是年三十半夜；三是正月十五晚上；四是上坟时，不过并不普遍；五是小孩玩耍，过年时小孩经常燃放鞭炮取乐，大人也会特意为孩子们准备一些拉炮、摔炮等小鞭炮，小孩儿一会儿揪一个，燃着，听个响。

进入腊月，购买年货的活动就开始了，小年以后则是集中购买时间，汉、满、蒙古、达斡尔、赫哲、鄂温克、锡伯、柯尔克孜等民族视家庭经济情况购买一定数量的年货。

▲ 饶河县年货市场上的水果摊位/于学斌 摄/2016年

写大字

所谓"写大字"，就是写对联、春条和福字。每到过年的时候，家家门窗之上都要贴对联、春条、福字。早年都是自己写对联、春条、福字，如果自己不会写毛笔字，则拿着红纸找会写毛笔字的人代写。写大字的时间一般在腊月二十九或者腊月三十上午，对联、春条都写在红纸上，满族早年用白纸书写对联，且是用满文书写，清朝末年以后满族也和汉族一样用红纸书写汉字对联。对联，又称对偶、春贴、春联、桃符、楹联等，民间多称其为门对、对子，是一种对偶语句，分上、下两联，上、下联字数相同，结构相同，对仗工整，平仄协调，合辙押韵，都是祈祷丰收、幸福、财源广进的吉祥语。上方为横批。春条有两种，一种是对联式的，有上联、下联和横批；一种是单副的，仅书写"抬头见喜""金鸡满架""肥猪满圈"等吉祥语，贴于门框、鸡架门、猪圈门等之上。根据所贴部位的不同，春条的内容也不同，如猪圈上贴"肥猪满圈"，鸡架上贴"金鸡满架"，粮仓上贴"粮食满仓"。福字有大福字和小福字，大福字贴在屋门、院门的门心处，小福字贴于对联、春条、挂签之上。现在写大字之俗极为罕见，自从20世纪八九十年代以后，春联、春条、福字多从市场购买，每到春节临近之时，商店、大街上都陈列摆放各式各样的对联供人们选购，琳琅满目的春联摊位是春节来临的信号，告诉人们春节马上就要到了。

杀年猪

杀年猪是东北民族一直保持的传统。一进入腊月，汉、满、达斡尔、鄂温克、锡伯、鄂伦春、柯尔克孜等民族家家开始杀年猪。之所以选择这个时间段杀年猪，原因有三：一是天冷了，肉能保存住；二是天冷以后养猪费用较大，要费掉很多粮食；三是天冷以后猪不长肉了，所以再怎么喂也是白费粮食。

年猪都是自家养的，"中人之家，无不有年猪一口，贫家亦多自养猪，日积月累，以图度岁一餐大肉。"[1] 每次杀猪之前都要称一下重量。杀猪是一项繁重的劳动，要起早烧一锅开水，猪放过血之后刮毛，豁膛，谢肉，洗肠灌肠，工序繁多。要请村中会杀猪的人帮忙杀猪，帮忙杀猪的人除了能一起吃顿杀猪菜之外，还会得到一块猪肉。旧时猪以肥为美，猪越肥越受欢迎，若是猪肉达到五指膘子，则是令人称道的事。每次杀猪都要请街坊邻居、亲戚朋友吃顿杀猪菜。剩下的肉都埋在外面的冰里或者雪里保存，待过年时刨出吃肉。

---

1. 林传甲. 龙江旧闻录·旧俗[A]. 黑水丛书·秋笳馀韵（下）[Z]. 哈尔滨：黑龙江人民出版社，2005. 1303.

▲ 赫哲族全家包年夜饺子／于学斌 摄／2016年

包饺子

  包饺子是黑龙江各民族年前必须做的一件大事。饺子是过年必吃的美食，为此而有"谁家过年还不吃顿饺子"的俗语，该俗语的本义是即便再困难，过年也要吃饺子。黑龙江人包饺子有自己的特色，每家都包很多饺子，汉族、满族、达斡尔族、鄂温克族、鄂伦春族、赫哲族等民族每年一进入冬月便开始包饺子，这些饺子包好后都放在室外冻起来，目的是吃着方便。包饺子时亲戚邻居都来帮忙，包完之后主人准备一桌酒菜招待大家。过去饺子馅主要是酸菜、白菜、萝卜、肉，现在馅的品种多样化，青菜多了起来。包好的饺子放在盖帘上在外面冻实之后放在大缸里存贮。年三十晚上的饺子一般都是现吃现包，虽然也有吃冻饺子的家庭，但是很少。除夕夜的饺子不仅仅是美食，更是美好的祝愿，每一个动作和每一种包饺子的材料都具有深层次的象征意义，饺子谐音是"交子"，代表着新旧交替；饺子形如元宝，除夕夜和初一早晨的水饺叫"元宝饭"[1]或"揣元宝"[2]。年三十包饺子时一定要把初一早晨的饺子同时包出来，意为吃隔年饭。除夕的饺子，面或者馅一定要剩其中一种，剩面有衣服穿，剩馅有钱花；要选择几个饺子包硬币、糖、辣椒、线、炭等物，吃到钱币、糖、辣椒、线都是吉兆，而吃到炭则不好；除夕煮饺子要从锅心捞几个饺子丢外面去，据说是为了敬给过路鬼魂；饺子捞出后锅里要放一枚硬币，这是期盼来年有好运。

蒸花馍

蒸花馍是汉族过年必须做的一件大事，馍就是白面做的馒头，花馍就是样式各异的馒头。春节期间通常要蒸两次花馍，年前蒸一次，年后蒸一次。年前通常在腊月二十九这天进行，不过在之前的两天要把面和好并进行发酵。春节的馒头是特制的，一方面满足过年时人的饮食需要，另一方面用作祭品。满足人吃的馒头有普通馒头，也有特制的馒头。特制的馒头是一些特殊形状的馒头，每一种形状均代表一定的吉祥含义：金鱼形代表金玉满堂，鲤鱼形馒头代表连年有余，石榴形代表多子多福，元宝形代表财源滚滚。还要做两个名叫发财饽饽、福贵饽饽的馒头，发财饽饽的特点是，在一个圆形面团之上安一个元宝形面团，圆形面团之内包有枣、糖块、花生、栗子等吉祥物，元宝形面团旁边插入一枚硬币，蒸熟之后就是发财饽饽，发财饽饽只能男主人吃。福贵饽饽的特点是，把面条做成盘肠形，盘肠之上安装两个首尾相对的鱼，在一头摁进一枚硬币，福贵饽饽只能由家中的女主人吃。作为祭祀祖宗的供品有三种，一种是做若干特大号的馒头，上面用麻果蘸红墨水点上红花或者在馒头上摁进大枣；一种是做成猪头形状；一种是做成小猪的形状。这些祭品在摆家堂的时候就规则有

---

1. 孙荃芳修，宋景文纂．珠河县志．卷15．风俗志[M]．民国十八年铅印本．
2. 高文垣修，张肃铭纂．双城县志．卷6．礼俗志[M]．民国十五年铅印本．

序地摆放在家谱前面的供桌上。

年后蒸花馍的时间是正月十三或者正月十五，禁止正月十四蒸花馍。此时蒸的花馍叫升虫(神虫)，包括大龙、小龙、双龙、刺猬、桃子、鱼、石榴等。升虫的意思是，连年有余、财源不断增长，一年都能过上富裕的生活。蒸好后把升虫放到装有面、米的缸里或者袋子里，只有到农历二月初二龙抬头的时候才可以吃。

▼ 施丽华腊月二十九制作的花馍／于学斌 摄／2017年

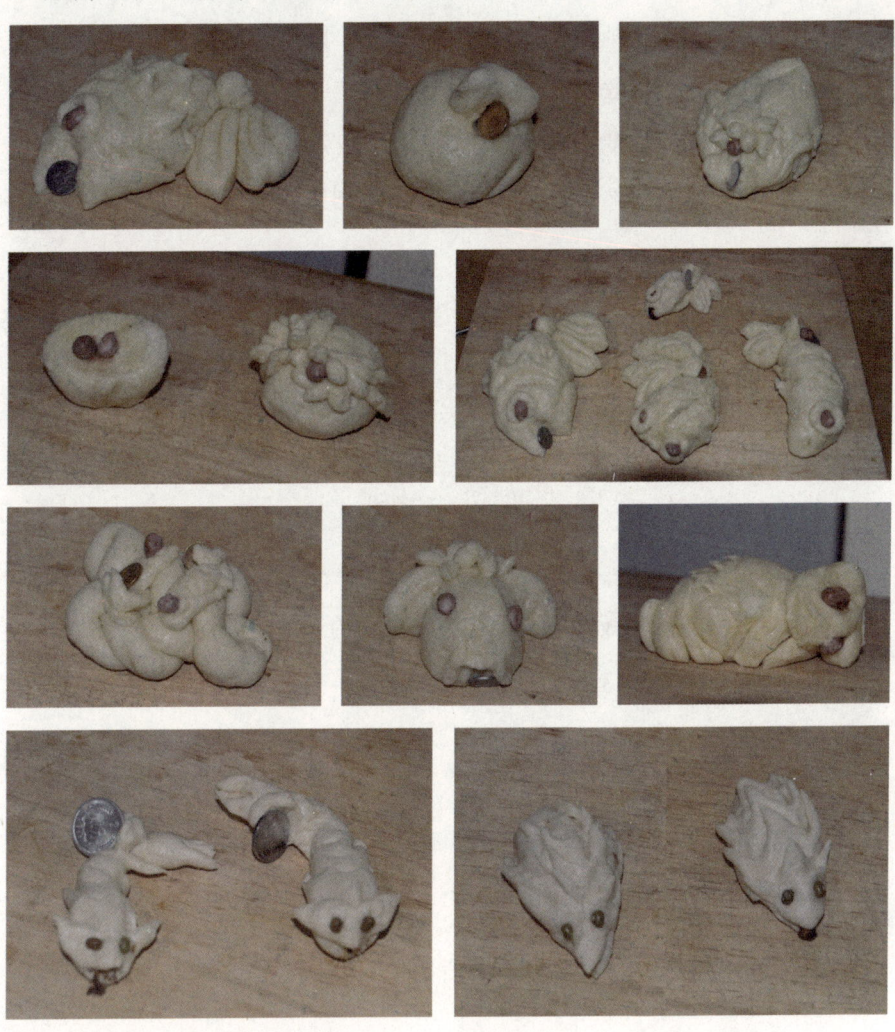

熬皮冻

熬皮冻是家家年前必做的一件事情。皮冻虽然是一种普通食物，但是过去由于生活贫困平时极少杀猪吃猪肉，所以平时基本上不吃皮冻，而过年时几乎每家都要熬皮冻。熬制的方法是，猪皮煮熟后将内部的油层刮净，切成碎块，放进水锅里煮，将猪皮内的黏胶熬出来。有的家庭还在里面加鸡蛋，猪皮熬好后，将鸡蛋打成清，倒进锅里一起煮开。然后将熬好的猪皮胶倒进盆子里凉凉后即成皮冻。熬猪皮时，水要适量，根据肉皮的多少放进适量的水，如果水多了，则不成冻；如果水少了，则皮冻全是肉皮，特别硬。皮冻晶莹剔透，是过年餐桌上的一道重要的菜，吃的时候将其切成片，蘸着蒜泥吃或者将蒜泥酱油醋调成汁儿浇在上面，吃起来清凉爽口，有嚼头。直至现在多数农村家庭仍然在过年的时候自己熬制皮冻。

换饭

换饭就是改善伙食。关于换饭有两种理解，一种是腊月二十三小年这天开始换饭，一方面饭桌上有菜了；另一方面，从这一天开始，条件好的家庭能吃到肉了。无论是汉族还是少数民族都有这一过年习俗。在查哈阳农场、横道河子镇、盘古林场、哈拉新村达斡尔族等地区均听到这一说法。另一种是指正月初五这天要换饭，早上放完鞭炮，吃完饺子，就意味着年结束了，从此就开始吃平常饭菜了。现在家家户户的经济条件都好起来了，平时的伙食就非常好，小年这天"换饭"也就失去了意义。

接年饭

接年饭就是年前做年后吃的饭，不过各地对接年饭制作的时间和理解有所不同。有的地方是在腊月二十七这天制作接年饭，这一天要改善一下伙食，此谓之"吃接年饭"[1]。有的地方将除夕半夜年夜饭吃饺子称为接年饭[2]。有的地方是在年三十早晨制作接年饭，接年饭主要是米饭，高粱米、大米、小米均可，制作很多，上面摆放大葱等物，因为从初一到初五，生米不下锅，如果想吃米饭，就将接年饭热热，此举的象征意义在于年年有余，生活富足[3]，该种理解在民国时期的文献有记载，《榆树县乡土志资料》曰："十二月三十日为一年之末日，煮粟饭以储之，待过年后就便餐用，是为接年饭。"《双城县志》亦曰：三十日"煮粟饭，备过年后餐用，曰'接年饭'"。这种年三十做的饭由于横跨两年，所以又叫"压年饭"，《宝清县志》记载："炊此供饭，不厌其多，必敷数日之食乃可，名曰'压年饭'，意取由今年食至明年，有余积也。"[4] 还有一种接年饭是大烩菜，山东移民年三十都要做一锅大烩菜，用白菜、土豆、粉条等炖一锅菜，炖好之后放在盆子里，随吃随热，一直吃到年后，意思是吃隔年饭，其象征意义是生活富足。

封柜

封柜即把家中的炕柜门锁上。炕柜也叫炕琴，是放在炕上盛衣物、布料、被子等东西的柜子。柜子有大、有小，小的仅有半米左右高，大者有一人多高。柜内有一个个分区格。柜子上往往绘制有精美的图案。年三十，在夜幕降临前，要把必须使用的东西拿出来，然后把柜门锁上，直到正月初三才能打开，目的是守住财运，防止财运外流。

---

1. 木兰县志编纂委员会. 木兰县志[M]. 哈尔滨：黑龙江人民出版社，1989. 580；巴彦县志办公室. 巴彦县志[M]. 哈尔滨：黑龙江人民出版社，1990. 721.
2. 黑龙江省集贤县县志编纂委员会. 集贤县志[M]. 1985. 701.
3. 北安市地方志办公室. 北安县志[M]. 1993. 728.
4. 齐耀珹等修，韩大光纂. 宝清县志·卷13·礼俗志[M]. 民国二十五年铅印本.

请神

所谓请神就是请各个神灵回家过年,又叫"接神",有的地方又叫"请年"。汉族、满族过年时都有请神仪式,不过两个民族请神的方式有些许差异。汉族在腊月三十这天在下午两三点钟之前要在室内挂家谱、财神、灶王像,屋外挂天地像,像前均摆放供品,谓之"上供",除夕,半夜11点左右,"置桌院中,上置供物、焚香,点烛。桌北堆谷草少许,上置纸箔及大馒首二、饺子四"[1],大约在三星平西时,燃谷草、焚纸箔,谓之"发纸",往火上泼汤、酒,烧香,男子面桌子跪拜,请财、喜各神及列祖列宗回家过年,叫"接神"。接神时要掌握神所在的方向,"如喜神正北,则向北迎喜神,财神正东,向东迎财神之类"[2]。接神时院子大门、居室的门都打开。燃放鞭炮。有的要到十字路口发纸,有的地方按照历书记载的方位提着灯笼出门迎接财神喜神,有的地方各家手提灯笼、香纸向各方神位燃放鞭炮,有的地方还要到坟地去接先人回家过年。满族请神没有发纸仪式,其他仪式同汉族基本相同。

▼ 肇州县新福乡双龙山村高力中家的家谱/高力中 摄/2016年

摆家堂

摆家堂是汉族的祭祖仪式,又叫供老祖宗、供大纸,就是将一张家谱摆在房间的正面墙上,家谱两侧挂一副对联。有的家庭没有家谱则摆放三代宗亲牌位。家谱或者三代宗亲的前面摆放馒头、猪肉、粉

---

1. 刘爽. 吉林新志·人文之部·人民·性质与特习[M]. 伪康德元年(1934)铅印本.
2. 严兆霖修,张玉书纂. 望奎县志·卷3·礼俗志[M]. 民国八年铅印本.

条子、蜡烛、香碗等供品。腊月三十下午摆上家堂以后，各家之间就不能有借取行为了，也不得在家堂前打闹喧哗。

吃年夜饭

除夕半夜新旧交替时刻吃饺子称为吃年夜饭。临近零时，燃放鞭炮，汉族还要发纸，全家聚餐，主食吃饺子。有些民族如朝鲜族、鄂温克族原来没有这一习俗，不过现在也有了。年夜饺子一般都现包，当然也有吃冻饺子的，即便吃冻饺子，也要将年午黑天吃的饺子单独包出来。馅里放钱、糖、线、大枣、葱、煤渣（或者草炭）、烧香、辣椒等物，叫"放字儿"。人们都希望在年夜吃到有钱、糖、山楂、线、烧香、葱的饺子，因为他们分别代表发财、幸福、有甜头、寿长、早生贵子、聪明等吉祥含义，吃到辣椒的人表明这个人厉害[1]，而吃到煤渣或者草炭则较为晦气，但是鄂伦春族除了有本义之外还有另外一种解释，就是吃到草炭能得到火神的保佑。

抱柴回家

抱柴回家是除夕夜的一种风俗，在半夜煮饺子时，家中的男子到邻居家的柴垛上抱一捆烧柴回家煮饺子。烧柴的"柴"同财富的"财"谐音，谐音达意，抱柴回家就是把财富抱回家，在这个新旧交替的美好时刻期盼新的一年发大财。

守夜

守夜，又称守岁，即在年三十晚上整宿不睡觉。即便睡意来袭，也不能脱衣睡觉，而是囫囵个睡觉，即不脱衣。这一习俗有不同的解读，有的解释是，守岁的人"壮实"（横道河子的解释）。有的解释是，除夕一夜不睡，

---

1. 厉害：东北话，脾气暴躁、得理不让人的意思。

一年都精神，文献记载："彻夜不寐，以卜一岁精神。"[1]"一夜不睡觉，一年都精神饱满，百事顺利。"[2]朝鲜族有另一种解读，他们认为，如果睡觉，眉毛会变白，对于睡觉的人，家里人会往他眉毛上抹白面，以此取乐。

压岁钱

压岁钱是过年长辈给晚辈的钱，给钱的时间各不相同，有的在年三十晚上饭前给，有的则在吃完半夜饺子、晚辈给长辈磕头完毕之后给，还有的在大年初一晚辈给长辈拜完年后给。给的数量各不相同，在过去困难时期给的压岁钱很少，往往就几毛钱，即便如此少，年过完之后大人往往还把给的压岁钱要回来。现在压岁钱则给很多，100元、200元、500元各不相同。"岁"同"祟"同音，压祟就是把邪祟压掉，一年平安。现在这种意识淡化，给压岁钱往往表达的是长辈对晚辈的关心和疼爱。

▼ 赫哲族儿童给老人拜年，老人给儿童压岁钱／于学斌 摄／2016年

---

1. 孙荃芳修；宋景文纂. 珠河县志·卷15·风俗志[M]. 民国十八年铅印本.
2. 鄂伦春族社会历史调查（第1集）[M]. 北京：民族出版社，2009. 62.

喂骡马

喂骡马是除夕夜举行的一种仪式性活动。在腊月三十白天做一锅米饭，除夕夜用这些米饭喂家中的骡马，骡马平时以吃草料为主，除夕夜则喂以米饭，用意是犒劳骡马一年的辛劳，奖赏骡马一年来对家里的贡献。填料时口中叨念："打一千，骂一万，年午黑天喂顿饱饭。"该俗在《双城县志》有记载：除夕夜"以米饭饲骡马，并语曰：'打一千，骂一万，全仗五更黑间这顿饭。'盖慰劳意"。[1] 此俗在集体经济时代仍然保持，生产队打更的在除夕夜都要给集体牲畜喂顿高粱米或者苞米馇子干饭。现在该观念和习俗已经消失，有骡马的家庭很少了，由于机械化作业的加强，骡马没有了从前的作用，所以，绝大多数家庭不养骡马。

烧包袱

所谓"烧包袱"就是用纸袋子装满冥币，在除夕夜烧掉，以此方式祭奠先人。满族、赫哲族在年午黑天有烧包袱的习俗。满族烧包袱的地点在十字路口，"满俗，则于是夕用纸袋盛冥资，送十字路口焚化，祭其先人，曰：'烧包袱'。"[2] 赫哲族烧包袱有不同的地点，有的在门前大道上烧包袱，用金箔叠成元宝形，与打印有铜圈的黄表纸一同放进糊成口袋形的"钱褡子"里，在门前大道上，插篙子为香，烧钱褡子，往火里倒酒、饭、米汤、小米粥，把帽子放在前边，叩头，口里念叨。烧完后，拣回未燃尽的小纸片，装进小孩兜里。赫哲族认为，把这些未烧尽的冥币放在兜里压腰，能发财。[3] 有的在室外垃圾堆上或者灰堆上烧包袱，除夕之夜，在室外垃圾堆

---

1. 高文垣修，张曛铭纂．双城县志·卷6·礼俗志[M]．民国十五年铅印本．
2. 高文垣修，张曛铭纂．双城县志·卷6·礼俗志[M]．民国十五年铅印本．
3. 尤金良．赫哲族拾珍[M]．佳木斯：黑龙江省佳木斯市文学艺术界联合会，1990．33．

上或灰堆旁边架起篝火、烧纸、洒酒，表示给死者送纸钱和供食。[1]有的在院中烧包袱，除夕，勤得利村上游的赫哲人先在庭院中燃起一大、一小两堆篝火，大火表示阳火，代表烧包袱者本人，小火表示阴火，就在阴火上烧包袱，包袱是用黄纸糊成"口褡"形，两端各有口，里边装着用金箔、银箔折成的元宝，每次烧十几包。[2]

拜年

拜年是春节期间串门拜访的礼节。拜年的时间有所不同，鄂温克族在小年、年三十、正月初一、正月十五都要拜年。达斡尔族、蒙古族在年三十和正月初一是集中拜年时间。而汉族、满族则在正月拜年，正月拜年的时间也有差异，同家族的人则在初一给祖宗和长辈拜年，而外姓，有的地方在正月初三、有的地方是在正月十五以后，即祖宗牌位撤掉以后才出去拜年。《望奎县志》记载："过旧历正月十五日，着新衣履，来往过从，谓之'拜年'。若近亲，契友之家，则拜其祖先堂，次及尊长，若携小儿至者，主人必与以钱，以示亲爱之意。"[3]

达斡尔、鄂温克、鄂伦春、赫哲等族的大年初一拜年活动非常热闹，都以家族为单位，挨家挨户拜年，手里都提着酒瓶子，给长辈敬酒、磕头，接受长辈祝福。

朝鲜族拜年是另一番景象，大年正月初一这天结伴到各家拜年，每家都要摆上丰盛的饭菜，迎接、招待前来拜年的人。凡是来拜年的人，主人都要为其摆个座，或多或少吃点东西，即使不饿，也要象征性地喝杯酒，吃口

---

1. 《中国少数民族社会历史调查资料丛刊》修订编辑委员会编. 赫哲族社会历史调查[M]. 北京：民族出版社，2009. 125.
2. 《中国少数民族社会历史调查资料丛刊》修订编辑委员会编. 赫哲族社会历史调查[M]. 北京：民族出版社，2009. 5.
3. 严兆霖修，张玉书纂. 望奎县志·卷3·礼俗志[M]. 民国八年铅印本.

菜，不能空着嘴走出家门。菜不能是剩菜，拜年人吃完走后，主人要立刻换上新菜，迎接下一拨拜年的人。拜年的人载歌载舞，边走边跳。女人不出去拜年，她们在家做饭，招待前来拜年的人，同时也忌讳女人前来拜年，如果第一个拜年的人是女的，则不吉利，预示今年会不顺当。晚辈给老人拜年的时候，要给老人磕头。对于村里辈分最长的老人，所有的年轻人都要去拜年，来拜年的人特别多，要轮流进屋拜年。晚辈拜年要说"新年好！"以前，老人在接受拜年的时候多数不说话，现在在接受拜年的时候，老人会说些祝福的话："你这一年事业成功，取得好成就。"老人之间在初一至十五期间也互相拜年。

送神

　　送神，有的地方又称送年，把年前接回家的祖先神送走。送神的时间各地有所不同，多数在正月初一，所以初二姑爷和姑娘才能回家，因为姑爷是不能看到媳妇家的老祖宗的。也有的地方是初三送神，有的地方在初六，还有的家庭正月十六才送神。

　　送神都在晚上进行，"家长率家属在宗谱前焚香纸叩拜后，谓祖宗曰：'老爹老母，过完年啦，回去吧，过年再来家吧。'语毕，提灯携纸酒出至屯西十字路口，焚纸、叩拜而返，是曰送神。盖送祖宗还墓也"[1]。绥芬河市"初三为送神日，是日傍晚，家长带领家眷列跪宗谱前，燃香，焚纸，叩拜；之后，家眷提纸灯至村西十字路口，再焚纸，叩拜，洒酒，以示送祖宗返回（阴间）"[2]。桦川县"正月初三送神，送祖宗还墓"[3]。

---

1. 刘爽．吉林新志·人文之部·人民·性质与特习[M]．伪康德元年（1934）铅印本．
2. 刘欣主编．绥芬河市志[M]．哈尔滨：黑龙江人民出版社，2000．980．
3. 桦川县志办公室，桦川县档案馆合编．桦川四百问[M]．1984．176．

破五

正月初五俗称"破五",家家户户包饺子,叫"捏破",意思是"春节期间一切不祥的事情都捏住了"[1]。初五之前,生米不下锅,初五这天"始炊生米"[2]。多数地区,初五以后意味着过年结束了,从这天开始换饭,由原来的吃细粮,改为吃粗粮。到正月初六商店、手工作坊开始开张营业。

人期日

人期日,简称人日,指的是正月初七、十七、二十七,该三日是人所主之日,分别是小孩、大人和老人的日子。这三天必吃面条,吃面条的意义是拴腿,防止鬼魂把人拽走,"七日,俗曰'人日'。民间多于是日煮食面条,取长寿意也。"[3]将一根最长的面条挂在幔帐杆上,意思是保佑人们健康。

人日看天气预测人一年的健康情况,若是风和日丽则大吉,如果阴天则不吉。"七日与十七、二十七共为人七日,是三日之晴阴风静,分主少、壮,老各级人一年之顺适与否。"[4]

送灯

送灯是正月十五天黑以后汉族男人到坟地给先世送灯的仪式活动。正月十五是鬼抓虱子的日子,需要灯照亮。所送之灯随着时代的发展而有所变化,早年是油灯,用荞麦面、豆面、白面蒸制成一个小灯碗,也有用胡萝卜、土豆抠成的灯碗。注入豆油,边沿处放一个用线绳做成的灯捻。也有用

---

1. 巴彦县县志办公室. 巴彦县志[M]. 哈尔滨:黑龙江人民出版社,1990. 722.
2. 崔福坤主持编修,丛绍卿等撰. 讷河县志·卷11·礼俗志[M]. 民国二十年铅印本.
3. 高芝秀修,潘鸿威纂. 安达县志·卷7·礼俗志[M]. 民国二十五年铅印本.
4. 刘爽. 吉林新志·人文之部·人民·性质与特习[M]. 伪康德元年(1934)铅印本.

▲ 正月十五傍晚到祖坟送灯，在坟前祭拜先祖/于学斌 摄/2015年

冰做的冰灯。后来出现了煤油灯，再后来出现了蜡烛，灯罩为罐头瓶子或者用几块玻璃黏接而成的方形灯笼。不过，送蜡烛是有讲究的，不能送整根蜡烛，否则，家里容易出现光棍（娶不到媳妇），所送的蜡烛要截掉一半或者三分之一。在坟头制作一个灯窝，灯就放在这个背风的窝里。现在所送之灯五花八门，有送蜡烛灯的，蜡烛灯的灯罩多为塑料桶剪掉口部外贴红布做成的；也有送电灯的，这种电灯是从商店买来的；更有甚者在坟头燃橡胶轮胎，火光很大，浓烟滚滚，给空气造成了很大的污染。

撒灯

撒灯是元宵节习俗。满族仅撒路灯，分自家撒灯和集体撒灯两种。自家撒灯仅在自家门前的大路上撒灯，集体撒灯则用车或者爬犁拉着一个大铁桶，里面装有拌以煤油的苞米瓢子或者锯末子，燃着之后，从村西头撒到村东头。汉族既撒路灯，也在院子里撒灯，下屋、井沿、场院、井台、仓房、碾坊、畜圈、鸡架都要撒上灯。灯有多种，有的地方是锯末子拌以柴油或者石油，还有的地方燃汽车轮胎。也有撒面灯的，面灯的做法是，用面制作灯碗，里面放上油，用木棍缠以棉花作为灯芯，灯碗的形状因所放置的位置不同而不同，大门口处的灯碗是长虫样和狗样的，长虫预示着不会生虫，狗是用来看家的。在鸡窝放鸡状的面灯，守护着自己的鸡。

撒灯的目的有不同的说法，一说是为孤魂野鬼超度，在京旗满族中所听到的就是这种说法，文献也有记载："十五、十六，每夜散放灯烛，俗谓离乡之鬼，游魂为变，假以灯光超渡(度)一切厉魄，以免作祟"[1]；一说是不招贼、不生虫子，"元旦所残蜡烛，于是晚燃之，遍照庭院四周，为可不遭盗窃。照园圃，谓可不生虫云"[2]。一说是"可免行路者之危险也"[3]。最后一说似乎太牵强。

躲灯

躲灯就是为避免看见自家灯或者娘家灯而采取的躲避行为。新结婚的女儿当年在腊月三十这天不能看娘家灯，所以不能在娘家住，这一习俗在汉族、满族、鄂伦春族、鄂温克族、达斡尔族、赫哲族中普遍存在。如果看了娘家灯，娘家兄弟会生气，因为会影响娘家人的运气。

汉族新媳妇在正月十五这天既不能看婆家灯，也不能看父母家灯。正月十五看婆家灯，妨老公公，即对老公公的命运有不好的影响，所以在正月十五这天晚上要选择到亲属家居住。

滚冰

滚冰就是正月十五夜里在冰上打滚。夜幕降临以后，人们都到冰面上

---

1. 孙荃芳修，宋景文纂. 珠河县志·卷15·风俗志[M]. 民国十八年铅印本.
2. 高文垣修，张肃铭纂. 双城县志·卷6·礼俗志[M]. 民国十五年铅印本.
3. 刘爽. 吉林新志·人文之部·人民·性质与特习[M]. 伪康德元年（1934）铅印本.

打滚，而远离江河的民族则到井沿儿上打滚，此俗谓之"滚冰"。冰上打滚的含义是去除疾病，一年健康。冰谐音"病"，滚冰，就是将病滚走。民间有"正月十五骨碌冰，骨碌骨碌腰不疼"之说。根据这一传统，黑龙江的许多地方如齐齐哈尔市富拉尔基区、木兰县都将正月十五设立为滚冰节，每年此时在政府的主导下都会举行大型的文体活动。

扔冰

扔冰是历史上京旗满族在正月十五这天往水井里扔冰块的习俗。正月十五晚上，人们纷纷拿着冰钏子到井边凿冰，将在井沿儿上凿的冰块扔进井里，意思是将病（冰谐音"病"）扔掉，通过此举期盼一年不得病。现在村中没有公共大井了，这项习俗也就很难见到了。

走百步

走百步又称"走百病"，正月十五或者正月十六晚上汉族、满族男女有出去散步的习俗，谓之"走百步"，走百步者一般以女子居多。《柳边纪略》记载：每年正月十六日满族"妇女群步平沙，曰走百病；或联袂打滚，曰脱晦气，入夜尤多"[1]，通过出外散步的方式消灾祛秽。

抹黑

达斡尔、锡伯、鄂温克、鄂伦春、蒙古、赫哲等民族在正月十六均有互相抹黑的习俗，俗称"打花脸""抹花脸""抹花鼻子""抓花脸"。正月十六天还没亮，母亲早早起来为熟睡的儿女在脑门上用锅底灰抹一黑点。每个人在这一天都不敢懒被窝，都早早起床走家串户，互相用锅底灰给对方抹黑。但是不能给长辈抹黑，不能给大伯哥抹黑。达斡尔族、鄂温克族、鄂

---

1. 〔清〕杨宾. 柳边纪略·卷4[M].

伦春族等民族认为，抹过黑之后一年吉利，不得病、不得头痛病。蒙古族、锡伯族、柯尔克孜族认为，抹黑之后庄稼不长"穆末"，关于"穆末"源自何种语言不得而知，民间是指庄稼不长穗子，而长出一种类似于黑炭一样的穗子。

添仓

添仓又写作填仓，是正月二十五添仓日用草木灰在院中画圆圈、往圆圈里添置粮食祈求丰收的仪式。早晨，在院子中用草木灰、谷糠，也有用白面画或圆形或方形的圈儿，数量各异，有的家庭画两个，有的家庭画很多，象征粮仓，在圈儿内放谷子、高粱等粮食作物，标志粮食满仓。在粮仓之上烧香和摆放馒头等供品，祭祀仓神。《望奎县志》记载："（正月）二十五日，谓之'填仓'。于空屋内，将灰撒为细条，或圆形，或方形，多多益善。各圈皆留口，谓之'仓口'。门口置高粱者，谓之'高粱仓'；置谷子者，谓之'谷子仓'；置米者，谓之'米仓'；豆者，为'豆仓'。粮上压土坯一块，上置馒头一个，插香一枝，谓之'供仓神'。"[1]

吃猪头肉

吃猪头肉是二月初二的饮食习惯。二月二是龙抬头的日子，是雨节日，家家吃猪头肉，"各家将年末所食肥猪之头、蹄留至是日食之"[2]。民谣说："二月二，龙抬头，天上下雨，地下流；家家户户吃猪头。"[3] 早年，猪头肉都是年猪留下来的猪头，现在很多家庭从市场上购买猪头肉。而旧时对鄂伦春族、赫哲族等渔猎民族来说，多吃狍头肉、犴头肉，因为如果

---

1. 严兆霖修，张玉书纂. 望奎县志·卷3·礼俗志[M]. 民国八年铅印本.
2. 刘爽. 吉林新志·人文之部·人民·性质与特习[M]. 伪康德元年（1934）铅印本.
3. 桦川县志办公室，桦川县档案馆合编. 桦川四百问[M]. 1984. 176.

家里没有养猪杀猪，唯一能吃到的就是这些兽头肉。

撒灰

撒灰是农历二月初二的一种风俗，二月二龙抬头日日出前，用灶膛草木灰撒在院子周围的墙根处、门前、井台、院内。传说此举可以驱虫、防止生虫子，祈求丰收后不被虫子破坏了丰收的果实。

打囤儿

打囤儿是农历二月初二举行的仪式，打囤儿仪式类似添仓。举行此仪式活动者一般为山东移民家庭。在自家大门的四周和院子里用草木灰撒成若干圆圈。在圆圈的中间用草木灰撒个"十"字，"十"字将圆圈分成四等份，在每一份里分别放上大米、小米、苞米等粮食，用石头压住粮食，圆圈外部画几个距离相等的梯子，以此祈求新的一年五谷丰登。《吉林新志》记载："是日晨，用烧柴之灰画圆圈于门前及院中，圈外并画梯子形与圆圈相接，是谓'打灰囤'，盖祈祷丰收之意也。"[1]

引龙

引龙是农历二月初二举行的仪式。二月初二，农户早起从灶前撒草木灰至井边，也有从自家大门口撒草木灰到井沿的，谓之"撒龙道"，然后从水井处打水挑回家倒进水缸，回来时不能说话，不能回头看，叫"引龙"或者"领龙"，以此引龙来家，象征吉祥。

抢红包

抢红包是通过微信、QQ等网络交流平台而进行的"发""抢"钱的一

---

1. 刘爽. 吉林新志·人文之部·人民·性质与特习[M]. 伪康德元年（1934）铅印本.

种新型娱乐项目，是近几年过年期间主要的娱乐方式之一。一方为发包方，一方为抢包方（当然自己也可以抢自己发的红包）。可以在群里发放，也可以一对一发放，一对一发送属于赠送性质。在群里发送红包有两种发送方式，一种是拼手气，发红包一方只需设定钱数和红包数，抢红包一方手气好则抢的包内钱数多，手气不好抢的包内钱数少；另一种是发红包一方平均分配每个包内钱数的多少。每个包从一分到几十元、上百元不等，大家在抢的过程中追求的是快乐。参与娱乐的人多种多样，可以是家人之间、亲戚之间、同学之间、同事之间，甚至也可以在陌生人之间进行。通过抢红包这一有趣的活动，拉近了人们的距离，亲情、友情隔着手机屏幕在彼此心中蔓延开来。

语言禁忌

语言禁忌就是被禁止说的语言。在过年期间语言禁忌很多。

腊月二十三小年这天禁止说脏话、不吉利的话。因为这天是灶王爷升天汇报人间事情的日子。

年三十、除夕夜禁止说"破""没""坏""死"等不吉利的话，要说过年话，因为三十晚是诸神下界、祖先回家的时间。饺子煮坏了，不能说坏了、破了，而要说"挣"了，"煮时生者则佳（取生与升同音），惟谨忌说破，说破则不吉"[1]。包饺子时如果缺馅了不能说缺馅了，而要说皮剩了，如果缺皮了，不能说没饺子皮了，而要说馅剩了。

除夕夜禁止吵架、骂人。

饮食禁忌

饮食禁忌就是禁止吃某些食物，过年期间在饮食上的禁忌很多。

---

1. 严兆霖修，张玉书纂. 望奎县志·卷3·礼俗志[M]. 民国八年铅印本.

汉族、满族在正月初一至初五期间有"生米不下锅"的说法，所以年前一般要做很多饭。

除夕夜新旧交替的时候吃饺子，禁止家人去别人家吃这顿饭，歇后语"年午黑天吃饺子——没外人"即来源于此俗。

禁止过年吃倭瓜。倭瓜不过年，临近过年必须把家里贮存的倭瓜扔掉。倭瓜的寓意是窝囊，倭瓜过年预示全家人一年都窝囊。

正月初五，鄂温克族禁止用生米下锅，即不做新饭。不准妇女串门。

个别地区，禁止黑天刷锅。

从初一到初五禁止"埋汰"锅，即便猪食锅也要刷干净了。

年三十至初五期间禁止吃马肉和牛肉，也不能吃鹅肉，因为鹅和马、牛一样属于大牲畜，大牲畜是生产工具，而生产工具是获得丰收的保证，所以在过年的时候一定要保护好大牲畜，确保新的一年丰收。

朝鲜族正月十四这天，晚饭必须在太阳落山之前吃完，太阳落山之后就不能吃饭了。正月十四晚饭要早吃完的含义是希望大麦早点收。

满族二月初二不能吃带馅儿的，否则菜地生虫子。早饭都吃单饼卷豆芽，吃单饼卷豆芽则象征着吃掉虫子，一年丰收。

居住禁忌

居住禁忌就是在居住生活中的一些忌讳行为。过年期间居住禁忌很多。

家中有人去世，三年之内不贴对联，如果贴，只能贴蓝色对联。之所以不能贴对联是因为春联是由桃符演变而来的，而桃符是用来辟邪的，如果贴上桃符，那么过世的人就不敢回家过年了。

秧歌队不能进不贴对联的家里扭秧歌，因为他们知道这家三年内有去世的人。

出嫁的女儿不能在娘家过年。

年三十直至正月初五，五日内不泼水、不倒灰、不开柜，其用意是防止钱财外流。

除夕夜鄂温克族太阳落山以后不能扫地（平时也是如此，避免把财源扫走）。

水缸一定要打满水，一种说法是水是财，一种说法是象征着丰衣足食。填满水缸即意味着财源广进，发大财。

正月初三以前禁止到别人家拎水。因为水即是财，在此期间禁止财外流。

二月初二鄂温克族不能喊孩子们起床，孩子愿意睡到几点就睡到几点，若是喊起床的话，虫子会复活，影响一年的庄稼收成。

穿着禁忌

穿着禁忌就是在服饰方面的忌讳行为。

过年期间送神之前，家人禁止脱衣睡觉，要囫囵个睡，否则就是渎神行为。"惟自三十日至三日，俗不宽衣，恐渎神也。"[1]

如果家里当年有老人去世，子女不能穿红色、绿色的衣服。

正月禁止剃头。

禁止年三十、正月洗脚，否则，自家做的大酱会有臭味。

出行禁忌

出行禁忌就是在出行时的忌讳行为。

正月初三以前禁止车、马出行。

二月初二禁止出车，否则会轧龙头。

朝鲜族年三十（朝鲜族小年）直至正月初三禁止出远门，正月十五、十六两天也禁止出远门。这几天出门路上不吉利。

年三十"封柜"，满族不同家族、不同姓氏之间禁止串门，直至正月

---

1. 刘爽. 吉林新志·人文之部·人民·性质与特习[M]. 伪康德元年（1934）铅印本.

初三为止。

初五之前汉族禁止妇女去别人家串门,谓之"忌门"。

在送走神之前,媳妇不能去供奉家堂的人家串门。

禁止年三十直至整个正月上门要债。有的地方规定,贴上对联以后就不能登门要债了。也有的地方如满族小年以后直至正月期间都不能上门要债。

家中有去世的人三年之内不放鞭炮、不相互拜年。

除夕、正月初一、正月十五三天,出嫁的姑娘禁止回娘家,因为她们不能看娘家灯,如果看了,娘家兄弟不愿意。

在送神之前,姑娘不能回家拜年。因为有的地方不允许姑爷看家堂,有的地方不允许女儿看家谱,认为会造成父母家不生男孩,没后代,断根。

> "女未出阁时,年节庆贺,虽尊辈前不行叩首礼。既于归,对于舅姑行叩首礼,对于母家如未出阁时。谚云:'姑娘磕头,母家受穷。'满汉皆然。"[1]

行为禁忌

行为禁忌就是对行为上一举一动的要求。春节期间是行为禁忌最多的时期。

腊月二十三鄂温克族不能往灶坑里扔脏东西或者杂物,因为灶坑是灶王爷上天的通道。

因为三十晚上是诸神下界、祖先回家的时间,所以严禁毁坏物品,禁止水土出门。室内垃圾只能往里扫,不能往外扫,脏水也不能倒出去,这些东西都代表财。

春节期间忌针线,即女人不能做针线活,一种解释是,动针线会得头

---

1. 黄维翰. 呼兰府志·卷10·礼俗略[M]. 民国四年铅印本.

疼病；一种解释是，动针线眼神会不好；一种解释是，动针线会扎了灯光娘娘的眼睛。忌针线的时间有长有短，有的地方仅从年三十到初五，有的地方则从年三十一直持续整个正月。

请完神之后，家中经常不动的东西禁止动，直到送完神为止，因为不知道神栖息在什么地方，如果你乱动了，可能会触犯它，特别是那些身体不好和喝酒的人更容易碰上神。若是触犯神，就会犯毛病。

腊月三十下午摆上家堂以后，各家之间就不能有借取行为了，也不得在家堂前打闹喧哗。

除夕，太阳落山以后，禁止本命年的人出屋，避免看见星星，叫"避星"，认为看见星星不吉利。所以除夕夜不要出门，将窗帘拉上，避免让星星看见，直到初一太阳升起为止。如果必须出去，要有人相伴，要用东西蒙住头部。

从年三十开始直至正月初五，禁止干活，否则一年忙碌。

鄂伦春族禁止本命年的人在房南房西解手，只能在北边和东边，尤其是成熟的女人更不能随便便溺。

除夕夜，禁止动糨糊，所谓的糨糊就是用面和成的黏稠物，作用相当于今天的胶水，用来粘贴东西。动糨糊，脑袋一年不清醒。

鄂伦春族禁止往火里扔垃圾、倒脏水、吐痰，也禁止跨过火堆。禁止往灶坑里填垃圾。因为鄂伦春族将火视为火神、灶王爷。

正月二十五是"龙封日"，该日忌缝纫，恐伤龙目。传说天上的龙于是日到民间考察，视人家对五谷祈盼程度来报以年头之丰歉。

二月二龙抬头的日子忌针线、忌刀斧，因为针线、刀斧容易伤到龙眼、龙头。"闺中停止针制，谓恐伤龙目也。"[1]"二月初二日，谓之'龙

---

1. 张拱坦.辑安县志·卷3·人事（据民国二十年石印本影印）[M].台北：成文出版社，1974．289．

抬头',盖以节气交惊蛰也。此日亦忌针,动针恐刺龙头。"[1]

笊篱姑姑舞卜

笊篱姑姑舞卜就是用跳笊篱姑姑舞的方式进行占卜的习俗。这种占卜方式在汉族、满族、达斡尔族、鄂温克族、鄂伦春族广泛存在,鄂伦春族又称这种占卜方式为"树枝卜"。笊篱上罩一件大长布衫,这便是笊篱姑姑,或者由一个年纪大的妇女坐在西炕炕桌的后面手抓着笊篱把,或者由两个人手持笊篱姑姑的衣襟,在她们的手动下,笊篱姑姑在炕桌上不停地蹦跶,围观的人纷纷说:"下来神了!下来神了!"然后询问笊篱姑姑今年能否丰收、年景好不好、日子过得好不好等问题,如果笊篱姑姑点头,就说明今年会如愿,如果摇头则要歉收、日子不好过。这种舞平时也玩,正月期间特别是正月十五玩得最多。《铁岭县志》记载:正月十五晚上,"有用除夕煮水饺之笊篱,糊以纸,画耳、目、口、鼻,置厕旁,是夕用童男女二人扶持之,卜年景旱涝,彼以叩头答之,第几月旱涝,即几叩首,所谓'请紫姑神'也。俗传紫姑本人家妾,为大妇所逐,元夕死,故世人作其形,以迎之,卜云:'子胥不在,曹妇已行,小姑可出。'子胥,婿也,曹,大妇也"。而《双城县志》的记载是:正月十五"晚间妇女请姑姑神,卜问本年一切休咎。法,以木勺为首,横缚一木为两臂,下缚有叉之木为两足,勺上包纸,绘眉、目、口、鼻,顶插花,身着衣,携之厕中,念数语,入室以秤称之,较重于前,则神至矣,扶置炕桌旁,向问诸事,以前后磕头为休咎所由判"[2]。现民间多已遗忘此俗。

---

1. 严兆霖修,张玉书纂. 望奎县志·卷3·礼俗志[M]. 民国八年铅印本.
2. 高文垣修,张肃铭纂. 双城县志·卷6·礼俗志[M]. 民国十五年铅印本.

农作物卜

农作物卜就是在过年期间根据农作物的变化进行的占卜习俗。占卜方法有多种，一种方法是在除夕夜将酱秆儿抠出一个个凹坑，把各种作物的种子同时分别放在酱秆儿的各个凹坑里，然后放在水缸里泡，哪种作物先发芽则预示新的一年这种作物会丰收。另一种方法是在除夕将米粒在锅台上用碗扣上，次日翻开碗，米粒若是聚到一起，则新的一年年成好；若是米粒散开了，则新的一年年景不乐观。还有一种方法是在正月十五晚上家庭主妇骑坐在屋门的门槛上搓麻线，一根正劲儿、一根反劲儿。将一节秫秸剖开，在其中一半从大头开始等距离地摁进瓤里12颗豆粒儿，分别代表一年的12个月。将另一半秫秸按照原来的样式合在一起。再用搓好的两根麻线分别从秫秸头缠，缠好后扔进水缸里浸泡。正月十六吃过乞巧饭以后从水缸里捞出来，看豆粒的膨胀情况，哪个豆子膨胀大，则对应的月份雨水多，反之则雨水少。

灯卜

灯卜即用灯进行占卜。朝鲜族的灯卜方法是三十晚上每人都点一盏油灯，灯捻是用一根寸长的小木棍缠以棉花做的，灯碗为一个小碗、碟子或者盘子，灯碗里盛以豆油，点燃灯捻，看谁的灯捻中间的灯芯红的部分长，谁的红灯芯长谁这一年运气好。汉族的灯卜是在正月十五蒸面灯占卜旱涝，《双城县志》记述："农家是日蒸面灯，以占一年各月之旱涝。"《珠河县志》也有同样的记载。占卜的具体方法是，捏出12盏面灯，如果本年闰月，则要捏出13盏，每盏灯对应一个月，然后在锅里蒸熟，开锅后，哪个碗里的水多，所对应的月份便雨大。

火苗卜

火苗卜就是根据除夕夜发纸火苗大小进行的预测习俗。除夕半夜接神发纸的时候，观测烧纸的火苗，通过火苗的情况，可以预测一年是粒大的庄稼丰收还是粒小的庄稼丰收。

树挂卜

树挂卜就是根据大年初一树挂的厚薄来预测运势的习俗。树挂是雾气和水汽遇冷凝结在枝叶上的冰晶。京旗满族大年初一有看树挂预测一年收成的习俗，若是树挂很厚，将树冠都压下来了，就预示该年度出苞米，苞米会丰收。

天象卜

根据天象的变化进行占卜运势的习俗叫天象卜。各民族都有天象卜习俗。

除夕，"是夜天气佳，则主来年太平丰收"[1]。

初一——早出外看天气，如果天空黑暗、阴天，则新的一年要闹水灾；如果天红，则年成会好。

民间有"一鸡、二鸭、猫三、狗四、猪五、羊六、人七、马八、果九、菜十"的动植物所主时间排列顺序，即从正月初一到初十分别是某种动物或者植物的日子，这一天，人们通过看天气预测一年中所主之物的年成，"以天气之佳否，占所主物一岁之凶吉"[2]。如果初一天气好，则表明新的一年鸡将丰收，如果初二天气好则表明新的一年鸭子将丰收。

正月二十五是龙凤日，这一天通过观测风向来预测一年丰歉，"观风向以定年景良否"[3]。如刮西南风，是好兆头，预示一年会大丰收。这一天的撒灰圈除了象征粮仓的含义外，也叫"压风圈"。

正月二十五是龙凤日，这天棺材铺和皮袄铺争风。若是刮南风，则人

---

1. 高文垣修，张萧铭纂. 双城县志·卷6·礼俗志[M]. 民国十五年铅印本.
2. 高文垣修，张萧铭纂. 双城县志·卷6·礼俗志[M]. 民国十五年铅印本.
3. 高芝秀修，潘鸿威纂. 安达县志·卷7·礼俗志[M]. 民国二十五年铅印本.

脆弱，该年死人会多，死人多意味着棺材铺发财。如是刮北风，天气冷意味着卖皮袄的铺子会发财。

灰堆卜

灰堆卜是鄂伦春族用篝火灰堆进行预测运势的一种占卜方法。鄂伦春族腊月三十太阳落山即在门前点一堆篝火，直燃到半夜，以驱逐妖魔鬼怪。第二天早上看灰堆上出现什么脚印，通过脚印预测一年的年景。如果出现的是狼的脚印，就预示该年不太平；如果出现向北走的小孩的脚印，则预示该年要添丁进口；如果出现向南走的成人的脚印，则预示该年家里会有人去世；如果出现向北走的马蹄印，则预示该年马匹会繁殖很好；如果出现野兽脚印，则预示人畜旺盛、生活富有美好、天天打猎不空手。

老猎人从年三十篝火中取出12份火灰分放于12个长条的桦树皮上，然后用小桦树皮碗分别扣上，12堆火灰分别代表12个月"阿娜腾"。初一早晨老猎人掀开桦皮碗，根据每堆火灰的干湿程度就能判断出全年哪个月份旱，哪个月份水大。[1]

扑克牌卜

扑克牌卜即用扑克牌占卜运势。无论平时还是过年，尤其是过年，人们经常用扑克测运势，直到现在仍然在城乡群众中广泛流行。

一种是测十二月的财运。方法是，剔除王和K，洗牌三次，扣着摆牌，总共摆12列，分别代表12个月。然后在底牌上依次压牌，每次压一张，共压三次，即每列四张牌。当48张牌全部摆完后，抽第一列最底下的牌，牌数是几，就对应放到第几列上面。如，Q就放到第12列即最后一列上，然后从放牌的那列最底下抽一张放到数字对应的那一列上，直到四张"A"全部出

---

1. 何青花. 金色的森林[M]. 北京：民族出版社，2002. 55.

现，游戏结束。月数下四张扑克牌全了的是此年的顺利月。

还有一种民间广泛流行的扑克牌测命运的方法。洗牌过后，依次摆牌，将牌扣着摆成正梯形，第一层一张牌，二层两张，三层三张，四层四张，五层五张，六层六张。七层是最后一层，也是梯形的最底层，这层摆七张牌，而且要牌面朝上。下一层牌两张牌压着上层牌的两个底角，只有两个底角没压牌了，才能翻这张牌。依次拿出手中剩余的牌，在梯形上面翻开的牌中找能和手中提出的这张牌相加等于13的牌，找到之后，两张牌都拿出来另放一堆。然后再拿手中的牌，再找相合的牌，再放到牌堆里。若是梯形牌两角都没有牌压着，就将其翻开。能全部把梯形牌拿完为顺利。然后进入下一轮操作：在成堆的牌中，上面拿一张、下面拿一张，如果成对，就另放一边，不成对的继续上一张下一张相合，反复三次，然后把对子依次摆开。再把对子以外的所有牌合拢洗一下。将对子牌并排扣放，从牌堆里抽牌，依次放在对子牌上。再另抽四张牌分别代表过去、现在、将来、总的。都放好后，翻开每对上面的牌，不同的牌代表不同的含义：A代表一心一意。2代表想。3代表靠山。4代表四面八方。5代表五心不定。6代表小灾难。7代表工作。8代表八字命（命好）。9代表大灾难。10代表金钱。J代表钩心斗角。Q代表女朋友。K代表男朋友。最后依次翻开最后四张，判断过去、现在、将来和总的命运。

花图卜

花图卜即用花图进行占卜。花图是朝鲜族的一种纸牌（花图的具体样式见本书"志略·游艺娱乐·花图"），朝鲜族喜欢用花图测运气，干活、出行甚至包括平时打麻将之前都要摆摆花图看看运气如何。每年初一至正月十五期间许多人用花图测一年12个月的运气，测的方法是看哪个月的牌最先全部摆出来，最先摆全牌的月份是一年中最好的月份。

毽子卜

毽子卜就是往远处踢毽子、根据毽子所落的位置进行的占卜。毽子是一种用脚踢的玩具，用两三个大钱摞在一起，钱孔处安着一绺鸡毛。过年时在地上横排画若干方形的格子，而后在格子里面分别放猪头、苞米、豆子等物，在距离一定距离处往方格处踢毽子，毽子飞到哪个格子里，就预示该格子里的东西该年度会有好的收成，比如如果毽子落到放有苞米的格子里，那么该年度苞米就会丰收，以此类推。

灶王爷像卜

灶王爷像卜就是根据灶王爷画像上狗的形态进行的占卜。每家供奉的灶王爷画像除了画有灶王爷和灶王奶奶之外，在画像的下面还印有狗的图案，狗的姿态各不相同，有站着的，有趴着的，有跑着的。狗的姿态预示着该年度的好坏，站着的狗是找食吃的狗，预示该年度可能闹饥荒，人们吃不饱肚子；跑着的狗是一条没有饭吃的狗，预示该年度要饭的人多；趴着的狗是一条吃饱饭的狗，预示该年度丰收，人们有饭吃。

五、节日用品

春节节日用品丰富多彩，有满足人们物质需求的实用品，涵盖饮食、服饰、居住、交通等物质生活的各个方面，它们突出的特点是精致、精华、美观，集中了各个民族、各个家庭最好的用品，春节期间是东西最全、最好的时期。也有满足精神需求的用品，包括宗教神像、对联、福字、挂签、窗花、鞭炮、玩具等。

春节是一个欢乐吉祥的日子，火爆、热烈、祥和是这一节日的突出特点。与人们欢乐祥和的气氛相一致，许多春节期间的节日用品均具有吉祥的含义，体现了人们对美好生活的向往和追求。

▲ 肇州县新福乡双龙山村福禄寿喜财挂签/高力中 摄/2016年

年嚼咕

过年期间吃的食物通常称为"年嚼咕",是每一地方每一民族中被视为最好吃的东西,是一个地方一个民族最受欢迎的食物。烟、酒、糖、炒货等是必不可少的。鱼是汉族、满族、达斡尔族、鄂温克族、赫哲族、鄂伦春族、柯尔克孜族春节期间必备的年货,不仅仅是美食,更为重要的是,鱼的象征意义对黑龙江人来说是最为重要的,吃鱼则"年年有余"。猪肉是过年期间必须吃的美食,年前各家尽量要杀一头年猪。猪头肉是二月二龙抬头日的美食。猪手本来是二月二同猪头肉一起吃的美食,但是近年年三十半夜必吃猪蹄子,吃猪蹄子的含义是"挠持挠持",具有"抓钱""挠钱"或发财、升官的象征意义。鸡肉也是要准备的年货,鸡同"吉"谐音,因此过年吃鸡肉有吉利的吉祥含义。鄂伦春族、赫哲族是渔猎民族,他们年前都要准备充足的狍子、鹿、野猪、犴等野兽肉,即便今日,尽管鄂伦春族猎业是少数几个人从事的生计,但是过年时鄂伦春族仍然尽量弄到狍子、野猪等兽肉。

过年期间要准备很多年干粮,品种有黄米面黏豆包、年糕、白面豆包、玉米面豆包、馒头、花馍等。蒸好的年干粮放在室外或者仓房中冻起来,有的家庭的年干粮能够吃整个冬季。山东移民到东北以后仍然保持过年做油炸

▲ 饶河县年货市场上的冻梨、冻柿子摊位/于学斌 摄/2016年

▲ 饶河县年货市场上的油炸麻花摊位/于学斌 摄/2016年

食品的习惯，油炸食品有丸子、大果子、套环、麻花、土豆片夹肉等，这些食品不仅是美食，更为重要的是，吃着方便，过年时有人来做客随便就能凑上几个菜。

过年吃冻梨、冻柿子是黑龙江过年的一大特色，每到过年的时候都要买回很多冻梨冻柿子，待年午黑天时用盆子或者"喂得罗"[1]盛满凉水缓开[2]。缓开的冻梨、冻柿子吃在嘴里清凉可口，在这个大鱼大肉的节日里，冻梨、冻柿子也具有解油腻的作用。随着人们生活水平的提高，年嚼咕越来越丰富，过去过年吃不上的新鲜蔬菜、海鲜，过去视为平常的山野菜都成为春节餐桌上受欢迎的菜肴，但是无论变化多大，传统的年嚼咕一直是过年期间的主打菜。

腊八粥

腊八粥，顾名思义，就是腊月初八这天熬的粥，除了穆斯林民族和朝

---

1. 喂得罗：俄语借词，指口大底小的铁桶。
2. 缓开：意思是不经过人为加温，在室内常温下慢慢化冰解冻。

鲜族而外，黑龙江省其他民族都有腊月初八喝腊八粥的习俗。腊八粥有多种，最为普遍的是黄米饭，因为黑龙江省产糜子，糜子去壳以后变成黄米。黄米饭内往往加芸豆，也有个别家庭放大枣，由于东北不产大枣，所以在改革开放以前，黄米饭里加大枣的现象极为少见。吃黄米饭时拌以大油、白糖、奶油，香甜可口。鄂温克族做的黄米饭同酸奶放在一起熬，又是另外一种美味。改革开放以后，生产队解体，包产到户以后，糜子因为产量低而无人再种植，所以腊月初八的黄米饭渐被其他粥取代。还有一种腊八粥是用糯米、黄米、豆子、花生、苞米馇子、大枣等八种米、豆、果放在一起熬成的粥。还有一种腊八粥是小米粥，一般是因为家贫弄不到黏米而取其次的选择。常年在山岗中从事游猎生产的鄂伦春族腊八这天喝小米粥，粥熬得很稠，在稠粥里面拌以犴油（野猪油、犴油）或者白糖，如果在粥里再加些肉丝、葱花、盐等，味道会更佳。随着商品经济的发展，市场物资丰富，各地的腊八粥开始多样化，有的家庭从商店买现成的配料回家熬粥，有的家庭不自己熬粥，而是在市场上买熬好的粥。吃腊八粥的目的有多种解读，最为常见的解读是粘住下巴，因为腊月初八以后北方进入最寒冷的季节，老人会催促孩子吃黏粥，把下巴黏住。

除了吃黏粥而外，鄂伦春族在腊八这天还吃面片。面片的做法是，将煮好的面片用笊篱捞出放到盆子里，吃的时候拌以犴油（野猪油或者犴油）或者白糖，若是再讲究点，则里面再拌以稠李子、狍肉。这种面片味道极佳，深受鄂伦春族的喜爱。这一习俗早在山中游猎的时候就形成了，下山定居以后许多老人仍然延续这一传统。不过随着老人渐少，这一习俗也逐渐不再传承了，年轻人大多不愿意吃这种面片。吃面片的目的是抗冻。

帕奏

帕奏是朝鲜语，汉译为冬至粥。"帕特"是朝鲜语红小豆的意思，"奏"是朝鲜语"粥"，合在一起就叫"帕奏"，即小豆粥。其做法是用大米、红小豆同糯米团子一起熬粥，有时在糯米团里偷偷放一枚硬币，不小心吃到硬币，家人会打趣地说："今年你会有福。"这是一种逗人玩的恶作剧，并不普遍。

朝鲜族不过腊八节，而过冬至节，每年冬至这天家家做冬至粥。每次都会做一大盆子粥。如果邻居没有做冬至粥，还会送去几碗或者叫过来一起吃。吃冬至粥表示长了一岁的意思。

打糕

打糕是用糯米煮熟之后经不断的捶打而成的黏面团。打糕是朝鲜族过年期间必备的食品，一般在腊月三十即朝鲜族小年这天制作。制作方法是将糯米在锅里蒸熟，然后放在木槽子里或者臼里用木槌反复砸，两个人各持一个木槌轮番砸，直砸到糯米黏稠、筋道、成面团为止。吃的时候切成小块，蘸以白糖或者黄豆面或者小豆面。

五谷饭

所谓五谷饭就是用五种粮食熬成的粥，包括大米、糯米、高粱米、玉米、红小豆等粮食。朝鲜族在正月十五这天家家吃五谷饭，意在盼望粮食丰收。朝鲜族早在新罗国时就吃五谷饭，相传新罗国时，乌鸦曾助一国王除奸[1]，正月十五这天便被称为"乌忌之日"，用五谷饭祭祀乌鸦。

杀猪菜

杀猪菜，顾名思义，就是杀猪时邀请亲朋好友会餐吃的菜。杀猪菜是一道大烩菜，杀完年猪肢解完猪肉后，将一角或者半角猪肉、血肠、猪肝、

---

1. 金东勋．朝鲜族民俗史话[A]．延边大学民族研究所编．朝鲜族研究论丛（三）[C]．延边：延边人民出版社，1991．332-351．

酸菜放在一口大锅里煮，一锅肉可以出四道菜，分别是猪肉、血肠、猪肝、酸菜，邀请亲朋好友共吃。杀猪菜味道香，在过去生活困难的时候，是农家最好的菜。宴会过后，锅里剩余的酸菜汤盛在一个大瓷盆里，放在锅台上，可以反复烩着吃，越久越香。如今，这种农家菜已经变为东北的一道名菜，成为东北餐馆的主打菜。

豆腐

豆腐是传统的大豆制品，是过年期间的必备食物，人们年前都会买一两板豆腐。豆腐是非常普通的食物，是大众菜，之所以在春节期间受到青睐，是因为人们将豆腐视作一种吉祥的食物。豆腐，谐音"都福""兜福"，不仅汉族将豆腐视为吉祥食物，满族、赫哲族等少数民族也赋予豆腐这种象征意义。有些民族虽然过年期间也捡豆腐、吃豆腐，但是都仅将其作为一道普通菜，对他们来说，过去过年吃豆腐是因为豆腐便宜，能凑上一个菜。

火锅

火锅是以锅为器具，用炭火或者电热烧沸锅内的水或汤，在水、汤内涮煮食物的烹调方式，其特色为边煮边吃。有些地区如旧时安达县在正月期间很盛行吃火锅，不过多为富人所食，《安达县志》记载：正月"富者多食火锅，以之饷客，为特别敬意焉"。满族人爱吃火锅，有条件的家庭会在春节等各个节日期间吃火锅。

德固

德固是朝鲜族制作的一种饼汤，"德"朝鲜语"糕"，"固"朝鲜语"汤"，合在一起就是饼汤的意思。德固是过年家家必吃的饮食，是最受欢迎的一道美食。正月初一是朝鲜族的大年，这天家家吃"德固"。其做法是用牛肉熬汤，里面加葱、姜、蒜、花椒等调料，将大米面蒸熟后捣成大黏团儿后搓成圆条，切成薄片，下到锅里和牛肉汤一起熬，这便是德固。有时还在德固里煮两三个肉馅饺子，朝鲜语称饺子为"满独"，煮有饺子的德固叫"满独固"。吃"满独固"时先用筷子打开饺子，露出饺子馅后连汤一起吃。

卷煎

卷煎是一种用鸡蛋饼或者干豆腐卷肉馅蒸熟之后而成的熟食。其制作方法是，先剁馅，将肉剁成肉末，将葱、姜、蒜切成末，将粉面子（土豆淀粉）用开水烫至半熟，凉凉之后切成丁，将肉末、葱姜蒜末、半熟的粉面子丁、生粉面子放在盆子里，另加适量的酱油、醋、香油，进行搅拌，搅拌均匀之后便成为卷煎的馅。然后将干豆腐平铺在案板上，干豆腐的宽度不变，长度根据蒸锅直径而定，在干豆腐上先涂一层粉面子勾成的芡，然后将拌好的馅均匀地抹在干豆腐上，然后卷成圆筒状。若干个卷煎放在锅里的蒸帘上蒸20多分钟，蒸熟的卷煎冷藏在仓子里或者冷阳台上。吃的时候，像切肠一样将卷煎切成片，摆在盘子里，就是春节期间的一道菜。春节期间无论自家聚餐还是招待客人都切一盘卷煎摆在餐桌上，优点是上菜快，不费时。年前很多家庭都要制作一些卷煎，直至今日仍然是许多家庭春节期间必备的一道菜。

酒

酒是用高粱、米、麦或葡萄等发酵制成的含乙醇的饮料。当春节满桌飘香的时候，酒是必不可少的饮料。朝鲜族以前没有白酒，都喝自酿的米酒。米酒朝鲜语叫"麻格里"，年前必须准备大量的米酒，一般年前一周或者更早的时候制作，也有提前很长时间就制作完毕的。酿制米酒的原料是糯米和大麦，先将大麦发芽，再晒干碾碎。将糯米面打成糨糊。碾碎的大麦芽和糯米糊混合在一起做成曲胚，置于热炕上发酵。再取若干糯米蒸成饭，凉凉后拌以碎酒曲，装在坛子里密封，置于炕上或者地上一星期以后便酿成了。米酒略带甜味，虽然不辣，但是酒劲十足，所以不可贪杯。蒙古族、鄂伦春族在过年期间要自酿马奶酒。马奶酒是一种蒸馏酒，将马奶发酵以后放在锅里煮，锅上立着一个无底无盖桶，桶上放着一个冷水锅，当马奶蒸汽上升遇到上面的冷水后，结成水滴，水滴沿着桶壁上引出的一个导管而出，出来的琼浆便是马奶酒。

糖

糖是朝鲜族年前必须准备的年货。临近过年家家都熬糖，制作糖的原料是黏苞米、大麦。制作方法是，先将大麦发芽，黏苞米经水浸泡一定时间后在锅里熬成粥，将粥放在纱布里挤压，挤压出来的黏稠的液体掺以大麦芽面，反复搅拌便成为黏稠的糖。熬好之后，根据需要拽成所要的大小，冻在外面。熬糖的地点是家中的院子，即便天气再冷，也要在室外架起一口锅，若是在室内熬，不断烧火会使炕热得让人受不了。

糖也是汉族等民族过年期间准备的年货之一，不过汉族不是自己家做糖，而是在商店或者市场上购买。糖块是孩子们的最爱，每到过年，人们总会买几斤糖果，无论旧时还是现在均有这个习惯。困难时期，糖是稀罕之物，都节省着吃，都要留到过年时吃，买回之后家长要藏起来，防止孩子偷吃。

炒货

炒货是对经过锅炒而熟的葵花子、花生米、榛子、松子等的总称。每年过年家家都准备大量的炒货，最常见的炒货是葵花子，除此之外还有花生、松子、榛子。这些炒货是零食，过年在玩耍、聊天的时候，将其作为消遣食物。一方面自己闲时吃，另一方面来人去戚给客人吃。

朝鲜族在熬糖的同时制作糖苞米花、糖黄豆等。其制作方法是，将玉米、黄豆、大米、芝麻炒熟之后,在糖里拌,待上面粘上一层糖之后在帘子上晾干,装在瓶子里放在窖里存放。这是春节期间的主要零食,每家的这类炒货能吃一冬天,不过并不管够,而是当孩子们馋的时候才给他们拿出来一点点解馋。

农历二月初二这天有炒黄豆、吃黄豆的习俗,有这种习俗的人群都是山东移民及其后代。先将黄豆用盐水泡上,晾晒干燥后再在锅里加油炒熟,这叫炒料豆。熟后拌以白糖,这叫"蝎子爪",蝎子爪可以作为零食随时吃。至于为什么吃蝎子爪已无人知晓,查阅文献,原来吃蝎子爪和照房具有同样的功能,能驱除蝎子等害虫,民谚说:"二月二,龙抬头,蝎子、蜈蚣都露头。"二月二不仅是龙抬头的吉日,也是蜈蚣蝎子等害虫出没的日子,所以要吃蝎子爪驱除蝎子,边吃边唱:"吃了蝎子爪,蝎子不用打。"黄豆粒拌以红糖是为了粘住蝎子爪,阻止蝎子爬行。

▼ 哈尔滨市非物质文化剪纸传承人施丽华过年剪窗花/于学斌 摄/2017年

挂签

挂签,又写作挂笺、挂千、挂钱,又称门笺、门彩、年彩,是以各种彩纸剪成或者刻成的剪纸。挂签为长方形,外轮廓较宽,上方留两三寸天头以便粘贴,底边剪出各式旗脚。主图案在中间，多为与"福""禄""寿""喜""财"等内容相关的吉祥图案或者文字，经常见到的吉语有"吉庆有余""恭喜发财""抬头见喜""五谷丰登""万象更新"等。挂签贴于门楣上、窗框正中、祖宗板上。汉族的挂签五颜六色，唯独没有白色；而满族贴于祖宗板上的年彩为白色，镂刻有满文，是"奇""瑞"的意思，满文字母两侧刻有荷花图案，四周为几何纹饰。挂签过去多为自己制作，自己不会剪、刻的，则找别人代剪、代刻。现在多在市场上购买。

龙尾儿

　　龙尾儿是正月二十五龙封日和二月二龙抬头日制作的吉祥物。每到农历正月二十五或者二月初二的时候都要制作龙尾儿，或者佩戴在幼年子女的胸前、肩部或者挂在室内的门窗之上。"龙尾"的尾不读"wěi"，而读作"尾（yǐ）儿"。"龙尾之制造：以极细秫秸梢切成小段，每段长二三分，剪五色布如鹅眼、钱形，以线实(贯)之，每秫秸一段，间布一块，连成四五节，谓之'龙尾'，系于衣领间，大吉。"[1] "龙尾者，裁五色布为方，或圆，或三角形，以线串之，间以蒿杆也。"[2] 下面坠以布穗，有的还在布穗之上连接一个小盖帘。

家谱

　　家谱又称族谱、家乘、祖谱、谱牒、宗谱等，是宗族、家族、家庭的历史书，记录着家族历史、子孙繁衍和传承情况，能够体现出家族世系和血缘亲属远近。汉族、满族、朝鲜族、达斡尔族都有修家谱、利用家谱记录家族发展状况的习俗。每个家族有一个家谱，一般保存在家中的长子之家，

---

1. 严兆霖修，张玉书纂. 望奎县志·卷3·礼俗志[M]. 民国八年铅印本.
2. 刘爽. 吉林新志·人文之部·人民·性质与特习[M]. 伪康德元年（1934）铅印本.

世代传承。家谱有谱单和谱书两种，谱单就是一张大纸，记录较为简单，利用宝塔式的结构标示出每一代人员发展情况，世系表的最上面是远祖。"汉人家谱，向由鲁人贩来，以纸制之，绘彩色人物。上端则绘男女二老人像，俗称为高祖公、高祖婆，顶端以金贴'五福'两字，故又称之为'五福堂'。凡人卒后三年，始将名讳书于其上，谓之'上宗谱'。亦有以白布为之者，取其耐久也。数年一换，亦有因还愿香（俗名'烧太平香'）而换者。近来则多购用石印家谱云。"[1]谱书记载家族历史较为详细，里面不仅有叙述家族人口发展状况的世系表，而且有族规、祖产、祠堂、恩荣录、坟茔等详细信息。

汉族、满族有将家谱神圣化的现象，将其视为祖先的化身。所以过年期间供奉老祖宗实际就是供奉家谱。每到过年的时候把家谱的谱单悬挂在室内最尊贵的墙上，前面摆上供品、祭品，这种祭祀活动汉族称之为"供老祖宗""摆家堂"，京旗满族称之为"悬大纸"。摆家堂、悬大纸的时间一般在腊月三十14时之前摆完。摆完之后要举行请神仪式，有些地方也叫

▲ 肇州县新福乡双龙山村高力中家世代传承的家谱／高力中 摄／2016年

---

1. 高芝秀修，潘鸿威纂.安达县志·卷7·礼俗志[M]. 民国二十五年铅印本.

▲ 肇州县新福乡双龙山村高力中家供奉的家谱和供品／高力中 摄／2016年

▲ 麻果，野生植物，成熟的麻果头呈现有规则的花瓣／于学斌 摄／2016年

▲ 家谱上面粘贴着精美的挂签／高力中 摄／2016年

"请年"，将祖宗请回家过年。由于家里供奉有老祖宗，所以有许多行为上的禁忌：老祖宗供上以后，禁止上门要债，外人不能随便串门，出嫁的姑娘和姑爷在撤供之前不能前来。

三代宗亲之位

三代宗亲之位是汉族供奉的老祖宗，三代指的是曾祖父辈、祖父辈、父辈等距离自己血缘最近的先世。没有家谱的家庭一般供奉三代宗亲，三代宗亲或者是牌位，或者是一个画像。牌位就是在一个长方形的木牌上面写"三代宗亲之位"或者"供奉三代宗亲之位"几个字。三代宗亲的画像是从年画市场上购买的画像，上面画有穿古代服装的人物，中间竖排写有"三代宗亲"四个大字，画像为同一个模子印刷而成，所以只要是在同一个印制厂进的货，一个地方的三代宗亲画像就基本相同，谁家供奉就是谁家的三代宗亲。因为画像多在20世纪六七十年代被毁掉，所以现在各家多供奉三代宗亲牌位。

灶王爷像

灶王爷是主管人间厨房和火的神，该神画在一张长方形的纸上。过去家家灶台之上供奉灶王爷像，灶王爷像上绘有两个人，一个是灶王爷，一个是灶王奶奶。灶王爷、灶王奶奶的两侧是一副对联，上联是"上天言好事"，下联是"下界保平安"，横批是"一家之主"。灶王爷像是从年画市场上购买的，因为是刻板印刷而成的，所以每家供奉的灶王爷形象都是一样的。灶王爷像每年都要更换一张，在腊月二十三灶王爷升天的日子把灶王爷像烧掉，在腊月三十晚上请神的时候换上新的灶王爷像。

财神像

财神是主管财运的神，是各家最受重视的神，每家都供奉财神像，尤其受到商家的青睐。财神是道教俗神，关于财神的来源中国民间流传着多种说法，大财神为中斌财神王亥，月财神赵公明被奉为正财神，李诡祖、比干、范蠡、刘海被奉为文财神，钟馗和关公被奉为赐福镇宅的武财神。在黑龙江贴比干、范蠡、赵公明等财神像的较为普遍。财神画在一张长方形的纸上，财神穿古代官服、戴官帽，手持招财进宝的如意。财神像在年画市场上购买，不过多数财神像是有人送到家的，年前有许多送财神的，说是送，实际是卖，出于吉利的需要，送上门的财神没有不要的，所以许多家庭家中贴多张财神像。每年年三十晚上请神时，财神是必请的神，财神只请不送，常年供奉。

门神像

门神是贴于门上的神，具有驱邪避害的功能，主管一家安全。门神贴在院子大门的两扇大门板上。每年贴春联的时候也把门神贴上。关于门神的由来有多种说法，比较流行的说法有两种，一种说法是门神分别是秦琼、尉迟恭，一种说法是门神分别是神荼、郁垒。每年从年画市场上购买门神像，20世纪六七十年代被取缔，80年代以后特别是近几年，市场上又出现门神像，许多家庭恢复了贴门神的习惯。

香碗

香碗是祭台上用来插香的碗。香碗过去都是木制的，高脚，现在一般都是用金属碗取而代之。碗里装满小米、高粱米等粮食，香插在米里。过年期间都准备一定数量的香，香在过年期间的用途主要是祭祖、祭神，用于祭祖的香在祖神没有送走之前要始终燃着，不能中断，所以要始终有人看着，防止燃尽。

蜡台

蜡台是祭台上用来插蜡烛的底座。在没有电灯的时代，蜡烛是过年期间必备的照明工具。同时蜡烛也是祭祖时的祭品，在祖宗家谱的前面都要立几根蜡烛，这种蜡烛较之于平时照亮用的蜡烛大而粗，上面往往还有图案。摆放在祖宗前仅仅是摆设，并不燃着。下面的烛台也是精心制作的。用于祭祖的蜡烛和烛台可以反复使用。

六、表演艺术与口头传统

春节是民间表演艺术集中展示的时期,民间表演艺术形式多种多样,从其表演目的看有两种:一种是自娱自乐性质的表演艺术;一种是取悦别人的表演艺术。前者都是自发的、群众广泛参与的集体活动;而后者多是以营利为目的的演出,往往由民间专业的表演团体表演,由专人组织,看后收钱,或者集体雇一个演出班子演出,按场次给演出费。

在没有广播、电视、电脑的年代,或者在广播、电视、电脑没有普及的年代,满足人们听觉、视觉上的感官享受的娱乐方式很少,而口头传统则特别活跃,讲瞎话、讲大书是主要的娱乐方式,在所说所讲的故事中也不乏关于年俗来历的一些传说故事。

秧歌

秧歌是黑龙江各民族流传最为广泛的舞蹈,是边扭边唱的舞蹈。扭秧歌是春节期间主要的娱乐活动,从正月初一一直扭到正月十五,也有说是从正月初五到正月十五,"过此日(指正月初五),秧歌、高跷、旱船、推歌、龙灯诸杂剧,常扮演而出,至十五日为止。"[1] 该项活动参加人数最多,是春节期间的大型群众文化活动。

秧歌队伍名目繁多,不仅有舞蹈,也有跑旱船、踩高跷、耍龙灯等娱乐项目,还有人物表演。人物表演均是把某一类人进行夸张性处理,如手拿大烟袋的老头、老太太,也有的"扮演老鞑子,着胡服,执春秋刀。"[2] 这些夸张性的人物表演滑稽有趣。

跑旱船是过去扭秧歌时必有的项目,幽默滑稽,深受欢迎。"以木

---

1. 高文垣修,张萧铭纂.双城县志·卷6·礼俗志[M].民国十五年铅印本.
2. 孙荃芳修,宋景文纂.珠河县志·卷15·风俗志[M].民国十八年铅印本.

▲ 讷河市兴旺乡百路村秧歌队用的"花轿"，年前即已扎制好／于学斌 摄／2015年

作船，长丈余，外罩以布，绘彩色，俨如船。船上有篷，篷之四周结彩挂灯，有化装妇人一，跌膝坐船内，此外有化装老者一，持橹在前导船而行，且走且唱，盖化装之妇人实系立于船内，故能带船而行，其跌坐者，乃假腿耳。"[1]

耍龙灯是大型民间娱乐活动，或者是扭秧歌的一部分，或者单独组织。所谓的龙灯是，"以布为龙，二三丈，距二三尺为一节，节燃以烛，且每节下置一人，各以木棒擎龙共旋转之。"[2]

打花棍也是秧歌的一种表演形式，每人有三根直棍，左右手各握一根木棍，这两个木棍称为手杆。另一根叫花棍，花棍上画有三条圆环线，玩时用

---

1. 齐耀斌等修，韩大光纂. 宝清县志·卷13·礼俗志[M]. 民国二十五年哈尔滨广记印书局铅印.
2. 齐耀斌等修，韩大光纂. 宝清县志·卷13·礼俗志[M]. 民国二十五年哈尔滨广记印书局铅印.

手里的两根手杆击打花棍，使花棍不落地的同时，还做出一些高抛低挑、上下翻飞的高难度动作。

秧歌队伍在节日期间是最受欢迎的，"秧歌、旱船、高脚种种跳舞，游行街市，观者塞途"[1]。"男女翘足围观，极形拥挤焉。"[2]扭到谁家，谁家都要给烟、给钱、燃放鞭炮。

罕伯舞

罕伯舞是达斡尔族、鄂温克族、鄂伦春族、柯尔克孜族传统舞蹈。该舞蹈因为不断发出"罕伯、罕伯"有节奏的伴奏声而得名，鄂温

▲ 讷河市兴旺乡百路村鄂温克族秧歌队／于学斌 摄／2015年

克族又称其为鲁日格勒舞，达斡尔族、鄂温克族、鄂伦春族、柯尔克孜族无论大人小孩都喜欢跳，在正月期间跳得尤欢，当夜幕降临的时候，由村中的某一家召集，在其家中跳舞，往往一跳就是一整夜，主人家在期间还给准备吃喝。

罕伯舞直接源于生活，舞蹈动作都是对生活常用动作的模仿，如洗

---

1. 孙荃芳修，宋景文纂．珠河县志・卷15・风俗志[M]．民国十八年铅印本．
2. 高芝秀修，潘鸿威纂．安达县志・卷7・礼俗志[M]．民国二十五年铅印本．

▲ 讷河市兴旺乡百路村妇女跳罕伯舞/于学斌 摄/2014年

脸、梳头、摘菜等都是模仿的对象。鄂温克族的鲁日格勒舞据说和达斡尔族的罕伯舞有一定区别，鲁日格勒舞有模仿打狼、采集野菜等动作，而罕伯舞中没有这些动作。

鲁力该嫩

鲁力该嫩是鄂伦春族传统舞蹈。"鲁力该嫩"是"大闹一场"的意思，舞姿模仿鄂伦春族传统房屋"楚伦安嘎"（圆锥形窝棚）的样式，众人手拉手围成一圆圈，左右跳动，身躯稍向里弯曲。过年期间，鄂伦春族聚到一起会跳鲁力该嫩舞。[1]

---

1. 鄂伦春族社会历史调查(第2集)[M]．北京：民族出版社，2009．97．

依哈嫩

依哈嫩是鄂伦春族传统舞蹈。过年期间，鄂伦春族聚到一起喝过酒之后跳"依哈嫩"。"依哈嫩"是跳舞的意思，舞蹈动作模仿猎人打到野兽以后往马背上驮猎物的动作，二人手拉手转圈，转两圈翻个身。因为往马背上放东西的时候马会来回转圈，舞蹈中的转圈中翻身即表示往马背上驮东西。[1]

得勒古嫩

得勒古嫩是鄂伦春族传统舞蹈。过年期间鄂伦春族跳得勒古嫩取乐。得勒古嫩是扇舞，四个人跳舞，其中两个人原地站着不动，另外两个人围绕站着的两个人走8字，边跳边扇动红绿绸子。[2]

红普嫩

红普嫩又称红果舞，是鄂伦春族传统舞蹈。该舞姿源自采集红果。红果是兴安岭中的野生水果，红普嫩的舞姿反映的是鄂伦春族妇女采集红果时的劳动场景。舞蹈动作为，两个人面对面转圈跳，一个往前走，一个往后退，转一圈后，鼓一次掌，做出摘果子的姿势。鄂伦春族在过年期间跳红普嫩舞取乐。[3]

群球嫩

群球嫩是鄂伦春族传统舞蹈。该舞又名树鸡舞。树鸡又名乌鸡，是兴安岭中的一种飞禽。群球嫩舞姿源自树鸡的动作，两人或四人手叉着腰蹲着

---

1. 鄂伦春族社会历史调查(第2集)[M]. 北京：民族出版社，2009. 97.
2. 鄂伦春族社会历史调查(第2集)[M]. 北京：民族出版社，2009. 97.
3. 鄂伦春族社会历史调查(第2集)[M]. 北京：民族出版社，2009. 97.

来回迅速跳动，学树鸡蹦跳。过年期间鄂伦春族聚到一起会跳群球嫩。[1]

二人转

  二人转民间又称为"蹦蹦戏"，是东北人喜闻乐见的艺术表演形式。东北有一句俗语叫"宁舍一顿饭，不舍二人转"，从中能看出人们对这种艺术形式的喜爱。观看二人转是春节期间主要娱乐活动之一，也是人们最高兴的事。20世纪60年代以前，二人转班子往往选择在大车店或者乡村大户人家的一个大屋子里唱，从正月初一一直唱到出正月。

  二人转主要是两个人表演，一般为一男一女，过去也有两个男人表演的，其中一个男的扮演女的。表演时一人多能，能根据情节的变化变换声音和姿势，道具仅是一把扇子或者一块手绢。动作包括唱、说、做、舞，以唱为主。二人转的唱腔十分丰富，素有"九腔十八调，七十二儿嗨"之称，唱功讲究"字儿、句儿、味儿、板儿、腔儿、劲儿"。"说"是表演中的主要形式，类似相声，有逗有捧，幽默诙谐。"做"指的是动作，要根据剧情表演各种动作，每个二人转演员往往都有绝活，最绝的传统技艺是耍扇子和耍手绢。

  除了两个人表演的外，还有一个人表演的，称为单出头。

皮影戏

  皮影戏因所有的人物及道具均用驴皮剪成而得名，是一种春节期间偶发的表演形式。这一表演由专业的民间表演团队进行，他们走街串巷，靠表演皮影戏挣钱养家。

  驴皮影制作工艺复杂，要经雕刻、上色、缝缀、涂漆等几道工序，没有一定的艺术水准是无法制作的。每套驴皮影"人高五六寸许，男女老幼皆

---

1. 鄂伦春族社会历史调查(第2集)[M]. 北京：民族出版社，2009. 97.

备,每人两手及项间系以铁丝与细秫秸,由演戏者持之,便随便(之)动作于素纸幕上,并按影人男女形状,依腔歌唱,配以乐器。"[1] 演出必须在夜间进行,演出时所有的道具及表演人员均在一块透明的白布后面进行表演,通过灯影将驴皮道具表现出的各种动作投到幕布上。观众看到的生动的故事情节都是通过一个个影子实现的,所以这种戏又叫"影子戏""灯影戏"。语言、音乐、演唱、模拟音响都是同期配上的。尽管是影子表演,但是活灵活现,生动有趣。在没有电影、电视的年代,皮影戏非常受人们欢迎。

讲瞎话

讲瞎话是东北老百姓对讲故事这一民俗活动的称谓。讲者就是普通的村民,听者也是村中人。讲者是最受欢迎的人,每到晚上他家都会聚集很多人听他讲故事。故事的内容多种多样,以鬼故事居多,据说讲到瘆人处,孩子们都不敢出去解手。但是孩子们仍然非常愿意听。故事多是从别人或者前人那里学来的老段子,也有自编自讲的。春节期间是农闲季节,讲瞎话、听瞎话是主要的消遣方式。

说大书

说大书是东北老百姓对讲古代名篇历史故事等讲书活动的称谓。讲大书和听大书都是娱乐。过去每个村子几乎都会有一两个会讲大书的人,他们和讲瞎话不同的是,讲大书讲的故事都是来自书本的古代传统故事,如《三国演义》《水浒传》《大八义》《小八义》等。讲大书的人多是有文化的人,他们熟记这些书中的内容,当然也有大字不识一个的人也会讲这些故事,他们主要是从别的讲书人那里听来的,然后熟记于心。讲大书时往往有乐器伴奏,一般都是自己给自己伴奏。他们是村中最受欢迎的人,每到闲

---

1. 高芝秀修,潘鸿威纂. 安达县志·卷7·礼俗志[M]. 民国二十五年铅印本.

暇之时，身边就会聚集很多人，在谁家讲大书，谁家半夜还要为其准备点吃喝。过年期间正是全村最闲的时期，吃完晚饭后，大家都找讲大书的人，讲大书的人成为村中活动的中心。

说部

说部是满族流行的一种说唱艺术，满语称为乌勒本，其形式类似于汉族的说大书，边说边唱，说唱结合，并有口弦、八角鼓、大鼓、三弦、碰铃、扎板等乐器伴奏，有时讲述者还会根据故事情节有相应的表演动作。

说部的内容取材于满族的生活和满族的历史，根据目前传于世上的说部看，其内容主要有以下两方面：一是萨满故事，以萨满神话和萨满的神功为内容；二是氏族部落发展历史，以家族历史、名人传奇故事为主要内容。故事情节曲折，气势恢宏。每一部说部均是长篇故事，往往一个故事要讲十几天才能讲完。每到闲暇时，都可以讲说部、听说部，不拘场地、不拘场合，室内室外、田间地头都可。"早年，爱辉和大五家子满族人都有老习惯，逢年遇节、婚嫁、祭礼等喜庆吉日，大车小辆接迎南北四屯的亲朋，欢聚一炕听唱说部故事。"[1]过年期间正是猫冬季节，是听讲说部最为集中的时期。

伊玛堪

伊玛堪是赫哲族流行的一种叫作"大唱"的说唱艺术，讲述伊玛堪的人叫"伊玛堪奈"，意即智慧者。无论平时还是节日，听伊玛堪奈讲唱伊玛堪都是赫哲族闲暇生活的一个重要内容，讲唱伊玛堪不择场地，渔船、滩地、炕头上、山坡上都可以。春节期间，愿意听伊玛堪的人往往组织几个人一起给伊玛堪奈拜年，趁此听他讲唱伊玛堪。

---

1. 荆文礼，富育光汇编．尼山萨满传（上册）[M]．长春：吉林人民出版社，2007．8．

伊玛堪都是长篇故事，每个故事能讲几天几夜，长篇能连续说唱一两个月，每一个故事情节都曲折生动，扣人心弦。故事内容都是部落战争、爱情故事、神灵故事、萨满故事等，其中心思想是赞美英雄、歌颂美好的爱情、宣扬萨满的神力。伊玛堪奈会根据剧情变化变换语调、语气，能够模仿不同年龄段的人说话，尽管故事很长，但是每个主人公的语气、语调不会混淆。

伊玛堪奈唱的时候没有乐器伴奏，以吟唱的方式开头，以"阿啷，额墨涕……"一词作为起韵，唱段中的"赫哩勒"或"嘎嘎嘎给格"为衬词。当故事讲唱到关键环节，则用"给格""给根"作为一段的结束词。当围坐的听众要求歌手继续讲述时，则"克克"地随声附和，鼓励演唱者接着讲，继续唱。

目前，伊玛堪已经濒危，民间已经没有人能完整讲唱伊玛堪，被记录整理的伊玛堪有《希尔达鲁莫日根》《满格木莫日根》《木都里莫日根》《香叟夏日丘莫日根》《满斗莫日根》《安徒莫日根》等40余部。

说胡力

说胡力，赫哲语，"故事"的意思，是赫哲族对短小民间故事的总称。赫哲族在闲暇之际，大人经常给孩子们讲"说胡力"。"说胡力"包括童话、神话、传说、寓言、笑话等多种体裁。以讲述为主，故事内容多源自渔猎生产生活。内容丰富多彩，形式短小活泼，语言生动有趣，情节曲折，引人入胜，深受赫哲族的喜欢。每到过年闲暇之际是讲述说胡力最为集中的时期。

乌钦

乌钦是达斡尔族广泛流行的一种曲艺形式，汉译又写作"乌春""舞春"，直译的含义是"唱的诗"。其表演形式为说唱，边说边唱。乌钦本来是由达斡尔族文人以满文创作的叙事体诗歌，后来达斡尔族民间艺人以口头说唱的形式表演了这些作品，"乌钦"遂变成一种说唱形式的曲艺形式。最初为清口吟唱，后来多采用"华昌斯"（四弦琴）伴奏，自拉自唱。舞春的内容丰富多彩，英雄莫日根故事、反抗封建统治斗争、神话、童话和传说都是乌钦所反映的内容，也有将中国古典名著《三国演义》《水浒传》等改编成乌钦演唱的。故事长短不一，长者可说唱几天几夜。春节期间，达斡尔族民众会聚集在某一家的大屋子的炕头上听"乌钦"。

摩苏昆

摩苏昆鄂伦春语意为"讲唱故事"，是鄂伦春族非常受欢迎的艺术形式。其表演形式是说唱，说一段、唱一段，说唱结合，一个人表演，无乐器伴奏，内容多为"莫日根"英雄故事。每到过年，正是鄂伦春族最闲的时期，所以这一时期摩苏昆歌手非常受欢迎，他到哪里，人们就聚到哪里。

年俗歌

年俗歌是专以叙述过年习俗为内容的民间歌谣，各地流传的年俗歌很多，这些带有顺口溜性质的年俗歌将过年的时序以及每个时间点上的节日活动内容都用言简意赅、朗朗上口的语言进行了描述，人们通过这些歌谣就能了解年的内容。一首年俗歌是这样唱的："腊月二十三，灶王爷上天，糖瓜把嘴粘。二十四，写对子，二十五，做豆腐，二十六，煮年肉，二十七，宰年鸡，二十八，把面发，二十九，蒸馒头，三十儿下晚坐一宿，大年初一遥街走。"[1] 该歌虽然采录于阿城，但是在黑龙江各地流传甚广。在哈尔滨采录的一首歌谣《过年好》唱出了过年期间的主要内容："过年好，过年好，穿新衣，戴新帽，包饺子，蒸年糕，吃香糖，煮元宵，挂彩灯，放鞭炮，扭

---

1. 口述者：陈宝琴；采录者：周承武。中国歌谣集成·黑龙江卷[M]. 北京：中国ISBN中心，2007. 125. 遥街走：到处走，这时特指大年初一拜新年。街：音gai。

秧歌，踩高跷，见长辈，问声好。"[1] 一首依兰满族歌谣将二月二的满族活动做了概括性总结："二月二，煎饼面，正月十五元宵旦。龙抬头，虎抬头，扁扁的臭虫不抬头。"[2]

岁时节令歌（十二月调）

《岁时节令歌（十二月调）》采录于抚远县，是一首流行于抚远县的有关节令的歌谣，该歌将一年12个月的活动内容都用歌谣的形式唱了出来。"正月里，是新年。见老人，请个安。拜年的，好喜欢。高声炮，红磕鞭。乒乓咚，响连天。立春节气暖，雨水沿河边。二月里，龙抬头。烙春饼，抹豆油。燎猪蹄，烤猪头。房檐子，挂冰溜。大闺女，踢形头。惊蛰乌鸦叫，春分水归沟。三月里，好晴天。跳大神，请狐仙。敲皮鼓，铜铃串，摆堂子，押银钱[3]。到天亮，闹个欢。清明种小麦，谷雨种大田。四月里，到十八。娘娘庙，把香插。赶台会，挤喳喳。糖烧饼，大麻花。糖葫芦，洋喇叭。立夏蛤蟆闹，小满雀来啦。五月里，五端阳。采艾蒿，插房梁。香荷包，新花样。煮鸡蛋，喷喷香。屈原死，还不忘。芒种开了铲，夏至棉衣藏。六月里，六月六。青苗会，屯屯有。苗王爷，供猪头。小纸旗，举在手。苏叶饼，送地头。小暑不算热，大暑伏天头。七月里，七月七。牛郎星，会织女。隔天河，两方地。喜鹊会，搭天梯。帮夫妻，过河去。立秋忙打靛，处暑动刀镰。八月里，过中秋。月里兔，吃毛豆[4]。大西瓜，老甜酒。圆月饼，供桌头。酸葡萄，真可口。白露烟上架，秋分大田收。九月里，九月九，登山顶，喝花酒。风光好，会朋友。庄稼地，收罢秋。马牛

---

1. 演唱者：苏凤林；采录者：丰收. 中国歌谣集成·黑龙江卷[M]. 北京：中国ISBN中心，2007．618.
2. 依兰文史资料汇编[M]. 1983. 第1期.
3. 摆堂子：跳大神开始时设坛请神，又叫"排神"。由神汉把堂子中诸神的名字从头到尾念一遍。
4. 毛豆：方言，未成熟的黄豆，可带荚煮着吃。

羊，大撒手[1]。寒露忙拉地，霜降变天头。十月里，月初一。鬼节到，上坟去[2]。供酒菜，烧黄纸。古年间，留下的。不忘祖，老规矩。立冬煞了冷，小雪封严地。十一月，大冷天。地上冻，河封严。穿皮袄，套坎肩。跑爬犁，雪炮烟。卖粮车，跑得欢。大雪冬月节，冬至数九天。十二月，有腊八。大黄米，把粥馇。二十三，买糖瓜。灶王爷，上天啦。三十晚上，除夕啦。小寒腊月节，大寒年底下。"[3]

节日歌

《节日歌》是一首赫哲族歌谣，采录于同江市街津口村。《节日歌》对一年中的几个重要节日的时间和节日内容做了叙述："正月十五闹元宵，一个个花脸使人笑。二月二来吃猪头，龙头龙须不能留。三月三来跳鹿神，保佑丰收保安宁。清明又是寒食节，扫墓祭祖不停歇。端午节佩戴小扫帚，扫得百病连根除。窗挂灯笼五彩艳，拔来艾蒿插房檐。露水洗脸白又净，眼明心亮看清楚。中秋节日拜月亮，西瓜供在院中央。九月九又是鹿神节，喜庆丰收唱新歌。腊月二十三过小年，灶王上天多美言。腊月二十七去烧纸，室内卫生大清理。腊月三十把饺子包，接来财神抢元宝。老人饮酒少叩头，供拜祖先把安宁求。祝贺少年长一岁，欢庆丰收大富贵。"[4]

送财神

临近过年时，总有一些人会走街串巷、挨家挨户送财神爷像，名曰"送"，实则是在兜售，许多家庭出于吉利，都不好说不要。兜售者敲开房

---

1. 大撒手：农历九月初九，东北地区的庄稼全都进了场，牲畜开始出栏散放。
2. 鬼节：农历十月初一，民间俗称"鬼节"，有"十月一，送寒衣"之说。届时要上坟，为亡灵烧化纸扎的"寒衣"。
3. 演唱者：于桂兰；采录者：吕品。中国歌谣集成·黑龙江卷[M]. 北京：中国ISBN中心，2007. 122–123.
4. 演唱者：尤金良。中国歌谣集成·黑龙江卷[M]. 北京：中国ISBN中心，2007. 120–121.

门后首先唱喜歌,每家听完喜歌之后就会给他钱,把财神爷接回家。青冈县有一首上门兜售财神的喜歌是这样唱的:"你老好、好、好,财神来到了。骑着金马驹,驮着大元宝;拴在摇钱树,喂的灵芝草。金砖铺满地,发财日子到。"[1]哈尔滨有一首上门兜售财神的喜歌是这样唱的:"快开门,快开门,开开大门迎财神。大喜大发财,财神、喜神一齐来。前边抬的摇钱树,后边抬的聚宝盆。摇钱树上结元宝,聚宝盆里长金银。财神在乾,元宝成山。财神在巽,骡马成群。喜神在艮,一顺百顺。喜神在乾,囤子流来仓子满。合家老少一齐笑,财神喜神都来到。"[2]

阿布格力贺年歌

达斡尔族每年春节都要举行拜年活动,其中有一个叫作"阿布格力"的游戏式拜年活动。一个人戴面具,另有三人分别扮成鹤、羊、哑巴,戴面具的人领着三人到各家拜年,每到一家,都唱吉利话,当然也有借此指出该家应该改进的地方。到谁家,谁家都要给他们敬酒点烟,哑巴还会得到赏钱。在齐齐哈尔市富拉尔基区罕伯岱村采录到的一首阿布格力贺年歌是这样唱的:"种在垄上的庄稼哟,节节往上长高;你那几个宝宝呀,可赶得上禾苗?田地里种的庄稼呀,丰收的粮食堆成山;你那五六个结实的孩子,使劲往家搬也搬不完。你这甸块砌的房,受得住风刀雨箭;你那懂事的孩子呀,为它修上黑房檐。泥土盖起的房屋哟,不怕阴云连雨天;你那聪明的孩子们,为它苦房把草添。你这建好的房屋,不怕瓢泼大雨;你那长大的孩子,为它修上绿房脊。你那快活的姑娘,多么像一位公主;躲在笼中是鸡,飞起来就是凤凰。畜栏里圈满牛羊,放出能站满山岗;这肥壮的牲畜呀,是你

---

1. 口述者:许淑清;采录者:曹海。中国歌谣集成·黑龙江卷[M]. 北京:中国ISBN中心,2007. 141.
2. 口述者:周承武;采录者:时仁杰。中国歌谣集成·黑龙江卷[M]. 北京:中国ISBN中心,2007. 142.

精心来牧放。沙普、沙普抽烟飞出黄色烟雾；库普、库普抽烟，飞出绿色烟雾。我那缕缕长须，让风吹得满村都是；我那缕缕长须，让风吹得满村都是。"[1]

祀灶祭词

每年腊月二十三是灶王爷升天的日子，家家都要举行仪式送灶王爷升天，除了给灶王爷嘴上抹灶糖、给灶王爷上供、磕头、烧灶王爷像等仪式之外，还要口里叨咕一套辞灶词，在哈尔滨采录的一套辞灶词是这样唱的："九月里，菊花黄，单人独马下厨房。打扫前堂到后堂，打扫锅台辞灶王。买卖人辞灶供南果，庄稼人辞灶供上两三样。一碟枣，二碟糖，糯米蒸糕搁上一方。上天言好事，下界降吉祥。"[2]在依兰县采录的一段祭祀灶王爷的祭词是这样唱的："灶王爷，本姓张，骑着马，挎着枪，上西天，见玉皇，好话多说，歹话少讲，今年归天去，明年回来多带粮。"[3]该段祭词流传范围较广，各地均有发现。

办年货歌

每到小年，各地就开始置办年货。在阿城市采录了一首歌谣唱出了年货的内容："今天二十二，明天二十三，辞灶在眼前。糖瓜称几两，黄面烙几盘，烧香供神仙。奠酒辞了灶，锞子化银钱，拾掇办新年。蒸糕用黄米，加枣味更甜，发面蒸饽饽，多多揣几拳。量上几斗米，粜来好使钱。花椒加茴香，就是少粉团。海蜇麒麟菜，虾米大的鲜。香蘑和竹笋，木耳称几钱。

---

1. 演唱者：郑维勤；采录者：今声色热。中国歌谣集成·黑龙江卷[M]．北京：中国ISBN中心，2007．142–143．
2. 口述者：赵廷文、魏宁忠；采录者：冷冶民。中国歌谣集成·黑龙江卷[M]．北京：中国ISBN中心，2007．146．
3. 口述者：刘忠生；采录者：李瑞亭。中国歌谣集成·黑龙江卷[M]．北京：中国ISBN中心，2007．146．

想着请门神，画儿捎几联。先买对子纸，丹红砂绿全。花笺和黄表，锡铂不用谈。蜡烛称几斤，鞭炮买两盘。要把新年过，衣服都周全。"[1] 而在抚远县采录的一首《盼年》歌则道出了不同人群对年货的不同要求："老头子盼年，烧酒两坛；老太太盼年，饭菜解馋；小媳妇盼年，花插耳边；小学生盼年，回家好玩；小闺女盼年，绒绳两团；小小子盼年，叭叭放鞭；小巴狗盼年，骨肉团圆；小花猫盼年，鱼刺一盘；小马儿盼年，料美得闲。"[2]

满族笊篱姑姑舞歌

笊篱姑姑舞歌是满族在正月十五跳笊篱姑姑舞时所唱的歌，笊篱姑姑舞歌唱道："戴上花，披上彩，笊篱姑姑下山来。啥时来，快快快，扭扭搭搭招人爱。笊篱姑姑下山来，十五、十六看灯来。瓜子脸儿樱桃口，蒜头鼻子杏核眼。擦的什么粉？擦的老官粉。抹的什么红？抹的蛮子红。笊篱姑姑下山来，十五、十六看灯来，梳的什么头？梳的四散头。头上抹的桂花油。龙凤簪，左右插，珠花儿翠花儿金银花儿。笊篱姑姑下山来，十五、十六看灯来。红缎儿上衣儿花披肩，绿缎裙子走金边儿。上绣鸳鸯双戏水，金翅鲤鱼卧粉莲。红绣花鞋沿青边，四散粉底串枝莲。笊篱姑姑下山来，十五、十六看灯来。坐的什么车？坐的花轿车。谁赶车？小阿哥，漂漂亮亮的好小伙。绿轿帏子红轿顶，四条绸带绣金龙。双白马，似蛟龙，四蹄蹬开一溜风。笊篱姑姑下山来，十五、十六看灯来。下水碗，往上端，白片猪肉一大盘。米儿酒，五花糕，稷子米饭黏豆包。"[3]

---

1. 口述者：伊葆力，采录者：李路. 中国歌谣集成·黑龙江卷[M]. 北京：中国ISBN中心，2007. 331–332.
2. 口述者：胡广生，采录者：戴风祥. 中国歌谣集成·黑龙江卷[M]. 北京：中国ISBN中心，2007. 595.
3. 那国学主编. 满族民间文学集[M]. 哈尔滨：北方文艺出版社，2004. 521.

欻嘎拉哈歌谣

欻嘎拉哈是黑龙江各民族非常普遍的游戏。嘎拉哈又叫背式骨，学名"髌骨"，是猪、羊、狍子等牲畜野兽的前腿髌骨。欻嘎拉哈是过年期间女孩、妇女们的主要玩耍项目，在欻噶拉哈的时候，往往边欻边念叨要完成的项目，嘴手一致。在宁安县满族中采录到一首欻嘎拉哈歌谣是这样唱的："欻嘎拉哈，分四堆，泼珍儿，掷背儿，赶驴儿，掘坑儿。一胜一，二胜二，黄雀窝里下个蛋儿。三对三，四对四，喜鹊出窝双展翅。五胜五，六胜六，母猪上炕双对六。七对七，八对八，八人八马往前杀。九对九，十对十，羊拉屎，抓老驴，二五成双凑成十。"[1]

七、游艺娱乐

年是一个举国欢乐的节日，过年期间是人们从事体育游戏活动最为活跃、最为集中的时间。因为过年期间停止一切劳动，主要活动就是娱乐、玩耍。玩耍中的游艺娱乐项目很多，既有游戏，也有竞技体育，还有自娱自乐的文娱表演，如今这些传统的体育游戏和文娱表演活动有些依然有生命力，有些在现代娱乐活动的冲击下退出了生活，而被新的娱乐游艺项目所取代。

春节期间也是亲戚朋友交往最为密集、频繁的时期，既讲究家庭的合家团聚，也讲究亲戚朋友间的礼尚往来，走亲访友，欢聚宴饮，互相拜年，体现出浓浓的亲情、友情。

---

1. 口述者：梅淑琴；采录者：傅英仁. 中国歌谣集成·黑龙江卷[M]. 北京：中国ISBN中心，2007. 612.

欻嘎拉哈

欻嘎拉哈是东北地区广受欢迎的游戏活动。春节期间游艺活动虽然很多，但是绝大多数游艺活动都是随性的、偶发的，唯有玩嘎拉哈是经常性的活动，有时玩得尽兴会玩一宿。"正月间，幼女少妇，共聚一室，以猪肘中间之骨掷之为戏，谓子撮（粗瓦切）子。"[1]

嘎拉哈，又写作噶什哈，又称"背式骨"，即动物的前腿髌骨。由于生产活动不同，嘎拉哈稍有不同，鄂伦春族、赫哲族以打猎为生，所以以狍或犴的髌骨为玩具。汉族、满族等民族每年杀年猪，所以多用猪髌骨做嘎拉哈，而达斡尔族、鄂温克族则既有猪嘎拉哈，也有狍嘎拉哈。嘎拉哈或者是骨头的本色，或者染成各种颜色。嘎拉哈呈六面形，其中，上、下、左、右四面可站立，可站立的四面在不同的文献记载中和不同的地区有不同的名称，清代徐兰《塞上杂记》和纪晓岚《槐西杂志》均记载，嘎拉哈"骨分四面，有棱起如云者为珍儿，珍背为鬼儿，俯者为背儿，仰者为梢儿"。《奉天通志》记载："噶什哈四色名称：以棱起如云者曰珍，其对面曰驴，仰者曰背，俯者曰刻。"有的地方把嘎拉哈的四面分别称作珍儿、轮儿（鬼儿，亦有称为驴儿的）、坑儿（夕儿）、背儿（包儿），棱起如云者是珍儿，其对面为轮儿（或驴儿），仰面如圆腹的一面为背儿，其对面为坑儿。

玩嘎拉哈又称抓嘎拉哈、抓子、"博戏"。各民族玩法基本相同，人数不限，即便一个人也可以玩，大家围坐在一起比赛谁抓得准、抓得多、抓的次数少。根据珍儿、轮儿、坑儿、背儿的不同组合有多种玩法。最为常见的玩法是抓子，"两手捧多枚星散于炕，以一手持石球高掷空中，当球未落之际，急以其手抓炕上噶什哈成对者二枚，还接其球，以子、球在握，不动别球者为得。即留其一枚，再掷球抓子。如是往复，能者百余次不落"[2]。

---

1. 严兆霖修，张玉书纂. 望奎县志·卷3·礼俗志[M]. 民国八年铅印本.
2. 奉天通志·98, 礼俗2·岁时[M]. 沈阳：东北文史丛书编辑委员会, 1983.

若接不住或抓错了子，便轮到下一个人玩。后来高抛的石球由布口袋所代替。还有一种玩法是撂四样，手握四枚嘎拉哈，同时抛出，珍儿、轮儿、坑儿、背儿四面各得一面为胜。若有相同的面，则高抛口袋，在口袋落下之前将嘎拉哈分别摁出四个不同的面儿，再接住口袋，《满洲源流考》记载"以得全四色者为佳"。如今欻嘎拉哈游戏基本上已见不到有人玩了。

翻绳

翻绳是用双手十指翻转一条两头系在一起的绳子变化出各种花样的游戏。无论平时还是节日都玩，春节期间玩得比较多，是春节期间主要的游艺项目，由于玩具就是一根绳子，随时随地都可以玩，所以玩的人很多，不论男女都愿意玩，一条绳子在两手之间可以翻出各种各样的花样。

打冰尜

冰尜又称冰陀螺，是用木或铁制成的顶平、肚大、头尖的物体。打冰尜是冬季冰上运动，这项运动在黑龙江省城乡比较普及。进入冬季，江面、水泡子封冻的时候，冰面上就会有许多孩子在这里打冰尜，在鞭子的有节奏

▼ 节日的松花江上热闹非凡，这是小孩子在冰上打冰尜／于学斌 摄／2013年

的抽动下,一个高四五厘米的冰尜就在冰面上转动,人们以冰尜在冰面不停地转动并发出嗡嗡的响声为乐。有时尜的顶部还涂有颜色,旋转时会更好看。

放风筝

风筝是以木、竹为骨架纸扎的飞行器,又称风琴、纸鹞、鹞子、纸鸢。放风筝是春节期间的游戏活动,文献记载:"春节至,俗放风筝,以纸制鸢,或蛱蝶、蜈蚣形,系以长绳,乘风纵放,儿童注目,颇绕兴趣。"[1] 放风筝是人们的一大乐趣,燕子形、蜈蚣形、蝴蝶形、门窗形、鸭子形、假面具形,各种各样的风筝在空中争奇斗艳,常常引来人们驻足观看。除了娱乐功能而外,放风筝还有辟邪的作用,正月十五剪断风筝拉线,放飞风筝,意把邪气、晦气带走,如果放飞的风筝落地,则要在鸡窝里烧掉,以烧掉厄运。因此,放风筝是保人泰年丰的祈福仪式,但是随着社会的发展,该观念逐渐淡化甚至无人知晓,而娱乐性越来越强。

打秋千

秋千是传统玩具,是春节期间的主要游戏,在两木之间架一条长绳,人坐在绳中间来回游荡,以此取乐。清代杨宾在其所著的《柳边纪略》中记载:"正二月内,有女之家多架木打秋千,曰打油千。"[2] 秋千架的制作很简单,或者在地上立两根立柱,立柱上架一横梁;或者以两棵相邻的树做秋千架,这种游戏简单易行,坐在悠绳上享受着来回游荡的快乐,是深受人们喜欢的一项游戏活动。

---

1. 孙荃芳修,宋景文纂. 珠河县志·卷15·风俗志[M]. 民国十八年铅印本.
2. 〔清〕杨宾. 柳边纪略[M]卷4. 辽海丛书(影印本第一集)[Z]. 沈阳:辽沈书社,1985. 258.

踢毽

　　踢毽子是大人小孩都能参加的游戏娱乐活动，以少儿玩者居多，无论平时还是节日都玩这种游戏，它玩具简单，不择场地，所以深受欢迎。毽子用铜钱和兽、禽毛扎制而成，"孔方三枚，制以鸡毛或檾麻，儿童运动，以踢数多寡角胜负。"[1] 踢法有三种：单人踢、二人踢和多人踢。踢毽子的技法花样很多，脚向内踢的为"里踢"；脚向外踢的为"外拐"；两脚交换转身踢的为"对转"；用脚踢起，以臂膀接的为"抢枪"；以膝盖接的为"耸膝"；以胸腹接的为"鼓肚"；以头接的为"佛顶珠"；以肩膀接的为"压山"[2]。

踢行头

　　踢行头，最初也叫踢熊头，是满族儿童的传统游戏，过年期间儿童们聚在一起玩踢行头游戏较为普遍。踢行头的玩法是，将猪膀胱吹鼓起，一个人供球让对方踢，若是对方没踢上，则对方变为供球手。供球必须供到对方能踢到的位置，否则可以不踢。春节期间，小孩们会聚到一起在街道或者院子里踢行头。

打跑球

　　打跑球是汉族、满族儿童传统游戏，春节期间吃完饭之后也玩这种游戏。其玩法是，分两伙，每伙三四个人不等，各占一边，把小球（或者布口袋）扔出去，然后往对面跑，对方接住球后往跑者身上打，打中了，则赢；若是没打中，接着由对方投球。这种游戏无论平时还是节日都是儿童们的主要游戏活动。

---

1. 孙荃芳修，宋景文纂. 珠河县志·卷15·风俗志[M]. 民国十八年铅印本.
2. 于海涛，赵宇辉. 满族民间的传统体育活动[J]. 北方民族，1998，(4). 78–80.

钓砖头

钓砖头是满、汉等族儿童传统游戏,其玩法是,在地上立一块砖头,砖头之上双方各放一定数量的钱币,在距离这块砖头的一定距离画一根线,拿一块砖头投向该砖头,谁投出的砖头离钱币砖头近,谁先打。将砖头瞄准投向砖头,砸中钱币,把钱币打到地上为胜,钱全归胜者。钓砖头游戏平时、节日期间都是孩子们的主要娱乐方式。

打网球

打网球是京旗满族的传统游戏,其玩法和现代网球玩法类似。四个人分站在网子两侧,每侧各两人,人手各持一球拍,球拍同现在的羽毛球拍或者网球拍相似,两边对打一皮球,球落地弹一下后打回给对方,打不中、打落网、打飞了为输。满族在过年期间偶有玩这种游戏的。

弹溜溜

弹溜溜,又称弹玻璃球、弹球儿、打珠子、打玻璃珠,是男孩非常喜欢玩的一种游戏,不仅过年时玩,平时也玩。溜溜就是玻璃球,有纯白色的,有花瓣杂色的。主要比赛大拇指弹溜溜的准确击打水平。将一个玻璃球握在手中,手背枕着地面,用大拇指弹出手中的玻璃球,以击中另一个远处的玻璃球或者准确地弹入先前设置的坑为胜。不择场地,随时随地都可以玩。

扇啪叽

扇啪叽是男孩经常玩的一种游戏,在地上、炕上都能玩,每到过年的时候就聚在一起扇啪叽。啪叽,读作"pià ji",如果按音索字则在汉语词典中找不到这两个字,所以只能以近音字代替。啪叽用一块比较硬的纸不断地呈三角形折叠而成,叠好的玩具呈方形,一面是光面,一面为交错折叠而形成的一个个三角形扇面。每次玩具是两个，每人各持一个，通过石头剪刀布的方式决定谁先扇。石头剪刀布输的一方将他的啪叽扣在地上，即光面朝上；石头剪刀布赢的一方手持啪叽使劲砸地面上的啪叽，以能将地面上的啪叽扇翻转为胜。

剋炸

剋（读作kēi）炸又叫"剋铅字儿"，有的地方也叫"掉砣子"，是过年期间男孩们在一起玩的游戏。玩具是一个铅砣子，铅砣子为圆形，小饭碗口般大小，上边微凸，下边微凹。在地面上画两个圆圈作为城，在城里放若干硬币，距离一定远处往城里扔铅砣子，以能将钱币击打出城为赢。玩时临时定规则，在距城适当远的位置画一条横线，先争先，争先的方法也是扔砣子，距离远处画线最近者先进行击打，远处画的线叫"杠"，如果击出钱币，则继续击打，如果没有击出钱币，则轮到次近杠的人持砣子击币，依次类推。如果第一轮轮完了，城内仍然有钱币，则从第一个击币者开始依次扔砣子，直到城内钱币都被击出为止。钱币全部被击出，一局比赛结束。这是一种赌博形式。

打串儿

打串儿是汉族男孩子喜爱玩的游戏，无论过年还是平时都爱玩。玩法是，先将一根木杆架在10厘米多高的土块上，木杆上架放一排酱秆儿，在适当的距离内画一个横杠儿，参加游戏的人在横杠儿处持秫秸往酱秆儿这里射，若是秫秸从木杆穿过将木杆射走，酱秆落地则为赢。

下猎棋

猎棋是达斡尔、蒙古、鄂伦春、鄂温克、柯尔克孜等民族都爱玩的一种围棋，过年期间玩此棋较为普遍。棋子的名字各不相同，鄂伦春语叫该棋为

"班吉",即"围犸貌棋"或者"围魔鬼棋",鄂温克族称其为"呼莫哈奥克特",即鹿棋。棋盘的主体和围棋盘相同,纵横交错各五条线,形成了25个交点。在主体棋盘两头各有一个山地,有的棋盘的山地均是平顶山,即中间画"十"字的三角形;有的棋盘的两个山地不同,其中一个山地为平顶山,另一个山地为尖顶山,尖顶山是一个中间画"十"字的菱形,样式如下图所示。各民族的玩法和规则都一样。棋盘或画于地上,或画于桦皮板上,横、竖、斜线为追路,交叉点为站位。由两人对弈,甲方持2个大棋子,乙方持35个或者24个小棋子。甲方把两个大子分别放在两个山角处,山角就是山地同正方形的交叉处。乙方先布8个小子于正方形棋盘中间的8个交叉点上。大子只能一步一格地走,吃子时只能跳子走。甲方走完一步,乙方布一子,将大子围得寸步难行则乙方胜;若乙方被大子吃得没有足够的兵力围住大子则甲方胜。

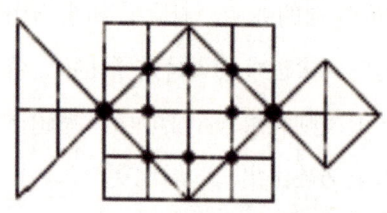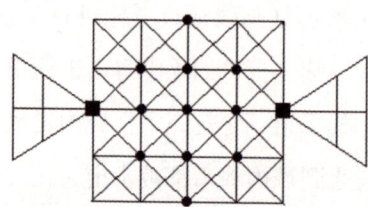

▲ 围犸貌棋盘　■ 犸貌
　　　　　　　● 猎人

刻依安处

鄂伦春族在过年期间经常玩一种牌叫"刻依安处",因用木板制作,所以又叫木头牌,共120张牌,每张牌长4厘米、宽3厘米、厚0.5厘米,按大小排列为8个等级,由大到小依次为"将""刻耶""算""木林""特额阿恩""炮""坤士""巴胡列"。木牌上的图案是用烧红的铁丝在木块上烙烫而成的(具体样式见本书"逊克县新鄂鄂伦春族乡鄂伦春族春节习俗调查报告"的图示)。"将"牌8块,其他各牌为16块。四个人一起玩,洗牌和牌的摆放方法以及抓牌方法同麻将相同。由先抓牌的人先出,可以出一个，也可以出一对相同的牌，下家要用高一级以上的牌才能管，谁管住，谁有出牌权，以先出完牌为胜。

赛马

赛马比赛是鄂伦春族过年期间的主要娱乐项目。鄂伦春族是马背民族，赛马是鄂伦春族青年男女喜欢的一项运动，比赛一般在正月初二、初三进行。过去比赛由莫昆达或塔坦达[1]主持，并要推举几名裁判人员。每个比赛选手都从自己的马群中选择最好的马来参赛，并且给马配上彩鞍、系挂彩带。比赛方式有两种，一种是比速度，看谁跑得快，谁先到达终点谁为胜者；另一种是比技巧，选择一条非常难行的路线，在这条路线上坑洼不平、沟壑纵横、山水相阻，看谁能够涉险、排除万难最先到达终点，比的是高超的骑技和过人的胆量。每次比赛都有很多围观者，场面非常热烈火爆。随着鄂伦春族过上定居生活以及经济的转型，如今过年的赛马活动已经看不到了。

跳舞

跳舞是春节期间的主要娱乐项目。朝鲜族人能歌善舞，春节拜年期间聚到一起除了喝酒之外就是唱歌跳舞，朝鲜族舞蹈具有本民族特色，动作轻缓、曲调悠扬。伽倻琴弹唱、顶水舞、扇子舞、长鼓舞、农乐舞等都是受人喜爱的传统歌舞节目。达斡尔族、鄂温克族、鄂伦春族在春节期间一定互相邀请到家里集体跳罕伯舞。很多时候都直跳到天亮，在谁家跳舞谁家要准备食物招待大家。

---

1. 莫昆达是鄂伦春族的氏族长，塔坦达是鄂伦春族的家族长。

花图

花图，也叫花斗、花牌，是朝鲜族男女老少均爱玩的游戏活动。样子类似扑克牌，长约4厘米，宽约3厘米，花图共48张，共计12组图案，分别代表一年的12个月，每个月四张牌，每一月份牌均有一个主图案，从1—12月的图案分别是山、梅花、樱花、黑沙力、兰花、牡丹花、红沙力、明月、菊花、落叶、钱、雨。1、2、4、6、7、8、10、11、12的月份四张牌中均有一张牌上有动物图案，其图案分别是松鹤、梅鸟、鸟、蝴蝶、红猪、大雁、鹿、鸡、鸟。有五张牌上面有"光"字。有三张牌上有写有文字的红带，有三张牌上是有文字的蓝带，还有三张牌有红带图案。花图有白头山牌、吉牌、乌龟牌等多种玩法，最普遍的玩法是"走停"，根据得分的多少决定胜负。

尤茨

"尤茨"，又汉译为掷柶，又称柶戏，是朝鲜族男女老幼都喜欢玩的传统游戏，过年期间会从年末一直持续整个正月。人数可多可少，人越多越有趣。棋盘为一个正方形，中间为交叉的两条对角线，四条边和两条对角线加在一起总计六条线，每条线上均分五段，每段之间各有一个点，这便是棋子行走的点，六条线的点加在一起共有29个点。每两个点代表一个区间。确定一角为入口，一角为出口，入口和出口为同一个角。每人各持五个玉米粒或者豆子或者其他小物体作为游戏棋子。每一个棋子要从入口进入从出口出，谁先出来谁胜。棋子在棋盘上走的步数受尤茨掷出的点数决定。尤茨类似于"骰子"，总共四个尤茨，每个尤茨长五六厘米，是用圆木棍从中间剖掉三分之一后形成的，一侧是平剖面，一侧为弧形。掷出四个尤茨会形成四种不同的组合，不同的组合代表不同的点数，点数和走棋步数一致，平面扣地称之为"扑"；弧面朝地称之为"翻"。翻一扑三称为"豚"，1点；翻二扑二称为"犬"，2点；翻三扑一称为"羊"，3点；全翻称作"牛"，为4点；全是扑称为"马"，为5点。四个尤茨中有一个平面上涂了色，如果翻一扑三中翻起的是涂色的尤茨，要减1点。游戏各方轮流掷尤茨走棋，自己所持的棋子都走出去算赢。

破闷儿

破闷儿就是猜谜语，是黑龙江各地元宵节期间喜闻乐见的一种娱乐形式，因为经常将谜语写在室外挂着的灯笼上，所以又叫猜灯谜。谜语由谜底和谜面两部分组成，谜底、谜面均来自生活，日常所见、所闻都可能成为谜底和谜面。如"远看山有色，近听水无声。春去花还在，人来鸟不惊"，谜底是"画"；"整个纸蛋扔西院，去人去媳妇崩稀烂"，谜底是"鞭炮"；"一扭两扭，家家户户都有"，谜底就是"毛巾"；"谁家墙头一棵草，您用镰刀割不倒，一阵风来折断腰"，谜底是"炊烟"。谜格如同律诗一样合辙押韵，谜面生动、形象。现在民间猜灯谜活动渐少，而商家组织的猜灯谜活动则较为活跃，每猜对一个灯谜就能换得一个小礼品。

串新门子

所谓"串新门子"，就是新婚夫妇在正月期间到各个直系亲属家拜年。黑龙江省各民族无论汉族还是少数民族都有"串新门子"的习俗。新婚夫妇必须带着礼物去拜年，所带礼物以食物为主，最为讲究的礼物是四合礼，包括两瓶酒、两瓶罐头、两包糕点、两包糖等。所到之家都会留下吃饭，走时还会得到亲戚反赠的钱。对此《望奎县志》的记载是："去年娶妇，今正必往近亲之家拜年。新妇乘车携礼物，由其妯娌带领而往，至则留饭，去时必与新妇钱，以示亲厚。"[1]串新门子之俗现在仍然延续，不过所带礼物要高档得多，亲属会视亲属远近而给不同数额的回赠钱，从一两百元到一两千元不等。

---

1. 严兆霖修，张玉书纂.望奎县志·卷3·礼俗志[M].民国八年铅印本.

吃年猪

吃年猪是指杀年猪这天请全村的亲戚朋友聚餐,汉族、满族、达斡尔族、鄂温克族、鄂伦春族、锡伯族、柯尔克孜族有过年杀年猪的习俗,在杀年猪这一天要做一锅杀猪菜,请亲戚朋友吃,这锅杀猪菜是用猪肉、血肠、酸菜放在一起烩成的。过去只吃杀猪菜,现在菜品丰富了许多,除了吃酸菜炖肉而外,还要另外准备几个菜。

吃年茶

正月期间,汉族亲戚、朋友之间多互相请吃饭,名曰"吃年茶"[1]。这一习俗在过去较为普遍,饭菜均是过年饭菜,所以是最为丰盛的。现在过年请亲戚朋友吃顿饭这一习俗仍然在延续,但是已没有"年茶"之说。每到过年期间关系非常紧密的亲戚朋友尤其是实在亲属要互相走动,在一起聚一聚,吃顿饭,以此加深感情。这样的聚会在许多家庭都形成了定例,每年一次,届时,往往都带着礼物前来串门,每次聚会都免不了推杯换盏,把酒言欢,每次聚会都免不了叙旧情话友谊。如今酒兴的时候还会换地方到KTV继续喝酒唱歌。

送礼

送礼是过年的主要习俗。春节期间是礼物流动最为频繁的时期,走亲戚、串门子、闺女回娘家都要带礼物,礼物都是实物礼,"大抵正月内多送果匣、各种点心,元宵前多送元宵"[2]"白鱼、山鸡、狍鹿、黄羊、粳米、松实"是过年期间最为常见的新年礼物[3]。旧时送礼物讲究送四合礼,

---

1. 常荫廷修,胡镜海等纂. 绥化县志·卷11·礼俗志[M]. 民国九年铅印本.
2. 高文垣修,张萧铭纂. 双城县志·卷6·礼俗志[M]. 民国十五年铅印本.
3. 〔民国〕黄维翰. 呼兰府志·卷10·礼俗志[M]. 民国四年铅印本.

四合礼包括两瓶罐头、两包蛋糕（槽子糕）、两瓶酒、两包糖，这是过去最大的礼物，一般姑娘正月初二回门、新婚夫妇正月期间给亲戚拜年都带这四种礼物。

所收礼物一般都舍不得享用，多数家庭将礼物转送给别人家，如此做的好处是减轻自家的经济负担。所以也时而闹出笑话，礼物送来送去，又回到自己家了。尽管是一种礼仪形式，但是浓浓的亲情、友情却浸透于礼物之中。

如今春节期间也是礼物流动最为频繁的时期，现在有些地方正月拜年也讲究送四合礼，但是品种已经发生了变化，具体用什么凑够四样因人、因家庭而异。现在所送礼物更讲究实用性，闺女、儿子给父母的礼物通常是衣服、成箱的水果，也有的就给人民币。亲戚朋友之间所送礼物一般是水果、酒、烟等物。

明信片

明信片是一种不用信封就可以直接投寄的载有信息的卡片，过年期间以卡片的方式向亲朋、同事等传递贺年祝福的明信片称为贺年片。黑龙江省很早就流行贺年片拜年，贺年片通过两种渠道传递到亲朋手里，一是邮政，这是一直坚持的传统，"自邮政通，贺年信益繁，张学使时尚四六骈雅，已成弩末。然东西洋各国亦有贺年之柬，通用邮政明信片，民国成立，伟人日多，于是伟人之铜版肖像，先铜像而发现于世界，然所谓伟人，故有同学少年在，不如印吾本来面目，以与平生师友相见于万里外，亦乐事也，商务印书馆代印肖像邮信片既到，于是按日驰寄于各行省，以代年信，并遍送各友人及诸生，以为纪念焉，余既尊崇德国佛雷培尔肖像，他日将以此像刊于教科书者乎"[1]。二是亲自或者派人送达，此方式多见于同城亲朋、同事之

---

1. 林传甲. 龙江进化录·第5篇·交通[M]. 上海：上海商务印书馆，1914. 43.

间，大年初一，各商号互赠"贺年片"，贺年片上写"恭贺新春，某某某商号"，落款是"某某某鞠躬"，其作用同拜年相同。[1]

讨债

讨债是年前的主要活动。按照风俗，年前必须把债务要回来，同时欠债的在年前也尽可能把债务还清，民间认为，欠债无论对债主还是欠债的人都是不好的，会影响双方下一年的运势，所以都尽量两清。如果实在没钱还债，欠债的人会找债主说明情况，并说明过了年之后什么时候能还上，如有人会承诺卖了猪或者卖了苞米之后就把钱还上。对有外债的人来说，年是"年关"，过年如同过关，因为有的债主会上门催债，上门讨债截止日期各地有所差异，汉族的截止日期一般为年三十，当家堂摆上以后，就不能要债了；有的满族地区的截止日期是腊月二十三；也有的截止日期在腊月二十九。到了截止日期，即便没还上债，债主也不能上门催债了，直至整个正月都不能讨债。

八、节日文献

清代、民国时期对黑龙江省各地春节习俗的记载逐渐多了起来，个人著述、地方志等文献中大量出现春节习俗的记载，这些文献尽管记载较略，可能也存在互相转抄现象，但是价值巨大，是重要的文献，对于追溯黑龙江春节习俗的源头及其最初的样式以及更好地理解后来的过年文化都有很大的帮助。所以在节日文献中以介绍清代、民国年间的文献为主，拟在此选择其

---

1. 孙广林. 海林各族节庆祭祀活动[A]中国人民政治协商会议黑龙江省海林县委员会学习文史工作委员会. 海林文史资料(第2集) [C]. 1988. 197–211.

记录较详细且有新意的几部著作加以简要介绍。

中华人民共和国成立以后直至今日,有关黑龙江过年习俗的记述多散见于各种地方文献、民族文化著述、民俗文化著述、节日文化著述之中。限于篇幅,在此仅选录几本有关黑龙江或者东北节日文化、黑龙江民俗文化的专著加以介绍。

柳边纪略

《柳边纪略》是清代杨宾(1650—1720)所撰。杨宾,浙江山阴(今绍兴市)人,自号耕夫。他的父亲杨越因为反对清朝而被流放到宁古塔,当时的杨宾仅13岁,领着弟弟寄居在叔叔家里,叔叔死后,21岁的杨宾负责养家。康熙二十八年（1689）已经40岁的杨宾出关省父,次年3月离开,在此期间,杨宾探查了当地的自然、地理、名胜古迹、风土人情,根据自己的所见所闻以及父亲整理的资料,于康熙四十六年（1707）写成《柳边纪略》一书。柳边即"柳条边"的简称,因东北是龙兴之地,禁止关内汉族进入,于是清朝插柳条为界,杨宾所说的柳边特指宁古塔,宁古塔是今天的黑龙江海林县之旧街。

《柳边纪略》有《昭代丛书》本、《小方壶斋舆地丛钞》、《辽海丛书》等版本,共计五卷,对宁古塔一带建置、沿革、山川、城池、城镇、沿革、驿站、官师、粮运、明卫所、寺庙、物产、风土、民情等有较为详细的描述。其中卷四有关于春节习俗方面内容的描述。该书是记述包括黑龙江在内的东北过年习俗的最早文献。所记述的内容都是传统过年习俗,对于我们追溯黑龙江过年习俗的原始样式、最初形态具有重要价值。

巴彦县志

《巴彦县志》由王岱修,李麟兮纂,始撰自民国三年（1914）,完成于民国六年（1917）,现存为民国六年修抄本。经柳成栋校注1987年黑龙江人民出版社出版了本书的校注本。该志书不分卷，包括舆地、建置、经政、礼志、武备、职官、选举、人物、艺文、蒙旗、外交、志余共12篇。在财经志风俗条下有关于巴彦春节习俗的描述。

望奎县志

《望奎县志》始修于民国六年(1917)，民国八年(1919)成书，由严兆霖修，张玉书纂。现存铅印本。《望奎县志》对望奎的早期历史及其自然、历史沿革、人文等有较为详细的记录。全书共计四卷，其中卷三礼俗志有1000余字的关于春节过年的描述，对拜年、填仓节祭祀仓神以及系龙尾等习俗的描述最为详细。

绥化县志

《绥化县志》由常荫廷修，胡镜海等纂，民国九年（1920）铅印本。资料来源有以下几方面：一是资访员绅、"故老传闻"；二是私家著述；三是少量的档案。体例仿照《黑龙江通志》，共计12卷，分别是地理志、建置志、吏治志、财富志、教育志、人物志、交通志、实业志、外交志、武备志、礼俗志、艺文志。其中卷十一礼俗志记有春节习俗，虽然记载较为简单，但是这一志书是黑龙江最早的志书之一，后来的很多志书都是以此志书为蓝本，所以意义重大。

中华全国风俗志

《中华全国风俗志》是由胡朴安撰写的一部有关清末民初全国风俗的汇编。胡朴安生于1878年，卒于1946年，曾任国民政府江苏省民政厅厅长，著述颇丰，《中华全国风俗志》仅是他众多著述中的一部，该书出版于民国十一年（1922），共计20卷，分上、下两编，上编摘自历代的史志、笔记，下编抄自近代的报刊、杂著。该书把散见于浩繁卷帙之中有关风俗民情的资料加以摘抄整理，汇集成册，资料丰富而翔实，是修社会风俗史必读之书籍。该书对黑龙江省宁古塔（今宁安市，当时归吉林省辖）、卜奎（今齐齐哈尔市）的春节习俗有较多记载，资料引自清代康熙年间杨宾所著的《柳边纪略》、嘉庆年间西清所著的《黑龙江外记》和光绪年间徐宗亮所著的《黑龙江述略》三书。虽然该书是资料汇编，但是为研究者提供了极大的方便。

双城县志

《双城县志》刊行于民国十五年（1926），铅印本，由高文垣修，张鼐铭纂，是一部最早记述双城历史的志书。该书共15卷，内容上自嘉庆十七年（1812），下至民国十四年（1925）。第六卷《礼俗志》专列"年中行事"条目，对过年习俗有较为详细的描述。

珠河县志

《珠河县志》由孙荃芳修，宋景文纂，民国十八年（1929）铅印刊行。珠河县就是现在的尚志市，这是一部记述尚志市历史的志书，全书正文凡20卷，其中卷十五《风俗志》中的"岁时篇"有年俗的较为详细的描述。

宾县县志

《宾县县志》由赵汝楳修，朱衣点总纂，民国十八年（1929）铅印。2008年宾县地方志办公室对其进行断句、标点，整理出版。序中的一句话对该书资料的可靠性和翔实性做了实事求是的评价："虽本之耆老流传，参以古今载籍，以辍其略，所记亦皆详备。"正文四卷，其中卷三为"祀典略，褒扬略、选举略、自治略、户口略、风俗略（冠婚、元丧、祭、衣、食、住、宴会、庆吊、节令）"，在"风俗略"下有"节令"条目记有春节习俗。

呼兰县志

《呼兰县志》由廖飞鹏修，柯寅纂，民国九年（1920）哈尔滨铅印。呼兰即现在的哈尔滨市呼兰区，是黑龙江省最早置城的地区，清光绪初年设厅，后来升为府，民国年间改为县。《呼兰县志》总计16卷，其中卷十一礼俗志有关于呼兰县春节习俗的描述。

讷河县志

《讷河县志》是由崔福坤主持编修，丛绍卿等撰，民国二十年（1931）3月开始编修，同年年底完成，双城县精益书局铅印。该书共计12卷，分别是地理志、建置志、交通志、吏治志、财赋志、教育志、外交志、武备志、人物志、实业志、礼俗志、文艺志。其中春节习俗集中在卷十一礼俗志中。

吉林新志

《吉林新志》由刘爽著。该书初名叫《吉林省人文地理学》，由吉林永衡印书局铅印，正文计10章35节。伪康德元年（1934）增订再版时改名为《满洲地理参考吉林新志》，简称《吉林新志》。所谓的"新"是相较于光绪中叶出版的李桂林撰写的《吉林通志》而言的。《吉林新志》计19章67节，分上、下两编，上编为"自然之部"，下编为"人文之部"。

《吉林新志》的编写风格和传统的志书编写风格有很大不同，具体表现在，《吉林新志》语言更接近白话文，符合现代人的阅读习惯，给人以生动、全面之感。出现了编、章、节的结构布局。该书资料非常丰富，来源于文献和口碑调查资料，是一部百科全书式的省志。篇章结构和叙述方式更像我们今天的一部学术著作，条分缕析，有叙有议。《吉林新志》虽然写的是吉林之事，但是在中华人民共和国成立以前，民国年间的吉林省所辖范围包括现在的黑龙江省东部地区，如宁安、双城、延寿、宾县、依兰、抚远、穆棱、桦川、五常、密山、东宁、富锦、方正、宝清、珠河、阿城、勃利、同江、桦甸、饶河、虎林等地都属于吉林省辖区。

该书在叙述民俗时采用了民族的概念，对汉族、满族、回族、达斡尔族、索伦人（今天的鄂伦春、鄂温克）、黑斤人（今赫哲族）、大和族（日本人）、韩族（今朝鲜族）、斯拉夫族等的习俗做了分别的描述，仅就此而言，在民俗的描述和研究方面就较以前有了很大的进步。关于年俗，《吉林新志》仅介绍了汉族的年俗，这部分内容出现在下编"人文之部"，第三章"人民"，第八节"性质与特习"之中。该志书在春节习俗的描述方面同其他志书有很大不同，具体表现在，生活化非常强，描述中引用了谚语，引用了老百姓的语言，该志书的春节习俗描述不是简单地因袭前人著述，而是复原生活的原貌，资料可能源自作者自己的调查，也可能源自作者的亲身经历。

宝清县志

《宝清县志》由齐耀珹等修，韩大光纂。由于是伪满时纂修，所以有日本人官员参与监修。民国二十五年（1936）由哈尔滨广记印书局铅印出版。全志书共计23卷，分别是沿革、舆地、职官、建置、殖民、典礼、财务、交通、实业、警团、教育、田制、物产、礼俗、金融、团体、宗教、慈善、卫生、人物、古迹、艺文、拾遗。卷下有目。资料来源有三，一是文献，但是很少，因为当时卷档、案册损失殆尽。二是调查资料，调查的对象既有当地的硕彦，也有当地的老百姓；三是自己的经历。志书的后面附有一个附本，内容是《三江省宝清县一般状况》，该附本可以视为宝清县志的续篇，内分13章，分别是总说、地志风俗、地方制度、财政、警察治安、原始产业、工业、交通、商业及金融、教育及宗教、社会事业、卫生、结论。

在志书卷十三的《礼俗志》中有关于春节习俗的描述。

安达县志

《安达县志》由高芝秀修,潘鸿威纂。民国二十三年(1934)9月始修,民国二十五年(1936)12月完成。资料来源有二,一是前人著述,如《黑水先民传》《双城县志》《绥化县志》《讷河县志》以及一些私家著述都是本志书的参考文献,前人著述的内容占本志书内容的十之二三。二是调查资料,包括访谈和实地踏查,其中,得之士绅耆老传说的内容占全志书内容的十之四五,实地踏查获得的资料占全志书内容的十之三四。体例仿照《武功县志》。有民国二十五年(1936)和民国二十七年(1938)两个版本。

《安达县志》总计12卷,分别是地理、建置、交通、吏治、财赋、教育、礼俗、外交、实业、武备、人物、文艺。每一卷下又分若干子目。卷七礼俗志有对春节习俗的描述。

中国少数民族社会历史调查资料丛刊

《中国少数民族社会历史调查资料丛刊》是国家民委《民族问题五种丛书》之一,该丛刊是在1956—1964年全国少数民族社会历史调查的基础上撰写的,是这次调查资料的整理和汇编。

在20世纪五六十年代的调查中,黑龙江省各民族的调查由内蒙古东北社会历史调查组负责,由这次调查产生的《满族社会历史调查》《蒙古族社会历史调查》《鄂伦春族社会历史调查》《鄂温克族社会历史调查》《达斡尔族社会历史调查》《赫哲族社会历史调查》《柯尔克孜族社会历史调查》等报告中不同程度地反映了各个民族的春节习俗,尽管很简略,但是反映的是传统时代的风俗且是第一手调查资料,所以非常珍贵,是民族文化研究不能不看的资料。

中国地方志民俗资料汇编（东北卷）

《中国地方志民俗资料汇编》是由丁世良、赵放主编的一套大型资料汇编丛书，中国的几个大区各立一卷，总计8卷。其中，"东北卷"是由白玉新等人汇编的，该卷集中汇录了东北地区各个时代各地地方志文献中所包含的民俗资料，有大量的地方过年习俗包含在内。资料翔实、全面，为研究者研究地方风俗提供了便利条件。该书由书目文献出版社1989年4月出版发行。

东北民俗资料荟萃

《东北民俗资料荟萃》由陈见微等选编，是《长白丛书》的第五集，由吉林文史出版社1993年出版。这是一部资料汇编性质的文集，资料来源于东北的地方志文献、少数民族研究文集、著作。编排体例是以汉族、满族、蒙古族、回族、朝鲜族、鄂伦春族、鄂温克族、达斡尔族、赫哲族、锡伯族10个东北世居民族为单元，每一个民族各成一部分，民族之下按照民俗学的分类分成一个个小目，将相关的文献记载录于相应民族的相应民俗类别之下。参考书目近180种，给阅读地方文献提供了便利条件。不足之处是没有将所有的文献记载内容囊括在内，因为，本书是长白丛书之一，编排的原则是，凡是被长白丛书收录的文献在本书中都不体现。

东北岁时节俗研究

《东北岁时节俗研究》由宋抵著，吉林文史出版社1992年11月出版，是《长白丛书》之一。这是一部专门以东北的岁时节俗为专题的研究专著。从历时和共时两个角度分别论述了东北的岁时和节俗，其中春节习俗在本著作中占有绝大部分篇幅。全书共分13部分，其中，第三至第八部分都是关于春节习俗的内容，每种习俗均探讨了它的起源、程序、象征意义。资料均是文献资料，丰富而翔实。

关东岁时风俗论

《关东岁时风俗论》是由施立学撰写的一部有关东北岁时民俗的一部专著，是《关东作家文丛》之一，由吉林文史出版社1998年出版。该书以节序（时节的次第）、节物（应时节的风物景色）、节和（节令和顺）、节分（季节的分际）为纲，抽丝剥茧般记载并论述从立春到除夕传继、变异于东北黑土地的多种节令礼仪、风俗习尚，发掘并探讨这些习俗的构成和演变，展示东北人年节的风俗文化历程。该书资料丰富，节日的来源、内涵、每一活动的象征意义、相关的传说、故事、民谚及诗句在书中都有详尽的描述。

黑龙江民俗

《黑龙江民俗》一书由宋德胤编著，是《中国民俗大系丛书》之一，由甘肃人民出版社2004年出版。全书共分12章，分别是黑龙江民俗文化发展概述、生产民俗、居住与村落民俗、家族民俗、饮食民俗、服饰民俗、岁时节日民俗、生育民俗、婚姻与丧葬习俗、民间信仰民俗、民间组织民俗、民间艺术及其民俗。该书以文献资料为基础撰写而成，全面介绍了黑龙江省的民俗文化发展概况。有关春节习俗在第七章"岁时节日民俗"中。

黑龙江民俗

《黑龙江民俗》由黄任远、黄永刚、薛菁著，是《中国民俗知识》之一，由甘肃人民出版社2006年出版。全书共分10章，分别是概述、生产民俗、村寨民俗、家庭民俗、服饰民俗、饮食民俗、岁时节日民俗、人生礼仪民俗、民间信仰民俗、民间艺术及其民俗。对流行于黑龙江各民族的传统民俗分门别类、条分缕析地加以记述。有关春节习俗收录在第七章"岁时节日民俗"中。

黑龙江节庆文化

《黑龙江节庆文化》由戴淮明著,系《黑龙江非物质文化遗产代表作丛书》之一,黑龙江人民出版社2011年4月出版,是黑龙江省第一部系统研究节庆文化的专著。第一章"黑龙江节庆文化概述",阐述了节庆文化概念及内涵、黑龙江节庆的三种基本类型、黑龙江11个世居民族的节庆文化。第二章"黑龙江各民族节庆简论",分别描述了11个世居民族的节庆文化。第三章"黑龙江已批准'非遗'(11个)节庆简述",重点介绍了已经被列入非物质文化遗产保护项目的节庆文化。第四章"黑龙江节庆文化的基本特征",概括总结出黑龙江民族节庆文化具有民族性、地域性与超地域性、复合性、群体性、周期性、稳定性、变异性、兼容性等特点。全书22万字,120多幅彩色照片,言简意赅而又生动活泼,不同民族多姿多彩的节庆文化的民风民俗画卷尽收其中。

东北年节

《东北年节》由施立学、刘国伟撰写,2014年由吉林文史出版社出版。共计23万字,300余幅风俗图像。该书以节序(时节的次第)、节物(应时节的风物景色)、节和(节令和顺)、节分(季节的分际)为纲,抽丝剥茧般记载并论述了从立春到除夕传继、变异于东北黑土地的多种节令礼仪、风俗习尚,发掘并探讨这些习俗的构成和演变,展示东北人年节的风俗文化历程,在这些节俗中展示了天地人和谐之美、人性伦理之美、艺术与智慧之美。其中春节习俗的描述在书中占有很大篇幅。这是施立学等近30年来走遍东北三省、采录数百人次、整理提炼关于东北年节文化的结晶。

中国民间故事集成·黑龙江卷

《中国民间故事集成·黑龙江卷》由中国ISBN中心2005年出版,这是由中华人民共和国文化部、中华人民共和国国家民族事务委员会和中国民间文艺家协会三家协作、组织编撰的中国民族民间文艺十部集成志书之一的《中国民间故事集成》之一本，本套集成被列为国家社科基金重大项目、国家艺术科学重点项目。《中国民间故事集成·黑龙江卷》共计162.5万字，按照神话、传说、故事三大门类分别编辑而成。该书收录了许多关于春节习俗的传说，讲述了民间过年习俗的由来，其中《年的来历》《福字的由来》《灯官》《二月二，炒苞米花》《腊八粥》《腊八粥的传说》《灶王爷》《祭灶的由来》《贴门神的传说》《冶铁祭祖》《供老把头的来历》《鸡尾翎辟邪》《踢熊头》《罕贝舞的由来》等故事是各地区、各民族关于春节及其春节相关习俗的不同解读，具有较高的民俗价值和艺术欣赏价值，也具有一定的教育意义。

中国歌谣集成·黑龙江卷

《中国歌谣集成·黑龙江卷》由中国ISBN中心2007年出版，这是由中华人民共和国文化部、中华人民共和国国家民族事务委员会和中国民间文艺家协会三家协作、组织编撰的中国民族民间文艺十部集成志书之一的《中国歌谣集成》之一本，本套集成被列为国家社科基金重大项目、国家艺术科学重点项目。《中国歌谣集成·黑龙江卷》共计90万字，按照劳动歌、时政歌、抗联歌、仪式歌、情歌、生活歌、风物歌、历史·传说·故事歌、英雄长歌、儿歌等门类分别编辑而成。《中国歌谣集成·黑龙江卷》中有许多年俗的歌谣，如《节日歌》《岁时节令歌》《二月二》《年俗》《送财神》《开开大门迎财神》《阿布格力贺年歌》《辞灶》《灶王爷本姓张》《祭灶》《笊篱姑姑》《灶王经》《农家日子》《办年货》《闹元宵》《盼年》《欻嘎拉哈》《过年好》等都是脍炙人口、家喻户晓的民间歌谣，对节日的时序、节日的活动内容、宗教信仰、游戏、节日情感等各个方面都有不同程度的体现和反映。

中国谚语集成·黑龙江卷

《中国谚语集成·黑龙江卷》由中国ISBN中心2007年出版，这是由中华人民共和国文化部、中华人民共和国国家民族事务委员会和中国民间文艺家协会三家协作、组织编撰的中国民族民间文艺十部集成志书之一的《中国谚语集成》之一本，本套集成被列为国家社科基金重大项目、国家艺术科学重点项目。《中国谚语集成·黑龙江卷》共计123.5万字，按内容分类选编，分事理、修养、社交、时政、生活、风土、自然、农林、工商和文教十大类。书中收录了许多有关黑龙江春节习俗方面的谚语，语句短小，以高度概括性的语言反映了许多春节习俗。

中国民族民间舞蹈集成·黑龙江卷

《中国民族民间舞蹈集成·黑龙江卷》由中国ISBN中心1996年出版，这是由中华人民共和国文化部、中华人民共和国国家民族事务委员会和中国舞蹈家协会三家协作、组织编撰的中国民族民间文艺十部集成志书之一的《中国民族民间舞蹈集成》之一本，本套集成被列为国家社科基金重大项目、国家艺术科学重点项目。《中国民族民间舞蹈集成·黑龙江卷》共计67.7万字，书中收录了汉族、满族、朝鲜族、蒙古族、达斡尔族、鄂伦春族、赫哲族、鄂温克族、柯尔克孜族等族传统舞蹈46支，很多舞蹈都是各民族过年期间的娱乐活动。

中国民间歌曲集成·黑龙江卷

《中国民间歌曲集成·黑龙江卷》由中国ISBN中心1997年出版，这是由中华人民共和国文化部、中华人民共和国国家民族事务委员会和中国音乐家协会三家协作、组织编撰的中国民族民间文艺十部集成志书之一的《中国民间歌曲集成》之一本，本套集成被列为国家社科基金重大项目、国家艺术科学重点项目。《中国民间歌曲集成·黑龙江卷》分上、下两册，共计161万字,"是集黑龙江几代各族音乐工作者采录的代表黑龙江各民族民歌之大成。"[1] 与过年有关的歌曲很丰富,仅就歌词内容而言,许多民歌是对过年节庆活动的歌唱,如秧歌调中的《秧歌帽》《庆丰收》《小拜年》《家家门上贴对联》《踩跷》《十根花棍》等民歌都是描述过年习俗以及人们欢天喜地过年的情景。而就演唱方式而言,这里收录的歌曲很多出现在过年时人们的传唱中,如哈库麦勒歌曲都是人们在春节期间跳舞时唱的歌曲,《拉洋片调》《拉洋片小段》则是春节的一种娱乐项目看洋片中所唱的歌曲。所有的歌曲都是民间百姓自己创造、自己享用和传承的传统民歌,思想性强,具有较高的艺术欣赏性。

中国民族民间器乐曲集成·黑龙江卷

《中国民族民间器乐曲集成·黑龙江卷》由中国ISBN中心2006年出版,这是由中华人民共和国文化部、中华人民共和国国家民族事务委员会和中国音乐家协会三家协作、组织编撰的中国民族民间文艺十部集成志书之一的《中国民间器乐曲集成》之一本,本套集成被列为国家社科基金重大项目、国家艺术科学重点项目。《中国民族民间器乐曲集成·黑龙江卷》分上、下两册,共计169.5万字,共收录1117首(套)乐器,分为民间器乐曲和民间祭祀两大类,其中汉族的鼓吹乐、秧歌乐、满族秧歌乐等是过年期间扭秧歌时所采用伴奏的乐曲。

中国曲艺音乐集成·黑龙江卷

《中国曲艺音乐集成·黑龙江卷》由中国ISBN中心2002年出版,这是由中华人民共和国文化部、中华人民共和国国家民族事务委员会和中国音乐家协会三家协作、组织编撰的中国民族民间文艺十部集成志书之一的《中国

---

1. 中国民族民间歌曲集成·黑龙江卷[M].北京:中国ISBN中心,1997.1232.

曲艺音乐集成》之一本，本套集成被列为国家社科基金重大项目、国家艺术科学重点项目。《中国曲艺音乐集成·黑龙江卷》共计137.5万字，收录流传于黑龙江省的曲种音乐六个，依次为汉族的二人转、东北大鼓、汉族满族共有的单鼓、达斡尔族的乌钦、鄂伦春族的摩苏昆、赫哲族的伊玛堪等，这些曲艺音乐都是过年期间喜闻乐见的娱乐项目。

民俗文库

《民俗文库》是由中央民族学院出版社（现为中央民族大学出版社）出版的一套旨在介绍各民族风俗习惯的一套大型丛书，出版时间是在20世纪八九十年代。该套丛书有以专题形式单独成册的，也有以民族为单位单独成册的。在这套丛书中的《满族风俗志》《蒙古族风俗志》《朝鲜族风俗志》《鄂伦春族风俗志》《鄂温克族风俗志》《达斡尔族风俗志》《赫哲族风俗志》《锡伯族风俗志》等对黑龙江省世居少数民族的风俗习惯有所介绍，每一民族的风俗志均有关于各自民族春节习俗的介绍。

黑水世居民族文化丛书

《黑水世居民族文化丛书》是黑龙江省民族研究所承担的国家"十一五"规划图书项目，黑龙江省教育出版社出版发行，共计12册，每册独立成书，出版时间不一。丛书的内容包括汉、满、蒙古、回、朝鲜、赫哲、鄂伦春、柯尔克孜、达斡尔、鄂温克、锡伯等民族的文化概貌，与文字内容相配套附以大量的图片资料，文图并茂，涵盖了黑龙江各世居民族传统的生产生活习俗、教育、学术、文学艺术以及语言文字和新闻、广播出版、期刊、宗教等领域，具有较高的学术价值和文献价值。丛书之中亦有关于各民族春节习俗的描述。

国家哲学社会科学基金特别委托项目
责任单位:文化部民族民间文艺发展中心

中国节日志·春节（黑龙江卷）下

中国节日志编辑委员会
名誉主编 周巍峙

中国节日志·春节（黑龙江卷）课题组
主编 雒树刚　本卷主编 于学斌

全国艺术科学规划重大项目
国家哲学社会科学基金特别委托项目
『十二五』国家重点图书出版规划项目

国家出版基金项目

中国节日志
春节（黑龙江卷）

调查报告

2015—2016年哈尔滨市呼兰区孟家乡孟家村春节习俗调查报告

于学斌　杜　影

呼兰，原为呼兰县，后并入哈尔滨市，是哈尔滨市的一个区。这里是我国现代著名女作家萧红的故乡，她笔下的《呼兰河传》有许多关于呼兰风土人情的非常细致的描述。从2015年到2016年，课题组多次深入孟家乡孟家村进行春节习俗调查，采取的方法是参与观察法和访谈法。田野调查工作得到了乡政府办公室主任马文军、孟家村会计陶丽燕的支持和协助。

一、前言

孟家村建于康熙元年（1662），该年，山东移民孟姓在此垦荒建屯，因初建屯落者为孟姓人家，故得名孟家屯，后简称孟家。清末，孟家村属呼兰府河东第三区。中华民国时期，隶属呼兰县宿普乡。东北沦陷后，初设孟家屯保，后改为孟家村。1945年抗日战争胜利后，分属台屯区和大用区。1947年隶属长岭区。1956年3月，并村划乡，设置八家乡，孟家村属于八家乡下的一个村。1958

▼ 孟家村村碑/于学斌 摄/2016年

▲ 孟家村的历史、村名的来历就写在这块石碑上／于学斌 摄／2016年

年9月，实行人民公社化，在八家等乡的基础上成立孟家人民公社。1984年3月，孟家人民公社改为孟家乡，乡政府所在地为孟家村。2004年呼兰县改为哈尔滨市呼兰区，孟家乡成为哈尔滨市呼兰区下辖的一个乡，乡政府所在地仍然在孟家村。

孟家村位于松嫩平原中部，距离呼兰区9千米。全村面积占地11425亩，其中耕地面积11055亩，林地面积270亩，居住面积100亩。多为轻碱低洼地，地势东部、南部较高，西部、北部较低，呼兰河、泥河分别流经西部和北部。哈绥公路从东南部和东部穿过。处于第一、第二积温带交叉点，全年无霜期135天左右。全村包括孟家村、孙家村、赵家屯三个自然屯，总计688户2800人，绝大多数是汉族，少数民族仅68人（满族65人，蒙古族3人）。这里的人们以耕地为主，主要农作物为玉米，同时兼营家庭养殖业和出外打工。

二、孟家村春节习俗

孟家村称春节为"年"，近些年在主流文化影响下接受了"春节"的概念。这里的春节延续的时间长，从进入冬天就开始了，经过腊八、小年、年三十、大年初一、初五、十五直至二月初二，整个春节期间节庆活动丰富多彩，每一个时间点上的活动内容都具有模式化的特征，每一家每一个人每一年都重复着几乎同样的过年方式。

入冬杀年猪

一进入冬天，年味就逐渐浓了起来，为年所做的准备活动就开始了，最先具有年的气息的活动就是杀年猪。杀年猪是过年的第一个大的活动，也是非常隆重的活动。只要条件允许，各家尽量过年杀头猪。为什么年猪要杀这么早呢？张起鹏说，因为一进入冬天，天气寒冷的原因，猪光吃食、不长膘。而且天冷了，把肉冻在外面也能保存住了[1]。

杀猪是个技术活，每次杀猪都要找会杀猪的人帮忙，会杀猪的人在这一时期很受欢迎，即便是掌握磨刀石的人也受欢迎，孙淑文回忆说："小的时候，我们家住的那个屯子比较大。我父亲是生产队保管员，谁家杀猪都找我父亲借磨刀石。那时候，家里用的磨刀石比较小，只有生产队的磨刀石大。谁家杀猪都找父亲去吃肉，父亲天天在别人家吃饭。今天这家找吃饭，明天那家找，能接上。"[2]

每次杀猪都要忙活一小天，工序有称重、烧水、杀猪、煺毛、肢解、洗肠、灌肠、烀肉，从早上4点多开始烧水一直要忙到下午一两点钟才能吃上饭。宰猪的地点就在自己的院子里，杀猪之前通常都要用大秤称一下重量，过去的猪都是笨猪，能达到300斤就是非常大的猪了。将猪平放在一个方桌上，一刀下去，血柱如涌，猪血流进下面的一个盆子里，一会儿工夫，猪就断了气。"杀猪的"在猪的一只后腿根处用刀子割一个口子，将一根长长的铁扦子捅进去，拔出铁扦子后，用棍子敲打一通猪皮，据说经过敲打的肉更好吃，然后嘴对口子吹气，猪不一会儿就鼓胀起来，然后用绳子将口儿系紧，将猪抬到烧好开水的大锅上，边用水瓢往猪身上浇开水，边用刀煺猪毛。过去就在自家外屋（厨房）的灶上烧水、煺猪毛。煺完猪毛之后，将猪

---

1. 被访谈人：张起鹏；访谈时间：2016年1月17日；访谈地点：孟家乡孟家村张起鹏、孙淑文夫妇家。
2. 被访谈人：孙淑文；访谈时间：2016年1月17日；访谈地点：孟家乡孟家村张起鹏、孙淑文夫妇家。能接上：意思是吃完这顿饭后，那顿饭还在等着，即能连日吃。

重新放在案桌上进行剖腹肢解，将猪肉分成四角儿。

与此同时，有人处理肠子，将肠子用酱秆翻卷过来，里面的粪便便都出来了，再用水反复透肠子，肠子便干净了。然后在盆子里用盐粒子反复揉搓，用水洗干净之后，就可以灌血了，两边系紧，便是著名的血肠了。

当天请亲戚朋友吃肉，一般要请五六桌。20世纪80年代以前，杀猪菜只有酸菜、肉和血肠。凉水下锅，大锅烀肉，先放满凉水，再放入切好的大块的肉。待开锅以后，捞出肉，下酸菜，待再次开锅后，再放入灌好的血肠。不仅请吃肉，还要给亲戚家送些肉、血肠，也有的人家只请吃，不送肉。

余下的猪肉有两种冷冻方法，一种是用雪或者冰埋在院子里，吃的时候刨出来。刨猪肉的时间在临近过年之时，通常在腊月二十六，即如俗语所说："二十六刨猪肉。"另一种是把猪肉切成条状，置于室外冷冻，待冻成硬块的时候，往肉上浇水，如此则肉的表面结一层冰，然后放在室外仓房的缸里。被冰包裹的猪肉不会风化。

旧时，猪以肥为好，如果所杀之猪能达到五指膘子，那是最令人高兴的，也是值得称道的事。所谓"五指膘子"，是指猪的皮下脂肪有五个手指厚。这不仅仅是因为过去没有认识到脂肪进食过多对人体有危害的道理，也在于过去杀猪不仅仅要吃肉，也要吃油，肥猪肉能烤出油，这种猪油称为荤油、大油。过去没有豆油或者豆油很少，全家一年做菜所需的油都是猪油。

现在孟家村仍然有杀年猪这一习俗，据粗略估算，现在每年过年全村三分之一以上的家庭杀猪。很多家庭不养猪，都买猪杀，买哪家不买哪家猪是有选择的。村民通常都愿意买不喂猪饲料的笨猪，在杀猪前几天要通知养猪户停止喂料。杀猪是为了吃个"全科的"，所谓"全科的"，就是猪身体的各个部位的肉都能吃到的意思。即便杀猪，也不像过去那么复杂了，因为有专职屠夫，他们有专门的工具和炉灶，谁家杀猪就请他们。专职屠夫在院子支起炉灶，在院子里杀并搭锅烧水煺猪毛，既快又干净，杀一头猪的手续

▲ 孟家村玉米楼子，这是丰年的象征／于学斌 摄／2016年

费100元。每家仍然沿袭杀猪时请客的传统，不过请客仅限于自己的实在亲属，许淑艳说："生产队的时候整个屯子的人都请，现在就请实在亲戚。不像过去了，不一样了。"[1] 每次请客都要摆几桌，较之过去，菜品丰富了许多，不仅吃杀猪菜，也要做很多菜。还是会给亲戚、朋友送点肉和血肠的。剩余的猪肉要冻起来留到过年时吃，不过已经不是埋在冰雪里，而是放在冰箱、冰柜里保存。

2015年11月22日，农历十月十一，小雪节气，张宝成家杀年猪。原计划要早几天杀猪，但是由于本家的一个婶子突然病逝，在村中停尸三天，来了许多辽宁老家的亲属，所以杀猪时间推迟，除了表示哀悼的意思之外，更为重要的原因是借亲戚都来吊唁的时机招待一下远方的亲属，用张宝成妻子刘

---

1. 被访谈人：许淑艳；访谈时间：2016年1月17日；访谈地点：孟家乡孟家村许淑艳家。

丽的话说就是:"大伙都回来了,吃点肉再走吧。"[1] 张宝成家的年猪不是自家饲养的,而是买的,他家从和平村买了一头黑猪,这头猪价格很贵,毛重每斤12元,而同时期市场上的净肉后鞧肉才12元,这头猪300多斤,总共花了3000多元。张宝成的妻子刘丽给出了价格贵的原因:"这头黑猪是头笨猪,这个品种的猪不容易买到,当地不养这种猪,都是从外地拉回来的,肉香,所以价格比市场上的猪价格贵。"刘丽还说,"我们杀猪不卖,一是招待客人,忙一年了,请朋友到家吃一顿。二是留着自己吃。"张宝成在外地包工程,交往的朋友很多,得到很多人的帮助和照顾,所以杀猪的目的就是招待生意场上的朋友。请的客人有本村的亲戚、朋友,亲戚、邻居很多都是全家过来的,刘丽说:"你家杀猪找我吃肉,我家杀猪找你吃肉,一进入冬月就成天吃肉。"[2] 由于本家的婶子病逝,许多前来吊唁的远道亲属也留下来吃杀猪菜,更多的是生意场上的朋友,这些生意场上的朋友都是外地的。

  杀猪不是在自家杀的,而是在专门杀猪的家庭杀的,提前预约排号。21日张宝成和杀猪的预约次日杀猪后,第二天4点多钟就出发去和平村把预定的黑猪拉到屠夫家,8点多钟就屠宰完毕并收拾利索,张宝成付给屠宰师傅手工费100元。

  张宝成家买了很多菜,酸菜是从和平村的酸菜厂买的,总计买了一玻璃丝袋子酸菜,还从市场上买了一些芹菜、韭菜、蒜薹、黄瓜等蔬菜。家里来了10多个帮忙的,这些前来帮忙的人都是亲戚朋友,他们负责择菜、洗菜、切菜。还找了一位专业厨师负责炒菜。由于来人很多,自家的房屋不够用,又借用了亲家(儿媳妇的叔叔)的饭店,亲家的饭店在斜对面,为此而歇业。在自家院子里支了一口大锅,用来炖猪肉、酸菜、血肠,总共烀半

---

1. 被访谈人:刘丽;访谈时间:2015年11月22日;访谈地点:孟家乡孟家村张宝成、刘丽夫妇家。
2. 被访谈人:刘丽;访谈时间:2015年11月22日;访谈地点:孟家乡孟家村张宝成、刘丽夫妇家。

头猪肉。而在亲家饭店则做其他菜。最后摆上饭桌的是10个菜，有排骨、肘子、炖小鸡、炖鱼、蒜薹炒肉、芹菜炒粉、肠、肚、凉菜等。席间准备了很多烟和酒。

大约12点钟开始吃饭，由于来客较多，近150人，一次摆桌坐不下，所以吃饭分两拨，第一拨摆了十桌，在饭店摆了六桌，在自家摆了四桌。第二拨总共摆了五桌，都在自家摆的桌，主要是自家人及来帮忙的人。酒桌上最受欢迎的菜是酸菜，酸菜经过和猪肉一烩，不仅香，而且口感特别好。吃完饭后，没吃完的熟肉都分给了前来吃饭的亲属和朋友，有的还装了一塑料袋烩酸菜带回家，所以所烀的半头猪肉一点也没剩下。

冬月包冻饺子

包冻饺子是年前的主要活动，几乎每个家庭都要包冻饺子，许淑艳说："十家有九家包，为的是吃着方便。"因为过年期间的主要活动是玩，为了更好地玩，就包出很多饺子，冻在外面，随时吃随时煮。直至今日仍然保持包冻饺子的传统，较之过去现在的冻饺子有如下特点，一是数量较过去多。许淑艳说："以前只包20斤或者30斤的面，现在家里要包一两袋子面。"[1]一袋子白面50斤。二是饺子馅多样化。从前冬天蔬菜很少，多以酸菜馅为主。现在，蔬菜品种多，也能买得到，所以饺子馅更加丰富了，韭菜、白菜、牛羊肉等各种馅的饺子都有。三是包冻饺子的时间提前了，以前进入腊月才包冻饺子，现在，只要进了冬天，能冻住了，就开始包冻饺子。包冻饺子的前提是杀完年猪和酸菜酸了，进入冬月，也就是公历11月的时候，杀完年猪，酸菜也酸了，各家就开始包冻饺子。

各家包饺子时都互相帮忙，在包之前都要互相通报一下，避免在同一天包饺子，因为参与包饺子的人都是左邻右舍、亲戚朋友，包完你家包我

---

1. 被访谈人：许淑艳；访谈时间：2016年1月17日；访谈地点：孟家乡孟家村许淑艳家。

家，包完我家包他家，如果同一天包，包饺子的人手就不够了。如果擀面杖、扁匙子不够用，则打电话告诉帮忙的人："把你家的擀面杖、扁匙子带过来！"因为男人有力气，所以男人负责擀饺子皮，女的负责剁馅、拌馅、包饺子。

2015年11月20日，张起鹏、孙淑文家包饺子。一早起来，孙淑文就开始忙活，和面、剁饺子馅，总计和了一袋子面。孙淑文家口味各不相同，孙淑文喜欢吃酸菜馅饺子，大孙女喜欢吃牛肉馅饺子，所以准备了多种饺子馅，有酸菜馅、牛肉馅、韭菜馅。有两个妯娌前来帮忙，10点多，馅子和面都准备好了，家里人和帮忙的两个妯娌先吃一顿。下午6点左右，帮忙包饺子的人都过来了，总计20多人。总共用了三个面板，其中一个面板是面案，另外两个面板是包饺子的。面案上的活主要有揉面、揪剂子、按剂子、擀皮，六个人负责面案，其中一个女人负责揪剂子，一个女人负责按剂子。揪剂子是技术活，不仅要快，而且剂子大小要均匀。三个男人负责擀皮，擀皮是个力气活，需要有力气的男人来完成，而且要和包饺子的经常轮流来擀皮子，否则太累。前来看热闹的小孩儿也不闲着，这天来了三个小孩，他们将擀好的饺子皮运到另外两个面板上。另外两个面板上的人围坐在一起包饺子，其中一个大面板上围坐六个人，一个较小的面板上围坐五个人。今天前来帮忙的人多了，三个面板围满之后，还有六个人插不上手，没活可干，怎么办？这几个闲人到别人家凑了两桌打麻将，饺子快包完的时候回来吃饭。张起鹏家包饺子的工具很多，所以自家的工具就够用了。包饺子很热闹，大家围坐在一起，边包饺子，边唠嗑，其乐融融，仅用了不到三小时就把饺子包完了。孙淑文做了六个菜，大家吃了一顿，白酒是散酒，家里常年准备散酒，所以不用现买，另外买了一箱啤酒。

包好的饺子放在外面过一会儿就冻实了，装在塑料袋里封上口，冻在外面。整个腊月和正月几乎天天吃饺子，如果冻饺子提前吃没了，则再包第二次或者第三次。吃饺子的好处就是省事。

冬月包年干粮

年前各家要准备大量的年干粮，包括豆包、年糕、馒头等。

蒸黏豆包、年糕是最为繁重的劳动了。生产队时期，包豆包的面是大黄米磨成的面，即黄米面。工序较为复杂，首先要淘米，淘米就是将黄米放在水里泡上，泡一宿之后，用秫秸篾编成的篓子沥水，然后就可以在碾子上碾成面了。磨面是最为辛苦的活，因为所有的家庭都在这一时间段磨面，所以需要排号使用磨坊。每到这个时候往往夜以继日地忙，碾子不停地转，轮到自家磨米的时候，即便半夜也要干。黄米面要进行发酵，和好的黄米面放在大瓷盆里放在炕头上发酵，发酵好以后就可以包豆包。豆包馅为芸豆馅或者绿豆馅，以芸豆馅最受欢迎。每个豆包直径3厘米左右。邻里之间互相帮忙，今天帮他家包，明天包我家，大家在一起包饺子，既快，又混合[1]，邻里之间的感情在此过程中会得到提升。蒸熟之后放到外面冻上，冻好之后放到一个空缸里保存。吃的时候重新热一下。饿了也可以啃冻豆包。

年糕的制作方法是，在锅底添水，架上锅叉，放上蒸帘子，帘子上铺上一层经过浸泡的玉米叶，将黄米面均匀地撒在玉米叶上，撒一层黄米面，再撒一层大芸豆，一层面、一层豆，如此反复，撒到有四五厘米厚为止，最上面撒上一层芸豆。然后盖上锅盖，将锅盖四周的缝隙用抹布堵住。烧火，蒸熟之后，整个帘子的年糕拿到外面冻上，冻到稍微硬的时候，将其切成片或者大块，如此则方便食用。

现在，由于糜子没人种了，都改用糯米面包豆包。笨磨、笨碾子也没有了，都使用电动粉碎机磨面。蒸豆包的时间提前了，进入冬天就开始包豆包，孙淑文说："我小时候，进腊月才开始蒸豆包。现在外面能冻住东西

---

1. 混合：东北方言，关系融洽的意思。

了，就开始包。"[1]

孙淑文每年都包豆包，2015年孙淑文是在11月23日包豆包的，她用糯米面包豆包，糯米面的加工方法和黄米面相同。21日晚上，孙淑文将江米用水泡上，22日吃早饭前将江米沥水，吃完早饭后，将江米拿到电机房磨面，回来后，用开水和面，中午11点左右将和好的面放在炕头上发酵，这叫"发面"，半夜的时候孙淑文揣了一下面，以使面发酵均匀，经过一宿，面就发了。23日9点多孙淑文揣了揣面后就开始包豆包，包豆包时亲戚邻居都来帮忙，前来帮忙的有孙淑文的三个妯娌以及三个邻居。不过和包饺子不同，包豆包时不招待大家吃饭，孙淑文准备了一些糖块、水果招待大家。蒸黏干粮，孟家村叫"淘米"，孙淑文总计淘了40多斤米，总计包了8帘子豆包，豆包馅是大芸豆馅，包好的豆包除了蒸熟一锅豆包外，其他都冻在外面，然后装在袋子里放在缸里保存，随时吃随时蒸。孙淑文说："以前包好的豆包都蒸熟了，现在包豆包都不蒸了，蒸熟的豆包再蒸就不香了。"[2] 除了包豆包之外，还撒了一锅年糕。

馒头也要自家亲自蒸，过去都是发面馒头，每家用大黑瓷盆和面，放在炕头上发两宿，然后就可以蒸馒头。馒头也有加馅的，多为芸豆馅或者白糖馅。过去都是大年三十的前一天蒸馒头。现在各家过年的馒头有自己蒸的，也有去市场买现成的，但是供家堂的馒头必须是自己蒸的馒头。以前孙淑文都自己蒸馒头，近几年每年儿媳妇从黑河回来都会带很多馒头，这是儿媳妇从黑河市场上买的，这种馒头很好吃，很受家人的喜欢，所以自从儿媳妇娶回家之后，孙淑文就不蒸馒头了。

---

1. 被访谈人：孙淑文；访谈时间：2015年11月23日；访谈地点：孟家乡孟家村张起鹏、孙淑文夫妇家。
2. 被访谈人：孙淑文；访谈时间：2015年11月23日；访谈地点：孟家乡孟家村张起鹏、孙淑文夫妇家。

腊月初八

孟家村过腊八节，腊月初八这天都喝粥，谓之喝腊八粥。

2016年1月17日，农历腊月初八，是腊八节，孙淑文按照惯例，熬了一锅粥，用江米、大枣、红芸豆、糖一起熬的。江米是现成的，上年冬天淘米的时候买了一袋子，除了包豆包、撒年糕外，还剩一些江米。张起鹏、孙淑文夫妇共育有二子，老大张达成、老二张达威，都已经结婚并各育有一女，都不在身边住，张达成夫妇远在黑河学院上班，而张达威在一个防盗门公司做电焊工，在呼兰区买房定居，并常年在外地工作。儿媳妇在孟家乡卫生院打工。吃腊八粥多数是老两口自己吃，子女在外地，赶不回来。二儿媳妇由于就在本村上班，孙淑文把二儿媳妇招呼过来吃腊八粥。

不过，如今腊月初八吃腊八粥并不普遍，有的家庭坚持吃，有的家庭则不吃，有的家庭想起来就吃。在2016年腊月初八这天，许淑艳家就没有吃腊八粥，她和老伴儿单过，子女不在身边，每到腊八节，想起来就做锅粥，想不起来就过去了，许淑艳的话代表了多数人的想法，她说："现在腊八这天随便，不乐意吃就不吃。乐意吃就焖点。"[1]还有的家庭看别人吃，自己家也吃，张起鹏说："农村吃腊八粥，很多看别人吃自己就吃了，可能都不知道咋回事呢。"[2]

现在各家的腊八粥用料和吃法与过去都有所不同。过去，孟家村腊八粥是用大黄米做的黄米黏饭，内放大枣或者红豆。吃的时候在黏粥里拌以糖或者荤油，又香又甜。黄米是糜子去壳以后的小米，由于呈黄色而称黄米。糜子是东北干旱地区的主要农作物，也是非常受欢迎的农作物，旧时过年是少不了它的，去壳之后的黄米可以做成黏粥，将黄米碾成面可以做成豆包、

---

1. 被访谈人：许淑艳；访谈时间：2015年11月23日；访谈地点：孟家乡孟家村许淑艳夫妇家。
2. 被访谈人：张起鹏；访谈时间：2016年1月17日；访谈地点：孟家乡孟家村张起鹏、孙淑文夫妇家。

年糕。自从生产队解体、实行包产到户以后,由于产量低而没有人再种该种作物了,所以自此以后就再没有人做黄米饭了。取而代之的是糯米,腊八粥变成了糯米粥,做糯米粥时一般内放大枣,还将烧熟的花生擀碎放在里面。

至于腊八这天为什么要吃腊八粥,孙淑文的解释是:"因为天气冷,老话讲'腊七腊八,冻掉下巴',因为怕下巴冻掉了,用粥粘上。"[1]

腊八是年的序曲,从这天开始各家就开始准备年货了,年货是最好吃的,在困难时期人们对年充满了期盼,因为过年能吃到好吃的,对小孩的吸引力更大。而到腊八就意味着年临近了,所以俗语说:"小孩小孩你别馋,过了腊八就是年。"

腊月二十三过小年

2015年2月11日,农历腊月二十三,小年。张起鹏、孙淑文夫妇家。

张起鹏家较平时热闹,子女都回家过年了。张达成一家三口放寒假之后在腊月二十开着车就到家了;张达威在冬季活不多,腊月初十就早早地回家了。张达成的媳妇是独生子,每年两口子在两边轮流过年,今年在张达成家过,明年则去岳父岳母家过年。平时家里就是张起鹏、孙淑文夫妇俩,两个儿子回家过年给这个家庭增加了欢乐,也使得这个小年过得格外有生气。对张家来说,儿子回来后就意味着过年了,只不过到小年这天更隆重一些而已,张起鹏说:"儿子回来就开始过年了,小年这天就是格外再弄点好吃的。"[2] 按照习俗,小年这天必须吃饺子,早晨他们吃的是冻饺子。饭前,张起鹏放了一挂鞭炮,这也是历年小年的风俗,鞭炮给小年增加了节日气氛。

---

1. 被访谈人:孙淑文;访谈时间:2016年1月17日;访谈地点:孟家乡孟家村张起鹏、孙淑文夫妇家。
2. 被访谈人:张起鹏;访谈时间:2015年2月11日;访谈地点:孟家乡孟家村张起鹏、孙淑文夫妇家。

在以前，吃顿饺子也就算过小年了。现在生活条件好了，加之儿孙都回来过年了，所以晚饭要丰盛一些。吃过早饭之后，收拾完碗筷，稍事休息，孙淑文就为晚饭做准备。晚饭孙淑文做了八个菜，烀猪蹄、炖小鸡、炖鱼、猪肉、凉菜、炒蒜薹、炒木耳、炒蒜苗。孙淑文说："过小年时家家都如此，做很多好吃的，因为家家生活都不错。能回来的都回来过小年。"[1]餐桌上，张起鹏和张达成父子二人喝了点酒，其他人都是喝饮料。全家都很高兴，话也多了起来，孙淑文在餐桌上和孩子们聊得最多的内容就是关于过年的一些风俗习惯。

在传统观念中，腊月二十三是灶王爷升天的日子。张起鹏回忆说，在1966年以前，他家在厨房灶台的后面都供有灶王爷。在厨房灶台的墙上有一个凹槽，里面贴着灶王爷的画像，画像下面有一块板，用来摆放供品。孙淑文说，灶王爷总共哥仨，它排行老三，"灶王爷哥三个，老大张玉皇，老二张天师，老三烟熏火燎当灶王。是让人一巴掌打墙缝里，就当灶王吧。所以灶王爷都是镶墙里的"。灶王爷常年供奉在灶台之上，过去，小孩感觉灶王爷很神秘，总感到灶王爷在看着自己似的。张起鹏说，在他小时候，家里条件不好，过完"破五"之后，家里就只能吃平常的饭菜了，基本都是粗粮，如果馋了，就到灶王爷前作个揖，拿个供品馒头吃，解解馋。[2]有的小孩偷着吃了给灶王爷供的糖或者馒头，可能因卫生问题而引起肚子疼，大人就会说："是不是偷糖吃了？惹灶王爷生气了！"小孩听后就得赶紧给灶王爷磕头。每逢初一、十五的时候要给灶王爷上香，但是不上供品。年三十不仅要上香，还要供饺子。腊月二十三，灶王爷上天要骑着马，踩着梯子，于是要给灶王爷制作天梯和马，天梯和马都是用酱秆（高粱秆或者笤帚糜子的最上

---

1. 被访谈人：孙淑文；访谈时间：2015年2月11日；访谈地点：孟家乡孟家村张起鹏、孙淑文夫妇家。
2. 被访谈人：张起鹏、孙淑文；访谈时间：2015年2月11日；访谈地点：孟家乡孟家村张起鹏、孙淑文夫妇家。

一节,这节秫秸光滑、没有节子、粗细均匀)制作的。腊月二十三这天上午,家人要把贴了一年的灶王爷揭下来,同扎好的马、梯子一起在烟囱根部烧掉。一边烧一边念叨:"灶王爷本姓张,骑马挎枪,上天见玉皇。好事多说,坏话少说。""上天言好事,下世保平安。"举行这些仪式的时候,房屋的门要开着,目的是让灶王爷顺利登天。

1966年到1976年,灶王爷作为"四旧"被废止了,不让贴了。由于在20世纪六七十年代市场上买不到灶王爷神像,所以这一习俗从六七十年代以后就自然消失了。但是少儿时的记忆仍然非常清晰,张起鹏仍然会制作天梯和马。因为现在很少有人种植高粱了,所以没有酱秆,张起鹏从外面找来了玉米秆代替酱秆制作天梯和马,他用玉米秆扎了一匹马和一架梯子,工具很简单,就是一把刀。马身15厘米左右长,有四蹄、身子、耳朵、尾巴,十分简易,但是从身体形状能看出来是马。梯子和马大小相当,上口窄,下口宽,是用两根小手指粗的玉米秆做两边的支撑,用几条玉米秆刮出的皮篾做中间的横梁。张起鹏说:"小时候家里的这种活(指的是制作马和天梯)都是我干,因为馋啊,干这些活就是为了能弄点糖吃。"[1]

▼ 制作送灶王爷上天的天梯和马/于学斌 摄/2015年

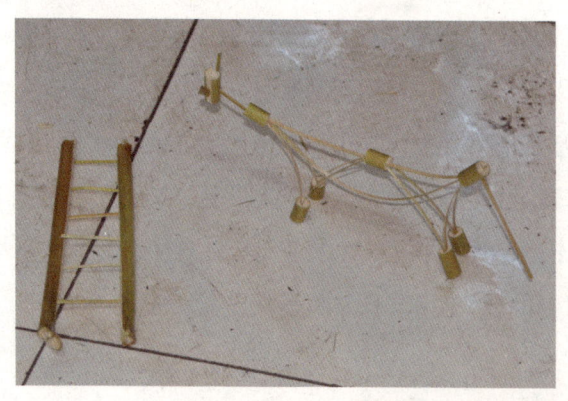

小年这天送走灶王爷,大人小孩都吃灶糖。灶糖也叫大块糖,吃灶糖的目的是甜甜嘴,不能说不吉利的话、不好的话、脏话。如今辞灶习俗不见了,但是小年这天吃糖的习俗仍然保持着。

---

1. 被访谈人:张起鹏;访谈时间:2015年2月11日;访谈地点:孟家乡孟家村张起鹏、孙淑文夫妇家。

"二十九敬灶友"，这是俗语中说的接回灶王爷的时间。根据调查，既有说在腊月二十九这天把灶王爷请回来供上的，也有说在腊月三十中午饭之前请回来的。小年把灶王爷送上天之后，要在二十九或者三十吃中午饭之前再请回来，所谓的请回来就是再买一张新的灶王爷画像，重新贴到厨房的凹槽里，摆上供品。之后，大人会把家里的孩子叫到一起像开个会一样，盼咐几句，告诉孩子们，灶王爷供上了，是一家之主，是监督官，不能什么话都说，不好的、不吉利的话不能说，灶王爷都看着呢，都能听到。家中的男孩还要给灶王爷磕头。

　　腊月二十三以后，忙年的脚步加快了。孙淑文随口说了一段顺口溜："二十三，灶王爷上西天；二十四，写大字；二十五，扫尘土；二十六，刨猪肉；二十七，杀天鸡；二十八，把面发；二十九，供灶友；三十下晚坐一宿。"[1]这段顺口溜基本上包含了年前的所有活动。但是在实际生活中，除了二十三送灶王爷上西天和三十下晚坐一宿具有严格的时间限定外，其他的节日习俗在时间的掌握方面都比较灵活。

　　现在，过了小年就开始置办年嚼咕了。不过，过去置办年嚼咕时间早，孙淑文说："现在都是进了腊月二十才开始准备。我们小时候都是进了腊月就开始准备。"[2]鱼是必不可少的年货，过年吃的鱼要选大鲤鱼。不仅仅是美味，更具有象征意义，代表着富裕有余的吉祥含义。无论世事如何变迁，年货中有鱼是不变的习俗。冻梨、冻柿子家家都准备一些，过去没有新鲜水果，冻梨、冻柿子是主要的水果，年三十晚上用凉水缓开，既甜又爽口。现在过年仍然有买冻梨、冻柿子的现象，直至今日，张起鹏、孙淑文夫妇仍然每年过年买冻梨、冻柿子，大年三十吃完中午饭就把冻梨、冻柿子放

---

1. 被访谈人：孙淑文；访谈时间：2015年2月11日；访谈地点：孟家乡孟家村张起鹏、孙淑文夫妇家。
2. 被访谈人：孙淑文；访谈时间：2015年2月11日；访谈地点：孟家乡孟家村张起鹏、孙淑文夫妇家。

在凉水盆里缓开。但是由于新鲜水果很多，所以买冻梨、冻柿子并不普遍。鸡肉也是年嚼咕之一，过去每年都杀几只小鸡，如今生活富裕了，杀鸡的数量有所增加。据说每家养鸡就是为了吃，很少有卖鸡的，过年每家都能杀20多只，说到此时，孙淑文、张宝成等人面露得意之情，说："现在生活富裕了，城里人想要在农村买散养鸡很困难，每家养鸡都留着自己吃。"[1] 瓜子、花生也是过年期间必须准备的食物。葵花子都是自家产的，而花生则必须从市场上购买，改革开放以前基本上吃不到花生，近20年花生成为过年期间的主要食物。一般在腊月二十七、二十八这两天炒瓜子花生。如今在市场上买炒好的瓜子花生的现象较为普遍。

过新年要穿新衣。临近过年的时候，每个人都要置办一套新衣服。这件事对今天来说不是难事，但是在过去困难时期则是家庭的很大一笔开支，如果家庭拮据，则大人的新衣服可以免了，而小孩的新衣服一般都要尽量满足，即便再困难，也要尽量给孩子做一套新衣服。大人则要把旧衣服洗干净，孙淑文说："我们小的时候，小孩都得给穿新衣服，大人就把衣服洗干净就行了。"[2] 但是无论多困难，过年时每个人都必须穿双新袜子。如今平时的衣服就已经很好了，所以过年时对新衣服就没有要求了。如果家里当年有老人去世，儿子和儿媳妇不能穿红色的衣服。

这些年嚼咕、衣服都舍不得吃、舍不得穿，只等过年时才吃、才穿，这是过去困难时期的特点，翟淑青回忆说："我就记得，那时候穷，整两个冻梨蛋子，欻嘎拉哈渴了，想吃冻梨，我老爹说：'别动别动！年午黑天给你们分。'拿那个当好玩意儿！现在谁当好玩意儿啊？20多年多大变化！现在家

---

1. 被访谈人：孙淑文、张宝成；访谈时间：2015年2月11日；访谈地点：孟家乡孟家村张起鹏、孙淑文夫妇家。
2. 被访谈人：孙淑文；访谈时间：2015年2月11日；访谈地点：孟家乡孟家村张起鹏、孙淑文夫妇家。

家有车，过去哪儿有车啊！"¹现在，商品经济发达了，想买东西可以随时买到，对于有些年货的置办如鱼、蔬菜、花生、糖块等直到临近过年时才买。

年前扫尘土

"二十五扫尘土"，这是一句老话，说的是腊月二十五这天，每家都会打扫房间卫生。过去住土房，每家房屋的灰尘都很大，要用一把新扫帚给房子扫灰，叫"扫房"。孙淑文直至今日仍然是在腊月二十五扫房，2015年2月13日，腊月二十五，孙淑文吃完早饭后用一把新笤帚把室内打扫一遍，笤帚是自己扎的，每年自家都种点笤帚糜子，扎几把笤帚自家使用。现在的扫房仅具有象征意义，因为家里很干净，秋天收拾完庄稼以后，在入冬之初，家里的墙面已经刷了大白。

不过这一时间规定并不严格，同村的杨雨文家则在2015年2月12日腊月二十四这天扫的房。因此在打扫卫生的时间上，孟家村并没有明确的时刻表。不过过去小年之前禁止扫房，如果扫房，则有讲究，杨雨文说："二十三之前扫房还要看日子呢。二十三之后扫房就不用看日子了，哪天扫都行。"²张起鹏说，如果在小年之前扫房还要到庙里算算哪天扫合适³。

与扫房同时也拆洗被褥。2015年2月12日，在杨雨文家的院子里，刚洗好的被单、褥单就晾在院子里的晾衣绳子上。

腊月二十七、二十八要把灶坑的灰扒干净了，因为头初五（也就是正月初五）之前，不能扒灰，也不能往外倒灰。

---

1. 被访谈人：翟淑青；访谈时间：2015年2月12日；访谈地点：孟家乡孟家村杨雨文、翟淑青夫妇家。
2. 被访谈人：杨雨文；访谈时间：2015年2月12日；访谈地点：孟家乡孟家村杨雨文、翟淑青夫妇家。
3. 被访谈人：张起鹏；访谈时间：2015年2月13日；访谈地点：孟家乡孟家村张起鹏、孙淑文夫妇。

年前上坟

过年之前，要给家中逝去的人上坟，到坟地去烧纸，目的是给逝去的人送钱，让他们在那边办年货。上坟习俗在孟家村非常普遍，过去上坟的时间在腊月二十之后，现在上坟的时间提前了，腊月初十之后各家就开始陆续去上坟了，以便让阴间祖先早点办年货。每年上坟张起鹏家都是全家族一起去。上坟一定选晴天，必须上午去。杨雨文说："上坟都要上午去，没有下午去的。三十那天不能去上坟。"[1]

腊月三十过大年

腊月三十是孟家村的大年，这一天是孟家村最重要的一天，也是最为忙碌的一天。先前的一切准备在这一天都得到体现，节日达到高潮。

早饭一般吃饺子。也有的家庭热热豆包、年糕等干粮，仅是简单地吃点饭。

过去，每家都要特意焖一锅高粱米饭，此谓之接年饭，按照习俗，初五之前不做新饭，就吃这些饭，其含义是年年有余。张起栋说："过去不管家里多少人，哪怕就是两口人，也要做一大锅饭，装上尖儿一大盆子，是生活过得好的意思，初一到初五竟吃剩饭。现在哪有那个饭了？现在都是现吃现做。"[2]

贴对联、福字、挂签是上午的活。对联，孟家村的人称其为"对子"。除了对联之外，还有春条，贴于室内外的主要建筑上，鸡架上要贴"金鸡满架"，猪圈要贴"肥猪满圈"，门口对面一抬头能看到的地方要贴上"抬头见喜"，大门口处贴"出门见财"，有车的人家要在车上贴"一路

---

1. 被访谈人：杨雨文；访谈时间：2015年2月12日；访谈地点：孟家乡孟家村杨雨文、翟淑青夫妇家。
2. 被访谈人：张起栋；访谈时间：2016年2月7日；访谈地点：孟家乡孟家村张起栋家。

▲ 大年三十孟家村一户大门垛子贴着大副对联，门心贴着大大的福字，两个大红灯笼高挂在门前，家家都是如此的门面，呈现出一派喜庆、祥和的节日景象／于学斌 摄／2016年

平安"。在春条、横批下面还要贴挂签。家家的门心都贴一个大大的福字，有的家庭贴正福，有的家庭贴倒福，取其"福到了"的吉祥含义。据杨雨文回忆，贴倒福从伪满洲国的时候就有了，意思是"福到了"[1]。以前快过年的时候，都请会写毛笔字的人在腊月二十四这一天写对子，而我们的调查对象张起鹏就是会写毛笔字的人，每年街坊邻居都会拿着红纸请他帮着写对联。现在一般都在市场上买印刷好的对联，临近过年的时候市场上有很多卖春联的摊点。不过即便现在，张起鹏家里的春联仍然是自己写。2016年2月7日早晨，张起鹏在外屋地的炕上摆着一个小饭桌，没有了往日上门求字的现象，但是自家的春联、春条、家堂上的对联仍然出自他之手，还要为前院邻居张宝成家写三代宗亲牌位上的对联。

年三十这天还要贴年画。杨雨文说，伪满洲国时家里贴的年画是大鱼、风景画。中华人民共和国成立以后，也有人家贴年画，孙淑文说，她

---

1. 被访谈人：杨雨文；访谈时间：2016年2月2日；访谈地点：孟家乡孟家村杨雨文、翟淑青夫妇家。

▲ 孟家村张宝成家供奉的三代宗亲/于学斌 摄/2016年

小时候看到的年画有大胖小子、大鲤鱼，也有古装画。20世纪六七十年代贴京剧剧照，如《智取威虎山》《红灯记》等样板戏的电影剧照。家家常年贴毛主席像，这是时代的标志，过年时换贴新的主席像。近些年，贴年画的家庭少了。

20世纪六七十年代以前，家家贴门神，大门有大门的门神，房门有房门的门神。贴了门神，"大鬼、小鬼进不来"。六七十年代，贴门神之俗被禁止，在此期间，买不到门神像了。80年代以后，有的家庭恢复了贴门神的习惯，不过绝大多数家庭不贴了。

如果家中有老人过世，则连续三年不贴对联，不放鞭炮。杨雨文说："小时候的规矩是，有老人过世的家庭，第一年不能贴对子，第二年贴蓝对子，第三年才可以贴红对子。"[1]秧歌队拜年不能进有老人去世家的院里，如果拜年的秧歌队看到没贴对联，就知道这家老人过世了，就不会进院子拜年了。

中午饭前要供祖先，供祖先叫"摆家堂"或"供大纸"。张起栋一直保持摆家堂的习俗。张家在孟家村是个大家族，当初张起鹏爷爷生下四个儿

---

1. 被访谈人：杨雨文；访谈时间：2016年2月2日；访谈地点：孟家乡孟家村杨雨文、翟淑青夫妇家。

子，发展到张起鹏这代已经14个兄弟，这14个兄弟的子女也大多成家，所以家族人口很多。除了老大家在呼兰区里外，其他几支家庭都居住在孟家村。张家的家堂供奉在最小的弟弟张起栋家，之所以供在他家，是因为当年家堂由老父亲供，而老父亲和最小的弟弟张起栋一起过。老人过世后，家堂就留在张起栋家里了。张家的谱单上写有去世的家族中先人，若去世的人是长辈，则当年就可以写入谱书上，去世的人若是晚辈，则将名字写在一个纸条上贴在谱单上。男子写名字，女子仅写"某氏"。谱单谱系的排列方式类似于宝塔式，长辈名字写在最上层，同辈分的人排在同一行上。至今谱单上已经写有逝去的12代人的姓名。20世纪六七十年代除"四旧"，要求各家必须上交家谱并烧掉，但是张起鹏的父亲把家谱偷偷留了下来，所以，张家的家谱是老家谱。香炉碗被收上去之后，被扔到外面，张起鹏的父亲将其捡了回来，所以得以幸免。

2016年2月7日，农历腊月二十九，因为是小进，二十九是农历年的最后一天，所以这天也就是农家所说的大年三十。

7点多，张起栋的妻子李淑梅在厨房制作摆家堂的各种供品，供品有鱼、白菜、肉、粉条、米饭、蛋糕、馒头等，除了蛋糕买自商店

▼ 张起栋的妻子李淑梅在厨房制作摆家堂的各种供品／于学斌 摄／2016年

▼ 一棵白菜，去掉周围的菜帮，将菜头拨成散状便是摆家堂的祭品之一／于学斌 摄／2015年

▲ 五花肉切成片按照五花肉的原样摆放在饭碗里就是一个家堂的祭品/于学斌 摄/2016年

▲ 一盘油炸粉条子是祭品之一/于学斌 摄/2016年

▲ 用于供品的馒头是特制的馒头,大小一致,上面摁进半粒大枣/于学斌 摄/2016年

▲ 倒扣在吃碟上的玻璃杯形米饭是家堂祭品之一/于学斌 摄/2016年

外,其他供品均出自李淑梅之手。李淑梅一早起来就开始在厨房忙活起来,一棵白菜,去掉周围的烂帮儿,露出里层雪白的部分,切掉菜根,将菜头用

手扒拉开,呈散开状,将根部坐在小饭碗里,一个供品就做完了。锅里烀着两块猪肉,是猪身上的五花肉,熟了之后的猪肉每块约3厘米见方,李淑梅将其切成均匀的几个长方形肉片,整齐地摆放进碗里,在其上面撒一层染色泡软的细粉条,粉条的颜色是用红纸染的。在一捆粉条中选择若干比较直的粉条,用手掰开,长30厘米左右,将粉条浸泡在滚开的油锅里,粉条立刻膨化,将一头坐在碗里。馒头是新蒸的,比平时吃的馒头大,李淑梅在每个团好的面团的顶部摁进去半粒大枣,然后摆放在帘子上在锅里蒸。还要做一锅新米饭,米饭熟了之后,李淑梅立刻灌满玻璃杯,然后倒扣在小吃碟里,这样的米饭共计做了五个。

在李淑梅制作摆家堂供品的同时(9点30分左右),张起栋的儿子张达斌和侄子张达威将对联、福字、春条也都贴在了门窗、大门、车、鸡窝上。

与厨房忙活准备供品的同时,室内也在有条不紊地忙碌着摆家谱。全家族的男人陆续过来,最先赶到这里的是家中排行老二的张起

▼ 年三十上午,张起栋的大儿子和侄子贴好了对联、福字、春条、挂签/于学斌 摄/2016年

▲ 装族谱及祭器的长木盒子/于学斌 摄/2016年

鹏（老大在呼兰区工作没有回来），他把墨汁和毛笔也带了过来，放在房厅的饭桌上，准备随时写对联。另一支的几个叔伯兄弟也过来，他们和张起鹏是同一个爷爷所生的子孙。除了这一辈分的人之外，参与忙活的还有张起栋的儿子张达斌和张起鹏的儿子张达威。装有家谱的盒子平时放在室内的柜子顶部，盒子长一米七八，取下之后擦拭干净。将烛台、香炉碗、香桶用红纸沿着器皿的本来形状包裹上，使其焕然一新，在其前面贴上福字。有一个专门的木杆，这是用来悬挂家谱的挂杆，长一米六七，张起栋和两个孩子将挂签和四个小横批贴在上面。横批是由张起鹏写的，四个横批分别是"慎终追远""香烟结彩""俎豆千秋""永吉孝思"，横批的连接处以及两头各贴一个小福字。下面的挂签共计五个，挂签中间是大大的福字。家谱供奉在东屋的东墙上，面西而供。张达威、张达斌在东墙上钉了两个平行的三脚架，这是用来放挂杆的，两个铁架距地面的高度必须一致，以确保横杆和地面平行。把粘有横批和挂签的挂杆横放在铁架上面。

▼ 在悬挂家谱的挂杆上粘贴上五副挂签和四个横批/于学斌 摄/2016年

然后，张起栋和儿子张达斌挂家谱，张起鹏远远地找平衡，直到确定为正中、平衡了之后才系牢。在族谱两边贴一副手写对联，张家每年在三十这天给家堂换一副新写的对联，对联的内容一直没变，上联是"敬祖先

荣华富贵"，下联是"孝父母金玉满堂"；或者是"祖先千载家风旧"，下联是"子孙万代社会新"。今年写的对联是"祖先千载家风旧"，下联是"子孙万代社会新"，这是张起鹏自己手书的。对联的顶部和底部各贴一个福字。在族谱的下面摆一个供桌，所谓的供桌实际就是平时使用的饭桌。供桌上面铺一层旧报纸。供桌的前面挂一类似于桌裙的布单，布单是特意制作的，用三条红色布中间加黑色布条拼接而成，四周镶黑边，张起鹏说，这是他奶奶活着的时候亲自制作的[1]。然后在最前排摆祭品，依次摆放的祭品为：香炉碗，香炉碗内装小米；香炉碗的两边各摆放一个香桶，张家的香桶从前是木质的，木香桶的下面有底座，现在是一对铝质的

▲ 钉在墙上的两个铁架是整个家堂的承重部分/于学斌 摄/2016年

▲ 将家谱悬挂在铁架上，悬挂在墙上的家谱必须端正/于学斌 摄/2016年

▲ 在家谱的两边贴一副新写的对联/于学斌 摄/2016年

---

1. 被访谈人：张起鹏；访谈时间：2016年2月7日；访谈地点：孟家乡孟家村张起栋家。

▲ 家谱前面摆放的内放小米的香炉碗/于学斌 摄/2016年

▲ 供桌最前面摆放着香炉碗、香桶和蜡烛，香炉碗、香桶和蜡烛上都贴有大大的福字/于学斌 摄/2016年

▲ 三堆馒头摆放在中间一行/于学斌 摄/2016年

香桶，香桶里装有香；插有烛台的蜡烛分放两头，蜡烛和平时用的蜡烛不同，该蜡烛比平时用的蜡烛长、粗，是专门用作上供的。然后摆放李淑梅制作的供品，一条鲤鱼紧贴家谱的供桌中间摆放，两碗肉摆放在鲤鱼的南面，而白菜和粉条子摆放在鲤鱼的北面。

第二行摆放的是三堆馒头，每堆五个，这是新出锅的馒头，出锅之后冒着热气直接摆在供桌上。

三堆馒头之间各放一堆蛋糕，中间馒头的前排放一堆蛋糕，共计三堆蛋糕，每堆四个。在最前面的蛋糕的两侧分别摆放两碟米饭，在正前方放一碟米饭，共计五碟米饭。在家谱的底部斜立五双红筷子，该筷子必须笔直。在供桌的北面有一个小桌子，上面摆放了很多香，每次前来参拜的人都在这里续放一两盒香，然后从这里取香给祖宗烧香。10点50分，摆家堂完毕。

张达斌和张达威到室外院子里燃放一挂鞭炮，即表示祖宗接回家了。张起栋点着三炷香，面向家谱三作揖后，将香插在香炉碗里。摆完家堂之后张起鹏等其他几支的人回各自的家。

▲ 两碟玻璃杯形米饭从厨房拿到供桌上/于学斌 摄/2016年

家堂供上了之后，香火不能断了，家里掌事的不能外出，即便出门也不能走得太远，因为他要负责看管香火，夜里睡觉也要经常起来查看香火，保持香火不灭。摆家堂期间，每天早晨各个家支的掌柜的在吃饭前必须到老祖宗那里烧香，然后才能回家吃饭。摆上家堂以后，外人不能随便串门，如果串门，就必须给家堂磕头。禁止媳妇去供奉家堂的人家串门，而没结婚的姑娘则可以，因为"姑娘是贵人"。

如今在孟家村保存宗谱且年年供奉家谱的家庭只有张家，没有宗谱的家庭大多供奉三代宗亲，即在一张红纸上写上"三代宗亲之位"，两边写有对联。仍然像供奉族谱一样将写有三代宗亲的红纸贴在卧室的正墙上，前面案桌上同样摆有供品和祭器。

张起鹏家的前院邻居张宝成家供奉的就是三代宗亲牌位。三代宗亲牌位供奉在张宝成家的西屋。在西屋紧贴墙面摆放一个桌子，桌子上贴墙的正中位置摆放一个木牌，这就是三代宗亲的牌位，木牌上写有"供奉三代

▼ 三代宗亲供桌上的供品/于学斌 摄/2016年

宗亲之位"。张宝成说，这个三代宗亲牌位是从太爷那代传下来的，只传给老大，张宝成的父亲是老大，张宝成也是家中的长子，所以牌位由他接续，由他供奉[1]。牌位上面的字迹已经有些模糊。墙上贴有一副手写的对联，是请张起鹏帮助写的，内容是："孝父母金玉满堂；敬祖宗荣华富贵"，横批是："永吉孝思"。对联的中间贴着一个大福字，横批下面贴三副挂签。牌位前面摆放的供品有三堆馒头、一堆苹果、一只整鸡、一块五花肉、一盘粉条、一包红肠、两盒香、一个火机。还有一个装有生米的饭碗，摆在牌位的正前方，上面插着的烧香正在燃着。

过去，老祖宗接回来过年的时间是在除夕，杨淑洁讲，她小时候看到邻居老李家在三十晚上星星出全之后，到十字路口接祖宗，嘴里念叨："过年了，回家吧，吃点、喝点。"[2] 现在张起栋和张宝成家把家谱和三代宗亲牌位摆上以后就算把老祖宗接回来了。

在孟家村，有的人家在正月初二送神，有的人家在正月初三送神，也有的家庭在正月初五送神。张宝成家初三撤供，张宝成说："原来是初六撤供，后来我爸改在初三撤供，因为外姓的亲属不撤供不能来。"[3] 撤供之后，用红布将三代宗亲牌位包好收起，待来年过年时重新供上。而张起栋家的家堂直到正月十六才撤供。杨淑洁年轻的时候曾经看到邻居老李家送神的经过，李家初二在老祖宗前烧点纸，再上十字路口烧点纸，念叨："过完年了，吃点喝点，该走走吧！"[4] 不过张起栋家送神的仪式没有了，正月十六撤供就算把神送走了。

大年三十白天都吃两顿饭，早晨一般就煮冻饺子或者吃豆包，中午这

---

1. 被访谈人：张宝成；访谈时间：2016年2月7日；访谈地点：孟家乡孟家村张宝成家。
2. 被访谈人：杨淑洁；访谈时间：2016年2月2日；访谈地点：孟家乡孟家村杨雨文、翟淑青夫妇家。
3. 被访谈人：张宝成；访谈时间：2016年2月7日；访谈地点：孟家乡孟家村张宝成家。
4. 被访谈人：杨淑洁；访谈时间：2016年2月2日；访谈地点：孟家乡孟家村杨雨文、翟淑青夫妇家。

顿饭是最重要的,这是一顿全家的团圆饭,外地工作的人都要尽量回来,媳妇必须到婆婆家过年。

2016年2月7日,张起鹏和儿子在张起栋家摆完家堂,大约11点回家。在家里,孙淑文和两个儿媳妇已经把饭做好了,所有的饭菜都摆在了饭桌上。孙淑文说:"我们这里吃饭早,家家如此,不到11点鞭炮声就响声不断。因为都要出去玩,如果吃饭晚了,就凑不上局子了,玩不上了。"[1] 今年孙淑文买了40多斤猪前槽肉,杀了30多只家鸡,在正大集团买了一整箱的带筋猪蹄,这些东西在2月6日白天就化冻了,2月6日晚上都炸熟了。2月6日还买了一些蔬菜,鱼是2月7日一早买的活鱼。大年三十这顿饭集中了全家最好吃的饮食,按照当地规矩,菜品不仅多而且必须成双,十二个菜、十八个菜或者更多,人口少的人家也得八个、六个菜,年年过年必须有鱼,取"年年有余"之意,一般为鲤鱼,绝不能是带鱼。最后孙淑文家摆上桌的菜有十个,其中有一条炖鱼,还有炖小鸡、猪手、蒜薹炒肉、炒生菜、排骨、猪肘肉、皮冻、凉菜、尖椒炒肉等。炖小鸡,取"大吉大利"之意。另外还有猪手一盘,这是近些年出现的新的过年菜,这是因为近年来猪手、鸡手被誉为捞钱的耙子,多吃就能在新的一年里多挣钱;蒜薹炒肉,这是近年出现的新的过年菜,意为"恭喜发财";生菜一棵,取"生财"之意,孙淑文说:"二儿媳妇特别信,买菜的时候,特意叮嘱要买生菜。"[2]

饭前,张起鹏和两个儿子到外面放了一挂鞭炮。这是一顿团圆饭,张起鹏、孙淑文夫妇、大儿子一家三口、小儿子一家三口都聚齐了。人都上桌坐下之后,孙淑文首先给儿子、儿媳、孙女发压岁钱,每人200元。张起鹏说:"小的时候,家里兄弟姐妹10多个人,给不起压岁钱,只给每个孩

---

1. 被访谈人:孙淑文;访谈时间:2016年2月7日;访谈地点:孟家乡孟家村张起鹏、孙淑文夫妇家。凑不上局子了:意思是找不到玩家了。
2. 被访谈人:孙淑文;访谈时间:2016年2月7日;访谈地点:孟家乡孟家村张起鹏、孙淑文夫妇家。

子一挂小鞭儿，孩子们舍不得一次放完，都拆开一个一个地放。"孙淑文说："小时候，家里每个孩子就给一两块的压岁钱，过几天家长还得把钱要回去。"[1] 现在，老人给孩子的压岁钱多了，不会再往回要了。过去，老人给压岁钱的时候，小孩都得给磕头、说吉祥话，现在磕头的习俗免了。饭桌之上，每个人都说两句祝酒词、过年祝福的话，在黑河学院当老师的张达成说："祝老爸老妈身体好，老弟身体很好、很能干，明年挣大钱，注意身体。"曾经当过大队妇女主任、非常健谈的母亲孙淑文说："祝大儿子、老儿子多挣钱，祝两个孙女身体健康、学习进步。祝老张头身体好。"三十中午这顿饭必须要剩，取"富富有鱼（余）"之意。

大约12点吃完饭。孙淑文把包饺子的面和好，把饺子馅拌好，将冻梨、冻柿子放在冷水盆里缓上。年午黑天年夜饭的准备工作做完以后，开始玩麻将，张家一家没有去外面玩，而是在家里自己家人玩，全家人手较多，大家轮流上场。

除夕

三十夜里11点左右，发纸、接财神。据孙淑文讲，20世纪60年代中叶前，接神是在院子里点香，点着蜡烛，在小桌子上摆上供品，然后点一堆火，叨咕叨咕。发纸时房门要开着，以便财神进屋。在锅台前后扬点水，打发孤魂野鬼。等感觉到财神进屋了以后，再放鞭炮。孙淑文说："当时年纪小，不敢多问。觉得挺神圣的，也感觉瘆得慌。"[2] 许淑艳说，她爷爷在世的时候，见过爷爷接神，在年三十夜里半夜吃饺子之前，从院门向外走出

---

1. 被访谈人：张起鹏、孙淑文；访谈时间：2016年2月7日；访谈地点：孟家乡孟家村张起鹏、孙淑文夫妇家。
2. 被访谈人：孙淑文；访谈时间：2016年2月7日；访谈地点：孟家乡孟家村张起鹏、孙淑文夫妇家。

100步，把财神领回来。[1] 杨雨文说，小时候他家里在三十晚上10点多，摆上供品，烧点纸，磕头，把财神、金九婆、天神一起供上，到了正月初三一烧，就送走了。但是现在发生了变化，多数家庭半夜仅燃放鞭炮，没有发纸、接神的仪式。

发完纸、燃放完鞭炮，就回屋吃饺子。三十晚上的年夜饺子非常重要，多数家庭都是吃现包的饺子，而且要带出初一早上吃的饺子，当然也有吃冻饺子的。20世纪七八十年代以前，大多数饺子都是芹菜肉馅的，取"勤"的谐音，意思是吃了芹菜肉馅的饺子，人都很勤快，尤其是小孩一定要吃。不能往芹菜馅里加白菜，不然就变成白"勤勤"了。也愿意包韭菜馅饺子，取"久财"之意。现在，喜欢用生菜拌馅，取"生财"之意。饺子馅里会放硬币，叫"放字儿"，吃到的人意味着来年能多挣钱，现在一般放五角硬币，因为它是红色的，其吉祥含义是，不仅发财，而且有红运。也会在饺子里包糖块，吃到的人有福气。如果包完了饺子剩了饺子皮，就说有衣服穿。如果剩了饺子馅，就说有粮食吃。三十晚上的饺子一定要包成元宝形。饺子一定要比平时大，意思是"养猪下大猪羔子"，如果饺子包得大，家人就会说吉利的话："这饺子大的像猪羔子似的。"把饺子码到盖帘上的时候，有些讲究的人家从外圈往里圈码饺子。饺子下到锅里之后，要防止粘在锅底，必须要用勺子去搅和，方言叫"搁勒"，勺子必须逆时针沿着锅沿"搁勒"，而不能捞锅底。如果饺子在煮的过程中破了，不能说"破了"，要说煮"挣了"，因为说"破"了不吉利。煮饺子的烧柴都用"高粱挠子"，即去掉籽后的高粱穗子，意为"挠财"，现在不种高粱，也弄不到高粱挠子了。三十晚上的饺子煮熟了以后要给祖先先供上。吃年夜饺子时也准备很多菜，但多数是年三十下午的菜重新热热。发完纸、燃放鞭炮之后，吃年夜饺子之前，要洗脸，姑娘妇女不仅洗脸，而且要梳头、戴花，人们认

---

1. 被访谈人：许淑艳；访谈时间：2016年1月17日；访谈地点：孟家乡孟家村许淑艳家。

为"此时洗脸,一年干净"。过年不能空锅,捞完饺子之后要往锅里扔一个字儿(硬币),也有的在锅里放一盘饺子,这叫"压锅"。从初一到初五,不能埋汰锅,即便猪食锅也要刷干净,具体为啥翟淑青已经回答不清,只记得每年母亲都这么要求。

2016年2月7日,除夕夜,张起鹏、孙淑文家。

晚上8点左右,张起鹏家停止玩麻将,开始包饺子。饺子馅为芹菜馅和韭菜馅,寓意分别为"勤财""久财"。晚上11点开始煮饺子,与此同时,张起鹏和两个儿子在院中放鞭炮,此时,村中鞭炮声响声一片,预示各家都在这个时候吃年夜饺子了。孙淑文说:"我们小的时候要在院子中烧纸、放鞭炮。现在不发纸了,这屯子都没有发纸的了,只放鞭炮。"[1]除了把白天吃的菜热热之后端上桌而外,孙淑文又油炸了一盘蚕蛹,因为两个孙女爱吃,又煮了一盘大虾。全家围坐在一起吃年夜饺子。在其中的两个饺子馅里包了两个钱币,结果谁也没吃到这两个包有钱币的饺子,两个孙女很失望,最后在煮饺子的锅里发现了。

以前的规矩是,三十下晚坐一宿,要守岁,即整宿不能睡觉。即使困了,也不能脱衣服,要"囫囵个儿"睡,也就是穿着衣服睡,因为三十这天财神、家堂供上了。只有在正月初二(有的人家是正月初三)送完神之后,才能脱衣服睡觉。杨淑洁讲了一件往事:"我三舅妈结婚时,找人看,这个先生说我三舅妈犯扫帚星,要求我三舅妈连续三年年午黑天不能睡觉。我三舅妈三年一直坚持不睡觉,给她困的啊!困得实在熬不住了就出去溜达溜达。"不过现在一般很少有人守岁了,一般看完电视就睡觉了。2016年除夕,其他家人都睡了,张起鹏坚持守岁,不过最后没成功,实在熬不住了,最后还是睡了。

---

1. 被访谈人:孙淑文;访谈时间:2016年2月7日;访谈地点:孟家乡孟家村张起鹏、孙淑文夫妇家。

▲ 张宝成家的全家福，儿子随父亲一起在外承包工程，女儿在哈尔滨市上班，春节期间都团聚在家里过大年/于学斌 摄/2016年

三十这天晚上要整宿点灯，这是长命灯，早年是煤油灯，记不得从什么时候起就用电灯了。三十晚上室外的灯会一直亮到天亮，直到过完正月初五。

杨淑洁说："我年轻的时候，年午黑天半大小子一帮一帮地去拜年。"杨雨文解释说："那是因为两个年轻人玩得挺好，过年供家堂，必须得去给家堂磕头。"[1]

俗话说"老驴老马也过年"，该俗语的引申意思是，即便牲畜也有歇着的时候，何况人呢？意思是说不能用人比用牲畜还狠。其实这句话直接来源于过年习俗，当人过年的时候，也要给辛苦一年的牲畜过个年。有马的家庭要在三十晚上给马做顿好饭，以犒劳马一年的辛苦，"打一千，骂一万，年午黑天供一顿饱饭"。即便在生产队时期这一习俗也一直保持，生产队要

---

1. 被访谈人：杨淑洁、杨雨文；访谈时间：2016年2月2日；访谈地点：孟家乡孟家村杨雨文、翟淑青夫妇家。

在三十晚上给牛、马吃顿饭,或者高粱米饭或者小米饭或者苞米馇子干饭,"一年了,鞭子抽,来到年了给顿饱饭"。现在已经没有养马的人家了,该俗自然就没有了。

以前,三十晚上要算一卦,农民最关心的就是一年庄稼的收成,所以算卦的具体内容就是算新的一年会收哪种庄稼。一种方法是,将苞米、谷子、黄豆、高粱的种子摁进酱秆瓢里,放水缸里泡,看哪个泡得好,哪个先发芽就说明今年收该种作物。还有一种方法是发纸时看香火,翟淑青说:"我看我老爹过年时看香火、看火苗,就知道来年种啥好,收大粒的庄稼还是收小粒的庄稼。"具体火苗怎么预测收成翟淑青也说不清楚了。

正月初一

正月初一,孟家村叫大年初一。早饭要吃饺子,而且必须吃年三十晚上包的饺子,这叫吃两年饭,寓意生活富足。街坊邻居见面要拱手、作揖,嘴里说"过年好""年禧"。过去,初一一早成帮结伙各家磕头拜年,杨雨文的老伴翟淑青说:"我们结婚那时候妯娌六个排一大排去给老祖宗磕头去。老大排哪,老六排哪,都有固定的顺序。给老祖宗磕完之后给长辈磕,像捣蒜似的,(口说)'爹,给你磕头!妈,给你磕头!过去娶媳妇必须给老公公婆婆磕头,过去媳妇太苦恼了,每天儿媳不给老婆婆装完烟能让你走吗?"[1]如今初一拜年之俗已经见不到了。

祭祖是大年初一的头桩大事,凡是供奉有族谱和三代宗亲的家庭或者家族都要举行祭祖仪式,自己家供奉的就在自己家祭祀,家族内供奉的就到供奉族谱或者三代宗亲的同族人家中祭祀。

2016年2月8日,农历正月初一。调查组在张起栋家参与观察了他们家

---

1. 被访谈人:杨淑洁、杨雨文、翟淑青;访谈时间:2016年2月2日;访谈地点:孟家乡孟家村杨雨文、翟淑青夫妇家。

的祭祖活动。7点多，张起栋的妻子李淑梅在厨房煮饺子，饺子煮熟以后，张起栋将供桌上的三碟饺子撤了下来，这三碟饺子是除夕夜吃年夜饺子时供奉的，换上三碟新煮的饺子摆在供桌上。按照规矩家族内的所有男人今早必须来家堂前磕头祭祖。最先前来祭祖的是张起鹏，他和弟弟张起栋先给祖先敬酒，将酒在厨房温热，然后用水瓢倒进五个瓷杯中，摆放在香炉碗的后面一排，用火机点燃。最先祭祖宗的是张起鹏，他从香案上取出三炷香，点燃之后插在香炉碗里，退后祭拜，他的祭拜方式是三作揖一叩首，如此三次。接下来是张起鹏的儿子张达威祭祖，他的祭拜方式是，三作揖三叩首，如此三次。接着，其他支系的长辈和晚辈陆陆续续前来祭拜。除了呼兰区居住的老大和因为岳母住院全家在哈医大二院护理的老八以外，各个支系都参加了祭拜活动，祭拜的方式基本相同。整个祭拜活动持续到10点多钟。

▲ 大年初一，吃饭前张家各支的男人都要先到家堂前磕头祭祖，这是老二张起鹏在给祖宗磕头/于学斌 摄/2016年

正月期间，出嫁的姑娘都要和丈夫一起回娘家，但是哪天回来各家有所不同，具体哪天主要看娘家哪天送神，因为按照民间禁忌，姑爷不能看到岳父家老祖宗，所以只能等到送神、撤了家堂以后才能到岳父家。但是各家撤家堂的时间有所不同，多数家庭初一就送神，所以多数家庭闺女回娘家的时间是正月初

二。但是有的家庭在正月初三，还有的在正月初五，张起鹏家更晚，正月十六才撤家堂。现在也没有这些说法了，有的女儿就在娘家过年，有的初一就回来了。

从前，新婚夫妇回门要拿"四合礼"，就像二人转"双回门"里唱的，要带"槽子糕上八件儿"。所谓的"八件"通常是指两瓶酒、二斤果子、二斤白糖或者糖块、两瓶罐头等物，原则是凑够四样，一共八件。现在，仍然沿袭这一传统，只不过八件的品种已经改变了，一般为酒、水果、补品，四样八件。伪满洲国时期有装糕点的果匣子，该匣子是木制的，非常精致，类似于现在的礼品盒，姑爷给岳父岳母送礼所带的礼物都装在匣子里，这是过去最为讲究的礼品盒。这种果匣子到20世纪60年代中叶就没有了，以后商店里出现了专门用来包装食品的大黄纸，把果子整齐码好，用纸绳系好，有时最上面还放有一带图案的纸，上面一般写有"精制糕点""高级糕点"等字样。

新婚夫妇在结婚头一年都要到亲属家拜年，尤其像姑姑家、舅舅家这些近亲属必须去拜年，这叫串新门子。到谁家拜年，谁家都要留下吃饭，走时还要给新婚夫妇钱作为回礼，具体给多少钱完全看双方的亲疏远近。

正月初三是出行的日子，这天车马可以动了，即便不需要出车，也要象征性出车，要选择一个吉利的方向出车，出车时还要燃放鞭炮，有的家庭就把鞭炮挂车后面，一边走一边放，直走出百步开外。在初三以前车马不能动。

杨雨文说，他小时候，村里有个小庙，是土地庙，正月初五之前，每天必须给庙里送一遍香。[1]

过年期间的娱乐游戏活动很多，小男孩抽冰嘎、弹溜溜、扇啪叽、打串儿、剋炸。小姑娘踢毽子、玩嘎拉哈。欻嘎拉哈最为普遍也最受欢迎，

---

1. 被访谈人：杨雨文；访谈时间：2016年2月2日；访谈地点：孟家乡孟家村杨雨文、翟淑青夫妇家。

羊嘎拉哈都被染成绿的红的等颜色，翟淑青说："以前女的都成天成天欻，成宿成宿欻。"[1] 弹溜溜是非常流行的一种游戏，溜溜就是玻璃球，有白色的，有花瓣杂色的。将一个玻璃球握在手中，手背枕着地面，用大拇指弹出去，以击中另一个远处的玻璃球或者准确地弹入先前设置的坑为胜。不择场地，随时随地都可以玩。扇啪叽是男孩经常玩的一种游戏，在地上、炕上都能玩，玩具是用纸不断地呈三角形折叠而成的，叠好的玩具呈方形，每次玩具是两个，一大一小，玩的时候，一个啪叽扣在地上，手持另一个啪叽使劲砸地面上的啪叽，以能将地面上的啪叽扇翻转为胜，至今张起鹏和张起栋仍然会叠这种玩具。剋炸又叫"剋铅字儿"，玩具是一个铅砣子，铅砣子目前已经看不到了，根据张起鹏和张起栋哥俩的描述，铅砣子为圆形，上边微凸，下边微凹，小饭碗口般大小。玩的时候临时定规则，基本的玩法是，用小棍儿或硬币等东西在地面画一个方城或圆城。参与玩的人每个人拿出同样数量的硬币放在城中，硬币壹分、贰分、伍分不等。在距城的远处画一条横线，叫"杠儿"。参赛的人站在城边将铅砣子投向"杠儿"，距离杠儿最近的砣子主人先执铅砣子在杠儿处往城内扔铅砣子，尽量多击出钱币，如果击出钱币，则继续击打，如果没有击出钱币，则轮到次近杠儿的人持砣子击币。如果第一轮轮完了，城内仍然有钱币，则从第一个击币者开始依次扔砣子，直到城内钱币都被击出为止。谁击出的硬币归谁所有，所以也属于一种赌博形式。第一次决定谁先击币扔砣子时，砣子不能投过了"杠儿"，投过了杠儿叫作"臭了"，超过越远，击币次序越靠后。往外击打城中的硬币时脚不能踩"杠儿"，踩线是犯规，犯规者成绩无效，击出的钱币要重新放回城里。击币时，如果砣子落入城内，叫"烧死"，主人要往城里加钱币。钱币全部被击出，一局比赛结束。打串儿的玩法是，一根木杆架在10厘米多高

---

[1] 被访谈人：翟淑青；访谈时间：2016年2月2日；访谈地点：孟家乡孟家村杨雨文、翟淑青夫妇家。

的土块上，木杆上架放一排酱秆，参加游戏的人在远处持秫秸往酱秆这里射，若是秫秸从木杆穿过将木杆射走，酱秆落地则为赢。

过年期间小孩是最活跃的，小孩子都会在外边玩，放小鞭，手里拿着罐头瓶子做成的小灯笼到处跑，走东家串西家。大家还互相比谁的灯笼好看。

现在，孩子们都怕冻感冒，很少有出来玩的了。家家都有电视，看春节联欢晚会以及其他的电视节目成为主要的消遣方式。最新的娱乐方式是抢红包、摇一摇（手机）。2016年春节期间，中央电视台和支付宝合作发起的摇手机，能摇到五个福字便能得到奖金。这些活动无论老少都参与，2016年2月8日大年初一早晨，笔者在张起栋家看到，大家见面，抢红包、摇一摇这些活动成为人们的谈资。

从前生产队时期，从大年初一到正月十五都有秧歌队，由生产队给烟给钱，既在各生产队的大院里扭秧歌，也沿街扭，老百姓尤其是小孩紧随其后看热闹。

以前有说书的，杨淑洁说，过去这里有个刘瞎子（记不得叫什么名字了，因为是盲人，所以人们都叫其刘瞎子）会讲大书，每年都把他请来讲大书，然后各家收粮食给他[1]。许淑艳也回忆说，20世纪六七十年代，大队花钱或者出粮食请人说书，老百姓白听。家里老人也给孩子们讲瞎话。许淑艳还依稀记得有关黑妖洞的故事[2]。这就是那时候过年的娱乐。

正月初五要"破五"

正月初五俗称"破五"。我们的调查对象都不太清楚为什么叫"破五"，但是都说过了正月初五，年就算过完了。初五这天早上必须吃饺子，

---

1. 被访谈人：杨淑洁；访谈时间：2016年2月2日；访谈地点：孟家乡孟家村杨雨文、翟淑青夫妇家。
2. 被访谈人：许淑艳；访谈时间：2016年2月2日；访谈地点：孟家乡孟家村杨雨文、翟淑青夫妇家。

吃饭前一定要放鞭炮。

从年三十到正月初五期间,讲究很多,禁忌很多。这些禁忌有,不能做针线活,不能说关于死活的话。扫地、扫炕都要往里扫,如此则金银财宝全都往里来,即便年午黑天鞭炮皮也不能收拾。还讲究不能吃牛、马肉,也不能吃鹅肉,因为鹅和牛、马一样属于大牲畜,过年期间不能吃大牲畜,吃大牲畜不吉利,因为大牲畜是生产工具,是丰收的保证,所以在过年的时候人们也希望牲畜平安。

过完初五,禁忌解除,用杨雨文的说法就是"这天开始就随便了"[1]。可以往外扔垃圾、倒灰,可以做针线活了。初五这天,就算没有针线活,也得特意找点针线活来做。据张起鹏讲,小的时候他们家过年这几天,不能吃剩下的饭菜,过完初五就开始"打扫"过年这几天的剩菜,剩菜都吃完了之后就开始恢复吃平常的饭菜。[2]

正月初六是放水的日子,也就是说,到了正月初六才可以洗衣服,才可以往外面泼掉洗衣服的脏水(农村没有下水道,脏水都是倒在院子外面的地面上或者排水沟里)。

农历正月初七、十七、二十七过"人日"

在孟家村有这样的俗语:一鸡,二鸭,猫三,狗四,猪五,羊六,人七,马八,果九,菜十。说的是从正月初一到正月初十这十天,各有一动植物为其所主,正月初一是鸡的日子,初二是鸭的日子,初三是猫的日子,初四是狗的日子,初五是猪的日子,初六是羊的日子,初七是人的日子,初八是马的日子,初九是水果的日子,初十是蔬菜的日子。在这十天内都要观测

---

1. 被访谈人:杨雨文;访谈时间:2016年2月2日;访谈地点:孟家乡孟家村杨雨文、翟淑青夫妇家。
2. 被访谈人:张起鹏;访谈时间:2016年2月7日;访谈地点:孟家乡孟家村张起鹏家。

天气，哪天的天气好，就说明来年（新的一年）对应的物种就兴旺，比如，正月初五是个大晴天，大家就会说，"今年收猪啊"，意思是养猪，猪可以长得好。

在各种日子中，人们最为重视的是"人日"，初七、十七、二十七是人日。正月初七是小孩的日子，正月十七是中年人的日子，正月二十七是老人的日子。在这三天都要吃面条，要用面条把人的腿捆住、缠住，如此则小孩好养活，中年人健康，老年人长寿。在吃面条之前要先挑选一根最长的面条挂在屋里的幔帐杆儿上或者衣服绳子上，取"长寿"之意。

每到人期日，孙淑文都要做面条，有时候自己擀面条，张起鹏负责擀，孙淑文负责切；有时候买"水面"，也就是机切的刀切面。

农历正月十五过元宵节

正月十五孟家村过元宵节，也叫灯花节，一般都叫正月十五，也叫过十五。在这一天，通常吃元宵。孙淑文说，小时候元宵都是自己家里"滚"，用江米在大笸箩里滚，在滚动中豆馅或者糖馅就被江米面包裹住，便成为元宵。[1] 现在多买现成的元宵。元宵可以煮着吃，也可以炸着吃。如果没有元宵也可以吃炸豆包，许淑艳说，小时候家里条件不好，吃不上元宵，就吃炸豆包。[2]

正月十五除了吃而外，还有许多仪式化的活动，孙淑文说："小时候，过正月十五可隆重了。"这一天晚上室内外通宵点灯。

正月十五这天最重要的事就是"送灯"，即到坟地给家中去世的人送一盏灯。正月十五这天，家里所有的男子都要去送灯，女人不去。孙淑文讲，她小时候的灯用面做个灯碗，在锅里蒸熟之后，里面装满豆油，再放个捻。

---

1. 被访谈人：张起鹏；访谈时间：2016年2月7日；访谈地点：孟家乡孟家村张起鹏家。
2. 被访谈人：许淑艳；访谈时间：2016年1月17日；访谈地点：孟家乡孟家村许淑艳家。

▲ 正月十五，张起鹏家/于学斌 摄/2016年

还送过冰灯，冰灯都是自己做的，用水桶（软胶皮的）装满水，放到外面冻上，在还没有完全冻实的时候，拿到屋里敲碎上面的部分，把里面没冻上的水倒出来，把周壁上的冰整体倒出来便是灯罩，里面放上蜡烛，冰灯就做成了，一人抱一个，由于太沉，抱着费劲，后来就没人送冰灯了。[1] 送灯的蜡烛不能是整根蜡烛，送整根蜡烛不好，家中容易出光棍（就是男人娶不上媳妇），因此要把蜡烛截成两半，如此则成双了。从前的蜡烛比较长，就从中间截，点燃一半就行。现在的蜡烛太短，为了能多燃烧一会儿，就在蜡烛根部截一小段。现在，虽然市场上也能买到现成的塑料灯，用电池和灯泡照亮，许多家就送塑料灯，但是张家人认为还是自己手糊的、点蜡烛的灯好看，到了晚上，从远处看更红。正月十五为什么要送灯呢？孙淑文的妯娌刘建华

---

1. 被访谈人：孙淑文；访谈时间：2015年3月5日；访谈地点：孟家乡孟家村张起鹏、孙淑文夫妇家。

说:"过去老人说,今天是鬼抓虱子的日子,送灯是给鬼照亮抓虱子。"孙淑文补充说:"从前,没有香皂、肥皂,只有猪胰子,洗不干净衣服,时间久了,人身上就会生虱子。按照过去的说法送灯就是给老祖宗照亮,点着灯好让他们抓虱子。"[1]送灯的时候,还要在坟地放鞭炮。从前条件不好,只放鞭炮,不放礼花。现在条件好了,既放鞭炮,也放礼花。晚上的时候,往坟地方向看,灯火通明。谁家的祖坟前的灯亮得好,谁家的后代就昌盛。

晚上太阳落山以后,有撒灯习俗。在院子里、房前屋后、仓房门口、犄角旮旯、门前大道两侧都要撒灯,许淑艳说,往犄角旮旯撒灯的作用是"防止招贼"[2]。从前,是用锯末子(碎木屑),现在很难弄到锯末子,就用苞米瓢子(去掉米粒之后的玉米棒)拌以柴油、汽油,如果没有柴油汽油就用粮油代替,在家大门口,沿街撒上一长溜小火堆,火溜越长越好。现在有的人家用车胎剪碎或者将整个轮胎浇上柴油点燃。

十五晚上到冰上打滚,叫"滚冰","冰"和"病"同音,通过在冰上打滚,让身上的病都滚走,保佑一年健康没病。过去孟家村没有自来水,村子中只有四口公用的辘轳井,吃水都到公共的大井打水,冬天,打水时淋水使井沿结有厚厚的一层冰。翟淑青解释说:"滚冰是滚运气,运气不好一咕噜就咕噜出去了。"十五晚上到井沿上,从冰面的高坡往下滚,翟淑青回忆说:"小时候,就躺井沿(冰面)上,叽里咕噜往下滚。"[3]正月十五这天人们也挑选干净的冰块啃两口。小孩们都到井边刨块冰,滚完冰就从井沿儿把冰带回家。把冰砸碎,放到鸡窝里、猪圈里,放冰就如同放一块元宝,意谓新的一年"得鸡崽,得猪崽"。这些习俗现在

---

1. 被访谈人:刘建华、孙淑文;访谈时间:2015年3月5日;访谈地点:孟家乡孟家村张起鹏、孙淑文夫妇家。
2. 被访谈人:许淑艳;访谈时间:2016年1月17日;访谈地点:孟家乡孟家村许淑艳家。
3. 被访谈人:翟淑青;访谈时间:2016年2月2日;访谈地点:孟家乡孟家村杨雨文、翟淑青夫妇家。

都见不到踪影了。

正月十五的晚上要到外面散步,谓之"走百步",此举能够去除百病。80多岁的杨淑洁和翟淑青在小的时候都出去走过。目前已经没有这一习俗了。

孟家村新出嫁的姑娘正月十五的时候不能看到娘家的灯和婆家的灯,所以十五这天她要到亲属家住一晚上,这一习俗叫"躲灯"。

以前正月十五的晚上还要"破闷儿",就是猜谜语、猜字谜。孙淑文给我们出了经常给她孙女出的谜语:"远看山有色,近听水无声。春去花还在,人来鸟不惊",谜底是"画"。杨淑洁给我们出了个谜语:"整个纸蛋扔西院,去人去媳妇崩稀烂",谜底是"鞭炮"。

2015年农历正月十五张起鹏家元宵节送灯和撒灯

2015年3月5日,农历正月十五,调查组跟随张家人一起到坟地送灯。张起鹏家族有两块坟地,一块是老坟地,位于村北约3里地,埋葬的是老祖、曾祖、祖父、父辈,共六座坟,这里原来是荒地,后来开垦变成了农田。因为老坟范围很小,旁边是大路,风水先生说离大路太近不好,所以选了新坟址。新坟地位于村子西南的自家农田里,埋葬的是父辈和同辈,共四座坟。在十五

▼ 塑料桶去底去口、外糊以红纸便是灯笼罩/于学斌 摄/2015年

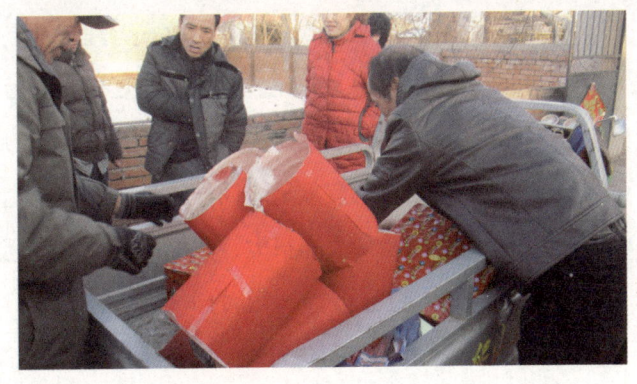

▼ 所有的上坟的祭品都用这台三轮摩托载运/于学斌 摄/2015年

▲ 傍晚，张起鹏家族男人前往坟地送灯／于学斌 摄／2015年

的晚上每座坟都要送一盏灯，所以张家要送十盏灯。灯笼都是由老八张起志（53岁）制作的，他是一位老师，每年的灯笼都由他制作，制作的方法较为简单，就是将装酒的塑料桶两头剪掉，外围糊以红纸，里面放蜡烛。太阳快要落山的时候张家兄弟几个以及他们的儿子十多人就会集到张起鹏家，一辆三轮摩托的后车斗内装着鞭炮、礼花、十盏灯、蜡烛。张起生的儿子张达鑫开着三轮摩托车，其他人步行到坟地。张家一家先给老坟地送灯，到了坟地之后，长辈在每个坟头前摆放一盏红灯，点燃灯笼里面的蜡烛。年轻一辈在坟旁燃放鞭炮、礼花。鞭炮礼花燃放完之后，全体送灯的人，在老大的倡议下，集体在坟头跪拜，老辈在前，晚辈在后，下跪、磕三个头，然后离开。到了新坟地后重复着同样的仪式。在路上我们看到有的坟地前燃着的是一个汽车轮胎，火光很大，浓烟滚滚，这是近年送灯出现的新现象。

正月十五白天，街上的车很多，出租车司机、张起鹏、孙淑文告诉调查组，这是去公墓送灯的。这是国家禁止土葬以后出现的习俗，现在有很多家庭没有坟地,而把骨灰盒存放在公共墓地里。去公共墓地送灯必须早点去,否则都赶在晚上去的话,车会把路挤得水泄不通,根本无法行走。有的家庭上午就到公共墓地把灯送完了。

▲ 转移到新坟地时,天色已晚,在坟地燃放的烟火格外耀眼/于学斌 摄/2015年

2015年正月十五这天,张家从坟地回来,天完全黑了,整个孟家村家家院子里红灯高挂,有的只挂红灯,有的家庭在门窗之上挂着五颜六色的串灯,整个村庄亮堂堂的,充满了过节气氛。有的家庭的撒灯活动已经结束,依然能见到他们门前有成堆的灯火。张起栋回到家后找了一个大铁盆,里面装进玉米瓢子,拌以柴油,点燃,在院子外面大门前东西两侧路旁,撒上一堆堆的火,长长的一串。与此同时,燃放一挂长长的鞭炮。全家人在一

▲ 有的家庭送灯在坟头前燃起了脚轮车胎,浓烟滚滚/于学斌 摄/2015年

▲ 张起栋送完灯之后,回到家里撒灯,用玉米瓢子拌以柴油,点燃之后,撒在门前的两侧/于学斌 摄/2015年

旁驻足观看。

正月二十五填仓日

正月二十五是填仓节，填仓节又叫"龙封日"。2016年3月3日，正月二十五，孙淑文和面、烙饼，老两口早饭吃的是卷饼，炒土豆丝、绿豆芽做卷料。吃卷饼是填仓日的饮食习俗，孙淑文家每年的填仓节都要吃卷饼，吃卷饼的意思是给粮仓盖盖。所谓"仓"就是装粮食的房屋，每家劳动一年都希望粮食满仓，粮食满仓是富足的标志，就意味着不愁吃，有嚼咕，有好吃的。孙淑文说，小时候，这天很隆重，在院子中用草木灰或谷糠也有用白面或者大枣画圆圈，象征粮仓，在圆圈内部放谷子、高粱等粮食作物，标志粮食满仓。[1]

如今，各家仍然过填仓节，只不过没有添仓仪式了，依然保持吃饼的习俗，多数吃卷饼，也有吃糖饼、油饼的，经常有人吃饼的时候会打趣地说："粮食没放粮仓子里就盖上盖儿了。"

二月初二龙抬头

二月初二是龙抬头的日子，这一天尽管不是大节，但是孟家村的各个家庭都非常重视。这天要吃猪头肉，年前杀的年猪的猪头一定留到二月二龙抬头这天吃。这天从早晨就开始忙，燎猪头是最费工夫的事，首先前一天刨出猪头、猪蹄子，化冻，叫"缓开"或者"缓（huān）肉"，二月二一早就架起火堆燎猪头、猪手，将上面的毛用火烧掉，之后放在水里泡，用镊子、刀之类的工具刮、剔除隐蔽处的毛。弄干净之后在锅里烀。猪舌头有个部位叫"巧舌"，这块肉要给家中的女孩吃，吃了巧舌的女孩会手巧，以此

---

[1]. 被访谈人：孙淑文；访谈时间，2016年3月3日；访谈地点：孟家乡孟家村张起鹏、孙淑文夫妇家。

祈盼女儿长大以后心灵手巧。猪脑里有块骨头叫"精儿",老人要把这块骨头给孩子拴在身上,据说能预防小孩受惊吓。2016年3月10日,农历二月初二,张起鹏、孙淑文夫妇俩晚上吃猪头肉,不过他们俩吃的猪头肉是叔伯弟弟张起生送的,张起生家杀了年猪,给张起鹏家送了不少猪头肉。

  过去,二月二一早,用草木灰或者谷糠从井沿撒到自家院子当中,叫撒龙,即引龙回家。二月二要擀面条给小孩吃。挑选最长的一根熟的面条搭在屋里的幔帐杆儿上或者晾衣服绳子上,据说这样可以保佑小孩健康成长。大人、小孩在这天都要洗头、剪头。整个正月禁止剪头,因为人们认为"正月剪头妨(读作fāng)舅舅",即正月剪头对自己的舅舅不吉利。现在则基本上没人顾忌这些禁忌了,许淑艳说:"以前正月真不剃头,他宁可长长了也不剃。现在谁讲究这个,谁管他妨不妨啊。"[1]小孩都要戴"龙尾儿",过去,大人都给自己孩子做龙尾,孙淑文说:"我们家孩子小的时候都戴龙尾,都是我给做的。"[2]用最细的小酱秆,筷子般粗细,切成约1寸长的小段,把五颜六色的布剪成圆形,圆布片的样子、大小同过去的大钱差不多。在一条绳子上穿一块圆布,穿一段酱秆,再穿一块圆布,穿一个酱秆,依次穿成一串。在上面还有一个小盖帘,下面坠以布穗子。给小孩系在肩膀上,以求保护孩子平安。现在每逢二月二仍然保持系龙尾的习俗,2016年3月10日的龙抬头日,张起生的孙女就戴了龙尾,所戴的龙尾是在市场上买的现成的。不过现在戴龙尾的人很少了。

  二月二这天,不能动针线,也就是不能做针线活,许淑艳的解释是,动针线会扎到龙头,自己会脑袋痛[3]。杨淑洁的解释是,这天针线会扎龙

---

1. 被访谈人:许淑艳;访谈时间:2016年1月17日;访谈地点:孟家乡孟家村许淑艳家。
2. 被访谈人:孙淑文;访谈时间:2016年3月10日;访谈地点:孟家乡孟家村张起鹏、孙淑文夫妇家。
3. 被访谈人:许淑艳;访谈时间:2016年1月17日;访谈地点:孟家乡孟家村许淑艳家。

眼。二月二这天禁止出车,不然会轧龙头[1]。

二月二以后,春节的一切礼仪性活动就结束了,也标志着新的一年的紧张劳动开始了。

三、结语

孟家村是一个以汉族为主体的自然村,村民都是当年闯关东的关内人的后代,保持有较为浓厚的传统文化色彩。

春节是孟家村的大节,每年都隆隆重重、热热闹闹地过。无论过去还是现在,每家都非常重视过春节,把过年视为一年中最重要的大事。

过去,孟家村的春节充满了神秘色彩,春节是各种神灵集中供奉的时候,也是集中祭祀的时期,人们通过各种活动贿神、娱神,希望通过祭祀神灵而得到神灵的保护。然而20世纪六七十年代,这一充满着神秘色彩的节日被一场政治风暴结束了它的发展轨迹,在这场运动中,普遍供奉的家谱、灶王爷、财神、门神等神像被没收,各家供奉神灵的行为被禁止,80年代以后才有所恢复。

过去说道多、讲究多,这是村民回忆的时候经常说的一句话,这些说道、讲究就是我们所说的礼仪、礼节及生活禁忌。而如今这些礼仪礼节和生活禁忌逐渐从生活中消失,如守岁、语言禁忌、行为禁忌等也少有人坚守保持了。

由于现代媒体的发展,传统的娱乐项目所剩无几,如讲书、讲瞎话、说大书等文化项目见不到了。广受老少女人欢迎的欻嘎拉哈消失了,还有其他

---

1. 被访谈人:杨淑洁;访谈时间:2016年2月2日;访谈地点:孟家乡孟家村杨雨文、翟淑青夫妇家。

一些娱乐游戏项目都没有了。现在能见到的娱乐方式就是打麻将和看电视。同时我们也看到，随着社会发展，孟家村过年也增加了许多具有时代特点的内容，如春节期间抢红包、微信拜年、QQ拜年、观看春节联欢晚会等。

春节唯一永恒不变的主题就是团圆，每到过年的时候，人们无论身处何地都要赶回家里同家人团聚。

附表：**本文中出现的访谈对象信息一览表**

姓名	性别	出生年	身份
许淑艳	女	1955年	农民，家务
杨雨文	男	1931年	同翟淑青是夫妻
翟淑青	女	1936年	杨雨文妻子
杨淑洁	女	1935年	农民
孙淑文	女	1953年	同张起鹏是夫妻
张起鹏	男	1981年	孙淑文丈夫
刘建华	女	1964年	张起鹏的弟媳
张宝成	男	1965年	农民，在外承包工程
刘丽	女	1965年	张宝成妻子
张起栋	男	1968年	张起鹏弟弟
李淑梅	女	1969年	张起栋妻子

2015年五常市拉林镇和红旗乡满族春节习俗调查报告

于学斌　王威

五常市是屯垦满族的主要聚居地之一。2015年调查组对五常市京旗满族的过年习俗进行了调查，以拉林满族镇（本文简称拉林镇）满族为主要调查对象，同时辐射附近的红旗满族乡（本文简称红旗乡）孤家子村，孤家子村距离拉林镇仅5千米远。调查得到了拉林满族镇镇长吴世明、文化站站长张晓华的大力支持，张晓华站长全程陪同。

一、前言

满族是中华民族大家庭中的一员，满族所建立的清朝统治中国270余年，满族也因此分布范围非常广。满族研究专家赵展在其文章中将遍布全国的满族分为四种社会群体，他们是：留守群体，即未进关的满族；驻防群体，即进关的满族；留守与驻防相结合的群体，即从北京调回到辽宁的满洲八旗兵与少数留守人员混住在一起而形成的群体；屯垦群体，即为解决北京闲散旗人的生计问题而被动员到拉林、五常、双城和阿城等地屯垦的满族。[1]

黑龙江是满族的发祥地，也是满族的主要聚居区，按照赵展的满族群体划分，黑龙江满族分为两大群体，一部分是留守满族，我们通常用黑龙江

---

1. 赵展.论清代满族四种社会群体的形成[J].中央民族大学学报，2001(1)：66-74.

土话称其为"坐根儿满族",其分布范围非常广,哈尔滨、牡丹江、佳木斯、黑河、齐齐哈尔等地都是坐根儿满族的分布区。另一部分是屯垦满族,主要分布在哈尔滨市的双城、五常、阿城等地,是清朝乾隆年间从北京移民回迁的满族,因是从北京回迁,不仅讲话带有浓厚的京腔,而且文化上也有北京的特色,所以这部分满族又被称为京旗满族。

二、拉林镇和红旗乡概况

五常市位于黑龙江省南部,拉林河上游。北依哈尔滨市阿城区,东、东南与尚志市、海林市和吉林省敦化市毗邻,南、西南与吉林省舒兰市、榆树市接壤,西北与哈尔滨市双城区相连。全县总面积7512平方千米。全县共辖11个镇、17个乡,其中民族乡(镇)6个。拉林镇和红旗乡是6个民族乡镇中的其中两个,两个乡镇毗邻,位于五常市以北,哈尔滨以南50千米,是满族的主要聚居区。

拉林镇距今有900多年历史,拉林一词源自满语,"爽快"的意思。建于辽金时期,1694年康熙在此设立官仓,俗称"拉林仓",1913年拉林为双城县第八区,1947年为拉林县,1956年拉林县与五常县合并后,改称拉林镇。2002年,双桥子满族乡撤销之后并入拉林满族镇。拉林镇南北长24.5千米,东西13.9千米,总面积156平方千米,耕地面积167377亩。拉林镇是多民族地区,有满族、汉族、回族、朝鲜族、壮族、蒙古族、锡伯族7个民族,总人口6万人,其中满族人口约占总人口的60%。

红旗乡位于拉林河右岸,乡政府驻地是后蓝旗村,清乾隆七年(1742)隶属拉林阿勒楚喀副都统管辖,清光绪八年(1882)隶属双城厅拉林分防巡检管辖,清末改隶双城府管辖。中华民国成立后,和拉林同为双城县第八区。东北沦陷后期,隶属爱邻村。1945年"九三"抗日战争胜利后,隶属双城县双东区。1947年，划归新设置的拉林县，隶属第四区。1956年3月，撤销拉林县并入五常县，在撤区划乡中，分设前红、前蓝、东城子3个乡，1958年秋，合并成立红旗人民公社。1984年2月，改为红旗乡。1990年2月，改为红旗满族乡。红旗满族乡行政区划面积209平方千米，全乡12个行政村，67个自然屯，11082多户，总人口43247人，满族人口占全乡总人口的33%。

拉林镇和红旗乡属拉林河冲积平原，黑土层厚，土壤肥沃。以农为主，主要农作物有玉米、大豆、高粱、水稻和葵花子、烤烟等，是著名的水稻之乡。

两个乡都是屯垦满族之乡，满族在这里辛勤劳作，创造了独具特色的"京旗满族文化"。

三、满族的春节习俗

满族过春节从腊八开始，经过二十三小年、大年三十、除夕、正月初一、正月初五、正月十五、二月初二等节序而完成整个节日活动。节日内容丰富多彩，既有和汉族春节习俗相同的内容，也有满族尤其是京旗满族独有的特色。

腊八

腊月初八是京旗满族的腊八节，满族一直重视过腊八。

腊月初八的主要习俗是喝腊八粥，早年用小黄米熬黏粥，五常市盛产红黏谷，红黏谷去壳后便是小黄米，小黄米粒大乌黄。后来传入糜子，据苏国发回忆，糜子传入满族的时间约在20世纪50年代。[1] 糜子去壳之后叫黄米或者大黄米，黄米的黏度远胜于小黄米，更受满族喜爱，自此以后，满族开始用黄米熬粥。有的家庭用单一的黄米熬粥，有的家庭嫌黄米太黏而在熬粥时掺以小米或者小黄米。黄米饭里通常放芸豆，20世纪六七十年代有大枣后个别家庭在饭里放大枣，不过仅有少数家庭有这个条件。生活条件好的、比较讲究的家庭所做的腊八粥所用材料较为丰富，要凑够八样米，除了大黄米、小黄米外还要放苞米馇子、高粱米、小米、江米、芸豆、小豆、绿豆。1929年出生的何瑞珍经历过不同的历史发展阶段，他家解放前经济状况一直较好，他说，从解放前开始一直都做腊八粥，一直坚持凑够八样米熬腊八粥。[2] 现在，各家仍然在腊月初八这天吃腊八粥，但是由于没有黄米，所以做腊八粥的材料有所变化，有的家庭用小黄米做黏粥，有的家庭用糯米（当地人称之为黏大米或者江米）熬粥，可以选择的配料更多，根据口味，里面可以放大枣、果脯、花生等。也有的家庭在商店买配置好的粥料回家熬粥。

腊八这天是早上吃腊八粥还是晚上吃腊八粥因家庭而异，苏国发家腊八这天早晨吃饺子，晚上煮腊八粥。赵亚平家早饭必须吃腊八粥，赵亚平说，腊八这天每家都早早起来熬粥，这一天谁家起得早、谁家的烟囱先冒烟，谁家就吉祥。过去，做完的腊八粥在吃饭之前先给院子里的鸡架、狗窝、下屋（仓房）等建筑的门上抹点，意谓吉祥。[3]

过去，吃腊八粥时一般根据个人口味，在饭碗的粥里拌以猪油、白糖，也有拌以肉酱的，腊八粥因此会更为香甜可口。苏国发说，过去生活困难，吃不到什么东西，"我小时候能吃黄米饭，里面能加上点儿荤油，加点

---

1. 被访谈人：苏国发；访谈时间：2015年1月16日；访谈地点：五常市拉林满族镇北土村苏国发家。
2. 被访谈人：何瑞珍；访谈时间：2015年1月15日；访谈地点：五常市拉林满族镇何瑞珍家。
3. 被访谈人：赵亚平；访谈时间：2015年2月17日；访谈地点：五常市拉林满族镇后黄旗村付万林、赵亚平夫妇家。

儿白糖，那是相当不错（的生活水平）了。别的还能加啥，没啥加的了。买也买不起，再者有的你也买不着。""粥里拌一勺儿油，一搅和，特别香。"[1]现在吃腊八粥时则没有拌荤油的了。

  为什么吃腊八粥，多数人给出的说法和苏国发一样："祖上流传下来的，不知道为啥。"何玉凯讲述的理由是："腊八这天吃腊八粥是因为老罕王努尔哈赤吃黏米饭把米粘在了身上，引来乌鸦落在身上吃食，于是躲过追杀，才有了后来的大清朝，所以到了这一天家家户户都吃黏米饭。"[2]赵亚平认为早晨吃腊八粥的理由是："这一天是韩湘子出家的日子，韩湘子早晨吃完早饭离开家，他妈妈知道孩子走了以后就再也不能回来了，所以用好多样米给孩子准备饭。"[3]

  何玉凯家族还有一个特殊的习俗，腊八这天聚到族长家吃火锅。家族里的老辈们一般都会到族长家座谈，聊一聊一年所发生的事情和春节家族里祭祀的事情。席间所有的吃喝都是族里人从各家各户带过来的。这种习惯一直保留着。这种习俗仅限于何玉凯家，其他家庭没有这一习俗，旧时一般家庭吃不起火锅。

  腊八是春节的"序曲"，从这天开始就进入忙年的生活程序。北土村苏国发说了一句过去广泛流行的顺口溜："小孩小孩你别馋，过了腊八就是年。"[4]这段顺口溜说明腊八是个转折点，从这天开始就要准备年嚼咕了，随着日子的推移年味儿越来越浓。忙年这一提法是非常恰当的，付万林说：

---

1. 被访谈人：苏国发；访谈时间：2015年1月16日；访谈地点：五常市拉林满族镇北土村苏国发家。
2. 被访谈人：何玉凯；访谈时间：2015年1月17日；访谈地点：五常市红旗满族乡孤家子村何玉凯家。
3. 被访谈人：赵亚平；访谈时间：2015年2月17日；访谈地点：五常市拉林满族镇后黄旗村付万林、赵亚平夫妇家。
4. 被访谈人：苏国发；访谈时间：2015年1月16日；访谈地点：五常市拉林满族镇北土村苏国发家。

"那时候，过年累啊，忙啊，一个是自己用缝纫机缝衣服，再一个是糊棚。再一个是轧黄米面。"[1]

何瑞珍说："解放前，过了腊八开始杀年猪。"[2] 杀年猪是家里的大事，每年过年家家都要杀头年猪，一般一家杀一头猪，经济条件好的家庭杀两头猪。在20世纪80年代以前的计划经济时代，由于每年有上缴生猪任务，无力养猪的家庭往往选择合伙杀猪，两家各养一头猪，上缴一头，杀一头，杀了猪之后两家平分猪肉，这样既完成了国家任务，又有肉吃。杀年猪时都要请客吃杀猪菜，这是京旗满族一直坚持的传统，这顿大餐以肉为主，辅以猪的肠、肚、心、肝、肺等内脏，血肠是必不可少的。佛世国说："杀猪菜所用的猪肉比较挑剔，必须是五花二刀肉。"[3] 所谓"五花二刀肉"，就是顺着肚皮割第二刀肉，这块肉肥瘦相间，适合做炖菜，用这块肉做的杀猪菜不仅肉香、肥腻恰到好处，而且用其烩出的酸菜既香且滑溜适口。切好的大块肉在上桌前要先用酸菜汤浇，直到感到肉热了，不浇汤的肉不好吃。剩余的猪肉按照方位分割成整齐的若干块，浇上水，挂上冰腊，防止风干，或者放在外面挖好的坑里，或者放在用冰块制作的冰槽子里（一般到江里和井沿取冰），然后再烧水挂上冰腊，用雪或者冰块封上坑，直到过年时才挖出。

现在，杀年猪的时间提前了，一般下过第一场雪之后就陆续杀年猪了。仍然会请亲戚朋友吃肉，不过菜品不光是猪肉、猪下水、酸菜了，往往要做很多炒菜。

年前要包冻饺子，一般在腊月十五前后开始包，这个传统一直延续，不过，现在包冻饺子的时间提前了，上冻之后就开始包冻饺子。2015年1月

---

1. 被访谈人：付万林；访谈时间：2015年2月17日；访谈地点：五常市拉林满族镇后黄旗村付万林、赵亚平夫妇家。
2. 被访谈人：何瑞珍；访谈时间：2015年1月15日；访谈地点：五常市拉林满族镇何瑞珍家。
3. 被访谈人：佛世国；访谈时间：2015年2月17日；访谈地点：五常市拉林满族镇后黄旗村佛世国家。

▲ 徐跃书家包冻饺子。徐跃书为红旗满族乡满族联谊会会长/焦芳梅 摄/2015年

16日（农历十一月二十六）当调查组来到苏国发家的时候，他告诉我们："有的家庭第一轮包的饺子已经吃完了，开始包第二轮饺子了。"[1] 2015年2月11日，红旗乡孤家子村徐跃书家在小年这天包冻饺子，这是入冬以来第二次包冻饺子，四个男人围着一个方桌揉面、揪剂子、擀皮，另一个方形地桌周围坐着四个妇女在包饺子，他们都是徐跃书的亲戚和邻居。这是满族的习惯，每到包冻饺子时，亲戚、朋友、邻居都过来帮忙，边包饺子边聊家常，过去也会在这个场合讲故事、说瞎话儿。徐跃书的儿子传递饺子皮，不时坐在地桌旁包几个饺子。包好的饺子码在盖帘上，每摆满一盖帘，徐跃书的儿子就拿到外面冷冻，待冻实以后，装在袋子里或者倒进缸里。过去，饺子馅一般是肉馅、酸菜馅、白菜馅、芹菜馅、冻萝卜馅，20世纪50年代的时候这里的满族还吃过豆腐馅儿饺子。这里的满族有一种冬储芹菜的方法，八月节以后，把芹菜起出来，放在背阴处，在地面挖一深沟，然后将芹菜捆成

---

1. 被访谈人：苏国发；访谈时间：2015年1月16日；访谈地点：五常市拉林满族镇北土村苏国发家。

捆儿竖着立在深沟里，用土埋上，过年时将其挖出时芹菜仍然非常新鲜。如今，随着市场经济的发展，包饺子的馅儿可选的蔬菜越来越多，即便寒冬腊月也能在市场上买到各种新鲜的蔬菜，即便如此，农家冬天贮存冬芹菜的习惯仍然保留着。包完饺子之后，主人要做十个八个菜，大家吃一顿。包冻饺子的目的就是吃着省事，一进入冬天，没有任何农活，家家的主要活动就是玩，煮点冻饺子吃了之后接着玩，较为方便，给节日期间的玩耍节省了"非常宝贵"的时间。苏国发和付佳奇说："包完冻饺子，基本上早上都吃饺子，中午垫补点，也是煮点饺子，晚上整点大米饭，如果不愿意做饭，就再整点饺子。吃完就走了，出去找地方玩去了。"[1]现在出现了机器包饺子现象，2015年1月16日在北土村调查，这里已经有了几台擀饺子皮机器，据说还有人要买包饺子机器，如果有了机器，自然省事不少，不过却少了年的氛围。

　　过年蒸黏豆包和年糕也是重要的活动。过去蒸年干粮所用材料因家庭经济条件的好坏而有所不同，生活条件好的用大黄米面，生活条件相对不好的用小黄米面。豆馅为芸豆或者小豆。这些干粮蒸熟之后都放在外面冻上留到过年时吃。也用黄米面撒年糕，将秫秸帘子架在锅里，锅底烧水，均匀地往帘子上撒黄米面，撒一层面之后，放一层大芸豆，四五厘米厚的时候停止撒面，最后在上面撒一层豆子，然后盖上锅盖蒸。吃的时候切成片，蘸着白糖吃更好。蒸年干粮之前要轧黄米面，轧黄米面工序最多，也是最累的活，先要淘米，生产队时期全村就一个碾坊，一进冬月，家家开始磨米、磨面，所以要排队用碾坊，赶上什么时间就什么时间碾米，比如，上一家是凌晨1点用完碾坊，那么你必须马上接上。一旦轮到自家磨米，就没有了休息时间，一站就是一天或者一夜。现在黄米见不到了，都用黏大米（江米）面或

---

[1] 被访谈人：苏国发、付佳奇；访谈时间：2015年1月16日；访谈地点：五常市拉林满族镇北土村苏国发家。

者黏苞米面包豆包。除了蒸豆包外,过去,条件好的家庭也蒸白面馒头、白面豆包。现在,许多家庭图省事而到市场上买豆包和馒头,蒸干粮的家庭越来越少。

过去各种年干粮、饺子必须在小年之前包完。如果小年还没包完年干粮,那么只有一个原因,就是家里穷,没有粮食。过去有句俗话:"过二十三,穷汉子赶集",意思是穷汉子到腊月二十三才置办年货,即便再穷,过了二十三,借钱也要买点年货,包些肉馅饺子。

过去,水果十分稀缺,过年家里准备的水果都是冻梨、冻柿子和柿子饼。但是有的家庭过去穷买不起冻梨、冻柿子。现在即使生活条件好起来了,新鲜水果多了,但是过年吃冻梨、冻柿子和柿子饼的传统一直保留着。

年前每家都要捡一两板水豆腐,也要准备一些干豆腐,但是满族仅将其作为一般食品,没有特殊的含义。

鞭炮是每家必须准备的东西,年三十、正月初五之前的每顿饭前都要放炮仗,通过鞭炮声就知道谁家吃饭了。除夕半夜、正月十五晚上是集中燃放鞭炮、烟花的时间,此起彼伏。谁家放鞭炮多谁家好,大家都比着放,小

▼ 拉林满族镇年货市场／焦芳梅 摄／2015年

孩都在观察哪家放鞭炮、哪家鞭炮多、哪家鞭炮好，据说1997年春节后黄旗村放的鞭炮最多，因为这一年庄稼丰收了，大家都非常高兴。如果家有老人故去，则三年之内不能燃放鞭炮。

葵花子是过年期间必不可少的零食，不过不用购买，因为每年都自己种植葵花。

腊月二十三

腊月二十三是满族的小年，满族非常重视小年，苏国发认为小年就是过年了，他说："过了腊八就是年，这个年就是小年。"[1]

过去满族家家在灶台后面供奉灶王爷，灶王爷就是一张彩色的画纸，上面画两个人，一男一女，男的是灶王爷，女的是灶王奶奶，苏国发说："灶王爷叫张奎，灶王奶奶叫高兰英。"[2] 何瑞珍说："灶王爷本姓张。老大张先爷。张先爷和灶王爷一起常年供着。"不过他同时说，供奉张先爷的家庭很少[3]。一般在灶台上钉一块木板，灶王爷的画像就贴在木板的上方，灶王爷和灶王奶奶画像的两边写有一副对联："上天言好事，下界保平安"，横批是"一家之主"或"四季平安"。板上摆有香炉和灶糖等供品。灶王爷常年供奉，何玉凯说，供灶王爷是为了保证炉灶好烧。[4] 在灶王爷面前说话要谨慎，不能乱说话，否则会引起灶王爷的不满。赵亚萍讲了一个故事："有一家很穷，人特别老实，总被人欺负。后来这家孩子出息了，当官了。他妈得意忘形了，在堂屋（厨房）刷碗时，拿一把筷子，往锅沿上磕

---

1. 被访谈人：苏国发；访谈时间：2015年1月16日；访谈地点：五常市拉林满族镇北土村苏国发家。
2. 被访谈人：苏国发；访谈时间：2015年1月16日；访谈地点：五常市拉林满族镇北土村苏国发家。
3. 被访谈人：何瑞珍；访谈时间：2015年1月15日；访谈地点：五常市拉林满族镇何瑞珍家。
4. 被访谈人：何玉凯；访谈时间：2015年1月17日；访谈地点：五常市红旗满族乡孤家子村何玉凯家。

打,边磕打边说:'他妈的,看谁还敢欺负我!我儿子出息了,谁也欺负不了我了。'灶王爷见外了[1],最后她儿子的官没当成。"初一、十五都要祭拜灶王爷,仅烧香磕头。结婚或外出归来都要拜一下灶王爷,祭拜的方式是,拿着一个酒碗往灶王爷耳朵处倒酒,酒淋得桌子啪啪响,即表示神领了,俗称领声。

腊月二十三是灶王爷上天向玉皇大帝汇报人间情况的日子,家家都要举行祀灶仪式,祀灶仪式较为简单,就是把摆了一年的灶王爷像"请"下来烧掉。这一仪式有的家庭仅由男人来做,苏国发说:"祭灶的时候只有掌柜的参加,不让女人和孩子靠近。"[2] 有的家庭允许小孩参加。还有的家庭祀灶的时候,家里的长辈无论男女都要参加,何瑞珍、赵亚萍家均是如此。烧灶王爷纸之前,要面向灶王爷磕头,在供板上摆上灶糖作为供品,将灶糖掰下一小块,分别抹在灶王爷和灶王奶奶的嘴上,意思是上天后嘴甜点,只说好话不说坏话。烧灶王爷像的地点有的家庭在灶坑口前,有的家庭在烟囱根处。烧的时候掌柜的嘴里叨咕:"上天多说点好事,别说坏事。上天汇报去吧,给玉皇大帝汇报去吧。"祭灶结束后灶糖就可以分而食之了,1945年东北解放前灶糖有带馅儿的和不带馅儿的两种。

何时把灶王爷"请"回来,出现了不同的说法。第一种观点认为,腊月二十三这天烧完灶王爷像后当天晚上就把新灶王爷像贴上;第二种观点认为,腊月二十四贴新的灶王爷纸;第三种观点认为,腊月二十九贴新对联的时候一同贴上;第四种观点认为,腊月三十将新灶王爷画像贴上,何瑞珍便是这样认为的。[3]

1945年东北解放以后,供奉灶王爷的习俗逐渐消失。何瑞珍说:"光

---

1. 见外了:东北方言,挑理、嗔怪的意思。
2. 被访谈人:苏国发;访谈时间:2015年1月16日;访谈地点:五常市拉林满族镇北土村苏国发家。
3. 被访谈人:何瑞珍;访谈时间:2015年1月15日;访谈地点:五常市拉林满族镇何瑞珍家。

复以后我就没供过。'文化大革命'以前供的人就少了，'文化大革命'的时候就没有了。"[1] 20世纪六七十年代"破四旧"以后就没有人供奉灶王爷了，即便想供，也没条件了，因为在这一时期买不到灶王爷像，所以腊月二十三辞灶的习俗就慢慢地没有了。不过，祭灶的仪式发生了改变，虽然没有画像了，但是有的家庭在锅台上摆个香炉碗，每到小年这天要烧香，把灶糖放在对开的两个锅盖的缝隙中间。现在祭灶的习俗没有了，但是小年这天吃灶糖的习惯一直保留着。

腊月二十三这天家家吃饺子，小年除了吃饺子外，也会做几个菜，菜的数量做双不做单。过去都是在自家过小年，现在在小年这天亲戚往往要小聚一次，或者在家，或者在饭店。2015年2月11日小年这天，红旗乡孤家子村的唐均良在自家同兄弟姐妹聚餐，摆了三桌酒席。关庆久一家也是在家过的小年，菜准备得很丰盛，结婚单过的儿子儿媳妇也回家同家人一起过小年。而何洪振家在饭店过小年，邀请姑姑一家、侄女一家、两姨姐夫一家，四个家庭一起过小年。何瑞珍说，过去从这天开始就"换饭"[2]，即从这天开始吃饺子，一直持续到整个正月。现在则没有换饭之说了，入冬以后基本上每天都吃饺子。

扫房是小年以后的主要活动，腊月二十四是扫房日，为什么二十四扫房，何瑞珍给出了合乎逻辑的解释，因为二十三灶王爷升天了，只有灶王爷走了才能打扫室内卫生。若是在二十三之前扫房，则必须用布把灶王爷像蒙上，以免被灰尘玷污。[3] 扫房的内容有，用笤帚或者鸡毛掸子打扫室内卫生；洗炕席，过去炕上铺的是秫秸篾编织的炕席，在这天要刷干净；掏灶坑灰；有的家庭要用黄泥水粉刷墙壁；有的家庭用一种白色带花的窝子纸糊

---

1. 被访谈人：何瑞珍；访谈时间：2015年1月15日；访谈地点：五常市拉林满族镇何瑞珍家。
2. 被访谈人：何瑞珍；访谈时间：2015年1月15日；访谈地点：五常市拉林满族镇何瑞珍家。
3. 被访谈人：何瑞珍；访谈时间：2015年1月15日；访谈地点：五常市拉林满族镇何瑞珍家。

棚，20世纪六七十年代还出现用报纸糊棚的；把庭院打扫干净。至于都有哪些扫尘活动，因家庭而异，不过至少要给室内统统打扫一遍。这天打扫卫生的笤帚一定要用新的。扫房的习俗一直被满族各个家庭延续着，由于住房的改变，许多扫房项目没有了，如刷炕席的劳动没有了，因为现在没有炕席了，取而代之的是地板革。糊棚一活没有了，因为各家都是白墙。2015年2月12日红旗乡孤家子村徐跃书家按照传统习俗在腊月二十四扫房，11点40分徐跃书的妻子拿着笤帚在室内各个部位扫了一遍，家里住的是砖瓦房，扣板吊棚，很干净，扫房仅具象征性。

▲ 徐跃书家在腊月二十四这天将室内打扫了一遍，迎接新年/焦芳梅 摄/2015年

腊月二十三前后要上坟。一般过了初十就开始陆续有人家上坟，逢十一、十三、十五、十七、十九等单日子上坟，上坟必须选择晴天。20世纪70年代末80年代初出现了在十字路口烧纸的习俗，一般是一些距坟地比较远或者没有坟地的家庭才在十字路口给家里故去的长辈烧纸，按照写信封的格式在一个信封之上写上收信人的地址、姓名和寄信人。

过去生活困难，贫穷之家欠外债之事时有发生，民间规矩是，在年前要把债务结清。如果不还，债主也有上门催债的现象，但是过了小年债主就不能上门要债了，有人认为腊月三十之后就不能上门催债了，苏国发说：

"年三十不能上人家折腾,整个正月都不能上门要债。"[1]

过年期间要贴对联、福字、挂签。满族称对联为"对子",贴对子的时间较早,具体贴的时间各家有所不同,有的家庭在腊月二十三小年之前就把所要贴的东西都贴上,因为有的家庭认为小年就是过年了,何玉凯家和苏国发家都是如此。有的家庭在年三十上午贴,付万林家便是如此,他说:"不能贴太早,贴早了,就掉了。"[2] 还有的家庭在腊月二十八或者二十九贴,何瑞珍家便是如此,他说:"过去春联要在腊月二十八或二十九晌午之前贴上。"[3] 早年,对子都是找村中会写毛笔字的人代写,自家准备红纸。对子均是对仗工整的词句,都是喜庆的词语,何玉凯说:"过去有写满文对联的,后来春老先生(这个春先生只知道姓何,何玉凯已经不知道具体的名字了)去世之后没人会满文,所以也就没人写了。"[4] 据苏国发说,近几年又开始有人写满文对子的了[5],这可能是民族意识增强的结果。除了对子之外还要贴春条,春条都贴在鸡架、大车、猪圈上。车上贴"车行千里路,车马保平安";鸡架上贴"金鸡满架";猪圈上贴"大猪年年长,小猪月月生"的小对儿,横批:"肥猪满圈";粮仓上贴"粮食满仓"。室内门两边的门柱上也贴有春条,在春条的上端贴上小福字。现在这种春条只有在满族老房子里才能见到,随着满族老房子越来越少,贴春条的习俗也随着老房子的消失而消失了。

作为满族,很多家庭都贴康熙皇帝当年给孝庄太后祝寿时写的一笔

---

1. 被访谈人:苏国发;访谈时间:2015年1月16日;访谈地点:五常市拉林满族镇北土村苏国发家。
2. 被访谈人:付万林;访谈时间:2015年2月17日;访谈地点:五常市拉林满族镇后黄旗村付万林、赵亚平夫妇家。
3. 被访谈人:何瑞珍;访谈时间:2015年1月15日;访谈地点:五常市拉林满族镇何瑞珍家。
4. 被访谈人:何玉凯;访谈时间:2015年1月17日;访谈地点:五常市红旗满族乡孤家子村何玉凯家。
5. 被访谈人:苏国发;访谈时间:2015年1月16日;访谈地点:五常市拉林满族镇北土村苏国发家。

福字，这个福字被誉为"天下第一福"，其寓意是"多子多福多田多财多寿"，非常吉祥。院门多数贴倒福，室内都贴正福。

门窗之上贴窗花和挂签。以前都是自己剪窗花、挂签，慢慢地这项传统手艺失传了，如今窗花、挂签都是在市场上买现成的。满族的挂签有自己的民族特色，何玉凯说，右数第一个挂钱儿的颜色代表自己的旗色[1]，例如何玉凯家是正黄旗，所以右面第一个挂签一定是黄色的。

20世纪60年代以前，贴对子同时也在大门上贴门神，有的家庭大门、风门都贴门神；有的家庭大门上贴门神，风门上贴老寿星。20世纪六七十年代就没有人再贴门神了，一个原因是买不到门神像了，另外一个原因是也没人敢贴。改革开放以后，贴门神之风又兴起，红旗乡孤家子村的何红双家每年都贴门神，2015年2月18日腊月三十9点50分在贴对联的同时也在大门上贴上了门神。但是贴门神之俗并不具有普遍性，多数家庭不贴门神了。

1949年以前大多家庭都贴年画，腊月二十四扫完房、糊完棚之后就贴年画。年画有双联、四联还有一联的，传统的年画图案有四季花、山水画、小孩抱鱼、花鸟和山水画、有故事情节的传统故事的联画，例如隋唐演义中的武将、梁山伯与祝英台、沉香救母、八仙过海、牛郎织女。在20世纪六七十年代也贴年画，这个时代有个明显的现象，就是家家挂毛主席像、贴样板戏剧照，如《红灯记》《李铁梅》《李奶奶》《智取威虎山》等都是年画，有故事情节，一般每组为四联。现在贴年画的家庭越来越少，嫌传统年画不好看，许多家庭贴风景画、年年有余、人民币画。

现在，临近过年，市场上的对联、春条、福字、窗花、挂签琳琅满目，美不胜收，足不出村就可以买到这些丰富多彩的对联、福字、春条、窗花、挂签。如果想买更好的，则可以到拉林镇、五常市内购买，拉林镇专设

---

1. 被访谈人：何玉凯；访谈时间：2015年1月17日；访谈地点：五常市红旗满族乡孤家子村何玉凯家。

▲ 拉林满族镇年货市场上对联、福字、挂签、窗花是主要商品/焦芳梅 摄/2015年

了一个春节大市场，对联、福字、挂签、窗花是这个市场上的主要商品。

如果家里有人过世，那么春联、福字和年画都不能贴，这样的过年习俗一般要坚持三年。何瑞珍的解释是："过年贴的春联都是桃符，而桃符具有辟邪的功能，贴上桃符，过世的人就不敢回家过年了，所以就不贴。"[1] 也不可以糊棚，有些家庭如果发现老人快去世了就提前把房棚糊上。

腊月三十是大年

年三十对满族来说是最重要的日子，这一天是他们的大年，进入腊月以来的所有准备工作都是为了迎接这一天，所有的准备都是为了更好地过好这一天。

年前都要剃头，因为正月里不可以剪头发，民间有"正月剪头死舅舅"的说法。关于年前剃头的时间有不同的说法，何玉凯、苏国发均说，必

---

1. 被访谈人：何瑞珍；访谈时间：2015年1月15日；访谈地点：五常市拉林满族镇何瑞珍家。

须在小年之前剃头，因为小年就算过年了。[1] 佛世国则说，腊月二十九这天必须剃头。[2]

腊月二十九这天必须把脚洗干净，三十这天不能洗脚，不能洗袜子，当地有"三十洗脚臭大酱"之说，每到腊月二十九大人会催促："明天过年了，快点洗脚，今天洗脚干净一年。"

年三十要封柜，把用的东西拿出来，把柜门锁上，初三以后才能打开柜门，寓意是守住财运，防止财运外流。不同家族之间禁止走动，直到初三才能串门。

供祖宗祭祀祖先是每个满族家庭必须有的仪式，每个满族家庭都有祖宗匣子，内放家谱，家谱有谱书和谱单两种，祖宗匣子放在西屋西墙上的祖宗板上。在祖宗板子的北面常年挂着一个蓝布口袋，叫"妈妈口袋"，口袋内有锁绳，家中生女孩，则在锁绳上系一红布条，结婚时，将其从锁绳上摘下来，摘锁绳时要杀一头全黑的猪，如果自己家养不起猪，而姑娘又到了解锁绳的时候，可以借光，别人家姑娘解锁绳时杀黑猪时就一起解锁，这叫"随锁"。杀猪时也要领声，就在祖宗板前往猪耳朵里灌酒，猪若是摇头动了，说明祖宗领了。女孩因为是别人家的人，所以只系锁线，不记入家谱。而若是生男孩，则在锁绳上系个小弓箭。

装家谱的祖宗匣子一般都放在家族中有威望的人手里。过年时要将家谱从祖宗匣子中拿出来，先将其打扫干净，然后供起来，当地人叫"悬起来"，与家谱同时悬起来的还有祖先的画像。家谱通常悬在西屋西墙上，满族以右为大，西屋就是右边，所以室内西墙最大。有的家庭将家谱供在西墙上，祖宗画像挂在北面。何玉凯家把索额图的画像悬在西墙上，而把家谱供

---

1. 被访谈人：苏国发；访谈时间：2015年1月16日；访谈地点：五常市拉林满族镇北土村苏国发家。
2. 被访谈人：佛世国；访谈时间：2015年2月17日；访谈地点：五常市拉林满族镇后黄旗村佛世国家。

奉在北墙上，他们这支何姓家族认为，清代康熙年间权臣索额图是他们的祖先。类似的现象在京旗满族中非常普遍，这里的满族在追溯自己的祖先时都追溯到历史名人，自称索额图、索尼、和珅的后裔的家庭每到过年的时候都把索额图、索尼、和珅的画像（称为老影）悬起来，所以我们看到很多家庭供奉有索额图等清代大臣的画像。供奉老影是这里满族的独特习俗。家谱两侧写有对联。供奉家谱和祖像之俗即便在20世纪六七十年代也没有间断，直至今日有些家庭仍然供奉有家谱，不过已经没有了祖宗匣子。

悬家谱和祖像的时间各家有所不同，佛世国家是在腊月二十九这天供老祖宗，而何瑞珍家则在腊月三十这天下午1点钟以后把老祖宗像和家谱悬起来。每到悬像和家谱的时候，全家族的各支都要参加，都给老祖宗上香、上供品、倒酒、磕头。每年蒸年干粮的时候要特意蒸出几个特大的馒头用来给老祖宗摆供。以前生活困难，祭祖时所用的供品是由家族各家凑。在吃年夜饭之前先给老祖宗磕头然后各自回自己家吃年夜饭。祭祖是男人的事情，女人不参加，但女孩子可以参加。凡是供老祖宗的家庭在饭前必须先给老祖宗磕头。

拉林镇后黄旗村佛世国家常年供奉家谱，禁止外人观看，他家的家谱是用黄布制作的，长方形，高约40厘米，宽约30厘米，上面用黑笔满文书写家族世系。由于房屋结构已经发生改变，家谱没有按照祖上的规矩供在正室内，而是供奉在正室西侧的仓房内。

2015年2月17日，腊月二十九，这天一早，家住正红旗村（佛世国虽然是后黄旗村的人，但是曾经搬到正红旗村住过，其兄弟都在正红旗村）的几个兄弟就赶过来共同祭祖，每人都拿两瓶酒、一盒香，这是给祖宗上供的供品。兄弟几个人在一起唠会儿嗑儿，然后，将铺单拿下来，打扫干净，重新悬起来，佛世国领着大家给祖宗添上酒，摆上供品，上香，最后一起跪下磕头。这套礼仪结束之后，过年祭祖仪式就完成了，祭祖完毕后，外地的几个兄弟就回各自的家了。

▲ 徐跃书父母的遗像摆放在家具的空格里,遗像前摆放着各种供品/焦芳梅 摄/2015年

家住红旗乡孤家子村的徐跃书家不供奉家谱,只祭奠父母的遗像。父母的遗像立在西墙的立柜里,立柜中间有一档空格是正方形,形状类似神龛,父母的遗像装在一个玻璃像框里,摆放在神龛里面,遗像的上方贴着一副黄色的挂签。遗像的旁边还立着一个用镜框镶着的财神爷像。2015年2月18日大年三十这天,徐跃书按照惯例,在父母的遗像前摆放了一盘苹果,盘子里装了三个苹果,还摆了两听雪碧饮料,用玻璃杯做香炉,里面立着冒着烟的烧香。每次吃饭前都要先给父母敬献些食物。

还有"供包""烧包"之俗。即族人中如果有长者亡故,为表孝思,当年除夕在南炕桌上供纸包一个,包内装纸、箔,外写故人名字,族人叩头祭拜。到午夜交更吃饺子时,将"供包"送"岁火"中烧掉。

年三十一般吃两顿饭,早饭比较简单,晚饭非常丰盛。这顿大餐从早晨起床之后就开始准备,过去见不到蔬菜,唯一能吃到的蔬菜就是白菜,所以主要以肉食为主,早晨就把肉烀熟。在菜的数量上必须是双数而不能是单数,一般都是四、六、八个菜,根据各家的经济条件而定,如果杀年猪,会比较轻松地弄够这几个菜。赵亚平说:"过去这几个菜好弄,烀完肉之后啥都有了。"[1] 若是这年没有杀猪，则很难弄菜，佛世国等人回忆，过去由于困难，弄四个菜都难。[2] 鱼是餐桌上必备菜品，因为它有"年年有余"的吉祥寓意。除此之外还有猪肘子、猪头肉、鸡肉等硬菜。但是在年饭里没有鹅肉，因为鹅属于大牲畜，过年不能吃大牲畜，吃大牲畜对农业发展不利。作为满族人，无论过年还是平时，绝对不吃狗肉，不仅如此，还要拿出一部分年三十的饭喂狗。虽然现在生活条件好了，过年吃的基本菜肴仍然是过去的老几样，但是较为随意了。2015年2月18日腊月三十，何玉凯家准备了八个菜，分别是猪蹄一盘、猪耳朵一盘、猪五花肉一盘、猪尾巴一盘、猪心一盘、猪肥肠一盘、虾一盘、青菜一盘，主食是米饭。可以看出，何玉凯家的过年饭已经发生了改变，以前，猪头肉、猪尾巴、猪耳朵等肉是在农历二月初二吃的，年三十的餐桌上是不会摆上这些肉食的。过去，这天的米饭做得很多，因为初一至初五期间有"生米不下锅"的说法，做好的米饭盛在大盆子里，饭的上面摆放葱、大枣。因为半夜还要吃顿年夜饭，所以年三十的第二顿饭通常吃得很早，两三点钟吃饭。

▼ 年三十大餐集中了满族最好的饮食，是一顿团圆饭／何玉凯 摄／2015年

腊月三十的晚上叫除夕，满族称其为"三十下晚儿"。家家高挂灯笼，从前外面挂的灯笼都是用纸糊的或罐头瓶，现在都挂购自市场上的大红灯笼。以前里面放蜡烛，1964年出现电灯以

---

1. 被访谈人：赵亚平；访谈时间：2015年2月17日；访谈地点：五常市拉林满族镇后黄旗村付万林、赵亚平夫妇家。
2. 被访谈人：佛世国；访谈时间：2015年2月17日；访谈地点：五常市拉林满族镇后黄旗村佛世国家。

▲ 孤家子村徐跃书家大门两侧各挂一串大红灯笼，灯笼挑出大门很远／焦芳梅 摄／2015年

后直至现在都是挂电灯。即便马圈也要点长明灯，马圈通常放冰灯。冰灯的做法是，在铁桶里装满水，放在外面冷冻，待冻到一定程度时将中心的水倒掉就成为空心冰灯罩，内放蜡烛便成为冰灯。过去马圈里的冰灯一般一直点到正月十五。

　　除夕要举行接神仪式，白天将新灶王爷像贴在原来供奉的位置，傍黑天举行接灶王爷仪式，仪式很简单，就是面向灶王爷像烧香磕头。临近半夜12点的时候接财神，在院子里摆上桌子和供品，在香斗里面装满高粱和豆子，然后插上香，何瑞珍称此为"满斗焚香祭上苍"。根据皇历所标示的财神的方位，在门外财神方向几步远处燃放鞭炮，向财神所在的方向磕头。接神的时候大门、风门必须打开，此谓之"钱串子进门"。由于此时各家都在接神，所以鞭炮声此起彼伏。如今半夜燃放鞭炮的习俗一直延续，有的家庭还有接神的概念，有的家庭没有了接神的概念。不过，各家贴财神像比较普遍，因为年前有"送财神"的，送一张财神能得到主人给的一块钱。

　　接完神之后，全家围坐在一起吃年夜饭，这是团圆饭，全家人一个都不能少，如果出门在外赶不回家，那么家里人会在桌子上给他放副碗筷。

这顿饺子基本都是肉馅饺子。过去吃冻饺子，不过即便是冻饺子，也是特意包的，是年前包冻饺子的时候专门为除夕准备的，这袋饺子要单包、单放，因为这袋饺子不同于其他饺子，年三十半夜吃的饺子中有若干饺子馅里放有钱币、大枣、线、糖，甚至还有的被帮忙包饺子的人放进炭或者煤渣。何瑞珍说，伪满洲国的时候包带钱的饺子要按人口包，家里有几个人就包几个带钱的饺子。[1] 谁吃到钱币谁一年发财，谁吃到大枣谁生小子，吃到线命长，吃到糖幸福，吃到煤渣则较为晦气。现在许多家庭除夕饺子现吃现包，不吃冻饺子了，仍然沿袭包钱币的习俗。每个人都希望吃到钱饺子，小孩对此渴望最强烈，往往不吃到钱誓不罢休。有人吃到包钱的饺子也不说，为的是让别人多吃，等吃得差不多了才告诉别人，如果有人埋怨为啥不说，他会说："如果告诉你了，你还能吃了吗！"年三十包饺子剩饺子皮和饺子馅有说法，剩馅有米吃，剩皮有衣服穿。过去包饺子说头儿多，不能包大了，也不能包小了，要大小一致，要包成元宝形，不能包扁了。过年不能说"没了"，包饺子如果没面或者没馅了，不能说没面没馅了，而要说"包了（liǎo）了（le）"。煮饺子的时候不能说熟了，应该说"生了"，寓意是"生官、生人"。年三十半夜的这顿饺子不管是否饿都要吃，但是佛世国说，若是头年家里有老人去世了，那么这顿饺子即便煮了也不吃，思念故去的老人[2]。这顿饺子不能吃光，以求来年有余。初一的饺子必须是年夜饭剩下的饺子，叫吃隔年饭，寓意"年年有余"。

拜年也是除夕夜的主要内容，这次拜年都是家内拜年，是给家中的长辈拜年。不过拜年的时间说法不一，佛世国、付万林、赵亚平等人认为，年

---

1. 被访谈人：何瑞珍；访谈时间：2015年1月15日；访谈地点：五常市拉林满族镇何瑞珍家。
2. 被访谈人：佛世国；访谈时间：2015年2月17日；访谈地点：五常市拉林满族镇后黄旗村佛世国家。

三十吃完中午饭之后就开始去拜年了[1]。何瑞珍则说:"在解放前,晚辈给长辈拜年都是在晚上八九点钟的时候,鞠躬、磕头、作揖,还要说'新年好',不能说'过年好'。"[2] 苏国发则说:"吃完年夜饺子,大人孩子穿上年前就准备好的新衣服,给家里的长辈磕头拜年。"[3] 长辈会给岁数小的晚辈压岁钱,给压岁钱的时间有的在年三十白天,有的在除夕夜,有的在吃完年夜饭晚辈拜年后。如今鞠躬作揖磕头拜年之俗没有了,但是给压岁钱这一传统一直坚持。过去生活困难,压岁钱仅几角钱或者几元钱;现在生活条件好了,压岁钱的数量也多了,一两百元甚至上千元。压岁钱给双数而不给单数。

年三十要守岁,即一宿不睡觉,炕上不能铺被褥,即使睡觉也不可以脱衣服。满族认为,除夕一宿不睡觉,一年都精神。过去没有广播电视,守岁期间人们的娱乐方式有打扑克、看纸牌、欻嘎拉哈、听讲瞎话。赵亚萍说:"小时候,没事,也没电灯,点着油灯,我妈就给我们讲瞎话。也出谜语,让我们破闷儿(猜谜语)。"不睡觉的孩子拿着小灯笼跑出去玩。如今,欻嘎拉哈已经没有了,讲瞎话也听不到了。看纸牌、打麻将等赌博活动较为普遍。闲来无事的主要活动是看电视,自从有了春节联欢晚会之后,看春晚是除夕夜的主要营生。

本命年的人除夕开始要穿红,扎红腰带、穿红内衣、戴红兜兜儿。因为本命年的人麻烦事多,容易出现不测,穿红的目的就是避免发生不测。何瑞珍说:"因为红色可以驱邪。"何瑞珍还说,"过去有70来岁的人本命年还穿红兜兜呢。"[4] 本命年的人不出去拜年。

---

1. 被访谈人:佛世国、付万林、赵亚平;访谈时间:2015年2月17日;访谈地点:五常市拉林满族镇后黄旗村付万林、赵亚平夫妇家。
2. 被访谈人:何瑞珍;访谈时间:2015年1月15日;访谈地点:五常市拉林满族镇何瑞珍家。
3. 被访谈人:苏国发;访谈时间:2015年1月16日;访谈地点:五常市拉林满族镇北土村苏国发家。
4. 被访谈人:何瑞珍;访谈时间:2015年1月15日;访谈地点:五常市拉林满族镇何瑞珍家。

过去，年三十要在锅盖上压年糕，寓意步步高。家家户户的水缸必须装满水，人们都认为水即财，水满则财满。年三十太阳落山之前要挑水，这叫挑风水，水缸满就是风水满。

从年三十晚上开始，脏水和垃圾不可以往外倒，一直到初五才能往外倒。三十晚上大人孩子都要说吉利话，不能说坏话，长辈也不能骂孩子。年三十晚上不能动针线和剪子，赵亚萍说："拿针对眼睛不好。"苏国发说："从除夕开始到初五都不能动针线和剪刀。如果动了针线和剪刀会扎了灯光娘娘的眼睛。"[1]

据苏国发说，以前除夕晚上在家里都要摇卦占卜一下。家里的掌柜用三个大钱儿摇卦，但是具体怎么用大钱摇他也说不清楚了。[2]

20世纪六七十年代，大队领导会在三十晚上给军烈属送灯。后黄旗村秧歌队从腊月就开始练习，三十晚上开始给各家拜年，到谁家谁家都要给钱或者几盒烟。现在在三十晚上也有挨家走的秧歌队，目的是挣点钱，所以很不受欢迎。

正月初一到初三

正月初一谓之大年初一，是新年的第一天，家家早早起来放鞭炮，谓之"开门炮"，而且都争取第一个放鞭炮，人们认为第一个放鞭炮，一年都有好运气。从这天开始"一天三遍响，天天放鞭炮"。[3]

早上必须吃饺子，这顿饺子要吃年三十剩下的饺子，这叫吃隔年饭，吃隔年饭的寓意是年年有余头，代表着生活富足。这顿饺子必须早早吃完，

---

1. 被访谈人：苏国发；访谈时间：2015年1月16日；访谈地点：五常市拉林满族镇北土村苏国发家。
2. 被访谈人：苏国发；访谈时间：2015年1月16日；访谈地点：五常市拉林满族镇北土村苏国发家。
3. 被访谈人：何瑞珍；访谈时间：2015年1月15日；访谈地点：五常市拉林满族镇何瑞珍家。

为的是出去拜年或者接受别人来家拜年。

吃完饭后老早就出来拜年,初一至初三的拜年都是拜家族内的长辈,拜年依长幼顺序,先给族中的最长长辈拜年,如果家里供有家族的祖像、家谱,那么必须先给祖宗磕头,然后再给长辈拜年。拜年的方式有磕头和鞠躬,鞠躬必须达到45度。朋友之间在路上相遇也要鞠躬、相互打千儿、作揖。初一这天拜年很忙碌,家族内的长辈家都要拜到,所以往往一拜就是一天。近亲属拜年要拿礼物,何瑞珍说:"旧时一般带三糕,分别是蛋糕、长白糕、槽子糕,装在一个特制的果匣子里。"[1] 苏国发说:"过去的礼物就是蛋糕,'文化大革命'期间罐头、糖块也是主要礼物。"[2] 初五之前去拜年,小辈能得到压岁钱,过了初五就不给压岁钱了,所以孩子们很愿意出去拜年,得了多少压岁钱必须告诉父母,以便对方孩子来拜年时给相应数量的压岁钱。新进门的媳妇不单独出去拜年,而要由婆婆领着去亲戚家拜年,要给长辈老太太点烟来测试是否懂得礼节。

初三以后给家族以外的邻居、朋友拜年。到别人家拜年时一定要遵守规矩,不能坐人家西炕,否则会引起不满甚至会被这家的老人撑下来。满族以西为大,付万林说:"西炕谁也不能坐,西炕是供老祖宗的地方。"[3]

如今拜年习俗没有了。苏国发说:"即使在'文化大革命'期间,拜年的传统也没有丢,反而是'文化大革命'结束后,生活越来越好了,人与人之间的礼貌却变得越来越淡了,春节期间问好、打千儿、作揖的习俗消失了。"[4]

---

1. 被访谈人:何瑞珍;访谈时间:2015年1月15日;访谈地点:五常市拉林满族镇何瑞珍家。
2. 被访谈人:苏国发;访谈时间:2015年1月16日;访谈地点:五常市拉林满族镇北土村苏国发家。
3. 被访谈人:付万林;访谈时间:2015年2月17日;访谈地点:五常市拉林满族镇后黄旗村付万林、赵亚平夫妇家。
4. 被访谈人:苏国发;访谈时间:2015年1月16日;访谈地点:五常市拉林满族镇北土村苏国发家。

初三，出嫁的姑娘回娘家，姑娘过年回娘家要逢三、六、九，而返回的时间是二、五、八。姑娘过年回娘家一般都是全家人一起来，当地虽然有姑爷当天返回的说法，但是基本都不执行。姑娘回家要给娘家带礼物，过去讲究带四合礼，即四样礼物，分别是两包蛋糕、两包糖、两瓶酒、两瓶罐头。最高档的礼物是果匣子，果匣子购自商店，是用木板制作的，上面绘有吉祥图案，匣子里面装上蛋糕、长白糕、槽子糕。大约在20世纪80年代以后四合礼和果匣子逐渐消失。

正月，新婚夫妇要携带四合礼给亲戚拜年。去谁家拜年，谁家都要给新婚夫妇一定的礼金并留下吃饭。

正月初一早晨起来，有的家庭会出去瞅树，通过树挂预测一年粮食作物丰歉。若是树挂很厚，树挂将树冠压得很低，就说明这一年收苞米，苞米会丰收。苏国发小时候跟着大人一起看过，至于其他庄稼如何通过树挂预测丰歉，他就不记得了。初一这天早晨也观测天象，如果是阴天则预示新的一年水大，容易得水灾；如果天红则预示新的一年粮食丰收。

正月，无论大人小孩的主要活动都是玩、娱乐。小孩玩的内容较多，打冰尜儿、打出溜滑、欻嘎拉哈、钓砖头儿、踢行头、踢毽子、打跑球、打网球。

正月期间小孩最为普遍的一项娱乐活动便是燃放鞭炮。过去小孩没啥玩的，每年大人都要给孩子们尤其是男孩买些小鞭炮玩耍，最受小孩欢迎的是摔炮、拉炮。

正月期间，扭秧歌是年年都有的项目，有时甚至从阳历年就开始扭。20世纪六七十年代生产队组织龙灯队、秧歌队，是一种集体行为，现在，村子里也有扭秧歌的，只是没从前那样多。据任富云说，解放以前的秧歌比现在跳得好、跳得有意思。歌和舞相结合，扭一会儿唱一会儿，唱一会儿扭一会儿。唱词往往以乐队为取乐对象，任富云还依稀记得秧歌队唱的歌："这鼓打得真不离[1]哎,这伙的秧歌是没外人啊,打鼓的是我的亲生子,吹喇叭的是我的亲侄儿"[2]。拉林镇的秧歌队一般都在商会的组织下由各个商家主办,大商家可以自己出人组织秧歌队,如果小商家没那么多人,他可以出钱,只要有人出钱,就容易组织到人。秧歌队不仅沿街扭,而且走门串户。

解放以前从正月初一就开始有唱大鼓书和唱二人转的,一直唱到出正月。唱大鼓书的人都是外地人,他们背着一个鼓,乐队有打板的,有打鼓的,还有弹弦的,从正月开始唱,选在一个大屋子里坐在炕上唱,据说唱得非常好,唱到悲处真感动人。唱二人转的也是选在一个大屋子里唱,过去没有女的唱二人转的,是两个男的对唱,其中一个扮演女的。付万林说:"过去听大鼓书、看唱二人转是最高兴的事。"[3] 中华人民共和国成立初期仍然有不收费的二人转,一般都是业余演员演一两场。20世纪六七十年代由于时代的关系基本上没有演传统戏曲的了,现代戏、样板戏成为这一时期的主流,时任北土村团支书的苏国发曾经组织演过《红灯记》《杜鹃山》等样板戏。20世纪六七十年代过后,出现了电影下乡活动,由于电视还没普及,所以在最初几年很受欢迎。后来由于电视的普及和新兴娱乐项目的出现,人们看电影、唱传统戏曲的热情减弱。

正月初五

正月初五,满族称其为"破五",这天必须吃饺子。

从前,多数家庭这天要"换饭",在人们的观念中过了初五年就过完了,正月初五吃完早饭下午就要"换饭",由原来的吃细粮改变为吃粗粮,即开始吃平时的饭菜。仅有少数经济条件好的家庭不换饭,吃饺子一直吃到

---

1. 真不离:东北方言,真不错、很好的意思。
2. 被访谈人:任富云;访谈时间:2015年1月15日;访谈地点:五常市拉林满族镇镇政府。
3. 被访谈人:付万林;访谈时间:2015年2月17日;访谈地点:五常市拉林满族镇后黄旗村付万林、赵亚平夫妇家。

二月二。过去生活困难，细粮少，平时主要吃粗粮。现在生活条件好了，每天都吃得差不多，也就无"换饭"之说了。

过年期间的禁忌从这一天开始解除，例如，忌针、忌剪刀、不倒垃圾等习俗都在这一天解除。过去在初五之前，"生米不下锅"，即初一到初五之间每顿饭都是熟食，热一热就吃，付万林说："我母亲生前年三十就做一大锅米饭，就在正月初一至初五这段时间吃。"[1] 初五之后就可以做新饭了。

正月初七、十七、二十七

满族有一鸡、二鸭、猫三、狗四、猪五、羊六、人七、马八、九果、十菜之说，之所以有这样的排序，何瑞珍给予的解释是，母鸡孵鸡蛋28天出小鸡，所以第一是鸡。而孵化鸭蛋30多天出小鸭，所以鸭排第二。猫妊娠期为三个月，狗的妊娠期为四个月，猪的妊娠期为五个月，羊的妊娠期为六个月。[2] 每一动植物各主对应一天，人们看天气来判断所主动植物当年的收成情况，如果天气好，则这年所主动物或者植物就顺利，若是正月初一天气晴朗、风和日丽，则在新的一年里鸡就会旺盛，其他以此类推。何瑞珍说："哪天天气冷就不得当天的东西，天气暖和就收获当天的东西。"[3]

正月初七是人日，除正月初七之外，正月十七、二十七也是人日，分别是小孩、中年、老年人的日子，这三天必须吃面条，代表长寿。也通过看天气预测一个人一年的情况，初七、十七、二十七如果天气晴朗，则分别代表小孩、中年人、老年人身体好、不得病灾，反之则不顺。这天也看风，刮西北风预示人容易得病，刮东南风预示人身体健康。

初八这天也吃面条，初八吃面条这一年的庄稼穗大。

---

1. 被访谈人：付万林；访谈时间：2015年2月17日；访谈地点：五常市拉林满族镇后黄旗村付万林、赵亚平夫妇家。
2. 被访谈人：何瑞珍；访谈时间：2015年1月15日；访谈地点：五常市拉林满族镇何瑞珍家。
3. 被访谈人：何瑞珍；访谈时间：2015年1月15日；访谈地点：五常市拉林满族镇何瑞珍家。

正月十五

正月十五是满族过年的另一个高潮。正月十五是元宵节，也叫灯节，通常称其为正月十五或者"过十五"。正月十五夜里室内灯整宿不灭，外面挂灯笼，外面挂的灯笼就是年三十用过的灯笼，有的人家从年三十到正月初五，有的直至正月十五晚上一直点着，有点家庭即便不总点着，但是至少年三十和正月十五两个晚上必须通宵点灯。佛世国说，他们家挂灯笼的杆子上面还要放斗，斗里面放粮食，这些粮食是用来喂乌鸦的，因为乌鸦曾经救过满族先人老罕王努尔哈赤的命，所以对满族人来说乌鸦是吉祥鸟[1]。赵亚平讲了她听到的正月十五挂灯笼的来历，她说："我妈妈在世的时候给我们讲，因为这天是杨二郎的妈妈下凡来看杨文举，所以要高挂灯笼。"[2]

晚上家家撒路灯，用稻糠拌煤油，从院门口开始撒，撒向大道，可以两边分开撒，也可以只撒向一边。伪满时期，有集体组织的撒路灯活动，扭秧歌队伍在前面扭秧歌，后面用爬犁拉着装有煤油拌的糠，燃着，顺着大路从西往东撒。其作用是驱除孤魂野鬼，这些鬼都是没有子孙的鬼，没有人给其上坟，撒灯是让他们找到回家的路，打发这些恶鬼走。自己家门口撒灯是让这些孤魂野鬼别进自家门。

除夕、正月初一、正月初五、正月十五，满族禁止出嫁的姑娘看娘家灯，如果看了娘家灯，娘家兄弟会生气，因为它影响娘家人的运气。

正月十五吃元宵，这是京旗满族一直存在的习俗，元宵有煮的，有煎制的。吃元宵的寓意是圆月。何瑞珍说："一般都是买着吃。"[3] 元宵在

---

1. 被访谈人：佛世国；访谈时间：2015年2月17日；访谈地点：五常市拉林满族镇后黄旗村佛世国家。满族早年在院子里立索伦杆子，杆子的顶部安装一个锡斗，斗里放着粮食，过年时还往里放猪的杂碎，这是用来喂鸦雀的，因为传说鸦雀在辽东总兵追赶老罕王的时候栖息在老罕王身上，老罕王躲过一劫，所以满族从此视鸦雀为神鸟，家家立索伦杆子喂鸦雀。
2. 被访谈人：赵亚平；访谈时间：2015年2月17日；访谈地点：五常市拉林满族镇后黄旗村付万林、赵亚平夫妇家。
3. 被访谈人：何瑞珍；访谈时间：2015年1月15日；访谈地点：五常市拉林满族镇何瑞珍家。

1945年解放前就有卖的，拉林这一带卖元宵的很多。元宵的馅儿有糖馅儿的，有青红丝馅儿的，各种各样。中华人民共和国成立以后，在拉林市场上也能买到元宵。也可以自己做元宵，或者自己家独自制作或者和别人家合伙制作，做的方法就是在大笸箩里放进糯米面，把馅放在里面，来回晃笸箩，像滚雪球似的慢慢变大。但是自己做元宵并不普遍。生活条件好的家庭早餐吃饺子，晚餐吃元宵。有的家庭则没有吃饺子的习惯。

这天也有滚冰习俗，在冰上打滚，赵亚萍说，正月十五、十六都可以到冰上打滚，其含义是去病化灾，直到现在仍然有人在这两天滚冰。

这里的满族有扔冰习俗，所谓扔冰就是往大井里扔冰块。不过根据何瑞珍的回忆，1945年解放前没有扔冰习俗，解放以后才出现的[1]。过去全村仅有一两口公共井，是辘轳把水井，用柳瓜斗子或水桶从井里提水，提水时不可避免地在井沿上淋水，从而结成厚厚的冰。十五晚上人们拿着冰川子到井沿凿冰，然后争相将凿下来的冰块往井里扔，这就是扔冰习俗。"冰""病"同音，扔冰的含义是扔病，将病扔走。这天人们都早早地把水缸挑满水，否则的话第二天就没水可喝，因为都往井里扔冰，井口会被冰块堵死。这是一种极不卫生的行为，有的把马粪都扔到井里了，所以20世纪70年代，何瑞珍、苏国发曾经在井边看守，阻止扔冰。

看灯会是元宵节期间的主要活动，在伪满洲国时期，十四、十五、十六三天晚上有灯花会，家家户户出门看灯花会。拉林镇在十五期间灯会非常隆重，在商会的组织下，各个店铺都要制作各式各样的灯笼，各家商铺必须挂灯笼，所以这时的拉林镇非常漂亮。过去，每到过年的时候商会要选一个人任灯官，灯官在街上巡视，检查各个商铺是否挂灯、灯制作得好不好，一直到正月十七灯官才卸任。过去制作的灯笼都特别漂亮，制作的灯都是转灯，叫走马灯，在不断转动中，画面不断更换，如鱼龙变化，出来一个鱼，

---

1. 被访谈人：何瑞珍；访谈时间：2015年1月15日；访谈地点：五常市拉林满族镇何瑞珍家。

从另外一边出来就变成了一条龙，像演皮影似的。往往一个灯笼的变化画面就是一个民间故事，任富云说："那灯笼各式各样的，走在街上不用看别的，你就瞅这些灯笼就行了。"[1] 中华人民共和国成立以后拉林镇每到元宵节也举办灯会，各个村制作灯笼，拿到拉林镇比赛。自从改革开放以后，灯会取消了。

正月二十五

正月二十五是填仓节，传说该日是仓神的生日。正月二十三是小填仓，正月二十五是大填仓。顾名思义，是往粮仓里添加粮食的意思，是老百姓的一种美好的愿望。

伪满洲国时期大户人家都供奉仓神。二十三这天男主人要把耙子、笤帚、扬杈、磙子摆在仓子门口，一并摆放的还有刚做好的一碗豆饭，家里有几口人，饭碗里插几双筷子。男主人面向仓门烧香、磕头，燃放鞭炮。正月二十五大填仓日，燃放鞭炮。这一仪式都是过去的大户人家举行，家里至少有十多垧地，只有这样的人家才有粮仓。小户人家很少举行这种仪式。据何瑞珍说，该习俗即便在20世纪六七十年代也没间断。[2]

正月二十五这天每家要煮豆饭，条件好的家庭还要做一两道菜。如果正好有客人来拜访要挽留吃饱了再走。

二月初二

二月初二京旗满族称其为二月二，是京旗满族一个重要的节日，这天是龙抬头的日子。

二月初二必须吃猪头、猪手，这是年前杀猪时留下来的。有的家庭在

---
1. 被访谈人：任富云；访谈时间：2015年1月15日；访谈地点：五常市拉林满族镇镇政府。
2. 被访谈人：何瑞珍；访谈时间：2015年1月15日；访谈地点：五常市拉林满族镇何瑞珍家。

二月初一这天收拾猪头，因为二月二不动刀、针，怕扎了龙眼睛。有的家庭则在二月初二当天收拾猪头。收拾猪头、猪蹄的方法是，将猪头、猪蹄用水泡上，用刀刮、用镊子去掉猪头猪蹄上的脏物和毛，然后在火上燎，将上面的毛烧净。早年燎猪头都用木桦子火，后来出现了喷灯，火力更强。燎好的猪头、猪蹄在锅内烀。现在很多家庭从市场买烀好的猪头肉。过去，家庭经济条件好的，除了吃猪头、猪蹄外还弄几个菜。

这天不能吃带馅儿的，理由是怕自家菜地生虫子。早饭都吃单饼卷豆芽，吃单饼卷豆芽则象征着吃掉虫子，一年丰收。

这一天都剪头发，叫"剪龙头"，留了一个正月的头发在二月二这天集中剃。而女孩要扎小辫儿。

夜晚，京旗满族有灯照房梁的习俗，在这里流传一句话："二月二，照房梁，曲蛇儿蚂蚁不上房。"点着油灯或者蜡烛，用灯光在自家的居室、后房房梁的各个部位普遍照一遍，此举的含义是，照过之后，蚂蚁、长虫（曲蛇儿）之类的害虫就不会上房，屋里既不会生虫子，也不会进来虫子。

要给孩子系龙尾。胸前或者背部系上龙尾。所谓龙尾就是一些圆形的布片中间穿寸长的酱秆，形成一串。

二月二这天要忌针，不能做针线活，不能动刀剪，以防伤着龙须、扎着龙眼。何瑞珍说："再忙也不能赶到这天动针线，刀子也不能动，切菜切肉都在头一天晚上切好了。"[1]

至此，年嚼咕都吃完了，春回大地，新的一年的农业劳动又开始了，年宣告结束了。

---

1. 被访谈人：何瑞珍；访谈时间：2015年1月15日；访谈地点：五常市拉林满族镇何瑞珍家。

四、结语

五常市满族是屯垦满族，在过年习俗方面具有浓厚的满族旗人文化特色。春节的挂签要体现出自家的旗色。满族有本民族文字，明末清初在蒙文的基础上加圈加点创立了满文，满文成为满族的标志。而从京师回迁的这部分满族多数是有文化的人，这就使得他们在吉祥含义的表达方面有了自己本民族的文字表述，如有用满文书写的对联和满文年彩（在挂签上用满文刻出吉祥图案和文字）。

在祖先祭祀方面，他们一方面祭祀族谱，两一方面也祭祀清代名人。拉林镇和红旗乡的满族先人曾经是满族贵胄，在京城享受皇家俸禄，曾经有着显赫的地位。这里的满族都有名人为其先人，所以以祖为荣的心理较为普遍，他们在追溯自己的祖先时都追溯到历史名人，自称索额图、索尼、和珅的后裔的家庭每到过年的时候都把索额图、索尼、和珅的画像（称为老影）悬起来，该习俗称为"悬老影"，直至今日这一习俗仍然保持。

在现代文化的冲击下，满族传统过年习俗有些已经见不到了。由于生活水平的提高，使得人们对过年的期待越来越淡了，付万林说："我们小时候就盼着过年，过年时能吃到点肉，平时根本吃不到肉。"现在平时吃的和过去过年吃的差不了多少，所以人们对年也缺少了期盼。正因为发生了这些巨变，使得本篇调查报告只能主要通过调查对象的回忆来再现满族传统年俗，具有一定的局限性。

附表：本文中出现的调查对象信息一览表

调查对象	性别	出生	家庭地址	家世
何瑞珍	男	1929年	红旗乡孤家子村	满族正黄旗人，自称清朝名臣索尼后裔
何玉凯	男	1950年	红旗乡孤家子村	满族正黄旗人，自称清朝名臣索尼后裔

续表

付万林	男	1943年	拉林镇后黄旗村	满族正黄旗人
赵亚平	女	1942年	拉林镇后黄旗村	满族正黄旗人，付万林妻子
佛世国	男	1960年	拉林镇后黄旗村	满族镶红旗人
苏国发	男	1945年	拉林镇北土村	满族镶红旗人
任富云	男	1936年	拉林镇	汉族
魏永泰	男	1949年	拉林镇	汉族

2016年齐齐哈尔市梅里斯达斡尔族区雅尔塞镇哈拉新村达斡尔族春节习俗调查报告

于学斌　徐和青

达斡尔族是我国人口较少的民族之一，据2010年第六次全国人口普查统计，达斡尔族共计131992人，主要分布在内蒙古、黑龙江和新疆等省区。其中，内蒙古莫力达瓦达斡尔族自治旗、鄂温克族自治旗、黑龙江省齐齐哈尔市梅里斯达斡尔族区、富拉尔基区、富裕县、龙江县、嫩江县、黑河市瑷珲区是达斡尔族的主要聚居区。我们把春节习俗的田野点选在了齐齐哈尔市梅里斯达斡尔族区雅尔塞镇哈拉新村，2016年2月和3月，课题组来到了这里，在梅里斯达斡尔族区达斡尔族研究会会长陶贵水先生的引荐下，在雅尔塞镇党委书记李效明的安排下，由村主任多雪英安排李珊昆、乔佳瑶陪同，做了入户访谈并参与观察了几户人家的过年过程。

一、前言

达斡尔族今天的分布格局是在清代初年形成的，早年，达斡尔族居住在黑龙江以北，"夹精齐里江以居"，17世纪中叶，由于沙俄的入侵，达斡尔族被迫离开世代生活的家园，跨过黑龙江，来到黑龙江南岸，沿嫩江而居。雍正年间出于边防驻防的需要，一部分达斡尔族从布特哈地区迁徙到呼伦贝尔草原，乾隆年间同样出于边防的需要，征调一部分达斡尔族远迁到新疆，这就是今天呼伦贝尔草原和新疆塔城达斡尔族的来历。

达斡尔族有本民族语言，语言属阿尔泰语系蒙古语族的一个独立语支，内分布特哈、齐齐哈尔和新疆三种方言,但语音、词汇、语法的差别不大。

达斡尔族具有悠久的历史,关于其族源学术界有多种观点,有契丹说、蒙古说、索伦说等。比较被大家接受的观点是契丹说,今天的达斡尔族同宋、辽时期的契丹人具有一脉相承的血缘关系。

"达斡尔"是自称,最早见于元末明初,我国历史文献中有"达呼尔""打虎儿""达瑚里""打虎力""打呼里""达乌尔"等不同音译名称。1952年,按本民族意愿确认为单一民族,定名为"达斡尔",意思是"耕种者"。

达斡尔族是农耕民族,农耕文化较为发达,同时兼营渔猎和畜牧业,渔猎和畜牧业也较为发达。因此其物质文化和精神文化非常丰富。

受满汉民族的影响,达斡尔族亦过春节。

二、哈拉新村概况

哈拉新村是齐齐哈尔市梅里斯达斡尔族区雅尔塞镇管辖的村落,地处齐齐哈尔市北部、嫩江西岸,与齐齐哈尔市相距36千米。

清朝,沙俄入侵,达斡尔族被迫从黑龙江北岸移居至嫩江,分布在嫩江沿岸。哈拉村就是这时候形成的。1998年嫩江特大洪水被淹,灾后重建,全国政协支援3000万元为灾民建起崭新的房屋,这就是如今的哈拉新村,是现代化农村,被誉为"中国达斡尔族第一村"。村子占地60公顷,耕地面积2970亩,草原8000亩。

早期哈拉新村达斡尔人的经济具有农、猎、牧业多种经营的特点。如今以农业、畜牧业为主,出去打工为辅。

全村共300户,1100人,其中70%的村民是达斡尔族。村中人都互相熟悉并有一定亲属关系。同姓氏的人不能结婚是达斡尔族的族规,也不与汉族等外族人通婚。但自改革开放后，因村中汉族人越来越多，达斡尔族也打破了不与汉族通婚的传统，同姓氏不能结婚的规矩也只限于三代以内的亲属。

村中每户宅基地350平方米，户建筑面积70平方米。一般一个民宅有一个大院子，夏天院中种植蔬菜。

民宅分A、B、C、D四个小区，小区建筑设计风格独特，每家自成格局。其中A区134户、B区54户、C区50户、D区62户。四个小区建筑相互统一，又各具风格。村中间有个小广场，每到夜幕降临时，村里的人聚集到小广场跳民族舞，有大型节日时也会在这里举行篝火晚会。小孩也会聚到这里凑热闹。春节的时候这里更是热闹非凡。

达斡尔族信仰万物有灵和萨满教，20世纪六七十年代作为"四旧"被"扫除"。"文化大革命"结束以后，由于宗教信仰自由，所以很多家庭重新供起了各种神，其中以祖先神、保家仙较为普遍。近年皈依基督教的达斡尔族较多，村中为此建起了教堂。

1998年洪水后备受关注，政府努力将哈拉新村打造为旅游景区，并在不断完善中。同时，为了宣传达斡尔族特色"柳蒿芽文化"，每年5月的第二个星期日举行"库木勒"节，是大型的群众文化活动，届时，会有众多的学者、游客慕名而来。

三、达斡尔族春节习俗

春节是汉族的节日，其他民族都是在汉族的影响下才过春节的，达斡尔族也不例外。达斡尔语称春节为过年，达斡尔语叫"阿涅"，是最重视的日子的意思。达斡尔族的春节的节序和活动内容与汉族春节基本相同，也是从腊八开始一直持续到二月二。但是在每个时间点上达斡尔族人仍然有自己本民族的特色，腊八吃拉拉、初一团拜、正月里挨家轮着聚在一起跳"罕伯"舞、唱"乌钦"、正月十六抹黑驱邪等都彰显了达斡尔族人独特的民族文化。

忙年

达斡尔族非常重视春节，春节是达斡尔族第一大节。一进入腊月，村子里就有了过年的气氛，开始为过年而忙碌着，康淑珍说："整个腊月没有闲着的时候。"忙年的主要活动是备置年货，达斡尔族的年货很丰富，以前由于从事打猎的缘故，所以年货中有野味，每年都到深山之中，利用围、挖窑沟等形式猎捕鹿、狍子，也在嫩江草原上利用棒打、狗撵、鹰捕、下网、下套等方式捕兔子、山鸡、沙半鸡、毛腿鸡等。这些猎物是过年期间餐桌上的美味。近百年来由于植被被毁坏，人口增多，野兽资源近乎绝迹，乔景春说："我记事开始就没看到过打猎的了。"[1] 所以在过年的餐桌上已经看不到野味了。

年货中鱼是必不可少的。嫩江富产鱼，捕捞业是达斡尔族主要经济活动，陶贵水说达斡尔族冬季捕鱼方式有三种，"一种叫作插青棚子，达语叫布日克索贝，是在冬季冰冻较厚时破冰，然后用树枝把鱼道挡住，只留一个两米的口子，在此处搭上棚子遮光，打一冰眼，拿着鱼叉等候鱼过来，这样得到的鱼大多在10斤左右，也有几十斤重的。一种叫作插小眼，在深水处有柳条根的地方适用，腊月时，鱼都密集在条根底下。最后一种叫打冰眼搅鱼，适用于死水泡和活水断流等地方，冬天冰厚的时候，用冰川子凿冰形成方形、长方形、圆形的冰槽，槽底离水面很薄的时候，快速穿透一处，水在冰的压力下形成很高的水柱喷出来，就会把鱼也一起带出来，等水不喷后就

---

1. 被访谈人：乔景春；访谈时间：2016年2月1日；访谈地点：齐齐哈尔市梅里斯达斡尔族区哈拉新村乔景春、康淑珍夫妇家。

用搅捞子在冰眼里向一个方向搅,这样就能把冰下附近的鱼都搅上来。"[1]不过,达斡尔族虽然捕鱼,但是很少吃鱼,乔景春现在回忆起来了感到不理解,他说:"过去达斡尔族傻,有鱼不吃,送给别人。"他的老伴儿康淑珍则解释为:"达斡尔族好客,把好吃的送给别人。"[2]后来在汉族的影响下,鱼是过年餐桌上必不可少的菜肴,而且富有吉祥意蕴。但是如今绝大多数家庭都不是自己捕鱼,而是在市场上购买。

年货中农产品是必需的。达斡尔族是农耕民族,农业是达斡尔族主要的生活来源。达斡尔族的传统农作物有燕麦、荞麦、稷子、大麦、苏子、黑豆等,随着汉人的到来,小麦、玉米、谷子、高粱、黄豆等农作物品种也传入达斡尔族地区。[3]其中稷子米是达斡尔族的最爱,一入腊月就将所有的稷子都加工成米,加工的方法是,先用锅将稷子焊熟,在炕上炕几天使之干燥,然后用碾子碾或者用臼捣,使之去壳。

一进腊月,就开始包豆包,也有的家庭从小年之后开始包豆包。豆包都是用黄米面包的,后来出现黏玉米豆包。包豆包是一个慢功夫,首先要将糜子去壳变成黄米,然后碾,碾之前一天要将黄米用水浸泡,再把黄米碾成面,然后和成面团,置于大瓷盆里或者缸里放在炕头上发酵两天

▼ 多雪梅入冬包豆包/李珊昆 摄/2015年

---

1. 被访谈人:陶贵水;访谈时间:2016年2月3日;访谈地点:齐齐哈尔市梅里斯达斡尔族区哈拉新村村政府。
2. 被访谈人:乔景春、康淑珍;访谈时间:2016年2月1日;访谈地点:齐齐哈尔市梅里斯达斡尔族区哈拉新村乔景春、康淑珍夫妇家。
3. 毅松. 达斡尔族[M]. 沈阳:辽宁民族出版社,2012. 30—31.

左右，最后才能包。每到年底，屯子里的碾坊是最忙碌的，各家都在这个时间碾面，所以需要排队，按顺序进行。驴或马是拉碾子的畜力，需要夜以继日地碾。碾完了以后用小细箩筛。据康淑珍回忆："过去排队，一宿一宿地干。用小细箩筛，可慢了。"[1] 现在年前仍然蒸豆包，但是碾面已经不再使用老式的碾子了，这种碾子在村中已经见不到了，取而代之的是电动机器，这是个人开的机房，屯里只有一家，30分钟左右就能满足一家的碾米需求，按斤付给机房加工费。

早年达斡尔族正月里只吃豆包，不吃饺子，后来受汉族影响，才开始吃饺子。一进入腊月就开始包冻饺子。包饺子的时候亲戚邻居都来帮忙，大家边包着饺子，边唠着嗑，也可能讲着故事，其乐融融。包完之后，大家一起吃一顿。过去的饺子馅多是萝卜馅、白菜馅、猪肉馅、牛肉馅，现在饺子馅已多样化。2015年，多雪梅家第一轮包的冻饺子已经吃完了，在1月10日又开始第二次包冻饺子，这天有九个亲戚朋友前来帮忙，分成两伙，炕上一伙，地下一伙。在炕上铺了两个面板，有六个人在这里包饺子；在地下立了一张圆形饭桌，有四个人围着饭桌包饺子。晚上8点左右，包完饺子，多雪梅炒了几个菜、煮了一锅饺子，大家吃了一顿。包好的豆包和饺子摆在盖帘上，放在室外

▲ 入冬，包冻饺子，亲戚邻里之间互相帮忙／李珊昆 摄／2015年

---

1. 被访谈人：康淑珍；访谈时间：2016年2月1日；访谈地点：齐齐哈尔市梅里斯达斡尔族区哈拉新村乔景春、康淑珍夫妇家。

冷冻。待冻实后，装在缸里或者篓子里，放在仓房储存。

过去每家都包很多黏豆包和冻饺子，整个正月就吃黏豆包和冻饺子。康淑珍说："过去没啥吃的，一大缸一大缸地包，整个正月就吃这些。"[1] 包这么多豆包和饺子也是为了吃着方便，不影响玩耍，尤其是来人去戚儿的时候，很快就能做好饭。鄂淑华说："这些东西不是现成的吗？谁过年总包饺子啊？都包出来，省事，烧口火，开锅就能吃了。"[2]

如今有了冰箱，包豆包、冻饺子的时间提前了，一过立冬就开始包。与汉族不同的是，不仅冻饺子是生着贮存，而且豆包也是生着贮存，之所以不蒸熟豆包贮存，康淑珍说："蒸熟了再蒸就等于剩饭，不好吃，味道就不一样。"[3] 不仅不好吃，也不吉利。多雪梅还介绍了达斡尔族一种特殊的食豆包方法，他们家吃豆包时喜欢蘸猪油。[4]

许多年货需要到市场上购买，腊八以后或者小年以后就开始去集市或者齐齐哈尔市里购置过年吃的、用的，包括祭神的香、蛋糕、长白糕、水果、酒等供品，小孩穿戴的衣物。再穷也要买几尺布给家人做衣服，冻梨、冻柿子、糖块等食物也是每家必备的。

临近过年，妇女是最为忙碌的，她们要给家中每个人做套新衣服、做双新布鞋。陶贵水说："以前一入冬，妇女就开始打袼褙、纳鞋底、做棉鞋，全家每人都要有一双新鞋，做完后就给全家人做衣服和裤子，在达斡尔人眼里过年都要穿上新衣服，否则让人家笑话，所以达斡尔族妇女是比较辛

---

1. 被访谈人：康淑珍；访谈时间：2016年2月1日；访谈地点：齐齐哈尔市梅里斯达斡尔族区哈拉新村乔景春、康淑珍夫妇家。
2. 被访谈人：鄂淑华；访谈时间：2016年2月3日；访谈地点：齐齐哈尔市梅里斯达斡尔族区哈拉新村鄂淑华家。
3. 被访谈人：康淑珍；访谈时间：2016年2月1日；访谈地点：齐齐哈尔市梅里斯达斡尔族区哈拉新村乔景春、康淑珍夫妇家。
4. 被访谈人：多雪梅；访谈时间：2016年2月5日；访谈地点：齐齐哈尔市梅里斯达斡尔族区哈拉新村多雪梅家。

苦的。"[1] 过年穿新衣也是过去每个人的期盼。

过年要杀年猪，杀猪对北方人而言是腊月里极为盛大的一件事情，这种习俗也传给了达斡尔族。在过去，村里到了腊月就开始杀猪，因为气温寒冷后，无论怎么喂养猪都不长膘，加之天冷了，外面也能冻住猪肉了。杀猪的时候把猪的四条腿绑上，用刀捅心脏，把血放出来，等它死后用开水烫，然后燎毛。过年也杀牛，不过仅是富裕的人家才能杀得起牛，过去只有像德新这样的大户人家才杀牛。杀的方法是，把牛的眼睛蒙上，用重铁器猛击牛的头，等它昏倒后砍它的头。

杀猪当日请全村人吃猪肉，过去请客都是请全家人，只吃猪肉，没有配菜。因为每家都杀、每家都请，村里人不多，所以每次吃的肉并不多，一般每家一年杀一头猪，请完客后仍能有很多剩余，康淑珍说："每家都请，都吃不动了。"[2]

据德新说，过去吃杀猪菜之前要先敬神，要给祖先神、屯神、保家仙、灶王爷等各种神一一上供，供品为猪头、后鞧、肘子、尾巴等部位各取一块，摆在盘子里，放在神前，供神"享用"，供完之后才能吃。[3]

过去杀猪不光请客，客人走的时候还要给带点肉。对于那些没来吃饭的家庭，还要送肉，送人的肉都是最好的。送给最尊贵的人的肉是猪的后鞧肉或者肩胛骨上面的肉，达斡尔族认为，这两块肉是猪身上最香的肉。

吃过、送过之后，还能剩半头猪肉。剩下的肉都冻上，冻的时候要把肉切成细长条，浇水冻住装入仓房大缸内，免得被风干；或者用雪埋在仓房内的角落里；也可以冻上后用雪埋在院外一个较为安全的地方，上面浇水封

---

1. 被访谈人：陶贵水；访谈时间：2016年2月3日；访谈地点：齐齐哈尔市梅里斯达斡尔族区哈拉新村村政府。
2. 被访谈人：康淑珍；访谈时间：2016年2月1日；访谈地点：齐齐哈尔市梅里斯达斡尔族区哈拉新村乔景春、康淑珍夫妇家。
3. 被访谈人：德新；访谈时间：2016年2月11日；访谈地点：齐齐哈尔市梅里斯达斡尔族区幸福家园小区德新家。

冻。若是春天开化时，仍没有吃完冻肉，就做成腊肉或者肉干。

现在杀年猪也请客，但是一般很少有人来吃，只有实在亲戚家才来赴宴，康淑珍说："现在邀请也不去。都知道养猪不容易。只有亲戚啥的才去。"[1] 请客的菜较之以前丰富了许多，除了杀猪菜、灌血肠等传统的菜外，还会准备八到十个菜。如果邀请的人来不了，要给他们家的老人送肉，也会给没养猪的人家送肉。余下的肉视情况卖掉一部分，其他留作自己吃。

以前达斡尔族不吃豆腐，后来学会做豆腐，豆腐也是过年必须准备的年货。小年以后开始做豆腐，过去只有雅尔塞有豆腐坊，要去雅尔塞镇磨，也有雅尔塞镇人赶着毛驴车来村子里卖豆腐的。20世纪60年代以后屯里有了豆腐坊，生产队分豆子，自己去豆腐坊磨。虽然都做豆腐，家家在过年期间也都吃豆腐，不过，达斡尔族似乎仅仅把豆腐作为过年中的一道简单的菜，并没有汉族"豆腐"是"都福"的吉祥含义，康淑珍说，做豆腐仅是用它凑个菜。[2]

在小年前后，做买卖的人开始算账收账，若是欠别人钱财，要尽量在年前还上，但是实在无力偿还，则要说明情况，并说明具体还款日期。到腊月二十八就不能要账了，直到正月以后才能要账。

腊月初八

达斡尔族的阿涅从腊月初八就开始了。腊月初八这天家家吃腊八粥，达斡尔族称腊八粥为"拉拉"，达斡尔族的拉拉就是黄米黏饭，黄米是嫩江流域盛产的农作物糜子去壳后的米粒，用其做成的粥呈黏性。有些家庭单纯用黄米熬粥，有些家庭则掺些小米一起熬粥，这种粥黏度减弱。黄米里放饭

---

1. 被访谈人：康淑珍；访谈时间：2016年2月1日；访谈地点：齐齐哈尔市梅里斯达斡尔族区哈拉新村乔景春、康淑珍夫妇家。
2. 被访谈人：康淑珍；访谈时间：2016年2月7日；访谈地点：齐齐哈尔市梅里斯达斡尔族区哈拉新村乔景春、康淑珍夫妇家。

豆，通常先将饭豆提前烀熟，黄米饭熬七八分熟的时候加饭豆一起熬。拉拉通常熬得很稠，一般熬至半干状。

吃的时候，粥里往往拌以荤油或者黄油或者白糖，有的家庭黄油、荤油、白糖三者同时拌在黄米饭里。黄油就是奶油，是牛奶中的精品，将新鲜牛奶不断搅拌变成酸奶之后，不断地上下来回捣，上面漂浮的浓稠状物体便是奶油。

为什么吃"拉拉"，出现了不同的解释，康淑珍说："吃腊八粥是因为要把财神爷的嘴粘上，不让他上天去告状。"[1]这种说法似乎不准确，康淑珍有可能同小年祭祀灶王爷的习俗弄混了。多雪梅说："吃腊八粥是因为入九了，吃点腊八粥暖和暖和。"[2]何凤珍说："这天早晨吃完腊八粥之后，一天都不会饿。"[3]也有人认为腊八吃"拉拉"会长寿[4]。

现在达斡尔族仍然沿袭吃腊八粥的习惯，虽然不知源起，但是每一个家庭到腊八这天都要做锅拉拉。不过拌黄油、荤油的吃法少了。

过去，腊八这天，达斡尔族人还会吃稷子米干饭，稷子米是达斡尔族人最爱吃的饭，但是它产量小，平时很少吃，只有到过年的时候才会多吃点。现在稷子米不种了，所以不再吃稷子米干饭了。

有钱的人家过去在腊八这天还要杀猪宰羊。

腊月二十三

腊月二十三，达斡尔族和汉族一样也叫"小年"，达语称"衣其庚

---

1. 被访谈人：康淑珍；访谈时间：2016年2月2日；访谈地点：齐齐哈尔市梅里斯达斡尔族区哈拉新村乔景春、康淑珍夫妇家。
2. 被访谈人：多雪梅；访谈时间：2016年2月5日；访谈地点：齐齐哈尔市梅里斯达斡尔族区哈拉新村多雪梅家。
3. 被访谈人：何凤珍；访谈时间：2016年2月6日；访谈地点：齐齐哈尔市梅里斯达斡尔族区哈拉新村何凤珍家。
4. 毅松．达斡尔族[M]．沈阳：辽宁民族出版社，2012．103．

涅",是送灶王爷上天的日子,每家都要早起举行送灶王爷上天的仪式。麻糖一定要提前准备好,这一天要用灶糖抹灶王爷的嘴,目的是"用麻糖把灶王爷的嘴粘上,不让他告状"。[1] 上完供、祭拜完之后,打开房门,以便灶王爷出屋。将灶王爷的神像扔进灶坑烧掉,大人们在灶坑前磕头,嘴里念叨:"上天言好事,下界保平安!"此时,大人会让孩子出去看烟囱,看灶王爷坐轿子上天。陶贵水说:"小时候,大人们告诉我们到院内去看烟囱的上边,说是能看到灶王爷坐轿车上天,我们一连三年在二十三这天都去看,都没有看到,和大人们说没有时,他们说,早晚会看到的。"[2] 20世纪六七十年代,"破四旧",供神这些带有迷信色彩的习俗都被禁止了,多数人家不供了。但是也有人家偷偷供,由于在市场上买不到灶王爷神像,所以20世纪六七十年代,凡是供灶王爷的家庭都不烧灶王爷像了,而是在这天祭祀完毕后保存好,年三十重新供奉上。鄂淑华说:"我们家过去在小年这天用锅铲子抢一下锅底,我们家老爷子叨咕叨咕,这就送灶王爷了。不烧灶王爷像,要包起来放好,年三十再打开,贴上。"[3] 改革开放之后,宗教信仰自由也让一些人家重拾了这些旧习俗,但是十年的文化断层和思想观念的重塑对习俗的传承造成了很大的影响,仅有个别有老人的家庭,还能多少保留些过去的仪式,现在个别供奉灶王爷的家庭每年仅是把灶王爷像撕下来,有的人家烧掉,有的人家存放起来,年三十的时候在锅台上贴上新的或者重新将旧的灶王爷像贴上,摆点供品、买点糖块,稍稍祭拜一下。对灶王爷的重视程度也大不如从前了,让小孩出去看烟囱的仪式也没了。皈依基督教的人家则不仅不供灶王爷,而且在心理上还非常排斥。

---

1. 被访谈人:康淑珍;访谈时间:2016年2月1日;访谈地点:齐齐哈尔市梅里斯达斡尔族区哈拉新村乔景春、康淑珍夫妇家。
2. 被访谈人:陶贵水;访谈时间:2016年2月3日;访谈地点:齐齐哈尔市梅里斯达斡尔族区哈拉新村村政府。
3. 被访谈人:鄂淑华;访谈时间:2016年2月3日;访谈地点:齐齐哈尔市梅里斯达斡尔族区哈拉新村鄂淑华家。

过去达斡尔族供奉的神很多，到腊月二十三小年这天都要供出来，德新说："在过去，从小年开始就要供神，早晚都要上香、上供品，供馒头、水果、酒，供的馒头和吃的馒头不太一样，供的馒头会在馒头上点上一个红色的花。"[1] 点花的工具是绑在一起的三根苇子，在其头部蘸上红色后点在馒头上。现在村里讲究点的人家在制作供品馒头时仍会点红花。

小年过后家家开始清扫房屋、院落，洗衣服。二十三这天不能打扫，因为灶王爷还没走呢，这天打扫卫生爱起火灾。二十三以后的双日子如腊月二十四、二十六、二十八都可以扫房。康淑珍说："我们这里过了二十三之后，双日子收拾屋子。"[2] 陶贵水说："腊月二十六或二十八是达斡尔族人传统的扫房日。过去住的都是介字形草房，直接扫墙和房箔，因为举架高，一般会找点野生的可做锅刷帚的草捆绑在长杆上进行打扫。之后还要用白土刷墙，刷完后擦洗柱角和大柁、二柁、立柱等。达斡尔族人不管穷富，对环境卫生都是极为讲究的。"[3] 以前家里有大衣柜，大衣柜上的代表五个太阳的大金色圆片一定要擦得亮亮的。如今，年前仍然保持扫房、拆洗被褥的传统。2016年2月2日，腊月二十四，康淑珍按照惯例，吃完早饭就开始扫房，在笤帚的头部系了一块湿抹布。不过，现在的扫房更具有象征意义，因为室内很干净，用康淑珍的话说就是"意思意思"。康淑珍也拆洗了被褥，拆洗被褥的时间是腊月二十六，现在洗被褥也变得简单了，过去要把被褥都拆开，被面和被里子拆下来，洗完之后重新缝上被面和被里子，洗一次被褥很费工夫，现在只需将被套取下来。洗也不是手工劳动了，而是用洗衣机洗。

人也要搞个人卫生，男人们一般会选择三、六、九的日子剃头，没有

---

1. 被访谈人：德新；访谈时间：2016年2月11日；访谈地点：齐齐哈尔市梅里斯达斡尔族区幸福家园小区德新家。
2. 被访谈人：康淑珍；访谈时间：2016年2月2日；访谈地点：齐齐哈尔市梅里斯达斡尔族区哈拉新村乔景春、康淑珍夫妇家。
3. 被访谈人：陶贵水；访谈时间：2016年2月3日；访谈地点：齐齐哈尔市梅里斯达斡尔族区哈拉新村村政府。

理发店，都找会剃头的人给剃，大家互相剃。从腊月三十一直到二月二禁止剃头，达斡尔族认为，正月剃头死舅舅。

小年这天家家都做点好吃的，康淑珍说："这天要吃点好的，吃点稷子米饭，弄点粉条炖猪肉、酸菜炖猪肉。"[1] 酸菜炖粉条是达斡尔族最喜欢吃的菜。早年不吃饺子，后来受汉族影响开始吃饺子，早上起来要包饺子。早年饺子都是荞麦面的，做得很大，一个饺子相当于三四个白面水饺那么大，荞麦面饺子不能煮，只能蒸。现在荞麦面饺子没有了，只有白面饺子。

过去小年这天吃完晚饭后，大伙会聚在一起玩：听老人们讲故事、拉四胡、唱歌、讲书，十分热闹。现在村里老人少了，会讲故事、讲书的人也没有几个了，由于广播、电视的普及，也没人对讲故事、讲书感兴趣了。

现在达斡尔族小年过法非常简单，仅在腊月二十三这天改善一下伙食而已。

过去，从这天开始，不论穷富，每家都会开始改善伙食，开始吃好的，如细粮、肉菜、面食、酸菜炖粉条、大米饭等，此谓之"换饭"，所谓"换饭"就是以前吃的都是平常饭菜，从小年开始吃过年饭菜了，一直吃到正月十五。德新说："二十三以后每户人家伙食都会有点改变了，该吃荤的了。"[2] 康淑珍说："我妈在的时候，从这天开始，苞米馇子、大饼子就不吃了，开始吃细粮，一直吃到正月末。"[3] 从腊月二十三直到腊月三十，七天之内不仅要吃好的，而且吃不同的饭，不重样。

小年前后要给逝去的亲人上坟，上坟必须在腊月二十五、二十七、二十九等单日子，也有个别人家上坟时间较早，从腊八就开始上坟了。德新

---

1. 被访谈人：康淑珍；访谈时间：2016年2月1日；访谈地点：齐齐哈尔市梅里斯达斡尔族区哈拉新村乔景春、康淑珍夫妇家。
2. 被访谈人：德新；访谈时间：2016年2月11日；访谈地点：齐齐哈尔市梅里斯达斡尔族区幸福家园小区德新家。
3. 被访谈人：康淑珍；访谈时间：2016年2月1日；访谈地点：齐齐哈尔市梅里斯达斡尔族区哈拉新村乔景春、康淑珍夫妇家。

说："在过年前一定要把坟都上完了,不然鬼魂就会找到家里来了。"[1] 现在,给已故的长辈上坟烧纸仍然是达斡尔族的风俗,不过也有的家庭不上坟,而仅在十字路口或者村外的路边烧冥币,冥币上放一个信封,信封上写上收钱人的地址、姓氏,并带上一瓶没有开封的酒,同冥币一起烧给逝去的亲人。2016年2月5日农历腊月二十七晚上,乔景春在村子的十字路口给逝去的父母烧纸。乔景春说:"只给父母上坟烧纸,一辈管一辈。"[2] 有些信奉基督教的家庭改信上帝了,这样的家庭不上坟烧纸了。

腊月三十

年三十是达斡尔族最隆重的日子,达语称这天为"布嘟乌得勒","完成""封盖"的意思,即这一天过完之后这一年就结束了。[3]

这天白天吃两顿饭。早饭一般为黏豆包,豆包蘸以奶油或者白糖吃味道更佳,又香又甜。若是再喝几口热乎乎的酸菜汤,味道更为鲜美。

早饭之后就开始忙着贴对联、福字、挂签、窗花,这些活必须在12时之前完成,否则不吉利。早年,对联都为自己写,随写随贴,如果自己家没有会写毛笔字的人,就请别人代写。不过过去多数人没文化,需要请人代写,拿着红纸到会写毛笔字的家让他帮着写。

窗花、挂签都是自己剪,图样皆为吉祥图案,达斡尔族妇女心灵手巧,刺绣、剪纸是女人必备的技能。

现在对联、福字、窗花、挂签都从市场上购买。年前年货市场琳琅满目的对联、福字、窗花、挂签,给人们提供了更多的选择品种。

---

1. 被访谈人:德新;访谈时间:2016年2月11日;访谈地点:齐齐哈尔市梅里斯达斡尔族区幸福家园小区德新家。
2. 被访谈人:乔景春;访谈时间:2016年2月5日;访谈地点:齐齐哈尔市梅里斯达斡尔族区哈拉新村乔景春、康淑珍夫妇家。
3. 毅松. 达斡尔族[M]. 沈阳:辽宁民族出版社, 2012. 98.

▲ 哈拉新村多雪梅家贴的现代年画/于学斌 摄/2014年

室内外的主要场所都要贴对联、福字、挂签。陶贵水说:"室内门两侧的柱角上、房外门的两侧,大门外、仓房门、牛棚、车辆、圈舍和小庙上都要贴上对联。"[1]对联都为吉祥、祝福的词句,对仗工整。根据位置,贴相应词语的对联和春条,如贴在仓房的春条是"粮食满仓"等祈求来年丰收的词句;贴在猪圈、羊圈上的春条为乞求牛羊满圈、牲畜平安、下崽多之类的词句。在门板、衣柜、橱柜、门框、窗框、保家仙以及其他神位上都要贴上大小相匹配的福字和挂签。

如果家里当年有老人去世,则在连续的三年春节内贴蓝色的或者绿色的对联,贴素颜色的年画。德新回忆说:"我爷爷死那年我家贴蓝对联,我说:'人家都贴红的,咱家咋贴蓝的呢?'我妈说:'不是你爷爷死了吗?'"[2]如今由于买不到蓝色或绿色的对联和素色年画,就三年不贴对联、年画。

过去家家贴门神,门神贴在院门上。门神都是在市场、商店买的。20世纪六七十年代就没有人贴门神了,也买不到门神像了。

以前家家糊窗户纸,时间久了就会出现破损,年三十这天必须将窗户的破损之处堵上,目的是防止鬼进屋。现在都是玻璃窗户了,这一习俗自然

---

1. 被访谈人:陶贵水;访谈时间:2016年2月3日;访谈地点:齐齐哈尔市梅里斯达斡尔族区哈拉新村村政府。
2. 被访谈人:德新;访谈时间:2016年2月11日;访谈地点:齐齐哈尔市梅里斯达斡尔族区幸福家园小区德新家。

也就没有了。

每家都要将室内打扫干净，对此有不同的解释，多雪梅说："姥姥说，如果不干净的话，人的魂看见室内不干净就不回来了。"[1]鄂淑华说："我们家在三十晚上一定要洗干净了。把过去旧的东西都洗干净了，人就会聪明。"[2]

家里的水缸年三十晚上一定要装满水，意为财源滚滚。以前一个村子共用一口到两口水井，自己有井的家庭很少，一个村子不会超过两家。吃水都到井沿处打水。

▲ 腊月三十上午多雪梅的丈夫在贴对联／李珊昆 摄／2015年

现在都吃自来水，没有水缸了，所以春节打满水缸的习俗自然也就消失了。

过去12点之前要把过年穿的衣服都准备好，取出必要的衣服后用红纸条将大衣柜门封上；将必要的粮食取出后，用红纸条将仓房门封上，直到正月初四才能打开柜门和仓门，德新解释此举的含义是"过年了，总开门总开门，财源就出去了"。[3]不过家里的小仓房和小衣柜则不必加封条。

从年三十开始直至正月初三，有的人家甚至到正月初十，都不能往外倒水、倒垃圾、拿东西，其含义是"财不外流"。如果在此期间倒垃圾、倒水，就会把财带走，康淑珍说："把这一年吉祥的东西都倒出去了。"[4]

---

1. 被访谈人：多雪梅；访谈时间：2016年2月5日；访谈地点：齐齐哈尔市梅里斯达斡尔族区哈拉新村多雪梅家。
2. 被访谈人：鄂淑华；访谈时间：2016年2月4日；访谈地点：齐齐哈尔市梅里斯达斡尔族区哈拉新村鄂淑华家。
3. 被访谈人：德新；访谈时间：2016年2月11日；访谈地点：齐齐哈尔市梅里斯达斡尔族区幸福家园小区德新家。
4. 被访谈人：康淑珍；访谈时间：2016年2月7日；访谈地点：齐齐哈尔市梅里斯达斡尔族区哈拉新村乔景春、康淑珍夫妇家。

保家仙神位、小庙等地方必须在晚饭前打扫干净，摆上供果、点心，上香。

吃晚饭前，在大门外燃一堆火，把饺子、酒、供品扔进火里，上香。其寓意有多种解释，一种解释是，家庭兴旺、子孙有续，预示新的一年像火一样兴旺，人畜安康，五谷丰登。[1]另一种解释是，过年这天过世的家人会回来，但是不能让他们进屋吃饭，要在外面吃，火堆里的饺子就是给他们准备的，这是德新给予的解释，她说："吃饭前在大门外放一堆火，把饺子、供品、酒往火里扔，上香，意思是这家死的人在三十晚上魂会找回来了，魂回来了，就在这里吃点喝点，就走吧，别进家了。如果家里人谁若想死去的亲人，比如想死去的孩子或者妈妈，就上火堆边哭。"[2]还有一种解释是陶贵水给予的，他说，在门前烧火隆烟的时间是在晚饭后，"在院外拢烟后，回到院里要祭神，用面做成七盏油灯点燃，全家人上香叩头，愿神灵保佑全家人幸福平安，一切顺利"。[3]

如果近三年家里有过世的老人，那么要将死者生前用过的褥子、枕头铺在西炕上，燃着蒿子搓成的香，摆上桌子，上面放供品，供品有猪头、点着的烟、酒等物品，全家人一起叨咕叨咕，磕头。一直放到初一上半夜才收起来。

年三十白天的第二顿饭一般在下午两三点时吃。达斡尔族非常重视这顿饭，家家都精心准备，这顿饭一定要丰盛，做最好吃的饭菜，菜品数量必须是双数，过去经济条件差，一般做四个菜或六个菜，当然也有因为家庭人口多、经济条件差而凑不上四个菜的家庭。所做的菜多是炖菜，如牛的肩胛

---

1. 毅松．达斡尔族[M]．沈阳：辽宁民族出版社，2012．98．
2. 被访谈人：德新；访谈时间：2016年2月11日；访谈地点：齐齐哈尔市梅里斯达斡尔族区幸福家园小区德新家．
3. 被访谈人：陶贵水；访谈时间：2016年2月3日；访谈地点：齐齐哈尔市梅里斯达斡尔族区哈拉新村村政府．

骨拌奶油、手把肉、豆角干、茄子干炖肉。若是用煮手把肉的肉汤炖豆角丝、粉条，那是最好吃的菜了，这是最受达斡尔族喜爱的一道菜。随着生活水平的提高，年三十晚饭菜品越来越丰富，鱼、鸡、肘子是一定不能少的，尤其是必须有鱼，吃鱼的含义是"年年有余"，据康淑珍说，20世纪50年代就开始过年吃鱼了。但禁止吃鸭肉和鹅肉。如今经济条件好了，菜品丰富了，人口多的家庭会做10个菜、12个菜或者14个菜，乔景春说："现在和过去没法比。"主食过去是稷子米干饭，康淑珍说："稷子米饭是我们达族人最好的饭，平时很少吃，产量低，吃不起。只有过年的时候才吃。"[1]现在多吃大米饭。

吃饭有很多规矩，爷爷奶奶坐在南炕，没有成家的坐在北炕，结婚的坐在西炕。孙子辈的可以和爷爷奶奶同桌。长辈喝酒的时候小孩是不能上桌的；大伯子和兄弟媳妇不能坐在一起，会被人说闲话。现在吃饭的老规矩没有了，长辈晚辈、儿媳妇老公公、大伯子和弟媳都可以同坐一桌吃饭了。

吃完晚饭后给家里的老人包括爷爷奶奶父母拜年，这一习俗直到现在仍然保持。

年三十晚上，达斡尔族称为"布图喔日哦克""三十下晚儿"，节日气氛达到高潮。用一根绳子把灯笼高高吊在院子中的一根木杆上，整夜不熄灭，达斡尔族称之为"点天灯"。经济条件好的家庭从年三十一直点到正月十五，没条件的家庭仅在年三十和正月十五两天通宵点天灯。

晚上11点左右接财神。在院子里放一供桌，在桌子上摆上供品，有的人家会同时燃起一堆火，有的人家则不燃火。上香，过去没有香，用蒿子搓成的绳子代替，磕头，叩咕叩咕，感谢神灵在过去一年里所赐予的收获，祈望

---

[1] 被访谈人：乔景春、康淑珍；访谈时间：2016年2月7日；访谈地点：齐齐哈尔市梅里斯达斡尔族区哈拉新村乔景春、康淑珍夫妇家。

在新的一年得到神灵的保佑，求得平安、吉祥，没病没灾。[1] 放炮仗，此时必须打开家里的门，以让财神进家来。德新说："放炮仗的时候打开屋门，迎财神。小时候因为小，不懂，没开门就放炮仗，爸爸说，把门打开，不然财神没法进来。"[2] 多雪梅家除了在外面放炮仗之外，还会先在室内放炮仗，同时打开屋门，她爸爸说："这样是为了赶走家里的鬼。"[3] 一同接回来的还有灶王爷，在新的灶王爷像前上香、摆上供品、磕头。

接完神之后，全家吃年夜饭，主要是吃饺子。这顿饺子必须是新包的，不能吃冻饺子。以前是荞麦面饺子，现在都是白面饺子。过去，猪肉粉条馅饺子是达斡尔族最爱吃的饺子，除了猪肉粉条馅外，视家庭情况，或者白菜馅，或者豆角丝馅，或者萝卜馅，或者猪肉馅。富裕的人家过去吃肥肉白糖馅蒸饺，是用荞麦面包的饺子，肉是五花肉，馅里不放油只加葱花。直至现在，多雪梅家还偶尔用白面包肥肉白糖馅饺子，多雪梅说："这种饺子可好吃了！"[4] 吃肥肉白糖馅蒸饺有"生活甜蜜"的吉祥含义。德新说，年三十半夜不吃酸菜馅饺子，蘸料不用蒜泥，用韭菜花。吃酸菜馅人会酸性，即脾气不好，吃蒜会算计，一年日子过得紧巴[5]。不过有这两个禁忌的家庭不多，在访问的对象中，只有德新家有这一规矩。现在由于商品经济的发达，即便冬天也能买到新鲜的蔬菜了，所以过年的饺子馅丰富了许多。近几年由于同汉族通婚多了起来，受汉族影响，有的家庭吃素馅饺子。鄂淑华说："自从姑爷（汉族）来我们家后，我们家年三十晚上就开始吃素馅饺

---

1. 毅松. 达斡尔族[M]. 沈阳：辽宁民族出版社，2012．99．
2. 被访谈人：德新；访谈时间：2016年2月11日；访谈地点：齐齐哈尔市梅里斯达斡尔族区幸福家园小区德新家。
3. 被访谈人：多雪梅；访谈时间：2016年2月5日；访谈地点：齐齐哈尔市梅里斯达斡尔族区哈拉新村多雪梅家。
4. 被访谈人：多雪梅；访谈时间：2016年2月10日；访谈地点：齐齐哈尔市梅里斯达斡尔族区哈拉新村多雪梅家。
5. 被访谈人：德新；访谈时间：2016年2月11日；访谈地点：齐齐哈尔市梅里斯达斡尔族区幸福家园小区德新家。

子,说是吃素馅的饺子人会清醒。"[1]饺子馅内加钱币、白线,谁吃到有白线的饺子谁长寿,谁吃到有钱币的饺子谁不缺钱花。这一习俗一直保持,尤其以包钱币最为普遍。三十夜里这顿饺子要求一样大小,所以禁止小孩插手,以免包坏了。

过去,接完财神上完香之后就不允许妇女动针线、动刀剪了,这种禁忌直到初三才解除,在达斡尔族看来,动剪刀会剪掉龙须,动针线人会瞎眼睛。老人会对干活的晚辈嗔怪说:"一年干活还没做够啊?想把眼睛整瞎了啊?"

过去家庭经济普遍困难,压岁钱很少,一两块钱,或者没有。现在生活水平提高了,所以父母都给孩子们压岁钱,亲戚朋友来家串门也给孩子压岁钱。

小姑娘和本命年的人年三十晚上禁止出家门。本命年的人不能看星星,若是看见星星全年都会不吉利、多灾多难。据德新说,过去本命年的人没有扎红腰带、穿红衣服、穿红裤子的习俗,这一习俗是后来才有的[2],现在年三十晚上本命年的人穿红衣服、红裤子比较普遍。

达斡尔族年三十晚上也有守岁的习俗,整夜不睡,如果实在熬不下去了,也只能穿着衣服在一个旮旯里睡。德新说:"守岁,但是没人听,熬不住就睡了,但是不能大大方方铺着褥子、盖着被子的睡,而是找个旮旯睡,穿着衣服睡。"[3]如今,守岁这一风俗,老一辈的人仍然坚持,他们仍然坚持让所有人都不睡觉,但是并不太严格了,一般只要求半夜12点之前不能睡觉,12点过后,接完财神了就可以睡了。

---

1. 被访谈人:鄂淑华;访谈时间:2016年2月4日;访谈地点:齐齐哈尔市梅里斯达斡尔族区哈拉新村鄂淑华家。
2. 被访谈人:德新;访谈时间:2016年2月11日;访谈地点:齐齐哈尔市梅里斯达斡尔族区幸福家园小区德新家。
3. 被访谈人:德新;访谈时间:2016年2月11日;访谈地点:齐齐哈尔市梅里斯达斡尔族区幸福家园小区德新家。

如何度过长夜，现在的方式是看春节联欢晚会、打麻将；过去，达斡尔族有自己的娱乐方式，如听老人讲故事、听讲大书、听讲乌钦。也有一些游戏活动，以玩嘎啦哈最为普遍，大姑娘、小媳妇都爱玩嘎拉哈（羊拐），康淑珍说："炕上坐得满满的，一圈一圈地都在玩噶拉哈。"[1] 达斡尔族称嘎拉哈为"萨克"，是猪、羊的骸骨，能立出四种不同的面，能立的四个面分别是"汗辽"（立）、"他嘎"（反立）、"穆库"（背）、"楚库"（坑）。玩法有两种：一种玩法是将嘎啦哈撒在炕上，将布口袋抛于空中，然后抛口袋的那只手迅速将炕上相同形态样式的嘎啦哈抓起，再迅速接住下落的口袋，以抓嘎啦哈多并接住口袋者为胜。另一种玩法是取10—20个嘎拉哈，抛于炕上，抛前先约定嘎啦哈的形态样式，以预测正确形态多者为胜。也玩棋摞，玩具是象棋，将象棋洗乱，把象棋的棋子按照四个一摞摆成一溜，掷骰子决定谁先抓牌，依次抓牌，四个人玩，每人分两摞，抓完为止。然后像打扑克一样出牌，先抓牌者先出牌，每次出单个的抑或是成对的，还是多个的，由先出牌者决定，其他人随着出相应数量的牌，所出的牌要扣着，避免让其他人看见，否则对自己不利。"帅"和"将"最大，从大到小依次是将（帅）、士、相、车、马、炮、兵（卒），兵（卒）最小，四个人同时亮牌，谁的棋子大，谁就赢得其余三人的棋子。赢得本轮者有权主导出下一轮。理想的结果是用最小的棋子输给对方最大的棋子，用你最大的棋子赢得对方次大的棋子。所以准确地判断对方出什么牌至关重要，判断正确就能以弱胜强，若是判断错误，则即使是好牌也会输掉。

三十这天是达斡尔族供神、祭神的日子，一定要说吉利的、祝福的话。禁止说不吉利的话，如果出现不吉利的语言，一定要用其他的词语代替，例如包饺子的面没了不能说"没了"，要说"馅满了"或者说"馅整多

---

[1]. 被访谈人：康淑珍；访谈时间：2016年2月7日；访谈地点：齐齐哈尔市梅里斯达斡尔族区哈拉新村乔景春、康淑珍夫妇家。

了"。不能打架吵架。如果哪个孩子个子不高,父母会让他站在门槛上,揪他的耳朵往上提,目的是让他长高个儿。上学的孩子,大人们都会在这天让他看书,说是这天看书写字,学习好,乔景春说:"大年三十那天写字学习好。"德新说:"家里有念书人,晚上父母就督促:'写写字!笔体好,学习能上去。'"[1]德新是1948年才上学,三十下午吃完饭,母亲就会叮嘱说:"三十了,别去玩了,写写字,看看书。"这一习俗至今仍然保持,李珊昆说:"我妈就是,过年那几天初一初二让我早点起来,说是上学之后爱学习。"[2]

每到三十晚上新旧交替的时候,也进行吉凶、来年运气的预测,因为他们相信在这个时间点上预测是最灵验的。预测的方法主要是看星星或者摆扑克。德新说,她爸爸会在三十晚上把一根秸秆的中心挖空,在各个秫秸节里放进不同粮食种子,到初一看哪个种子先发芽,哪种作物先发芽则预示这种作物今年收成会好。[3]

2016年2月7日乔景春、康淑珍家过大年

2016年2月7日,腊月二十九,是大年三十,因为本年本月是小进,农历十二月共计29天。乔景春、康淑珍家里,一派忙碌的景象。

今天是个团聚的日子,乔景春、康淑珍夫妇的儿女除了二女儿一家外,其他两家都回来过年了。乔景春、康淑珍夫妇共有三个子女,儿子乔少勇在北京开车,年前二十五六回来的,儿媳妇平时在村中的风情园打工,他们的女儿正在上初中;大女儿乔春燕,45岁,在齐齐哈尔市打工,离异,她

---

1. 被访谈人:德新;访谈时间:2016年2月11日;访谈地点:齐齐哈尔市梅里斯达斡尔族区幸福家园小区德新家。
2. 被访谈人:李珊昆;访谈时间:2016年2月7日;访谈地点:齐齐哈尔市梅里斯达斡尔族区哈拉新村乔景春、康淑珍家。
3. 被访谈人:德新;访谈时间:2016年2月11日;访谈地点:齐齐哈尔市梅里斯达斡尔族区幸福家园小区德新家。

们的女儿正在上高中；二女儿乔春霞，40岁，在齐齐哈尔市一家幼儿园当厨师，丈夫崔守波是太太鸡精推销员，儿子崔国玉正在上学。二女儿乔春霞一家要在婆婆家过年，大女儿乔春燕的女儿要到爷爷家过年，其他人都和乔景春、康淑珍夫妇一起过年。乔少勇就在隔壁，说来就来，他在腊月二十八就把礼物送给父母，礼物有北大仓君妃酒一箱六瓶。乔春燕是在腊月二十九的下午3点多从齐齐哈尔市里赶回家过年的，她给父母带的礼物有西凤酒两瓶、啤酒一箱。

一早起来吃过早饭后，康淑珍、乔景春一家就开始准备下午的大餐，儿媳妇9点钟就过来帮着忙活。重点是炜肉，今年过年老两口买了很多肉，前槽、后鞘、排骨、猪手等共计买了50多公斤，在厨房的灶台上用五个大盆子装着生肉，这些生肉买回来之后一直用冰埋在外面，腊月二十七乔景春就将生肉刨了出来，放在厨房化肉。腊月二十八乔景春把猪手收拾干净。炜肉用一个大锅，清水炖肉，锅里煮的肉有猪肉、半扇排骨、八个猪手、一个肘子。凉拌菜也是年饭必须有的菜，儿媳妇负责摘菜、洗菜、切菜，最后由康淑珍拌菜。鸡和鱼是必须有的年饭主打菜，小鸡是同蘑菇一起炖的，鱼是腊月二十七买回的一条活鲤鱼。最后总计做了十个菜，分别是肘子、排骨、炖鱼、凉菜、猪蹄、炒蒜薹、春卷、炖小鸡、红肠、罐头。

在康淑英和儿媳妇忙活做吃的同时，乔少勇则将对联和福字贴在了门窗之上。

孙女乔乔临到吃饭时才回来，各家走走是她过年期间的活动。康淑珍坐在炕上，对孙女乔乔说："过年啦，长一岁啦，给你压岁钱，好好学习。"

待全家都到齐了之后，下午3点多开始吃饭。饭前，乔少勇出外放了一挂鞭炮。乔景春、康淑珍夫妇、儿子儿媳妇、女儿都喝酒，爷俩喝白酒，娘仁喝啤酒，乔乔喝饮料。康淑珍说了一段开场白："新的一年到了，（20）15年送走啦，（20）16年来到了，孩子们在新年里学业有成。干活的、儿子、儿媳妇、姑娘挣大钱。"其间，康淑珍都要忆苦思甜，过去我们的生活是什么样,现在是什么样。她说:"不忆苦思甜不行,要不这些孩子长在红旗下,过去吃苦受累、吃糠咽菜的日子都不知道。"[1] 更多聊的是闲嗑,诸如明年干啥,如何挣钱。乔景春劝儿子:"出去挣钱吧,老在家干啥,要不然怎么生存呢。"儿子欣然应允。

饭后,收拾完桌子,乔景春、康淑珍夫妇守候在电视机旁看电视。而儿子、儿媳妇、姑娘则出去串门,到各家拜年。孙女乔乔则又出去玩了,到哪家都能拿到点糖。

太阳落山的时候,外面挂着的两个大红灯笼亮了,这两个大红灯笼是村政府统一挂的。今年的春节,村政府在过年期间给各家统一挂红灯笼,每家两个,统一开灯。

半夜11点多,出外串门的儿子儿媳妇、女儿、孙女都回来了。康淑珍将白天吃的菜又热了一下,端上桌子,然后煮饺子。康淑珍嫌麻烦,没有现包饺子,而是煮冻饺子,康淑珍说:"大家都有事,没有时间包饺子。"饺子馅为韭菜,往年在这些饺子中要包钱币,自从康淑珍信奉基督教以后,就不包钱币饺子了,她只信上帝耶稣,不信这些说头儿了。饭前,儿子燃放鞭炮。

吃完晚饭,看完春节联欢晚会后,儿子、儿媳妇、孙女、女儿就回各自的家睡觉了。

正月初一

正月初一,达斡尔族人称其为"阿涅",是过年的正日子。

如果上一年不顺利,那么在初一早晨用纸剪成两三个纸马,用线穿起来,在做早饭的时候,将纸马放在烟囱的出烟口,让它随着炊烟飞上天,如此则新的一年必有好运、有财运。

---

1. 被访谈人:康淑珍;访谈时间:2016年2月7日;访谈地点:齐齐哈尔市梅里斯达斡尔族区哈拉新村乔景春、康淑珍夫妇家。

早上必须吃饺子，有的家庭用粉条子同饺子一起煮，先煮粉条子，待煮沸后下饺子，饺子和粉条子一起吃有"常胜""长长久久"的吉祥含义。初一早饭要尽快吃完，其目的有两个，一是为了早点儿出去拜年，二是迎接拜年的人。陶贵水说："如果别人来你家拜年的时候你还没吃完饭，你就会被笑话了。"[1]

吃完饭后，老人在家等着别人来拜年，年轻人都出去拜年。拜年以家庭为单位集体出去，拜年的顺序是从最年老、辈分最大的人家开始，然后按照辈分依次走各家。拜年时，每人手提一壶酒，拿着一个酒杯。进屋拜年的顺序是，家里若是供奉神，则先向神位跪拜；若是家里有近三年去世的老人，室内西炕供奉有这个老人生前用过的被褥和枕头，拜年的人对炕上的被褥行跪拜礼，当来客给去世的人磕头时，儿子也要同来客一起跪拜。最后才拜在世的老人，先给老人敬一杯酒，然后磕头，说"过年好"，老人则会回敬一些祝福的话，如"祝你一年平平安安！顺顺利利！健康不得病！"由于前来拜年的人太多，多数情况是几个家庭同时拥到一个家庭，屋里容纳不下所有人，进不来屋的人往往就在门外请安，高喊一声"给您拜年啦"，喊完就走了。但是直系亲属一定要进屋请安磕头。离屋的时候，一定要倒退着走，以表示尊敬。德新说："拜年的时候要请安和磕头一起用，请安是两脚并拢，双手放在膝盖上，微微弯曲。"[2]还有一种说法，"三十磕头、初一请安"，多雪梅说："初一拜年只要单膝跪拜即可，男左女右。"[3]正月十五之前一定要拜完年，到正月十五还没拜年就要受到责怪了。

每家都准备茶水、糖果、瓜子、香烟、冻梨等食物，以招待前来拜年

---

1. 被访谈人：陶贵水；访谈时间：2016年2月3日；访谈地点：齐齐哈尔市梅里斯达斡尔族区哈拉新村村政府。
2. 被访谈人：德新；访谈时间：2016年2月11日；访谈地点：齐齐哈尔市梅里斯达斡尔族区幸福家园小区德新家。
3. 被访谈人：多雪梅；访谈时间：2016年2月5日；访谈地点：齐齐哈尔市梅里斯达斡尔族区哈拉新村多雪梅家。

的客人。每家都要特意给前来拜年的孩子准备些糖块和零食。

如果头年刚结婚，那么这对结婚不到一年的夫妇初一要独自带着酒盅挨家去串门，给老人敬酒，并接受来自老人的祝福。现在虽然这种习俗仍然存在，但是拜年时不带酒了，而改成带礼品，一般送四合礼或者仅送水果。过去比较贫穷，新婚夫妇拜年的时候得不到钱；现在则实行给钱，到谁家拜年，谁家都要给新婚夫妇一定数量的钱作为回礼，一百两百的，数量不等。

达斡尔族还有一种特有的恶作剧式的拜年方式，这种拜年方式具有娱乐性，叫作"阿布嘎力"。两个人合作，一个人扮演仙鹤，达语为"托古拉日"，另一个人是赶仙鹤的人。扮演仙鹤的人须具有表演天赋，他反穿羊皮袄，毛朝外，蒙上脑袋，右胳膊扮作仙鹤的脖子，手扮作仙鹤的头，手拿一双筷子扮作仙鹤嘴，筷子须用同样颜色的布条缠好。领鹤拜年的人是一个为人正直、口才较好、受人尊重的人，到谁家都能给面子。家家都知道仙鹤拜年是个娱乐活动，都积极配合。进屋哈下腰，把右臂举起如真鹤一样，向这家人逐一点头，以示拜年。这家人要拿出糖果给仙鹤，仙鹤很少接受糖果，有时右手腕一抖，形成仙鹤摇头。这时领鹤人就说仙鹤生气了，开始数落这家人，把这家在为人处世方面不尽如人意的地方一一道来，要求改正，这家人赶紧答应改正。有时仙鹤用嘴敲打桌子和炕沿，领鹤人会继续数落说，你家在某某件事情上办得不对，你家的谁谁办的事情大错特错，家里人赶忙应承，立即改正。事实上，两个拜年的人已经掌握了这家的缺点，借游戏拜年之机加以批评教育，诙谐幽默，寓教于乐，具有警示作用，有利于邻里间、亲属间、朋友间和谐相处。

现在这种集体性的、大规模的拜年方式见不到了，出去拜年多数仅限于直系亲属之间的互相走动，道远的、关系较远的也就不去拜年了。即便拜年，也没有繁缛的礼节了，仅说声"过年好"，既不请安，更不磕头。出现这种情况既有客观因素，也有主观因素。客观因素是多数老人都搬到县城了，而主观因素是年轻人没有这个意愿，何凤珍说："现在的年轻人都没有

'礼貌'了，拜年也不请安、磕头了。"[1] 随着现代化的发展，年轻人们更愿意待在家里看电视、玩电脑。近些年，随着互联网、无线通信的发展，用手机、电脑相互拜年普遍起来。

2016年2月8日，正月初一，乔景春、康淑珍家。

早晨全家吃牛肉馅饺子。从8点多开始就有晚辈亲属来拜年。前来给乔景春夫妇拜年的除了外孙女之外，都是乔景春的兄弟姐妹的子女们。8点多，在爷爷奶奶家过年的外孙女前来拜年："姥爷姥姥过年好！"康淑珍给了200元压岁钱。9点以后，侄女乔鑫，侄子乔志勇、乔木、乔水光分别前来拜年，乔景春兄弟的子女中只有一个人没有前来拜年。前来拜年的还有乔景春妹妹家的孩子、外甥女吴卉宋大镇夫妇、外甥吴昊。他们拜年都不带礼物，只过来问个好，唠会儿嗑就回家了。

从正月初一开始，达斡尔族就开始尽情娱乐。娱乐的方式有多种，一是听故事。最受欢迎的曲艺节目是乌钦，乌钦本是在清朝时由达斡尔族文人用满文创作并以吟诵调朗读的叙事体诗歌，后来民间艺人口头说唱表演这些作品，乌钦遂逐渐演变成含有"故事吟唱或故事说唱"之意的一个曲艺品种。乌钦最初的演出多为徒口吟唱，后来出现了艺人采用"华昌斯"（四弦琴）自拉自唱的情形。演唱的曲调也丰富起来，除了原有的吟诵调外，也采用叙事歌曲调和小唱曲调表演。乌钦的内容丰富多彩，有讲唱民族英雄莫日根故事的，有反映爱情和婚姻生活的，有歌唱家乡山水风光的，也有讲述神话、童话和传说故事的，节目长短不一，长者可说唱几天几夜，短者几分钟到数小时不等。二是唱歌跳舞。过去不论穷富，每家都会邀请村里的人到自己家里跳舞、听故事、唱"乌钦"，今天去你家玩，明天到我家玩，如果两家距离较远，甚至坐车去。每次都玩到深夜，甚至天亮。在谁家玩，谁家都

---

1. 被访谈人：何凤珍；访谈时间：2016年2月6日；访谈地点：齐齐哈尔市梅里斯达斡尔族区哈拉新村何凤珍家。

要用豆包、饺子招待大家。女人跳舞，男人则喝酒、打牌、讲故事、听"乌钦"。达斡尔族女子各个能歌善舞，无论大小庆典皆以舞助兴，以歌舞自娱自乐。最喜欢跳的舞蹈是罕伯舞，只要有场地、有时间，达斡尔族都会自发地跳上一段，劳动之余跳，结婚时跳，过节时跳，过年这么重要的节日，自然更要跳。这种舞有两人对舞、三个人跳八字、四人对穿等多种形式。据陶贵水介绍，舞蹈分为三段，第一段以歌为主、以舞为辅，歌曲悠扬；第二段边歌边舞，以舞为主，歌曲欢快；第三段是打斗，进入了舞蹈的高潮，几个回合后就收场了。陶贵水说："如果有外屯的人参加，本屯人就要特别卖力气了，不能让外屯的人看不起。"[1] 所有的舞蹈动作皆来源于生产和生活，模仿采集、渔猎、野兽打斗、提水、挤奶、照镜子、梳头等动作，动作粗犷、奔放。歌词多是模仿鸟兽的鸣叫，惟妙惟肖。三是做游戏。过年的时候是最热闹的时候，邻里之间、亲戚之间走动最为频繁，走西家串东家，一起玩、一起听故事、一起跳舞，游戏内容多种多样，常玩的游戏有嘎拉哈、棋擦、曲棍球。曲棍球是男孩子们经常玩的游戏。德新说："过去的曲棍球制作很简单，球杆是用树根做的，球是用牛毛整的。但是曲棍球不能在下午玩，如果下午出去玩就会挨骂。"[2] 每次召集玩伴的方式都具有挑战性，如果要叫小伙伴们出来玩曲棍球，就会在街上喊："有种你就出来！"现在，玩嘎拉哈游戏活动没有了，曲棍球仅中老年人会玩，青少年已经没人会玩了。扭秧歌也是正月期间的主要娱乐活动，秧歌队有本村自发组织的，也有外地秧歌队来村里表演的，据说哈尔滨秧歌队还曾来哈拉新村表演过呢。外来的秧歌队由村里的大户人家负责吃喝。秧歌花样很多，有老汉跑旱船、青

---

1. 被访谈人：陶贵水；访谈时间：2016年2月3日；访谈地点：齐齐哈尔市梅里斯达斡尔族区哈拉新村村政府。
2. 被访谈人：德新；访谈时间：2016年2月11日；访谈地点：齐齐哈尔市梅里斯达斡尔族区幸福家园小区德新家。

蛇、白蛇等扮相,德新说:"那时候的秧歌可漂亮了。"[1]现在秧歌队基本都没有了,最常见的娱乐活动是在村中的小广场跳跳舞。

达斡尔族和汉族一样有将正月的某一天视为某种动物或植物的日子,从正月初一到初十的对应关系是:一鸡、二鸭、猫三、狗四、猪五、羊六、人七、马八、九果、十菜。通过看天气预测新的一年所主动物或植物的好坏,如哪天天气好,则预示对应的动物或植物一年旺盛。如果刮风、阴天、下雪,则预示对应的动物或植物不好。

正月初二至初十

正月初二是女儿回娘家拜年的日子,女儿女婿回来时要带酒和点心等礼物。拜年的当天不能住在娘家,日落之前一定要回去。现在这些讲究没有了,道远回不去的就住两天,道近的住不住都可以。

2016年2月9日,正月初二,康淑珍的二女儿乔春霞一家人回娘家拜年,乔春霞一家是在公婆家过的年。女儿女婿给父母带回来的礼物有古井贡、泸州老窖、山西汾酒、北大仓各两瓶,还有小孩吃的糕点两盒、糖果两盒、西湖龙井和铁观音各一盒。

吃饭仍然是主要内容,康淑珍征求女儿女婿外孙吃什么,乔春霞说:"啥也吃不进去,就别整那些了。"康淑珍明白,这是女儿害怕自己累着。一年就这么一回团聚,康淑珍当然非常重视这次大餐。肉、排骨、肘子都是现成的,乔景春到雅尔塞镇上买了条活鱼,又买了些青菜。总共做了12个菜。这顿饭是乔景春、康淑珍家人口最全的时候,儿子一家三口、大女儿母女俩、二女儿一家三口,总计10口人。回忆、祝福、家长里短是饭桌上聊的主要内容。

---

1. 被访谈人:德新;访谈时间:2016年2月11日;访谈地点:齐齐哈尔市梅里斯达斡尔族区幸福家园小区德新家。

外孙的压岁钱是不能少的，康淑珍对着外孙说："宝宝过来，过年啦，又长一岁啦，你也不给姥姥拜年，你不拜年，姥姥也不给钱。"外孙站那儿挺像回事地给康淑珍行了个礼，说："姥姥，过年好！"同孙女和外孙女的压岁钱一样，康淑珍也给了这个外孙200元。

女儿女婿一家因为有工作，住一宿第二天就返回齐齐哈尔市里了。

初一、初二是年轻人给长辈拜年，初三、初四老人们之间开始互相拜年，他们之间的拜年也是按照辈分依次而拜，到谁家都要留下来吃饭。但是这一习俗现在基本消失了。

▲ 多雪梅家保持大年初三吃饺子的习俗/李珊昆 摄/2015年

正月初三要吃饺子，2016年2月10日，多雪梅12点多开始揉面、剁馅、包饺子，她包的是白菜馅水饺，这是她妈妈留下来的传统，多雪梅一直保持这个习惯，白菜取"百财""发财"之意。

正月期间也是邻里、朋友、亲属之间走动最为频繁的时期，串门坚持双日子出行的规矩，双日子吉利，多雪梅说，他们家到了初二之后逢双日子出去串门。[1] 正月初八以后两地而居的表亲、伯亲和连襟开始互相拜年，这

---

1. 被访谈人：多雪梅；访谈时间：2016年2月10日；访谈地点：齐齐哈尔市梅里斯达斡尔族区哈拉新村多雪梅家。

一拜年活动在正月十五之前必须完成。因为距离较远，所以每次拜年大多数人会在亲属家做客一两天。现在家庭之间的走动越来越少。

哈拉新村的达斡尔族过去没有过破五的说法。近些年随着汉族人口的增多，受汉族的影响，也开始每逢正月初五要破五，吃饺子，放炮仗。但是也有的家庭一直没有破五之说，如德新家便是，德新说，达斡尔族不过破五。[1]

初七、十七、二十七是人的日子，分别是小孩、中年、老人的日子，每到初七、十七、二十七都观天气，天气晴好则分别预示小孩、中年、老年人一年顺当、无病无灾；如果阴天或下雪或风大则预示小孩、中年、老年人一年不顺利。要在这三天吃面条，寓意绑腿、长寿。早期的面条是荞麦面面条，后来都是白面面条。德新说，以前没有过人期日的习俗，也就是最近一二十年才有。[2] 康淑珍说，初七、十七、二十七也叫寡妇日，禁止动针线，否则会眼瞎。[3]

正月初十在达斡尔族人的心里是菜的日子，这天要吃饺子，寓意庄稼丰收，有收财的意思，这一习俗延续到现在一直保持着。

正月十五

达斡尔族过正月十五，达斡尔语称正月十五为"哈嘞本塔坞"，是达斡尔族最为重视的节日，达斡尔族称其为"小年"。这个节日持续三天，从正月十四一直到正月十六。室外高挂灯笼，院中的高杆上将天灯重新挂起，有的家庭从年三十一直点到正月十五。现在家家的砖瓦房都有门灯，每到

---

1. 被访谈人：德新；访谈时间：2016年2月11日；访谈地点：齐齐哈尔市梅里斯达斡尔族区幸福家园小区德新家。
2. 被访谈人：德新；访谈时间：2016年2月11日；访谈地点：齐齐哈尔市梅里斯达斡尔族区幸福家园小区德新家。
3. 被访谈人：康淑珍；访谈时间：2016年2月8日；访谈地点：齐齐哈尔市梅里斯达斡尔族区哈拉新村乔景春、康淑珍夫妇家。

十四、十五夜晚，门灯整宿亮着。2016年正月十四，当夜幕降临的时候，哈拉村政府统一给各家挂的灯笼适时地亮了。十五一过，村政府就收回灯笼，待来年再用。

正月十四早上一定要吃饺子和杀猪时剩下的猪骨头。达斡尔族在正月十四的夜晚就开始燃放烟花。

正月十五吃蒸豆包。快到十五的时候，人们见面经常会说"快到十五了，要吃豆包了"，从中能看出人们对正月十五的热盼，也能看出这一天的饮食特点。过去，像德新这样富裕的人家在这一天要吃手把肉。

吃饭之前都要给家里供奉的各个神上供。晚上要祭祀北斗七星，用面做成类似酒盅形状的容器七个，里面放油，即成为油灯，在室外摆放一个方桌，将用面做成的七个油灯放在桌子上，燃着，上香，面北斗七星祭拜。禁止小孩儿参与祭拜活动。

孩子们拎着灯笼到处玩。灯笼是父母给制作的，灯笼的做法是在罐头瓶子里面的底部点根蜡烛，瓶口处系根拎绳。

正月十五夜晚，家家燃放烟花。

受汉族影响，晚上也出去走一走，这就是正月十五走百步的习俗，通过走百步，去除疾病。据说，走百步习俗并不普及，仅有几家有这一观念和习俗。

早年，达斡尔族没有元宵节的概念，元宵节的叫法是20世纪80年代以后才有的，康淑珍说："（20世纪）80年代以后开始吃元宵，之前根本不知道。也不知道元宵节。"[1] 元宵节概念的产生和吃元宵习俗的形成同汉族人口的增多有着直接的关系，更与广播、电视等媒体的宣传密不可分。自从有了元宵节的概念以后，也在这一天吃元宵，达斡尔族的元宵都是从市场上购买。

---

1. 被访谈人：康淑珍；访谈时间：2016年2月22日；访谈地点：齐齐哈尔市梅里斯达斡尔族区哈拉新村乔景春、康淑珍夫妇家。

正月十五以后，如果家里有萨满或者近年曾求过萨满驱邪治病，那么只要经济条件允许就请萨满到家里做一次神事活动，这种神事活动达语叫"托热托勒贝"。这一神事活动需要两个萨满同时做，在萨满的六种神事活动中这是唯一一个由两个萨满来完成的神事活动。两个萨满的级别、辈分和能力不同，有主次之分，主萨满叫长萨满或母萨满，次萨满叫子萨满。做神事活动时，备只活羊，把腿绑上，孩子们骑在羊身上，萨满拿着手鼓，唱着萨满调，胸前挂着神灵供像，跳神，待要结束时，把羊杀死，杀羊的时候要接一碗生羊血，给萨满喝掉。萨满不能看到杀羊的过程，如果萨满看到杀生流血，其自带的神灵便会夺走祭品。神事活动的功能是保家庭平安，做了神事活动，一年之中就会得到萨满神灵的保护，尤其是孩子们会得到更好的保护。

过完十五达斡尔族就认为年走了，鄂淑华说："老人都这么说，放炮仗、吃饺子，年就走了。"[1]

2016年2月22日，农历正月十五，乔景春、康淑珍家。

乔景春在正月十四就开始准备吃的，因为十五也是一个全家团圆的日子，他骑着自行车到雅尔塞市场上买了四盒元宵、一条活鱼，还有蒜薹、韭菜、菜花等青菜。十五一早，吃饺子。由于两个女儿都在齐齐哈尔市打工，不能回来，所以这个节日乔景春、康淑珍夫妇就和儿子一家三口过节。吃过早饭，儿子一家就过来了，康淑珍负责做饭，儿媳妇打下手。下午3点半开始吃饭，饭菜较之春节饭菜稍次点，做了六个菜。夜幕降临的时候，儿子在院中燃放鞭炮、花炮。

正月十六

正月十六是达斡尔族的传统节日抹黑节，达斡尔语叫作"哈嘞乌嘟

---

[1]. 被访谈人：鄂淑华；访谈时间：2016年2月4日；访谈地点：齐齐哈尔市梅里斯达斡尔族区哈拉新村鄂淑华家。

勒"。达斡尔族认为从除夕到正月十五是阳气上升，阴气下降的时候，而到了十六这天阴气就开始上升，人们外出或者走夜路就不会那么安全了，而这天抹黑就是为了驱邪避害，保人平安。

父母一般会在子女起床之前在孩子们的脑门上抹上一个"十"字，寓意着吉祥、驱邪，一年不得病。

太阳出来之前，人们就带着锅底灰到左邻右舍，往对方脸上抹锅底灰，许多人将锅底灰用豆油加以搅拌，这种锅底灰抹在身上很难洗掉。这天不管大人小孩都要早早起床，否则被堵在被窝里，一点还手之力都没有，那就惨了，整个身子都会被抹黑。嫂子是最惨的，谁都想给她抹灰，所以嫂子会早早起来赶紧做完早饭，然后躲藏起来，但是即便藏到仓子里也会把他"薅"出来，最安全的地方就是老人的身后，嫂子若是躲在老人身后，老人一发话，就没人敢动手抹了。本来上午就该结束，但是往往没人遵守这个时间，有时整天抹，有时候白天没尽兴，晚上接着抹。但是晚辈不能给长辈抹，儿媳妇不能给老公公抹，兄弟媳妇和大伯哥之间不能互相抹黑。若是给长辈抹黑需要征得老人的同意，并象征性地抹点。

抹黑的人抹完了，还掀开锅盖，拿干粮吃，德新回忆说："我嫂子她们老早起来把饭做好，然后就藏起来，猫起来，但是人们不会放过她的，藏到仓房里头也会找到。抹完了，还掀开锅盖，把新蒸的一锅饺子，这个拿走一个，那个吃一个，都给你吃没了。我嫂子就磨叨，我妈就说：'哎呀，都不是外人，外人能这样吗？吃就吃去吧，你们再做吧。'"[1]

现在这种热烈的抹黑场面见不到了，虽然也抹黑，但是仅仅是父母给自家的孩子抹，在孩子没起床之前给他在额头上抹点灰。

虽然抹黑节气氛没有过去浓了，但是政府很重视这项活动，把其作为

---

1. 被访谈人：德新；访谈时间：2016年2月11日；访谈地点：齐齐哈尔市梅里斯达斡尔族区幸福家园小区德新家。

传统文化加以保护，梅里斯达斡尔族区已经把抹黑节"阔德格·乌都日"确定为一个地方节日，每到正月十六晚上政府都举办联欢会，截至2016年已经举办了27届。届时，现场表演抹黑，无论是达斡尔族还是汉族都参与。同时还有罕伯舞表演，唱歌跳舞。

　　这天要祭祀笊篱姑姑。笊篱姑姑达语叫"笊篱巴肯"，她是保护牛羊的神，牛要下崽的时候要祭拜一下笊篱姑姑，若是牛没奶，也要祭拜一下笊篱姑姑。祭祀的方法是，在锅台上摆上笊篱，上香，面对笊篱叨咕叨咕，牛就能出奶了。鄂淑华说："我们家老太太老爷子在的时候，就这么整了。"[1] 牛下来奶之后，也点上香，把出嫁的姑娘都请回来吃奶油饭。奶油饭就是稷子米干饭拌牛奶。笊篱姑姑也是舞蹈之神，用一把笊篱做她的脸，横绑一根木棍为她的手臂，竖捆两根分开的木棍为她的腿，穿上女孩的衣服，便是笊篱姑姑。请笊篱姑姑时男子不能参加，要由寡妇带着大家去请笊篱姑姑。传说笊篱姑姑生活在牛粪下面，而这时的牛粪都冻成了饼状，所以必须翻牛粪饼才能找到笊篱姑姑。翻牛粪饼后，将笊篱姑姑请到屋子里，由两个姑娘各扶神偶的一条腿，把笊篱姑姑立在方桌子上，前面摆上供品。请笊篱姑姑下神的过程，达斡尔语叫"笊篱巴肯玻拉贝"。神偶开始跳动，谁也扶不住，大家就和笊篱姑姑一起跳舞，唱着歌，歌词大意是："莎拉腾格，绍拉勤金。她俩把笊篱姑姑请来了，请来了！快用糖饼来祈祷，快在糖饼前跳舞，请来了！请来了！莎拉腾格，绍拉勤金，她俩把笊篱姑姑请来了，请来了！牛粪已经都抹好，马粪已经都摆上了，请来了！请来了！莎拉腾格，绍拉勤金，她俩把笊篱姑姑请来了，请来了！九位姑娘快舞蹈，九位老太太快舞蹈，请来了！请来了！"[2] 舞蹈一直跳到深夜。1945年东北解放

---

1. 被访谈人：鄂淑华；访谈时间：2016年2月4日；访谈地点：齐齐哈尔市梅里斯达斡尔族区哈拉新村鄂淑华家。
2. 安家寰. 达斡尔族妇女请笊篱姑姑游戏的比较研究[J]. 民间文化，2000(8)：11-13+6.

以后，笊篱姑姑舞蹈渐渐没有人跳了，即便有人跳，仪式也简化了很多。1970年出生的多雪梅曾经看过大人们祭祀笊篱姑姑，她回忆说："那时候大人们会用一张纸把笊篱糊起来，画上眼睛、鼻子、嘴，弄上两条辫子，然后拿扫把扫地，一边扫地，一边说：笊篱姑姑快下来，笊篱姑姑快下来。"[1]现在这一习俗没有了。

到了晚上无论大人小孩，男男女女都到冰面上打滚，谓之滚冰，多雪梅解释其目的是"让江水把这一年的病痛都带走"[2]。其实这一习俗源于汉族，其意义也是汉族赋予的，"冰"的谐音是"病"，滚冰的意思是把病魔滚走，一年保健康，这一习俗在东北地区非常普遍。现在，达斡尔族仍然有滚冰的习俗，晚上人们都出去到冰面上滚一滚。

二月二

二月初二，是龙抬头的日子，达斡尔族也非常重视这个节日。这一天，达斡尔族吃猪头肉，啃猪骨头，这些肉和骨肉是杀年猪时特意为二月二留下的。我们的重点调查对象乔景春、康淑珍夫妇在年前也买了一个猪头，是儿媳妇在风情园花50元钱买的。乔景春在二月初一就找了个喷枪燎猪头，康淑珍怕不干净，又用刀子刮，乔景春用斧头将猪头劈成两半，用水泡上。二月初二中午12点左右放在锅里烀。下午3点多钟开饭，只有乔景春、康淑珍、儿媳妇、孙女吃猪头肉，儿子、女儿都在外地打工，猪头的猪舌、猪耳、猪鼻等各个部位各切一盘，蘸着蒜泥酱。除此之外还做了两个菜，分别是尖椒炒肉、炒蒜薹。过去，这天还吃稷子米鸡肉粥，如今由于稷子米产量低而没人种了，所以稷子米鸡肉粥也就不再吃了。

---

1. 被访谈人：多雪梅；访谈时间：2016年2月5日；访谈地点：齐齐哈尔市梅里斯达斡尔族区哈拉新村多雪梅家。
2. 被访谈人：多雪梅；访谈时间：2016年2月5日；访谈地点：齐齐哈尔市梅里斯达斡尔族区哈拉新村多雪梅家。

过去，吃饭之前要先供奉自己家里的所有神，包括祖先、保家仙、屯神等，这些神灵的神像摆放在仓房或者屋子的西面。供品就是猪头肉，有的人家将猪头肉焯熟了之后上供，有的人家直接用生猪头供神。

现在达族人和汉人一样，都在二月二这天剃头，叫剃龙头，如果实在忙抽不出身去剪头，也要象征性地剪两根。以前达斡尔族也有剃龙头之说，但是不是在二月二这天剃，而是在二月二以后剃头，德新给出的说

▲ 哈拉新村某家供奉的保家仙／于学斌摄／2014年

法是："我们二月二不剃头，要过了二月二才剃头，说这天动剪刀就会把龙须剪了。"[1] 康淑珍和德新的说法相同，她说："二月二那天不行剪东西，剪子干脆不能动，都藏起来，说动剪子了虫灾就多，就会把你栽的庄稼吃了。"[2]

这天也不能手拿着盆子等东西往地面上撩水浇地，否则会生虫子和跳蚤。康淑珍说："不能掸水[3]，说会长虫子、跳蚤。"[4]

如果家里养牛，在二月二这天要往牛角上抹点红颜色。

二月二一过，春节就结束了，新的一年的劳动就要开始了。大门前粪堆开始冒烟，这是达斡尔族用阴火燃着粪堆冒出的烟，是为了让粪发酵。缓慢升腾的粪烟预示着新的一年的农业周期开始了。

---

1. 被访谈人：德新；访谈时间：2016年2月11日；访谈地点：齐齐哈尔市梅里斯达斡尔族区幸福家园小区德新家。
2. 被访谈人：康淑珍；访谈时间：2016年3月10日；访谈地点：齐齐哈尔市梅里斯达斡尔族区哈拉新村乔景春、康淑珍夫妇家。
3. 掸水：就是用手撩水往地面上浇。
4. 被访谈人：康淑珍；访谈时间：2016年3月10日；访谈地点：齐齐哈尔市梅里斯达斡尔族区哈拉新村乔景春、康淑珍夫妇家。

四、结语

哈拉新村之行，让我们了解到了哈拉新村村民的过年习俗，也感受到了哈拉新村过年文化的独特魅力。然而，这些丰富多彩的年文化现在已经所剩无几了，在哈拉新村，春节变成了仅具有合家团圆的意义。

随着现代化进程的加快，人们接受着日新月异的知识，电脑、电视占据着人们大多数的时间。互联网、手机的出现虽然缩短了人们之间的距离，即便再遥远地方的人群也能通过网络互致问候；然而，互联网、手机的广泛使用也使人越来越远，人们不再登门拜访，而更愿意通过手机和电脑拜年。电视、广播节目的丰富多彩，使得人们更愿意选择在家里过年，过年方式越来越简单，越来越失去原来的意韵。

随着汉人入住哈拉新村，以及哈拉新村大多年轻劳动力的外出打工，哈拉新村的村民与外界的沟通越来越频繁，同时，汉族的春节习惯也深深地影响着达斡尔族人，例如元宵、滚冰、吃素馅饺子等。但是，来自不同地方的汉族，他们过年的习俗也大不相同，这也就造成了调查过程中同一节日有不同过法。

在哈拉新村出现一座基督教堂，这对哈拉新村的村民在传承传统文化过程中造成了极强的影响，成为基督徒后，过年程序被简化，信仰上帝后，祖先崇拜、鬼神的信仰等习俗不见了。

从前生活困难，吃得差、穿得差，对年的期盼高。而经济的发展促使人们生活水平有了大大改善，使得过去困难时期对年的渴望和期待的心情没有了。平时就吃得很好、穿得也很好了，所以过年就缺少了过去那种新年给人们带来的喜悦心理。鄂淑华说："以前我们这有啥啊？苞米面大饼子都不够吃，那时候，就盼过年，现在孩子哪有盼过年的？都不盼了，平常就吃大米白面，肉啥的都不断，都不盼过年了。"[1]

附录：访问对象基本情况

姓名	性别	出生	简历
康淑珍	女	1949年	农民，家务
乔景春	男	1947年	康淑珍丈夫，退休教师
多雪梅	女	1970年	农民，打工
鄂淑华	女	1958年	农民，家务
何淑珍	女	1933年	农民，家务
何凤珍	女	1933年	农民，家务
德 新	女	1936年	退休教师，现定居齐齐哈尔市梅里斯区。
陶贵水	男	1954年	曾任雅尔塞镇副镇长、卧牛吐镇镇长、梅里斯达斡尔族区人口和计划生育局局长、梅里斯区达斡尔族学会理事长

---

1. 被访谈人：鄂淑华；访谈时间：2016年2月4日；访谈地点：齐齐哈尔市梅里斯达斡尔族区哈拉新村鄂淑华家。

逊克县新鄂鄂伦春族乡
鄂伦春族春节习俗调查报告

于学斌

鄂伦春族是我国人口最少的民族之一,据2010年第六次人口普查统计,共计8659人。现在鄂伦春族主要分布于内蒙古自治区的东北部和黑龙江省的北部,主要聚居点集中在内蒙古呼伦贝尔盟的鄂伦春自治旗、布特哈旗、莫力达瓦达斡尔自治旗和黑龙江省的塔河县、呼玛县、黑河市爱珲区、逊克县、嘉荫县等地。本次的鄂伦春族春节习俗田野调查点选在了逊克县新鄂鄂伦春族乡。逊克县新鄂鄂伦春族乡的田野作业得到了逊克县纪委主任李洪涛、新鄂乡乡长陈志强、办公室主任姚永柱的支持和协助。以下就是根据田野调查写出的鄂伦春族的春节习俗,在本报告的写作过程中也同时参考了《鄂伦春族社会历史调查》以及当地人写的有关文章。

一、前言

鄂伦春族历史悠久,据考证,他们同隋朝时期的钵室韦人具有渊源关系,长期以来,一直被混称为"北山野人""林中人""可木地野人""林木中百姓""栖林人""树中人",这是因为他们自古就生活在兴安岭的密林深处。不过,以上称呼不单指鄂伦春族,而是对居住在这一地区的森林中的民族的统称。直到清初,"鄂伦春"一名才以"俄尔吞"这一同音异写之名见诸历史文献,除了俄尔吞以外,文献中还有"俄罗春""鄂罗春""鄂伦春"等不同写法。文献中的"毕拉尔""库玛尔"也是鄂伦春族,他们是鄂伦春族的氏族名称。清代,被称为"索伦"。新中国成立以后统一族名为"鄂伦春族"。鄂伦春一名的含义是"使用驯鹿的人们"。历史上有"兴安猎神""森林骄子"的美称。由于以狍皮、鹿皮为衣,所以历史上被汉族蔑称为"狍皮鞑子""鹿皮鞑子"。

鄂伦春族有本民族语言,语言属阿尔泰语系满通古斯语族通古斯语支,一直没有产生自己本民族的文字。依靠兴安岭野生动物资源丰富这一得天独厚的自然优势,他们依靠一匹马、一杆枪、一只猎犬,常年游猎在山岗,创造了非常丰富而又高超的渔猎文化,物质生活资料都从山林之中和动物身上获取。1953年在国家的劝说、鼓动及帮助下,鄂伦春族下山定居,在从事游猎生产的同时开始逐渐发展农业、养殖业、牧业,到20世纪90年代猎业生产才逐渐式微。

二、新鄂鄂伦春族乡概况

逊克县新鄂鄂伦春族乡是逊克县两个以鄂伦春族为主体的民族乡之一(另一个乡为新兴鄂伦春族乡)。位于县城西南部81千米处,沾河自南而北流贯乡境中部地区。乡之东部与大平台垦区接壤,南与绥棱县、北安市两地交界,西与德都、孙吴两县为邻,北与松树沟、逊河两乡镇相连。辖区总面积约7561.2平方千米,占全县总面积1/3以上,是县内面积最大的一个乡。

新鄂乡辖5个行政村8个自然屯,新鄂鄂伦春族村是乡政府驻地,位于乡境北部边缘地区,沾河下游左岸,距县城奇克镇85千米。

新鄂乡属半山区,辖区横跨第五、第六积温带,全年积温在1800℃—2200℃之间。

境内森林资源丰富,盛产松、柞、杨、桦。野生动物有鹿、熊、狍、犴、獐、野猪以及灰鼠、香鼠、黄鼬等。还有猴头蘑、木耳、松子、黄芪、五味子等土特食品和药材。

全乡共有628户，2208人。生活着汉族、鄂伦春族、满族、蒙古族、达斡尔族、朝鲜族、赫哲族、苗族等民族，少数民族人口占全乡总人口的34.3%，其中鄂伦春族204户，387人，占全乡总人口的18%。

全乡主要以农业为主，主要作物有玉米、南瓜。畜牧养殖业发展迅速，全乡养殖大户有9户，牛、羊、猪存栏分别达到198头、1455只、1268头。水产养殖70亩。建造吊袋木耳大棚13幢，栽植食用菌30万袋，产干黑木耳14520斤。沾河漂流属于AA级景区，全年接待游客1312人次。新鄂村小磨压榨油坊正在试运营阶段。目前从事打猎的人已经很少，仅十几人，他们手中的猎枪是受到政府控制的，在重点防火期内不允许上山打猎。2014年全乡生产总值2744万元，其中农业总产值2339万元，农民人均纯收入10144元。

截至2015年，新鄂乡砖房数量为420户，占69.4%；危房、泥草房数量为185户，占30.6%。全乡各村共计硬化街道11.5千米，安装路灯102盏。

依托民族工艺品，突出发展民族文化，民族文化的发展进一步丰富了群众文化生活。成功召开了"全省少数民族研讨会"，举办"全市第四期鄂伦春族语言文化培训班"、鄂伦春族"古伦木沓节"。乡内有卫生院1所，设有中、西医科，拥有X光、心电、尿检、B超机、半自动生化分析仪、台式B超、手术床等医疗设备，能够准确诊断和治疗一般性疾病。[1]

三、鄂伦春族春节习俗

鄂伦春族过年历史较久，早在山上从事游猎生产的时候就已经有了过年习俗，因为鄂伦春族从清代开始就和满族、汉族、达斡尔族有着密切的联

---

[1]. 新鄂鄂伦春族乡概况由新鄂鄂伦春族乡政府提供。

系。鄂伦春族很早就掌握了阴历纪年。早年，鄂伦春族没有日历，鄂伦春族计算时间的方法是看月亮圆缺。"月落四天后再出月牙时，是本月初四，这个月是大建（30天）。月落三天后再出月牙时，是本月初三，这个月是小建（29天）。从月出到月圆为上半月，从月圆到月落为下半月。如此循环12次即为一年。闰月无法计算。"[1] 据说也有把日子记错的现象，若是阴天，则容易把日子记错，曾经有个鄂伦春猎民叫关更福，"他有一年把腊月二十八当三十过了。因为那天早晨没有看到月亮，误认为腊月的最后一天已经到了。但第二天早晨一看还有月牙，这才发现把日子过错了。据说也有把初一当三十过的"[2]。后来随着和满族联系的加强，满族日历被鄂伦春族所使用，"据老年人说，过去鄂伦春族地区有满文日历，每年的大小月和哪天是年节都记得清楚"[3]。早年过年习俗内容很简单，随着20世纪50年代定居的实现，过年的内容逐渐丰富，因为定居以后，他们和汉族、满族的联系更加密切和频繁。过年内容基本按照腊八、小年、年三十、除夕、正月十五、二月二等节序进行，虽然同汉族有相同的节日内容，但是鄂伦春族过年有自己的本民族特色。

准备年货

鄂伦春族对过年很重视，"鄂伦春人认为，过春节是送走旧的一年，迎接新的一年，庆祝人畜两旺，万事顺利。为了把节日过好，在节前就进行准备，准备下野猪肉、面粉和烧酒等食品，还要裁制新衣服"[4]。

鄂伦春族准备过年年货的时间很长。吴晓东说，腊八以后就开始准备

---

1. 鄂伦春族社会历史调查(第2集)[M]. 北京：民族出版社，2009. 98.
2. 鄂伦春族社会历史调查(第2集)[M]. 北京：民族出版社，2009. 98.
3. 鄂伦春族社会历史调查(第2集)[M]. 北京：民族出版社，2009. 98.
4. 鄂伦春族社会历史调查(第2集)[M]. 北京：民族出版社，2009. 103.

年货[1]，还有人认为在年前两个月就开始备年货了[2]。过去，猎人到山里打猎，将猎获的好的狍子、野猪、飞龙、野鸡留到春节时吃，同时犴、狍子等野兽的血也不扔，而是用野兽的膀胱或者肚子（胃）盛装留到过年。处理方法是，将膀胱洗干净，把狍肚子、犴肚子用雪搓白，然后，把血装在里面。狍子的肚子、腰子、脾、野猪脑袋、狍脑袋、野猪腿、狍爪子等也都拿回来冻起来储存，留着过年吃。狍腔子（胸口）、狍脑袋是最好吃的肉，必须留给老人和孩子。过年所需的粮食、盐、酒等物都从周边汉族村庄用猎物换得。生产队时期，即计划经济时代，鄂伦春族打到猎物之后不能背回家，而是直接送到生产队，由生产队统一分配。现在猎物少了，整个新鄂乡仍然有十几个鄂伦春人在从事打猎，每年所获甚少，但是即便在今日猎物非常难得的条件下，每到过年的时候，鄂伦春族家庭仍然尽量弄些狍子肉、鹿肉、野兔肉，这是他们长期打猎以野兽肉为食所形成的遗传基因。

女人一进腊月就开始做春节的服装，无论大人小孩都要做套新衣服。吴晓东说："到了三十中午的时候都要换上新衣服。"[3] 在过去游猎时代，都穿兽皮服装，男人、老人、妇女都做一件"皮大哈"。也做新皮鞋，"温得"是用犴腿皮子做的鞋子，各种颜色的犴爪皮缝合在一起，非常漂亮。如果打不到犴，就用狍腿皮子做鞋，叫"其哈密"，这些鞋子都是手巧的女人给男人做的。下山定居以后布料服饰逐渐多了起来，孟淑英说："我年轻的时候都不穿皮衣服了，都穿布衣服了。只有男的上山才穿皮衣服。"每到过年的时候，大家都非常高兴，孟淑英说："我们小的时候一说过年可高兴了，因为过年就做新衣服。买好几个头卡（qiǎ）子，都舍不得戴。"[4] 实在困难的家庭做不起衣服，则至少要给孩子买双新袜子。

---

1. 被访谈人：吴晓东；访谈时间：2015年2月23日；访谈地点：逊克县县城吴晓东家。
2. 韩有峰. 鄂伦春族风俗志[M]. 北京：中央民族学院出版社，1991. 106.
3. 被访谈人：吴晓东；访谈时间：2015年2月23日；访谈地点：逊克县县城吴晓东家。
4. 被访谈人：孟淑英；访谈时间：2015年2月16日；访谈地点：新鄂乡新鄂村孟淑英家。

下山以后，过年的时候家里要买些糖，过去能见到的糖都是光杆糖、小人糖。吴晓东说："那时候大人买回来之后都藏起来，等到三十那天才拿出来。到（一九）八几年还是这样呢。"[1] 莫秀芳也说："买点糖都得放起来，等过年的时候，一人分两块三块的，那时候我们都到仓房里偷吃啊。"[2]

一进腊月就开始包冻饺子，蒸白面豆包、馒头、苏子包，炸麻花，这些习俗都是20世纪50年代鄂伦春族下山定居以后才有的。每家要包很多冻饺子。孟淑英说："我记得我大娘家一麻袋一麻袋地包。"[3] 鄂伦春族由于以狩猎为生，所以多包兽肉馅饺子，狍子肉、鹿肉、犴肉、野猪肉都可以做饺子馅。随着猎业经济的逐渐萎缩，兽肉馅饺子越来越少。鄂伦春族下山定居以后就开始发展家庭养猪，猪肉馅饺子逐渐多了起来。过去萝卜馅、白菜馅较多，不过多是冻萝卜、冻白菜，也有芹菜馅，但是很少。萝卜的保存方法是，秋天的时候把萝卜切成片用开水焯出来，一坨一坨地冻在外面，把萝卜缓过来[4]后即可剁成馅。20世纪60年代以后，汉族渐多，鄂伦春族开始学汉族腌酸菜，从这时候开始也出现了酸菜馅饺子。近些年，青菜馅饺子多了起来，因为市场上能买到蔬菜了，这在过去是不可想象的。当地盛产山野菜老山芹、柳蒿芽，过去每年都采集很多山野菜并晒成干菜留作冬天吃，但是没有用来做饺子馅的。而今随着人们生活水平的提高，开始喜欢吃这些野生的绿色食物，用山野菜包饺子的多了起来，柳蒿芽、婆婆丁、老山芹等山野菜都可以做饺子馅，而过去广泛使用的萝卜馅现在不见了。每到包饺子的时候，大家都互相帮着包，好几家在一起，每次都是七八人一起包，今天张三家，明天李四家，包完之后，炖肉，大家吃一顿。包好的饺子摆在盖帘上，冻在室外。当地有一个偷饺子习俗，就是晚上包饺子时，水烧开后，去别人家偷饺子回来煮，杜桂

---

1. 被访谈人：吴晓东；访谈时间：2015年2月23日；访谈地点：逊克县县城吴晓东家。
2. 被访谈人：莫秀芳；访谈时间：2015年2月17日；访谈地点：新鄂乡新鄂村莫秀芳家。
3. 被访谈人：孟淑英；访谈时间：2015年2月16日；访谈地点：新鄂乡新鄂村孟淑英家。
4. 缓过来：东北话，意思是在自然温度下解冻。

芬说:"这不是小偷的偷,就是图个乐呵。"[1] 谁家发现饺子没了,就知道肯定是别人家拿走了,即便知道是谁家拿走的,也不会去要。包这么多饺子、蒸这么多干粮就是"为了正月吃现成的"[2]。莫秀芳说:"省事啊!不耽误玩!小孩饿了就吃,那时买不着这个点心那个点心,孩子饿了就啃豆包。"[3] 葛庆华说:"省事呗!冬天好玩[4]。"[5]

临近过年的时候,莫丽华的母亲(汉族)生前还要制作很多油炸制品,包括小鱼、丸子、肉段、土豆、豆腐、狍肉、麻花等。莫丽华回忆说:"过年的头几天,我妈就开始炸出来了。"[6] 这些油炸食品在三十下午这顿大餐上能凑上好几个菜。这些油炸食品不管是干吃还是作为吃饭的佐菜,味道都非常好,是过年的一种标志,令人期待。

20世纪50年代鄂伦春族下山定居以后开始养猪。莫秀芳说:"从定居以后,在老西地营子的时候我们十来家鄂伦春族已经开始养猪喂鸡了,1955年我们搬到这里以后接着养鸡喂猪。"[7] 从此以后每年年前杀年猪。一般一家杀一头,人口多的人家杀两头,孟淑英小时候因为父母早亡,所以在大伯家住,她说:"大伯家每年都杀两头猪,因为家里人口多。年轻的时候自己也养过两三个猪。"[8] 杀猪的时间在天气寒冷的时候,选择在此时杀猪有两个理由,一是猪肉放在外面能保存住了;二是天冷以后猪不长肉了,再继续养着就只能是白费猪饲料了。杀猪时请村中会杀猪的人帮助杀猪,杀猪的人吃完饭后走时还能得到一块猪肉。

---

1. 被访谈人:杜桂芬;访谈时间:2015年2月18日;访谈地点:新鄂乡新鄂村杜桂芬家。
2. 被访谈人:吴晓东;访谈时间:2015年2月23日;访谈地点:逊克县县城吴晓东家。
3. 被访谈人:莫秀芳;访谈时间:2015年2月17日;访谈地点:新鄂乡新鄂村莫秀芳家。
4. 冬天好玩:意思是冬天的时候有时间玩,好玩的完整意思是能够抽出时间去玩。
5. 被访谈人:葛庆华;访谈时间:2015年2月19日;访谈地点:新鄂乡新鄂村葛庆华家。
6. 被访谈人:莫丽华;访谈时间:2015年2月22日;访谈地点:新鄂乡新鄂村莫丽华家。
7. 被访谈人:莫秀芳;访谈时间:2015年2月17日;访谈地点:新鄂乡新鄂村莫秀芳家。
8. 被访谈人:孟淑英;访谈时间:2015年2月16日;访谈地点:新鄂乡新鄂村孟淑英家。

杀猪时要请客，过去新鄂村没有几户人家，所以每次请客全村子的人都来，有的人家今天没请来，第二天再补请。杀猪菜包括炖酸菜、五花肉、血肠，另外还要做一个柳蒿芽汤。吃完饭之后，有的还拎一条肉回家。这顿饭大约吃掉半头猪，剩下的肉都埋在室外的雪里保存。

野兽肉和猪肉相比较，鄂伦春族更喜欢吃野兽肉，莫秀芳说："野猪肉不拿人[1]，特别是一岁多的小野猪肉，那才好吃呢。咱们养的猪肉烀出来凉了就发腥，它肥的多啊！它腻啊！"[2] 莫金权说："野猪肉怎么吃都好吃。家猪肉没啥滋味，做菜连个油花都没有。"[3] 所以过去能打猎的家庭就不养猪、不杀猪。

现在多数家庭都不自己杀猪了，过年时都在市场上买肉，偶有个别家庭杀猪，仍然坚持请吃年猪的习惯，不过杀猪菜菜品较之以前增加不少，除了传统的几种杀猪菜而外，还要炒菜，往往要做十几个菜。

以前过年的时候都买些冻梨、冻柿子，过年时用水缓开，吃起来凉爽可口。孟淑英说："那时候有的人家用那种面袋子一袋子一袋子地买。吃完饭了，喝完酒了，就取冻梨，用水泡上，一会就结冰，（表面结了厚厚一层冰，就表示）软了，就能吃了。"[4] 改革开放以后曾经有一段时间没人吃冻梨、冻柿子了，近几年有的家庭又开始买冻梨、冻柿子过年吃了，经过这些年的发展，有些人感到过去的东西还是比较好吃的。而有的家庭则不买了，取而代之的是冰棍、饮料。

现在生活水平提高了，人们不满足于肉、鱼，市场丰富的商品给人们提供了更多的选择。大约2000年以后，新鄂村每月逢七、十七、二十七有集市，很多年货在当地的商店和集市上就能买到。由于交通工具的便利，

---

1. 不拿人：东北方言，肉不油腻的意思。
2. 被访谈人：莫秀芳；访谈时间：2015年2月17日；访谈地点：新鄂乡新鄂村莫秀芳家。
3. 被访谈人：莫金权；访谈时间：2015年2月20日；访谈地点：新鄂乡新鄂村莫金权家。
4. 被访谈人：孟淑英；访谈时间：2015年2月16日；访谈地点：新鄂乡新鄂村孟淑英家。

买货的地点也突破了地域的局限，许多人还会到逊克县城甚至到黑河市里买年货。改革开放以后随着对俄贸易活动的频繁，许多鄂伦春族家庭也会买一些俄罗斯商品，如俄罗斯出产的虾、金枪鱼、螃蟹、豆油都成为年货的一部分。据杜桂芬说，现在买年货也不像从前那样一起备很多了，因为买货方便，现吃现买就行。[1]

有一些年货是不用特意准备的，秋天采集的山货如都柿、稠李子、山丁子、榛子、木耳、蘑菇，都是春节时全家共享的美味。都柿的保存方法是，放到桦皮篓里埋在树根下，在树上刻上记号，吃的时候刨出来。稠李子的保存方法有两种，一种是将7月采到的稠李子放在桦皮篓子里埋树根底下，一种是晒干保存。揪面皮或者烀狍肉时，若在里面放两把干稠李子，特别好吃。松子、榛子的采集是捡拾落地的，这些松子和榛子都是熟透的，好吃，莫秀芳说：'树上的我们都不采，等着落地了才捡，那才带劲呢！一个是一个，可香呢！'这些东西采集回来之后都藏起来，等到过年时吃。莫秀芳说：'你要不放起来，这帮孩子们都得先吃了，还能等到过年？'[2] 过年的时候，围在篝火旁，吃着松子、都柿、稠李子、榛子、山丁子，听着故事，其乐融融。

腊月初八

鄂伦春族过腊八节，据吴晓东说，鄂伦春族下山定居前就过腊八节吃腊八粥，在山里游猎的时候，每到腊八这天吃黏米饭，这些黏米都是和汉人交换得到的。[3] 黏米饭鄂伦春语叫'落库贴'，里面除了黏米外，还要放山丁子、稠李子、榛子仁、狍子肺、里脊肉、狍子心、野葱花，这些材料勾兑

---

1. 被访谈人：杜桂芬；访谈时间：2015年2月18日；访谈地点：新鄂乡新鄂村杜桂芬家。
2. 被访谈人：莫秀芳；访谈时间：2015年2月17日；访谈地点：新鄂乡新鄂村莫秀芳家。
3. 被访谈人：吴晓东；访谈时间：2015年2月23日；访谈地点：逊克县县城吴晓东家。

而成的粥黏黏的、稠稠的。不过，过去黏米很少，许多家庭弄不到黏米，如果没有黏米就用小米做粥，用小米把粥熬得稠稠的，有的家庭在米粥里放油、糖之类的东西，再讲究点的米粥里放肉丝，拌以油炸野葱花，放点盐。但是糖在困难时期属于稀罕之物，只有条件好的家庭才能放糖。虽然粥里没有黏米，但是仍然叫黏米粥。到20世纪六七十年代这两种粥不做了，原因是没有粗粮。吴晓东说："在'文化大革命'的时候，没有粗粮了，就不吃了。"[1] 面片成为主要的腊八食物，面片鄂伦春语叫"托列"，鄂伦春族的面片有自己本民族的特色，面皮用水煮熟后捞出，放在盆子里，拌以荤油或者糖，鄂伦春族所吃的荤油是黑瞎子（熊的俗称）或者野猪或者犴等野兽的脂肪熬制而成的，爱吃荤油则多放油，不爱吃荤油则少放油。比较讲究的家庭在面片里还加狍子肉、稠李子干。面片必须趁热吃。莫秀芳说："面片那么吃真的很好吃，可香了。"[2] 这种吃法时间较久，早在山上游猎时腊八就吃面片，下山定居以后，许多老人坚持这个传统，每到腊八的时候依然吃面片，莫秀芳说："有老人的家庭到腊八这天还是这么吃。"[3] 不过随着老人越来越少，这种腊八揪面片的习俗就很少了，莫秀芳说："年轻人不愿意这么吃了。我结婚以后，孩子10多岁以后，就不吃了，他们不爱吃，我也不爱整了。"[4]

为什么吃面片和米粥，莫秀芳解释的原因是吃这些东西能够抵御严寒，她说："腊八不是冷吗！腊八托列不有油吗，吃油不是抗冻吗！就这意思。"[5] 杜桂芬也有类似的解释，她说："用荤油和小米粥拌着吃，冬天不冷。"[6]

---

1. 被访谈人：吴晓东；访谈时间：2015年2月23日；访谈地点：逊克县县城吴晓东家。
2. 被访谈人：莫秀芳；访谈时间：2015年2月17日；访谈地点：新鄂乡新鄂村莫秀芳家。
3. 被访谈人：莫秀芳；访谈时间：2015年2月17日；访谈地点：新鄂乡新鄂村莫秀芳家。
4. 被访谈人：莫秀芳；访谈时间：2015年2月17日；访谈地点：新鄂乡新鄂村莫秀芳家。
5. 被访谈人：莫秀芳；访谈时间：2015年2月17日；访谈地点：新鄂乡新鄂村莫秀芳家。
6. 被访谈人：杜桂芬；访谈时间：2015年2月18日；访谈地点：新鄂乡新鄂村杜桂芬家。

现在，鄂伦春人腊八和汉族人一样，买现成的腊八粥的料回家熬腊八粥，或者选两种米加点豆子熬制。

不过也有许多鄂伦春族家庭对腊八一直不十分重视，想起来就吃点粥，很多时候想不起来。孟淑英说："腊八，我小时候没这个概念，直到头几年才知道腊八。我这么多年就做过两三次（腊八粥）。有时候初八已经过去了才想起来。"[1] 杜桂芬说："我们好像没吃过腊八粥，偶尔听说吃腊八粥，但是腊八已经过去了。"[2] 莫金权说："一般都想不起来过。也不是什么节日。"[3]

腊月二十三

鄂伦春族也过腊月二十三，称这天为小年。早年在山上游猎时，小年这天要烀肉，吃手把肉。下山定居以后，这天一般吃饺子，饺子馅多为狍子、犴等野兽肉馅。

当问到是否供奉灶王爷的时候，莫秀华、吴晓东都说有这一习俗，不过他们所说的灶王爷就是火神，游猎时代火神是指撮罗子中间的篝火，定居以后，火神是指灶坑。鄂伦春族对火神极为尊重，肉烀好后要切一块胸口肉先敬火神，煮好饺子后，首先往灶坑扔两个敬火神，也往灶台上放两个饺子，喝酒前要给火神洒酒，嘴里祷告。孟淑英10多年以前曾经看过亲家母煮饺子的时候，第一笊篱的饺子往锅台角放一个，据说这样"鸡爱抱窝"[4]，女婿家也是鄂族。莫丽华也见过母亲这么做过。鄂伦春族禁止往火里扔垃圾、倒脏水、吐痰，也禁止跨过火堆。莫秀芳说："我姥姥告诉我们，炉子里面不

---

1. 被访谈人：孟淑英；访谈时间：2015年2月16日；访谈地点：新鄂乡新鄂村孟淑英家。
2. 被访谈人：杜桂芬；访谈时间：2015年2月18日；访谈地点：新鄂乡新鄂村杜桂芬家。
3. 被访谈人：莫金权；访谈时间：2015年2月20日；访谈地点：新鄂乡新鄂村莫金权家。
4. 鸡爱抱窝：意思是母鸡喜欢孵化小鸡。

许扔乱七八糟的东西,这是灶王爷,火神。不能乱整,让他干净。"[1]

腊月二十三扫房,屋里通通打扫一遍,这一习俗在山里住撮罗子的时候就有了,每到小年,撮罗子的里里外外都要打扫一遍,包括马圈和狗窝。下山定居住进木刻楞房屋,仍然延续小年扫房的传统。鄂伦春族的扫房工具为用桦树条子绑成的扫把,桦树漫山遍野都是,取之方便,吴晓东说:"过去有的刷锅的刷帚都是用桦树条子编的呢。"[2] 后来笤帚出现以后,扫房开始用笤帚,扫房的笤帚必须是新笤帚,没有新笤帚要将旧笤帚洗干净。吴晓东解释说:"要用新的笤帚扫,旧的不能上墙。旧的东西上面满是污垢,用旧的扫,把晦气又留下来了。打扫就是为了去除晦气,图个吉利,为了一年的老少都太平。"[3]

小年这天也买糖吃。过去买的糖为"光腚"糖,所谓"光腚"糖就是没有包装的大块糖,也买麻糖,吴晓东说:"我们家小年会买半斤、一斤麻糖。"[4] 买回的糖每人仅能分个一块两块。过去经济拮据,糖被视为一种奢侈品。

"鄂伦春人信奉北斗星和三星,尤其是笃信北斗星。有的说,北斗星是七姊妹。称北斗星为'奥伦博如坎'。每家每年农历腊月二十三或正月初一晚上要烧七炷香来供奉。"[5]

腊月三十

腊月三十是一年中的最后一天,鄂伦春语叫这一天为"波头以捏",鄂伦春族欢天喜地过这一天。"临近除夕,猎人都要赶回来,在家里迎接

---

1. 被访谈人:莫秀芳;访谈时间:2015年2月17日;访谈地点:新鄂乡新鄂村莫秀芳家。
2. 被访谈人:吴晓东;访谈时间:2015年2月23日;访谈地点:逊克县县城吴晓东家。
3. 被访谈人:吴晓东;访谈时间:2015年2月23日;访谈地点:逊克县县城吴晓东家。
4. 被访谈人:吴晓东;访谈时间:2015年2月23日;访谈地点:逊克县县城吴晓东家。
5. 鄂伦春族社会历史调查(第1集) [M]. 北京:民族出版社,2009. 50.

新春佳节。"[1]年前尽量洗一次澡，过去没有洗澡条件，通常在室内用盆子洗。年前也必须剪头，因为整个正月不允许剪头，在鄂伦春族的观念中，"正月剪头死舅舅"。

阳间过年，阴间也要过年，所以在年前要给亡灵送钱买年货。以前春节给亡灵上坟都在腊月三十上午，现在上坟的时间提前了，腊月二十三、二十五、二十七都是上坟的日子，最晚不能晚过腊月二十七。孟淑英说，"不能等到三十。我小姑子说，人家那边也等钱花，不能太晚。"[2]

在山上游猎的时候住撮罗子，下山以后住木刻楞房，后来出现土草房、砖瓦房，无论住哪种房屋，在三十这天必须收拾得干干净净的，把柴火都要备齐了，劈好的木样子要够整个正月使用，因为整个正月直至二月二都不动斧子。马吃的东西、人吃的东西都要备齐了。

在山上游猎时没有对联、福字，同时也不可能在这种简易式窝棚式建筑上贴对联、福字。下山定居以后，鄂伦春族在汉族影响下开始贴对联、福字，不过对联、福字出现得很晚，大约在20世纪60年代才开始贴对联、福字。吴晓东说："好像十年大庆[3]以后，开始贴对联、福字、挂签、窗花了。"[4]莫秀芳说："我结婚之前就有对联了。"[5]莫秀芳的结婚时间是1965年。20世纪六七十年代由于国家将其视为"四旧"，所以就不再贴对联福字了，直到近些年才广泛出现。孟淑英说："我年轻那时候[6]没有对联，没有卖的，也没看到别人写。这几年看到人家买了，我们也买。"[7]

贴对联、福字的时间是腊月三十上午，一般腊月二十九准备好对联、

---

1. 鄂伦春族社会历史调查(第2集)[M]. 北京：民族出版社，2009．103．
2. 被访谈人：孟淑英；访谈时间：2015年2月16日；访谈地点：新鄂乡新鄂村孟淑英家。
3. 该处的十年大庆指的是鄂伦春族下山定居十周年，即1963年。
4. 被访谈人：吴晓东；访谈时间：2015年2月23日；访谈地点：逊克县县城吴晓东家。
5. 被访谈人：莫秀芳；访谈时间：2015年2月17日；访谈地点：新鄂乡新鄂村莫秀芳家。
6. 根据其出生年判断，其年轻时正是"文化大革命"期间。
7. 被访谈人：孟淑英；访谈时间：2015年2月16日；访谈地点：新鄂乡新鄂村孟淑英家。

福字,三十早上贴上。每年都挑好看的福字,倒着贴,孟淑英说:"我对风俗也不是很懂,问人家为啥倒着贴,人家说:'这就是福到了。'"[1]除了房屋外,仓子、猪圈、鸡窝等的门上也要贴对联和福字。

与对联、福字同时出现的还有挂签、窗花。莫秀芳说:"我们鄂族人不太贴挂签。有窗花,我上初中的时候就开始剪,回来贴,那就是在1956年、1958年这中间吧。"[2]孟淑英说:"我以前都不知道那个管啥的,我家去年才开始贴。"[3]

家里如果当年有人去世,则三年之内不贴对联、福字、挂签、窗花,也不贴年画。

一早起来就开始准备吃的,下午这顿饭是全家的团圆饭,每家都非常重视。在山上从事游猎的时代,住山吃山,山里有什么就吃什么。这顿团圆饭的食物是兽肉,吃法是手把肉,早晨起来就烀肉,烀好的肉、狍脑袋、狍腿、野猪脑袋、狍腔子装在桦皮篓子里。莫秀芳说:"刚开始我记着我们小时候不炒菜,就烀肉,吃手把肉。哪有菜啊!"[4]吴晓东说:"我们不像汉人那样煎炒烹炸。"[5]除了烀肉而外,狍肝、狍腰子等内脏也是不能少的,狍肝、狍腰子的吃法是蘸盐面生吃。飞龙汤、兔子猴头汤是过年期间上好的汤,特别鲜。在山上的时候,已经有米面了,过年的主食是油饼,不是发面饼,而是死面的,用油炸,或者用烀肉的汤做面片,或者用烀肉的汤煮小米。秋天晒的鱼干(上面太阳晒、下面用火烘)也是餐桌上的一道菜。下山定居以后,由于在很长一段时间一直从事打猎,所以兽肉仍然是过年餐桌上的必不可少的美味,过去的做法吃法仍然在延续。不过猪肉开始逐渐多了起

---

1. 被访谈人:孟淑英;访谈时间:2015年2月16日;访谈地点:新鄂乡新鄂村孟淑英家。
2. 被访谈人:莫秀芳;访谈时间:2015年2月17日;访谈地点:新鄂乡新鄂村莫秀芳家。
3. 被访谈人:孟淑英;访谈时间:2015年2月16日;访谈地点:新鄂乡新鄂村孟淑英家。
4. 被访谈人:莫秀芳;访谈时间:2015年2月17日;访谈地点:新鄂乡新鄂村莫秀芳家。
5. 被访谈人:吴晓东;访谈时间:2015年2月23日;访谈地点:逊克县县城吴晓东家。

来，菜的做法出现了煎炒烹炸。到21世纪初，由于打猎仅是少数人从事的职业，所以兽肉逐渐少了，不过，到过年时，许多鄂伦春族家庭仍然尽量弄一些狍子肉、野猪肉。鱼以前不受重视，现在受汉族影响，也开始重视起来，过年大餐必须有鱼，取年年有余的吉祥含义。下午这顿大餐的菜的数量取双数，双数为吉，莫金权说："都是双数。这都是和汉族人学的。以前哪有菜啊，以前就有手把肉。"[1]下午两点以后，开始吃饭，饭前放鞭炮。过年放鞭炮之俗是下山以后才有的，下山定居以后看到汉族放鞭炮也开始过年放鞭炮。过去生活困难，每年买的鞭炮很少，象征性地放放。现在生活条件好了，每年买很多鞭炮。三十下午先放鞭炮再吃饭，谁家的炮响得最早，谁家最好。

除夕夜

除夕夜，室内必须整宿点灯，过去点豆油灯，即豆油倒进小盘里，用棉花捻成小条作为灯捻放在盘边。后来蜡烛出现后点蜡烛。室外院门口点冰灯，冰灯的做法是在水桶里装满水在室外冻，冻到一定程度拿到室内，倒去里面没有冻实的水，剩下的桶状冰便变成了灯罩，灯罩里面燃蜡烛。电灯是很晚才出现的事情。如今过年期间晚上亮灯的时间长了，往往从腊月二十九、三十就开始整宿点灯，直至正月初五。灯的样式也较之以前多了很多，漂亮了许多，出现了许多彩灯、大红灯笼。

在山上游猎时代，太阳落山后，在撮罗子前面点一堆篝火，一直燃烧到半夜，用之驱逐妖魔鬼怪，阻挡妖魔鬼怪进屋，护佑一家人的太平。第二天早上要查看灰堆上出现什么脚印，小孩子更是好奇，起来揉揉眼睛就去看脚印，据说真能看到脚印。通过脚印预测来年一年的年景，如果出现的是狼的脚印，就预示今年不怎么太平；如果出现向北走的小孩的脚印，则预示今年

---

1. 被访谈人：莫金权；访谈时间：2015年2月20日；访谈地点：新鄂乡新鄂村莫金权家。

要添丁进口；如果出现向南走的大人的脚印，则预示今年家里会有人去世；如果出现向北走的马蹄印，则预示今年马匹会繁殖很好。吴晓东说："后来定居之后我的父亲、公公他们还继续坚持这一习俗，直到'文化大革命'才没了。"[1] 篝火点燃前要把狗、马都喂饱了，狗和马都是鄂伦春族的朋友，是鄂伦春族重要的生产工具，用吴晓东的话说："因为马和狗是鄂伦春族生存的根本，一匹马、一杆枪、一只猎犬，就是鄂伦春族的全部财产，能不敬重吗？"[2]

把当年去世老人的被褥放在西铺上，摆上碗筷，用小桦皮碗给他倒上酒，摆上狍脑袋，狍脑子是最高级的食品。吃饭之前先给他斟上酒、往地上洒点酒，然后大家才能动筷子。吴晓东说："我为啥记得那么清楚，因为害怕嘛，爷爷都死了怎么还回来啊？那个害怕啊。我记得就拜一年。那时候小。后来也没有了，一下山定居了，我们都随着共产党，不信神了。"[3]

半夜吃饺子。过去没有钟表，看天上的三星和北斗星断定时间，若是三星处于正南方则是半夜。除夕半夜这顿饺子必须是现包的，不能吃冻饺子。当然也有极少数人家吃冻饺子的，杜桂芬说："勤谨[4]人就包新饺子，不勤谨人就吃冻饺子。"[5] 下山定居之初，饺子馅均为肉馅，有狍肉馅、野猪肉馅、犴肉馅等，吴晓东说："除了肉，哪有别的东西啊！"[6] 莫丽华的母亲在世时每年在肉馅里都加点芹菜，目的是让孩子们"勤谨点"[7]。现在包素馅饺子较为普遍，寓意是"素素净净，一年没有坎坷"。包饺子时通常选择在几个饺子里包钱币、糖、辣椒、炭、线。若是吃到包有钱币、糖、

---

1. 被访谈人：吴晓东；访谈时间：2015年2月23日；访谈地点：逊克县县城吴晓东家。
2. 被访谈人：吴晓东；访谈时间：2015年2月23日；访谈地点：逊克县县城吴晓东家。
3. 被访谈人：吴晓东；访谈时间：2015年2月23日；访谈地点：逊克县县城吴晓东家。
4. 勤谨：东北方言，勤快的意思。
5. 被访谈人：杜桂芬；访谈时间：2015年2月18日；访谈地点：新鄂乡新鄂村杜桂芬家。
6. 被访谈人：吴晓东；访谈时间：2015年2月23日；访谈地点：逊克县县城吴晓东家。
7. 勤谨点：勤快点的意思。

辣椒、线的饺子，那是非常高兴的事，钱币代表发财，糖代表心眼好，线代表长寿。而吃到包有黑炭的饺子则会受到大家的奚落，黑炭是黑心肠，吴晓东说："谁吃了黑炭，一生都黑心肠。谁吃到了，大家就笑他。"[1] 而莫秀芳给出了另外一种解释，她认为，吃到线寓意吊长线，吃到钱币寓意能抓到钱，吃到火炭寓意能得到火神保佑，吃到辣椒寓意这个人厉害[2]，吃到糖寓意嘴甜、会说话。[3] 而葛庆华又给出了另外一种解释，她认为，吃到白线寓意白头到老，吃到糖寓意甜甜蜜蜜。[4] 莫丽华的解释是，吃到线，长命百岁；吃到糖，一年运气好；吃到黑炭，这个人心眼子不太好、人不咋的。[5] 现在过年饺子里多包钱币，其他的东西见不到了，每到过年时大家都争取吃到钱币饺子，谁吃到谁高兴，预示着有福、有钱。如果饺子馅多了，则预示一年不缺吃的，即"剩馅有饭吃"。如果饺子皮多了，则预示一年不缺衣服，即"剩皮有衣服穿"。如果皮和馅正好，则出现了两种说法，一种解释是，预示一年内又有饭吃又有衣服穿；另一种解释是，"今年不太顺当，这一年过得紧紧巴巴"。除了吃饺子外，也有菜，不过这顿饭的菜通常不做新菜，多是把三十下午的剩菜热热端上桌，杜桂芬说："下午吃剩的热热直接端上桌。"[6] 最近几年许多家庭除夕半夜的餐桌上又增加了新成员，猪蹄子、鸡爪子成为不可或缺的食物，寓意"挠持挠持"，即当官的继续往上升，做买卖的，多多挣钱。这一习俗产生的时间不长，莫秀芳说："也就有个四五年吧，有一次，我家姑娘说：'买猪爪！'我说：'买猪爪干啥呀？''吃猪爪呗！''啥意思？''挠持挠持。'我说：'三十本来就吃

---

1. 被访谈人：吴晓东；访谈时间：2015年2月23日；访谈地点：逊克县县城吴晓东家。
2. 厉害：占上风、不饶人的意思。
3. 被访谈人：莫秀芳；访谈时间：2015年2月17日；访谈地点：新鄂乡新鄂村莫秀芳家。
4. 被访谈人：葛庆华；访谈时间：2015年2月19日；访谈地点：新鄂乡新鄂村葛庆华家。
5. 被访谈人：莫丽华；访谈时间：2015年2月22日；访谈地点：新鄂乡新鄂村莫丽华家。不咋的：东北方言，人品不好的意思。
6. 被访谈人：杜桂芬；访谈时间：2015年2月18日；访谈地点：新鄂乡新鄂村杜桂芬家。

不动了，还得烀猪爪？'"[1] 孟淑英说："我们家四口人，我就买四个猪蹄子。原来没有，都是跟汉族学的。吃猪手、鸡爪子就是挠持挠持。"[2]

吃饺子之前必须燃放鞭炮，为了驱邪，保明年顺当。莫丽华的父母在世时，除了放鞭炮之外，还在院中拢一堆火，同时在火的旁边烧纸，这可能和她母亲是汉族有关，这一习俗应该来自于汉族的发纸。放鞭炮的时候，院门、房门都要打开，迎接财神进家。放完鞭炮之后，就禁止家人出屋了。

除夕夜不能串门，都在自己家，老人会嘱咐说："都在屋待着啊，谁也不能出去，都消停在家玩。"直到现在有的家庭仍然保持这一习俗，但是年轻人不遵守的多，杜桂芬说："到现在三十晚上一般也不出去，但是现在的孩子也管不住，自己有自己的圈了，说走就走。"[3]

除夕必须熬夜，不许睡觉，叫守岁，因为除夕夜鬼来称你体重，如果你不符合斤两，会把你带走，所以那天晚上不睡觉。过去文化生活少，娱乐内容少，所以熬夜很难，许多人都熬不住。现在，熬夜的观念淡薄了，吃完饺子、看完春节联欢晚会，如果没玩麻将、扑克，就都睡觉了。

早年在山里从事游猎的时候，都是半夜拜年，即三星升到正南方的时候，先祭拜家里供奉的各种神偶，烧香磕头。[4] 鄂伦春族过去供奉的神很多，有"透欧玛路""阿娇儒玛路""珠拉斯开依""卡达尔""阿昂尔""乌日库""达来拉"等，多达几十种。这些神都是供奉在室内北面的玛路席上方。平时放在桦树皮盒里，过年时拿出来摆放在一块木板上加以祭祀。祭祀完各个神灵之后给自己家的老人拜年，孩子们给爷爷奶奶拜年，给爷爷奶奶倒酒、磕头，老人们会对晚辈说些吉利话、祝福的话。然后才能吃饺子。

---

1. 被访谈人：莫秀芳；访谈时间：2015年2月17日；访谈地点：新鄂乡新鄂村莫秀芳家。
2. 被访谈人：孟淑英；访谈时间：2015年2月16日；访谈地点：新鄂乡新鄂村孟淑英家。
3. 被访谈人：杜桂芬；访谈时间：2015年2月18日；访谈地点：新鄂乡新鄂村杜桂芬家。
4. 鄂伦春族社会历史调查(第2集)[M]. 北京：民族出版社，2009. 104.

除夕夜禁止新结婚的儿女在娘家过年，禁止她看见娘家灯，这叫躲灯，不过在几个调查者中只有莫丽华家有这个习俗，其他几个调查对象都说没有躲灯习俗。过年禁止说不吉利的话，整个正月必须都说吉利嗑，尤其是三十那一天中午往后就不许说不吉利的话。大人不许骂孩子，不许吆喝孩子。老人会嘱咐："都给我闭嘴啊，你们这些当爹当妈的不许骂孩子啊。"在这天也不能吵架，大人也会嘱咐说："你们这些小孩不许骂架，不许说不好的话。"吴晓东说："我们从小就被这么嘱咐的。"[1]

水缸在天黑之前必须填满水。禁止垃圾往外扔，否则就把财扫出去了。这一习俗早在山上从事游猎时就有了，在山上时，垃圾都放在撮罗子内的东侧。定居以后一直坚持这一传统，垃圾都往里扫，不过现在有的家庭坚持，有的家庭则没有了。禁止把垃圾添在灶坑里。直到正月初三，也有说是正月初五才能扔垃圾。不能动针线，不能动剪刀、斧子。不能洗衣服，一直到正月初六才能放水。

本命年人要穿红袜子、红内衣、红内裤、红毛衣。不过，过去经济困难，家里不可能完全满足这些要求。孟淑英说："过去没条件穿这些东西，想穿也没有。"[2] 吴晓东说："我们那时候哪来的红啊，等后期了才和汉人一样，扎红裤腰带啊，穿红内裤啊，有红就往身上穿。这大概在'文化大革命'之后吧，'文化大革命'之前好像没有。"[3] 莫丽华说："现在都买红线衣线裤，以前哪儿有！"[4] 尽管没有那么多红，但是至少要在腰带上钉一块红布或者穿双红袜子。本命年的人除夕夜不许出屋，不能见到天上的星星，为的是辟邪，保一年平安，因为本命年的人，一年不顺当。如果必须出去，一定要搭伴出去，必须用衣服等东西蒙住头。直到现在仍然有这一习

---

1. 被访谈人：吴晓东；访谈时间：2015年2月23日；访谈地点：逊克县县城吴晓东家。
2. 被访谈人：孟淑英；访谈时间：2015年2月16日；访谈地点：新鄂乡新鄂村孟淑英家。
3. 被访谈人：吴晓东；访谈时间：2015年2月23日；访谈地点：逊克县县城吴晓东家。
4. 被访谈人：莫丽华；访谈时间：2015年2月22日；访谈地点：新鄂乡新鄂村莫丽华家。

俗，杜桂芬说："现在也有这个说法，本命年不让出去，不让见星星，也不知道是什么意思。"[1] 本命年的人也不许乱解手，解手不能在房南房西，只能在北边和东边，尤其是成熟的女人更不能随便便溺。

正月初一到初十

大年初一是新的一年的第一天，鄂伦春语叫"阿涅"。初一家家早早就起来，早早吃饭，目的是迎接别人来拜年，避免拜年时把你堵在被窝里，避免人家拜年时赶上你家正在吃饭。所以这天早晨老人会早早地喊醒大家。

先洗脸，要在太阳刚露山的时候洗脸，洗脸水必须冲着太阳扬出去，求一年的安静、清净、吉祥。吴晓东说："定居之后我们也那样整了，我爸爸妈妈都这样。到我这辈就不这样了。"[2]

初一早晨吃饺子，不现包，吃冻饺子或者除夕半夜吃剩下的饺子。

然后出去拜年，拜年时都把新衣服穿上。在山里游猎的时候，以家族为单位居住，一个家族一个乌力楞，各个乌力楞之间山南山北，距离很远，大人们骑马出去拜年，给姑姑、叔叔、姨、舅舅们拜年，小孩不去。

定居之后，吃过早饭就出去拜年，越早出去拜年越好，争取最先出去拜年。先拜自己家高寿老人、长辈，家里的人由老大领着。吴晓东说："我们老莫家是大家族，家里活着的有三公公、四公公、五公公、六公公，那时候都得到位，太阳刚一露头，就到三公公、四公公、五公公、六公公家，依次拜。我大哥领着我们往下排。我们这一辈人哥们也特别多，子孙们都排到大门外。"[3]

进屋先敬火神，往灶坑敬酒，嘴里祈祷："保佑我们一年顺当，让我

---

1. 被访谈人：杜桂芬；访谈时间：2015年2月18日；访谈地点：新鄂乡新鄂村杜桂芬家。
2. 被访谈人：吴晓东；访谈时间：2015年2月23日；访谈地点：逊克县县城吴晓东家。
3. 被访谈人：吴晓东；访谈时间：2015年2月23日；访谈地点：逊克县县城吴晓东家。

们吃饱饭。"然后敬老人，老两口端坐在炕上，晚辈们给他们敬酒，老两口用手弹酒三次，敬天神、地神和祖先神。然后对着晚辈们说吉祥祝福的话，如保佑打猎顺利，保佑子孙兴旺、家庭人口兴旺，有肉吃、有鱼吃。说完，老人把酒喝了。每人都要敬双杯酒，因为都是双腿来的，都是两个人来的，所以要喝两杯。

自己家拜完之后到亲戚家。拿着酒，拿着杯，挨家走。若是两伙人碰到一起则可以合在一起去拜年，也可以各拜各的。拜年的礼节是敬酒、行磕头礼或者打千，鄂族的打千礼是，男子左腿往前伸一下，女的就往下一蹲，手往大腿上一撂。给长辈拜年行磕头礼，平辈之间拜年行打千礼。"出门在外，过春节才回来，在去拜会久未见面的老人时，要请安两次，一次是见面礼，一次是节日礼。"[1] 小孩拜年不带酒，他们拜年仅磕头，还能得到压岁钱或者一些糖等礼物。

拜年的队伍都是以家族为单位，若是几个家族同时来到一家，则有些人进不了屋。挤不进屋的人往往就在外面喊一嗓子："给你拜年来了！"喊完就去下一家了。

在街上碰到，也要互相打千、敬酒、拜年。葛庆华说："初一可热闹了，大街上都拿着酒瓶子、酒盅子，碰着就给敬酒，不喝不行，必须得喝两杯。"[2]

拜年时间往往很长，从早晨吃完饭出去直到下午吃晚饭的时候才能回来，这一圈拜下来，都喝得迷糊了，因为见到谁都敬酒喝酒，到哪家都要敬酒喝酒。有的人不回来吃饭了，就在亲属家吃饭了。

如果不去拜年或者漏拜了，长辈、老人会很不高兴，就会挑理甚至大骂。每到这个时候，家中的老人、爹妈就得领着去赔礼道歉，补拜年。

家里有老人去世了，戴孝的人不许拜年。同时戴孝的人也不接受别人

---

1. 鄂伦春族社会历史调查(第2集)[M]．北京：民族出版社，2009．104．
2. 被访谈人：葛庆华；访谈时间：2015年2月19日；访谈地点：新鄂乡新鄂村葛庆华家。

磕头拜年。在鄂伦春族的观念中，戴孝的人不顺利。

新媳妇拜年是一种特殊的拜年活动，叫"串新门子"。他们夫妇必须携带礼物给长辈拜年，礼物通常是酒、烟，比较讲究的礼物是四合礼，过去的四合礼包括点心、罐头、糖、酒，礼物的数量必须是双数。主人必须留新婚夫妇在家吃饭，走的时候还要给一定的礼金。现在仍然有串新门子习俗，不过所带礼物要高档得多了，主人得给一两百元，否则拿不出手。

女儿在初二或者初三以后回来给父母拜年，出嫁的女儿第一年必须在婆家过年。回娘家拜年必须带酒等礼物，走的时候父母要给钱或者其他礼物，不能让空手回去。

刚刚定居的时候，过年的时候乡长叫上村长、大队会计、村支书给老人们拜年，他们拿着暖壶、装着酒，拿着酒盅给老人敬酒。不磕头，只鞠躬。老人们则敬天、敬地，说一些吉利话。到了20世纪六七十年代，这样的拜年方式没有了。

如今，这种全村、全族的大规模拜年没有了，不过该俗没有的时间并不长，莫金权说："新鄂头几年还有拜年的。现在都没有拜年的了，都在家消停地看电视了。"[1] 现在也有拜年活动，但是拜年仅限于自己家里、直系亲属间，而且每次拜年都要带礼物。葛庆华说："每年侄子、外甥给我拜年，来拜年都带礼物。"[2] 传统拜年仪式没有了，磕头礼虽然有，但是一般都是用来逗小孩的，大人在给孩子压岁钱的时候，往往让小孩子给磕头，大人们看见小孩磕头了都会哈哈大笑，以此逗孩子，以此取乐。不磕头也不影响得压岁钱。

从初一到初十分别是不同动物和植物的日子，分别是一鸡、二鸭、猫三、狗四、猪五、羊六、人七、马八、果九、菜十。不过现在知道这种说法

---

1. 被访谈人：莫金权；访谈时间：2015年2月20日；访谈地点：新鄂乡新鄂村莫金权家。
2. 被访谈人：葛庆华；访谈时间：2015年2月19日；访谈地点：新鄂乡新鄂村葛庆华家。

的人不多了，在几位调查者中仅有葛庆华、莫金权隐约知道这一习俗。每到这些天的时候看天气，天气好则预示所主动物或植物这一年内会旺盛。

初七、十七、二十七是人的日子，要吃面条。在这三天里不能出门，不能坐车，不准出去打围。看天气了解小孩、中年人、老年人一年的运势，莫丽华说："我妈在的时候看天气，初七天气好，我妈就会说：'今天是孩子日子，好啊。'十七要是天气好，我妈就说：'中年人好啊。'要是阴天，就说：'今年一年中年人不太好。'要是二十七特别晴，从早到晚不阴天，我妈就说：'今年的老年人好。'"[1]

初五是破五。这天通常放一挂鞭炮。初五这天不能出门。不过有些人不知道破五，孟淑英："这几年才知道初五是破五。"[2]

2017年1月莫金权家过年

莫金权，新鄂村猎民，常年打猎。妻子孟晓兰，原为塔河县十八站鄂伦春族民族乡人，同莫金权结婚后就是新鄂乡人了。二人育有两子，大儿子莫磊，1978年出生，离异，虽然自己有房子，但是没有生火，而是同父母一起过，他的9岁儿子在黑河念小学，放寒假后回的家。二儿子莫闯，1986年出生，至今未婚，正处一汉族女朋友，在山东省开了一家服装店。腊月二十八，即1月25日，二儿子莫闯开着车带着女朋友周倩从山东回到家。26日全省下大雪，莫闯和家人都庆幸腊月二十八回来了，如果二十九往回走就回不来了，因为这场大雪不仅路难行，而且高速公路封路了。远在黑河市的妹妹莫金凤一家在1月27日这天开着车回新鄂过年了，不过并没在莫金权家过年，而是在大伯哥家过年，晚上回到哥哥这里过夜。

临近过年，莫金权家才开始置办年货，所有的年货都是在村中购买的，

---

1. 被访谈人：莫丽华；访谈时间：2015年2月22日；访谈地点：新鄂乡新鄂村莫丽华家。
2. 被访谈人：孟淑英；访谈时间：2015年2月16日；访谈地点：新鄂乡新鄂村孟淑英家。

新鄂村每个月逢七即初七、十七、二十七有集市，2017年临近过年的最后一次赶集的时间是在1月17日，而27日是大年三十不能出集，莫金权于1月17日在集市上买回了肉、鸡等肉食。鱼和青菜、皮冻是在村中的小卖部购买的，这里能买到活鱼和新鲜的蔬菜，1月25日莫金权在小卖部买了两条活的三道鳞。猪手买得早，因为担心临近过年的时候买不到，近些年猪手受欢迎，每家过年都要吃猪手，吃猪手寓意"挠财"，希望新的一年发财，莫金权早早地就买了八只猪手冻在室外。遗憾的是，莫金权今年打猎收成不好，没有打到野兽，所以在莫金权家的年货中没有野味，据莫金权说，现在野兽特别少，而打猎的人又多，所以很难打到野兽，"（山里）开荒（种地）以后，汉族居民点也多，可山[1]都是人。汉族人下套子，每次下好几百好几千套子，可山祸害"。孟晓兰说："都这样，都没打到野兽。也有打到一个半个的。"往年都有野味，今年没有，这对远道而来的未过门的儿媳妇来说，是此行的一大遗憾，不过莫金权也从亲属那里弄了点狍子肉用来包饺子。

　　1月27日，腊月三十，这一天就是鄂伦春族所说的大年，是一年中最为重要的日子。早上6点多，莫金权和莫磊就从炕上爬了起来，他们点着火炉子，莫金权家住的是土炕，烧的是土炉子，室内的取暖就靠土炕和炉子取暖。烧柴是木桦子，这种烧柴火非常硬，点着火之后，室内就迅速暖和起来。室内暖和之后，家人陆陆续续都起床。

　　孟晓兰把冻在外面的猪手、鱼、猪肉、蚕蛹等东西拿回屋里，使其慢慢解冻，这是为晚饭和年夜饭做准备工作。莫磊把对联都一一贴好了。

　　9点多，吃早饭，早饭很简单，煮的冻饺子，菜是咸菜，莫金权说："我们顿顿饭离不开咸菜。"莫金权家今年包的冻饺子很多，两大焖罐饺子馅，共有三种，分别是牛肉萝卜馅、猪肉芹菜馅、猪肉酸菜馅，在十一月的时候就包好了，孟晓兰说，包饺子时左邻右舍亲戚朋友听到消息后都来帮

---

1. 可山：东北话，满山，整个山的意思。

忙，必须晚上包饺子，因为晚上气温低，冻实快，一晚上就包完了，包完之后全体吃顿夜宵，喝点酒。

吃完饭后，莫闯领着女朋友周倩出去找朋友玩去了，大约下午两点回家吃饭的。莫金权家人都没有赌博的嗜好，全家甚至连扑克、麻将都不会玩，仅有的娱乐方式就是看电视。

下午快到2点的时候，孟晓兰开始准备晚饭，这是一年中最为丰盛的一顿饭，莫金权和大儿子莫磊烧火、打下手。总计做了六个菜，一盘黄瓜拉皮拌的凉菜、一盘猪肉皮冻子、一盘烀猪手、一盘炖鱼（三道鳞）、一盘油炸蚕蛹、一盘肘子肉片。主食是大米饭。开饭前，莫磊到院子里放了一挂鞭炮。席间，孟晓兰和两个儿子、准儿媳妇喝了点啤酒。莫金权滴酒不沾，他和孙子只喝了点听装红苹果饮料。因为有未来的儿媳妇在，所以莫金权说了两句开场白："过年了，儿子处对象了，都回来了，我作为老人挺高兴，咱们撞杯酒吧！"吃饭很快，因为莫金权不喝酒，其他人喝酒也喝得不多，莫磊、莫闯每人喝两听啤酒，孟晓兰和周倩每人喝一听啤酒，所以很快就吃完饭了。

饭后，莫闯和女朋友出去找朋友玩去了，晚上8点左右回家的，其他在家的人看电视。

到晚上8点多，孟晓兰开始和面、剁饺子馅，饺子馅是韭菜鸡蛋加狍子肉，狍子肉是亲属给的。晚上9点左右开始包饺子，全家人都参与包饺子了，莫金权负责擀饺子皮，孟晓兰、莫磊、莫闯、周倩负责包。边看中央电视台春节联欢晚会边包饺子。半夜开饭的时间比较早，大约10点多就开始下锅煮饺子了，把白天的菜再热热端上了饭桌。饭前，莫磊到室外燃放了一挂鞭炮。席间孟晓兰、莫磊、莫闯、周倩喝了点啤酒，孙子喝了点饮料。大约半小时年夜饭就吃完了。

饭后，收拾完桌子，全家都集中看春节联欢晚会，看完春晚全家就睡觉了。莫金兰凌晨2点多回到莫金权家，在这里过夜。

正月初一，1月28日，我们并没有看到拜年的场面。莫金权说："现在没有拜年的了，前几年还有，鄂族人拿着酒、酒盅子挨家走。现在新鄂村平时街上都看不到人了，都搬到城里去了。夏天还能看到几个人，冬天都看不到几个人。"初一，莫金权家吃饺子，煮的是冻饺子。由于莫闯和周倩在山东做买卖，吃不到柳蒿芽，所以从初一开始，孟晓兰都要为儿子做柳蒿芽炖排骨汤。

正月十五

正月十五鄂伦春族虽然也过，但是并不受重视。20世纪50年代社会历史调查资料中是这样记录的："正月十五、五月端午和八月中秋等节日，虽然也过，但不像春节那样重视。在这些节日里，有的人家也事先备下酒、肉，有的人家不大准备。现在过节的重要标志，是供销合作社供应烧酒，所以人们都像盼春节一样盼着各种节日，以便在节日里能痛饮一场。"[1]

以前并不叫元宵节，就叫"正月十五"。每到这天做点好吃的、喝点酒。有的人家吃饺子，有的人家则不吃饺子，因家庭而异。正月十五吃元宵在新鄂鄂伦春族中出现得很晚，在20世纪六七十年代，是上山下乡知识青年带过来的。吴晓东说："我们早年不会做元宵。知青来了之后，我们家才吃的元宵。（一九）六几年的时候，上海的知青带来的糯米团子，他们来了我们才开始有元宵。我们家是（一九）七几年才开始煮元宵的，是北安知青带来的。我开始的时候不会煮，放盘子里蒸。"[2] 虽然从20世纪60年代就有元宵了，但是并不普遍，直到近几年才开始普遍起来，临近正月十五的时候，商店里就会大量出现元宵，鄂伦春族想吃元宵就从商店、市场上买现成的。

十五这天晚上通宵点灯。点的灯和点的方式和除夕相同。有的人家从

---

1. 鄂伦春族社会历史调查(第2集)[M]. 北京：民族出版社，2009. 104.
2. 被访谈人：吴晓东；访谈时间：2015年2月23日；访谈地点：逊克县县城吴晓东家。

除夕一直点到正月十五，到十六才撤。

月圆之时，老人会催促孩子们出去看看月亮圆不圆。

以前没有扭秧歌的，20世纪90年代才开始出现扭秧歌的，莫秀芳回忆说，大约在1993年才开始由政府组织扭秧歌。这些都是跟汉族人学的。有时候外地人来村中扭秧歌，到个人家扭一圈，给点钱，分点糖就走了。近几年没有扭秧歌拜年的了。[1]

正月十六

正月十六是抹黑节，这一天是最热闹的，男女老少不论年纪、不分男女都要抹黑，叫抹花脸或者抹花鼻子，以求一年的好运气，"抹到花脸的人，这一年很吉利"。[2]

往往正月十五晚上就准备好抹黑的工具土豆片或者萝卜片，锅底灰拌上油抹在土豆片或者萝卜片上。莫丽华说："我们提前把那土豆切好了，在锅底下蹭，都预备老多了，少了不够用。"[3] 正月十六，孩子还没起床时，父母就在其脑门上抹一点黑。莫丽华的母亲虽然是汉族，但是已经鄂伦春族化，她在世时在十六早晨都要给六个女儿鼻梁上抹黑，年年如此，后来有外孙子了，还给外孙子抹黑。

大家早早起床，越早越好，争取最先到别人家去抹黑。不出去抹黑的，在家里也要早早起来，防止被堵在被窝里。进来之后就不可避免地被抹上锅底灰。被抹得越多，证明运气越好。

有人为了躲避抹黑到处躲藏，有藏在草垛里的，有藏在仓房里的，有藏在地窖里的。还有骑马逃跑的，骑马追上后摁到地上就抹。莫丽华回忆

---

1. 被访谈人：莫秀芳；访谈时间：2015年2月17日；访谈地点：新鄂乡新鄂村莫秀芳家。
2. 被访谈人：莫秀芳；访谈时间：2015年2月17日；访谈地点：新鄂乡新鄂村莫秀芳家。
3. 被访谈人：莫丽华；访谈时间：2015年2月22日；访谈地点：新鄂乡新鄂村莫丽华家。

说:"小时候就这么抹,挺有意思,有时候抹得互相嘎嘎乐啊。"[1] 抹的时候,不能生气,不能急眼。到了中午,就不能再抹了,游戏就结束了。

不能给爷爷奶奶父母等长辈抹花脸。年轻人给长辈抹花鼻子要先磕头,然后才能抹。家里有老人去世的,三年之内不抹花脸,吴晓东说:"正月十六人家都闹十六,这家人最消停的,哪儿也不去。"[2]

抹花脸习俗至今在许多家庭仍然保持,许多爱玩爱闹的年轻人仍在这一天抹花脸捉弄人,平辈之间开玩笑,也在这天互相抹花脸。孟淑英说:"十六那天我们都不开门了,怕抹花脸。"[3] 但是抹花脸已经不普遍了。最为常见的抹花脸是父母给子女抹,早晨父母会给孩子的鼻梁上抹一点锅底灰,以祈求孩子能健康成长。

二月初二

鄂伦春族过二月二,视二月二为龙抬头的日子。

这天吃猪头、野猪脑袋、狍脑袋。孟淑英说:"这一习俗从小就有,那时候没有家猪,就吃野猪头。"[4] 但是禁食熊脑袋。

这天要剪头。

二月二禁止动针线、刀剪,原因是避免扎到龙眼睛。

过年期间是鄂伦春族玩耍的日子。

大人会给小孩儿做个手提灯笼,小孩子提着灯笼到处跑,走西家、串东家。过去的灯笼是用罐头瓶子做灯罩,里面燃个蜡头,后来市场上出现了用电池发电的电灯笼。

女孩欻嘎拉哈非常普遍,嘎拉哈鄂伦春语叫"毕劳黑",是狍子的髌

---

1. 被访谈人:莫丽华;访谈时间:2015年2月22日;访谈地点:新鄂乡新鄂村莫丽华家。
2. 被访谈人:吴晓东;访谈时间:2015年2月23日;访谈地点:逊克县县城吴晓东家。
3. 被访谈人:孟淑英;访谈时间:2015年2月16日;访谈地点:新鄂乡新鄂村孟淑英家。
4. 被访谈人:孟淑英;访谈时间:2015年2月16日;访谈地点:新鄂乡新鄂村孟淑英家。

骨，一般用火烤成黄色或者绛红色，也可用燃料染色。嘎拉哈有六个面，其中有四个面能够站立，这四个面分别叫珍儿、轮儿、丫儿、小儿。莫秀芳说："经常玩，我们上小学的时候，在学校也经常玩，没有别的玩的。"[1] 孟淑英说："我们小时候都爱玩欻嘎拉哈，下课课间都玩嘎拉哈。"[2] 过年期间更是玩嘎拉哈最为集中的时期。鄂伦春族最常见的玩法有三种，一是猜，即手捧嘎拉哈撒于平地之上，边撒边喊出珍儿、轮儿、丫儿、小儿哪种出现的多，若是"小儿"和"丫儿"的数量相同，就意味着玩者将来男孩女孩都多，大家因此打诨逗趣，直把大姑娘羞得满脸通红，谁先不好意思算谁输。二是互弹，由二人对玩，先画一圆圈，把20个嘎拉哈撒在圈内，嘎拉哈形成的丫儿和小儿自然分成对阵的双方，然后持一母子放于圈内，用中指和拇指弹击母子击打对方，被击中者为死子。若是出现"珍儿"则用"轮儿"或母子击打，使之成为"丫儿"或"小儿"，然后继续弹击。母子不得出到圈子外面，否则算烧死告负。三是抓"嘎拉哈"，将嘎拉哈撒于地上或炕上，将布口袋抛于空中，在口袋落下之前迅速抓起地面上相同摆放形状的嘎拉哈，然后接住嘎拉哈，抓到两个为1个数，三个以上为10个数，四个以上为30个数，当抓满100个数以后开始搬珍儿，仍然是把嘎拉哈撒在平地上，然后抛起口袋，在口袋落下之前，把嘎拉哈摆出同样形状，然后抓起嘎拉哈，接住口袋。动作要快，手法要利落，在抓嘎拉哈时不能碰其他不抓的嘎拉哈，若是碰了其他的子或是没有接住口袋则转由对方抛掷，比赛以次数少、抓的数量多为胜[3]。不过现在这一游戏活动不见了。

围犼猊棋也是经常玩的游戏，鄂伦春语称为班吉，棋盘或画在桦皮上，或画在地上。不同于围棋盘的是，班吉棋盘纵横各有五条线（图见本书

---

1. 被访谈人：莫秀芳；访谈时间：2015年2月17日；访谈地点：新鄂乡新鄂村莫秀芳家。
2. 被访谈人：孟淑英；访谈时间：2015年2月16日；访谈地点：新鄂乡新鄂村孟淑英家。
3. 关小云. 鄂伦春族儿童的几种游戏方法及其玩具[A]. 塔河文史资料（第3辑）[C]. 塔河县政协文史资料研究委员会，1990. 18-21.

志略·游艺娱乐·下猎棋），共有25个交叉点，该处称为"平地"。在"平地"两头的中间交点处分别画一个中间画十字的正方形和中间画十字的三角形，称为"山头"。横、竖、斜线为追路，交叉点为站位。用石头、饭豆做棋子，共37枚，其中小棋子35枚，代表35个"猎手"，大棋子2枚，代表两个吃人的"犸猊"。两人对弈，一方持小子，一方持大子。8个"猎手"（小棋子）摆在平地的8个站位上，两个犸猊（大棋子）摆放在平地与山头交会的两个点上。棋子走直线，每步只能走一小格。犸猊通过跳棋吃子，只要相邻位置上有猎手，而猎手的下一个直线位置恰好是空格，则犸猊跳过去落到空格处，被跳过的棋手同时被吃掉。最先摆在站位的8枚"猎手"先不动，先布手里的棋子，犸猊走一步，小棋子布一子，布小棋子的原则是避免被大棋子跳吃，同时尽量对大棋子形成围堵，使其无路可走，27枚棋子全部布完后，8个站位的棋子才可以走棋。大棋子一方要想办法制作跳的形式吃掉小棋子，而小棋子则要调动所有小棋子，尽力围住大棋子。如果两个大棋子被围困在盘内任何一个角落无路可走时为败。如果小棋子被吃掉得过多，无力围住两个大棋子则为败。[1]不过这种游戏在访谈对象中无人知晓。

　　春节期间经常玩一种牌叫"刻依安处"。共120张木板牌，每张牌长4厘米、宽3厘米、厚0.5厘米，共八种牌，依等级由高到低分别是"将""刻耶""算""木林""特额阿恩""炮""坤士""巴胡列"。"将"共8张，其他牌每种均为16张。玩法与麻将牌相似，4个人玩，先将牌面扣着洗乱，然后5张牌为一摞，并排摆放一圈。玩时要由一个人开始先抓，一次只能抓一摞，依次抓光。自己手里的牌避免让别人看到，同样的牌排放在一起。先抓牌的人先出牌，一般先出小牌，可以出单张，也可以根据手中掌握的牌将同样的牌一同出去。下家只有高一级以上的牌且数量相等才能管。谁

---

1. 孟淑贤. 节庆与传统文体活动[A]. 山岭上的鄂伦春人（黑龙江文史资料·第27集）[C]. 哈尔滨：黑龙江人民出版社，1989. 195-202.

管住谁有出牌权,以先出牌者为胜。每到节日,打牌是主要的游戏之一。[1] 不过在新鄂村调查时,在所有的调查对象中,没有人知道"刻依安处"。

正月初二、初三举行一些较大规模的体育比赛。全乌力楞的人都聚到一起,凡是接到通知的都前来参加比赛。比赛的内容很多,如赛马、摔跤、射箭、打枪、掰

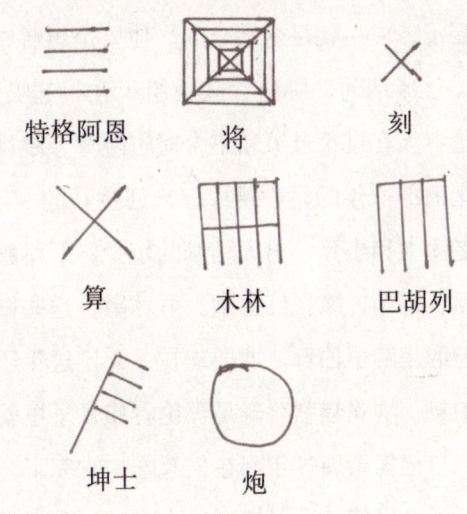
▲ 鄂伦春族游戏刻依安处/于学斌 绘制

绊子、拉杆。赛马是传统项目,在山上游猎时就有。打枪的靶子就是在某处立一个雪块、冰块或者小木桩子。十一二岁的小孩也参加比赛,谁打中了靶子、谁打中得多,谁就是第一,没打着的会受到大家奚落,大家就会奚落他说:"是你枪不好,还是眼神不好啊?"掰绊子的玩法是,两个人单腿站立互相撞击,倒者为败。拉杆的玩法是两个人脚蹬脚,双手共拉一根横木杆,被拉起或者先松手者为败。玩以上游戏时对失败者的惩罚方式多为弹脑崩。吴晓东说:"弹脑崩游戏可有意思了。"[2] 这些比赛都成为过去时了,现在仅存于许多老人的记忆之中。

也会在一起听讲故事,摸瞎。鄂伦春族故事讲述形式有莫苏昆,这是一种说唱文学,边说边唱。莫秀芳说:"不管是节日还是平时,喝着酒就开

---

1. 孟淑贤. 节庆与传统文体活动[A]. 山岭上的鄂伦春人(黑龙江文史资料·第27集)[C]. 哈尔滨:黑龙江人民出版社,1989. 195–202.
2. 被访谈人:吴晓东;访谈时间:2015年2月23日;访谈地点:逊克县县城吴晓东家。

始在篝火边上唱歌、跳罕伯,要不干啥啊?以前鄂伦春族老人喝喝酒就开始说唱了,说唱就是这么来的。他要是想贬你,他就一边唱一边贬你了。"[1]

过年期间,鄂伦春族也组织在一起喝酒、唱歌、跳舞,"过去毕拉尔鄂伦春人在过年过节和集会时也跳舞。跳舞是一种娱乐,在过年时跳舞,是为把旧的一年的污秽跳掉,来迎接新的一年"[2]。青年妇女跳舞较多,其次是老太太和小孩,男人跳舞的较少。所跳舞蹈有五种,分别是鲁力该嫩、依哈嫩、得勒古嫩、红普嫩、群球嫩。这些舞蹈动作均来源于渔猎生产。最为普遍的是跳罕伯舞,即便现在,无论过年还是平时,只要喝点酒,就开始跳罕伯舞。喜欢唱歌跳舞是鄂伦春族骨子里就有的遗传基因,莫丽华说:"像我们自己家亲属过年都在一起吃。吃完了,就唱啊跳的,这个到啥时候也改变不了,民族这个习惯到什么时候也改变不了。"[3]

现在玩麻将、扑克并以此方式赌钱较为普遍。

四、结语

鄂伦春族曾经是单纯以游猎为生的民族,这一经济文化类型直接在鄂伦春族的年文化上刻上了印记,使他们的春节的游猎文化特色明显。如在年货中,兽肉占有很大的比例,在餐桌上手把兽肉是主要的节日美食;过年吃饺子虽然是各民族共有的习俗,但是鄂伦春族过年饺子多为兽肉馅。直至今日尽管狩猎生产式微,但是人们仍然在过年的时候尽量弄些狍子肉、野猪肉过年。

---

1. 被访谈人:莫秀芳;访谈时间:2015年2月17日;访谈地点:新鄂乡新鄂村莫秀芳家。
2. 鄂伦春族社会历史调查(第2集)[M]. 北京:民族出版社,2009. 97.
3. 被访谈人:莫丽华;访谈时间:2015年2月22日;访谈地点:新鄂乡新鄂村莫丽华家。

鄂伦春族在1953年以前常年游猎在山岗，1953年定居以后，定居点仍然是群山环抱。由此使得鄂伦春族的春节具有浓厚的山林文化特色。山林之中具有丰富的植物资源，鄂伦春族在从事打猎的时候一直兼营采集生产，山林中的采集品在年货中占有很大的比重，山野菜、榛子、松子等都是过年期间的主要食物，既取之方便，又经济实惠。直至今日仍然保持这种山林文化特色。以前，柳蒿芽等山野菜是补充食物不足的救命菜，如今则成为人们尝新的稀罕之物；以前摆不上过年的餐桌，现在则成为过年期间的重要食物。

鄂伦春族保持有浓厚的自然崇拜、祖先崇拜的习俗，既有对天体的崇拜，也有对神偶神像的崇拜。在生活中所供奉的神灵很多，室内、室外都有，杜桂芬说："小的时候房子旮旯胡同有小木人，在大树或者旮旯旁边也有小木人，至于是用来干什么的我就不知道了。'文化大革命'时都收走了。"[1] 每到过年的时候都要对这些天、三星等天体以及家中供奉的各种神偶、火、灶进行祭祀。现在鄂伦春族的神灵崇拜仪式淡化，过去的许多神灵见不到了。

随着同汉族联系的加强以及信息时代的到来，鄂伦春族的年文化有同其他民族趋同的现象。从莫金权家的过年方式以及访谈中了解到的目前的各家过年方式，可见鄂伦春族过年已经变得非常简单，过去敬拜神灵、生活中禁忌、拜年活动都见不到了，过年仅是贴对联、燃放鞭炮、全家团聚、吃顿团圆饭、吃年夜饺子而已。造成这种现象的原因除了人们观念的改变而外，新鄂村空巢化较为严重也是主要原因之一。平时街上很少见到人，人们都选择到城里买房居住。这种人员的稀少也弱化了节日的氛围。

---

1. 被访谈人：杜桂芬；访谈时间：2015年2月18日；访谈地点：新鄂乡新鄂村杜桂芬家。

附录：调查对象

姓名	性别	出生	简介
孟淑英	女	1950年	出生在新鄂村，8岁去黑河，1968年回到新鄂村，一直是乡政府干部，曾主抓过计划生育、妇联、民族事务等工作。退休之后，连续参加中俄文化大集演唱民歌，2005年参加了鄂伦春族民族语言培训班、民族工艺手工班。
莫秀芳	女	1945年	出生于宝山附近的三间房，他们家在松树沟一带游猎，1953年下山以后先后在逊克县、老西地营子待过，大约在1955年、1956年归队归并到新鄂村。在新鄂乡先后担任过小学教师、副乡长，1996年调到逊克县任政协副主席（副处级），2005年退休。现住在新鄂村，参与鄂伦春族的文化保护和传承工作。
葛庆华	女	1944年	1953年定居后居住在老西地营子，一直在外地念书，1963年中学毕业之后搬到新鄂村，常年在新鄂乡新鄂村生活。
莫金权	男	1952年	猎人，至今仍然从事打猎，是新鄂乡十几个有枪证的鄂伦春族猎民之一。
孟晓兰	女	1956年	莫金权妻子，生于呼玛县白银纳鄂伦春族乡。
莫丽华	女	1965年	父亲是鄂伦春族，母亲是汉族。在新鄂村经营旅店、食杂店。
杜桂芬	女	1957年	已故省级非物质文化遗产传承人莫宝凤的女儿。
吴晓东	女	1940年	出生在哈尔通，1953年下山，居住在黑河市爱辉区新生乡，在黑河上学，1957年嫁到逊克县新鄂村，曾在新鄂乡任小学教师、中心校校长，1996年调到县教育幼儿园一园任园长。现已退休，居逊克县奇克镇。

2015年及2017年同江市街津口乡赫哲族春节习俗调查报告

于学斌

赫哲族是黑龙江省独有的世居民族，同江市的街津口赫哲族乡和八岔赫哲族乡、饶河县的四排赫哲族乡、抚远县的乌苏镇、佳木斯市郊区敖其镇是赫哲族的主要聚居地。我们的春节习俗田野调查点选在了同江市街津口赫哲族乡，2015年2月春节期间和2017年1月春节期间在这里进行了调查，既采用访谈法，访谈对象有尤玉发、尤文兰、尤秀云、尤文林、陈茂才、张薇、尤龙等；也采用实地观察法，对2017年尤文林家的过年过程进行了全程观察。本调查报告除了根据田野调查资料而外，也参照了20世纪50年代的《赫哲族社会历史调查》、街津口村赫哲族渔民尤金良生前所写的小册子《赫哲族拾珍》。

一、前言

赫哲族是全国人口最少的民族之一，据2010年第六次全国人口普查统计，仅有5354人。"赫哲"是"东方人""下江人""下游人"的意思，是由方位词变成的民族名称，是赫哲族的一部分对另一部分的称呼。

赫哲族历史悠久，同古代的肃慎、挹娄、勿吉、黑水靺鞨、东海女真具有一脉相承的关系。赫哲一名直到清朝才见于史籍记载，最早见于《清圣祖实录》康熙二年癸卯三月壬辰（1663年5月1日）："命四姓库里哈等进贡貂皮，照赫哲等国例，在宁古塔收纳。"因此赫哲族作为一个独立的民族是从清朝初年开始的。从清朝初年开始，清政府在官方确立了赫哲族独立的民族身份。除了"赫哲"一名外，清代文献中还写作"黑斤""黑津""黑折""赫斤"，皆是赫哲的同音异写，文献中的"墨尔哲勒""七姓""奇楞""使犬部""乌扎拉洪科"等族名也都是赫哲族，文献中记载的"东海""瓦尔喀""呼尔喀"等部也有赫哲族包含其中。凌纯声在1934年发表了经过调查所著的《松花江下游的赫哲族》，自此以后，赫哲族声名鹊起。

赫哲族因居住地区不同，有"那贝""那乃""那尼傲"等不同的自称。居富锦市大屯以上沿松花江上游的赫哲族自称"那贝"；居嘎尔当屯至黑龙江沿岸勤得利村之间者自称"那乃"；居八岔村沿黑龙江下游至乌苏里江沿岸的赫哲族自称"那尼傲"。"那"是本地、当地的意思，"乃""贝""尼傲"是"人"的意思，因此，尽管各地自称有所差异，但是都是本地人、当地人、我们的人的意思。

赫哲族有语言没有文字，语言属阿尔泰语系满通古斯语族满语支。长期以来他们沿黑龙江、松花江、乌苏里江而居，以渔猎为生，渔业在赫哲族历史发展过程中占有重要的地位，穿鱼皮服饰、吃鱼肉、使用狗拉雪橇是他们主要的物质文化特色，讲唱伊玛堪、说胡力是主要的业余文化生活。历史上曾有"鱼皮鞑子""狍皮鞑子"之称，皆是汉族对赫哲族的蔑称。

二、街津口赫哲族乡简介

街津口赫哲族乡位于黑龙江中游南岸的街津山脚下，距同江市区45千米，与俄罗斯隔江相望，边境延长线39千米，1963年建乡，全乡总控面积43万亩，其中耕地面积12.48万亩，山林面积25.5万亩，水面积8.2万亩。街津口赫哲族乡是赫哲族的主要聚集地，总人口3894人。

赫哲族主要聚居在街津口赫哲族乡渔业村，渔业村是街津口赫哲族乡政府所在地，于1947年建村，现有147户，总人口537人，全村都是赫哲族，辖区总面积200平方千米，2万亩耕地。全村主要以渔业生产、养殖业、旅游业、餐饮业、酿酒业、农业生产为主，是国家级文明村。

这里三面环山，一面环水，群峰环抱。地处完达山余脉低山区，由街津山和额图山的部分面积构成。海拔高度在200米左右，最高峰海拔553.3米。水系为黑龙江支流水系，黑龙江历年的开江期是4月15日至25日，封江期是10月25日至11月初。过去山上栖息着山鸡、野兔、狍子、鹿等20多种珍禽异兽，水中栖息着鳇鱼、鲟鱼、"三花五罗"等珍贵鱼种，不过现在已经很难见到这些生物了。

气候属中温带大陆性气候，无霜期115天左右。年平均降雨量520毫米。土壤以暗棕壤为主，土层厚度20—30厘米。植被属完达山植物区系。林相是以椴、色、水、胡、黄等为主的针阔叶混交林。[1]

三、赫哲族春节习俗

春节是赫哲族最重要的节日，这是受汉族影响的结果。由于是受汉族影响过春节，所以节日的时序及其习俗基本同汉族相同，"赫哲族与汉族所过的节日基本相同，两族人民共同过的节日有：旧历年、正月十五、二月二、清明、五月端午节、中秋节、腊月二十三(过小年)等等。对这些节日，赫哲族都没有自己的解释，过节的方式也与汉族完全相同"。[2] 腊八、小

---

1. 街津口赫哲族乡简况由同江市街津口赫哲族乡政府提供。
2. 《中国少数民族社会历史调查资料丛刊》修订编辑委员会编．赫哲族社会历史调查[M]．北京：民族出版社，2009．97．

年、除夕、十五、二月二等春节内容都在赫哲族不同程度地延续着。不过，虽然在节日时间、内容等方面的过法和解释相同，但是在具体过法上亦有本民族的特色和地方特色。

腊月初八

腊月初八是腊八节，这一天通常的过法是做粥喝粥，赫哲语称粥叫"拉拉"，绝大多数家庭早晨起来都要做一锅粥。粥的做法因家庭经济条件差异而表现出不同，有的家庭因为较为困难，没有米或者米很少，所以在这一天仅仅做点小米粥、大馇子粥，尤秀云说："过去吃不到黏粥。"[1] 而有的家庭的拉拉用小黄米做黏粥，里面拌以鱼油或貉子油，但是只有极少数家庭能吃上黄米黏饭，因为黄米很难弄到。有的家庭制作的拉拉非常讲究，尽量凑够八种粮食作物。尤文林依稀记得，过去他们家是用八种米做腊八粥，这八种米根据家庭库存情况而定，一般为小豆、黄豆、大米、玉米、小米、高粱米、小黄米，他说："我小时候农村都困难，基本就是家里有啥米就整啥米，有啥粮食就往里搁啥，那玩意就是大杂烩的性质。"[2] 前一天将高粱米、豆子、小黄米等不容易煮烂的粮食用水泡上，腊月初八早上熬粥，在做大米饭的工夫就做好了。

还有一部分赫哲族家庭不重视腊八，从来没有过腊八，陈茂才说："赫哲族不太重视腊八，不做腊八粥，从来没有喝过腊八粥。从记事开始，母亲就不重视腊八。现在也是这样。"[3] 尤玉发也说："过去穷，饭都吃不

---

1. 被访谈人：尤秀云；访谈时间：2015年2月20日；访谈地点：同江市街津口乡街津口村尤秀云家。
2. 被访谈人：尤文林；访谈时间：2015年2月18日；访谈地点：同江市街津口乡街津口村尤文林家。
3. 被访谈人：陈茂才；访谈时间：2015年2月21日；访谈地点：同江市街津口乡街津口村陈茂才家。

上，哪有闲心吃腊八粥。"[1]

有的家庭原来不过这个节日，后来由于受亲属、亲家或者同事的影响而开始吃起了腊八粥。尤秀云说，20世纪80年代调到同江邮政局以后，开始在同事的影响下吃腊八粥，每到这天，同事会喊："明天腊八了，你整点米啊？"于是也买点米回家做腊八粥。[2] 尤文兰家原来不过腊八，现在儿子都娶的汉族媳妇，在汉族儿媳妇的影响下也在腊八这天偶尔吃顿腊八粥。

为什么吃腊八粥，多数人不知道，只有尤文林给予了解释，他说："我父亲说过，是为了辟邪气、赶寒。因为腊月里凉气上来了。"[3]

如今，赫哲族不重视腊八，想起来就弄点粥喝，想不起来也就不过了。粥也很简单了，有些家庭就到商店买八宝粥，尤文林家便是这样。

腊八这天也有吃冰的习惯，早上起来吃饭前先吃冰。尤文林说："小的时候，在勤得利的时候吃冰，我爸让我吃。等我有孩子以后，就不吃冰了，那玩意硌牙，大冬天吃啥冰？""吃冰我也不知道咋回事，我爸说必须吃，吃了对身体好，至于怎么好的呢，我也不知道。"[4]

腊八前后，养猪的家庭就陆续开始杀年猪。过去很多家庭都养两头猪，一般一头上缴给国家，完成生猪上缴任务，另一头就留着自己过年时吃。何时杀猪主要根据以下三方面因素，一是猪长得"够膘了"，二是猪不长了，三是天冷了能冻住猪肉了。杀猪的时间亲属之间要错开，亲属之间要商量，谁先杀，谁后杀，避免同一天杀猪，尤文林说："以前家家都杀猪，

---

1. 被访谈人：尤玉发；访谈时间：2015年2月19日；访谈地点：同江市街津口乡街津口村尤玉发家。
2. 被访谈人：尤秀云；访谈时间：2015年2月20日；访谈地点：同江市街津口乡街津口村尤秀云家。
3. 被访谈人：尤文林；访谈时间：2015年2月18日；访谈地点：同江市街津口乡街津口村尤文林家。
4. 被访谈人：尤文林；访谈时间：2015年2月18日；访谈地点：同江市街津口乡街津口村尤文林家。

我三叔家、我们家、我大姐家、我二妹妹家都杀猪。我是老大,他们会问我:'大哥哪天杀猪啊?'我说:'大后天杀猪。'那么其他家就晚点杀。要不就说:'大哥,你那猪正长着呢,你晚杀几天,俺们先杀。'就这么合计着。"[1] 因为杀猪时要互相请客,亲戚、邻居都请来吃杀猪菜,在你家吃完了、喝完了,后天就上他家去。杀猪菜主要有血肠、血豆腐、猪头肉、瘦肉、肥肉、酸菜,这些东西都在一个大锅里烩上,血肠一盘、肥肉一盘、瘦肉一盘、酸菜五花肉一盘、生猪腰子一盘。吃生猪腰子是赫哲族的民族传统习惯,将猪腰子剖成两半,切成小薄片,搁凉水拔上,把味拔掉,然后蘸着蒜泥、辣椒油吃,不过必须是新猪腰子,搁时间长了就不能吃了。由于鱼多,所以请吃杀猪菜的时候也要弄几个鱼菜,如柳蒿芽炖鱼、烤他拉哈、冻鱼片等,以此凑几个菜。做刨花鱼较为普遍,因为它是很好的喝酒菜。据尤秀云说,以前赫哲族不会灌血肠,自从和三村的山东人"噶亲戚"[2]之后才学会灌血肠。[3] 杀猪必须请会杀的人来杀,尤文林回忆说:"从我记事起,我爸杀猪都是白干。杀完猪,吃一顿喝一顿就完事了。"[4]

现在没人养猪了,过年期间多从市场上买肉。经济条件好的家庭,高兴了就买头猪杀了,杀猪的时候同样要把亲朋好友、左邻右舍请来,摆上几桌。

腊月二十三

赫哲族叫腊月二十三这天为小年,这天早上通常要吃饺子,晚上做几

---

1. 被访谈人:尤文林;访谈时间:2015年2月18日;访谈地点:同江市街津口乡街津口村尤文林家。
2. 噶亲戚:东北话,就是两个家庭的子女结为夫妻,从而使两家成为亲属、亲家。
3. 被访谈人:尤秀云;访谈时间:2015年2月20日;访谈地点:同江市街津口乡街津口村尤秀云家。
4. 被访谈人:尤文林;访谈时间:2015年2月18日;访谈地点:同江市街津口乡街津口村尤文林家。

个炒菜。小年的这顿饺子一般包鸡肉馅饺子，因为这天是灶王爷升天的日子，尤文林解释说："迷信的说法就是各路神仙都愿意吃鸡。"[1]从别的家庭来看，一般都做猪肉馅水饺，如果买不起猪肉，就做鱼肉馅水饺，陈茂才说："买肉买不起，穷。就弄点儿鱼馅儿，包点狗鱼、怀头鱼馅儿饺子。"[2]现在，过小年这天仍然要吃顿饺子，不过不像从前了，饺子已经不是稀罕物了。有的家庭不吃饺子了，陈茂才说："现在成天吃好的，什么都有，天天跟过年一样，也不吃饺子了。那时候吃顿饺子不容易啊，那个社会也不一定都吃得上饺子。"[3]

尤金良生前描述，稠李子饼也是小年这天必须吃的。[4]稠李子是一种野生植物，果实呈圆形，比黄豆粒稍大，成熟的果实呈黑色，可直接食用。赫哲族将成熟的稠李子果实捣碎，做成圆饼，赫哲语叫"得不西克特"，晒干之后放在坛子里用鱼油浸泡，可以长期储存，随吃随取，据说味道酸甜。现在没有这一习俗了。

过去家家供奉灶王爷像，灶王爷像就供奉在灶台后面的墙上，画像下面有一块板子，这里是放供品的地方。妇女不能脚踏锅台，否则会得罪灶王，没有饭吃。关于送灶王爷升天的时间各家有所不同，尤文林说，他们家是腊月二十四送灶王爷升天，而他的三叔、小爷爷家则在腊月二十三小年这天送灶王爷升天。规律是，有钱的人家先送，没钱的人家后送。[5]

小年这天通常吃什么饭就给灶王爷供什么饭。多数家庭煮饺子，先给

---

1. 被访谈人：尤文林；访谈时间：2015年2月18日；访谈地点：同江市街津口乡街津口村尤文林家。
2. 被访谈人：陈茂才；访谈时间：2015年2月21日；访谈地点：同江市街津口乡街津口村陈茂才家。
3. 被访谈人：陈茂才；访谈时间：2015年2月21日；访谈地点：同江市街津口乡街津口村陈茂才家。
4. 尤金良. 赫哲族拾珍[M]. 佳木斯：黑龙江省佳木斯市文学艺术界联合会，1990. 36.
5. 被访谈人：尤文林；访谈时间：2015年2月18日；访谈地点：同江市街津口乡街津口村尤文林家。

灶王爷供奉几个饺子，如果一年不顺利、不太平，就给灶王爷供一个饺子。如果生活条件较好，就多捞几个饺子给灶王爷，三个、四个、五个、六个都行。奶奶婆婆在世的时候尤文兰看到过她用小馒头给灶王爷上供。有个别人家供黏米饭和稠李子饼，意思是把灶王爷的嘴粘住，防止上天说坏话。[1]

送灶王爷由家中的老大负责，因为他是一家之主。男主人负责给灶王爷上供、上香，在灶坑门前摆一个盆子，在盆子里烧纸。送灶王爷这天也要买灶糖，先用糖给灶王爷抹嘴，让他嘴甜，上天言好事，说点好听的，保佑一家人过得好，发财。送灶王爷的时候嘴里念叨着："你上天言好事，让玉皇大帝照顾照顾，让我们发点财，家里日子过得好一点，别那么穷。"年三十接神的时候再把灶王爷接回来。

烧完纸，送完灶王爷后，家人可以吃糖。

20世纪六七十年代时，供奉灶王爷的习俗没有了。尤文林回忆说，他18岁后，他们家就不供灶王爷了。[2] 尤文林1949年生人，如此算来，停止供奉灶王爷的时间正是20世纪六七十年代。陈茂才回忆说，大约在社教（社会主义教育运动）以后没有了[3]，社会主义教育运动的时间是1963年至1966年，由此推算，灶王爷的供奉在20世纪六七十年代之前就停止了。

20世纪80年代以后，个别家庭有恢复供奉灶王爷的，如尤秀云家便是，她家20世纪90年代搬进同江市新楼以后，在同事的影响下又开始供奉灶王爷，尤秀云说："人家开始供，我也就供了。我上的这个班里有供的，环境影响，我也就供了。这个班有一个岁数大的，说：'你不请灶王爷啊，你

---

1. 尤金良.赫哲族拾珍[M].佳木斯：黑龙江省佳木斯市文学艺术界联合会，1990．34．
2. 被访谈人：尤文林；访谈时间：2015年2月18日；访谈地点：同江市街津口乡街津口村尤文林家。
3. 被访谈人：陈茂才；访谈时间：2015年2月21日；访谈地点：同江市街津口乡街津口村陈茂才家。

不想平安了？'于是我们都请请。"[1] 她像母亲那样，蒸俩馒头，馒头上点上红点，作为供品。不过这种家庭极少。由于灶王爷像弄丢了，找不到了，所以从2014年开始，尤秀云家也不供了。

小年这天要打扫卫生，把屋里统统打扫一遍，先扫棚，再扫旮旯，都扫完之后再扫炕。扫房一般要用新笤帚，会扎笤帚的家庭都要扎两把，特意留出一把在二十三小年这天使。尤文兰说："扫地的笤帚不行，都买新笤帚。那时候笤帚才几毛钱，那时候可困难了，虽然几毛钱也买不起。俺老头爷爷会扎，每年自己扎笤帚，扎两把留一把，嘱咐说：'留着，这个别动啊，留着过年二十三扫房子'。"[2] 过去家家普遍很穷，多数家庭到桦树林中砍桦树梢子，把桦树梢子绑在一起当笤帚。扫房的时候嘴里叨咕："灶王爷上天了，把妖魔鬼怪都带走，保佑俺们家一年太平，家里干干净净，不得脏病（这个脏病是指妇女病），男女老少平安无事。"

扫房一习至今仍然保持，每到腊月二十三过小年，家家都买一把新笤帚把室内统统打扫一遍。尤秀云说："到小年我们都换新笤帚，一年买一把，这个屋里、楼里都扫。新楼哪有灰啊，那我也都扫一遍，还是这个老传统。一年的不好的东西都跟着灰走了。"[3]

从20世纪50年代开始出现了腊月二十三糊棚的现象，糊棚的材料一般为旧报纸或者白纸。不过并不普遍，许多家庭经济条件差糊不起棚。

以前不刷墙，自从"社会主义教育运动"以后，个别家庭也开始刷墙，因为这时候住上了好房子。不过仍然有80%左右的家庭住在土房子里，对这些家庭而言刷墙是不可能的，每到这天仅打扫打扫而已。

---

1. 被访谈人：尤秀云；访谈时间：2015年2月20日；访谈地点：同江市街津口乡街津口村尤秀云家。
2. 被访谈人：尤文兰；访谈时间：2015年2月22日；访谈地点：同江市里尤文兰家。
3. 被访谈人：尤秀云；访谈时间：2015年2月20日；访谈地点：同江市街津口乡街津口村尤秀云家。

小年这天也是洗衣服、洗被褥的时候，尤秀云说："被子那天全拆了，全洗。过年前衣服都洗干净。"[1]

小年过后，就该置办年货了，陈茂才说："二十三之前有办的，多数是二十三以后去办。"[2] 年货有自产的，多数需要到市场上购买，购物的地点一般在本地，过去有流动商贩来赫哲族地区做买卖。流动商贩有两种，一种是封江之前上游来的商船，这种船载着货物同赫哲族交换，这种船有风帆，只有刮风的时候才能行船，所以赫哲族管这种船叫大风船。大风船上的货物非常齐全，除了布之外，酒、油、针头线脑等东西都有。二是走街串巷的货郎，他推着车子，载着货物，手里拿着拨浪鼓，平时的日用品、年纸在他的车上都有。尤文林说："我五六岁记事，在八岔，抚远县有个贸易公司，贸易公司拉着东西上八岔卖，有苹果、梨、炮仗，乱七八糟的，都在腊月二十七八来。"[3] 也有到外地买的，陈茂才说："办年货到同江，从前就上同江买点什么。"[4] 尤秀云说："买东西都到头村[5]。"[6] 头村是一个汉族村，村中的人都是山东人。过去交通不方便，坐马车、爬犁去同江、三村所花的时间要两三天。买了炮仗之后，高兴了就放点。原来物资供应欠缺，加之经济较为拮据，要购买的东西无论是样数还是数量都非常有限。陈茂才说："那时候就买点红纸回来写个对子贴上，买点给老人纪念的烧纸，买点

---

1. 被访谈人：尤秀云；访谈时间：2015年2月20日；访谈地点：同江市街津口乡街津口村尤秀云家。
2. 被访谈人：陈茂才；访谈时间：2015年2月21日；访谈地点：同江市街津口乡街津口村陈茂才家。
3. 被访谈人：尤文林；访谈时间：2015年2月18日；访谈地点：同江市街津口乡街津口村尤文林家。
4. 被访谈人：陈茂才；访谈时间：2015年2月21日；访谈地点：同江市街津口乡街津口村陈茂才家。
5. 现在的同江市三村镇头村。
6. 被访谈人：尤秀云；访谈时间：2015年2月20日；访谈地点：同江市街津口乡街津口村尤秀云家。

▲ 赫哲族凿冰捕鱼，为过年准备年货／于学斌 摄／2016年

好吃的。有钱呢买点好的，没钱呢就买两斤酒，买点油，面虽然也买，但只买很少一点。"[1]

现在置办年货方便了，一般过了腊月二十三每三天有个定期的集市，想买猪肉、猪爪子、猪耳朵、肘子、海鱼等东西都能在集市上买到。想吃什么买什么，得意吃什么买什么。虽然是渔村，但是吃鱼仍然要到同江市购买，尤文林说："本村的鱼小，大鲫鱼，二斤多重的，本地没有。小的鱼本地有，也是活的，但是一盘里要放两条，不好看。"[2]

---

1. 被访谈人：陈茂才；访谈时间：2015年2月21日；访谈地点：同江市街津口乡街津口村陈茂才家。
2. 被访谈人：尤文林；访谈时间：2017年1月25日；访谈地点：同江市街津口乡街津口村尤文林家。

过去，会打猎的人一入冬就穿着滑雪板到山中打猎，尤秀云说："我父亲早上滑雪去，晚上星星都出来了回来。"[1] 愿意打鱼的打鱼。把最好的猎物和鱼留到过年时吃。这一习俗是历史传统，《桦川县志》记载："赫哲过年节，食狍、鹿、野鸡，多以猎取。"[2] 多余的猎物和鱼拿到头村去换布匹、粮食、盐、烟、酒、糖。尤秀云说："过年就换一斤糖，不舍得吃。那时候我们家住马架子，大梁顶上吊几个筐，好吃的东西都放在筐里，小孩够不到。"[3]

年前也要准备一些干粮，有人说过了腊八就开始包干粮，有人则说过了小年之后做年干粮。年干粮有白面豆包，白面豆包的馅有很多种，有萝卜馅的、白菜馅的、肉馅的、酸菜肉的，也有包糖的。以前有黏面的家庭也包点黏豆包，豆馅有大豆馅的、小豆馅的。黏豆包的制作工序较为复杂，大黄米、小黄米在上磨坊前先泡两天，泡好泡透后装袋里控干，在碾坊碾压，和面、发酵，然后才能包豆包。过去小黄米面豆包多，仅有个别人家才能弄到大黄米面包豆包。包完的豆包放在缸里或者麻袋里保存。有的人家吃得多，往往包好几袋子。现在仍然坚持这一传统，不过自从分队以后，包黏豆包的人就少了，因为糜子、红黏谷因为产量低而没人种植了。现在做的干粮已经不是存放在缸里或者麻袋里，而是装在塑料袋里冻上。尤文林说，过年时每个孩子都拿走两袋。[4]

也包冻饺子，饺子馅多为鱼肉馅，过去其他菜馅非常少，尤秀云说：

---

1. 被访谈人：尤秀云；访谈时间：2015年2月20日；访谈地点：同江市街津口乡街津口村尤秀云家。
2. 郑士纯修，朱衣点. 桦川县志. 卷5. 风俗[M]. 民国十七年.
3. 被访谈人：尤秀云；访谈时间：2015年2月20日；访谈地点：同江市街津口乡街津口村尤秀云家。
4. 被访谈人：尤文林；访谈时间：2015年2月18日；访谈地点：同江市街津口乡街津口村尤文林家。

"条件好的,能从上面(指头村)弄到大头菜,那都稀罕得不得了。"[1]

包这么多的干粮、饺子就是为了腾出时间玩,因为过年的主要活动就是玩。为了有更多的时间玩耍,在吃的方面就吃现成的干粮,正月期间,家家都不做饭,饺子、豆包、菜包在锅里热热就吃。

尤秀云家过了腊月二十三之后还要准备大量的油炸食品。油炸食品有油炸鱼、鱼丸子、油条、麻花、油炸菜团子。尤秀云说:"过了小年,我爸就开始炸,一笸箩一笸箩的,那时候盆子少,不够用,都用笸箩装。笸箩是用苇子编的。这些油炸食品放到哪儿呢?放到仓房里,怕耗子嗑、猫啃,放屋里,屋里很小。我爸想了个办法,吊房梁上。"尤秀云说,那时候过年若是能吃上麻花,就是非常难得的了,若是有面都留着过年炸麻花。[2]

鸡肉、羊肉、牛肉是年前必须要准备的年货。不过过年期间不能吃鹅、鸭等扁嘴东西,尽管自家也养殖鹅、鸭,平时也吃鹅、鸭,但是禁止过年时吃,尤文林也不知道为啥不吃。除此之外,狗肉不能吃。

年前也要捡豆腐,或者自己磨豆腐,过去有自己家有磨的,村中也有一两个公共磨,不过只有种地的家庭才有条件磨豆腐,没有黄豆的家庭则买几块。生产队的时候,生产队集中磨豆腐,每年按人头分给各家。豆腐一般都冻起来,放在篓子里。吃豆腐有寓意,陈茂才说:"都按好的说,豆腐,都福,有福的意思。过年了,'都福'好。"[3]不过,并不是人人都知道这一说法。

年前要买一些冻梨、冻柿子。不过,冻梨、冻柿子在20世纪80年代以前要到同江县城里买,所以只有经济条件非常好的家庭才买。改革开放以

---

1. 被访谈人:尤秀云;访谈时间:2015年2月20日;访谈地点:同江市街津口乡街津口村尤秀云家。
2. 被访谈人:尤秀云;访谈时间:2015年2月20日;访谈地点:同江市街津口乡街津口村尤秀云家。
3. 被访谈人:陈茂才;访谈时间:2015年2月21日;访谈地点:同江市街津口乡街津口村陈茂才家。

后,各家在过年时买冻梨、冻柿子才较为普遍起来。也要准备花生、瓜子、榛子之类的东西,瓜子、榛子之类的东西多数不需要购买,自己家大地种植葵花,而榛子则可以到山上去采摘。

年前每人要准备做一套新衣服,尤文兰回忆说:"我小时候我妈还给我做呢,那时候我爸好打猎,打貉子、鹿、狍子,我妈用这些野兽的皮子、肉干换布。我小时候我妈给我们做,我妈会缝,用手缝。"[1]尤秀云说:"我妈一入冬就开始做,搞手缝,孩子多,七个孩子,一人一件衣服,要多长时间缝啊!做七件啊!得缝到啥时候啊?我们姐几个都会做活,我妈缝不过来,我们姐几个也帮着缝。我妈都给我们画好了线,哪个部位有什么,哪个部位都放什么东西,我妈都画好了。我们沿着线缝,一般直线部分由我们缝,而裤裆、胳肢窝都是我妈缝。"[2]孩子太多的家庭,就把大的孩子没穿坏的衣服给比较小的孩子翻改一套衣服,把里面没掉色的翻到外面,较大的孩子穿个新衣服,一个捡一个。过年的鞋子都是自己家做,纳鞋底,弄鞋帮子,做棉鞋。年前父母都挺忙,必须准备新衣服,实在经济拮据,则将旧衣服洗干净。

一般都在小年前把头剪完,陈茂才说:"二十三以前给小孩剃头,二十三这天必须把小孩的头发剃了,要是不剃头,坑舅舅,有这个说法。你不剃头,别人该骂你、咒你了,你赶紧剃头。"[3]尤文林说:"如果实在太忙没有剪头,那么在大年三十之前必须剪完。"[4]整个正月不能剪头,赫哲族认为正月剪头死舅舅,尤秀云说:"我妈说:'别剪头发,死舅舅,你一

---

1. 被访谈人:尤文兰;访谈时间:2015年2月22日;访谈地点:同江市里尤文兰家。
2. 被访谈人:尤秀云;访谈时间:2015年2月20日;访谈地点:同江市街津口乡街津口村尤秀云家。
3. 被访谈人:陈茂才;访谈时间:2015年2月21日;访谈地点:同江市街津口乡街津口村陈茂才家。
4. 被访谈人:尤文林;访谈时间:2015年2月18日;访谈地点:同江市街津口乡街津口村尤文林家。

剪就死舅舅。'"[1] 年三十这天白天必须洗脚、洗头。

年前必须到坟地上坟，上坟必须是家中的男性，女人不上坟。上坟的时间以前是在腊月三十上午，越早越好，太阳出来前就出发，等到坟地烧完纸后，太阳就出来了。现在上坟的时间提前了，一般腊月二十七上坟，还有的家庭在二十四五就上坟烧纸了，上坟的时间也改为白天上坟。以前的冥币有两种，一种是黄纸，上面不印任何图案；一种是把黄纸平铺，在上面用一元钱或者五角钱纸币拍。陈茂才说，他20来岁以后才出现印字的冥币，"印字儿这个事不超过40年"。[2] 现在冥币种类多了，面值多少的冥币都有。

年三十前，欠债的人必须把钱还上，每个人都不愿意带着债务过年。如果实在还不上，就少还一部分，或者找债主商量，确定明年什么时候还。陈茂才说："年前必须给人送过去，一进腊月就赶紧，该还钱还钱。若是没钱，说一声，缓个账。"[3] 如果债主不同意，那么通常借钱还钱，借钱时要跟人说："我今年借的钱今年不能还你了。"

2017年尤文林家过小年及年前备年活动

2017年1月20日，农历腊月二十三，尤文林家。家里只有尤文林和老伴，老伴张艳华是汉族人，祖籍江苏。

早上6点30分左右，尤文林和老伴张艳华起床。

尤文林掏炉灰，掏完炉灰之后，就开始生炉子，烧暖气。尤文林家的暖气是土暖气，自己烧火取暖。

老伴张艳华做饭，她先把大米饭焖上，按照习惯，在大米饭里放了一些

---

1. 被访谈人：尤秀云；访谈时间：2015年2月20日；访谈地点：同江市街津口乡街津口村尤秀云家。
2. 被访谈人：陈茂才；访谈时间：2015年2月21日；访谈地点：同江市街津口乡街津口村陈茂才家。
3. 被访谈人：陈茂才；访谈时间：2015年2月21日；访谈地点：同江市街津口乡街津口村陈茂才家。

红小豆,这是她家米饭通常的做法。然后开始做菜,一共做了两个菜,一热一凉,凉菜是土豆丝、黄瓜丝、白菜丝一起拌的凉菜,热菜是猪肉炒芹菜。

  8点多,老两口开始吃饭,夫妻二人都没有喝酒的嗜好。尤文林夫妇共育有一女两男,大女儿尤静40岁,丈夫是汉族,一家三口距离尤文林夫妇不远,同在一条街上,中间仅隔几户。大儿子尤龙39岁,娶汉族媳妇,生有一个男孩16岁。小儿子尤赫35岁,娶汉族媳妇叫张薇,育有一女上小学,和尤文林夫妇一起过。全家住的是四间砖瓦房,尤文林夫妇住西面两间,尤赫三口住在东面两间。尤赫一家虽然一直和尤文林一起过,不过在同江市内买有楼房,在孩子上学期间三口人都住在街津口家里,而假期的时候三口人则回同江市里居住。小年这天,三个子女都没有回来,尤文林说:"现在对小年都不重视,小年都不回来,大年的时候两个儿子才回来过年。"因为尤静离得近,在8点多的时候过来看望两位老人。

  每天放下饭碗就去麻将馆玩麻将,这是张艳华的习惯,今天由于女儿过来了,所以在家聊了会儿天,直到9点多才走出家门去麻将馆,女儿尤静也跟着妈妈离开回家了。饭桌是尤文林收拾的。尤文林喜欢打扑克,收拾完饭桌之后,到村子的娱乐馆凑了一桌打扑克。

  上午10点多,尤文林先回到家里,他到家后把包饺子的面和好,拌好饺子馅,饺子馅是猪肉芹菜馅。近11点的时候,张艳华也回来了,夫妻二人一起包饺子。下午2点多,饺子煮好了,老两口吃得很快,不到20分钟就吃完饭了。吃完饭后,尤文林收拾桌子,张艳华扫地。二人聊会儿天,看会电视。下午4点多,张艳华离家,去村西头的麻将馆打麻将。而尤文林到村东头的麻将馆看热闹。问他为啥不去老伴的麻将馆看热闹,他说,他们打的都是小麻将,东头的麻将馆是大麻将,带惠的。大约晚上8点的时候尤文林先回到家,张艳华不大一会儿也回到了家。

  2017年1月20日小年这天我们看到尤文林家并没有扫房,而是腊月二十四上午扫的房,张艳华将屋里扫了一遍,尤文林说:"(如果)她打扫卫生，就在二十四，按照他们关里家的习惯；（如果）我打扫卫生，就在二十三。"[1]

2017年1月24日，腊月二十七。上午6时多，尤文林、弟弟尤文举和尤文金、妹妹尤文月、儿子尤赫以及侄子前往坟地上坟。在此，尤家打破了常规，尤文林的妹妹尤文月也去娘家坟地上坟了，以前是禁止出嫁的女人去娘家坟地上坟的，而现在这一习俗没有了，每一个人都可以去坟地给先世上坟表示孝思。每家都带了很多冥币，按照赫哲族的传统风俗，上坟要烧包袱，纸做的包袱里包有冥币，可是尤文林一家上坟并没有包袱，对此尤文林的解释是："现在上坟上的东西多，又是大元宝，又是小元宝，烧纸都是成箱成箱的，一个小车的后备厢装得满满的，没法用纸包。"[2]他们到坟地后，将坟前清理干净，弄平坦了。每家都将自己的冥币在祖坟前点起一堆，分别向奶奶、爷爷、父母磕头。

上完坟后，9点多，都聚到尤文举家，尤文举家做了六个菜，大家一起吃的中午饭。

2017年1月25日，尤文林坐着姑爷的车去同江市买年货，买回了肉、大活鲫鱼、饺子馅、糖块、花生、葵花子。葵花子、花生虽然在村子中也能买到，但是尤文林说村中卖得价钱贵，加之交通方便，坐着姑爷的方便车不用花钱。大女儿尤静给尤文林夫妇买了一套衣服，这是他们的习惯，每个姑娘、儿子年前都要给他们二老买一套服装。

腊月三十

腊月三十（如果是小建年，农历十二月29天，虽然是腊月二十九，但

---

1. 被访谈人：尤文林；访谈时间：2017年1月20日；访谈地点：同江市街津口乡街津口村尤文林家。
2. 被访谈人：尤文林；访谈时间：2017年1月24日；访谈地点：同江市街津口乡街津口村尤文林家。

是民间仍然称其为大年三十）是赫哲族的大年，赫哲语为"阿尼喽尤"。

贴对联、福字是上午的主要任务，下午吃饭前都得贴完。如果这家没贴对联，那么他家一定是近一两年内有老人去世了，因为赫哲族有规矩：家里有老人去世，三年之内不能贴对联和福字。过去对联都求人写，尤文林说："我小时候，这个屯子有识字的，写对联不要钱，给他拿瓶酒、两条鱼。我念书回来我自己写。"[1] 公社干部会写毛笔字，也请公社干部给写。现在都是在街上买现成的。福字倒贴很早就有，陈茂才说："我记事儿的时候屯里就有。"[2] 而尤秀云则说："赫哲族没有倒贴福字的，倒贴福字的都是汉族。"[3] 以前没有窗花和挂签，不过现在有了，过年时家家贴挂签和窗花，窗花和挂签都在市场上买。

年画是过年时必须贴的，年画各式各样，以前年画多为条幅画，画的内容多为《红楼梦》等古典小说故事，一条幅四条。再贴大画，如小孩抱鱼、两个小孩儿、骑马、两匹马、公鸡、鱼。20世纪六七十年代，贴毛主席像、林彪像、样板戏《智取威虎山》《红灯记》等剧照较为普遍。现在愿意贴就买几张年画，不愿意贴就不贴。尤文林现在每年只贴财神爷像。据尤文林回忆，原先的门神像是哼哈二将，自20世纪60年代以后就再也见不到贴门神的了，也买不到门神像。[4]

各种神灵也要在晚饭之前供奉完毕，赫哲族供奉的神灵很多，有三代宗亲（"别布冯发"）、天神、灶王爷、火神、山神、河神、土地神。这

---

1. 被访谈人：尤文林；访谈时间：2017年1月24日；访谈地点：同江市街津口乡街津口村尤文林家。
2. 被访谈人：陈茂才；访谈时间：2015年2月21日；访谈地点：同江市街津口乡街津口村陈茂才家。
3. 被访谈人：尤秀云；访谈时间：2015年2月20日；访谈地点：同江市街津口乡街津口村尤秀云家。
4. 被访谈人：尤文林；访谈时间：2015年2月18日；访谈地点：同江市街津口乡街津口村尤文林家。

些神既有自古就信奉的神灵如天神、山神、火神、河神，也有后来在汉族影响下信奉的，如三代宗亲、灶王爷、土地神。三代宗亲就是一个牌位，牌位上竖排写有"某某氏三代宗亲之位"。灶王爷是一张单独的画像，而其他各神的画像统一画在"五码子"上，"五码子"从市场上购买，如果买不到"五码子"，则用红纸叠一个牌位，在牌位上写上"土地""山神""娘娘"等神名。在西屋山墙下摆一供桌，在其上面摆放三代宗亲牌位和"五码子"。[1] 早年上供的供品是稠李子饼、鱼毛、鹿肉干等，后来在汉族影响下，在神前摆放的供品是五彩蜡烛、白酒、馒头、菜。摆好供品后，在家长的带领下跪拜各种神灵，先拜三代宗亲，然后拜其他各神[2]。

与此同时，将该吃的菜都拿出来，料都备好，中午12点左右开始做菜，下午2点左右开席吃饭。这顿饭是一年中最为丰富的，菜品必须是双数，12个菜、8个菜、6个菜均可。猪肉、鸡、鱼不能少，尤文林说："再困难这些菜也能凑齐，实在整不上这些菜，跟大伙说，亲戚朋友都会帮忙弄齐这些菜。"尤文林说，四鱼、四荤、四素是最为讲究的过年菜。[3] 四鱼是红焖、清炖、生鱼、冻鱼片；四荤是猪肉、鸡肉、猪肘、肝肚之类的菜；四素包括炒白菜片、蒜苗等。对赫哲族来说，鱼取之方便，过年时用鱼做菜是比较轻松的事。据陈茂才说，过年时鱼菜的做法很多，煎鱼、炸鱼、生鱼、氽丸子。猪肉一般都是自家杀的猪。弄到青菜较难，过去没有集市，一般买不到。这顿饭必须有鱼，吃生鱼谐音"吃剩余"，寓意年年有剩余。要炖条鲇鱼，寓意"炖炖鲇鱼，年年有余"。尤金良生前说：杀生鱼是这顿饭的主食，七里付子脆骨、鲤鱼或者狗鱼刨花鱼片、鲤子生鱼、狗鱼丸子等鱼菜是

---

1. 《中国少数民族社会历史调查资料丛刊》修订编辑委员会编．赫哲族社会历史调查[M]．北京：民族出版社，2009．98．
2. 尤金良．赫哲族拾珍[M]．佳木斯：黑龙江省佳木斯市文学艺术界联合会，1990．34．
3. 被访谈人：尤文林；访谈时间：2015年2月18日；访谈地点：同江市街津口乡街津口村尤文林家。

不可缺少的。也要有兽肉、禽肉。这顿饭越丰盛越好，赫哲族认为，这顿能吃到什么东西，今年就能有什么，因此，即便有些食物不吃也要摆在桌子上，各种食物都要品尝一下[1]。

如今，赫哲族的年三十活动主要是吃、玩、贴对联、放鞭炮，以下是2017年尤文林家的年三十的活动实录。

2017年1月27日尤文林家过腊月三十

2017年1月27日，腊月三十，尤文林家。

大年三十是尤文林一家团圆的日子，每年这个时候两个儿子家一定到这里和他们团聚，不过今年只有小儿子尤赫一家回来过年了，他们一家三口是在腊月二十四从同江市里回到家里的。而老大尤龙一家今年没在街津口家里过年，而是去海南旅游过年。所以尤文林家今年是一家五口人过的年。

早上6点多，尤文林起床，按照惯例，他掏了炉灰，给土暖气的炉子点着了火。

7点多，张艳华起床。不一会儿，儿子儿媳妇也从东屋过来了。开始做早饭，早饭很简单，就是将豆包在锅里热热。炒了两个菜，全家围坐在一桌吃早饭。

8点多，尤赫开始贴对联，张薇给打下手，帮忙抹糨糊。

贴完对联后，摆上麻将桌，开始玩麻将，尤文林、张艳华没有去麻将馆打麻将，而是和儿子儿媳尤赫、张薇在家玩麻将。在玩麻将之前，张艳华给尤赫、张薇、孙女每人200元压腰钱。虽然是自家玩麻将，但也讲究输赢，他们打的是"五幺五麻将"，即小和5元，自摸和10元，摸宝和15元，宝中宝30元。

中午12点左右，停止打麻将，开始准备晚饭，尤文林家今天白天吃两

---

1. 尤金良. 赫哲族拾珍[M]. 佳木斯：黑龙江省佳木斯市文学艺术界联合会，1990. 34.

顿饭，晚饭是最为重要的，肉在前天就拿到室内缓开了。尤赫和张薇做菜，尤文林说："我们岁数大，人家嫌我们笨，（他们）想要啥（我们）就给拿点啥。"[1] 尤文林夫妇负责给儿子儿媳妇打下手，尤文林说："原来他们小的时候都是我做菜，现在他们大了，就不用我伸手了。"[2] 最后准备了十个菜，分别是锅包肉、熘肉段、鲫鱼、生鱼片、炒鱿鱼、猪手、肘子、涮牛肚、熟猪肉、凉菜。主食是米饭。有些制作起来比较复杂的料在前一天就准备好了，如熘肉段、锅包肉的肉在腊月二十九这天就切出来了，肘子、猪肉在腊月二十九就烀熟了。

下午2点多，饭菜准备妥当，开始吃饭。饭前尤赫在室外燃放了一挂两千响的鞭炮。

吃完饭后，收拾完饭桌，全家一家四口人又围坐在一起玩麻将。

除夕

除夕赫哲语叫"佛额什克斯"，是百神下界的日子，各种鬼都开始活动，所以要昼夜点灯，不仅室内点灯，室外高挂灯笼，而且在鱼楼子里、院门口、灶王爷前都要点灯。室外门口放两个冰灯，冰灯的做法是，用魏德罗（俄语借词，口大底小的铁桶）灌满水，未冻实之前拿到屋里，将中间未冻的水倒出。将魏德罗周边冻的冰整体倒出，便成为灯罩。桶状的冰罩里面的灯有几种，一种是放一碗鱼油，用棉花捻一根灯捻儿放在碗边；一种是里面立一根蜡烛，这是非常晚出现的，多数家庭舍不得点蜡；一种是在里面放煤油灯。也有在门口竖一根高杆挂灯笼杆的，灯笼为玻璃罩，里面放一个小瓶子，注进灯油。还有挂马灯的。现在的房子门前都有门灯，所以就不另挂灯了。

---

1. 被访谈人：尤文林；访谈时间：2017年1月27日；访谈地点：同江市街津口乡街津口村尤文林家。
2. 被访谈人：尤文林；访谈时间：2017年1月27日；访谈地点：同江市街津口乡街津口村尤文林家。

傍晚要给死去的祖先"烧包袱",用金箔叠成元宝形,与打印有铜圈的黄表纸一同放进糊成口袋形的"钱褡子"里,在门前面大道上,插篙子为香,烧钱褡子,往火里倒酒、饭、米汤、小米粥,把帽子放在前边,叩头,口里念叨。烧完后,拣回未燃尽的小纸片,装进小孩兜里,赫哲族认为,把这些未烧尽的冥币放在兜里压腰,能发财。[1]

20世纪六七十年代还有个习俗,在年三十晚上,首先组织大家到大队队部吃忆苦思甜饭,每家去一个劳动力,集中吃柳蒿芽拌疙瘩汤,每人一碗,吃完之后回家过年。

半夜十一二点钟在新旧交替的时候全家围坐在一起吃饺子。吃年夜饺子之前要接财神,以前必须在夜里12点接,现在提前了,大约晚上10点钟就噼里啪啦放鞭炮接财神,而且时间一年比一年早。在外面玩的、串门的家人在接神前必须回到家里。接财神的仪式各家有所不同,大致有三种仪式:1.在院子中摆上桌子,上面摆上菜,上香,点两根大洋蜡。烧纸,敬酒,朝南磕头。2.有的家庭不摆供桌,只烧纸和放鞭炮。3.只放鞭炮。嘴里叨咕:"给你点酒喝,财神爷来了,保佑我发财。"接财神时要把屋门打开,意思是迎财神进屋。饭桌上摆好菜,摆上一盘饺子,谁也不能动这盘饺子,这是给财神爷吃的。磕完头,请完神,把蜡撤到屋里,嘴里喊着:"财神爷来喽!"

财神爷是大神,灶王爷是小神。"接进"屋后,把撤回来的蜡烛在财神和灶王爷两边摆上,上香。新煮的饺子也要敬奉给财神爷和灶王爷,敬奉财神爷六个饺子,灶王爷一个或几个,但是财神爷前面的饺子必须保证六个。接完财神之后就不能串门了,尤文林说:"按早先说法,接完神就不能串门,接神吃团圆饭必须是自己家人,外人不行。以前我小时候上外边玩,

---

1. 尤金良.赫哲族拾珍[M].佳木斯:黑龙江省佳木斯市文学艺术界联合会,1990.33.

到半夜快11点了,就得赶紧回家。你在别人家待着,回家就得挨揍。"[1]

接完财神,吃饺子之前,全家晚辈要层层给长辈磕头,表示长一岁了。赫哲族是以农历年计算岁数,过了年就表明长了一岁。长辈要给磕头的晚辈磕头钱。

与发纸同时,室内开始煮饺子,接完财神、给长辈磕完头之后,全家围坐在一起吃饺子。这顿饺子是全家团圆饺子,早年赫哲族有儿媳妇不能上桌同公公婆婆一同吃饭的习俗,不过除夕夜这顿饭则没有这个规矩。"从前,赫哲族不会包饺子,过旧历年时,用白面做丸子供神,人们吃'索林'和'托和岩',并煮些小米粥分给邻居人们吃,以示庆贺。"[2] 索林的吃法是将玉米粒煮熟后同鱼松拌在一起吃。尤金良生前说:早年半夜吃鱼[3]。尤文林说:"小的时候俺们家半夜不吃饺子,都是炒菜,半夜整一大桌菜。"[4] 具体什么时候开始除夕半夜吃饺子,尤文林认为是1961年以后,他说:"(一九)六一年挨饿的时候,菜整不起了,没有那么多菜,上哪儿整去啊?就从挨饿后,过年包几个饺子,吃吃拉倒。"[5]

除夕半夜这顿饺子叫"五更饺子",一般都是猪肉馅的、白菜馅的,接神用鸡肉馅饺子。尤文林说:"过年时候很少吃鱼肉馅饺子,不是不让吃,但基本没有吃的。从我记事起就是鸡肉、猪肉,平常吃鱼肉馅饺子,

---

1. 被访谈人:尤文林;访谈时间:2015年2月18日;访谈地点:同江市街津口乡街津口村尤文林家。
2. 《中国少数民族社会历史调查资料丛刊》修订编辑委员会编. 赫哲族社会历史调查[M]. 北京:民族出版社,2009. 98.
3. 尤金良. 赫哲族拾珍[M]. 佳木斯:黑龙江省佳木斯市文学艺术界联合会,1990. 34.
4. 被访谈人:尤文林;访谈时间:2015年2月18日;访谈地点:同江市街津口乡街津口村尤文林家。
5. 被访谈人:尤文林;访谈时间:2015年2月18日;访谈地点:同江市街津口乡街津口村尤文林家。

▲ 做生鱼拌菜和鱼肉馅的第一步都是将鱼肉从鱼骨架上片下来/于学斌 摄/2016年

▲ 全家包年夜饺子/于学斌 摄/2016年

过年时候没有吃的，鱼倒是不缺，但是没有吃的。也不知道咋回事。"[1] 对于太穷的家庭，买不起猪肉，则包鱼肉馅饺子，陈茂才说："多数是猪肉馅饺子，买不起猪肉的弄点鱼馅儿，鱼能弄来，买猪肉没钱买，过去穷人多。"[2] 改革开放以后生活水平提高了，蔬菜也能买到了，有的家庭也开始包素馅饺子，尤秀云的母亲在世时就说："咱们得吃素馅的，鸡蛋韭菜馅或者芹菜馅。你们都长大了，事情也多，还是包素馅的，都肃静肃静。"[3]

过年包饺子要选择若干饺子馅里夹硬币，1分钱、2分钱、5分钱均可。也有在馅里加糖的，谁吃到钱币或者糖谁有福。所以年三十吃饺子非常有趣，都吃很多，都希望吃到包有钱币和糖的饺子，小孩更是不吃到决不罢休。摆饺子是从外往里摆，先摆外边一圈再往里。若是饺子皮剩了，则表明一年有衣服穿；若是饺子馅剩了，则表明一年有钱花；如果馅没了、皮也没

---

1. 被访谈人：尤文林；访谈时间：2015年2月18日；访谈地点：同江市街津口乡街津口村尤文林家。
2. 被访谈人：陈茂才；访谈时间：2015年2月21日；访谈地点：同江市街津口乡街津口村陈茂才家。
3. 被访谈人：尤秀云；访谈时间：2015年2月20日；访谈地点：同江市街津口乡街津口村尤秀云家。

了，表明岁岁太平。

煮饺子时，饭勺往里翻，不能往外翻。饺子漂起来后，勺子也是往里转，不往外转。尤文林说："往外转是给犯罪的人吃，往外翻饺子是有罪的人。往里拐是正常人，就是你没有罪过。"[1] 烧火时不能用脚踢柴火，因为灶坑门是灶王爷的嘴，用脚踢柴火是在踢灶王爷嘴。若是饺子煮坏了，不能说这饺子"破了"，"破了"意味着破财，要说饺子"挣了"，意味着来年挣钱、发财。捞饺子的时候锅里要剩三五个，尤文兰说："留饺子，来年好。"[2] 也有留四个饺子的，尤文林说："意思是四季平安，四季发财。"[3] 饺子煮好后必须先敬祖先和各个神灵，然后才能大家吃。饺子汤不捞出来，要留在锅里，吃完饭后的饭碗不洗。

这顿饭的菜是三十下午的剩菜。如果嫌菜不好，就切一盘鱼片，蘸着辣椒油吃。现在年夜饭的餐桌上许多家庭又将猪手或者鸡手作为必上的一道菜，每个人都要吃一个猪手或者鸡手，意思是挠钱。

在20世纪80年代以前，街津口村还有在年三十前半夜看电影的习惯，大队在电影院放电影，现在村中的赫乡民族饭庄就是原来电影院所在地。看完电影之后回家包饺子。大约1984年以后电视普及了，放电影之俗停止了。

▼ 生鱼拌菜是赫哲族过年期间最好的下酒菜/于学斌 摄/2016年

早年年三十晚上要把窗户挡严，尤秀云回忆说："我奶奶讲，三十下晚，一黑

---

1. 被访谈人：尤文林；访谈时间：2015年2月18日；访谈地点：同江市街津口乡街津口村尤文林家。
2. 被访谈人：尤文兰；访谈时间：2015年2月22日；访谈地点：同江市里尤文兰家。
3. 被访谈人：尤文林；访谈时间：2015年2月18日；访谈地点：同江市街津口乡街津口村尤文林家。

天把窗帘关得严严的。三十下晚，小鬼都出来，如果不关严了，小鬼就从窗户外往里看。没有窗帘的话也要用其他东西挡上。小孩黑天也不能出去走道。"[1]

三十晚上整宿不睡觉，尤文林说："我小时候大人不让我们睡。"[2] 大人会说："别睡觉啊，睡觉不好。"不过年龄小的孩子熬不住，多数都睡觉。现在则没有这种要求了，谁困了谁睡。

年三十这天水缸必须打满水，在初五之前不能出去打水。在水缸里扔进六个或八个钱币，人们认为水是财，水里加钱就表示财上加财。钱币放在缸里整个正月，直到下次清缸的时候才取出。柴火必须劈好，抱到灶坑门口。外面的柴火都垛溜齐。正月初五初六以前不能出去抱柴、剁柴。从年三十晚上开始整个正月忌针，不能干针线活。

从年三十到正月初三，室内垃圾不能往外扫，外屋地的垃圾扫到外屋地一角，里屋地的垃圾扫到里屋一角，意思是往屋里扫财，直至初三才倒垃圾。年三十煮饺子的水、洗菜的水、刷碗的水，都不准往外倒，盛在泔水缸里，到初三早晨才能往外倒，也有的家庭初一早晨倒出去。现在，这些习俗没有了，当天的垃圾、脏水当天就倒出去了。

压岁钱是不能少的，自家儿子、孙子的压岁钱在年三十这天就给，称为"压

▼ 孩子给老人拜年/于学斌 摄/2016年

---

1. 被访谈人：尤秀云；访谈时间：2015年2月20日；访谈地点：同江市街津口乡街津口村尤秀云家。
2. 被访谈人：尤文林；访谈时间：2015年2月18日；访谈地点：同江市街津口乡街津口村尤文林家。

腰钱",期盼明年腰里不断钱。过去压岁钱很少,就是一角两角的。现在则不同了,给孙子、外孙的压岁钱都在一两百。

本命年的人要扎条红腰带,过去困难,可能舍不得花钱买腰带,那么至少要在腰带上钉块红布。

▲ 老人给孩子压腰钱／于学斌 摄／2016年

过年期间不能说死、闹病等丧气的话。见面都说"恭喜发财,来年发财,多多打鱼"。陈茂才说:"小孩不准吱声,过年了,不让小孩乱说话。"[1] 这天不准打架、吵架。

年三十晚上,出嫁的姑娘不能在父母家过年,因为她在这一晚上不能看娘家灯,看娘家灯对娘家兄弟不好。尤秀云结婚的头一年就是在她的工作单位邮电所熬到晚上12点以后才回到父母家过年的,而她的丈夫则没这个说法,一直在岳父母家帮着干活。

年三十许多人还要测一下下年的运势,方法有多种。一种方法是,用黑狗油做12盏面灯,在室内点着,看火苗呈现出的样态,不同的火苗样态预示不同的年景:火苗一晃一晃的预示下一年收小麦;如果火苗一蹦一蹦炸花,预示新的一年里收黄豆;火苗若是冒出一缕烟,预示新的一年收苞米。12盏灯只要有一盏出现某一种样态就预示收哪种作物。

还有一种方法是,用面做12个小碟,分别代表1月到12月,在锅里蒸,到半夜12点打开,看哪个碟里有水,哪个没水。有水的碗预示该碗所对应的

---

1. 被访谈人:陈茂才;访谈时间:2015年2月21日;访谈地点:同江市街津口乡街津口村陈茂才家。

月份水大。没水的碗就意味着该碗所对应的月份要干旱。

2017年1月27日尤文林家过除夕

2017年1月27日，腊月三十除夕。尤文林家。

当夜幕降临的时候，尤文林家一家四口的麻将仍然在继续。

20时多，停止玩麻将，开始准备年夜饭。首先和面、拌饺子馅、包饺子，饺子馅是里脊肉，尤文林、张艳华、张薇三个人包饺子，边包边看中央电视台的春节联欢晚会。尤文林主张包四个有钱币的饺子，但是尤赫和张薇主张包两个，最后遵从了尤赫和张薇的意见，在两个饺子的馅里加入了钱币。尤文林说："我们现在和汉族人一样了，也是半夜吃饺子。以前我们半夜就吃菜。我老伴儿、儿媳妇、姑爷都是汉族人。"[1]

近22时许，尤赫、张薇开始炒菜，准备了六个菜，分别是熘肉段、锅包肉、鲫鱼、韭菜炒鱿鱼、凉菜、生鱼片。熘肉段是白天剩的，其他菜都是新做的。

饺子下锅，与饺子下锅的同时，尤赫出外燃放鞭炮。他放的鞭炮是一个大圆盘鞭炮，是一挂五千响的大型鞭炮，噼噼啪啪的鞭炮声响把节日气氛推向高潮。

一家五口围坐在地桌上吃年夜饭。孙女格外卖力吃，希望能吃到包钱的饺子，可是没有吃到。包有钱币的饺子被尤文林吃到了，还有一个钱币饺子是大年初一被张艳华吃到的。

席间，尤文林祝儿子儿媳妇来年发财，祝孙女学习好，一年平平安安。儿子儿媳妇都给父母敬酒祝福，祝老爸老妈健康。

饭后，全家聊会儿天，看了一会儿春节联欢晚会，晚会结束之后就各

---

1. 被访谈人：尤文林；访谈时间：2017年1月27日；访谈地点：同江市街津口乡街津口村尤文林家。

自回各自的屋睡觉了。

正月初一至正月十四

正月初一早晨吃饺子，不过多数家庭不用做饭，仅是将除夕的饺子热一下，也有吃新包的饺子的。菜也是腊月三十的剩菜，热热即可摆上餐桌。饭前放鞭炮，初一、初二、初三饭前均要放鞭炮，但是初四禁止放鞭炮。为啥初四不能放炮仗？尤文林的解释是："初四放鞭炮不好，容易出事，硌硬[1]'四'这个字。"尤文林说："我老大，原先我有个大哥，没了，都拿我当宝贝疙瘩，炮仗随便放，有一年初四那天也拿着放，我爸把我一顿揍，我问为啥揍我，他说：'谁让你初四放炮仗？人家都说初四出事，你要出事啊？'"[2]

吃完早饭之后都换上新衣服，出去拜年。拜年的顺序是有讲究的，本家是按照老少顺序依次而拜，拜完爷爷辈的再拜父母辈的。父母辈的亲属，必须先拜舅舅，拜完舅舅再拜叔叔，拜完叔叔拜姑姑，拜完姑姑拜姨娘。辈分大的先拜，一个辈分的先拜爹妈，再拜舅舅，之后是叔叔，再往下排序，姨娘在最后。给舅舅家拜年必须在初一，因为娘亲舅大。上叔叔家拜年可以在初二，尤文林说："我们赫哲族先上舅舅家拜年，舅舅比爹权力大。"[3]即便是80岁老太太，只要辈小，那么也得磕头拜年。家里有老人去世的，重孝在身的人不能到别人家拜年，但是别人可以到他家拜年。

辈分大的人坐在炕上，地上铺一条麻袋，来拜年的人就跪在麻袋上磕头。磕完头、拜完年之后，就能获得老人给的压岁钱，不过钱数很少。尤文林回忆说："我记事的时候，老人将1分钱、2分钱装一盘子。来拜年的，一

---

1. 硌硬：东北话，讨厌的意思。
2. 被访谈人：尤文林；访谈时间：2015年2月18日；访谈地点：同江市街津口乡街津口村尤文林家。
3. 被访谈人：尤文林；访谈时间：2015年2月18日；访谈地点：同江市街津口乡街津口村尤文林家。

人给两个、三个、四个。岁数大的在炕上盘腿一坐,钱盒子放在身后。要是摸个两个5分钱的,把你乐坏了,你要是得两个或者三个1分钱的,你也别生气,别嫌少。"[1] 陈茂才则说:"哪儿来的钱啊?没有钱。给你块糖吃、给你个冻梨就不错了,那个社会有什么啊,什么也没有。"[2]

家家都准备一个纸盒子,里面装上毛壳儿(葵花子)、花生、各式各样的糖,放在炕上,客人来了愿意吃什么就吃什么。也把冻梨、冻柿子缓开,来拜年的人也可以吃冻梨、冻柿子。

过去拜年不需带礼物,现在给近亲拜年送礼较为普遍,有在年前送礼的,也有在年后送礼的。尤文林的儿子尤赫夫妇2017年是在年后送礼拜年的,他们夫妇俩在正月初一开着车载着礼品给村中的叔叔尤文举和尤文金、姑姑尤文月拜年,每家都送四样礼,分别是一箱啤酒、一箱饮料、一箱苹果、一箱梨。他们没有领孩子去拜年,尤文林说:"如果带孩子去,他们能得压岁钱,所以就没带孩子去拜年。"[3] 尤文林还说,"住在同江市里的几个外甥、外甥女年前就来了,过了年就不来了,这一点和你们汉族人不一样,我们赫哲族头年来了,过了年来不来都行,来就来,不来就拉倒。在村中住的外甥和侄子过年之后会过来给我拜年的。"[4] 而新婚夫妇出去拜年无论过去还是现在都要带礼物,通常带四合礼,过去的四合礼一般为酒两瓶、罐头两瓶、干粮两包、糖两包,必须是双数。进屋行磕头礼,给谁家拜年谁家都要留下吃饭,并给压岁钱,这份压岁钱不是普通的压岁钱,钱数较多。

---

1. 被访谈人:尤文林;访谈时间:2015年2月18日;访谈地点:同江市街津口乡街津口村尤文林家。
2. 被访谈人:陈茂才;访谈时间:2015年2月21日;访谈地点:同江市街津口乡街津口村陈茂才家。
3. 被访谈人:尤文林;访谈时间:2017年1月29日;访谈地点:同江市街津口乡街津口村尤文林家。
4. 被访谈人:尤文林;访谈时间:2017年1月29日;访谈地点:同江市街津口乡街津口村尤文林家。

正月初二，出嫁的姑娘回娘家拜年，禁止初五回娘家。回娘家必须带礼物，现在仍然如此。而尤文林的女儿尤静是在大年初一回家拜年的。2017年2月28日大年初一9点多，尤文林的大女儿尤静一家三口前来娘家拜年，显然她并没有遵守传统。进屋之后尤静夫妇给尤文林张艳华夫妇拜年："妈妈、爸爸，过年好！"尤静的女儿说："姥姥、姥爷过年好！"并没有行磕头礼，尤文林夫妇每人给了200元压腰钱。女儿回家，团圆饭是必不可少的，像腊月三十一样，晚饭准备了十道菜，菜品和腊月三十基本相同，只是涮肚换成了炖小鸡，肘子换成了蒸大马哈鱼。

正月初五为破五，这天早晨必须吃饺子，煮饺子时要特意捅破两个饺子。燃放鞭炮。供奉神仙的供品在这天撤下来。炕席坏了不能补，只有过了初五以后才能补炕席。

从初一到初十，每一天各有所主动物、植物，一鸡、二鸭、猫三、狗四、猪五、羊六、人七、马八、九谷、十菜，这一排序许多老人仍然烂熟于心。每到这些天都观看天气好坏，天气好则意味着所主动物或植物要丰收，尤文林说："哪天好，就收啥，初一天气好，这一年就收鸡，初二天气好，这一年就收鸭。"[1]根据尤金良生前的记述，这10天在饮食上也有说头，一般是，正月初一鸡日早晨吃饺子，正月初二鸭日吃馒头，正月初三狗日吃饺子，正月初四猫日吃豆包，正月初五猪日吃饺子，正月初六羊日吃大米饭，正月初七人日吃面条，正月初八马日吃油饼，正月初九谷日吃拉拉，正月初十菜日吃生鱼[2]。尤金良的时间排序是狗三猫四，同尤玉林、尤秀云、陈茂林等人所说的猫三狗四有所不同。尤金良所说的从初一到初十的饮食习惯似乎不可信，因为大米、白面、豆包、油饼都是稀罕之物，在过去，很多家庭

---

1. 被访谈人：尤文林；访谈时间：2015年2月18日；访谈地点：同江市街津口乡街津口村尤文林家。
2. 尤金良. 赫哲族拾珍[M]. 佳木斯：黑龙江省佳木斯市文学艺术界联合会，1990. 37.

无能力弄到这些粮食。

人日是初七、十七、二十七，初七是小孩的日子，十七是青年人的日子，二十七是老年人的日子，必须吃面条，叫吃长寿面，面条越长越好。

正月十五

正月十五是赫哲族的重要节日，称为过十五、十五，也叫灯节。

早在十五的头一天即正月十四，家家把三代宗亲及各个神灵重新在西墙下供奉起来，一直供奉到正月十六。

20世纪50年代，赫哲族十五早饭只吃饺子[1]。没有元宵的时代，有的家庭吃氽鱼丸子，用鱼丸子代替元宵，表示团圆；有的人家吃黏豆包，据尤秀云说，十五吃豆包这一习俗是跟头村的山东人学习的[2]。如今十五吃元宵较为普遍，每到十五家家买元宵煮元宵。不过吃元宵的历史并不长，陈茂才说："就是最近十几年二十几年才开始吃汤圆。"[3] 不过赫哲族从来没有自己制作过元宵。晚上做点鱼菜，鱼菜一般为鱼片和炖鱼，喝酒。

正月十五是灯节，夜间，室内灯整宿亮着，室外挂一灯笼或者在大门处点两盏冰灯，整宿不灭。有时候也在江的冰面上放几只灯，以此敬河神，保佑孩子们夏天平安。灯笼或者是纸糊的，或者用萝卜抠，或者用面做，里面倒点豆油，点着，放在冰面上。

晚上出去看灯。灯罩为四方形，外面糊以红、绿、黄等各种颜色的纸，点上洋蜡，挂在自己家门口。还有挂走马灯的，但不是家家都有走马灯，一个屯子只有一两家能挂得起走马灯，因为走马灯制作工艺非常复杂，

---

1. 《中国少数民族社会历史调查资料丛刊》修订编辑委员会编. 赫哲族社会历史调查[M]. 北京：民族出版社，2009. 98.
2. 被访谈人：尤秀云；访谈时间：2015年2月20日；访谈地点：同江市街津口乡街津口村尤秀云家。
3. 被访谈人：陈茂才；访谈时间：2015年2月21日；访谈地点：同江市街津口乡街津口村陈茂才家。

很多人不会制作。

过去没有烟花，仅放几个鞭炮。陈茂才说："到我二十来岁时才有呲花（指的是烟花），就是在（一九）七几年以后。"[1]现在生活富裕了，鞭炮烟花丰富了，每到十五夜里，鞭炮、烟花争奇斗艳，此起彼伏。

晚上自发组织秧歌队扭秧歌，组织者一般为村中喜欢扭、跳的人。以前有踩高跷的、打花棍的。扭秧歌扭到谁家谁家都要表示欢迎，过去困难，没有钱，就在院子中摆酒，条件好的家庭摆糖块。现在看不到扭秧歌拜年的了。

晚上有滚冰习俗，在冰上骨碌骨碌，意思是滚掉晦气，把一年的病都骨碌掉。每到晚上掌灯的时候人们会互相喊着："走啊！上北面打滚去！"现在仍然有这一习俗，不过不普遍。

正月十六有打花脸习俗，弄点锅底灰，互相往对方脸上抹，弟弟抹嫂子，嫂子抹小叔子，一不小心就被人从后面抹黑了脸，有的甚至骑马撵着抹。原则上不允许急眼生气，据说有时候还会有急眼的现象发生，甚至打起来。为什么打花脸呢？陈茂才回答说："扯着玩，逗乐呗。"[2]

二月初二

二月二，赫哲人认为这一天是"龙抬头"的日子，要用杀年猪时留下来的猪头敬神，"祈求全年风调雨顺，渔猎丰收"。[3]

这天吃猪头肉、猪耳朵、猪爪子、猪舌头，这是年前杀猪时留下来的。直到此时，年猪肉就都吃完了。

---

1. 被访谈人：陈茂才；访谈时间：2015年2月21日；访谈地点：同江市街津口乡街津口村陈茂才家。
2. 被访谈人：陈茂才；访谈时间：2015年2月21日；访谈地点：同江市街津口乡街津口村陈茂才家。
3. 《中国少数民族社会历史调查资料丛刊》修订编辑委员会编. 赫哲族社会历史调查[M]. 北京：民族出版社，2009. 98.

▲ 欻嘎拉哈游戏,老少咸宜,是赫哲族过去主要的游戏娱乐活动/于学斌 摄/2016年

二月二铰龙头、剃胡子,叫剃龙头、剃龙须,以此预示人成龙了,是好汉了。

二月二不能动针线,不能用斧子劈烧柴,叫忌针忌斧,动针会扎龙眼,动斧会伤到龙腿。打鱼人都忌讳伤到龙。动针、动斧会丢掉运气,倒霉一年。

这一天很多家庭也吃炒苞米、炒黄豆、榛子。

二月二一过年就正式过完了。

过年期间的娱乐活动丰富多彩,这一时期人们的主要活动就是玩,尤其在正月十五以前,整个生产活动全部停止,在此期间尽情地玩耍。

玩耍的方式很多,欻嘎拉哈是最受女人欢迎的游戏活动,无论小孩还是大人均玩这种游戏。尤秀云回忆说:"过年的时候,小孩欻嘎拉哈,我们小时候就爱欻嘎拉哈,我爸打完狍子,整的嘎拉哈都留着,我妈用鱼皮给我们缝个口袋,口袋里面装的是石头子、沙子。我们姐几个一冬天出不去,天天挠啊,这炕席一冬天得换两领。我妈编炕席一编就编两个,一个放炕头边上,坏了就换另一个。我妈叮嘱我们姐几个:'这两个炕席必须用到来年秋天。'因为只有苇子长成熟了才能收割苇子,才能轧苇子编炕席。"[1]嘎拉哈是狍子的髌骨,玩法有多种,主要锻炼人的灵活性、稳定性。如今见不到玩这种游戏的了。

女孩子爱做"套花绳玩",又叫翻花绳。"用一根60厘米多长的线绳或麻绳,将绳的两头接在一起,成圆圈。先由一个姑娘在两个手上套成一个"⊠"形花样,然后再由另一个姑娘从第一个手中接过来翻成别种花样,第一人或第三人再从第二人手中接过来组成第三种花样。依次类推,每次不可重复。最后谁翻不成新花样,谁认输。"[2]

孩子们你攥我,我攥你,跑着玩。在此期间喜欢提着一个小灯笼到处跑,尤秀云说:"我父亲给我兄弟做一个灯笼,用一个圆木做底,用三个四个铁丝围一个灯笼架,外面糊上纸,中间插根蜡烛。不一会儿我兄弟就跑回来,灯笼着(火)了。完了,再糊。跑完一圈回来,又着(火)了,一连几个灯笼都着了。"[3]小小子、小姑娘、小媳妇摸瞎胡,用毛巾把眼睛蒙上找人,抓住谁叫出名来算赢,抓住人叫错名字为输。藏猫儿,即捉迷藏,也是春节期间经常玩的游戏,以找到人为胜。

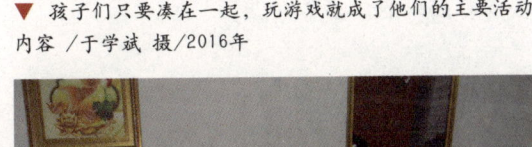
▼ 孩子们只要凑在一起,玩游戏就成了他们的主要活动内容／于学斌 摄／2016年

男孩、女孩在春节期间都喜欢在冰雪之上玩耍,他们在这里进行滑雪、滑冰之类的雪上和冰上游戏。穿滑

---

1. 被访谈人:尤秀云;访谈时间:2015年2月20日;访谈地点:同江市街津口乡街津口村尤秀云家。
2. 《中国少数民族社会历史调查资料丛刊》修订编辑委员会编.赫哲族社会历史调查[M].北京:民族出版社,2009.162.
3. 被访谈人:尤秀云;访谈时间:2015年2月20日;访谈地点:同江市街津口乡街津口村尤秀云家。

雪板在雪地上赛跑，滑花样，做游戏。也爱玩闯下坡，就是坐在爬犁上顺着雪坡往下滑。也喜欢打雪仗。

  过去听唱伊玛堪的现象较为普遍。伊玛堪是一种说唱文学，类似于汉族的大鼓书，翻译成汉语是"大唱"的意思，每一部伊玛堪都是鸿篇巨制，能讲几天几夜，故事所反映的内容丰富多彩，有萨满的神奇故事，有英雄莫日根的故事。故事中蕴含着历史知识、民俗知识、文化知识等丰富的信息，被视为赫哲族的百科全书。每到过年的时候，大家会聚到伊玛堪歌手的家里听唱伊玛堪。尤文林说："村中有会说伊玛堪的，吴连贵[1]在世时，拜年的时候，我们搭伙去听，有愿意听的，比如这个小叔叔愿意听，那个小舅舅愿意听，于是一起去拜年。拜完年之后让他给来一段。坐着围一圈，连讲带唱，那时候都是按汉话说的[2]，没有赫哲话唱的了。"[3]

  过年期间赌风较为盛行，以前玩扑克非常普遍，现在以玩麻将为主，很少有白玩的，多数赌钱。

四、结语

  赫哲族过年渔业文化色彩浓厚。由于赫哲族常年以渔猎为生，打鱼在赫哲族经济生活中占有重要的地位，这就使得他们在过年的时候离不开鱼，杀猪时请吃年猪肉时用鱼菜作为补菜，包冻饺子有鱼肉馅水饺，如果家庭困难，年三十半夜的饺子也是鱼肉馅的，甚至正月十五也以鱼丸子代替元宵。每顿餐都离不开鱼，有生鱼，有熟鱼。生鱼的做法有鱼片、刨花鱼、生鱼拌

---

1. 吴连贵（1908—1980）是著名伊玛堪歌手。
2. 伊玛堪本是用赫哲语演唱的，到此时已经用汉语说唱了。
3. 被访谈人：尤文林；访谈时间：2015年2月18日；访谈地点：同江市街津口乡街津口村尤文林家。

菜,这些菜都是赫哲族最好的下酒菜。熟鱼的做法有炖、煎、炸、汆丸子等。由于接受了汉族年年有余的思想,所以赫哲族吃鱼不仅仅是为了美食,也增加了美好的意蕴,蕴藏着赫哲族对美好生活的向往。当今天日子好过以后,鱼菜也是必不可少的当家菜。

目前,赫哲族过年习俗发生很大改变,具体表现在,传统的礼仪活动越来越少,许多传统过年习俗看不到了。通过尤文林的过年我们看到,赫哲族的过年程序开始简化,在人们观念中对春节的重视程度也大不如从前。

附录:本文调查对象情况一览表

姓名	性别	出生	简介
尤玉发	男	1936年	1954年参加了大连旅顺口军用机场的建设,荣获三等劳动模范称号。1955年参加省少数民族参观团。1956年1月20日在中南海受到毛泽东、朱德、陈云等老一辈革命家的接见并合影留念。1964年至2002年担任街津口繁荣号船长。
尤文林	男	1949年	出生于八岔乡八岔村,后来到勤得利国营农场。18岁左右搬到街津口村。
尤 赫	男	1983年	赫哲族渔民,尤文林二儿子,在同江市买有住房,学生开学期间,住在街津口。
张 薇	女		尤赫妻子。
尤秀云	女	1952年	省级非物质文化遗产赫哲族伊玛堪传承人。邮电局退休职工。虽然在同江市里有住屋,但是仍然长期居住在街津口的住屋里,是街津口村赫哲族风情园的讲解员。
陈茂才	男	1945年	25岁时搬到街津口村。
尤文兰	女	1946年	省级非物质文化遗产传承人,目前居住在同江市里。

2015年讷河市兴旺鄂温克族乡
鄂温克族春节习俗调查报告

于学斌　刘君怡

鄂温克是"住在山林中的人们"的意思，据2010年第六次全国人口普查统计，全国有鄂温克族30875人，主要分布于内蒙古自治区和黑龙江省，有语言没文字，语言属阿尔泰语系满通古斯语族通古斯语支。鄂温克族内分"索伦""通古斯""雅库特"三大支系，三部分鄂温克族在生产方式、经济文化、风俗习惯等各方面有很大不同。我们调查的黑龙江省讷河市兴旺乡是黑龙江省唯一的鄂温克族聚居区，这里居住的鄂温克族是"索伦"部的一支。2015年我们对兴旺鄂温克乡的鄂温克族春节习俗做了入户调查并在春节期间体验了百路村鄂温克族的过年习俗。调查得到黑龙江省鄂温克族研究会会长涂亚军、秘书长涂继成以及索伦村和百路村政府的支持和协助。

一、前言

鄂温克族是个具有悠久历史的民族，据考证，早在公元前2000年前鄂温克族的祖先就生活在外贝加尔湖和贝加尔湖沿岸。北魏时期的室韦尤其是北室韦、钵室韦同今天的鄂温克族具有渊源关系。唐朝的鞠部、元朝的"林木中的百姓"、明代文献中的"北山野人"或"野人女真"中，鄂温克族的先民都是其中的重要组成部分。

明末清初，鄂温克族形成了三大部分，第一大部分是索伦部，石勒喀河至精奇里江一带是这部分鄂温克族的主要活动区域，他们在黑龙江中游北岸建立了不少木城和村屯，博木博果尔是这部分鄂温克族的著名首领。内分杜拉尔、敖拉、墨尔迪勒、卜喇穆、涂克冬、纳哈他等几个大氏族。第二大部分是"使马部"，又称"喀木尼堪"（布里亚特蒙古人的称呼，意思是内部非常团结的人）或"纳米雅尔"或"那妹他"，是索伦别部，活动于贝加尔湖以东赤塔河一带，共有旧纳米雅尔、新纳米雅尔、托空窝儿等15个氏族，根特木尔是这部分鄂温克族的著名首领。第三大部分是"使鹿部"，分布于贝加尔湖以西，勒拿河支流威吕河和维提姆河一带，共有12个大氏族，叶雷、舍尔特库是这部分鄂温克族的著名首领。

清朝建立以后，将鄂温克族编入八旗。鄂温克族成为清朝的重要兵源，他们英勇善战，能骑善射。据统计，鄂温克族兵丁足迹遍布全国22个省，为祖国的统一和领土完整做出了重要的贡献。由此也直接决定了鄂温克族的分布。1732年，清朝从布特哈地区抽调3000名鄂温克、达斡尔、巴尔虎蒙古、鄂伦春等族兵丁迁至呼伦贝尔草原地区，驻守边防，其中包括1600多名鄂温克族兵丁，这1600多名鄂温克兵丁和随后迁入的家属就是今天鄂温克族自治旗的鄂温克族的先人。

1917年俄国爆发十月革命，掀起了大规模移民中国的浪潮，鄂温克族在白俄罗斯的煽动下，在1918—1925年期间越过额尔古纳河迁入呼伦贝尔草原，这部分就是今天陈巴尔虎旗境内的通古斯鄂温克族。

还有一部分鄂温克族就是常年游猎在兴安岭密林深处、以饲养驯鹿为生的雅库特鄂温克族。

1957年，经民族识别，征求本民族意愿，统一定名为"鄂温克族"。虽为同一民族，但是鄂温克族文化表现出很大的差异，有在草原从事放牧生产的，有在森林中以饲养驯鹿、打猎为生的，也有从事农耕生产活动的。

鄂温克族有语言没文字，语言属阿尔泰语系满—通古斯语族北语支。草原牧区的鄂温克人多数使用本民族语言和蒙古族语言，使用蒙古文。农区的农民则广泛使用汉语、汉文。

二、兴旺乡百路村和索伦村概况

兴旺鄂温克族乡是黑龙江省唯一以鄂温克族为主体民族的少数民族乡。该乡于1987年3月经黑龙江省人民政府批准恢复成立。2004年6月，行政区划调整，将原团结乡整体并入兴旺鄂温克族乡。兴旺鄂温克族乡位于讷河市南部，西隔嫩江与甘南县、内蒙古的莫力达瓦达斡尔族自治旗相望，南与富裕县为邻，北与拉哈镇相依。全乡面积412平方千米，耕地面积34万亩，草原面积4.6万亩。下辖12个行政村，74个自然屯，全乡人口36868人，共有8个民族；少数民族户504户，1868人，占全乡总人口的5%左右；其中鄂温克族179户，802人，占全乡总人口的2%，绝大部分聚居在索伦、百路两个鄂温克族村。

索伦村位于兴旺乡西北，临嫩江而居，隔嫩江与内蒙古自治区达斡尔自治旗汉古尔河相望。距讷河市60千米，距兴旺乡政府10千米。原名吾都爱勒，鄂温克语"大屯"的意思，因它是嘎布卡地区规模最大的屯子，故名。又名占仁村，占仁是章京的音转，因清代有一位章京曾居住于该屯。1956年，该屯改称索伦农业合作社，1958年改称索伦大队，1964年更名为鄂温克大队，1984年实行乡村制，改称索伦村。全村占地22266亩，辖占仁屯、小后屯和榛子街三个自然屯。全村298户，1075人；其中少数民族268人，鄂温克族189人。

百路村位于讷河市兴旺鄂温克族乡西南嫩江畔。南与富裕县接壤，西与甘南县隔江相望。距讷河市76千米，距兴旺乡政府25千米。清末，由鄂温克族郭尔佳氏和达斡尔族郭博勒氏共同建立。原名白罗日，鄂温克语意为路多、交通要道，因该屯有渡口，往来嫩江两岸行人车马皆需在这里摆渡，是水、陆路交会之地。中华人民共和国成立初期，该屯约90%的居民是鄂温克族和达斡尔族。1958年关内汉族迁入本村同鄂温克族、达斡尔族杂居。目前全村223户，802人，其中农业人口779人，鄂温克族69户，189人，达斡尔族

22户，69人。[1]

兴旺乡的鄂温克族都自称嘎布卡人。嘎布卡是鄂温克族建立和居住的八个村子的统称，这八个村子分别是索勒格爱勒、阿米拉爱勒、吾都爱勒、额木肯拉、博肯浅、给罗尼、木日根克义、白罗日。居住在嘎布卡各村屯的鄂温克人叫"嘎布卡浅"。现在只有吾都爱勒（索伦村）、白罗日（百路村）和阿米拉爱勒（小后屯，是索伦村下属的一个自然村）三个村屯尚属鄂温克族聚居的村屯。给罗尼和木日根克义两个屯已不复存在。索勒格爱勒、博肯浅、额木肯拉三个屯已变为汉族屯。因此，鄂温克目前的聚居区就是索伦村和百路村两个村。

两个民族村均以农业为生，兼营牧业，其中百路村牧业较之索伦村牧业发展得好。百路村的奶牛、肉牛、生猪生产呈现良好势头，奶牛产业在省民委和讷河市的全方位帮扶下，养殖规模达800多头，日产鲜奶4吨，带动了村域经济的发展。

三、鄂温克族春节习俗

鄂温克族称春节为"阿涅"，鄂温克族的春节习俗产生于何时不得而知，由于是受汉族影响产生的节日，所以在节日的时序和节日的内容上同汉族春节习俗基本一致，也是从腊八开始即拉开过年的序幕，经过小年到年三十达到高潮，直至正月十五、二月初二年才结束。但是在每个时序的具体内容上，鄂温克族也表现出自己的民族特色。下面就是根据调查整理而成的鄂温克族过年习俗。

---

1. 兴旺鄂温克族乡及其索伦村、百路村简介由讷河市兴旺鄂温克族乡人民政府提供。

腊月初八

鄂温克族过腊八节，鄂温克语称腊八节为"占注治"。在这一天鄂温克族吃"拉拉"，"拉拉"就是粥的意思，鄂温克族喝的拉拉是用黄米做的黄米黏饭，黄米饭鄂温克语叫"阿木森"。做黄米饭时通常放一些饭豆，为了次日煮饭熟得快，一般在腊月初七就把黄米用水泡上。也要在腊月初七把饭豆烀熟，否则，它和黄米煮不到一起。鄂温克族做拉拉的特点是做黄米饭时加酸奶一起熬。

现在鄂温克族每到腊月初八的时候仍然吃黄米饭，仍然自己熬制，这是鄂温克族的传统，即便到现在，虽然商品经济很发达了，商店里什么都能买到，但是鄂温克族仍然坚持自己买米，自己做拉拉，不买现成的。依然是黄米加饭豆熬粥，但是同酸奶一起熬黄米饭的现象不见了，因为自家不做酸奶了。

每次都要做很多拉拉，足够全家人吃两到三顿，这是鄂温克族的传统，每次做饭都有余头。涂申廷说："我奶奶在世的时候，不管来人还是自己吃，再困难，做饭也不能可丁可卯，宁愿有点余头，也不能不够吃。"[1]

吃拉拉没有特定的时间，早饭、午饭或者晚饭吃均可。吃拉拉时一般要在饭里拌以荤油或者奶油、奶皮子、白糖，但是四种东西不同时放，具体拌什么东西因个人口味而异，如涂申廷就认为，拌奶油的黄米饭是最好吃的。[2]

鄂温克族对这一节日很重视，金春红说："我们以前腊八节是很重视的，都是黄米饭带豆，我们民族就是喜欢吃饭豆，平时吃饭也喜欢放一

---

1. 被访谈人：涂申廷；访谈时间：2015年2月10日；访谈地点：讷河市兴旺鄂温克族乡涂申廷家。
2. 被访谈人：涂申廷；访谈时间：2015年2月10日；访谈地点：讷河市兴旺鄂温克族乡涂申廷家。

些。"[1]涂申廷说:"以前日子即使再困难,也要做顿拉拉吃。"[2]

至于为什么吃拉拉,他们的解释是:粘住下巴。孟玉祥说:"因为天冷了,会冻掉下巴,得吃点黏的。"[3]涂申廷说:"小时候岁数大的老人会跟小的说,要吃黏的,粘住下巴。"[4]金春红也给予了同样的解释:"腊八节冻掉下巴,吃拉拉粘住下巴。"[5]多玉霞也说:"腊七腊八冷嘛,怕冻掉下巴,所以吃黏米,给粘住。小时候老人就这么说的,也不知道是真的还是假的。"[6]

早年这天仅吃拉拉,不做菜。现在则会做几个菜,家人借此欢聚一堂。以前鄂温克族做菜的方法就是炖菜,即便招待客人也是炖菜,没有炒菜,现在受汉族影响也开始炒菜了。

据百路村金春红和敖胜柱说,过去家家供奉山神,就是一个老头像,挂在西墙上,上面有块红布。腊八这天也要祭拜山神。[7]但是在索伦村都说腊八这天不供奉山神。

一到腊月初八就预示着新年近了,家家开始为过年做准备,置办过年的年货。以前,准备年货主要看家里的经济条件,经济条件好的家庭会准

---

1. 被访谈人:金春红;访谈时间:2015年2月23日;访谈地点:讷河市兴旺鄂温克族乡百路村金春红家。
2. 被访谈人:涂申廷;访谈时间:2015年2月10日;访谈地点:讷河市兴旺鄂温克族乡涂申廷家。
3. 被访谈人:孟玉祥;访谈时间:2015年2月9日;访谈地点:讷河市兴旺鄂温克族乡索伦村孟玉祥家。
4. 被访谈人:涂申廷;访谈时间:2015年2月10日;访谈地点:讷河市兴旺鄂温克族乡涂申廷家。
5. 被访谈人:金春红;访谈时间:2015年2月23日;访谈地点:讷河市兴旺鄂温克族乡百路村金春红家。
6. 被访谈人:多玉霞;访谈时间:2015年2月11日;访谈地点:讷河市兴旺鄂温克族乡百路村多玉霞家。
7. 被访谈人:敖胜柱、金春红;访谈时间:2015年2月20日;访谈地点:讷河市兴旺鄂温克族乡百路村村政府。

备很多年货,而条件较差的家庭则量力而行。杀猪是重头戏,过去只要条件许可各个家庭都要尽可能杀头年猪,过了腊八天气冷了能冻住肉以后家家陆续杀猪。杀猪是个技术活,要请村中会杀猪的人来杀,杀猪放血之后,在烧开的沸水锅上燂猪毛,用刀刮到雪白无毛根为止。然后豁膛,将肉按部位分割成一块块,透肠子、洗肠子、灌血肠,然后烀一锅肉,里面除了大块的肉以外,还有酸菜、血肠、肝等,这是用来招待全村亲朋的。鄂温克族有一个传统,每到杀猪时一定请全屯人吃一顿杀猪菜。鄂温克族的屯子不大,人数不多,而且居住在一个屯子的人都是亲属,所以每次杀猪都请全屯子的人前来吃肉。吃过之后还要给各家送杀猪菜,装在水舀子里送给各家,水舀子里下面是酸菜,上面放四五块肉、血肠。给的菜不能自己拿回家,都必须送到家,孟玉胜说:"吃完饭后不能说自己拿块肉回家吧,不行,必须送到家去。"[1]过去杀一头猪要送出去很多肉,所以涂申廷、涂亚军说,如果是小猪,请吃完杀猪肉之后就所剩无几了。要将最好的肉留给长辈,所谓最好的肉有两块,一块是靠近尾根部的后鞧正脊部位的肉,一块是前槽脊骨上面那块肉,鄂温克族认为,这两块肉是最好吃的。切这两块肉要求的技术性很强,据说现在村中没有会切这块肉的人了。如果有特别受尊敬的老人没有来吃猪肉,则要把这块肉送给他一块,谁得到这块肉,就意味着在这家人的心目中他是地位最高、最受人尊重的。过去过年时用这两块肉给神灵上完供后,老人才吃。金春红说:"只有老人才能吃,但是后期老人也会主动给小孩吃。"[2]还有一个部位是给舅舅吃的,就是哈拉巴,鄂温克语"大力亚叟",所谓"娘亲,舅大"。禁止小孩吃猪尾巴,金春红说:"小孩吃尾巴

---

1. 被访谈人:孟玉胜;访谈时间:2015年2月9日;访谈地点:讷河市兴旺鄂温克族乡索伦村孟玉胜家。
2. 被访谈人:金春红;访谈时间:2015年2月23日;访谈地点:讷河市兴旺鄂温克族乡百路村金春红家。

根，走道有动静。"¹ 所谓有动静，就是总感到后面有人跟着似的。过去吃杀猪菜较为简单，就吃肉、酸菜、血肠、心、肝、肺，主食是一锅大馇粥或小米饭，也有的家庭蒸一锅玉米面饼。现在鄂温克族仍然杀年猪，不过不普遍了，仅是个别人家，杀猪也请吃猪肉，不过仅请实在亲属或者能帮助自己的人。多玉霞说："现在不怎么请吃猪肉了，现在人多现实啊，看你有本事、有能力就请。过去不管这个，不管你有没有能力，只要你是族人就都请，一家一家地请。"² 现在生活水平提高了，吃杀猪菜也上档次了，除了传统吃法外，还要另外弄几个菜，还要准备烟酒，主食都是馒头、大米饭。剩余的生肉放到室外的大缸里，用冰埋上，冰是从江面凿回来的，涂申廷说："这种冻肉方法比冰箱冰柜效果都好。"³

春节的年货还有冻梨、冻柿子。过去没有新鲜水果，冻梨、冻柿子是必买的，在年三十的晚上用冷水缓开，吃一口清爽可口。

早年面很少，所以很少吃饺子，多玉霞说，"一年就过年吃一顿饺子。"⁴ 后来，也就是进入生产队的后期阶段，面多了，年前开始包冻饺子。包冻饺子往往在进入腊月天冷以后，以猪肉、牛肉、羊肉、酸菜、白菜、萝卜、芹菜、柳蒿芽等做馅。根据孟玉胜等人的回忆，最初饺子都摆放在桌子上或者面板上，后来才有了盖帘，根据他们的年龄推算，大约在20世纪70年代才有盖帘。有了盖帘后，包好的饺子摆在盖帘上拿到外面冻上，天气冷，冻得快，一会儿工夫就冻实了，盖帘摆满了，外面的饺子也冻实了，

---

1. 被访谈人：金春红；访谈时间：2015年2月23日；访谈地点：讷河市兴旺鄂温克族乡百路村金春红家。
2. 被访谈人：多玉霞；访谈时间：2015年2月11日；访谈地点：讷河市兴旺鄂温克族乡百路村多玉霞家。
3. 被访谈人：涂申廷；访谈时间：2015年2月10日；访谈地点：讷河市兴旺鄂温克族乡涂申廷家。
4. 被访谈人：多玉霞；访谈时间：2015年2月11日；访谈地点：讷河市兴旺鄂温克族乡百路村多玉霞家。

冻实之后倒在室外的大缸里。孟玉胜说,淘小子们偷着拿外面的饺子到别人家煮着吃[1]。涂玉芹说,也都知道拿着煮吃去了,即便知道是谁也没人追究[2]。每次都包很多饺子,有的家庭人口多,要包一大缸水饺,这些水饺在过年期间吃着非常方便,为春节期间的玩耍腾出了时间和精力。

家家都包豆包、蒸年糕。豆包是用黄米面做皮、大芸豆做馅团成的直径约2厘米的圆形干粮。每家都包一缸,包豆包时很多亲戚、邻居都来帮忙。包好的豆包放在外面仓房里生冻,孟玉胜说,生冻有个好处,你啃不了,这样就留住了豆包,防止被零吃光了[3]。

过去没有豆腐坊,敖英华说:"都不知道什么是豆腐。"[4]汉族大量涌入以后才有豆腐坊,自此以后每年年前也煎几块豆腐。

过年大人小孩都要穿新衣服,所以年前要做新衣服,如果家庭较拮据,也尽可能给孩子做套新衣服。如果家庭经济条件太差,买不起新衣服,也会把旧衣服洗得干干净净。母亲在年前是最辛苦的,敖英华说:"过年以前,都做新衣服,哪有买的衣服。都个人缝,衣服、鞋啥的都是个人做,没有买的。黑天白天地做针线活。"[5]

年货中不可或缺的是鞭炮,每家都买点炮仗、小鞭。过去生活困难,买不起太多的鞭炮,所以孩子们都非常节省地放鞭炮,一百头的小鞭炮舍不得一次放完,一会儿揪一个,一挂小鞭能放一个正月。如今生活条件好了,

---

1. 被访谈人:孟玉胜;访谈时间:2015年2月9日;访谈地点:讷河市兴旺鄂温克族乡索伦村孟玉胜家。
2. 被访谈人:涂玉芹;访谈时间:2015年2月8日;访谈地点:讷河市兴旺鄂温克族乡索伦村敖英华家。
3. 被访谈人:孟玉胜;访谈时间:2015年2月9日;访谈地点:讷河市兴旺鄂温克族乡索伦村孟玉胜家。
4. 被访谈人:敖英华;访谈时间:2015年2月8日;访谈地点:讷河市兴旺鄂温克族乡索伦村敖英华家。
5. 被访谈人:敖英华;访谈时间:2015年2月8日;访谈地点:讷河市兴旺鄂温克族乡索伦村敖英华家。

▲ 兴旺乡街道上的年货摊点。/于学斌 摄/2015年

买成挂的大型鞭炮的人越来越多。

  过去人人都盼着过年,因为过年不仅有好穿的,而且有好吃的,敖英华说:"过去的日子非常苦,平时吃不到好吃的,每家每户都盼望着过年来改善一下生活。"[1] 一切好吃的东西都要留到过年时吃,买到的年货要防止小孩偷吃光了,孟玉胜说:"那时候买十斤冻梨,大人还藏起来,你要是不藏起来,都给你吃没了,买两斤糖块也要藏起来,要不早就被吃光了。"[2]

  除了置办年货之外,给逝去的亲人上坟也是在年前必须做的事情,上坟烧纸的时间一般在腊月二十七。

---

1. 被访谈人:敖英华;访谈时间:2015年2月8日;访谈地点:讷河市兴旺鄂温克族乡索伦村敖英华家。
2. 被访谈人:孟玉胜;访谈时间:2015年2月9日;访谈地点:讷河市兴旺鄂温克族乡索伦村孟玉胜家。

腊月二十三

鄂温克族称腊月二十三为小年。小年在鄂温克族的心里比较重要。小年这天，鄂温克族有祭灶神的习俗，灶神鄂温克族又称其为火神，家家在灶台的后面墙上供奉灶王爷像，灶王爷神像的两侧是一副对联："上天言好事，下界保平安"，横批是"一家之主"。平时经常给灶王爷用食物上供，一般初一、十五换供品。如果小孩有病了，尤其是被惊吓了，就给灶王爷上香、磕头求保佑，在灶王爷像前面摆放一个碗，碗里盛水，水里放一根铁针，嘴里念叨："把魂拿来吧！（小孩被）吓着了。"手在小孩的头上转圈画动，然后扯扯小孩的衣襟。次日，如果铁针生锈了，就说明孩子是被吓着了，如果没被惊吓，则不会生锈。敖英华对此深信不疑，她说："叨咕叨咕，小孩的病就好了，可好使了！"[1]腊月二十三这天是灶王爷升天的日子，每家都要祭拜灶王爷，早晨把第一个饺子供在灶王爷前，在灶王爷的嘴上抹上糖，寓意是让灶王爷升天后为家人说些好话。晚饭前送灶王爷升天，跪拜磕头后把旧的灶王爷像扔在灶坑里烧掉，大人们都喊着让小孩出外到烟囱根处看灶王爷升天："看烟囱去吧，灶王爷走了。"祭祀灶王爷都由家中主妇负责，孟玉祥说："都是女人烧，哪有男的做这个的。"[2]孟玉胜说："我们这个民族很大男子主义，这种灶台上的事情男人是不会做的。"[3]女人会叨咕一些祈祷性的语言："一年保佑平安，你该升天升天吧！"这一天不能往灶坑里扔脏物、杂物，因为灶坑是灶王爷上天的通道。关于什么时候把灶王爷请回来，有不同的说法，孟玉胜、孟玉祥、涂亚军等人说，烧完灶王爷像之后就把新请来的灶王爷像贴上。而1936年出生的敖英华则说，

---

1. 被访谈人：敖英华；访谈时间：2015年2月8日；访谈地点：讷河市兴旺鄂温克族乡索伦村敖英华家。
2. 被访谈人：孟玉祥；访谈时间：2015年2月8日；访谈地点：讷河市兴旺鄂温克族乡家。
3. 被访谈人：孟玉胜；访谈时间：2015年2月9日；访谈地点：讷河市兴旺鄂温克族乡索伦村孟玉胜家。

每年贴年画的时候也同时把灶王爷像贴上,也就是年三十上午贴[1]。20世纪六七十年代,在"破四旧"思想的影响下,灶神的祭祀行为被视为封建迷信、牛鬼蛇神而被国家明令禁止。绝大多数家庭被迫放弃了这一风俗习惯,只有很少一部分人会偷偷地祭祀。多玉霞没有见过灶神像,每到腊月二十三小年这一天,她看见母亲煮好饺子后,第一个饺子捞到碗里,放在灶台锅和墙之间,这应该是一种变相的祭灶仪式。改革开放以后,虽然"破四旧"的思想被废除,但是已经不可能恢复了,如今所有的家庭都见不到供奉灶王爷的了。

　　腊月二十三家家吃饺子,这是一直以来的传统,早年是荞麦面包的饺子,白面是后来出现的。过去饺子馅有白菜馅、萝卜馅,现在饺子馅的种类多了,由于商品经济的发展,饺子馅有了更多的选择。也会准备丰盛的菜肴,过去多数家庭要烀一锅肉,根据各家情况决定是烀猪肉还是羊肉,养什么牲畜就杀什么牲畜。这天也要买灶糖,一方面是送灶王爷升天的祭品,另一方面也是给小孩的食品。

　　鄂温克族在这一天要进行大扫除,扫房顶、擦大门、擦炕席、洗被褥、洗碗碟,这些活计要整整忙活一天才能完成。以前,大扫除所用的工具用黄蒿制成,涂致诚说:"那个时候也没有别的东西可用。"[2] 孟玉胜说:"以前没有笤帚迷子,所以只得用黄蒿。"[3] 这种蒿子在草甸上随处可见,叫香蒿,用的时候可以随时收割,不过很多家庭都提前收割回来,在上冻之前就把蒿子收割回来,整齐地保存好,涂申廷说:"我爷爷在世的时候,

---

1. 被访谈人:敖英华;访谈时间:2015年2月8日;访谈地点:讷河市兴旺鄂温克族乡索伦村敖英华家。
2. 被访谈人:涂致诚;访谈时间:2015年2月8日;访谈地点:讷河市兴旺鄂温克族乡索伦村敖英华家。
3. 被访谈人:孟玉胜;访谈时间:2015年2月9日;访谈地点:讷河市兴旺鄂温克族乡索伦村孟玉胜家。

在仓房下面捆好几捆蒿子在那放着。"[1]将蒿子用麻绳捆成一捆即成为扫房的笤帚。这种蒿子还有一股很好闻的香味,所以扫完房后,室内也会弥漫着这种香味。现在鄂温克族仍然沿袭原来的扫房传统,不过工具已经不是蒿子了,取而代之的是鸡毛掸子、笤帚、塑料笤帚,这些东西都从市场上购买,没有自己做的了。扫房一般都用新工具。大扫除没有特定的时辰,但大多数家庭会在上午就完成。

有时有的家庭也将室内墙面粉刷一新,过去没有其他涂料,都取随处可见的黄土和水刷墙,直到现在许多人家仍然坚持这一传统,我们走访的百路村涂德明家的砖瓦房室内墙面就是用黄土和水涂成的白墙。

2015年2月11日多玉霞家过小年

2015年2月11日,农历腊月二十三,多玉霞家。多玉霞是百路村小学教师,离异后和上高中的女儿住着两间砖瓦房。

因为是小年,所以早晨要吃饺子,8点多,多玉霞开始剁饺子馅,饺子

▼ 多玉霞母女二人包饺子,过小年/于学斌 摄/2015年

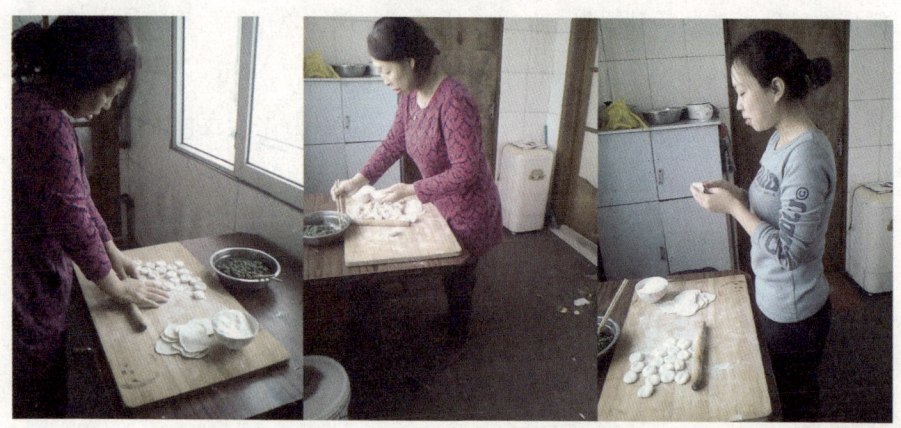

---

1. 被访谈人:涂申廷;访谈时间:2015年2月10日;访谈地点:讷河市兴旺鄂温克族乡涂申廷家。

馅为猪肉柳蒿芽馅。柳蒿芽曾经是非常普通的菜，现在成为鄂温克族非常珍贵的菜。多玉霞家的柳蒿芽是在冰箱里保存的，拿出来之后还是一块冻坨子。经过和面、化柳蒿芽、剁馅儿、擀皮等工序，9点多钟开始包，本来这些活计都是母亲多玉霞做的，由于调查组在这里，所以女儿也抢了几个镜头。9点40分时饺子煮好了，母女俩享受小年的美餐。

10点30分，多玉霞开始扫房，她用一条手巾围住了自己的头发，这是为了防止房上的灰尘掉落在自己的头上。在笤帚头上系了一条湿抹布，这个抹布是直接用来扫棚的，多玉霞用这把笤帚逐一扫了房内的每个角落。多玉霞说，过去扫房要将室内所有的东西用纸或者布盖上，因为过去住土房，室内一年积累的灰尘很多，所以要蒙上。如今，家家的室内都很干净，所以也就不用蒙盖任何东西了。[1]

据多玉霞说，小年这天也有拜年习俗，晚辈要到长辈家给老人磕头。[2] 但是现在这一拜年习俗没有了。

腊月三十

小年过后，迎来了鄂温克族重要节日大年，大年的时间就是腊月三十，俗称年三十、大年三十，鄂温克语为"布都"。

除夕之前要洗澡、剪头发，多玉霞说："我们家在大年三十这天全家洗脚、洗头发，全身清理，意思是不能把脏东西带到新的一年。"[3] 她说："小时候不让正月洗头洗脚，说是正月洗的话会得头疼病或者风湿病。"年前欠账要尽量还上，实在没能力还债也要到债主家说明情况，无论过去还是

---

1. 被访谈人：多玉霞；访谈时间：2015年2月11日；访谈地点：讷河市兴旺鄂温克族乡百路村多玉霞家。
2. 被访谈人：多玉霞；访谈时间：2015年2月11日；访谈地点：讷河市兴旺鄂温克族乡百路村多玉霞家。
3. 被访谈人：多玉霞；访谈时间：2015年2月18日；访谈地点：讷河市兴旺鄂温克族乡百路村多玉霞家。

现在都是这样，一般会说"过了年卖完猪给你""卖完鸡蛋给你"之类的话。[1] 以前各家生活条件普遍不好，钱、布票、粮票数量有限，所以年三十之前都要把外面的欠账要回来。过去都糊窗户纸，难免有破损，在年三十之前都要把破损之处修补好。

家家要贴对联。以前，市场上买不到对联，都拿着红纸找村中会写毛笔字的人写对联，涂玉芹说："过年两角钱买张红纸，找刘会计的父亲给写，求写对联的人可多了，都排号。"[2] 现在的对联都在市场上买现成的。过去鄂温克族没有贴福字、挂签、窗花的习俗，但现在受汉族影响也开始有了。年前，街上地摊上会有很多卖福字、年画和对联的摊位。20世纪六七十年代的年画多是京剧剧照、毛主席像，年画都在供销社购买，供销社将年画编上号码，挂在墙上，村民得意哪幅就买哪幅。如今贴年画的家庭很少了。早年鄂温克族不贴门神，自从20世纪80年代以后受汉族影响才有贴门神的，但是并不普遍，仅是少数家庭。现在也基本上见不到了。

▼ 兴旺乡百路村年货集市上，对联、福字是最受欢迎的商品/于学斌 摄/2015年

贴对联、福字、挂签、年画的时间各家有所不同，有的家庭在腊月二十八或者二十九就早早地把对联和年画贴上了。2015年2月17日腊月二十九，我们看到百路村许多家庭都贴上了对联、福

---

1. 被访谈人：孟玉胜；访谈时间：2015年2月9日；访谈地点：讷河市兴旺鄂温克族乡索伦村孟玉胜家。
2. 被访谈人：涂玉芹；访谈时间：2015年2月8日；访谈地点：讷河市兴旺鄂温克族乡索伦村敖英华家。

字，挂起了大红灯笼，就连村委会也贴上了对联、福字，挂上了大红门灯。而村长涂宝柱家是在年三十上午把对联贴上的。

晚饭在14时左右吃，是最受重视的一顿饭，这顿饭是最为丰盛的。这一顿饭的主食是米饭，过去都吃稷子米干饭，只有上等生活水平的家庭才能吃上大米饭或者二米饭。所谓二米饭就是大米和小米掺在一起做的饭。这里以前不产大米，所以大米很金贵，涂申廷说："过去，我们年三十晚上吃一顿白米饭，那种感觉相当好了。"[1] 现在不光过年，即便平时吃大米饭也是再平常不过的事情。过去，鄂温克族不会炒菜，以炖菜为主，后来逐渐学会了炒菜，饭桌上的菜逐渐丰富起来。以前，手把肉、柳蒿芽、芒根菜、土豆是必备的菜肴，孟玉祥说，过年时，鄂温克族的必备菜，一个是柳蒿芽，一个是土豆。另

▼ 腊月二十九，百路村家家已经贴上了对联和福字，挂起了大红灯笼和彩灯，就连自家的轿车上也添上了春条／于学斌 摄／2015年

▼ 腊月二十九，百路村贴上了对联和福字，挂起了大红灯笼／于学斌 摄／2015年

---

1. 被访谈人：涂申廷；访谈时间：2015年2月10日；访谈地点：讷河市兴旺鄂温克族乡涂申廷家。

外，还有茄子干、豆角丝。[1] 柳蒿芽被称为鄂温克族的"救命菜"，每年鄂温克族都准备很多柳蒿芽。柳蒿芽的吃法有很多，可以蘸酱吃，可以炖菜，炖菜通常和饭豆、土豆之类的东西一起炖，有条件的话再放些猪肉或肥肠、苦肠。后来学会炒菜以后，也会用土豆、白菜、酸菜、柳蒿芽等炒几个菜。

鱼是餐桌上必不可少的，胡淑芹和敖英华均说年三十有吃鱼的习惯，但是是否有年年有余的吉祥含义则有不同的说法。多玉霞等人认为有年年有余的含义；而孟玉胜认为，虽然过年时也吃鱼，但是仅是一种普通的食物，没有特殊的含义，他说："我们小时候也吃鱼，因为可以随时捕鱼，现吃现捕就来得及。但是不知道有什么说法。"[2] 鄂温克族和汉族不同，菜的数量不追求双数，单数双数均可，孟玉胜说："我们这个民族做菜的数量没有讲究。"[3] 过去生活困难，想弄太多菜也不可能，多玉霞说："过去哪能炒几个菜呀，条件不好，不可能炒那么多菜的。"[4] 因此，经济的拮据已无暇顾及饭菜数量的单双，困难的家庭弄一个菜也就把年过了。如今多数家庭注重双数，每年过年的饭桌上都会弄很多菜。现在虽然菜肴越来越丰富了，但是多玉霞还是非常怀念过去的过年，她说："我很怀念我爸爸在的时候，三十晚上用大锅焊一锅排骨，我们家人口多，十多口。蘸着盐吃肉，很香。现在我吃骨头还是蘸着盐水吃，蘸酱油吃总觉得把味道破坏了。"[5] 过去吃饭讲究礼仪，老人不上桌，谁都不能上桌，老人不动筷谁也不能动筷，直到

---

1. 被访谈人：孟玉祥；访谈时间：2015年2月9日；访谈地点：讷河市兴旺鄂温克族乡孟玉祥家。
2. 被访谈人：孟玉胜；访谈时间：2015年2月9日；访谈地点：讷河市兴旺鄂温克族乡索伦村孟玉胜家。
3. 被访谈人：孟玉胜；访谈时间：2015年2月9日；访谈地点：讷河市兴旺鄂温克族乡索伦村孟玉胜家。
4. 被访谈人：多玉霞；访谈时间：2015年2月18日；访谈地点：讷河市兴旺鄂温克族乡百路村多玉霞家。
5. 被访谈人：多玉霞；访谈时间：2015年2月18日；访谈地点：讷河市兴旺鄂温克族乡百路村多玉霞家。

现在也是如此，但是，严格性已不如从前。

腊月三十这天要祭祀家里供奉的各种神灵，将猪肩胛骨上脊骨两侧的肉和靠近尾巴的后鞧肉供奉老祖宗和山神。涂玉芹回忆道："记得小时候家里的'老祖宗'是专门找人画的，像水彩画一样，画出穿着民族服装的人物。就像供的老祖宗和家谱似的。"[1] 山神也是画像，画像上画一个人，供在炕上，用整头猪肩部位置的肉做祭品。但是现在已经没有供奉这些神灵的了，20世纪六七十年代"破四旧"的时候家家都藏起来。前几年百路村发生一场大火，全村的房屋几乎都被烧尽，自此以后就见不到各种神了。

吃完晚饭，鄂温克族的拜年活动就开始了，敖英华说："我们小的时候三十下晚儿也出去拜年磕头，初一也出去拜年磕头。"[2] 多玉霞说："我们小时候我们民族没有年夜饭，各家各户串门也就到半夜了，以前磕头拜年很流行。"[3] 敖胜柱说："吃完饭后，前后街就开始溜达了。"[4] 端着装满酒的酒壶，拿着小酒盅，进屋后敬长辈，先请安，然后敬酒。长辈会说些吉祥祝福的话。到谁家敬完酒后谁家都要给酒壶斟满酒。现在很少有三十拜年的了，三十拜年仅见于一些岁数较大的人，金春红说："现在岁数大的还这样。"[5] 儿子单过的，年三十必须到父母家拜年。拜年时，孩子们都能得到压岁钱，多玉霞回忆说："小时候一过年可愿意给我姥姥磕头去了，那时候都一毛一毛的新钱。我家的孩子比较多，我姥姥就准备很厚的新钱，疼谁

---

1. 被访谈人：涂玉芹；访谈时间：2015年2月8日；访谈地点：讷河市兴旺鄂温克族乡索伦村敖英华家。
2. 被访谈人：敖英华；访谈时间：2015年2月8日；访谈地点：讷河市兴旺鄂温克族乡索伦村敖英华家。
3. 被访谈人：多玉霞；访谈时间：2015年2月18日；访谈地点：讷河市兴旺鄂温克族乡百路村多玉霞家。
4. 被访谈人：敖胜柱；访谈时间：2015年2月20日；访谈地点：讷河市兴旺鄂温克族乡百路村村政府。
5. 被访谈人：金春红；访谈时间：2015年2月23日；访谈地点：讷河市兴旺鄂温克族乡百路村金春红家。

的话就偷着多给两张。小孩之间都互相监督，看谁得到的钱多，可有意思了！"[1] 敖英华认为，给压岁钱的意义是"一年有钱"。[2] 但是对困难的家庭而言，则没有压岁钱，孟玉胜、孟玉祥、涂亚军等人认为，以前因为困难，没有钱给压岁钱，不过，近年给压岁钱开始普遍起来。

若是家里当年有去世的老人，要把其生前的被褥、枕头摆在炕上其生前睡觉的地方，旁边摆一饭桌，上面摆有供品，如果生前抽烟，则还要放个大烟袋，孟玉胜说："摆在那里就好像老人就在家似的，回来了。"[3] 凡是有供奉去世老人铺位的家庭，亲属在三十和初一都要前来给死去的人磕头。拜去世的人的铺位时，儿子也随同一起拜。如果来人是晚辈则必须给死者行磕头礼；如果来人和死者是平辈，则只是给死者装袋烟。如此供奉和祭拜死者要连续三年，每年直到感觉该来拜年的人都来了，才把死者生前的铺盖卷起来。鄂温克族有一个传统，人死以后送殡的当天要把死者生前的被褥、枕头卷起摆放在烟囱桥子上，后来没有烟囱桥子了，就摆放在烟囱根部，过三天后收起保存，三年之内过年期间大年三十、除夕夜和正月初一都要铺在炕上。这个习俗直至现在一直保持。

2015年2月18日涂宝柱家过大年三十

2015年2月18日，腊月三十，百路村村长涂宝柱家不到7点全家六口人就开始忙碌起来，涂宝柱媳妇在厨房忙着做饭，涂宝柱的母亲、儿子、女儿裁剪对联，他家的对联都是从市场上买来的印刷品，母亲不识字，不停地问孙女是左边的还是右边的。涂宝柱在安装大红灯笼。安装完灯笼后，涂宝柱

---

1. 被访谈人：多玉霞；访谈时间：2015年2月18日；访谈地点：讷河市兴旺鄂温克族乡百路村多玉霞家。
2. 被访谈人：敖英华；访谈时间：2015年2月8日；访谈地点：讷河市兴旺鄂温克族乡索伦村敖英华家。
3. 被访谈人：孟玉胜；访谈时间：2015年2月9日；访谈地点：讷河市兴旺鄂温克族乡索伦村孟玉胜家。

▲ 腊月三十上午，涂宝柱的女儿、儿子以及母亲一起忙贴对联、福字/于学斌 摄/2015年

▲ 大门上高挂大红灯笼/于学斌 摄/2015年

也同母亲、儿女一起粘贴对联。抹上糨糊的对联必须马上粘上，否则糨糊就被冻上了。大门上贴了一副巨幅对联，上联是"得春风业兴财旺"，下联是"好福气人顺家和"，横批是："万事如意"。横批下面贴了一副挂签，挂签上面刻有"恭喜发财"四个大字。外屋门贴的对联是："吉羊迎春好运到，财神进门洪福来"，横批是"羊年大吉"。粮仓子门上贴的对联是："五谷丰登蓄余粮，风调雨顺粮满仓"，横批是："五谷丰登"。车库门上贴的对联是："车出库路路顺畅，人平安事事吉祥"，横批是："一路顺风"。每一个门的门中心都贴一个大"福"字。进屋迎面墙上贴了一个倒"福"。

▼ 车库门上贴有出车平安的祝福语/于学斌摄/2015年

大年三十一般吃两顿饭，早饭较为简单。早餐前，涂宝柱的儿子在院子里燃放了一挂鞭炮，另放了三个双响子。8点多吃早餐，

▲ 门心上都贴一个大大的"福"字/于学斌 摄/2015年

早饭五个菜，分别是圆葱炒肉、骨架、油炸糯米饼、鸡肉，最显眼的菜是一盆白菜，一碗大酱，这是蘸酱菜。主食是馒头。其间，涂宝柱和本家的一位来客喝了点啤酒，两个孩子喝格瓦斯饮料。涂宝柱妻子说，晚饭重要，准备做十多个菜。

2015年2月18日多玉霞家过大年三十

2015年2月18日，大年三十，多玉霞家。

家中除了多玉霞正在念高中的女儿外，住在齐齐哈尔市梅里斯达斡尔族区莽格吐达斡尔族乡莽格吐村的弟弟、弟媳、侄子也前来同姐姐一家团圆过年。多玉霞兄弟姐妹共计十个，其中姐妹六个，兄弟四个，其他兄弟姐妹都不在附近住，所以都不能赶回来过年团聚。一早简单吃过早饭后，多玉霞和弟媳就开始在厨房忙碌起来，准备一年中最为丰盛的中午大餐。除准备大餐之外，她们俩还要准备祭奠母亲的祭品，多玉霞的母亲是2014年9月去世的，老人是在姑娘家去世的，"走"的时候，整个发丧过程都是由姑娘多玉霞一手操办的，所以春节期间的祭奠活动也由姑娘多玉霞操办。由于母亲刚去世，所以按照规矩，多玉霞家没贴对联、福字、挂签，这样的生活要连续三年。

中午这顿饭很丰盛，总共做了八个菜，以鱼为主，饭桌上摆了三道鱼菜，一条炖鱼是多玉霞去海拉尔旅游时同学给的大马哈鱼，还有一条炖鱼是海拉尔同学给的蒙古鱼（不知道学名，因从蒙古国带过来的，所以叫蒙古鱼），还有一道油炸大马哈鱼、一盘炖小鸡、一盘炖牛肉、一盘黄瓜丝拌金针蘑、一盘拼盘青菜（包括黄瓜、萝卜、白菜、葱）、一盘切好的干豆腐、一碗大酱。拼盘青菜和干豆腐是蘸酱菜，以前过年是不吃蘸酱菜的，而如今过年吃蘸酱菜较为普遍。

大约12时，当所有的菜都摆上客厅餐桌之后，多玉霞在炕上摆放一个小方桌，多玉霞和多玉霞弟弟、弟媳、女儿等把供品一一摆在桌上。供品有苹果一盘，共计五个红富士苹果；香蕉一串，装在一个盘子里，其中一只香蕉特意将皮扒开半截；四个蛋糕，装在一个盘子里；水果罐头两瓶，一瓶为山楂罐头，一瓶为桃罐头，均已开盖；八宝粥一厅，瓶盖已经打开；三袋小食品，其中一个撕开口；火腿肠一根；乳酸奶一瓶，吸管已经插到瓶口里；酸奶一瓶；一碗鲤鱼肉，碗上架放一双筷子；一听王老吉；一瓶起了瓶盖的白酒，酒盅里斟满了酒；一支点着的香烟；生小米一碗，米里插着三炷香；最大、最为显眼的供品是个完整的熟猪头，猪头用一个铁方盘端上桌子，猪头旁边还放着一个猪肘子，猪头上插着一把刀。待供品摆放完毕之后，把母亲生前的褥子铺在炕头上，这是母亲生前睡觉的位置，被褥上面摆放母亲生前枕的枕头。

供品及被褥摆好后，多玉霞、弟弟、弟媳以及他们的子女都集体面向母亲的铺位叩拜，仪式由死者的儿媳妇主持，她手持一把香，面对铺位，口诵祷词，全体面向火炕跪拜、磕头。问其为什么不是由儿子主持，弟媳说，她丈夫不会说这些祷词。祷词是用鄂温克语说的，内容大致是：儿女给你上供呢，保佑孙男嫡女平安。

祭奠完毕之后，全家吃团圆饭，席间三个大人喝白酒，两个孩子喝饮料。

吃饭期间就有亲属前来拜年，首先来拜年的是村长涂宝柱，他来这么早，除了和多玉霞家是实在亲属关系的原因外，也因为笔者在这里。他提着一瓶白酒，首先给老人点烟、敬酒，然后面向铺位磕三个头，磕头时，多玉霞的弟弟一同磕头。然后也同多玉霞家人一起喝了点酒。多玉霞在饭桌

上说，来拜者若与去世的老人是平辈，则仅给老人敬酒点烟[1]。多玉霞的母亲在百路村辈分最高，所以来人都要磕头。在吃饭期间又有两个亲属前来磕头，一个是下午1点17分来的，一个是下午2点30分来的，每次客人磕头，多玉霞的弟弟都陪同一起磕头。磕完头之后，也同多玉霞家人一同喝点酒。

除夕

除夕是农历年最后一天的夜晚，资料显示，鄂温克族在傍晚的时候有烧门前的牛粪堆的习俗。采访中涂亚军、

▲ 全家围坐在一张圆桌上，共同享用这顿过年大餐/于学斌 摄/2015年

涂玉芹、孟玉胜都说没有这一习俗，并说鄂温克旗那边有这一习俗，仅多玉霞详细叙述了这一习俗，她说："三十晚上，我爸爸把外边门口粪堆点着，烧一晚上，意思日子过得旺。"[2]

年三十晚上室内通宵点灯，室外红灯笼高挂，过去点煤油灯、蜡烛，现在是电灯。2015年春节期间，笔者发现，百路村在农历二十九这天就在门

---

1. 被访谈人：多玉霞；访谈时间：2015年2月18日；访谈地点：讷河市兴旺鄂温克族乡百路村多玉霞家。
2. 被访谈人：多玉霞；访谈时间：2015年2月18日；访谈地点：讷河市兴旺鄂温克族乡百路村多玉霞家。

外高挂大红灯笼，门窗、门前树上挂着彩色串灯，从二十九开始很多家庭外面的灯就整宿不灭，很多家庭一直点到正月初五。

除夕夜有很多讲究，如太阳落山以后不能扫地（平时也是这样，避免把财源扫走），不能往外扔东西，因为怕财运、好运气外流，孟玉胜说："三十吃的东西都不能扔，堆到犄角旮旯，初一过去以后，初二再扔。"[1] 实际各家往外倒垃圾的时间不统一，初二、初三、初五、十五几个时间点上各家有不同的选择，为什么不能往外倒垃圾，敖英华说："福都扔去了。"[2] 水缸一定要打满水，象征着丰衣足食；晚上柜门不能打开，以免钱财跑了，直到初六才可以打开；灶坑的火通宵不灭，烟囱整宿冒烟。

早年，半夜在新旧交替的时候，鄂温克族没有燃放鞭炮接财神吃年夜饺子的习俗，敖英华说："以前半年不吃饺子。"[3] 涂玉芹说："以前我们半夜不吃饺子，就初一早上吃饺子。我们慢慢长大了以后，才开始半夜吃饺子。"[4] 金春红说："我们民族以前半夜不吃饺子，现在受汉人的影响也半夜吃饺子，我们小时候都不这样。"[5] 百路村支书敖胜柱认为，半夜吃饺子习俗产生的时间大约是在20世纪80年代，即有春节联欢晚会以后才有，看完春节联欢晚会感到饿了就包点饺子吃。[6] 索伦村村长孟玉胜的观点和敖

---

1. 被访谈人：孟玉胜；访谈时间：2015年2月9日；访谈地点：讷河市兴旺鄂温克族乡索伦村孟玉胜家。
2. 被访谈人：敖英华；访谈时间：2015年2月8日；访谈地点：讷河市兴旺鄂温克族乡索伦村敖英华家。
3. 被访谈人：敖英华；访谈时间：2015年2月8日；访谈地点：讷河市兴旺鄂温克族乡索伦村敖英华家。
4. 被访谈人：涂玉芹；访谈时间：2015年2月8日；访谈地点：讷河市兴旺鄂温克族乡索伦村敖英华家。
5. 被访谈人：金春红；访谈时间：2015年2月23日；访谈地点：讷河市兴旺鄂温克族乡百路村金春红家。
6. 被访谈人：敖胜柱；访谈时间：2015年2月20日；访谈地点：讷河市兴旺鄂温克族乡百路村村政府。

胜柱的观点相同,"看完春节联欢晚会以后感到饿了,就煮点饺子吃"。[1]

现在半夜燃放鞭炮吃年夜饺子比较普遍。年三十晚上这顿饺子有的家庭吃冻饺子;有的家庭现吃现包;还有的家庭原来吃冻饺子,近年开始吃新包的饺子,如涂申廷家便是,过去他家人口多,有爷爷奶奶、父母、哥兄弟六个、姐妹两个,12口人,如果在年三十现包肯定来不及。饺子的样式都是元宝形的。最初由于生活贫穷,饺子馅很单一,就是粉条、冻白菜、酸菜,外加柳蒿芽等野菜。随着生活水平的提高,饺子馅的品种才有所增多,肉馅有猪肉、羊肉、牛肉,菜馅有柳蒿芽、冻白菜、酸菜,以肉馅饺子居多。饺子馅中加线、面、草炭、钱币。吃到线的人命长,吃到面的人心眼好,吃到炭的人心眼坏,吃到钱币的人会发财。其中,馅中加钱币比较普遍,钱币馅饺子很受大家青睐,尤其对小孩们更有吸引力,人人都盼望在除夕夜吃到包有钱币的饺子。但是有的家庭直至今日仍然不吃年夜饺子,如胡淑芹家便是,她家初一吃饺子,这顿饺子就相当于年夜饺子,煮冻饺子,不过这顿冻饺子是特意包的,独立装在一个袋子中,这袋饺子中有几个饺子包有钱、线、炭。

最初饺子馅的选料没有忌讳,什么菜、肉都可以作为年三十晚上的饺子馅,现在,在汉族的影响下,吃饺子的象征意义逐渐丰富起来,开始选择具有吉祥含义的菜做饺子馅。多玉霞说,白菜馅,意味着发财;芹菜馅,意味着新的一年勤快做事。[2] 也开始出现饺子馅禁忌,有个别家庭在除夕夜吃的这顿饺子不包酸菜馅的,因为怕人吃了会酸性。

三十半夜吃饺子通常不做菜,把三十下午的菜热热即端上饭桌,愿意喝酒的则喝点酒。

---

1. 被访谈人:孟玉胜;访谈时间:2015年2月9日;访谈地点:讷河市兴旺鄂温克族乡索伦村孟玉胜家。
2. 被访谈人:多玉霞;访谈时间:2015年2月18日;访谈地点:讷河市兴旺鄂温克族乡百路村多玉霞家。

关于是否"守岁",答案各不相同。敖英华、涂申廷说:我们三十晚上不守岁,吃完晚饭后该做的事情都做完后就睡觉。胡淑芹则说:除夕要守岁,她小的时候,父母就不让睡觉,直到现在仍然保持这一传统,年三十晚上不让孩子睡觉,即便困了,也要穿着衣服睡[1]。出现这种差异,可能反映了各家在春节习俗方面存在差异。胡淑芹是达斡尔族,从小生活在齐齐哈尔市附近的一个达斡尔族村,文化背景不同,造成了习俗的差异。

本命年的人从除夕开始要扎红腰带,穿红内衣、红袜子,除夕夜不能出屋,见到星星不吉利。2015年恰好是多玉霞本命年,她说:太阳落山后,她就不能出屋了。[2]

从除夕开始,全家除了准备吃喝、布置房子、玩耍之外就不干其他活了。女人不能动针线,动针线眼神会不好、手会疼,敖英华说:"十五以后才可以动,十五以前不行。说法是容易手疼。"[3] 多玉霞说:"我妈不让我们动针线,说是眼神不好。我那天还和我姑娘开玩笑呢,小时候不听你姥姥话,现在眼睛就近视了,听你姥姥话能吗?"[4] 不动刀之类的刃器,动刀刃的东西容易闯祸,不太平。整个正月基本上不会碰水,即不洗衣服和被褥。年三十和除夕要说好话,以示吉祥,不能说不吉利的话。禁止倒垃圾,室内的垃圾堆在一个旮旯里,敖英华说:扔垃圾的话"把福都扔出去了"。[5] 直到现在有些家庭仍然保持这一习俗,将垃圾装在一个塑料袋里直

---

1. 被访谈人:胡淑芹;访谈时间:2015年2月22日;访谈地点:讷河市兴旺鄂温克族乡百路村胡淑芹家。
2. 被访谈人:多玉霞;访谈时间:2015年2月18日;访谈地点:讷河市兴旺鄂温克族乡百路村多玉霞家。
3. 被访谈人:敖英华;访谈时间:2015年2月8日;访谈地点:讷河市兴旺鄂温克族乡索伦村敖英华家。
4. 被访谈人:多玉霞;访谈时间:2015年2月19日;访谈地点:讷河市兴旺鄂温克族乡百路村多玉霞家。
5. 被访谈人:敖英华;访谈时间:2015年2月8日;访谈地点:讷河市兴旺鄂温克族乡索伦村敖英华家。

到初五才往外倒。

过去过年，小孩子是最开心的，都结伴一起玩耍。孟玉胜说："我们小时候瞎闹，喜欢在街上跑，装沙扬土。"[1] 小伙伴们也会打冰式比阔（类似曲棍球），即在冰面上打比阔。以前，没有电灯，孩子们会点着蜡烛出去玩，走东家、串西家。过年期间孩子淘气、惹事不会挨打。长辈会给晚辈讲故事，老人会讲的故事很多，很受小孩们欢迎。也会聚到一起打扑克、玩棋落。

现在，这些传统的娱乐项目越来越少了，守候在电视机旁看中央电视台的春节联欢晚会成为人们的主要消遣方式。两个屯子的通电率、电视、广播信号覆盖率都达到了100%，平时的消遣方式就是看电视。近年，春节期间又增加了一个新去处——KTV（歌厅），许多人尤其是年轻人在酒足饭饱之后都到歌厅唱歌，2015年年三十晚上8点多笔者看到，百路村的一家歌厅生意很红火，这里聚集了很多村民在这里唱歌，每唱一首歌需付2元钱。

2015年2月18日涂宝柱家过除夕

2015年2月18日晚上，除夕夜，太阳落山后，村长涂宝柱家室外的灯笼以及窗户和大门上的串灯都亮了起来。

晚上7点多，涂宝柱的母亲和妻子就开始忙着切菜、拌饺子馅、和面。晚上8点多，室内炕上铺上面板，涂宝柱的母亲、妻子以及女儿开始包饺子，这就是年夜饺子。饺子都是元宝形，整整齐齐码在盖帘上，妻子洗了几个钱币，选择几个饺子包进了钱币。涂宝柱的儿子最关心的是哪个饺子里包了钱币，企图在包有钱币的饺子上做记号，被奶奶制止了。

小舅子来了，本想找姐夫凑个麻将局，但是没凑上。

---

1. 被访谈人：孟玉胜；访谈时间：2015年2月9日；访谈地点：讷河市兴旺鄂温克族乡索伦村孟玉胜家。

晚上11点多，外面已经有连续的鞭炮声响，表明很多人家已经开始吃年夜饺子了。母亲、妻子停止看电视，开始到厨房煮饺子，女儿将碗筷摆放在饭桌上，妻子将下午吃的菜热了热就端上了桌。涂宝柱和儿子到室外燃放鞭炮。全家五口人、三代人围在一个方桌上吃年夜饭。

正月初一是阿涅

正月初一，是农历新年的第一天，鄂温克语称这天叫"阿涅"，也就是"年"。

大年初一，给老人磕头拜年。先给自家的老人磕头，涂玉芹说："我们这些姑娘一早上起来吃饭前也要磕头，我爸妈就上炕了，我们磕头。"[1] 然后去别人家拜年，在长兄的带领下，以家庭或者家族为单位结伙出去拜年。拜年都抢先，鄂温克人认为，最先出去拜年的人最吉利，所以天还没亮就出去拜年，都争取在其他家庭还没出去拜年时最先赶到。老人在家等着前来拜年，长辈看到有人前来拜年，立刻在炕上盘腿大坐，等待小辈前来施礼，敖胜柱说："老人一看有人来拜年了，马上在炕上坐好。"[2] 如果有供奉去世老人铺位的，则先拜铺位，然后拜老人。拜年的人手里端着酒壶，每到一家，给长辈问安，双膝弯曲，双手搭在膝盖处作揖，然后将盘中的两个酒盅斟满酒，敬给长辈老人，最后行磕头礼，鄂温克族的磕头方式是，男人双膝跪地，女人单膝跪地，谦卑恭敬点头三下。长辈则对晚辈说一些吉祥祝福的话："长得胖胖的！""身体健康！""好好学习！""以后不能淘气了，淘气不好。""平安地过日子！""你们都好好的，都像我活这么大岁数。"长者的话说完之前，不

---

1. 被访谈人：涂玉芹；访谈时间：2015年2月8日；访谈地点：讷河市兴旺鄂温克族乡索伦村敖英华家。
2. 被访谈人：敖胜柱；访谈时间：2015年2月20日；访谈地点：讷河市兴旺鄂温克族乡百路村村政府。

能站起来,直到长者示意起来以后才能起来。

拜年是有规矩的,拜年的顺序依据亲属远近和辈分高低,近亲的长辈最先接受拜年,然后依辈分依次往下拜;一个家族必须整体拜年,如兄弟三个领着所有孩子出去拜年,他们在拜年时不能分开拜,而必须是整体一起磕头。敬完酒以后,要给敬酒的人的酒壶填满酒。

过去经济条件不好,所以老人们给晚辈的礼物也很有限,孩子们拜年能得到长白糕或几块糖块或冻梨、冻柿子就很高兴了,30多岁的涂德明、涂艳雨回忆说,他们小时候拜年走几家后兜里就装满了糖块。涂玉芹说:"小时候愿意磕头去,能得到好吃的,都走好多家。"[1]如果是远道来拜年的孩子,长辈也象征性地给一两块钱。

以前初一这天非常热闹,是村子最活跃的时候。每家的屋子都很小,屋里可以容纳的人数很有限,尤其是辈分高的人家,来拜年的人很多,根本进不来屋,在这种情况下,有的人就在室外高喊:"给你磕头了!"行过礼后再到其他家拜年,有的只是喊了一声,根本没磕头,孟玉胜说:"有的在外面喊给你拜年了,实际在那玩呢。有的在外屋地喊,拿着吃的东西就走了。"[2]但是实在亲戚必须进屋行礼。如果有不来拜年的,老人还会上门找家长谈话,问为什么不来拜年,如果无故不来,会招来责骂,骂他没教养。

初一每个人都非常累,无论出去拜年的,还是在家等着别人前来拜年的,都要很早起床,只要有人来,不能躺着,只能坐着,凡是有人前来拜年,必须出外迎接。多玉霞说:"我在这屯子辈分很大,十几年前父亲在世时,都来给他拜年,谁来我都得出去迎接。来的人很多,都接上溜了,一会

---

[1]. 被访谈人:涂玉芹;访谈时间:2015年2月8日;访谈地点:讷河市兴旺鄂温克族乡索伦村敖英华家。
[2]. 被访谈人:孟玉胜;访谈时间:2015年2月9日;访谈地点:讷河市兴旺鄂温克族乡索伦村孟玉胜家。

儿出去一趟,一会儿出去一趟。"[1]

现在拜年习俗仍然存在,但是已经不如从前热闹了,不必起早拜年了,往往早上八九点钟才出去走动;结伙出去拜年的少了。百路村的涂黎红说:"现在他们这一代(指她儿子这一代)已经不给老人拜年了。"[2]这种火热的拜年场面消失的时间并不遥远,1976年出生的涂德明、1985年出生的涂艳雨都赶上了,他们也会津津乐道地描述那种场面。现在拜年一般都为直系亲属之间拜年。现在仍然行磕头礼,长辈会婉拒,说"别把衣服弄脏了"之类的话。有的只给请安。有的家庭变成了一种娱乐方式,长辈往往逗小孩,磕头就给压岁钱,实际不磕头也能得到压岁钱。"阿涅"这一天,人们路上见面要互相问安。初一也要去坟地磕头,但是仅磕头不烧冥币。大年初一早晨吃饺子,晚饭则各家各有不同,涂继承说:他们家年初一晚上一般烙糖饼,菜越丰盛越好。[3]

2015年2月19日多玉霞家过正月初一

2015年2月19日,大年初一,6点多钟,许多家庭的烟囱已经冒起了炊烟,村中仍然以柴草和庄稼的秸秆、苞米瓢子为主要烧柴,在房屋的前后都堆着成垛的烧柴。小村异常安静,静得连喘气的声音都显得很大。按照传统,人们应该早早就起来拜年,可是街上几乎见不到人。偶有放鞭炮的,说明已经有人家开始吃早饭了。直到早上八九点钟才有人出现在街上,但是手中提着酒壶、拿着酒盅的场景没有出现。

因为多玉霞家炕上摆放有母亲生前的被褥,被褥的旁边摆放供品,所以

---

1. 被访谈人:多玉霞;访谈时间:2015年2月19日;访谈地点:讷河市兴旺鄂温克族乡百路村多玉霞家。
2. 被访谈人:涂黎红;访谈时间:2015年2月22日;访谈地点:讷河市兴旺鄂温克族乡百路村胡淑芹家。
3. 被访谈人:涂继承;访谈时间:2015年2月8日;访谈地点:讷河市兴旺鄂温克族乡索伦村涂继承家。

调查组在8点多钟的时候就来到多玉霞家,参与观察了拜年祭奠先人的过程。

多玉霞、女儿、弟弟一家一早起来后,集体面对炕上的被褥磕了三个头。

按照鄂温克族的习俗,凡是供奉去世的人生前被褥的家庭,村中的亲属都要前来拜年,8点多钟,陆续有亲属前来拜年,凡是前来拜年的人都要面对炕上的被褥行磕头礼,每次磕头行礼的时候,多玉霞的弟弟都要跟随跪下一同磕头。村长涂宝柱在8点15分过来磕头,在所有前来拜年的人中只有他是带了一瓶酒过来的,进屋之后先斟满酒、点着一根烟放在了供桌上,然后跪地磕了三个头,由于多玉霞的弟弟这时候没在家,由来串门的、居住在富裕县的叔伯哥哥陪同磕头。

如今这一拜年习俗已经弱化,但是若是哪家有老人去世,许多亲属都还记着去磕头。年三十晚上,在村长涂宝柱家,涂宝柱的母亲已经60多岁了,她还惦记着要去多玉霞家给老人磕头,笔者问她:"你这么大岁数也要去磕头啊?"她说,按辈分她是我的长辈,一定要磕头的。果然在大年初一在众多的拜年者中我看到涂宝柱的母亲也来给逝去的老人磕头。

村支书敖胜柱在9点17分时过来磕头,他先是给多玉霞母亲的铺位磕了三个头。转回房厅后,给坐在椅子上的涂宝柱的母亲跪地磕了三

▼ 村长涂宝柱磕头祭拜/于学斌 摄/2015年

▼ 涂宝柱母亲磕头祭拜/于学斌 摄/2015年

个头，嘴说：给你拜年了，就不到家里磕头了。

涂宝成是9点多来拜年的，他在家排行老四，人们都管他叫涂老四，按辈分，他管多玉霞叫姑姑，他按照鄂温克族的传统规矩，在逝者铺位前磕了三个头。由于辈分小，他给室内的每一个长辈都行请安礼、磕头礼，当然他逐一行请安礼和磕头礼不排除为笔者表演的成分，面对笔者的镜头，逐一在展示礼节。鄂温克族的请安礼是，左手按在右手背上，双手捂住腹部以下部位，右腿稍向前伸，腿部微曲，口称：某某，给您拜年！

▲ 涂宝成给室内的长辈——磕头拜年/于学斌 摄/2015年

▲ 行请安礼/于学斌 摄/2015年

正月初二到十四

初二，远亲来拜年。

出嫁的女儿初二这天回娘家。在鄂温克族的习俗中，只要公公、婆婆在世，那么过年一定要和公公婆婆一起过年，初二才能和丈夫一起回娘家。这一习俗至今仍然在延续。初二回来的时候要给老丈人带一些礼物，过去送礼讲究送四合礼，即两瓶罐头、两包槽子糕（蛋糕）、两瓶酒、两包糖。鄂温克族女婿所受到的礼遇不高，从来得不到岳父岳母赏赐的钱或者礼品，孟玉胜说:"姑爷不是上等戚儿[1],和儿子一样,进屋啥都干。"[2] 敖英华的女婿、涂玉芹的丈夫说:"以前我们来这里(指岳母家)都不敢坐炕上吃饭,就蹲在外屋地锅台旁边吃。"如今,许多人在年前就把礼物送给父母了,所以初二回来时就没必要带东西了。

正月初五,俗称"破五",早饭必须吃饺子。除夕夜的垃圾有的家庭在初一往外倒,而有的家庭初五这天才可以往外倒。这天不能用生米做饭,不准妇女串门。

民间有"一鸡,二鸭,猫三,狗四,猪五,羊六,人七,马八,果九,菜十"的说法,从正月初一到初十每一天各有所主动植物,鄂温克族知道这一说法并通过看天气预测对应的动植物的年成,如果初一天气好,则表明新的一年鸡将丰收,如果初二天气好则表明新的一年鸭子将丰收。较为重视的是正月初七、正月十七、正月二十七,这是人日、人期日,分别是小孩、中年人、老年人的日子,人日要吃面条。初十也较受鄂温克族重视,这一天早上会吃饺子。但是这些日子在人们的心目中都不太重要,想起来就弄点吃的,想不起来也就算了。

跳舞是鄂温克族表示喜庆的方式之一。鄂温克族人能歌善舞,以前,每到重要的节日都会围在一起唱歌跳舞。金春红说:"我们民族都是很放得开的,以前大家一起跳舞,不管跳得好不好,都不会扭扭捏捏的。"[3] 过了初五,鄂温克族就开始跳舞,几家人聚到一起,选择某一个住房比较大的家庭跳舞,在谁家跳,谁家还要准备些吃喝。敖英华说:"整个正月都跳舞,

---

1. 上等戚儿:上等的亲戚、最尊贵的客人的意思。
2. 被访谈人:孟玉胜;访谈时间:2015年2月9日;访谈地点:讷河市兴旺鄂温克族乡索伦村孟玉胜家。
3. 被访谈人:金春红;访谈时间:2015年2月23日;访谈地点:讷河市兴旺鄂温克族乡百路村金春红家。

天一黑就跳。过了正月就不跳了。"[1] 每到晚上就聚到一起跳罕伯舞，男女均参加。省级非物质文化遗产鲁日格勒舞传承人涂玉芝说，鲁日格勒舞和达斡尔族的罕伯舞有所区别，鄂温克族的鲁日格勒舞里有打狼、采集山丁子、稠李子、踢腿等动作，而罕伯舞中没有这些动作；达斡尔族罕伯舞中有洗脸、梳头等动作，而鄂温克族鲁日格勒舞中没有这些动作。[2] 鲁日格勒舞有两个人对打动作，达斡尔族罕伯舞没有对打动作。罕伯舞跳到高潮时也要唱歌，唱扎恩德勒。涂继承说："原来的唱歌都是即兴演唱，看到某一个现象或者事物有感而发，调子都是固定的，词是即兴改编的。"[3] 但是自20世纪70年代末80年代初之后跳舞的人越来越少，几家聚到一起跳舞的习惯已经见不到了。

除了唱歌跳舞以外，过年期间家里的老人也会给小孩讲故事。敖英华说："每天没事就讲故事。"[4] 过去没有电视，娱乐项目很少，只有讲故事是很有趣的事。讲瞎话或者讲大书的很多。故事有自编的，也有的人会满文，读满文书之后给大家讲，孟玉胜说，某某的父亲面前放着一本满文书，看着满文书给大家讲。[5] 也有人将古书熟记于心，我们的调查对象金春红的爷爷就是记住许多古书的人，中华人民共和国成立以前念过私塾，"土改"以后双目失明，他靠记忆讲述《西游记》《三国演义》等书。金春红说："很多人都到我家听他讲故事。以前没有电视，也没有电，这里通电才29

---

1. 被访谈人：敖英华；访谈时间：2015年2月8日；访谈地点：讷河市兴旺鄂温克族乡索伦村敖英华家。
2. 被访谈人：涂玉芝；访谈时间：2015年2月8日；访谈地点：讷河市兴旺鄂温克族乡索伦村敖英华家。
3. 被访谈人：涂继承；访谈时间：2015年2月8日；访谈地点：讷河市兴旺鄂温克族乡索伦村涂继承家。
4. 被访谈人：敖英华；访谈时间：2015年2月8日；访谈地点：讷河市兴旺鄂温克族乡索伦村敖英华家。
5. 被访谈人：孟玉胜；访谈时间：2015年2月9日；访谈地点：讷河市兴旺鄂温克族乡索伦村孟玉胜家。

年，就点着煤油灯，条件好的，点个挂灯。""小时候成天缠着我爷爷给讲故事，很多人等着我爷爷讲故事。高兴的时候讲，不高兴的时候不讲，人少的时候不讲。给老人家烧茶水，才给讲。过年的时候都等着我爷爷讲故事。现在看电视剧《西游记》，到哪里我都能知道怎么回事，小时候都听爷爷讲过，记在脑子里了。"[1] 多玉霞的姥爷也是一个能讲大书的人，中国古典四大名著都能讲。过去讲故事都用鄂温克语或者达斡尔族语讲，很受欢迎，敖英华说："听的人多，没有电视，啥也没有，干啥？都去听故事。"[2] 孟玉胜说："又讲鬼的，又讲神的，听着害怕，连上厕所都不敢去。"[3]

20世纪六七十年代，索伦村里设有文化站，每到春节期间会放一些幻灯片，有解说员解说，大家都会去看。

正月十五

农历正月十五是元宵节，也叫灯节，鄂温克族从正月十四就开始过节，正月十四、十五两天的晚上在门口悬挂灯笼，室内室外通宵点灯，也有的家庭仅点到晚上八九点钟。灶坑的火整宿不灭，烟囱整宿冒烟。晚上家家燃放烟花。

这天的主要食物是饺子、黏豆包。原来不吃元宵，近年元宵也成为节日食物。金春红说："以前我们十五就吃饺子。后期孩子们吃元宵，我们也

---

1. 被访谈人：金春红；访谈时间：2015年2月23日；访谈地点：讷河市兴旺鄂温克族乡百路村金春红家。
2. 被访谈人：敖英华；访谈时间：2015年2月8日；访谈地点：讷河市兴旺鄂温克族乡索伦村敖英华家。
3. 被访谈人：孟玉胜；访谈时间：2015年2月9日；访谈地点：讷河市兴旺鄂温克族乡索伦村孟玉胜家。

吃元宵。"[1] 多玉霞说："小时候哪有元宵啊！现在吃。"[2]

鄂温克族本来没有"躲灯"习俗，但是近年由于很多鄂温克族与汉族通婚，受到汉族影响，鄂温克族家庭也有"躲灯"这一说法，即正月十五新娘不能看婆婆和娘家灯，为了躲灯，要到亲属家住一晚。

打鱼之家每逢正月十五在江边撒灯，在江边堆一堆柴火，上面浇点柴油，点着火，祭祀河神。现在不燃火堆了，都在商店买灯笼，十五这天往江边送个灯笼。

正月十五有"滚冰"习俗，晚上，吃过晚饭，便到江面或者井沿儿上打滚，涂玉芹说："我记得我小时候正月十五吃完饭在井跟前打滚。"[3] 其用意是去除疾病，保佑一年健康，敖英华回答为什么滚冰时说："不得病。"[4]

正月十五也要拜年，拜年的方式也和大年初一一样，将家中去世的长者的被褥铺在炕上，摆上饭桌，上放供品。来拜年的人要先拜死者铺位，如此连续三年。

正月十五元宵节这一天扭秧歌等都是必有的节日活动。据回忆，以前，百路村扭秧歌的都是外来的秧歌队。2015年百路村的秧歌队在春节期间第一次沿街扭秧歌，队员们为了避免各家破费，不进各家院子里扭，因为按照传统习惯，秧歌队到谁家，谁家都要燃放鞭炮，也要给礼物或者钱。

这天妇女们跳笊篱姑姑舞，根据金春红的模糊性回忆，笊篱穿一个大长布衫，这便是笊篱姑姑。在西炕上摆着一个炕桌，一个年纪大的妇女坐在桌

---

1. 被访谈人：金春红；访谈时间：2015年2月23日；访谈地点：讷河市兴旺鄂温克族乡百路村金春红家。
2. 被访谈人：多玉霞；访谈时间：2015年2月19日；访谈地点：讷河市兴旺鄂温克族乡百路村多玉霞家。
3. 被访谈人：涂玉芹；访谈时间：2015年2月8日；访谈地点：讷河市兴旺鄂温克族乡索伦村敖英华家。
4. 被访谈人：敖英华；访谈时间：2015年2月8日；访谈地点：讷河市兴旺鄂温克族乡索伦村敖英华家。

▲ 百路村的秧歌队上街拜年/于学斌 摄/2015年

子的后面,她手抓笊篱把,在她的作用下,笊篱姑姑在炕桌上不停地蹦跶,大伙说:"下来神了,下来神了。"请完之后还要送神。很多人看热闹[1]。这是她十一二岁的时候看见奶奶这么做的。敖英华说,平时也玩这种游戏,正月期间因为没事所以经常玩,跳舞时由两个人手持笊篱姑姑的衣襟跳舞[2]。胡淑芹说,笊篱上面蒙的是红布,由一个人手持着跳舞,当来神时,其他人询问笊篱姑姑今年能不能丰收,年景好不好,日子过得好不好,如果点头,就说明今年会如愿;如果摇头则要歉收、日子不好过。也会问其他问题,也是看点头还是摇头来判断是还是不是。据胡淑芹说,笊篱姑姑舞在哪跳都可

---

1. 被访谈人:金春红;访谈时间:2015年2月23日;访谈地点:讷河市兴旺鄂温克族乡百路村金春红家。
2. 被访谈人:敖英华;访谈时间:2015年2月8日;访谈地点:讷河市兴旺鄂温克族乡索伦村敖英华家。

以[1]。跳舞很用力，跳完之后，送走神之后，木头桌子上会出现很多坑。胡淑芹小时候看到过母亲这么做了，也看到过鄂温克族这么做。

正月十六抹黑节

正月十六抹黑节是鄂温克族的传统节日，鄂温克语叫"阔屋义内格"。按照风俗，在这一天，互相给对方抹黑脸，鄂温克族叫"打花脸"。谁在这一天里脸上不被抹黑，谁这一年就会不吉利，抹过黑，一年不头疼。黑色来自于锅底灰，为了将捉弄人这件事做到极致，往往用锅底灰拌以豆油，据说这种黑色抹在脸上很难洗掉。

民间传说，这一天"五谷之神"要下凡巡视，人们互相往脸上抹黑，是在祈求"五谷之神"不要让庄稼得黑穗病。涂继承、涂亚军两位先生给予了另一种解释：日本人侵略中国的时候，东北人就把女人的脸抹黑了，把女孩子整得蓬头垢面的，防止被日本人祸害。

十六这天，父母早早就起来，在孩子没有起床之前，在其额头上抹一黑道，现在通常画一个十字，以示吉祥。多玉霞回忆说："正月十六早上我妈妈就用饭勺抠一点锅底灰，抹到我头上，抹完就不（得）头疼（病）了。"[2] 抹黑不分男女，捉住就往脸上抹，这一天抹黑"无反正"，即见到谁都可以抹，姐夫和嫂子是重点攻击对象。多玉霞说："当嫂子的吃亏大了，都给她抹，都琢磨嫂子，取笑她。"[3] 敖英华说："小时候当嫂子的被

---

1. 被访谈人：胡淑芹；访谈时间：2015年2月22日；访谈地点：讷河市兴旺鄂温克族乡百路村胡淑芹家。
2. 被访谈人：多玉霞；访谈时间：2015年2月19日；访谈地点：讷河市兴旺鄂温克族乡百路村多玉霞家。
3. 被访谈人：多玉霞；访谈时间：2015年2月19日；访谈地点：讷河市兴旺鄂温克族乡百路村多玉霞家。

抹得最邪乎，都是大花脸。"[1]尽管如此，还是有一定限制的，抹黑仅在平辈间进行，晚辈不能给长辈抹黑。平辈之间禁止兄弟媳妇给大伯子（丈夫的哥哥）抹黑。老人往往自己给自己抹黑，表示吉祥。抹黑不分场合，路上遇到要抹，那些还没起床的人，会被堵在被窝里抹个一团漆黑。所以这天谁也不敢懒被窝，一是为了防止被别人堵在被窝里抹个正着，二是为了到别人家抹那些懒被窝的人。这天村子里很热闹，年轻人成群结队，走东家、串西家。只要见面就要抹。大家都非常快乐，被抹了也都不能生气，不能急眼。现在，鄂温克族仍然沿袭抹黑这一活动，不过如今的抹黑已经不如从前疯狂了，多见于父母给儿女抹黑，母亲早早起来在儿女未睡醒前给儿女抹点黑，远在外地读书的孩子，父母也要打电话叮嘱儿女自己给自己抹点黑。有时候熟人之间在这天兴致来了也抹黑，现在抹黑有的用电池里的黑炭抹，很难洗掉。但是总体而言，再也看不到群体互相抹黑的场面了。

农历二月初二

农历二月初二是龙抬头的日子。涂黎红回忆："小时候，我妈早早就把我们招呼起来，让我们到外面看龙头，我们爬上树也没看到龙头。"[2]涂黎红的母亲胡淑芹说："我们小时候妈妈就和我们这么说的，完了我就和他们（指涂黎红及其兄弟姐妹）那么说了的。"[3]

猪头肉、猪蹄子是此时主要的特色食品，敖英华说，从记事时开始就

---

1. 被访谈人：敖英华；访谈时间：2015年2月8日；访谈地点：讷河市兴旺鄂温克族乡索伦村敖英华家。
2. 被访谈人：涂黎红；访谈时间：2015年2月22日；访谈地点：讷河市兴旺鄂温克族乡百路村胡淑芹家。
3. 被访谈人：胡淑芹；访谈时间：2015年2月22日；访谈地点：讷河市兴旺鄂温克族乡百路村胡淑芹家。

吃猪头肉、猪蹄子，猪头肉和猪蹄子都是自家杀猪时留下的[1]。也会烙馅饼、韭菜盒子或者酸菜盒子。此时亦吃龙豆，把黄豆用盐泡上，晒干后，用沙子炒，吃这种炒豆时，嘴里叨咕着"龙抬头！龙抬头！"直至现在个别家庭仍然保持这一习俗。

这天供奉家里的神灵，用猪头肉和酒等上供，供奉过后，可以食用供品，敖英华说：二月二早上把猪头和酒供奉神灵后才能食用[2]。

二月二是虫子复活的日子，这一天不能喊孩子们起床，孩子愿意睡到几点就睡到几点，若是喊起床的话，据说虫子会复活，影响一年的庄稼收成。金春红说："我奶奶说：'小孩愿意睡到啥前儿就啥前儿吧，别喊他们，喊他们的话，虫子都活了。'"[3]这一说头似乎和涂黎红母亲招呼起来看龙头的说法有矛盾。

关于二月二剪头出现了两种说法，一种说法是在二月二要剪头发，敖英华、涂玉梅均说，禁止正月剪头，从他们小的时候就有这个习俗，认为"正月剪头死舅舅"，二月二是剪头的日子。但是多玉霞说，鄂温克族没有这一习俗，他说以前和现在在这天都没有必须剪头的说法。[4]胡淑芹也说，二月初二这天没有剪头这一习俗，因为这天不能动刀子、剪子、斧子等刃具，动刀剪会将龙须剪掉，需要用刀子、剪子、斧子等刃具切、剪、劈的东西都在前一天完成。[5]

---

1. 被访谈人：敖英华；访谈时间：2015年2月8日；访谈地点：讷河市兴旺鄂温克族乡索伦村敖英华家。
2. 被访谈人：敖英华；访谈时间：2015年2月8日；访谈地点：讷河市兴旺鄂温克族乡索伦村敖英华家。
3. 被访谈人：金春红；访谈时间：2015年2月23日；访谈地点：讷河市兴旺鄂温克族乡百路村金春红家。
4. 被访谈人：多玉霞；访谈时间：2015年2月19日；访谈地点：讷河市兴旺鄂温克族乡百路村多玉霞家。
5. 被访谈人：胡淑芹；访谈时间：2015年2月22日；访谈地点：讷河市兴旺鄂温克族乡百路村胡淑芹家。

鄂温克族有挂龙尾儿的习俗。"龙尾儿"就是将"酱秆儿"（就是笤帚糜子或者高粱秆最上面的一节）剪成寸长，将各种颜色的布用"酱秆儿"穿成一串，底部系一个布缨，挂在小孩脖子上或者缝在胸前。还有一种龙尾儿类似于布穗子，即一块红布一块绿布穿起来。龙尾儿戴在胸前，具有保平安的吉祥含义。

在鄂温克族人的意识里，二月二一过就意味着年结束了。

四、结语

兴旺乡鄂温克族的过年习俗和达斡尔族过年习俗在过年的时序、活动内容、意义等方面基本相同，这是因为索伦村和百路村是鄂温克族和达斡尔族共同创建的，两个民族长期混居在一起、接触频繁，二者通婚较为普遍。在我们的调查对象中很多是达斡尔族和鄂温克族通婚的家庭，如敖英华是达斡尔族，丈夫是鄂温克族；胡淑芹是达斡尔族，丈夫是鄂温克族，他们的女儿涂黎红是鄂温克族，涂黎红的丈夫是达斡尔族，儿子不仅定民族为鄂温克族，而且姓氏也随母亲姓涂；多玉霞的父亲是达斡尔族，母亲是鄂温克族，自己定民族为鄂温克族，子女也定民族为鄂温克族。通过婚姻，居住在一个村子中的鄂温克族和达斡尔族家庭都沾亲带故的，关系非常密切。40岁以上的人大多数既会说鄂温克语也会说达斡尔语，二三十岁的人许多人能听懂两种语言。鄂温克族、达斡尔族两民族文化相互渗透，已经不分彼此，春节习俗基本相同。

从汉族大量移民到村子以后，鄂温克族一步步接受了汉族的春节习俗。据回忆，汉族大量拥入的时间是20世纪50年代。自从同汉族混居在一起后，汉族对鄂温克族的文化影响很大，如以前半夜不吃饺子，后来也吃了；以前正月十五新媳妇不躲灯，现在也出现了躲灯习俗。但是发纸、接神的习俗一直没有。

鄂温克族的过年习俗存在着家庭差异，尽管同住一地，但是在过年活动的细节方面不同的家庭有所不同，如是否给压岁钱、年三十是否吃饺子、是否守岁、二月二是否剃龙头等习俗不同的人给出了不同的答案，这可能是由于过去不同家庭过年习俗方面存在着差异。这种现象可能是由于各家在接受汉文化过程中或者同汉族接触的密切程度不同造成的。

同全国其他民族一样，鄂温克族有些过年习俗也在逐渐消失，很多过年习俗仅存于人们的记忆中，随着时间的流逝，他们的记忆越来越模糊，凭借他们的口述已经无法恢复原来的面貌，如春节期间供奉的神灵、正月十五的笊篱姑姑舞仅凭口头描述是无法给我们完整的具象特征的。有的习俗虽然存在但是已经弱化，如拜年、抹黑都没有了原来的热情和激情。

附录：本文调查对象情况一览表

姓名	性别	年龄	简介
涂亚军	男	1966年	鄂温克族研究会会长，原兴旺乡人，曾任兴旺乡乡长
涂申廷	男	1957年	鄂温克族，兴旺村村民
孟玉祥	男	1956年	鄂温克族，兴旺村村民
孟玉胜	男	1961年	鄂温克族，索伦村村长
涂继承	男	1970年	鄂温克族，索伦村人，兴旺乡中心校民族教研员、省级非物质文化遗产民间故事传承人
敖英华	女	1936年	达斡尔族，老家齐齐哈尔市梅里斯达斡尔族区，已故丈夫为鄂温克族，索伦村村民
涂玉芹	女	1955年	鄂温克族，敖英华女儿，从小生活在索伦村，目前居住在讷河市
涂玉芝	女	1963年	鄂温克族，敖英华女儿，索伦村人，兴旺中心小学音乐教师、省级非物质文化遗产萨满舞传承人
涂致诚	男	1971年	鄂温克族，敖英华儿子
金春红	女	1960年	鄂温克族，百路村村民
涂宝柱	男	1971年	鄂温克族，百路村村长
敖胜柱	男	1963年	达斡尔族，百路村党支书
多玉霞	女	1967年	鄂温克族，百路村村民，教师

续表

涂玉梅	女	1955年	鄂温克族,百路村村民
涂德明	男	1976年	鄂温克族,涂玉梅儿子,百路村村民
涂艳雨	男	1985年	鄂温克族,百路村村民
胡淑芹	女	1941年	达斡尔族,百路村村民,已故丈夫为鄂温克族。小时候在齐齐哈尔市双河农场,解放以后来到百路村
涂黎红	女	1964年	胡淑芹女儿,鄂温克族,百路村村民

2015年海林市横道河子镇春节习俗调查报告

于学斌　徐和青

横道河子镇是黑龙江省第一个国家历史文化名镇，是目前为止黑龙江省两大国家历史文化名镇（另一名镇为爱辉镇）之一。2015年春节期间课题组对当地居民进行了有关春节习俗的调查。主要选取一些年龄较大、长期居住在横道河子镇的人为调查对象，横道河子镇副书记李洪君、顺桥村村长张金亮给予很大的帮助，调查组在张金亮的陪同下有针对性地确定调查对象。

一、前言

横道河子镇下属黑龙江省海林市，因有一条南北向道路横穿过河流而得名，位于海林市市域西部，距海林市33千米，距牡丹江市45千米，距省会城市哈尔滨253千米，301国道及滨绥铁路横贯镇域，地理坐标北纬44°48′，东经129°04′。地处张广才岭山脊东侧，呈带状分布，镇址两侧崇山峻岭，林木葱郁，植被保护极好，水系发达，横道河自西北向东南在镇区中部穿过。该地属冷凉湿润高山气候，这里是海林市无霜期最短的地区，一般在90—115天，全年最高气温38℃，最低气温-40℃，年降雨量670毫米左右，主导风向为西北风，最高风速8级，冬季最大冻土深度2.1米。镇区地面高程基本在410—450米。

横道河子镇始建于1897年绥满铁路修建之时。当时铁路要穿过张广才岭，而横道河子路段是施工中的一大难点。是年秋天，大批俄工程技术人员和专家云集这里，横道河子成了铁路施工的指挥中心和技术指导中心，大白楼、机车库、东正教堂、驻军司令部和一批俄式民宅同时建起，供专家、驻军和技术人员居住和礼拜。随之而来的就是想从这云集的人群里赚钱的纷至沓来的生意人，于是，这里很快形成了商贾云集的集镇。

中华民国成立后，这里划归东省特别行政区管辖，并将铁路交涉分局改名为横道河子市政分局。东北沦陷后，初设横道河子保，后改设为横道河子村，隶属于宁安县。1945年8月13日，苏红军第26军军长斯克沃佐夫中将在小镇的"圣母进堂教堂"主持接受日本投降仪式，小镇回到了人民的怀抱，成为东北大地上最早的解放区之一。"九三"抗日胜利后，划归新海县管辖，成为山市区政府驻地。1946年秋天，最后一批苏联红军撤离，人民解放军开进小镇，一面组织产业工人恢复生产，进行土地革命，一面组织十几批青壮年参军支前。 1956年撤区划乡，设置横道河子镇。1958年，更名为横道河子人民公社，隶属海林县，1980年更名为横道河子镇。[1]

中华人民共和国成立以前，支撑小镇经济的产业主要是木材、酿酒和采石三大类。中华人民共和国成立以后，政府又在此建立了大型横道河子果酒厂。当年俄国的建筑专家们看好了这里的花岗岩石材，所以这里的俄式住宅绝大多数是用石头砌起来的，哈尔滨的许多建筑所用石材也大都取自横道河子。改革开放以来，镇上建起了几家装饰石板加工厂，开始生产高档石材装饰材料，产品销往全国各地，现在深圳罗湖口岸大厅的地面就是用"横道红"铺建的。

小镇山水风光优美、迷人。这里有着保护完好的原始森林植被，林地110万亩，草原23205亩，森林覆盖率95%，是"全国造林绿化百佳乡镇"之一。境内有17条大小河流和无数涓涓细水，地表水资源总量3.97亿立方米，水质上乘，无污染，极适于酿酒。森林中栖息着东北虎、豹、熊、野猪等多

---

1. 杨锡春，林永刚，杨泽伟. 黑龙江省满语地名[M]. 牡丹江：黑龙江朝鲜民族出版社，2008．52．

种野生动物和珍禽，蕴藏着山参、五味子等多种中药材及品种繁多的野浆果和山野菜。蕴藏着花岗岩、泥炭、铁等金属和非金属矿。东北虎林园、七里地生态村等旅游景点，著名的威虎山风景区就坐落在这里。1999年小镇荣获牡丹江市级"旅游明星乡镇"称号。

小镇有着丰富的人文历史资源。历史建筑完整地存留至今的大约有200余处，主要分布于301国道以西至镇火车站之间的俄罗斯老街两侧以及镇西侧的村落中，另外在镇区内还零星分布着一些年代久远的建筑与构筑物。横道河俄式建筑群已于2005年1月被列为省级文物保护单位，2006年3月公布为国家级文物保护单位。重点保护建筑包括东正教圣母进堂教堂、中东铁路横道河子机车库、中东铁路横道河子大白楼、伪满横道河子警备队驻地、中东铁路横道河子木屋群。俄式古屋仍然显示着小镇异域风情的存在。重点打造的俄罗斯风情园、威虎山影视城，是横道河子镇重点旅游品牌，吸引了无数游客来此观光。镇上道路布局规整、紧凑，2000年被列为省级小城镇建设试点镇，2004年被国家列为国家级重点小城镇。

▼ 因中东铁路修建而建镇的横道河子镇至今仍然保存着大量的俄式建筑，它是历史的见证，如今是全国重点文物保护单位／于学斌 摄／2014年

▲ 俄罗斯老街清一色的俄式建筑／于学斌 摄／2014年

　　镇区总用地面积239.87公顷，其中镇址总建设用地为225.41公顷，人均建设用地125.22平方米。内有两个社区，另有顺桥村和正南村两个村也分布在镇区内。除此之外，驻镇的还有铁路机关、林业贮木场，20世纪70年代至80年代初，还有驻镇部队一个团部，团部所在地在现镇政府的办公地。

　　镇址内总人口1.8万人，其中城镇非农业人口11286人，占62.7%；农业人口6714人，占37.3%。主要居住着三类人群：一是横道河子铁路机务段职工，他们主要居住在横道河子镇的北部，居住区内，中东铁路的遗址、遗物很多；二是林业贮木场职工，他们主要居住在横道河子镇的东北部山脚下；三是顺桥村和正南村的村民，他们主要居住在横道河子镇的南部。除此之外，还有黑龙江中国猫科动物繁育中心和部分市直单位。[1]

---

1. 横道河子镇简介由横道河子镇人民政府提供。

由于从业的不同、祖籍的不同、社会环境的不同，在过年习俗上也表现出很大差异。本次调查主要调查了铁路机务段职工和顺桥村村民两部分群体的春节习俗。

二、横道河子镇的春节习俗

横道河子镇居民以汉族为主体，汉族传统大节——春节在这里是不可或缺的。镇上居民虽然来自各地，但是主要以山东移民居多，他们的春节节庆活动丰富多彩，大体从腊八开始一直持续到二月二，在这期间，从忙年到过年所有的过年活动一样也不落下：腊八的腊八粥、二十三的扫尘、祭灶神、年三十的祭祖宗、吃饺子，初五吃饺子，初七吃面条，十五吃元宵，二月二吃猪头。虽然近些年过年程序简化，但是过年仍然是每一个横道河子人心目中最重要的节日，不可遗忘也不可废弃。

腊月初八

腊月初八是腊八节，多数人只把它作为一个平常的日子，虽然也过腊八节，但是横道河子镇人不重视腊八节。虽然不重视，但是相关的习俗当地人都知道，许多人也顺应民俗做相应的活动，在这一天喝腊八粥。腊八粥又叫八宝粥，是用多种食材一起熬成的，所用的食料有大米、小米、苞米楂子、花生、大枣、绿豆等，尽量凑够八种米。在腊八粥的饮食习惯上既有时代差异，也有职业差异。

日伪殖民统治时期，中国人喝不上腊八粥，因为这一时期中国人被剥夺了吃大米的权利。79岁的迟泽宽祖籍山东，6岁时来到横道河子，他说："在日本统治东北时期，只有日本人可以吃大米，中国人只能吃高粱米或者小米，吃大米就会判成经济犯。"[1]

中华人民共和国成立初期，生活拮据，基本的生活保障都非常困难，所以腊八吃腊八粥是一种奢望。1958年后粮食歉收，这是我国最困难时期，吃饭都成问题，哪有条件做腊八粥。由彩秀说："最苦的时候也不过腊八，熬点粥就拉倒了。哪有这些粮食啊？没有这些粮食。吃都吃不上了，还过什么腊八。"[2] 由此也造成了一部分人没有养成做腊八粥的习惯，铁路职工家属肖凤云就是这一群体的代表，她从来不过腊八节，她说："我没过过腊八节，我从老家就是要饭出身的，到这儿，好点，比要饭的好点。出嫁以后没挨饿，但也没过上幸福生活，1958年前开始吃供应粮，供多少就吃多少。1962年、1963年，吃榆树皮，吃榕树叶。"[3] 所以她从记事开始就没过腊八节，直到现在也不过。

因为工作性质的不同，即使是在同一个镇子，每家的习惯也不一样。农业户对这一习俗保持得较好，每到腊八都会早早起床准备一锅腊八粥。而机务段职工在计划经济时代吃供应粮，一切生活所需都凭票、凭粮证购买，而每一供应品的供应量是定量的，在没有足够的粮食种类去熬腊八粥的状况下，人们也不会刻意去苛求一定要八种粮食，而是能凑多少米就多少，没有就不吃。有少数相对富裕的人家会出高价购买粮食，以凑够八样米。大枣是近二三十年才有的配料。吃粥时拌上糖，味道香甜可口。由于铁路职工是国家正式职工，执行国家的统一作息时间，而不管过去还是现在，腊八都不是一个放假的日子，所以即便想吃腊八粥也只能在下午或者晚上才能吃上，如果没做腊八粥，也没人太在意，崔立贤说："到了东北以后就参加工作了，那时

---

1. 被访谈人：迟泽宽；访谈时间：2015年1月27日；访谈地点：海林市横道河子镇顺桥村迟泽宽家。
2. 被访谈人：由彩秀；访谈时间：2015年1月27日；访谈地点：海林市横道河子镇顺桥村由彩秀家。
3. 被访谈人：肖凤云；访谈时间：2015年1月27日；访谈地点：牡丹江铁路分局横道河子机务段家属区肖凤云家。

候工作忙,就不在乎节日了,也没有时间过节,腊八这天有腊八粥就吃,没有也就不吃了。"[1] 有的人家索性就不过了,张世忠说:"那时候都上班,腊月初八不放假,只有周日和年三十放假,也就不过腊八节了。"[2]

如今横道河子镇过腊八节吃腊八粥较以前多了,这是因为现在生活水平提高了,物质丰富了,既可以自己买食材做腊八粥,也可以在市场上买配好的腊八粥食材。但是总体而言对于腊八的重视度并不高,这是历史造成的,李少廷说:"横道河子镇的村民并不重视腊八,在腊八这天就是随便糊弄,也不做腊八粥,就随便做点饺子、包子。"[3]

腌糖蒜也是过去很多人必不可少的腊八活动之一,这天腌制的糖蒜留到过年的时候吃。不过也有人家不腌蒜,认为不吉利,由彩秀家便是这样,她说:"腊八蒜不是不吉利吗?不是'算了'[4]的意思吗?"[5]现在,横道河子人基本都不腌糖蒜了,如果想吃就在市场上购买。

腊八这天并不特意准备菜,平时吃什么菜这天就吃什么,甚至不做菜,只吃咸菜。

腊月二十三

腊月二十三,俗称"小年"。

小年这天,吃饺子是一般性风俗习惯。但是在20世纪60年代中叶以前家家生活困难,买不起面,所以很少吃饺子。在计划经济时代,铁路机务段

---

1. 被访谈人:崔立贤;访谈时间:2015年1月28日;访谈地点:牡丹江铁路分局横道河子机务段家属区崔立贤家。
2. 被访谈人:张世忠;访谈时间:2015年1月28日;访谈地点:牡丹江铁路分局横道河子机务段家属区张世忠家。
3. 被访谈人:李少廷;访谈时间:2015年1月26日;访谈地点:海林市横道河子镇顺桥村李少廷家。
4. 算了:结束的意思。"蒜"谐音"算","算了"不吉利。
5. 被访谈人:由彩秀;访谈时间:2015年1月27日;访谈地点:海林市横道河子镇顺桥村由彩秀家。

职工吃供应粮，根据供应量包一定的饺子，张世忠说："'文化大革命'时候，是否吃饺子主要要看面够不够。"[1] 山东老家的一些习俗到东北以后或改变或取消，李树高说，在关里的时候，"二十三这天会吃枣糕，枣糕用大黄米泡了后压成面，然后加上枣做成。这种枣糕除了自己吃还要上供，上供的时候要切成方块状，到东北后就不做了"[2]。

腊月二十三是送灶王爷上天禀奏人间一年善恶的日子。横道河子镇居民供奉的灶王爷像上画有两个人，其中一个是灶王爷，另一个是灶王奶奶，神像两侧写着"上天言好事，下界保平安"的对联，横批是"一家之主"。市场上有卖灶王爷像的，这些像都是用制好的印版印的，印版宽约30厘米，长四五十厘米，可以套色印刷。20世纪六七十年代，市场上没有卖灶王爷像的了，买卖灶王爷像和供奉灶王爷转入了地下，由彩秀说："那时候年轻的（指年轻人）不供，老的（指老年人）供。偷着供，不叫政府知道，知道要抓去斗的。"[3] 近几年由于国家宗教信仰自由，供奉灶王爷的习俗又有所恢复，现在在市场上能买到灶王爷像。但是年轻人都不信，只有个别老年人还坚持。这一天给灶王爷准备的祭祀用品是灶糖，要在灶王爷的嘴上抹点灶糖，吃过灶糖的灶王爷嘴甜，上天汇报的时候只说好话。早晨吃饺子时也要用饺子供奉灶王爷，由彩秀说："包完饺子之后才祭灶，供饺子的时候准备两个碗，每个碗里放三个饺子，分别给灶王爷和灶王奶奶。"[4] 所谓的送灶王爷升天，实际就是上完供品之后将画像撕下来在灶坑里烧掉。民间有"男

---

1. 被访谈人：张世忠；访谈时间：2015年2月11日；访谈地点：牡丹江铁路分局横道河子机务段家属区张世忠家。
2. 被访谈人：李树高；访谈时间：2015年2月12日；访谈地点：海林市横道河子镇顺桥村李树高家。
3. 被访谈人：由彩秀；访谈时间：2015年2月11日；访谈地点：海林市横道河子镇顺桥村由彩秀家。
4. 被访谈人：由彩秀；访谈时间：2015年2月11日；访谈地点：海林市横道河子镇顺桥村由彩秀家。

不拜月,女不祭灶"的风习,所以二十三这天祭祀灶王爷的都是家中男子。在烧灶王爷画像之前,要在一张纸上画一匹马、马上骑着一个人,马是灶王爷上天的坐骑,该纸同灶王爷像一起烧掉。烧纸、磕头,烧完之后贴上新的灶王爷像。虽然女的不祭灶,但是每次儿子或者丈夫烧灶王爷像的时候,由彩秀都会在一旁叨咕,说些"全家发财,一年顺当"之类的话。

在横道河子镇,祭灶习俗有群体差异,铁路局机务段工人因为工作的原因没有时间祭灶,在我们调查的铁路局家属都未曾祭祀过灶王爷,关于灶王爷的回忆都是老家的传统。而那些从山东移来的农民,老家浓厚的习俗早已深深地刻在脑海中,"靠天"吃饭的他们对于自然的信仰与崇拜依然矢志不渝,所以他们大多保持祭灶习俗,即便在20世纪六七十年代的特殊年代也有许多人偷偷祭祀。改革开放以后,信仰自由,又开始祀灶。

过去灶王爷像贴在灶台后面,20世纪六七十年代,偷偷地贴在墙上,现在住进楼房的家庭因没有灶台而把灶王爷像贴在电饭锅旁边。也有一些人在子女影响下发生了转变,由彩秀说:"我女儿说供没有用,我也觉得是,供这些神其实就是图个吉利,所以现在到了这天,我也就是磕头祈求顺利就完事了。"[1] 灶糖除了用于祀灶外,也是这天的节日食物,在过去也是非常受欢迎的食物,因为困难,平时吃不到这些好东西。灶糖是用黄米面做成的,因为灶糖制作工艺复杂,所以不能自己制作,都在市场上买,临近小年之时,就会有灶糖出现在市场上。小年这天全家人都不能乱说话,只能说好听的话。过去,出嫁的姑娘在小年这天不能在娘家吃饭。现在,这一习俗没有人在意了。

从这天开始每家每户要打扫家里卫生、刷墙,迎接过年,也有着急的人家,从腊八就开始打扫卫生了。各家习惯有所不同,但是共同的特点是和

---

1. 被访谈人:由彩秀;访谈时间:2015年2月11日;访谈地点:海林市横道河子镇顺桥村由彩秀家。

灶王爷有关。王玉兰说，他们家是先祀灶后打扫卫生；[1] 而由彩秀说，先打扫卫生再包饺子，最后祭灶。[2]

先打扫卫生后祭灶的人家，在打扫卫生的时候要边打边叨咕，让神灵离远一点，别碰到他。也有打扫的时候禁止说话的，由彩秀说他们家就是这样，"在二十三这天先打扫卫生再包饺子，包完饺子后祭灶，因为饺子要给灶神吃，在打扫的时候不能说话。"[3]

年前也糊墙或者刷墙，一般在过年前的头两天才糊墙，用报纸糊墙的较多。现在虽然不糊墙了，但是仍然会在年前刷刷墙。

过年的准备

现在，腊月二十三一过，开始忙年，置办年货。过去，忙年更早，早在腊八之后就开始一点点准备过年的东西。

年前要准备一些干粮是一直以来的习俗，这是为了好好过年，以便过年期间的玩耍不被做饭牵绊，饿了只要将这些干粮拿出来蒸热就可以吃了。年干粮包括包子、馒头、豆包等。包子、馒头过去是用苞米面或者白面做的。包子大多都是菜馅的，纯肉馅的很少。馒头都会做成各种动物的形状，其中要特意做几个宝葫芦和元宝形状的，留到年三十早饭吃，吃了宝葫芦和元宝形的馒头会发财。枣饽饽是来自山东的横道河子人过年特殊的干粮，它是在馒头上放上糖和枣，回娘家拜年的女儿女婿都会带一点这种饽饽做新年礼物。黏豆包是来东北后才学会制作的食物，这种豆包大多都是用黏苞米面制作而成，红芸豆馅。在山东老家时也包豆包，老家的豆包都是用白面做

---

1. 被访谈人：王玉兰；访谈时间：2015年2月12日；访谈地点：牡丹江铁路分局横道河子机务段家属区王玉兰家。
2. 被访谈人：由彩秀；访谈时间：2015年2月11日；访谈地点：海林市横道河子镇顺桥村由彩秀家。
3. 被访谈人：由彩秀；访谈时间：2015年2月11日；访谈地点：海林市横道河子镇顺桥村由彩秀家。

的，馅是把豆烀熟弄碎后揉成团做成的，这种豆包在山东叫作豆饽饽，来东北后就基本不做了。干粮做好后先放在盖帘上，放在院子里冷冻，冻实后放进屋外的大缸里或者埋在雪里。现在都有冰箱了，除了放在雪里、大缸里，也会储存在冰箱里。在计划经济时代，过年做多少干粮取决于家里有多少面。

也包冻饺子，过去饺子馅一般是白菜馅和萝卜丝馅，现在因为商品经济发达了，饺子馅开始多样化。

因为居民大多都是山东移民，在饮食上保留了很多山东人的习惯，年前制作油炸食品便是从山东遗传过来的传统。油炸食品包括麻花、套环、鱼等。套环的做法是将面擀成面片，然后在一个面片中间划一道口子，另一个面片就从这个口子穿过，两个面片交叉，相互一扭、一拽，放在油锅里炸。除了这些传统的油炸食品，现在有的家庭会炸海参，炸土豆片，由彩秀说："我们都喜欢吃，将土豆切成片，中间夹上肉炸了，可好吃了。"[1]因为很多人都是年轻的时候孤身来到横道河子的，那时候的他们可能并没有学会如何炸东西，而且即使在山东，炸东西也是富裕人家的活计，所以一般都是家庭比较富裕的人家，或者举家搬迁的人家才会延续做油炸食品的传统。直到现在过年吃油炸食品仍然存在很多人意识中，如果不愿意做，则往往会在市场上买。

大烩菜也是从山东遗传过来的传统，不过关于大烩菜并没有统一的称呼，有人叫其"一锅菜"，有人叫其"擦乱菜"，因为是用乱七八糟的叶子炖的菜。这种菜的基本材料是白菜叶子，里面根据各家的经济情况放肉、粉条、白菜、豆腐等，条件好的就往里加点好东西，经济条件不好的就加点平常的东西或者不加。腊月二十九做出来，放在偏屋子里，吃的时候取出一些

---

1. 被访谈人：由彩秀；访谈时间：2015年2月11日；访谈地点：海林市横道河子镇顺桥村由彩秀家。

在锅里热热，一直能吃到正月初五，俗称"隔年菜"。

过年杀猪是一个传统习俗。在20世纪80年代以前，横道河子镇的居民家家都会养一头或者两头猪，因为那时不管是吃供应粮的家庭还是纯农业户家庭，每家都有院子，即便是国家正式职工，也有条件养猪，所以无论是农民还是工人，都养猪，都能在过年时杀猪。在计划经济时代，铁路职工没有上缴任务，而农民则有上缴生猪任务，每年每家都要给国家交一头猪，剩下的猪才可以杀。一进腊月天冷了，猪膘肥体壮，就开始陆续杀猪。横道河子镇杀猪多数家庭没有请客的习惯，尤其是职工家庭。农业户杀猪虽然有请客的习俗，但是请客吃肉仅限于亲属朋友等很小的范围，请客的菜是猪肉炖菜，将猪肉、下水、猪头同酸菜、粉条在锅里炖，这种炖菜能分出一盘肉、一盘下水、一盘血肠、一盘酸菜。过去生活条件困苦，能吃上一顿肉是很难得的一件事情，所以大多数人都喜欢吃油水足的肥肉。烀好的猪肉也会给亲戚朋友送点，送的肉都是好肉，一般是前腿肉或者肋巴条，很多人家都会不要，因为都知道生活苦，养猪也不容易。余下的猪肉会卖一部分，其余的肉埋在雪地里或者放在大缸里，留到过年的时候吃。

生产队在过年的时候杀几头猪，然后挨家分。分肉要抓阄排号，通过抓阄确定每家获得的猪肉的部位。

现在横道河子镇没有养猪的了，因为没有养猪的地方了，而且养猪成本上升。过年都买猪肉，过年时会提前买点猪肉冻在冰箱里，一方面吃着方便；另一方面过年期间都回家过年，市场上买不到肉了。

豆腐是年前必须准备的年节食物，每到过年，家家都会捡豆腐，谐音"达意"，豆腐寓意"都福"。在20世纪60年代以前都是自家自己做豆腐，但仅限于人口多的人家，如果家里人少，都在市场上买，横道河子镇上有卖豆腐的。李树高说："过去那时候有个人家做豆腐的，都是用水磨磨出来的，不用机器做。做豆腐的时候，先将豆子磨成豆汁，然后用一个包袱过滤，等过滤完豆汁里的渣滓后，将干净的豆汁上锅煮，煮开后，用卤水点，成脑后压实，豆腐就做好了。"[1] 20世纪六七十年代不允许做买卖，生产队的豆腐坊成为人们获取豆腐的唯一来源，那时是按照人口分豆腐。而国营职工很难吃到豆腐。改革开放以来，生活水平提高了，没有自己家做豆腐的，过年都提前去市场买点，冻在冰箱里，留着过年吃。

鱼是必不可少的年食物，象征着年年有余。在生活困难的时候买不到鱼。但是横道河子镇有河，会打鱼的人自己打鱼。过去家家都会养几只家禽，所以不用买鸡鸭鹅肉。而现在所吃的鸡鸭鹅肉多买自市场。横道河子镇四面环山，以前不禁猎，很多人家都有一到两杆猎枪，年前上山猎兔子、狍子等野味，所以这里过年的餐桌上还能吃到野味。国家禁猎后，就没人再打猎了。

现在生活好了，市场上可以选择的菜种类繁多，但是那些传统菜仍然是餐桌上必备的，因为人们更看重其背后所包含的吉祥、吉利的寓意，即便菜背后的意义在人们的脑中模糊了，但是早已形成的习惯仍然推动人们按照传统办事。

除了准备干粮、鱼、肉、豆腐等这些过年的主食和菜品外，小零食也是必备的，一方面为了哄小孩，另一方面也用来招待前来串门的亲朋好友。当然，准备什么、准备多少要视家庭经济条件而定。糖块无论在过去还是现在都是必备的。冻梨、冻柿子是过去过年期间的主要水果。

过去，横道河子镇人在腊月二十七、二十八"换饭"，即改善伙食，比平时吃得好一点。平时都是吃苞米面做的大饼子等粗粮食品，从腊月二十七、二十八开始吃白面。但是也有特别困难的家庭换不上饭的。

年前还要准备对联、挂签、窗花。过去，对联都是手写的，所以每到过年前，人们都会在市场买几张红纸，让自家人或者会写字的熟人写对联。

---

1. 被访谈人：李树高；访谈时间：2015年2月12日；访谈地点：海林市横道河子镇顺桥村李树高家。

20世纪六七十年代以前，横道河子镇市场上也有卖手写的对联，所以也有人从市场上买对联。对联的内容根据个人的喜好而定，一般想获得什么，就让人写什么。现在的对联都是印刷品，样式比以前好看了，自己根据喜好选择相关的样式和喜欢的词。挂签和窗花都是自己剪或者找会剪的人帮忙剪。年画的图案有鱼、小孩等，多为传统吉祥图案。现在贴年画、挂签、窗花的人家少了。

过去，年前，大人们会买块布给小孩做套新衣服。如果生活实在拮据，就把旧衣服洗干净，保证过年干干净净；或者将大人的衣服、裤子改小了给孩子穿。也会买些平常不会买的东西，以取悦孩子们。

过去，为了保证正月期间不剃头，过年前必须剃头，因为俗语说："正月剃头死舅舅。"即使现在，很多人仍然保留着这个习俗。

如果欠别人钱，要尽可能在年前还了，如果实在还不了也要告诉人家原因。

过去生活困难，只有过年的时候才能吃点好吃的，买点好玩的，所以人人都期盼着过年，都精心准备着过年的一切事物。现在生活水平提高了，吃的、穿的平时就很好了，所以年前的准备热情和对年的期盼没有以前那么高了。

腊月三十

腊月三十民间称之为"大年三十"，是农历年的最后一天，也预示着新的一年即将到来。在新旧更替的这一天，家家户户都希望能整理好一切，以焕然一新的姿态迎接新年。

早饭前后贴春联、年画、窗花、挂签。过去，有的家庭很困难，仅在大门口贴一副对联；生活条件好的则在正屋、下屋的门、窗户、抱柱等之上都贴对子，在鸡窝、猪圈等贴春条、小福字。现在各家生活条件普遍好了，祝福性的对联贴得很多。

山东人的习惯是正着贴福字，当他们看到倒贴福字的现象后还十分疑惑，张世忠说："就为这事，我还闹出过笑话。在（一九）六几年过年的时候，我们家邻居在门口贴福字，他家的福字就是倒着贴的，我就问：'李哥，你的福字是不是贴错了？'他和我说不是，是福到了。这我才知道福字倒贴的意思。"[1] 过去，横道河子镇福字既有正贴的，也有倒贴的，现在倒贴福字比较普遍。

家中若是有人去世，则三年内不贴春联，张世忠说："在关里不贴对联，会在窗户上挂白的东西。到了东北这一习俗就没有了。"[2] 这样的变迁背后反映出的是他乡人到东北后形成的一种文化适应，这种文化适应不仅和人脱离他原本的群体而到另一个群体后，为了更好地融合而做出的调适有关，也和人脱离原本的群体后，属于原群体的文化并没有被其很好地传承有关。

大年三十这天或者前一天，家中男子要去坟地接"年"。年是山东人对祖宗的另一种称呼。去接"年"之前，先将自家的家谱供奉在家中的正北面，家谱是一张很大的大红纸，上面写满了家族中已故先人的名字，山东人称为"祖子"。"年"接回来后，按号入座。在家谱前面摆上供品，供品一般为三道或者五道菜，菜数必须是单数。去坟地接年的时间是下午太阳落山之前，去的时候要带着香、冥币，回来时用树枝当马鞭，一路赶着回来，象征祖先骑着大马回家，到家门口后佯装将马拴在家门口的横木棍上，同时向家人喊："回来了，回来了，那老爷回来了，快拴上马去。"至此，"年"就接回来了，家中所有人都要赶紧烧香磕头。"年"接回来后一直在家中待到正月初二，有的人家一直供到初五，还有的供奉到正月十五，在此期间，供桌上的香不能灭，所以家中要始终留人看着，一旦燃尽，赶紧续上新香。

---

1. 被访谈人：张世忠；访谈时间：2015年2月17日；访谈地点：牡丹江铁路分局横道河子机务段家属区张世忠家。
2. 被访谈人：张世忠；访谈时间：2015年2月17日；访谈地点：牡丹江铁路分局横道河子机务段家属区张世忠家。

年三十晚上包饺子时会特意包几个元宝状的饺子,专门用来上供,共要包10个,三十晚上在供桌上放两个碗,每个碗里放三个,初一早上每个碗里续添两个饺子。在送走年之前,每天吃饭前都要先给家谱上供、磕头、烧纸。烧纸的时候还要在烧纸的周围泼洒饺子汤。人们认为,祖先回来后会栖息在家中某个比较安静、不会有人触碰的地方,所以在年没送走之前,家中大人总会告诫小孩,家中平时不常动的东西不能乱动,如果你乱动了就会触犯神,就会犯毛病,特别是那些身体不好和喝酒的人更容易碰上神。张世忠讲了一个多年前他遇到的神秘故事:"我有一个朋友在酒厂上班,过年的时候他的小孩在木耙子[1]上玩,回家后就犯病了,浑身疼。上医院也检查不出来。我就认为,肯定不是实病,所以我就叫了一个会看稀奇古怪病的人[2],他看完之后问小孩,你是不是动什么了。我朋友说小孩动柴火了。之后那看病的人就让我朋友去烧点东西[3],东西烧完后小孩的病就好了。"[4]

在横道河子镇,供家谱的人家几乎没有间断地一直供奉,即便在20世纪六七十年代也供家谱请"年",当然在此期间都是偷偷地进行。

20世纪80年代后,国家对祭祖活动不限制了,有一些原本不供奉家谱的家庭也开始供奉起来了。李树高便是这样一个人,他说:"我是家中的老么,家谱在我大哥那里,那时候是'文化大革命'啊,不让供家谱,大家都把家谱烧掉了。'文化大革命'后我回山东看亲戚,找老人问家谱底子还有吗?老人说有。他问别人都不想了,你怎么还想呢?我就说我在东北啊,我不能忘本啊。他说那好吧。现在'文化大革命'过了,家家都开始供了,国家也不管了,我把底子给你吧。给我后,我就把家谱请回来了。从此以后我

---

1. 木耙子:搂柴火的工具。
2. 会看稀奇古怪病的人:就是通常所说的巫师。
3. 烧点东西:指的是冥币和香。
4. 被访谈人:张世忠,访谈时间:2015年2月17日,访谈地点:牡丹江铁路分局横道河子机务段家属区张世忠家。

家年年供。"[1]但就总体而言,现在供奉家谱的家庭是少数,这是由多方面因素决定的,一是家谱只传长子,请年是长子的职责,但是移民到横道河子镇的山东人并不一定都是长子,所以很多人家没有家谱。二是来的时候还年轻,在山东老家时供神都是父母的事,而且到东北最初都没有坟地。三是经过"文化大革命""破四旧",许多人早就不供奉了。四是经过"文化大革命"的"洗礼",思想观念发生了改变。

在横道河子镇还有另外一种祭祖方式,父母或者爷爷奶奶去世后,每年年三十这天把已故亲人的照片摆在桌子上,照片前面摆些水果、肉、鱼等供品,上香、磕头。崔立贤的老伴刚去世没几年,他儿子崔云山每年过年都供奉母亲遗像,表示对已故母亲的怀念,一直供奉到正月初六,象征六六大顺。

年三十白天,农民吃两顿饭,机务段职工因是国家公职人员,必须按时上下班,所以仍然吃三顿饭。最重视的是晚饭,铁路职工在下午5点左右吃晚饭,而农民这顿饭通常较平时早,往往下午2点左右就开始吃饭。这是一年中最为丰盛的一顿饭。请回"年"之后才算正式过年,这是由彩秀给我们的解释,[2]在我们所有的调查中只有她给予了这种解释,这也是为什么最重视晚上这顿饭的原因。年三十晚饭的餐桌上,鱼、豆腐、鸡是必不可少的,没有豆腐就不算过年。现在生活条件好了,酸菜猪肉炖粉条大家也都吃腻了,过年有了更多的美味可以享受,但是那些具有象征意义的菜从来没有缺过。年三十的菜不能全吃完,要留到初一,俗称"隔年菜"。现在很多人都忘记了吃"隔年菜",但是由于饭菜做得很多,所以年三十的菜各家都吃不完,自然吃到第二年了。年前蒸馒头时要特意蒸出一个猪头状的馒头,做

---

1. 被访谈人:李树高;访谈时间:2015年2月17日;访谈地点:海林市横道河子镇顺桥村李树高家。
2. 被访谈人:由彩秀;访谈时间:2015年2月18日;访谈地点:海林市横道河子镇顺桥村由彩秀家。

饭的时候将其放到锅台后面，做完饭刷完锅后在锅里放一个盖帘儿，将猪头状的馒头放在盖帘上，寓意一年到头有肉吃、有福享。这一做法一直到初五才结束。然而这一习俗现在已经没有了。

除夕半夜12点要吃年夜饺子，横道河子镇的人把这顿饭叫作"二年饭"，即吃两年饭，其寓意是富富有余、年年有余。家中再穷，这顿饺子也是一定要吃的。山东很多地方年三十半夜没有吃饭的习惯，他们吃年夜饺子的时间是在初一天没亮的时候，有的家庭沿袭山东的传统，初一凌晨三四点钟起来吃饺子，这顿饺子是年三十这天包出来的，表示一年顺顺利利。最近几年也渐渐习惯在三十晚上吃饺子。

三十半夜这顿饺子一定是现包的，当年轻人都在外面玩的时候，家中老人就在家里包饺子。过去，白面很少，很多人家用苞米面包饺子，苞米面烫一下之后才能包。苞米面饺子只能蒸，不能煮，因为苞米面的黏性有限。现在白面多了，白面饺子取代了苞米面饺子。在过去困难时期，饺子馅一般是白菜馅、萝卜馅，现在芹菜馅、韭菜馅较多。山东移民不喜欢吃酸菜，所以很少包酸菜馅水饺。另外，年午黑天吃酸菜馅水饺也不吉利，因为酸菜表示酸性[1]，过年吃酸菜，这一年人都会很酸性。包饺子的时候，会在几个饺子里包钱、线、枣、糖块等东西。钱代表发财，枣和糖果代表甜蜜，线代表长寿。现在只包硬币，以此祈求来年顺利。早年包方孔钱，后来包人民币硬币，包有钱币的饺子数量各家有所不同，有的家庭仅包两三个，而有的家庭要包八九个。饺子的摆法也是随个人家的习惯，有的人家从里往外摆，有的人家从外往里摆，还有的人家横着摆。家中如果有牲畜，也要给牲畜几个饺子，表示它们的生活也改善了。三十包的饺子不能吃完。

在吃饺子之前，要发纸、燃放鞭炮。发纸是接财神，在发纸放炮的时候家中的门要开着以便财神进屋。有许多家庭不发纸，他们在这新旧交替的

---

1. 酸性：东北话，意思是脾气不好，容易生气发怒。

时刻只燃放鞭炮。生活条件好的家庭多放些鞭炮，生活拮据的家庭则仅买少量的鞭炮。各家燃放鞭炮的时间不同，三十晚上大约从9点开始爆竹声此起彼伏。张世忠家以前没电视，天黑就睡觉，半夜不放鞭炮，自从有了电视后也开始半夜放鞭炮，而且他说：三十放爆竹并不是横道河子镇一直都有的过年习俗，"爆竹是近几年才有的，那都是电视节目带来的宣传结果。"[1] 三年之内家中有去世的人，不放鞭炮。这一习俗一直传承着。放完爆竹、发完纸后，首先进屋给"年"磕头，然后才能吃年夜饺子。

孩子们在这新旧交替的时候要穿上新衣裳给家中的大人们磕头拜年。长辈们会给拜年的晚辈说些祝福的话，并给孩子压岁钱，即使过去困难也会象征性地给一点钱。

年三十晚上室内整宿亮灯。具体什么时候结束整宿点灯要看何时送年，过去，送完"年"以后，灯才可以熄灭。由彩秀家过去请"年"，所以她说："三十会一宿点灯，要连续点三晚上。"[2] 现在很多人家不请"年"了，对这些不请年的家庭而言，具体亮几天灯要看个人家的规矩和条件了。

年三十守岁，整宿不睡觉。但是有些半夜不吃饺子的家庭则不守岁。现在守岁的人越来越少了。在过去没有电视的年代里，吃完晚饭后家人们会聚在一起玩，主要的游戏活动有打扑克、下象棋、欻嘎拉哈，男孩们燃放烟花。自从有了电视，特别是有了春节联欢晚会以后，守在电视机前看春晚成为年三十的主要活动。赌博之风较为盛行，玩麻将较为普遍，张世忠说："现在都玩麻将。以前很少的。现在是不来钱的都不玩。"[3] 也会在晚上用扑克测测来年的运气。

---

1. 被访谈人：张世忠；访谈时间：2015年2月17日；访谈地点：牡丹江铁路分局横道河子机务段家属区张世忠家。
2. 被访谈人：由彩秀；访谈时间：2015年2月18日；访谈地点：海林市横道河子镇顺桥村由彩秀家。
3. 被访谈人：张世忠；访谈时间：2015年2月17日；访谈地点：牡丹江铁路分局横道河子机务段家属区张世忠家。

传说本命年的人在这一年的运气不好，为了辟邪，从年三十开始要扎上红腰带，穿红衬衣、红裤。本命年的人当年不能结婚，若是结婚对自己不好。

这一天不能往外倒垃圾，扫地要从外往里扫，将垃圾堆在屋内的旮旯里，否则会把家里的财带走。这一禁忌结束的时间各家有所不同，有的人家初五之后倒垃圾，有的人家十五之后才能倒垃圾。什么时候倒垃圾主要看什么时候"送年"，"年"不送走不能倒垃圾，崔立贤说："在过去，家里过了十五送完祖宗后才能倒垃圾。"[1] 禁止说不吉利的话，王玉兰说："三十晚上丧气的话不能说，不好听的话不能说。"[2] 不能打喷嚏。这些习俗至今在一些家庭里仍然保持着。

正月初一到十四

初一，称为大年初一，是新年的第一天。

早上供家谱的人家给家谱上香、磕头。初一早晨吃饺子，这顿饺子必须是三十晚上包好的，这叫吃两年饭，其含义是富富有余。

早饭后，挨家去拜年。拜年都在上午进行，下午不出去拜年。如果初一没有拜到，有一些长辈家没有去，那么在初二、初三的上午要去补拜。拜年有两种情况，一种情况是不带礼物，空手去，到亲戚家坐坐，抽会儿烟，嗑会儿瓜子，吃点糖块，聊会天，之后就去别人家拜年。一种情况是带礼物拜年，过去拜年带的礼物就是自家蒸的干粮，现在则是水果、礼盒。

拜年的顺序遵循长幼有序的辈分原则，从最年长的长辈家开始依次拜年。但是因为很多人最初都是孤身一人来的，所以村中亲戚不多或者根本没有亲属，这些人到了初一就去朋友家拜年，拜年的顺序也是按照亲疏远近、

---

1. 被访谈人：崔立贤；访谈时间：2015年1月28日；访谈地点：牡丹江铁路分局横道河子机务段家属区崔立贤家。
2. 被访谈人：王玉兰；访谈时间：2015年2月19日；访谈地点：牡丹江铁路分局横道河子机务段家属区王玉兰家。

年龄大小。一到过年，年长的长辈们就待在家里，等着晚辈们来拜年。

拜年时晚辈要给长辈磕头，过去磕完头后长辈会给晚辈的小孩压岁钱。到供有家谱的家中，若是同一家族的人则要给老祖宗磕头，例如到大伯家拜年，而大伯家正好供奉着家谱，那么他就要给家谱磕头。但假如去朋友家拜年，而朋友家供奉家谱，就不必给家谱磕头。如果家里当年有人去世，则儿女们不出去拜年，别人也不能来他家拜年。

自从通信网络发达了之后，交流方便了，再加上电视普及，冬天里人们更愿意待在家里。上门拜年的现象少了，通过互联网、电话拜年的多了。

初二（也有的家庭在正月初五或正月十六）送"年"，送"年"的方式有两种，一种是在距家50—100米的地方，烧香、烧纸，燃放鞭炮；另一种是到坟地上烧纸，嘴里叨咕："回坟上去吧，钱什么的都有了，你们要买什么就买什么吧！"

"年"送走后，初二或初三，出嫁的姑娘回家拜年，姑娘回娘家的时候会带点年前炸好的香油果子。而在山东老家，闺女回娘家是在正月初六，王玉兰说："在关里都是初六回娘家。"[1] 到东北以后都变成了正月初二或者初三，这一方面是随俗，另一方面也是工作使然。对铁路职工来说，他们要上班，张世忠说："在关里是初六走娘家，但是在东北过了初三就要工作了，所以初二、初三走娘家。"[2] 事实上过去姑娘哪天回来完全取决于父母家哪天送"年"，只有送完"年"后才能来拜年。因为在传统观念中，女儿不能看父母家的家谱，如果姑娘看了正北面的家谱对父母家不好，由彩秀说，如果看了父母家家谱，父母家就"没后代了，断根了"，所以兄弟们不

---

1. 被访谈人：王玉兰；访谈时间：2015年2月19日；访谈地点：牡丹江铁路分局横道河子机务段家属区王玉兰家。
2. 被访谈人：张世忠；访谈时间：2015年2月17日；访谈地点：牡丹江铁路分局横道河子机务段家属区张世忠家。

会让她回来。所以在送走祖宗之前,出嫁的女儿不能回娘家。[1]

为了能让女儿随时都能回家,一直保持请"年"习俗的老人也在这几年不请"年"了,只是去坟上烧点纸,供点吃的,让已故人在坟上过年。由彩秀说:"嫁出去的女儿就不是我家的人了,(即便)现在来家里,也不能看正北老祖宗,看老祖宗的东西不好。所以我现在就不请年了,因为女儿要回家过年。年前我们家就拿纸、拿香、拿水到坟地供一供,儿子去坟地上坟,每次上坟的时候我就嘱咐我儿子到坟地说清楚原因,就说:'我多给你钱,你上饭店吃去吧,不要回家了,因为我姐姐要回家过年。'"[2]

在回娘家能不能过夜的问题上,并没有统一的答案,崔立贤说,"女儿一般都是当天来当天回"[3],但张世忠却说:"回娘家拜年的姑娘一般都不当天回去,而是在娘家住两天。"[4]而对新婚女儿来说第一年回家拜年一定要在太阳落山之前回婆家,因为新婚女儿不能看娘家灯。

现在人们的思想都开放了,"不看娘家灯"的忌讳没有人留意了。同时绝大多数家庭也不供"年"了,所以也就不涉及姑娘看家谱的问题了。如今出现了一种新的居住方式,很多出嫁的女儿在年三十这天在娘家和父母一起过年。

初三之前禁止动针剪。王玉兰说:"是因为会扎瞎财神爷的眼睛。但这些都是关里的规矩了,自从来了东北后,因为不信这些迷信的东西,所以

---

1. 被访谈人:由彩秀;访谈时间:2015年2月18日;访谈地点:海林市横道河子镇顺桥村由彩秀家。
2. 被访谈人:由彩秀;访谈时间:2015年2月18日;访谈地点:海林市横道河子镇顺桥村由彩秀家。
3. 被访谈人:崔立贤;访谈时间:2015年1月28日;访谈地点:牡丹江铁路分局横道河子机务段家属区崔立贤家。
4. 被访谈人:张世忠;访谈时间:2015年2月17日;访谈地点:牡丹江铁路分局横道河子机务段家属区张世忠家。

也不顾及了。"[1]

有的家庭在初三就过完年了，横道河子机务段职工过了初三开始上工干活。初三一早吃完饺子，年就结束了。

有的家庭正月初五之后年结束。初五，俗称"破五"。过了破五，过年的一切禁忌就都解除了，初五这一天要吃饺子，预示着年过完了。山东人在老家时都是初三结束过年，来到横道河子后都随了这里的习俗，都在初五吃饺子，王玉兰说："在关里是初三吃饺子，预示着年过去了。到了东北后就随这里了。"[2] 初五这天是否放鞭炮因家庭而异，过去都是富人家放鞭炮，穷人家买不起鞭炮。现在放不放鞭炮主要看个人家是否喜欢。

初六是放水的日子，在这一天人们将过年时攒下的脏衣服、脏东西拿出来洗了。现在年轻人都不顾忌这些习俗了，衣服脏了随时洗，没有人特意等到初六洗衣服。

从初一到初十分别是某种动植物的日子，根据王玉兰的讲述，这十天分别是：初一鸡日，初二狗日，初三猫日，初四兔日，初五猪日，初六羊日，初七人日，初八谷日，初九果日，初十菜日。这一排序和其他地方的排序不同，事实上，很多人对这十天分别具体对应什么动植物已经有些模糊和混乱了，但是蕴含在这日子背后的意义仍然记着。通过看天气来预测所主动植物的当年运势，若是当日天晴，那么这天所主的动植物就会发展得好。王玉兰说："初一鸡日，这天（若是）好天，收鸡；初二狗日、初三猫日、初四兔日、初五猪日、初六羊日、初七人日、初八谷日、初九果日、初十菜日，都盼好天。初七人日，管小孩，这天（若是）好天，（则）顺顺当当，小孩就旺。初八谷日子，这天（若是）好天，（则）收成好。"初七是人的

---

1. 被访谈人：王玉兰；访谈时间：2015年2月19日；访谈地点：牡丹江铁路分局横道河子机务段家属区王玉兰家。
2. 被访谈人：王玉兰；访谈时间：2015年2月19日；访谈地点：牡丹江铁路分局横道河子机务段家属区王玉兰家。

日子，也是小孩的日子，除了看天气预测小孩的当年运势外，还会在这一天吃面条，以祈求小孩一年都顺顺当当的。十七、二十七也是人日，分别是中年人的日子和老年人的日子，王玉兰说："初七小孩（的日子），十七是中年人（的日子），二十七是老年人的日子，都吃面条。"[1]

正月十五

正月十五是元宵节。吃元宵是现在每个人都知道的习俗。在计划经济时代，吃供应粮的职工家庭一直能吃到元宵，因为每到十五的时候国家都供应元宵。而农业社的农民因为生活困难，很少有人买元宵，尽管横道河子镇有卖元宵的。较为富裕的人家多是自己用黏面做元宵，过去元宵馅是五仁馅，团好馅后在面上来回滚动，直到馅被面粉完全包裹住。现在超市里都有卖元宵的，元宵已不是稀罕的食物，愿意吃随时可以买到元宵，现在人们在十五这天吃元宵已经是一种非常普遍的习俗。

正月十五这天饺子是一定要吃的，一般早上吃饺子，中午或者晚上吃元宵。也有早上吃元宵、晚上吃饺子的，王玉兰说："我们家在十五这天早上吃元宵，晚上吃饺子。"[2]

传统的元宵节当然不仅仅只是一个吃元宵的节日，它更是一个祭祀的节日，是中国传统的"上元节"。李树高说，以前在这一天月亮出来之后要祭拜月亮，老人们在院子里设供桌，祭拜月亮，祈求来年家人健康。[3] 但是20世纪六七十年代"破四旧"对人们传统思想的冲刷以及横道河子镇人本身思维观念的改变，祭拜月亮这一风俗早已被人们遗忘。现在十五这天，老人

---

1. 被访谈人：王玉兰；访谈时间：2015年2月19日；访谈地点：牡丹江铁路分局横道河子机务段家属区王玉兰家。
2. 被访谈人：王玉兰；访谈时间：2015年2月19日；访谈地点：牡丹江铁路分局横道河子机务段家属区王玉兰家。
3. 被访谈人：李树高；访谈时间：2015年2月17日；访谈地点：海林市横道河子镇顺桥村李树高家。

们会在月亮出来后出门赏月。

正月十五是一个祭拜祖先的节日。每到这一天，有家谱的人家会早早的把家谱拿出来供在家里的正北面，用长虫样的以及同家人属相一样形状的馒头作为供品。全家的男子都要拜家谱、磕头。晚上太阳落山之前去坟地送灯、烧纸。有的人家十四、十五、十六三天连续送灯。即使在20世纪六七十年代，也会趁着天黑之时，偷偷去坟上送灯。过去，送的灯一般是用黄豆面做的面灯，灯碗里放油，中间用草棍缠上棉花做灯芯。也有送冰灯的，冰灯的做法是用桶装满水冻在外面，还没冻实的时候，倒掉中间的水，剩下的空心桶状冰便是灯罩，里面放上洋蜡，便是冰灯。现在送的灯都是买的现成的灯。没有坟地的人家则在十字路口烧纸点蜡。王玉兰说："坟地不在这里，去哪里送啊。现在就在十字路口烧点纸，在烧纸的地方点蜡，就等于上坟送灯了，祭奠老人了。"[1]

正月十五被认为是阴气最重的日子，各种鬼神会在这天晚上出来活动。张世忠讲了一个他朋友亲身经历的事情："那时候在渭河干活，我是干电力活的。在那里有一个蔬菜窖，'文化大革命'的时候都是供应蔬菜（这里保存的都是供应给城里的菜），由一个老头看着。看守的老头和我说，一到初一十五晚上，把眼睛一闭就有除草放炮的声音，眼睛一睁，出去看，什么也没有。那个地方好多烈士都在那里埋着。老头就说初一十五一到晚上就有声音，看还没有。时间长了老头就害怕了。换人。换人也一样，还是能听到声音。证明什么呢？初一十五是死人的节。"[2]

为了辟邪去晦气，各家在房前屋后到处点面灯，称为撒灯。不同的位置面灯的形状不一样，大门口处的灯是长虫样和狗样的面灯，长虫预示着不

---

1. 被访谈人：王玉兰；访谈时间：2015年3月5日；访谈地点：牡丹江铁路分局横道河子机务段家属区王玉兰家。
2. 被访谈人：张世忠；访谈时间：2015年2月17日；访谈地点：牡丹江铁路分局横道河子机务段家属区张世忠家。

会生虫，狗是用来看家的。在鸡窝里放鸡状的面灯，守护着自己的鸡。据由彩秀说："这些面灯熄灭后还能吃，可好吃了。"[1]

正月十五室内整宿点灯，室外挂灯笼，即便没灯笼，也要在室外点一根蜡烛，蜡烛的周围用土坯等东西挡风。过去在院子里的门斗上、棚子上点蜡。近几年开始流行挂大红灯笼，这些大红灯笼是在市场上购买的。

过去民间有"十五不看娘家灯"的传统习俗，所以出嫁的女儿在这一天禁止回娘家，即使回了在天黑点灯以前也要离开，因为出嫁的女儿是外姓人。晚上各家燃放烟花。这里是山下，山上有野兽，所以过去有猎枪的人很多，每到正月十五的时候有枪的人家也鸣枪，白天年轻人会组团一起出去玩雪。

20世纪70年代，铁路、酒厂、大队等单位会分别组织秧歌队，这些秧歌队在正月期间集中在镇里进行会演，同时他们也沿街扭，也会进到个人家的院中扭。进到院子里扭的时候，主人一般会燃放一挂鞭炮，如果手头宽裕还会送给秧歌队钱或烟。近几年虽然还会有人组织秧歌队，但是参加的人很少，秧歌队的成员都是自己组织的，为了能在十五这天表演成功，秧歌队的成员一般会提前几天就开始练习。早年，扭秧歌的服装没有统一规定，都是各自穿各自的衣服。现在有钱了，大家出资购买了统一的服装。

对横道河子镇的居民而言，过完十五，送走祖先，年也就正式过完了。

二月二

二月二是龙抬头的日子，人们也认为这一天是龙过海的日子。张世忠解释龙抬头的缘由：到二月二的时候，地里的曲蛇和长虫就开始活动着往外

---

1. 被访谈人：由彩秀；访谈时间：2015年3月5日；访谈地点：海林市横道河子镇顺桥村由彩秀家。

拱了，所以叫龙抬头。[1]

横道河子镇的居民一到这天要吃饺子、吃猪头、炒糖豆、剪头。

过去，生活困难，农业户有两种，一种农业户是杀年猪户，他们会将猪头冻起留到二月二吃；另一种农业户是不杀年猪户，对他们来说，吃不上猪头肉。对铁路职工来说，工资很低，家里人口又多，所以买不起猪头肉。只有后来生活水平提高了，才开始二月二买猪头肉。王玉兰说："以前哪有条件买猪头肉啊。就这几年才有条件吃了。"[2]

炒糖豆是二月二的习俗，这是从山东传承过来的民俗，因为横道河子镇山东移民居多，所以炒糖豆也渐渐成为横道河子镇人的习俗。其做法是：先用水泡黄豆，晾干后，开始炒，炒至金黄色，放到容器里，容器里倒满糖，让炒好的黄豆在糖上来回滚，等豆上都粘上糖后就可以作为零食吃了，很香甜。按照由彩秀的说法，在二月二来临的头几天就要把米豆炒出来。[3] 现在多数家庭不炒糖豆了，市场上有卖糖豆的，都会买一点。

二月二既是龙抬头的日子也是龙摆尾的日子，在太阳出来前不能动刀，以防切到龙的尾巴。二月二有吃面条习俗，面条必须在太阳出来后才能做，因为面条都是手擀面，要用刀切，如果在太阳出来之前做的话，会切到龙尾。

二月二这一天还有"打囤"习俗，即在自家大门的四周和院子里用草木灰撒成圆圈，圆圈内部用木灰撒个"十"字，"十"字将圆圈分成四等份，圆圈外部画几个距离相等的梯子，圈内每一小格里都放上大米、小米、苞米等粮食，用石头压上，祈求来年五谷丰登。画的圈代表芐子，芐子是贮

---

1. 被访谈人：张世忠；访谈时间：2015年2月17日；访谈地点：牡丹江铁路分局横道河子机务段家属区张世忠家。
2. 被访谈人：王玉兰；访谈时间：2015年3月5日；访谈地点：牡丹江铁路分局横道河子机务段家属区王玉兰家。
3. 被访谈人：由彩秀；访谈时间：2015年3月21日；访谈地点：海林市横道河子镇顺桥村由彩秀家。

存粮食的工具,是用秫秸篾编织而成的长条帘子,一层层往上升可以储存粮食。由彩秀说:"我每年都那么弄,但是每次我弄的时候邻居们都说[1]我,从这两年开始,我也就不弄了。"[2]

这天还在院墙的周边的墙根处撒灰,据说如此则不招虫子。

听来自山东的老人们讲,山东流传"秃尾巴老李"的传说。只要到了二月二,他就会来人间走动,传说他经过的地方都会下大冰雹,所以每到二月二人们就要往院子里扔菜刀、扔铲子,把秃尾巴老李赶跑。自从来东北后就很少看到这一习俗了。

二月二要剪龙头,是集中剃头的日子。如今,这天剪不剪头已经没有硬性规定,有的人在正月的时候就剪了,但也有很多人一直在心中保存着这个习俗,到了二月二就算头发不长,也会去剃一剃。

二月二这天不能动针线,由彩秀说:"如果动了针线,就会扎妈的眼睛。"[3]

三、结语

横道河子镇是一个大镇,是铁路要冲、交通枢纽,因此人员成分相对较为复杂。生活在这里的人们从事着各种各样的职业,工、农、商、国家干部等各行各业的人员都有,每一个职业群体在过年方面都表现出不同的习俗。我们调查的群体主要是两个,一个是铁路系统职工,一个是农业户。仅

---

1. 在这里,"说"具有取笑的含义。
2. 被访谈人:由彩秀;访谈时间:2015年3月21日;访谈地点:海林市横道河子镇顺桥村由彩秀家。
3. 被访谈人:由彩秀;访谈时间:2015年3月21日;访谈地点:海林市横道河子镇顺桥村由彩秀家。

就这两个群体而言所表现出的年节差异是非常明显的。铁路职工家庭年味一直较淡，造成铁路职工家庭年味淡的原因有以下几种：一是他们有严格的上下班时间。受上班时间所限，没有时间投入过年的活动中。二是在计划经济时代他们是吃供应粮的，国家所供应的粮食非常有限，不可能制作出和年相称的丰富的食物。三是铁路职工都是从外地因为工作关系只身来到这里的，所以从年轻时起就缺少家庭氛围。四是他们作为国家的正式职工，受主流文化影响比较深。与铁路职工相较，农业户的年味较浓，他们一直保持着较为浓厚的春节习俗，人们投入的热情和积极性非常高，许多传统的礼仪冲破了"文化大革命"的阻碍延续至今，如供奉老祖宗、供奉灶王爷、上坟、发纸、送灯、打囤等习俗直至今日仍然在不同程度地传承。

横道河子镇人口复杂，每户人家的年节习俗都有差别，所以当地的年节习俗有些零散，存在差异性。

尽管本次调查取得了一定的成绩，但是遗憾和不足也是大量存在的。20世纪六七十年代的"破四旧"造成的文化断层使得当地村民大多已经遗失宝贵的文化，人们记忆出现了断片和混乱，由此所产生的资料收集不够全面、细致的问题也是非常突出的。

附录：本文调查对象情况一览表

姓名	性别	出生	简介
崔立贤	男	1930年	牡丹江铁路分局横道河子铁路局工务段退休工人，祖籍山东泰安。1955年只身逃荒来到小九，种了三四年地，后来被招工到工务段上班，1981年退休。
崔云山	男	1960年	崔立贤儿子，牡丹江铁路分局横道河子机务段退休工人。
王玉兰	女	1934年	牡丹江铁路分局横道河子铁路局机务段退休职工。祖籍山东烟台。1957年来林口县。老伴儿是1951年或者1952年来东北。1958年随老伴儿来到横道河子镇，在铁路局机务段上班。

续表

肖凤云	女	1934年	牡丹江铁路分局横道河子车务职工家属。祖籍辽宁本溪，1956年随丈夫工作调到横道河子镇，丈夫在铁路局基建队。1958年开始吃供应粮。
张世忠	男	1934年	牡丹江铁路分局横道河子机务段退休工人，祖籍山东孟良崮。1958年军队转业到横道河子镇。
李少廷	男	1946年	横道河子镇顺桥村村民，祖籍山东莱阳。
迟泽宽	男	1936年	顺桥村村民，祖籍山东海阳县，6岁时随父亲来到这里。
李树高	男	1938年	顺桥村村民，祖籍山东海阳县，1964年来到这里。
刘文起	男	1956年	顺桥村村民，祖籍山东掖县。
由彩秀	女	1936年	顺桥村村民，祖籍山东海阳县。

2015年海林市海林镇江北村
朝鲜族春节习俗调查报告

于学斌　丁先南

朝鲜族是中国的少数民族之一，据2010年第六次全国人口普查统计，朝鲜族人口为1830929人，主要分布在黑龙江、吉林、辽宁三省。他们有自己的语言和文字。2015年调查组对海林市海林镇江北朝鲜族村进行了调查，调查得到了海林镇政府和江北村政府的支持和协助。

一、前言

朝鲜族原生活于朝鲜半岛，清朝末年以后逐渐移入中国。

生活在海林的朝鲜族来历大致有两种情况，第一种情况是自发移入，这部分移民多出于躲避自然灾害和战乱。自清朝末年以后，由于朝鲜半岛连年自然灾害，大量朝鲜人进入我国东北地区。这部分朝鲜人多聚集在海林、新安两地，中华人民共和国成立以后，经重新安置后，主要聚居在海南朝鲜族乡、新安朝鲜族乡、新合乡、海林镇、山市镇、横道河子镇、石河乡、柴河镇等地。第二种情况是由于日本殖民者推行移民政策而有一部分朝鲜人移民到东北。日本为了永久占领东北，确保物资供应，从日本本土和朝鲜半岛大量移民到东北，占领最好的土地进行开垦种地。1939年迁入海林的朝鲜族集团移民分别安置在一部落（今新合乡的红胜村）、二部落（红光村）、三部落（三合村），共计180户，823人。1946年东北解放后，人民政府将这三个集团部落的朝鲜族分别安置在新合、中兴、南拉古、红星等村屯务农。[1]

中华人民共和国成立以后,朝鲜族逐渐变成中华民族大家庭中五十六个民族的一员。他们聚族而居,以种植水稻为生,为东北地区稻作文化的发展做出了很大的贡献。他们一直保持着本民族的语言和文化特色。在节日方面,朝鲜半岛属于汉文化圈,也过春节,据考证,从新罗时期就有过春节的习俗。朝鲜族来到东北以后一直延续过春节的习俗,将春节作为自己最为重要的传统节日之一。

二、江北朝鲜族村概况

海林镇是海林市政府机关所在地,目前的海林镇是2001年由新合乡、石河乡、海林镇合并而成的。地处哈—牡—绥—东对俄经贸走廊的中心区域,东与海南乡相邻,北与牡市马厂相连,南与宁安市毗邻。国内国际交通十分便捷,距牡丹江市区12公里,距牡丹江国际航空港15公里,201国道、301国道及滨绥、图佳铁路穿越境内。

全镇行政区划面积885平方公里,辖32个行政村、75个自然屯。全镇总人口11.2万人,其中农村人口4.1万人;民族以汉族、满族、朝鲜族为主。有耕地28万亩,其中水田3.1万亩。2013年,全镇财政收入完成2.35亿元,本级财政收入完成1.72亿元,招商引资到位资金3.36亿元,固定资产投资完成16.58亿元,总部经济完成1002万元,农村经济总收入和农民人均纯收入分别达15.7亿元和1.46万元。先后荣获中国猴头菇特产乡、全国小康建设明星乡镇、全国村务公开民主管理先进乡镇、全国计划生育协会乡级先进单

---

1. 李景宇. 海林县朝鲜族简介[A]. 中国人民政治协商会议黑龙江省海林县委员会学习文史工作委员会. 海林文史资料(第二辑)[C]. 1988. 185-188.

位、黑龙江省百强乡镇第二名、黑龙江省最具魅力乡镇、牡丹江地区经济社会发展十佳乡镇。

江北朝鲜族村位于海林西4公里处，海浪河由西向东从村的南侧流过。

▲ 海林市海林镇江北村党支部／于学斌 摄／2015年

是一个以农业为主业的小村庄，全村耕地面积4750亩，其中水田3282亩，旱田面积1468亩，另有60亩林地。建有一处绿色蔬菜基地。2013年人均纯收入达13089元。[1]

江北村布局整齐，原来以草房为主，如今多数

▲ 海林市海林镇江北村文化广场／于学斌 摄／2015年

为砖瓦房，砖瓦化率达80%。已建水泥硬质路面5公里，主干道两侧的绿化率达100%。有一个1800平方米的文化广场，广场中间塑有一座具有朝鲜族民族特色的打糕工具。

据2015年2月统计，江北村总户数235户，总人口918人，其中朝鲜族人口占绝大多数，750余人。根据我们的不完全调查，这里的朝鲜族有三种来源，第一种是作为日本开拓团移民过来的，如姜永柱家便是，他家先在宁安，后来移到这里，他们是这里的老户。第二种是逃荒过来的，他们为躲避朝鲜半岛自然灾害而迁移过来的。第三种是从延边等其他朝鲜族聚居

---

1. 海林镇和江北村概况由海林市民族事务委员会和海林市海林镇江北村政府提供。

区移民过来的，也有从汉族聚居区过来的，这部分人都是中华人民共和国成立以后过来的。改革开放以来，朝鲜族人口流动性很大，多数到青岛、大连、海林等地务工，在村实有人口仅270余人，而在这70余人中老人占65%，能干活的都出去打工了，只有老人仍然在村中。有许多老人在拉林镇里买了房子，冬天到拉林镇过冬，夏天回农村过，有农活或者有活动就来回跑。在村中看不到朝鲜族年轻人和小孩。这是所有朝鲜族村的共同特点。这里的朝鲜族都讲着自己的本民族语言，同时会说汉语，不过汉语说得很蹩脚，这使得我们的调查在交流方面很困难，每一种民俗事项的解释都让这里的老人费了很大的劲。

三、江北村朝鲜族春节习俗

春节是朝鲜族最重要的节日，他们的春节习俗的基本程序同汉族的春节习俗相同，同时他们也有本民族特有的习俗。

汉族的春节是从腊月初八开始的，可是朝鲜族不过腊八节。朝鲜族也没有腊月二十三祀灶习俗。他们所说的小年是汉族的大年三十，而大年是指正月初一，小年和大年是过年的高潮部分，正月十五是春节的最后一天。

年前的准备工作

在腊月三十小年即将来临之际，朝鲜族家家开始置备年货。朝鲜族虽然年前也很忙，但是没有汉族忙，他们准备的年货很有限，尤其是蒸年干粮、包冻饺子等几项大活在朝鲜族中是没有的，杀年猪也是在有限的范围内，所以在此没有采用汉族、满族、达斡尔族等地出现的"忙年"。虽然如此，必要的准备工作还是很多的。过年要准备的年货有米酒、糖、苞米花、炒黄豆、海鱼、猪肉、牛肉、鸡肉、豆腐、米肠、打糕、蔬菜、鱼、衣服等。

每逢节日，酒都是必须喝的，所以年前必须准备大量的酒。以前都喝自酿的米酒。米酒在朝鲜语叫"麻格里"，酿制米酒的原料是糯米和大麦，先将大麦发芽，再晒干碾碎。将糯米面打成糯糊。碾碎的大麦芽和糯米糊混合在一起做成曲胚，置于热炕上发酵。再取若干糯米装入蒸笼里蒸熟，凉凉后拌以碎酒曲，装在坛子里密封，置于炕上或者地上一星期以后便酿成了酒。一般年前一周或者更早的时候制作，也有提前很长时间就制作完毕的，孙珍淑家便是，孙珍淑说："以前在婆家，每年11月都做米酒。"[1] 朝鲜族喜欢喝米酒，姜永柱说："以前下地干活之前都要喝一杯米酒，一天干活都有劲。"米酒是朝鲜族招待客人的佳品，每当有客人来访，热情好客的主人总要端上一碗自家酿制的米酒。逢年过节必以喝酒方式庆祝。米酒略带甜味，虽然不辣，但是酒劲十足，所以不可贪杯。如今没人制作米酒了，原因都是嫌麻烦，姜永柱说："我老伴儿会做米酒，现在她腻歪[2]了，不给你做了。年轻人都不会做。"[3]

糖也是年前必须准备的。糖的来源有两种，一种是自制，一种是购买。以前都是自制，临近过年家家都熬糖。制作糖的原料是黏苞米、大麦，先将大麦发芽，黏苞米经水浸泡一定时间后在锅里熬粥，然后将粥放在纱布里挤压，挤压出来的黏稠的液体掺以大麦芽面，反复搅拌便成为黏稠的糖。即便天气再冷，也要在室外熬，否则室内炕热得让人受不了。熬好之后，根据需要拽成自己所要的大小，在外面冻上，然后保存起来，随时可以吃。

熬糖的同时制作糖苞米花、糖黄豆等。将玉米、黄豆、大米、芝麻炒熟之后，在糖里拌，待上面粘上一层糖之后在帘子上晾干，然后将糖苞米

---

1. 被访谈人：孙珍淑；访谈时间：2015年2月18日；访谈地点：海林市海林镇江北朝鲜族村孙珍淑家。
2. 腻歪：东北话，嫌麻烦、讨厌、厌烦的意思。
3. 被访谈人：姜永柱；访谈时间：2015年2月19日；访谈地点：海林市海林镇江北朝鲜族村姜永柱家。

花、糖黄豆装在瓶子里放在窖里存放。过去家庭经济状况普遍很差，视这些食物为美味，都非常节省着吃，孩子想糖的时候每次只给一点点糖苞米花、糖黄豆解解馋。这些炒货能吃一冬天，是春节期间的主要零食。

朝鲜族虽然喜欢吃狗肉，但是过年的时候并不吃狗肉，之所以不吃狗肉是防止春节期间室内有狗的腥味。春节期间主要吃牛肉或者猪肉。改革开放的头一二十年，每当快要过年的时候，朝鲜族会杀牛，一般多家合杀一头牛，然后平分。

朝鲜族过年也杀年猪，孙珍淑说："一年365天，平时不买猪肉吃，只有过年的时候吃猪肉。"[1]朝鲜族没有自家单独杀猪的习惯，互助组时期往往是几家合伙杀一头猪，几个朋友看谁家的猪好，就商量着："过年时咱们吃了吧！"就这么着合伙杀头猪。在20世纪六七十年代各家都不杀猪，每到过年的时候生产队杀猪分给社员。朝鲜族没有保存冻猪肉集中吃的习惯，这一点和汉族不同，讲到此处时，孙珍淑还对朝鲜族和汉族的民族性格做了比较，她说："你们汉族人有钱就存起来，我们朝鲜族人有钱就花，没钱就不花。朝鲜族不攒东西，不像汉族都攒钱、攒物，朝鲜族有钱就吃就穿。"[2]孙珍淑表达的中心意思是，朝鲜族不会像汉族那样把所有的东西都攒到过年时一起吃。杀猪一般在腊月二十七八，先要卖一部分，剩下一部分留作自己吃。自家杀猪时也有请亲戚朋友吃猪肉的习惯，主要是请邻居吃，家里有几口人就来几口，但是由于都集中在这三天杀猪，所以基本上不互相请。同汉族不同的是，朝鲜族的杀猪菜主要是猪内脏和下水，不做其他菜的原因孙珍淑给予的解释是："因为忙，没时间做。"[3]朝鲜族没有酸菜炖肉，也没有

---

1. 被访谈人：孙珍淑；访谈时间：2015年2月18日；访谈地点：海林市海林镇江北朝鲜族村孙珍淑家。
2. 被访谈人：孙珍淑；访谈时间：2015年2月18日；访谈地点：海林市海林镇江北朝鲜族村孙珍淑家。
3. 被访谈人：孙珍淑；访谈时间：2015年2月18日；访谈地点：海林市海林镇江北朝鲜族村孙珍淑家。

腌酸菜的习惯。米肠是必不可少的杀猪菜，猪的肠子做肠衣，肠馅为糯米、葱花、姜、盐勾兑而成，所用糯米必须提前用水泡好。

家里自家养鸡，年前根据自家情况杀一定数量的鸡。

这里的朝鲜族每年过年也准备鱼，因为这里有江，所以过去都是自己打鱼吃。不过吃鱼肉并没有汉族的年年有余的含义。

现在猪肉、牛肉、鸡肉都是到市场上购买，自家杀牲的很少了。因为家里养牲的越来越少，村民不养殖主要有三种原因：一是外出打工的人多，在村中的人很少。二是家庭收入有了明显的提高，经济上买得起这些商品。三是没有时间养猪，而且觉得养猪又累又脏，不划算。金炳河说："现在不养了，太忙了，干活回来太累，养猪又累又脏。"[1]

改革开放以前家里普遍拮据，所以年货非常少，在最困难时期甚至无年货。姜永柱说："以前穷得底朝天，什么吃的也没有。"[2] 平时都吃不饱，到过年时能准备的年货也非常有限，1958年"大跃进"以后的几年最为艰苦，吃大锅饭，全村人都在集体食堂吃饭，食堂做什么，他们就吃什么，在盛饭的时候，成年人能分得两勺，小孩仅能分得一勺，根本吃不饱。三年自然灾害时，吃不到大米饭，以苞米面稀粥、野菜充饥，野菜挖光了，只能吃树皮、青草。20世纪六七十年代时生活有了明显的改善，基本能吃上大米饭了，偶尔也能吃点鸡鱼肉。在这种社会背景下，在基本生活都不能保证的情况下，过年也就只能凑合着过了。这一时期，过小年的方式就是大队组织大家一起吃个饭，干部做个总结。20世纪六七十年代后期，有的人家有条件做点豆腐吃，那时候生产队做豆腐。豆腐虽然是平常菜，但过年过节必须吃，这种饮食习惯一直沿袭到现在。朝鲜族在过年的时候有制作油炸豆腐的

---

1. 被访谈人：金炳河；访谈时间：2015年2月18日；访谈地点：海林市海林镇江北朝鲜族村金炳河家。
2. 被访谈人：姜永柱；访谈时间：2015年3月5日；访谈地点：海林市海林镇江北朝鲜族村姜永柱家。

习惯,将豆腐切成片,放在油锅里煎成焦黄焦黄的。

改革开放以后生活质量明显改善,尤其近几年,人们收入有了很大的提高,年货自然丰富了许多。年前从老到小都尽量买件新衣服,在三十早上都要穿上新衣服。改革开放以前,因为贫穷,仅有少数家庭能穿上新衣服,多数人穿带补丁的衣服。改革开放以后生活质量明显提高,买新衣服已经不算事了。

过去,小孩都盼着过年,期待过年吃好吃的,穿新衣服。姜永柱说:"小孩以前盼过年就是盼好吃的,新衣服穿。"徐哲说:"我们小时候就盼着过年穿新衣服、吃好吃的。"现在平时吃得就很好,用徐哲的话说:"现在天天像过年一样。"[1]所以对年的期盼也就缺少了过去那种渴望。

年前要打扫卫生,具体打扫的时间不固定,有时候还要将旧炕席换下来,换上一领芦苇编制的新炕席。被褥也要都洗干净。干干净净迎接过年。过去住草房,打扫卫生非常普遍,现在都住砖瓦房了,这个习惯没有了。

年前贴年画,朝鲜族的年画图案多为山、水、石、云、太阳、松、不老草、龟、鹤、鹿等景观。近些年,随着和汉族联系的增强,受汉族的影响,朝鲜族也开始在腊月三十小年这天贴福字,不过并不普遍。但是贴对联、挂签之俗始终没有。

朝鲜族过年也有给亲戚朋友赠送礼物的习俗,所送礼物一般为酒、水果、罐头之类的东西,这些东西都是在年前送到,所以在从初一到十五的拜年活动中就不必带礼物了。

腊月三十过小年

朝鲜族称腊月三十为小年,朝鲜族非常重视小年。

---

1. 被访谈人:徐哲;访谈时间:2015年2月17日;访谈地点:海林市海林镇江北朝鲜族村徐哲家。

小年是家人团聚的日子，远在外地的人都尽量赶回来和家人团聚。小年这天不出门，即便要出门也不能出远门，直到初三才可以，朝鲜族认为，腊月三十、正月初一、初二出门路上不吉利。全家人一般都会聚集到老大家里，因为朝鲜族的习惯是家中的父母都和老大家一起过，在老大家过年实际是同父母在一起过年，即便老人不在世了，也会到老大家过年。

这天通常吃两顿饭，早饭时间一般在八九点，这顿饭通常吃打糕。打糕都是在腊月三十上午制作，制作的方法是，首先把米淘好，放到水里泡一定时间，将糯米在锅里蒸熟，然后放在打糕槽子里或者臼里，两个人各持一个木槌轮番砸，直砸到成为面团、有筋道为止，然后切成小块，吃的时候蘸糖、黄豆面、小豆面。制作打糕是一件苦力活，在婚丧宴请时制作打糕更累，因为制作量太大，金炳河说："红白喜事打糕最累了。"[1] 因此现在自己制作打糕的家庭越来越少，有的人家买来电动的机器做打糕，有的人家自己不做打糕了，而从市场上购买。

有的人家受汉族影响早晨吃饺子，比如金炳河家便是这样。朝鲜族以前过年不吃饺子，而且朝鲜族也不会包饺子，包饺子是后来学会的。孙珍淑把不会包饺子的原因归结为过去的面不好，她说："以前面不好，包饺子容易开，现在面质量很好，包饺子、包豆包都可以，这些都是跟汉族人学的。"[2]

晚饭时间为下午五六点，这顿饭菜非常丰富，据孙珍淑说，这顿饭没有固定的饭菜，一般为牛肉汤、用猪肉炒菜、炒泡菜、鱼，咸菜也是必不可少的。从2000年开始，每年必须吃鸡爪子，这是受汉族影响的原因，其含义是抓钱。菜品的数量必须是双数，这是朝鲜族的习惯，吉事成双，丧事成

---

1. 被访谈人：金炳河；访谈时间：2015年2月18日；访谈地点：海林市海林镇江北朝鲜族村金炳河家。
2. 被访谈人：孙珍淑；访谈时间：2015年2月18日；访谈地点：海林市海林镇江北朝鲜族村孙珍淑家。

单,孙珍淑说:"喜事摆桌都是双数,死人摆桌都是单数。"[1] 这顿饭是全家的团圆饭。

每顿饭之前都要放鞭炮。

过去,吃过晚饭后,孩子要给家中的老人磕头,老人端坐在炕上,接受孩子们的跪拜。以前爷爷奶奶父母都住单屋,孩子睡大炕,现在这些习俗早就没有了。

腊月三十半夜没有吃年夜饭的习惯。不过现在有些家庭有了这一习俗,这是和汉族长期居住的结果。一般看完中央电视台春节联欢晚会后就吃顿饺子,饺子在这里也仅仅是充饥食品,没有任何象征意义。现在也开始学汉族,在包饺子的时候在馅里包钱,吃到钱的人"来年运气好,会发财"。朝鲜族家家都以苞米秆儿、稻秆儿为烧柴,通过烟囱就能知道谁家在年三十半夜是否吃饺子了,孙珍淑说,自从吃饺子以后就养成了晚上看烟囱的习惯,那时候在娘家聚会完了之后在回家的路上就会不自觉地看烟囱,谁家烟囱冒烟就表明谁家开始煮饺子了,都怀着好奇的心理看看谁家在这一天半夜吃没吃饺子。现在都不自己包饺子了,一般都买现成的饺子。有时也包冻饺子,冻在冰箱里。

是夜,通宵点灯是一直都有的风俗,在室内、牛舍、厕所等处都要放一个灯,早年是油灯、蜡烛,现在是电灯。

腊月三十晚上守岁,以前各家对守岁要求很严格,无论大人小孩都不睡觉。姜永柱说:"有一种老说法,就是三十晚上睡觉的话,眉毛会发白。"每到三十,老人都会嘱咐孩子:"别睡觉啊!(若是)睡觉你的眉毛就会都白了。"大人有时也会捉弄睡觉的孩子,金炳河给我们讲了他是如何捉弄他的小侄女的:有一次,他侄女坚持不住睡着了,大人就取来白面涂在

---

[1] 被访谈人:孙珍淑;访谈时间:2015年2月18日;访谈地点:海林市海林镇江北朝鲜族村孙珍淑家。

他小侄女的眉毛上,然后叫醒她说:"不要睡觉了,你看你眉毛都白了。"小侄女被吓哭了,他们就哄她,告诉她用水洗洗就没了,小侄女洗过发现眉毛不白了,就不哭了,逗得大人们哈哈大笑。[1] 现在,守岁的人不多了,也不提白眉毛的事情了。

腊月三十晚上,朝鲜族家人每人都点一盏油灯,用一根寸长的小木棍缠以棉花作为灯捻,用一个小碗、碟子或者盘子做灯碗,灯碗里加上豆油,点燃灯捻后,看谁的灯捻中间的灯芯红的部分长,谁红灯芯长谁这一年运气好,短的灯芯不好。

晚上的娱乐活动主要是打牌。其中一种叫"花图"的游戏很受欢迎,至今老人们平时聚在一起仍然玩花图。花图,也叫花斗、花牌,样子类似扑克牌,很小,长约4厘米,宽约3厘米,是朝鲜族男女老少均爱玩的游戏活动。花图共48张,共计12组图案,分别代表一年的12个月,每个月4张牌,每一月份牌均有一个主图案,从1月到12月的图案分别是山、梅花、樱

▼ 江北村花图/于学斌 摄/2015年

---

1. 被访谈人:金炳河;访谈时间:2015年2月18日;访谈地点:海林市海林镇江北朝鲜族村金炳河家。

花、黑沙力、兰花、牡丹花、红沙力、明月、菊花、落叶、钱、雨。1、2、4、6、7、8、10、11、12的月份4张牌中均有一张牌上有动物图案，其图案分别是松鹤、梅鸟、鸟、蝴蝶、红猪、大雁、鹿、鸡、鸟，共计9张动物图案牌。有5张牌上面有"光"字。有3张牌上有写有文字的红带，有3张牌上有文字的蓝带，还有3张牌有红带图案。花图有多种玩法，如白头山牌、吉牌、乌龟牌，但是这些玩法有些即便六七十岁的老人也仅仅知道名字而已，都是他们的上辈人玩的游戏。最普遍的玩法是"走停"。这种玩法将每种图案的牌确定为不同的分值，带有"光"字的牌是20分牌，带动物的牌是10分牌，带字的蓝带和红杠（红山）和不带字的红杠都是5分牌，只有花草而没有其他图案的为0分牌。以得分多少定输赢，总计240分，如果四个人玩，60分是"本儿"，超过60分为赢，超出的分数为赢的分值，而低于60分，低多少分就输掉多少分值。该牌2—5人均可玩，最常见的是三人玩、四人玩。参赛人数不同，每人抓牌数量和底牌数量不同。若是两人玩，则每人抓10张，底牌铺8张；若是三人玩，则每人抓7张牌，底牌6张；若是四人玩，每人抓5张，底牌铺8张。按照逆时针方向轮流出牌，如果地面牌有和自己手里的牌成对儿的，则吃；如果没有，则打一张牌，抓堆里一张牌。最后根据得分的多少决定胜负。除了按照牌本身的分值计算所得分数外，如果出现特殊的组合还有特殊的计算方法，吃8张沙利牌则得160分；吃5张"光"得500分；吃到3张鸟牌则得300分；4张菊花都得是90分；4张落叶都得到是20分；4张兰花牌全得到是20分；4张雨全得到得20分；吃3张青丹或3张红丹各得30分；4张钱都得到是40分；如果将11张没有分牌全吃到得100分；将枫叶、兰花、雨三种全部吃到得60分。如果四个人玩，其中三个人都得到分了，其中一个人没得到分，则比赛无效。

"尤茨"游戏也是过年期间主要玩的游戏，这个游戏从年末一直持续整个正月。平时也玩这种游戏，老人们经常聚在江北村老年活动中心玩"尤茨"。这种游戏在我国的朝鲜族和朝鲜半岛的朝鲜人中都广受欢迎，江北村朝鲜族把这个游戏叫作"走棋"。参加游戏的人数不限，人越多越有趣。玩游戏时，每人各持五个棋子，玉米粒、豆子或者其他小物体都可以作为游戏棋子。在地面、纸上、木板上画一个棋盘，棋盘为一个正方形，中间为交叉的两条对角线，四边和两条对角线加在一起总计六条线，每条线上均分五段，每段之间各有一个点，这便是棋子行走的点，六条线的点加在一起共有29个点。每两个点代表一个区间。确定一角为入口，一角为出口，入口和出口为同一个角。每一个棋子要从入口进入后，通过以掷骰子的方式确定走的步数，争取以最短的距离到达出口。"骰子"和汉族的骰子不同，朝鲜语叫"尤茨"，是用圆木从中间剖掉三分之一后形成的，一侧是平剖面，一侧为弧形，长5—6厘米。高抛掷出后落在地上，有的会平面扣地，平面扣地称为"扑"；有的会弧面着地，平面朝上，弧面着地称为"翻"。四个"尤茨"在地面呈现不同的样式组合，不同的形态组合具有不同的点数，翻1扑3称为"豚"，为1点；翻2扑2称为"犬"，为2点；翻3扑1称为"羊"，为3点；全翻称为"牛"，为4点，全是扑称为"马"，为5点。四个木片中有一个平面上涂了色，如果翻1扑3中翻起的是涂色的木片，要减1点。游戏开始，参赛人轮流掷"尤茨"走棋，若是"豚"，为1点，棋子落在下一个站点；若是"马"，为4点，则棋子前进4个站点。得几点往前进几步，若是减一点则要退一步，以此类推。行走的路线长短不一，最短的路线有11个站点，第二条路线有16个站点，最长的第三条路线有20个站点。走到拐弯处，若是分值恰好到达拐点，可走对角线，这是走捷径，是最为理想的投掷；如果再次掷的分数又恰好走到中间的交点，则可以直接拐弯回出口，即起点；如果再次掷出的点恰好到出口位置，则赢一个棋子，这是最短的路线。但是掷出的点数超过了拐点位置就只能往更远的路线走了。若是行走中后来的棋子恰好走到自己先前的棋子，则可以将两个棋子合在一起往下走。如果自己的棋子恰好赶到对方棋子的站点，就可以把对方棋子吃掉，而且获得了再抛掷一次的权利。被吃掉的一方要回到起点重新行走。最后一次掷出的尤茨分值必须恰好到达出口站点才算走出去。自己所持的棋子都走出去算赢。

江北村也非常流行玩麻将,这也是目前的主要娱乐方式,过年期间,家人们会玩麻将。

正月初一过大年

正月初一是朝鲜族的大年。

初一大年这天家家吃"德固"。"德"朝鲜语"糕","固"朝鲜语"汤",合在一起就是饼汤的意思。其做法是用牛肉熬汤,里面加葱姜蒜花椒等调料,将大米面蒸熟后捣成大黏团儿后搓成圆条,切成薄片,下到锅里和牛肉汤一起熬,这便是德固。在做汤的时候因为大米黏团是熟的,所以有的孩子会揪着吃。德固是过年家家必吃的饮食,是最受欢迎的一道美食。有时还在德固里煮两三个肉馅饺子,吃的时候先用筷子剥开饺子后同汤一起吃。朝鲜语称饺子为"满独",煮有饺子的德固就叫"满独固"。吃德固没有固定的饮食时间,早中晚三餐哪餐吃都可。

江北村朝鲜族有供老祖宗的习俗,初一这天先给去世的祖宗上供。各家供祖宗方式各不相同,一种情况是摆家谱,这种祭祖方式并不普遍,因为江北村民很多都是来自朝鲜半岛,而且来的时间并不长,很多人家没有家谱,有的家谱还在南北韩,没有带过来。二是摆先世的照片。三是在纸上书写要祭拜的祖宗的名字。祖宗一般供奉在西面,有的也供奉在北面,摆好后还要在墙根处洒点酒。在祖宗前面案桌上摆上水果之类的供品。最后按照辈分大小给祖宗磕头。如今供祖宗的习俗几乎没有了,孙珍淑说:"朝鲜族现在这些旧的迷信都破了,对于去世的亲人,三年过后就几乎不管了。"[1]

供完祖宗后,给家中老人磕头拜年。长辈给晚辈压岁钱。

---

1. 被访谈人:孙珍淑;访谈时间:2015年2月18日;访谈地点:海林市海林镇江北朝鲜族村孙珍淑家。

各家相互拜年是大年的主要活动内容。拜年的人通常结伙而行,载歌载舞,边走边跳。对于村里辈分最长的老人,所有的年轻人都要去拜年,来拜年的人特别多,要轮流进屋拜年。晚辈拜年要说"新年好!"女的拜年行请安礼,女子行礼方式是,盘坐在炕上,双手下垂,面向老人向前屈身低头。男子拜年则行磕头礼,磕头的方式是,双膝跪地,两手平放在地上,手尖相对,头部触地。以前,老人在接受拜年的时候什么也不说,现在开放了,也会给孩子们说些祝福的话:"祝你这一年事业成功,取得好成就。"同辈之间拜年则不须磕头,仅简单行个礼即可,行礼的方式是双手下垂,右手压在左手背上,身体微向前倾,面向对方点头。如果在路上见到长辈,也行这一礼节。老人之间在初一至十五期间也互相拜年。

这天每家都要摆上丰盛的饭菜,迎接、招待前来拜年的人。主人都要为前来拜年的人摆一个座位,前来拜年的人或多或少吃一些食物,即使不饿,也要象征性地喝杯酒,吃口菜,不能空着嘴走出家门。招待拜年的人的菜不能是剩菜,拜年人吃完走后,主人要立刻换上新的菜,迎接下一拨拜年的。当我们问:"这样过个年要吃很多菜,挺费钱的吧?"金炳河开玩笑地回答说:"轮着吃就吃回来了。"[1]

拜年时也跳舞。金炳河说,虽然他不喜欢跳舞,但有时候喝醉了,也跳舞,因此他说朝鲜族在这一点上是快乐的。[2] 姜永柱说:"春节那天男人们都要出去跳舞,到各家吃饭、喝酒,女的在家做饭。"为什么女的不能出去拜年跳舞呢?对于这个疑问有两种解释,第一种解释是,因为初一妇女们要在家忙着做饭,招待来拜年喝酒的人,根本没有时间出去,即使有事出去也要利用刚吃完早饭的片刻时间办完事。第二种解释是姜永柱给出的,"如

---

1. 被访谈人:金炳河;访谈时间:2015年2月18日;访谈地点:海林市海林镇江北朝鲜族村金炳河家。
2. 被访谈人:金炳河;访谈时间:2015年2月18日;访谈地点:海林市海林镇江北朝鲜族村金炳河家。

果今年头一个拜年的是女的,说明今年就会不顺当"。

本村子的人在初一初二两天就拜完年,而去外地亲属家拜年的时间为初二到正月十五期间。

如今各家的走动越来越少,自从改革开放以后,这种热闹的拜年场面就没有了。磕头之习仍然保留,过年见面时晚辈仍然给长辈行磕头礼。

从大年开始人们的主要活动就是玩。朝鲜族能歌善舞,跳舞是主要的玩乐方式。一边跳舞,一边品尝着美酒,其乐融融。也玩游戏,花图、尤茨这些传统项目在过去是非常受欢迎的,如今这些留守老人们更钟爱麻将。

朝鲜族喜欢用花图测运气,干活、出行包括平时打麻将之前都摆摆花图看看运气如何。每年初一至正月十五期间许多人用花图测一年12个月的运气,测的方法是看哪个月的牌最先全部摆出来,最先摆全牌的月份是一年中最好的月份。

初二至十六

过完大年,嫁出去的姑娘在大年初二回父母家拜年。嫁出去的姑娘是别人家的人,必须同公公、婆婆一起过年,初二是回娘家的日子,孙珍淑说:"初一在家陪老公公、老婆婆过年,初二回家陪父母过年。"[1]

初五对于江北村的朝鲜族来说,虽然不算节日,但是这天也要吃点好吃的,通常吃打糕,喝酒。

正月十四这天,晚饭必须在太阳落山之前吃完,太阳落山之后就不能吃饭了,至于为什么要在太阳落山之前吃,孙珍淑给予的解释是:"正月十四早点吃完晚饭,是希望大麦早点收。"[2] 大麦是朝鲜族过去种植的主要

---

1. 被访谈人:孙珍淑;访谈时间:2015年2月18日;访谈地点:海林市海林镇江北朝鲜族村孙珍淑家。
2. 被访谈人:孙珍淑;访谈时间:2015年2月18日;访谈地点:海林市海林镇江北朝鲜族村孙珍淑家。

农作物，是一种早熟作物。

朝鲜族过正月十五，以前就管这个日子叫"十五""过十五"，大约在1984年受电视影响才有元宵节的叫法。江北村朝鲜族虽然也过这个节日，但是他们的过法与汉族不同。十五早饭必须喝酒，无论老少男女都要喝酒，即便不胜酒力，也要多多少少喝一点。李德一的解释是："十五早上不喝酒，耳朵就听不好。"[1] 所以这顿酒叫"聪耳酒"。不过，儿媳妇在老公公面前喝酒要讲究礼数，无论是平时还是过节，老公公和儿媳妇若是同桌喝酒，儿媳妇都必须把脸背到后面，不能让长辈看到。老师禁止学生喝酒，但是学生们在这一天往往都违反规定，也要喝点酒，孙珍淑回忆说："老师那时候规定不让喝酒，大家都说：'我都喝了！'指的就是这天喝了酒。"[2]

正月十五，家家吃五谷饭。所谓五谷饭就是五种粮食熬成的粥，包括大米、糯米、高粱、玉米、红小豆等粮食，意在盼望粮食丰收。朝鲜族吃五谷饭由来已久，相传，正月十五这一天被称为"乌忌之日"，用五谷饭祭祀乌鸦，相传新罗国时，乌鸦曾助新罗国王除奸。[3] 但是关于祭祀乌鸦及其乌鸦的传说在我们的调查对象中无人知晓。

以前不吃元宵，李德一说："1984年以后，才知道元宵的。"[4] 金炳河说："以前十五不吃什么元宵。当然现在有的人家也开始吃元宵了。"[5]

1．被访谈人：李德一；访谈时间：2015年2月17日；访谈地点：海林市海林镇江北朝鲜族村李德一家。
2．被访谈人：孙珍淑；访谈时间：2015年3月5日；访谈地点：海林市海林镇江北朝鲜族村孙珍淑家。
3．金东勋：《朝鲜族民俗史话》，延边大学民族研究所编：《朝鲜族研究论丛》(3)，延边人民出版社，1991年。
4．被访谈人：李德一；访谈时间：2015年3月5日；访谈地点：海林市海林镇江北朝鲜族村李德一家。
5．被访谈人：金炳河；访谈时间：2015年3月5日；访谈地点：海林市海林镇江北朝鲜族村金炳河家。

正月十五和十六一般都待在家里，认为这两天出门不吉利。

十五这天，如果家里第一个来的客人是男的，则吉利，预示今年能丰收；如果第一个进屋的是女的，则不吉利。正月十五要燃放鞭炮。以前正月十五晚上都要出去看月亮。不过这已经是很早的事情了，孙珍淑说："奶奶活着的时候，都让我们去看月亮。看月亮一年运气好。"[1] 江北村以前还会在十五时测运气。孙珍淑说："我们家会找个算命先生，给我们算上一算，关于今年的各个方面运势都出来了。"[2] 十五这天游戏活动很多，其中玩尤茨较为普遍，现在，老年活动室每到正月十五这天都举行尤茨比赛，胜者给发奖品。

过去，过完十五，年就结束了。二月二这天，朝鲜族没有龙抬头的说法，并没有在这之前不能剪头的禁忌。虽然没有这些观念，但是现在受汉族影响在这天也会选择吃猪头肉或者猪肉。

四、结语

朝鲜族春节具有本民族特色，他们将年三十到十五期间叫作"过年"或者"春节"，其内容与汉族传统节日"除夕""春节"不同，这里的朝鲜族过年不贴春联、福字，没有挂签，也没有烧纸、香，也没有对灶王爷、财神、门神等神灵的崇拜，半夜不发纸，不放鞭炮，不吃饺子，没有"破五""人七日"之说，正月十五不放烟花，二月二是一个普通的日子，没有龙抬头以及剪头的说法，也没有正月禁止剪头的说法，过年期间没有忌针之

---

1. 被访谈人：孙珍淑；访谈时间：2015年3月5日；访谈地点：海林市海林镇江北朝鲜族村孙珍淑家。
2. 被访谈人：孙珍淑；访谈时间：2015年3月5日；访谈地点：海林市海林镇江北朝鲜族村孙珍淑家。

说。朝鲜族过年的主要食品是打糕、德固而不是饺子。

近些年,江北村朝鲜族受汉族影响,接受了汉族的一些春节习俗,如半夜吃饺子、正月十五吃元宵。

现在,江北村"空巢"化、"空心化"现象较为突出,朝鲜族村民都是留守的老年人,儿女们都远在外地打工。即便是留守老人,也不经常住在村中了,长年居住在村中的极少极少了,绝大多数留守老人在海林市里买了楼房,每到冬季就到海林市内生活,因此冬天江北村"空心"现象更为严重,许多房子闲置没人居住。由于村中人口锐减,加之都是老年人留守在村中,过年期间是村中人口最少的时候,所以过年的热闹程度大大降低,人们对春节的重视程度明显下降,过去那些欢快、热闹的节日习俗与活动都已成为历史,无法再现了。

附录:本文调查对象情况一览表

姓名	性别	出生	祖籍
徐 哲	男	1946年	韩国
姜永柱	男	1943年	韩国
金炳河	男	1952年	朝鲜
李德一	男	1941年	朝鲜
孙珍淑	女	1943年	韩国

2014年富裕县友谊乡五家子村柯尔克孜族春节习俗调查报告

于学斌

　　富裕县友谊满族达斡尔族柯尔克孜族乡五家子柯尔克孜族村（以下简称五家子村）是黑龙江省柯尔克孜族的主要聚居村，是黑龙江省两个以柯尔克孜族为主体民族的民族村之一。笔者自1990年开始多次对这里进行田野调查，为了更深入地了解柯尔克孜族的春节习俗，2014年春节期间又对五家子村做了回访，本次调查的调查对象是韩淑珍（女，80岁）和常锁（男，68岁）。

一、前言

　　柯尔克孜族主要居住在新疆维吾尔自治区，只有少部分居住在黑龙江省。根据2010年第六次全国人口普查统计，全国有柯尔克孜族人186708人，绝大部分居住在新疆维吾尔自治区，仅有1431人居住在黑龙江省。黑龙江省柯尔克孜族主要居住在富裕县。

　　根据笔者研究，黑龙江省柯尔克孜族是清代乾隆二十二年（1757）从新疆阿尔泰山、杭爱山一带迁徙而来的，和俄罗斯的哈卡斯人具有非常近的亲缘关系[1]。黑龙江柯尔克孜族认为他们是清代准格尔部首领达瓦齐的部

---

1. 于学斌. 乌裕尔河畔五家子村柯尔克孜族研究：一个有别于新疆柯尔克孜族不同的族群[M]. 北京：中国社会科学出版社，2013.

▲ 柯尔克孜族清朝从阿尔泰山、杭爱山一带迁徙而来，为了纪念这一历史事件，从2009年开始设立东迁节，每年8月2日柯尔克孜族群众都要举行盛大的庆祝活动。/于学斌 摄/2010年

下，因为跟随达瓦齐反清而被清朝发配到嫩江流域的，最初只有六姓，分别是达本（汉姓"吴"）、额齐克（常）、嘎博韩（韩）、赛散德尔（蔡）、博勒特尔（郎）、格尔额斯（司），2012年8月笔者统计，仅五家子柯尔克孜族村柯尔克孜族的姓氏就有21种，这是由于民族通婚的结果。

　　根据笔者的调查研究，黑龙江省柯尔克孜族同新疆柯尔克孜族在文化的各个方面有很大的不同。黑龙江柯尔克孜族不是游牧民族而是农耕民族，他们不是穆斯林，信奉萨满教和喇嘛教，黑龙江柯尔克孜族不过诺鲁孜节、肉孜节、古尔邦节等节日，而过春节、元宵节、端午节、中秋节。黑龙江柯尔克孜族文化具有交融性和复合性，在其文化结构中渗透着许多蒙古族、达斡尔族、满族、汉族等民族文化成分，这是长期以来各民族杂居在一起文化涵化的结果。

二、五家子柯尔克孜村简介

五家子村位于富裕县县政府所在地富裕镇西南12.5公里处，111国道（北京—加格达奇市）和齐北铁路（齐齐哈尔市—北安市）从村南经过，是富裕县友谊达斡尔族满族柯尔克孜族乡下辖的一个民族村。全村面积17.34平方公里，其中耕地4.42平方公里，草原4.34平方公里，水面0.33平方公里，宜林荒地2平方公里，苇塘面积0.53平方公里。

五家子村地势低平，河网密布，西有嫩江，东有乌裕尔河，另有北引、中引两条人工河流从境内穿过，自然泡沼星罗棋布。五家子村地处寒温带，属大陆性季风气候，四季变化明显。冬季寒冷，夏季炎热。村民主要以农业和牧业为生，主要农作物有玉米、小麦、大豆、高粱、谷子、绿豆、葵花、甜菜、马铃薯、白菜、芹菜、菠菜、香菜、芥菜、黄瓜、茄子、豆角、萝卜、胡萝卜、辣椒、大葱、大蒜、倭瓜、角瓜、香瓜、西瓜、西红柿等。早年有稷子、荞麦、大麦、铃铛麦、苏子、线麻、蓖麻，包产到户以后没人种植这些作物了。水稻是最近几年开始种植的农作物。家畜有牛、马、骡、驴、猪、羊、狗。家禽有鸡、鸭、鹅。

五家子村大约形成于18世纪中叶[1]，村名的来源有三种不同解释：

(1) 最初有柯尔克孜族的五个姓氏居住于此；

(2) 最初建了五间房；

(3) 吴姓柯尔克孜族居住于此，由"吴"转变为"五"。

五家子村最初是一个单独的民族村，现在是多民族杂居的村落，2012年8月笔者普查，全村共有193户，547人，有柯尔克孜、达斡尔、蒙古、满、汉五个民族在这里居住，有116户柯尔克孜族家庭，柯尔克孜族家庭人

---

1. 国家民委民族问题五种丛书之一中国少数民族社会历史调查资料丛刊. 柯尔克孜族社会历史调查[M]. 乌鲁木齐：新疆人民出版社，1987. 99.

口343人，占全村总人口的63%，柯尔克孜族实际人口254人，占五家子村总人口的46%。

三、柯尔克孜族春节习俗

柯尔克孜族节日很多，所过的节日有春节、灯节、端午节、五月节、八月节。在众多节日中，春节是五家子村柯尔克孜族最为隆重的节日，一般从腊八开始，经过腊月二十三小年、除夕一直持续到二月二。

腊月初八

腊月初八，俗称腊八，柯尔克孜族在这天吃拉拉。所谓的拉拉就是黏粥，是用小米子或者黄米同大芸豆一起熬成的粥。芸豆又称饭豆，做的时候要先将大芸豆煮熟，然后再同米一起熬。韩淑珍说："饭豆煮得烂烂的，小米子一搁，整出来的拉拉干干的。"吃的时候，盛到碗里，在饭的中间窝出一个小坑，里面放奶油或者白糖或者奶皮子，用筷子加以搅拌，吃起来香甜可口。吃腊八粥的原因，常锁给的解释是："不吃腊八粥，会冻掉下巴。"如今，有的家庭凑够几种米熬粥，有的家庭从市场买现成的腊八粥配料回家熬粥，常锁说："现在生活条件好了，想加多少米就加多少米。不像以前那么单调了，那时候吧，你想复杂，复杂不了。那时候条件有限哪，一家一两块钱都拿不出来。"

除此之外，根据各自的口味，有的家庭也会改善一下伙食，愿意吃啥就做点啥，没有禁忌，各家多吃饺子或者馅饼。

在实行土地承包制以前，即20世纪80年代以前，村子里都有一个大场院，每年秋天收割回来的庄稼就存放在这里并在这里脱粒入仓。腊月初八这天，每家都要到场院祭祀场院，祭祀的方式是，在场院中间放一饭碗，碗里盛饭，插上三炷香。碗前放一石磙子，全家人面向石磙子跪拜，然后从场院四周往场院内滚面饼或馒头，男孩子们则追撵饼、馒头，谁抢到谁吃，其寓意是"年年丰收，吃饭不愁有余粮"。如今这一腊八祭祀场院的习俗早已不存在。

柯尔克孜族也杀年猪，据说，过去家境好的家庭要杀四五头猪，不过这种家庭非常少。如今，家庭生活富裕了，杀年猪的家庭越来越多。杀年猪的时间是在腊月初八前后，因为这时天气冷了，在自然状态下能保存住猪肉了，而且天冷以后猪也不长肉了，再喂就是浪费饲料了。对此韩淑珍说："一进腊月就杀。猪喂胖了，天也冷了，再喂也不胖了，完了就杀。"

杀猪时要请全村的亲戚朋友吃一顿杀猪菜，小孩儿都参加，家里能来的都来，每次杀猪，家里都会满满一屋子人，杀猪菜为手把肉和酸菜汤。如果老人不能来，则要给送肉，或者送熟肉、血肠，或者送生肉，给舅舅送的肉必须是肋巴骨上的肉，这块肉是最好吃的肉。现在杀猪仍然像过去一样要请客，这一风俗一直延续至今，韩淑珍说："那能改变吗？民族风俗习惯永远改变不了。"过去，剩下的生肉切成条状，存放在仓房里，这里通常有一个大箱子，肉就存放在这个箱子里面。现在则多把生肉存放在冰箱里。

腊月二十三小年

腊月二十三是小年，是灶王爷升天的日子。旧时，柯尔克孜族家家供奉灶王爷。灶王爷，又称灶神、灶君、灶王、灶君菩萨，柯尔克孜语称"嘎机高乐带"。灶王爷的形象是一幅画，灶王爷画像都是买现成的，画上画着一男一女；灶王爷两侧写有一副对联："上天言好事，下界降吉祥"，横批是"一家之主"。灶王爷像贴在碗橱上边。在灶王爷的下面供奉着锅台神，锅台神蒙古语[1]称"海都莫特",是用布做成的两个小人,黑皮子做身子,白布做头,眼睛处镶着高粱米粒大小的玻璃球。传说一个老太太到山里打猎,碰到这个神,就拿回来供上了。牛马有病有灾时,在海都莫特前放上一碗"查拉拉饭"(小米饭拌奶子),饭里立一双筷子,早晨家庭主妇起床后翻戴皮帽,给"海都莫特"磕头,哈哈大笑之后离开。

祭灶神时,在灶门前放块肉、糖果,目的是以糖果糊住灶王爷的嘴,不让他到天上说坏话。将糖果和灶王爷像扔进灶门烧掉,全家人都磕头跪拜灶王爷,祈求灶王爷上天言好事。大年三十晚上上半夜再接回来,初一早晨要在灶王爷的前面放点饺子。祭祀灶王爷都由家庭主妇负责,韩淑珍说:"小时候我妈妈整,我妈妈没有了以后,我结婚了我孩子多了以后,我整。"大约土地改革以后,供奉灶王爷的家庭逐渐减少了,现在在五家子村已经见不到柯尔克孜族供奉灶王爷的了。

小年这天一般都做一锅大块猪肉,全家一起吃手把肉。柯尔克孜族爱吃手把肉,过去柯尔克孜族不会做炒菜,一般都吃手把肉,韩淑珍说:"我小时候炒菜不大会炒,多吃手把肉。"主食一般为小米饭,有的家庭也吃饺子或者馅饼。现在则不同了,往往根据孩子的口味来定吃什么,韩淑珍说:"现在就是以孩子为齐,他愿意吃啥就吃啥。"

大约小年前后开始置备年货,年货以吃食为主。韩淑珍说:"快到过年就忙活了,忙活啥?买酒,发面蒸馒头啊、蒸包子啊,或者是整这个整那个,净整吃的,一直忙活到三十。冻梨、冻柿子也要买一些。"除了吃的食物而外,还要购置烧香;买几尺布,每个孩子都得有套新衣服,若是钱多,大人也做一套新衣服;买炮仗,孩子爱热闹,喜欢燃放炮仗;用于写对联的红纸也必须提前买到。

---

1. 之所以标注的是蒙古语,是因为柯尔克孜族和厄鲁特蒙古族来往密切,两族建立了密切的通婚关系。

家家都要打扫卫生。腊月二十四是柯尔克孜族的扫房日,屋里屋外、犄角旮旯都要统统打扫干净,扫房的扫把必须是新的。许多家庭在腊月二十四也要将室内的墙面粉刷成白色,用来刷墙的涂料就是当地产的白土,取回白土用热水泡即成涂料,用之刷过的墙洁白干净。现在没有用这种涂料刷墙的了,韩淑珍说:"现在这种白土都整没了,挖不着了。"

年前要到坟地上坟,上坟就是拿着冥币到墓地先人的坟头前烧掉,意为给祖宗送钱过年。上坟的时间一般在腊月三十上午,不过现在上坟的时间提前了,常锁认为这是向汉族学习的,一般在年前三四天上坟。家中的男人带着点心、酒、烧香、烧纸,到坟地祭奠先人。如果坟地离家较远,则在村中三岔路口或者比较好的地方烧纸,何为好的地方,韩淑珍的解释是:"五家子村出去往西南走一走,有个小岗子坡儿,这个地方挺平静的,挺好的,就在那儿烧纸,叨咕叨咕。"

在腊月三十之前,必须洗头、洗脚,在正月初五破五以前不能洗头洗脚。在年前也必须剃头,从腊月三十到二月初二的一个多月的时间里不能剃头,这里有"正月剃头死舅舅"之说。

腊月三十

腊月三十是大年,节日进入高潮,人人都穿新衣服。

吃过早饭以后,贴对联、福字、年画。也有的家庭在腊月二十九就把春联、福字、挂签、年画贴完的。对联、福字早年是请村中会写毛笔字的人书写,常乐田老师生前告诉笔者,每到过年时大家都找他写春联。现在都从市场上购买对子和福字。窗户上和门上都贴一个大福字,在年画以及春条之上贴小福字。与贴对子、福字的同时,年三十也贴挂签,许多人都会剪挂签,如今一般都在市场上买现成的。过年时家家有贴年画的习俗,年画都是从市场上买来的,所画内容多为中国传统的吉祥图案。

腊月三十白天通常吃两顿饭,下午的饭是最丰盛的,这顿饭过去必须吃手把肉、鱼、鸡，稷子米干饭。稷子米是嫩江平原特别常见的一种农作物，稷子米干饭的做法是，将稷子米煮熟之后放到炕上热干，然后用碾子轧去皮。去了皮的稷子米随吃随放到锅里煮，然后用笊篱沥水捞出，放到盆里再放入锅里蒸，即成稷子米干饭。用稷子米干饭拌以酸奶子或者新挤出来的牛奶特别好吃，是柯尔克孜族最喜欢吃的食品之一，夏天下地干活一般都携带用酸奶子拌的稷子米干饭，吃这种奶拌饭不仅抗饿而且解渴。

现在没有吃手把肉、稷子米干饭的了，而鱼肉、猪肉、鸡肉这些传统过年菜仍然是过年餐桌上必不可少的，除此而外也有了炒菜。据韩淑珍回忆，她小时候过年时并不准备鱼，等到她岁数大了以后才有过年吃鱼的习俗，其寓意是富富有余。

过去，点灯之前，在门前点起一堆火，以牛粪为烧柴，烟升起很高。

柯尔克孜族认为，本命年的人会不顺当，会有灾，以穿红来消灾免难，所以要扎红腰带、穿红袜子，现在生活条件好了，也穿红内衣、红内裤。

夜晚，家家室外高挂灯笼，整宿不灭，不过这一习俗产生的时间不长，据常锁说，近一二十年才有。室内灯整宿点着。

腊月三十晚上和正月初一早晨各祭一次祖宗。柯尔克孜语称祖宗神为"吉雅其"。祖神的标志就是箭杆儿上拴着一块红布，箭杆儿别在房内西南角的房棚上。祭祖方式有两种，一种方式是，全家给祖宗磕头，长辈在前、晚辈在后，男在前、女在后；另一种方式是，由一个长者手持白旗（方的）

▼ 柯尔克孜族有祖先崇拜习俗，其祖先神叫吉雅其，标志就是一个箭杆上系着一块红布，常年挂在室内的西南角上，春节期间接受家人的祭拜／于学斌 摄／2011年

在后面唱，在其前面有七个小孩手持羊肉串并排跪着。与此同时，在红布上洒点奶子和酒。祭祀完毕后，小孩们吃掉羊肉串。

富裕的人家或养马多的人家都在自己的马群中选出一匹良马作为神马。神马，柯尔克孜族语称"鄂孜拉"，是祖宗的坐骑。神马的标志是马鬃上拴着一块红布。神马可以骑乘，也可以拉车，不过禁止女人骑神马和坐神马拉的车，禁止扫帚在神马的上面划过。神马同其他牲畜一同放牧，象征着祖宗骑神马看护着自己的马群和牛群。祭祖时，将祖宗的坐骑神马牵入屋内，将新挤出的牛奶盛于一小酒盅内放在马的后鞦上，不准任何人碰，任其自然掉落。没有马的人家也在木板上画一匹马，挂在红布下面，祭祖时在木板上洒点奶子。

如今这种祭祖方式已经不复存在，五家子村仅有常乐田家仍然在老房子里的西南角上有祖先的标志，但是已经没有祭祀活动了。不过在富裕牧场的七家子村仍然存在这种祭祖方式，常斌家和常忠良家仍然在卧室的西南角上挂有象征祖宗的红布，常斌的妻子是汉族，她告诉我，已经不再举行祭祀活动。常忠良家每到过年时仍然祭拜。他们两家的祖先神都是从老房子移过来的，两家的祖先标志都蒙上了厚厚的灰尘。

如果当年有去世的老人，则要在年三十下晚儿举行祭奠仪式。仪式是这样的：在炕上放一张饭桌，饭桌上面摆几样好吃的东西，将死者生前所用的褥子铺在炕上，全家面对铺位给逝者磕头，拜完之后就收起来。

临近半夜12点，接财神。接财神的方法只是在院中点起一堆火，燃放鞭炮。以前生活困难，放几个炮仗，现在生活好了，家家都燃放很多鞭炮，年轻人都比着放，常锁说："哎呀，现在年轻人放鞭炮，那消费可大了，都买那成沓成沓地放，你放得多，我们家比你家还多，有攀比的心理。"

接完财神后，柯尔克孜族也和其他民族一样全家围坐在一起吃饺子。不过，过年吃饺子的历史并不长，过去柯尔克孜族年夜饭吃炒米。炒米的做法是，将稷子米放到锅里煮到皮裂口为止，然后淘出晾干，再炒，最后用碾子轧去皮，即为炒米。年三十半夜吃饺子是20世纪80年代末期才开始有的习俗，年夜饺子必须是新包的饺子，要在饺子中包钱币、线、烧香，吃到白线即表示会长命百岁，吃到钱一辈子有钱花，吃到烧香会幸福。

年三十和初一都要给家里老人、最亲近的老人磕头、送东西。老人要给孩子压岁钱，多少不定，手头充裕的话就多给点，手头不宽绰的话，就少给点，表达的是老人的一片心意。旧时，各家普遍困难，给的压岁钱非常少，有的还不给，韩淑珍说："我姥姥年年给我。她整个小口袋，整个红绳子捆上钱，我一去就给我脖子上挂起来。我姥姥给，别的爷爷奶奶大娘大爷都不给，就一个姥姥给我。"如今生活富裕了，压岁钱给得多了，常锁说："那时候也就两块钱三块钱，现在不行了，都两张三张五百的，早就准备好了。"

在这个新旧交替的时刻，人们也通过一定的方式预测新的一年的运势，大年三十晚上过半夜，若牛先叫唤，则年成好；若马先叫唤则要闹土匪；若狗先叫，则要闹贼。用水泡上各种作物，哪种作物先发芽则预示着哪种作物今年收成好。

正月初一到初五

正月初一早饭吃饺子，不过不是新包的，都是除夕夜剩的饺子。

吃过早饭后，柯尔克孜族都以家庭为单位挨门逐户拜年，每一家庭组成一伙，老吴家一伙、老韩家一伙、老常家一伙，手里拿着酒，前男后女。进屋后先拜祖先神"吉雅其"、佛像、蛇神。蛇神的形状是：中间是一男一女——用布或皮子做成的半身小人，高7.8厘米，内塞牛毛，用小蓝玻璃珠做眼睛，人两边是用皮子扭成的两个皮条，各长25厘米，象征蛇，也有将蛇神画在白布上的[1]。蛇神供于北炕西墙的柜子后边或墙壁洞里。蛇神，柯尔克孜语称为"吉林都斯"，平时不能直呼蛇神，而称其为"神么"，"神么"是蛇神的别称。蛇神原来只是常姓氏族的家神，后来由于别的氏族娶常姓氏族姑娘为媳妇，当她或其家人有病时，也将蛇

▲ 蛇神是柯尔克孜族固有的信仰，大年初一拜年时首先祭拜各种神灵，其中就包括蛇神/于学斌 摄/1990年

神供了起来，蛇神因此传入别的家庭，成为黑龙江柯尔克孜族普遍的信仰。每当家人得病得灾时都向蛇神祷祭。祭时，在蛇神前点着"阿山"草（这是一种生长于嫩江平原上的野生植物，点着之后能发出一种香味），草上面放羊毛，人跪在蛇神前，嘴里反复不停地唱着《求蛇神歌》。祈祷者在祭祀蛇神的过程中一边吟唱一边手里做着抓挠的手势，嘴里还发出"咕咕"的声音，意为通过这种举动将病从人身上挠下来。1990年4月笔者在五家子村看到韩俊彦家供奉蛇神，而现在在五家子村已经看不到蛇神了，而在七家子村的常忠良家仍然供奉着蛇神，仍然供奉在卧室西北的炕柜后面。

拜过祖先神、佛像、蛇神之后，给长辈拜年，拜年的方式是给长辈磕头、敬酒，也可以先行打千礼，后行磕头礼。打千礼为左腿微弯前伸，双手相叠放在左膝上。韩淑珍说："我小时候我大哥领俺们去拜年，那时候可小了，我给我奶奶拜年，一边嚷一边磕，'奶奶，我给你磕头了'。"长辈则给予吉祥的祝福。长者的祝词一般是全家平安、牲畜安全、养胖小子、农业

---

1. 黑龙江省地方志编纂委员会. 黑龙江省志·民族志[M]. 哈尔滨：黑龙江人民出版社，1998．423．

丰收等。老人祝福的话说完之后才能起身。小孩拜年时，老人要给压岁钱。晚辈之间见面互相握握手。

拜年活动非常热闹，往往屋里挤很多人，所以一般情况下每伙人拜完年后赶紧离开，不过多寒暄，目的是给其他拜年的人腾出空间，前戚让后戚。有的拜年者进不来屋，就在外面高喊："给你磕头了！"常锁说："实际上他根本没磕头，在那站着呢。我就经历过。"如今，这种风俗已经没有了，不知从何时开始，各家之间的走动都很少了，只有实在亲属才走动拜年，不过拜年方式很简单，常锁介绍说："现在礼节不一样了，跪着磕头很少了，一般就拿着东西来拜年，把东西往那一放，唠会嗑，就拉倒。"

正月初一大祭一次狐（狐狸）、黄（黄鼠狼，又称"黄皮子"）二仙。狐狸、黄皮子是柯尔克孜族供奉的两个神，每个家庭都有狐、黄二仙的庙，庙建在房后院墙根部。狐狸为大仙，黄皮子为小仙，狐仙庙大，建在正北；黄仙庙小，"小鸡窝一般大小"，建在西北角。也有将狐仙供奉在仓房中的，狐仙画在厚黄纸上，狐仙的形象类似于"大神"（奥胡西特勒）形象，大神的形象是两个老人，一个是白胡子老人，一个是白发老太太[1]。据说，柯尔克孜族迁来东北时迷失方向，得到黄皮子引路才到达目的地，从此崇拜黄皮子。不让孩子到狐狸、黄皮子的庙宇旁，以免招惹神仙而得病。初一上午，掌柜的带着供品到庙里磕头，将熟猪头、糕点、馒头等供品摆放在神位前并烧香磕头，从初一一直供到十五。没有庙的人家过年时也在西炕上摆上猪头，大年三十晚上摆上，初一撤下来。拜狐黄二仙这一习俗自从20世纪60年代以后就消失了，现在在五家子村柯尔克孜族中没有任何狐黄二仙信奉的痕迹。

正月初二，出嫁的姑娘回娘家拜年，这一传统一直坚持，带的礼物必须

---

1. 黑龙江省地方志编纂委员会．黑龙江省志·民族志[M]．哈尔滨：黑龙江人民出版社，1998．423．

有酒。当天来，当天返回。吃完晚饭后回家，路途远的就早走，家近的就晚点回去。正月初二晚上要拜月，这是新年新月，通过拜月祈盼没病没灾，过平安幸福之年。每到月亮出来之时，家中的老人会催促大家出去拜月："赶快出去吧！新年新月，快拜吧！"人人都出来拜，拜时或烧香或不烧香。

初五的这顿饺子是家家必吃的，这顿饺子叫"破五"饺子，吃了破五饺子一年大顺。初一到初五这段时间不能倒垃圾、洗衣服、做针线活。初五一过，禁忌解除。

正月十五

正月十五是灯节，黑龙江柯尔克孜族也过这个节日。传说，皇帝这天要给父母拜年，所以这天是普天之下共度的喜庆日子。傍晚，家家燃起门前的牛粪（每家门前均有高高的牛粪，越高表示越富有），祈盼新年风调雨顺。近年，家家挂灯笼，整宿不灭。

早年，正月十五吃稷子米干饭、手扒肉，后来吃饺子。家家都做几道好菜，酒是餐桌上必备的。早年柯尔克孜族不知道汤圆、元宵，韩淑珍回忆说："一开始我们小时候还真没有汤圆，一开始俺们都不知道吃汤圆。"近年，这里的柯尔克孜族每逢十五也吃元宵，元宵都购自商店。

如果初一有漏拜的老人，在正月十五这天可以补拜。

正月十五这天也要祭一次狐、黄二仙。

正月十六

正月十六是柯尔克孜族的抹黑节，该日，太阳还没出来，妈妈很早就起来，给尚在熟睡的儿女的脑门上抹上黑锅底灰。待全村人都起来后，男女老幼互相追逐往对方脸上抹黑，以此驱除邪祟，保佑一年平安，谁不被抹谁不吉利。但是儿媳不能给老公公抹黑，晚辈若是给长辈抹黑须征得长辈的同意，对长辈说："我给你抹一把吧！两手不沾灰。"被抹得最惨的是姐夫和嫂子，兄弟姐妹们不会放过他们的，但是亲姐夫不抹，抹的都是叔伯姐夫。这一习俗是达斡尔族、鄂伦春族、锡伯族等民族的传统习俗，柯尔克孜族是受到达斡尔族影响而过这个节日的，娱乐性很强，年轻人都愿意参加。年轻人之间的抹黑都用锅底灰拌上豆油，这种灰抹在脸上很难洗掉。抹黑的目的是防止玉米穗长黑包，柯尔克孜族称黑包为"牟末"，"牟末"是一种玉米病，就是玉米不长穗子，而长黑包。抹过黑之后，"一年四季保平安"。现在没有抹黑习俗了，根据韩淑珍的回忆，抹黑习俗消失的时间在10年左右。至于为什么消失，人们给出了不同的答案，一种认为因为太脏，常锁说："老人去世了，年轻人嫌埋汰，于是慢慢就失传了。"一种观点认为是汉族影响的结果，韩淑珍的女儿认为"汉族太多了，慢慢就被汉族改变了。"

正月十六晚上，柯尔克孜族有滚冰的习俗。所谓滚冰就是到村西头水泡子（现称白马湖）的冰面上打滚儿，"冰"谐音"病"，滚冰意为滚掉疾病，以此祛除晦气、疾病、灾难，一年平安，韩淑珍说："身上有灾星的都滚出去了，一年吉利，一年顺当。"

二月二

农历二月二是龙抬头的日子，韩淑珍说，从小就过二月二。每到这天家家都吃猪脑袋、猪蹄。

男子在二月二这天都要剃头，常锁说："剪头以后，脑袋清醒，能过上好日子。"

柯尔克孜族喜歌善舞，春节、正月十五、二月二等节日期间大家会找一个大房子围成一圈跳舞，所跳舞蹈多为达斡尔和蒙古族的舞蹈，其舞蹈一般以唱伴舞，所用乐曲均是柯尔克孜族民歌，也有用蒙古族、达斡尔族民歌伴舞的。最受柯尔克孜族喜爱的舞蹈是罕伯舞和阿吾勒代舞，有时只跳罕伯舞，有时罕伯舞和阿吾勒代舞一起跳，每次跳舞的人数必须是双数，或四人或六人。"罕伯"舞是几个妇女边舞边唱，舞蹈由一人扮鹤，另一人与之对唱,生活中提水、摘豆角、洗脸、梳头、照镜子、扎腰带等动作都在舞蹈中有所体现。边歌边舞,嘴里喊着"罕伯罕伯,嘿嘞,嘿嘞",动作规整,节奏感强,活泼生动。"阿吾勒代"与其说是舞蹈不如说是恶作剧,一个男子反穿皮袄,戴着假面具,假面具是用纸做的,露出眼睛和嘴,面具脸部抹红,眼睛处抹黑,用麻线做胡子(如果扮演老太太则没有胡子),其形象令孩子害怕。他拄着拐杖,一瘸一拐,说自己是从山上下来的,他兜里揣着羊粪蛋儿,其他人在周围围成一圈,他走到谁跟前就掏一把羊粪蛋儿给谁,说是从山上带下来的好东西。随便拉一名女子与之对舞,抓着谁谁就跟他跳,跳的也是罕伯舞。

过年期间,孩子们会围绕老人膝下,听老人们讲故事。也有个别人会讲大书,所谓大书实际就是我国的古典名著、传统评书,如《小八义》《大八义》《杨家将》《包公案》《七侠五义》《三侠五义》,在谁家讲谁家为讲书人准备茶水和夜宵。

过年期间,游戏活动丰富多彩,或一两个人,或很多人,室内、室外、炕上、院子里、街道之上都是人们玩耍的舞台。其中欻嘎拉哈是最受女人们欢迎的游戏。

▼ 包考棋盘示意图

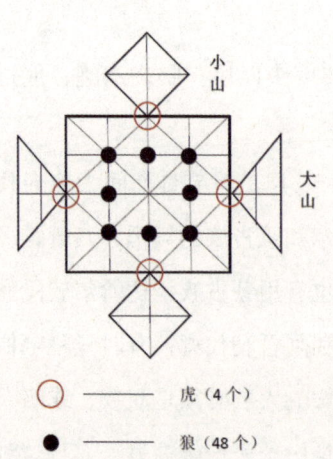

○ —— 虎(4个)
● —— 狼(48个)

过年期间也玩包考,这种棋在达斡尔、鄂伦春、鄂温克、蒙古等民族也流行,棋盘、棋子以及玩法基本相同。棋盘为正方形,里面横竖各画三条线,交叉点为布棋子的点。棋盘的四条边的边外中心处各画一个小山和大山,小山是立在棋盘边的三角形,内画"十"字线;大山为立在棋盘上的菱形,内画对角交叉"十"字线,大山小山尖部同棋盘中间线交叉处为山脚。棋子通常用土块、树棍等为之,一方为老虎,总计4

个,一个山角放一个,一方为狼,共计48个,先将8个狼布于8个交叉点上,虎只能一步一格地走,跳子吃狼。虎走完一步,狼布一子,将"虎"围得寸步难行则"狼"胜;若"狼"被吃得没有足够的兵力围住"老虎"则"老虎"胜。

男孩们也会在村中的空地上组织打棒蝈。棒蝈的玩法类似达斡尔族的曲棍球,球或圆或方,或用木制或用牛毛团成,球棒长70厘米,手握处又光又圆,击球点稍弯。双方队员互相往对方场内打球,球击得越远越好,人随球跑,若甲方已将球击入乙方场内,在球被乙方击回之前,甲方全体队员都到达乙方城内,则甲方胜,反之则乙方胜。双方你争我夺,非常激烈,热火朝天,有时热得将衣服都脱光了,直玩到深夜。

打毛球是深受男孩女孩喜爱的一项体育活动,球用牛毛蘸水团成。有两种玩法,一种玩法是,比赛分成两组,一组队员先入城,所谓城就是在地面画一个方形,对方站在城外,位置不受限制。城内一方将牛毛球扔出城外,然后赶紧往外跑,若在返城之前没被对方队员拿球打中则城里队员胜;若被打中,则城外队员胜。城外队员胜后则双方交换位置。另一种玩法是,画一类似于足球场的场地,在场地两头各画一"城",有时干脆在村东头设一"城",在村西头设一"城"。将队员分成两伙,队员手持木板,两队先在中线处组织争球,然后用板击球,互相往对方场内打球,球打得越远越好,人随球跑,若甲方把球击入乙方场内,而且在球被乙方击回之前甲方全体队员到达乙方"城"内,则甲方胜,反之则乙方胜。该玩法和打棒蝈类似。

踢口袋、踢毽子、打冰杂、打出溜滑、打冰爬犁等也是过年期间的主要游戏活动。冰爬犁是用湿牛粪制作的,将新便出的几堆牛粪和在一起,在中间抹成锅底形,边缘较厚,里面能坐一个人,将弧形铁丝的两头穿进头部用来系拉绳,待干后,翻过来,在锅底部浇冰,坐在凹处从高冈上往下滑,滑下去再上来。

夜晚，小孩会提着灯笼逐家走。灯笼是大人用罐头瓶子做的，做法很简单，就是在罐头瓶子口系个拎绳，瓶子里放根蜡烛。

扭秧歌也是过年期间的主要娱乐活动。有本村自己组织的秧歌队，也有外地的秧歌队。

四、结语

总体而言，五家子村柯尔克孜族的过年习俗同居住在同一地区的汉族、达斡尔族、满族过年习俗基本相同，这是因为他们同处一地且来往密切，在长期的接触和交往中，柯尔克孜族逐渐接受吸收了当地民族的习俗，并经过长期发展和积淀，这些习俗逐渐成为柯尔克孜族文化的有机组成部分。同时在过年习俗方面五家子村柯尔克孜族也有自己本民族的特色，如五家子村柯尔克孜族的祭祖的方式是独特的，对蛇神的祭祀是独有的。据老人们说，绝大部分神灵都是到黑龙江之后才信奉的，只有蛇神是从西北带过来的。

随着时间的流逝和社会的发展，现在柯尔克孜族过年和全国其他地方一样越来越简化，常锁说："现在过年越简单越好。原来有老人带着你，不做不行，那是命令。"传统的过年方式逐渐消失，如祭祀活动、大规模的磕头拜年活动、做新衣服、抹黑活动都没有了。有些程序虽然仍然在进行，如喝腊八粥、除夕半夜燃放鞭炮、吃饺子，但是已经缺少了原来的意韵。

2014年黑龙江省农垦总局齐齐哈尔管理局查哈阳农场春节习俗调查报告

于学斌　朱思锦

开发建设北大荒是20世纪40年代末期党和国家做出的重大战略决策。经过三代北大荒人的艰苦奋斗，黑龙江垦区已经发展成为我国耕地规模最大、现代化程度最高、综合生产能力最强的国家重要商品粮基地和粮食战略后备基地。

2014年春节期间调研组来到查哈阳农场，对查哈阳农场的春节习俗进行调查。调查得到了查哈阳农场宣传部的大力支持，宣传部部长王庆海高度重视，不仅全程陪同，而且场部电视台也跟踪报道。在王庆海及相关人员的协助下，调查工作很顺利，走访了查哈阳总场部分职工家庭和总场下属的金光管理区部分职工家庭，接受调查采访的对象共计10人。这些调查对象的共同特点是都是查哈阳农场的老人，是农场发展变化的见证者。同时这些家庭祖籍不同，来自于不同的地域，这也使得各个家庭在过年方面表现出不同。以下就是根据本次调查所做的文字整理。这些过年习俗是农垦国营农场系统过年习俗的缩影。

一、前言

黑龙江垦区地处东北亚经济区位中心，位于我国东北部小兴安岭山麓、松嫩平原和三江平原地区，这一地区是世界著名的三大黑土带之一。辖区总面积5.62万平方公里，现有耕地4328万亩、林地1380万亩、草原527万亩、水面378万亩，是国家级生态示范区。下辖9个管理局、113个农牧场，951家国有及国有控股企业，1728家非国有企业，分布在全省12个市，总人口172.3万人，其中从业人员84.9万人。

1947年，按照党中央和毛主席"关于建立巩固的东北根据地""培养干部，积累经验，创造典型，示范农民"的指示精神，一批复员军人来到北大荒，创建了宁安、赵光等第一批国营农场，拉开了北大荒开发建设的序幕。1958年，王震将军率10万复转官兵挺进北大荒，掀起了垦区大规模开发建设的高潮。之后，由大批支边青年、大专院校毕业生和城市知青组成的百万大军相继投身垦区开发建设，在亘古荒原上创造了人类垦殖史上的奇迹。根据统计，垦区已累计生产粮食6130.6亿斤，向国家交售商品粮4851.8亿斤，为保障国家粮食安全、食品安全和生态安全做出了积极贡献。目前，垦区粮食综合生产能力达到450亿斤，提供商品粮400亿斤以上，可保证1.2亿城镇人口一年的口粮供应。黑龙江垦区是国家重要商品粮基地，被誉为"中华大粮仓"。[1]

二、查哈阳农场概况

查哈阳农场位于大兴安岭东麓，松嫩平原嫩江右岸，黑龙江省甘南县境内。北纬47°48′—48°31′，东经120°40′—126°26′。

查哈阳农场是农垦系统建立最早的农场。查哈阳农场的前身是日本开拓团开辟的农场，1931年"九·一八"事变日本占领整个东北后，采取多种形式向黑龙江移民，在多地形成了集团移民区，其中在现在查哈阳农场地区集中了日本11个集团性开拓团，占领该地区肥沃而又平坦的土地种植

---
1. 黑龙江省垦区概况由黑龙江省农垦总局宣传部提供。

水稻，日军强迫中国劳工在该地区建造输水工程，使查哈阳变成了大型的灌溉区。1948年，我国在废弃的稻田和遭到破坏的水利工程的基础上建立了查哈阳农场。

农场土地面积126万亩，耕地面积95.66万亩。农场拥有各类大中型农机具3000余台套，机械总动力16.3万千瓦，农业机械化率97%。农场下辖一个中心城镇、8个管理区和1个场直社区服务中心、53个作业区，总人口7万人，属于黑龙江垦区超大型国有农场。

查哈阳农场年积温平均2600℃，无霜期120—125天，年降水量450毫米左右。农场水资源非常丰富，属东北四大自流灌区之一，水稻种植拥有得天独厚的天然条件，水稻面积现已发展到68.5万亩，年产优质东北晚粳大米50余万吨。1996年这里被"中国绿色食品发展中心"确定为"中国首家绿色食品大米生产基地"；1998年获"世界华人食品博览会"金奖；查哈阳牌大米2002年通过日本JOA有机食品认证；2004年查哈阳农场被评为全国首批32个产粮大县（场）之一；2006—2011年连续五年被农业部评为全国产粮先进单位之一。近年来又连续两年被国家评为全国粮食生产先进县（场）。2012年获得垦区唯一一家国家地理标志证明商标"查哈阳大米"的品牌，已经成为"黑西蒙东"区域知名品牌。查哈阳绿色稻米远销北京、上海、广州、深圳等30多个大中城市。2015年是农场与袁隆平院士合作的北方杂交粳稻育种项目实施的第六年，目前培育出5个稳定品系，生产优质水稻种6吨。预计2018年将建成30万亩水稻种子繁育基地，年生产种子17万吨，可辐射种植面积4000万亩。农场始终以发展绿色农业为目标，使绿色水稻的认证面积发展到现在的55万亩。2012年，查哈阳农场成为农业部农垦局农产品质量追溯项目建设单位，追溯产品为绿色食品"查哈阳大米"精制米，产品原料生产基地位于金光管理区，追溯规模5.7万亩，大米产量2万吨。通过本项目的实施，最终实现大米的"生产有记录、信息可查询、流向可追踪、质量可追溯"。2013年，本项目通过了农业部专家组中期考核验收，"查哈阳大米"精制米获得了"农垦农产品质量追溯标识许可使用"证书。

农场畜牧业发展稳中有升,发展思路以"两牛一猪"为主,以羊禽为辅。目前,全场奶牛存栏2643头,肉牛存栏150头,猪存栏10771头,羊存栏10959只,家禽存栏176630只。农场的工业主要是以私营企业为主,目前大型的工业企业有23家稻米加工企业和2家农用机械生产企业。农场小城镇建设突飞猛进,100余座楼房拔地而起,七横九纵的白色路面贯穿全场。目前农场的小城镇建设已由建设时期过渡到完善和管理时期,农场的医疗、教育、保险、金融、通信、餐饮服务等设施逐年配套。现在农场已经建有初级中学一所、高级中学一所、小学两所、幼教中心一所,实现了全场集中办学,教学条件达到了国家二级标准。农场还新建了一座现代化的职工医院,三个热力公司,数字电视也实现了全覆盖。农场的通信事业发展迅猛,程控电话装机达万门以上,移动电话近5万部,查哈阳农场已成为汇聚周边乡镇30万人口的人流、物流、信息流中心。

农场旅游资源丰富,太平湖、白马河谷、渠首都是重要的旅游资源,适合发展自然风光游;农场68.5万亩绿色水稻连片种植资源,适合发展生态农业游;农场境内有金代修建的中国第二长城"金界壕"古迹和太平湖万人坑遗址等历史文化资源,适合发展文化旅游产业。[1]

三、春节习俗

查哈阳农场职工普遍过春节,在他们所有节日中,春节是最受重视的,在每个时间点上都有丰富的习俗内容。查哈阳农场既有春节的一般性活动内容,过年的时序和主要活动内容和全国其他地方的过年时序和内容基本

---

1. 查哈阳农场概况由查哈阳农场宣传部提供。

相同，也从进入腊月开始忙年，在腊八、二十三、大年三十、正月初一、初五、初七、十七、二十五、二十七、二月初二等时间点上有重要民俗活动。但是由于农场的特点以及职工祖籍的不同而在过年活动内容上表现出较大的家庭之间差异。

腊月初八

年的起点是腊月初八，这天是农场的腊八节，但是由于农场人来自全国不同的地方，同时因为家庭背景和贫富的差异，各家对腊八节的重视程度和腊八的过法略有不同。

腊八这天最重要的习俗就是喝"腊八粥"。20世纪80年代以前农场的腊八粥就是黄米饭，或者叫"黏米饭"。但是吃黄米饭并不普遍，有许多家庭不吃黄米饭，不吃黄米饭有以下几种情况：（1）生活困难，在20世纪80年代以前，各个家庭普遍困难，物质匮乏，国家供应的粮食很少，每种粮食供应的数量很少。而且所供应的粮食质量也很差，"十个大米粒有八个稗子"。[1] 刘淑芬、杨俊章说，过去农村生活条件艰难，农场职工配给的粮食不够吃。[2]（2）没有黄米，在20世纪80年代以前，农场不种植糜子，黄米须从农业社换得，由于家里粮食很少，仅有的一点大米都愿意换小米、苞米这些普通的粗粮，因为粗粮做饭出数，扛吃。（3）不重视腊八节，金光管理区的李凤珍、杨桂芬在关里时过腊八节，关里有句俗语："吃过腊八饭，过年还有二十二天半。"到东北以后由于贫穷就不过腊八，李凤珍说："到腊八了也不知道。"[3] 杨桂芬也说："到腊八那天了，也不知道，什么腊八

---

1. 被访谈人：杨桂芬；访谈时间：2014年1月28日；访谈地点：查哈阳农场金光管理区杨桂芬家。
2. 被访谈人：刘淑芬、杨俊章；访谈时间：2014年1月27日；访谈地点：查哈阳农场金光管理区杨俊章家。
3. 被访谈人：李凤珍；访谈时间：2014年1月29日；访谈地点：查哈阳农场金光管理区李凤珍家。

不腊八的。"[1]

在20世纪80年代以前有两类家庭能吃上黄米饭，一类家庭是富裕户，富裕户的家庭有钱或者粮食充足，他们有能力从周边购买黄米，或者用自家的大米白面同周边农业社的农民的黄米交换，周边农民也愿意这种交换，因为他们把大米白面视为细粮，所以每次交换他们都非常高兴，用邵国荣的话说就是："他们可乐了"。[2] 第二种家庭是有非农场的农民亲属，这些非农场的农民亲属来串门的时候背来黄米，走的时候背走大米白面。总场职工刘耀华和邵国荣一家过去经济条件相对较好，他们家年年在这一天做黄米饭。而家庭较为困难或者没有能力获得黄米的家庭，则不吃黄米饭，在管理区访问的几个家庭，过去生活困难，分的粮食非常少，都舍不得去换黄米，所以一直不吃黄米饭。

黄米饭的做法是用黄米、大芸豆熬制而成，仅有个别家庭粥里放枣，他们的大枣都是由关里的亲属带过来的，邵国荣说："那时候，要是谁在关里给带点枣可稀罕了。"[3] 农场不产枣，在计划经济时代商店也不卖枣，即便有钱也买不到大枣。改革开放以后，能买到大枣了，有的家庭在熬腊八粥的时候开始放些大枣。

黄米饭的吃法因人的口味不同而不同，有直接食用的，有拌白糖吃的，有拌荤油吃的，有白糖和猪油同时放的。拌荤油较为普遍，在碗中间挖一个坑放一羹匙猪油，待凝固的猪油化了后加以搅拌，据说拌荤油的黄米饭特别香。不过现在由于出于养生的需要，拌荤油吃黄米饭的很鲜见了。

1984年实行土地承包制以后，分产到户，经济条件渐渐好起来，农场

---

1. 被访谈人：杨桂芬；访谈时间：2014年1月28日；访谈地点：查哈阳农场金光管理区杨桂芬家。
2. 被访谈人：邵国荣；访谈时间：2014年1月23日；访谈地点：查哈阳农场总场家属区刘耀华、邵国荣夫妇家。可乐了：东北话，非常高兴的意思。
3. 被访谈人：邵国荣；访谈时间：2014年1月23日；访谈地点：查哈阳农场总场家属区刘耀华、邵国荣夫妇家。

职工每年都过腊八，吃腊八粥，现在无论是总场还是管理区，腊八吃腊八粥较为普遍，管理区的杨俊章说："党领导得好，日子都好了，现在有什么节都过。过去哪有节？什么节都没有。能过年就不错了。"[1] 刘淑芬说："现在生活好了，到什么节日，该吃什么就吃什么。"[2] 现在腊八粥的做法主要有三种，第一种腊八粥的做法是，焖黄米饭，里面放大枣、饭豆，这是管理区杨俊章和刘淑芬家的做法。第二种腊八粥的做法是，选择大米、小米、苞米碴子、芸豆以及少量的枣等八种粮食熬粥，总场的刘国民、刘殿华夫妇一家便是这种做法，据他们说，他们在河北老家时并未吃过腊八粥，直至改革开放物质条件好起来以后，才开始知道并自己制作腊八粥。[3] 第三种腊八粥的做法是从商店购买配制好的腊八粥，回家自己熬，这种腊八粥又称"七宝五味粥"。相较于以前，现在的腊八粥里面的材料多了许多，味道、口感都远胜从前。

至于为什么在腊八这天喝腊八粥，却没人知道。邵国荣说："好像就是传承下来的那么一种习俗，到时候就吃。"刘耀华直接说："不知道啥说法。"[4]

有的家庭在这天吃饺子。刘永为和杨桂荣夫妇不习惯吃腊八粥，每到腊八通过吃饺子以示过节。

做腊八蒜也是腊八这天的一个重要习俗。在管理区农区做腊八蒜的家庭较多，根据李凤珍的介绍，其做法是把剥了皮的蒜瓣儿放到一个罐子里，

---

1. 被访谈人：杨俊章；访谈时间：2014年1月27日；访谈地点：查哈阳农场金光管理区杨俊章家。
2. 被访谈人：刘淑芬；访谈时间：2014年1月26日；访谈地点：查哈阳农场金光管理区刘淑芬家。
3. 被访谈人：刘国民、刘殿华；访谈时间：2014年1月25日；访谈地点：查哈阳农场总场家属区刘国民、刘殿华夫妇家。
4. 被访谈人：刘耀华、邵国荣；访谈时间：2014年1月23日；访谈地点：查哈阳农场总场家属区刘耀华、邵国荣夫妇家。

往里面倒入适量的米醋,腊八这天封上,放到一个温度较低的地方,待春节吃饺子的时候拿出来享用。[1]而在总场做腊八蒜的人很少,泡腊八蒜这一习俗只有个别人知道,即便知道也极少数人做。杨桂荣近些年才开始做腊八蒜,她说,她近年去齐齐哈尔市亲属家串门看人家做腊八蒜才知道这一习俗,现在他们家每逢腊八,都要腌制腊八蒜。[2]

腊月二十三

腊月二十三,查哈阳农场称这一天为小年。在查哈阳农场,各家对这一天的重视程度不同,有的家庭不重视,有的家庭较为重视。

提起腊月二十三,大家津津乐道的还是供奉灶王爷习俗,尽管他们到查哈阳农场以后都没有供奉过灶王爷。在20世纪六七十年代,供奉灶王爷作为封建迷信在禁止之列,总场职工都响应号召,不供奉灶王爷了,刘永为是领导干部,不敢供奉灶王爷,他说:"如果你供神,又烧纸,又贴灶王爷的,给你反映上去(告状到组织),那还不收拾你吗?"[3]刘淑芬则回忆说,在管理区(当时叫连队)有人偷着供奉灶王爷,同住一个村子的本家供奉灶王爷,有时候去串门能赶上。[4]

尽管我们的调查对象都未曾供奉过灶王爷,但是在老家都见过供奉灶王爷,而且记忆很深刻,邵国荣说:"小时候在老家的时候看过有人供,上天言好事,还用大块塘给嘴上抹点。但是我们家从来没有供过灶王

---

1. 被访谈人:李凤珍;访谈时间:2014年1月29日;访谈地点:查哈阳农场金光管理区李凤珍家。
2. 被访谈人:杨桂荣;访谈时间:2014年1月24日;访谈地点:查哈阳农场总场家属区刘永为、杨桂荣夫妇家。
3. 被访谈人:刘永为;访谈时间:2014年1月23日;访谈地点:查哈阳农场总场家属区刘永为、杨桂荣夫妇家。
4. 被访谈人:刘淑芬;访谈时间:2014年1月26日;访谈地点:查哈阳农场金光管理区刘淑芬家。

爷。"[1] 李凤珍、杨俊章以前在老家的时候看过老人们的祭祀过程，根据他们的描述，灶王爷像上一般都印有这一年的日历，上书"东厨司命主""人间监察神""一家之主"等文字，两旁贴上"上天言好事，下界保平安"的对联。腊月二十三是灶王爷升天的日子，早晨做好饺子后先供给灶王爷一碗。祀灶的仪式是，把灶王爷像从灶台的墙上取下，在他的嘴巴上抹点灶糖，目的是把灶王爷的嘴粘上。给灶王爷吃灶糖的意思是，托他在玉皇大帝面前多给家里人说一些好话，别说坏话，让灶王爷保佑一家平安。因此，在小年来临之前，各家都要买一二斤灶糖。跪在灶坑前把灶神烧掉，嘴里念叨着："上天言好事，下界保平安。"买年画的时候也同时买张新的灶王爷像，在年三十贴对联的时候贴上灶王爷像，晚上接神的时候同时将灶王爷也"接"回家。

小年这天有吃灶糖的习惯。灶糖又叫"大块糖"，用麦芽、小米熬制而成，由于过去各家经济条件均差，所以用来祭祀灶王爷的灶糖也成为小年这天人们特别是小孩子最喜欢的食品之一。过去虽然有许多家庭不供奉灶王爷，但是灶糖却是要吃的。

扫房是腊月二十三这天的主要习俗，这一习俗一直未曾间断，延续至今，是每家在这一天必须要干的活。从早晨开始，家家户户打扫室内卫生。也在这一天清洗被褥、床单和窗帘。这一习俗寓意辞旧迎新和破旧立新，扫去灰尘让心安静，刘淑芬说："扫扫灰尘，一年干净，心不是静吗？"[2] 所以无论室内是否有灰尘，在这一天都要扫房。过去各家都住平房，烧火炉子取暖，因此一年下来室内灰尘很多，扫房确实能使房屋干净许多，而如今总场职工已经住进了楼房，室内非常干净，尽管如此，腊月二十三这一天仍然

---

1. 被访谈人：邵国荣；访谈时间：2014年1月23日；访谈地点：查哈阳农场总场家属区刘耀华、邵国荣夫妇家。
2. 被访谈人：刘淑芬；访谈时间：2014年1月26日；访谈地点：查哈阳农场金光管理区刘淑芬家。

象征性地拿笤帚扫一扫。也有的家庭不一定在腊月二十三这一天扫，而是在腊月二十三至腊月三十期间任选一天扫房、洗床单被褥。

过去腊月二十三这天开始"换饭"，何为"换饭"？就是改善伙食，刘耀华说："腊月二十三，不管穷富，都要换饭了。换饭就是有菜了。"[1] 过去生活条件差，物资欠缺，蔬菜的种类较少，平时很难吃到菜，而到二十三则能吃到菜，所能吃到的菜都是白菜、土豆等一些在今天看来再普通不过的蔬菜。

小年这天通常吃饺子。现在经济条件普遍好了，在这一天除了包饺子外还要炒几个菜，物资丰富了，蔬菜的品种多了，餐桌上的菜也好起来了，许多家庭还会在饭前放鞭炮来庆祝小年。

一般进入腊月就开始正式进入过年的准备阶段了，开始采购年货，小年以后则是集中置办年货时间，是农场职工最为忙碌的时期。

鸡、鱼是必备的年货。过去无论是总场还是管理区，家家都自己养鸡，入冬之后进行宰杀，冻起来留到过年时吃。过去，要提前买鱼，而且要到很远的太平湖买鱼，所以家家能买到的都是冻鱼。现在都买活鱼，过年时现吃现买即可。

冻梨、冻柿子、冻苹果是主要的年货，计划经济时代，供销社都用柳条编制的花篓装这些水果，每家都根据自己的经济状况多多少少买点冻梨、冻柿子、冻苹果。刘耀华家是双职工，条件比较好，每到春节的时候要买一花篓苹果、一花篓冻梨、一些冻柿子。而管理区的杨桂芬家则较困难，过年时仅能买很少的冻梨、冻柿子。买回来之后各家都将其放到地窖里，避免孩子偷吃，三十晚上放在一个大盆子里用凉水缓开，吃起来清凉可口。不过，困难家庭只给孩子吃，如杨俊章家便是这样，杨俊章说："孩子吃，大人不

---

1. 被访谈人：刘耀华；访谈时间：2014年1月23日；访谈地点：查哈阳农场总场家属区刘耀华、邵国荣夫妇家。

吃。"[1] 初一早晨亲属来拜年的时候，也以这些冻梨、冻柿子招待前来拜年的亲属。

过年时也买些糖块，过去商店卖的都是光腔大块糖，即没有包装纸的糖块。糖在那个计划经济的困难时代也是稀罕之物，各家视经济条件好坏决定买多少，杨桂芬说："我们家过年五角钱买一小包糖块，过年时每人分一块。"[2] 为了防止孩子没等到过年就偷吃了，大人们要将糖藏起来。李凤珍讲了一个发生在他们邻居家的一件旧事："买了点糖藏在仓房里了，结果让耗子吃了。后悔了，还不如让孩子吃了。"[3]

鞭炮也必须买，除了年三十半夜接神燃放鞭炮外，从三十直到初五饭前必须燃放炮仗，正月十五晚上也是集中燃放烟花的时间。另外，还要给小孩们准备一些小鞭炮，供他们玩耍。过去生活困难，鞭炮买得不多，杨俊章的二儿子回忆说："我爸给我们买的鞭炮就十个，我和我哥每人五个，放在炕上，天天摸，今天摸摸还不到三十，明天摸摸还不到三十。"[4] 现在生活水平提高了，每年购买很多鞭炮。如果家里有去世的人，则三年之内禁止燃放鞭炮。

杀年猪是北方各民族共有的年俗。在20世纪80年代以前，家家都住平房，每家都养猪，有的家庭养猪，但是不杀猪，像刘耀华、邵国华夫妇便是这样，他们每年养猪都卖钱，用来购置自行车、钟表等大件。有的家庭杀猪，每年腊八前后就开始杀年猪，一半上缴给公家，一部分出售换点钱，一

---

1. 被访谈人：杨俊章；访谈时间：2014年1月27日；访谈地点：查哈阳农场金光管理区杨俊章家。
2. 被访谈人：杨桂芬；访谈时间：2014年1月28日；访谈地点：查哈阳农场金光管理区杨桂芬家。
3. 被访谈人：李凤珍；访谈时间：2014年1月29日；访谈地点：查哈阳农场金光管理区李凤珍家。
4. 被访谈人：杨俊章；访谈时间：2014年1月27日；访谈地点：查哈阳农场金光管理区杨俊章家。

部分留给自己吃。留给自己吃的肉和猪下水埋在雪里保存。

杀猪是一件值得庆祝的大事,届时要宴请亲朋好友、左邻右舍到家里来吃杀猪菜,杀猪菜的做法是用猪肉、血肠同酸菜丝烩在一起,满满的一大锅。对于关系特别好的朋友及亲属,临走时还为他准备一碗血肠带回家。因为居住在一起的人具有亲属关系的很少,所以在农场,请吃杀猪菜的现象并不普遍,有的家庭杀猪不请客。

在20世纪80年代以前的集体经济时代,每到过年之时生产队都要集体杀几头猪,然后按人头分给每个家庭。不养猪的家庭就只能靠这点肉过年了,刘永为夫妇二人都是正式职工,不养猪。总场的肉都是从各个生产队调过来的,按照人口数调运猪肉,每个职工分配的肉很少,刘永为说:"分的肉很少,每人一斤肉,所以过年仅用肉借点味,主要吃蔬菜。"[1] 改革开放后,总场场部家属都住进了楼房,养猪和鸡鸭的条件没了,每年年从市场购年货。而农场下属的管理区的职工家庭仍然尽可能养猪、养鸡鸭,不过尽管管理区职工仍然养猪,但是杀年猪这一习俗逐渐淡化了。

黏豆包、年糕、饺子、馒头也是必备的年货,不管祖籍何地都有做年干粮的习惯。不过置办这些年货的时间并不统一,多数从腊月二十三小年以后开始做这些食物,也有的家庭从腊八就开始制作了。

蒸豆包、年糕叫"淘米",进了腊月就要淘米,将黄米用水泡上,沥水之后把米晾干,到碾坊磨面,将面和好之后放在瓷盆里放在炕上发酵,同时烀豆子,用豆杵子捣好后团成圆球作为豆包馅,然后开始包豆包。没有黄米的家庭,蒸豆包一般都用玉米面和黏米(江米,也叫糯米)面。过去蒸年糕,年糕又称切糕,是用黄米面在蒸帘子上一层层撒面,一层面一层豆子,达到3厘米左右厚的时候开始盖锅蒸。也有自己不蒸切糕而购买的,刘耀华

---

1. 被访谈人:刘永为;访谈时间:2014年1月24日;访谈地点:查哈阳农场总场家属区刘永为、杨桂荣夫妇家。

说，过去有推着独轮车来农场卖切糕的。[1] 由于黄米都换自周边农区或者亲属带来的，所以蒸豆包和年糕数量的多少因家庭而异。

邵国荣一家一直保持老家的蒸馒头的传统，而且制作馒头非常讲究，用模子蒸小馒头，至今这个模具仍然保存完好，是木制的，共四个模具孔，一个模具一次能蒸出四个馒头，叫作"四样饽饽"，

▲ 查哈阳农场邵国荣家的馒头模子，里面有四种吉祥图案/于学斌 摄/2014年

孔里刻有图案，分别是喜字、桃、花、石榴。蒸之前用苇子蘸红药水将模具的图案染成红色，蒸好的馒头上显现的是红色图案。不仅馒头好看，而且图案都是吉祥图案，是人们美好、吉祥的祝福和期盼。

包冻饺子也是腊月的主要活动，大家帮忙包，包好的饺子放在大笸箩里，放在外面冻。

杨桂荣给出了蒸这么多干粮的理由："大伙在一起好玩啊！"[2] 这是一句东北话，意思是现成的干粮吃着方便，便于大家凑在一起玩耍，过年期间玩耍时，只需将这些干粮热热就能吃了，不影响玩耍。不过，在20世纪80年代以前，由于生活贫穷，农场职工每年分的口粮数量有限，所以较之其他农区，年干粮做得较少。杨俊章说，过去粮食不够吃，分到粮食之后，赶紧骑着自行车到农区换粗粮，因为细粮费，粗粮扛吃，一斤大米可以换两斤小米。[3]

---

1. 被访谈人：刘耀华；访谈时间：2014年1月23日；访谈地点：查哈阳农场总场家属区刘耀华、邵国荣夫妇家。
2. 被访谈人：杨桂荣；访谈时间：2014年1月24日；访谈地点：查哈阳农场总场家属区刘永为、杨桂荣夫妇家。
3. 被访谈人：杨俊章；访谈时间：2014年1月27日；访谈地点：查哈阳农场金光管理区杨俊章家。

现在农场总场场部都住楼房了，蒸豆包、年糕、馒头不如原先方便，许多家庭也嫌费事，而市场上这些东西都有卖的，所以蒸豆包、年糕、馒头的家庭越来越少。刘永为说："现在都住楼了，谁还做啊，不够费事的呢，想吃了就买点。"[1]这种想法代表了绝大多数农场职工家属的想法。而管理区的农场职工仍然住在平房里，仍然保持做年干粮的习俗，而且过去很少见的黏豆包现在开始做了。

有的家庭在年前也做些油炸食品。邵国荣说，过去（指计划经济时代）农场放假很晚，到腊月二十八或者二十九才放假，回家着急忙慌地炸些麻花，用纸箱子装起来放在仓子里，这是给孩子们准备的。[2]

临近过年的时候家家准备一些豆腐。在计划经济时代，各个连队都有豆腐坊，豆腐按人口分给社员，刘永为说："每人分一块两块，按人口定量分，你说你想多要，没有。"[3]即便按人头分，也要花钱购买。无论总场还是管理区临近过年的时候每家会买豆腐，邵国荣说："快过年了，到豆腐坊买个一板、半板的。"[4]李凤珍说："过去过年都捡几块豆腐。"[5]而对于吃豆腐的意义却有不同的理解，有人认为是因为没有其他吃的东西，豆腐就是好菜，邵国荣说："那时候有啥吃的啊？冻白菜里面放块豆腐炖，小孩子都乐坏了。"[6]言外之意有两层，一层含义是豆腐在那时候是个好菜；另

---

1. 被访谈人：刘永为；访谈时间：2014年1月24日；访谈地点：查哈阳农场总场家属区刘永为、杨桂荣夫妇家。
2. 被访谈人：邵国荣；访谈时间：2014年1月23日；访谈地点：查哈阳农场总场家属区刘耀华、邵国荣夫妇家。
3. 被访谈人：刘永为；访谈时间：2014年1月24日；访谈地点：查哈阳农场总场家属区刘永为、杨桂荣夫妇家。
4. 被访谈人：邵国荣；访谈时间：2014年1月23日；访谈地点：查哈阳农场总场家属区刘耀华、邵国荣夫妇家。
5. 被访谈人：李凤珍；访谈时间：2014年1月29日；访谈地点：查哈阳农场金光管理区李凤珍家。
6. 被访谈人：邵国荣；访谈时间：2014年1月23日；访谈地点：查哈阳农场总场家属区刘耀华、邵国荣夫妇家。

一层含义是，除了豆腐，其他可选择的食物非常有限。有人认为吃豆腐具有吉祥含义，李凤珍说："豆腐过去老的说法是有福。"[1]杨俊章说，豆腐，"兜福"，寓意有福气的意思，图个吉利。[2]现在有的家庭仍然保持过年吃豆腐的传统，年前或多或少地买几块大豆腐，存放在冰箱里，留着过年的时候吃。而有的家庭则可买可不买，如李凤珍家便是。

年前不能忘记上坟，腊月二十三以后要到坟地烧纸（冥币）祭拜先人，这是在给逝去的祖先送过年钱。如果家族坟地在本地，就去坟地上坟烧纸。如果坟地在老家或者是离得比较远，就在十字路口烧纸，纸上外加一个信封，信封上书写死者的姓名和地址，落款是寄纸人的姓名和地址。正月期间不能上坟烧纸。

在过去，孩子最喜欢过年，也最盼着过年，因为既有好吃的，还有新衣服穿。穿上新衣服则象征着在新的一年焕然一新，代表着吉利喜庆的意思。年前家长尽量买几尺布为孩子做一身新衣服，买几尺绫子为女孩子做红头绳。经济条件好的家庭，大人也换一套新衣服。实在困难的家庭则将大人的旧衣服给孩子翻做一件衣服。还有的家庭孩子多，经济条件差，往往只给老大做件新衣服，弟弟妹妹们捡哥哥姐姐的衣服穿。在管理区单纯以种地为生的农民，有的家庭很困难，往往无能力买新衣服，杨俊章说："过去生活困难，过年的衣服也上补丁。"[3]过去为了赶制衣服，母亲年前非常忙碌，因为在计划经济时代，作为职工他们天天上班，不过周末，所以给孩子们做衣服都在晚上，即便在晚上也要挤时间，因为有时候下班之后还要开会。现在各家条件都好了，平时穿的衣服已经非常好，所以过年穿新衣服这一习俗

---

1. 被访谈人：李凤珍；访谈时间：2014年1月29日；访谈地点：查哈阳农场金光管理区李凤珍家。
2. 被访谈人：杨俊章；访谈时间：2014年1月27日；访谈地点：查哈阳农场金光管理区杨俊章家。
3. 被访谈人：杨俊章；访谈时间：2014年1月27日；访谈地点：查哈阳农场金光管理区杨俊章家。

逐渐淡化了。

过年期间穿衣也有禁忌，李凤珍说，过去过年不能穿白色的衣服，因为只有孝布才是白色的，只有家里有去世的人才穿白色的。家里若有人去世，三年内不能穿红色的或绿色的衣服，第一年家里人要穿白色的，第二年和第三年要穿灰色的，三年之后才能穿颜色鲜艳的衣服。[1]

腊月三十

在幸福的忙碌中迎来了农历的最重要的一天——大年三十。大年三十的叫法因阶层的不同而存在差异，国家干部称这一天为"春节"，而普通家庭在过去一直把这一天叫"过年"，直至改革开放后才较为普遍接受"春节"这一词语。农场前副场长刘永为说："如何称呼要分场合、地点和人物，在家里叫'过年'，在公共场合叫'春节'。"[2]

大年三十上午贴春联、春条、福字。春联俗称对子、对联，每逢春节，无论是过去还是现在，无论总场场部还是管理区、连队，每家每户都要贴对联、福字、春条。过去的对联、春条、福字一般都请有文化的人、写字好的人写，刘耀华说："最早都是自己写，有识字的、毛笔字写得不错的，都拿着红纸到他家求他给写。"[3]而现在，自己写对联的现象不存在了，临近过年，大街小巷会出现很多卖春联的摊点，人们根据自己的喜好买回自己中意的对联，主要看对联的词和工艺。在贴春联的同时，家家户户还在门上、窗户上、墙壁上贴上大大小小的福字、春条。福字意味着福气、福运，贴上福字是人们对新的一年幸福生活的向往。福字的贴法有讲究，大体有两

---

1. 被访谈人：李凤珍；访谈时间：2014年1月29日；访谈地点：查哈阳农场金光管理区李凤珍家。
2. 被访谈人：刘永为；访谈时间：2014年1月24日；访谈地点：查哈阳农场总场家属区刘永为、杨桂荣夫妇家。
3. 被访谈人：刘耀华；访谈时间：2014年1月30日；访谈地点：查哈阳农场总场家属区刘耀华、邵国荣夫妇家。

种贴法，一种是把福字正着贴，另一种则是将福字倒着贴，意思是"福来到"，邵国荣说："倒着贴福字一直有，过去还多呢，图个吉利，别人看了会说：'你家福到了！'"[1]但是近年有人进行了不同的解读，刘永为家原来在门上贴倒福，后来来个亲属说："你这种贴法不对，门上贴倒'福'，福到门口就不进屋了。"自此以后，他家又将门外的福字正着贴，室内的福字倒着贴，如此则"福就能进家门了"。过去，有外债的人家会早早地贴上对子，来要账的人见到对子贴上就不会进门要账了，直到出了正月才能讨债，杨俊章说："过去有说头，该人家的，欠人家的，早早地贴上对子，就没有人来要账了。"[2]

除了春联和福字外，也贴挂签。一般通过两种方式获得：一种是自己剪，另一种是托左右邻居帮忙剪，自己不会剪的家庭都采取这种方法。现在都在市场上买。

春节贴年画在城乡间非常普遍，年画以它独特的表现方式为春节增添了浓厚的喜悦氛围。早年的年画一般为画有吉祥寓意的画，如鱼代表着年年有余。20世纪六七十年代多贴革命样板戏的剧照。近年，贴年画的家庭少了，但是直至今日有的家庭仍然保持贴四位伟人像的习俗，杨俊章说："没有这四位伟人，你过不了现在的生活。"[3]由此看出人们对他们的感情至深。

如果这一年家里有人去世，则三年内不得贴春联、窗花、福字、年画。杨俊章说："过年要是这家人家没贴对联，这家人家就死老人了。这家

1．被访谈人：邵国荣；访谈时间：2014年1月30日；访谈地点：查哈阳农场总场家属区刘耀华、邵国荣夫妇家。

2．被访谈人：杨俊章；访谈时间：2014年1月27日；访谈地点：查哈阳农场金光管理区杨俊章家。

3．被访谈人：杨俊章；访谈时间：2014年1月27日；访谈地点：查哈阳农场金光管理区杨俊章家。

人家要是贴,这家人家就平安了。"[1]

过去家家大门上贴门神,这是家的保护神,据说贴上门神,一切妖魔鬼怪都不敢来了。过去房门都是对开的,门神一般都是成对地贴在两扇门上。20世纪六七十年代,贴门神之俗作为封建迷信而被禁止,在这一时期也没有卖门神像的。如今,有些家庭重新拾起了贴门神的习俗,不过并不普遍,仅是很少家庭。

过去供奉老祖宗的家庭一定在饭前把家谱高悬上,供品都摆好。刘耀华小时候看见过老人供家谱,他记得:"家谱的两边是对联,对联上面画有灵芝草和梅花鹿,梅花鹿的嘴里衔着灵芝草。早先的对联可带劲了[2],那对联画得真好,现在都没有了。"据刘耀华介绍,只有故去三年的人才能写入族谱上。[3] 不过,刘耀华只是在老家看过,到查哈阳农场以后从来没供奉过家谱。杨俊章说,谁家供奉老祖宗谁家就是本家的中心,本家无论大辈还是小辈都要来这里拜老祖宗、给老祖宗磕头。[4] 半夜12点在院内烧纸燃放鞭炮,即意味着把老祖宗接回来了。

在太阳落山之前,家里的大小缸都要填满,水缸要填满水,象征着新的一年丰衣足食。但是现在家家都住进了楼房,即便没住楼房的管理区居民也使用了自来水,家里没有了缸,这一习俗也就逐渐消失了。

由于农场属于国营单位,所以在计划经济时代,即便大年三十这一天也要上班,要上班的职工家庭在这一天仍然吃三顿饭。现在,无论是总场职工还是管理区农民,绝大多数家庭吃两顿饭。一般早饭较为简单,晚饭是精

---

1. 被访谈人:杨俊章;访谈时间:2014年1月27日;访谈地点:查哈阳农场金光管理区杨俊章家。
2. 可带劲:东北话,漂亮的意思。
3. 被访谈人:刘耀华;访谈时间:2014年1月30日;访谈地点:查哈阳农场总场家属区刘耀华、邵国荣夫妇家。
4. 被访谈人:杨俊章;访谈时间:2014年1月27日;访谈地点:查哈阳农场金光管理区杨俊章家。

心制作的，是一年中最为丰盛的一顿饭，有鱼、鸡、猪肉等最好吃的饭菜。菜的数量必须是双数，忌讳出单，四个、六个、八个、十个，寓意是六六大顺、四平八稳、十全十美。

腊月三十晚上叫"除夕"，当地人都习惯称其为"年午黑天"。是夜，通宵点灯，邵国荣说，这一天不但屋里点灯，就连仓子里也要通宵点灯。[1]室外高挂灯笼，有的家庭直至过了正月十五才撤掉灯笼。

接神是三十晚上的主要活动，但是各家接神的方式有所不同，一种方式是，半夜在室外院中拢堆火、烧纸、燃放鞭炮，管理区的李凤珍家便是如此，他们家是在子夜午时即午夜零点开始接神，在院子正中摆放一个天地桌，摆上供品，根据皇历上显示的财神所在的方向，面向财神磕头。一种接神方式是，半夜仅在室外燃放鞭炮，总场职工刘耀华、邵国荣家便是如此。还有一种是不举行接神仪式，不放鞭炮，这种情况在过去比较少，仅存在于一些困难的家庭，刘永为说："我们年轻的时候家里不放鞭炮，因为那时候卖鞭炮的都十分少，而且各家挣的钱都不多，没有多余的钱买鞭炮。"[2]改革开放以后，物质生活条件好了，年三十晚上半夜燃放鞭炮出现了两种情况，一种是放鞭炮，有些家庭甚至买很多鞭炮放；二是不放鞭炮，这种现象主要出现在总场场部，因为都住楼了，很多家庭在此新旧交替的时刻就吃顿饺子。

在新旧交替的半夜，发完纸、放过鞭炮（当然也有不发纸、不放鞭炮的）后，全家吃年夜饭。年夜饭是一顿团圆饭，全家汇聚一堂。菜多是白天晚饭时做的菜，重新热热端上桌。鱼是这顿饭必不可少的一道菜，具有美好的含义，"鱼"和"余"是谐音，意为"富富有余"。如今的年夜饭又增加

---

1. 被访谈人：邵国荣；访谈时间：2014年1月30日；访谈地点：查哈阳农场总场家属区刘耀华、邵国荣夫妇家。
2. 被访谈人：刘永为；访谈时间：2014年1月24日；访谈地点：查哈阳农场总场家属区刘永为、杨桂荣夫妇家。

了一道菜,这就是猪手、鸡手,吃猪手、鸡手的含义是"挠钱",即多赚钱的意思,所以每个人都要吃一块猪手。杨桂荣说:"以前不吃猪手、鸡手。现在说要挠钱。那咱们听说了,就得给孩子们准备猪手鸡手。现在年午黑天必须有猪手这道菜。"[1]李凤珍说:"现在必须吃猪爪子,以前不吃,现在必须吃,叫挠财。"[2]年夜饭做菜要做双数,双数为吉。饮食上的禁忌很多,邵国华说,三十晚上不能吃蒜,吃大蒜一年总算计,日子过得紧巴。过去禁止吃倭瓜,倭瓜寓意窝囊,一年都窝囊,杨俊章说:"过年不能吃倭瓜,一进腊月就要把储存的倭瓜扔掉,不能要。倭瓜不能过年。"[3]这顿团圆饭一般不能吃完,多多少少要剩一些,意思是"有余头"。

这顿饭的主食是饺子,不管穷富,腊月三十半夜一定吃年夜饺子。年三十晚上的饺子馅各有不同,祖籍东北的人,年夜饺子一般为芹菜馅和韭菜馅饺子,代表着不同的寓意:芹菜寓意这一年能够勤勤快快,韭菜则寓意能够长长久久。如果条件允许,往馅里放一些肉,使馅的味道更美味。禁止包酸菜馅饺子,邵国荣的解释是:"老人都这么说,一年都酸溜溜的,脾气不好。"[4]杨俊章说:"过去东北不吃白菜馅水饺。"[5]而祖籍山东的人则愿意在年三十包白菜馅水饺,白菜,百财的意思。现在有的家庭崇尚吃素馅水饺,寓意肃静、平安。年午黑天吃的这顿饺子必须是新包的,馅里包钱币、糖块或者花生仁,不同的东西有不同的寓意:谁吃到钱谁有钱花;谁吃到糖

---

1. 被访谈人:杨桂荣;访谈时间:2014年1月24日;访谈地点:查哈阳农场总场家属区刘永为、杨桂荣夫妇家。
2. 被访谈人:李凤珍;访谈时间:2014年1月29日;访谈地点:查哈阳农场金光管理区李凤珍家。
3. 被访谈人:杨俊章;访谈时间:2014年1月27日;访谈地点:查哈阳农场金光管理区杨俊章家。
4. 被访谈人:邵国荣;访谈时间:2014年1月30日;访谈地点:查哈阳农场总场家属区刘耀华、邵国荣夫妇家。
5. 被访谈人:杨俊章;访谈时间:2014年1月27日;访谈地点:查哈阳农场金光管理区杨俊章家。

谁有甜头；吃到花生意味着生孩子会花着生，又生男孩又生女孩。每年年夜饭上都希望自己吃到这些包有钱币、糖块、花生仁的饺子，李凤珍说："都抢着吃。"[1] 小孩们甚至不吃到誓不罢休，吃得很饱了还继续吃，邵国荣回忆说，有一年，已经吃了很多了，但还没吃到，孙子们就挨个摁饺子啊，就找包钱币的饺子。[2] 馅里夹钱、糖的习俗直至现在仍然在延续，给节日增添了色彩，带来了乐趣，吃到这样的饺子，心情自然舒畅，带着美好的憧憬开始新的一年的生活。在饺子的包法上，东北人习惯包元宝状的饺子，饺子边上捏褶，杨俊章说："过年不包仰白饺子，不能包长饺子，要像金元宝样子。"[3] 其含义是发财。而来自山东的杨桂芬、李凤珍等家庭不会包元宝形的饺子，他们包的饺子和现在饭店包的饺子的样式一样，饺子皮对折，两只手一捏就是一个饺子，边上无褶。在饺子的摆法上，有的人家习惯把饺子一列一列的摆在盖帘上，有的人家习惯转圈摆在盖帘上，具体为啥这么摆，没人给出解释。摆饺子时，饺子的"肚子"不能相对而立（"肚子"即是饺子稍鼓出来的那一面）。

"十二点的饺子，没外人"，这是年午黑天新旧交替时刻吃饺子的习俗，围坐一桌吃饺子的都是自家人，不能到别人家吃饺子，外人也不来你家吃饭，杨桂芬说："今黑这顿饭，谁叫去吃饭也不能去。"[4] 杨俊章解释说，即便是叔叔、大爷家也不能去吃年夜饺子。[5] 结了婚的女儿禁止在娘家

---

1. 被访谈人：李凤珍；访谈时间：2014年1月29日；访谈地点：查哈阳农场金光管理区李凤珍家。
2. 被访谈人：邵国荣；访谈时间：2014年1月30日；访谈地点：查哈阳农场总场家属区刘耀华、邵国荣夫妇家。
3. 被访谈人：杨俊章；访谈时间：2014年1月27日；访谈地点：查哈阳农场金光管理区杨俊章家。
4. 被访谈人：杨桂芬；访谈时间：2014年1月28日；访谈地点：查哈阳农场金光管理区杨桂芬家。
5. 被访谈人：杨俊章；访谈时间：2014年1月27日；访谈地点：查哈阳农场金光管理区杨俊章家。

过年，李凤珍说："过去哪有女儿在娘家过年的！那不行。"[1] 现在这些禁令都没有了。

在过去，年三十晚上也有拜年的，拜年的方式各家有所不同，总场的杨国荣每年吃完年夜饭后要到附近关系比较好的人家坐坐，聊会儿天。管理区的杨俊章家在吃年夜饭前就去叔叔、大爷、舅舅、姨姨家拜年。

过去，实行磕头拜年，邵国荣家在年三十晚上，儿子、儿媳妇、孙子都要给他们磕头拜年，即便现在儿孙都很大了仍然如此。但是这种磕头拜年的家庭很少，进入新社会以后就很少有了。

有的家庭给孩子压岁钱，过去生活困难，给不了很多，即便给个三角两角的，"那孩子也乐够呛！"[2] 有的家庭不给钱。现在生活条件好了，家家给子女压岁钱，尤其是孙子、孙女，邵国荣说："孙子最早给50元，后来100元钱、200元钱，现在腰包鼓了，就给500元。"[3] 随着时代的发展，数字被赋予特殊的含义，由此也在压岁钱的数量上有了更多的讲究，邵国荣每年给成年子女压岁钱，给经商做买卖的二儿子88.8元，意思是生意兴隆，挣大钱，发发发。给在政府上班的大儿子和三儿子77.7元，意思是七上八下，广运亨通，步步高升。压岁钱体现了长辈对晚辈的关爱与深深的祝福。

除夕守岁是一直以来的传统，守岁又称熬年，一夜不睡觉。杨俊章说，如果睡觉也不能脱衣服，脱了衣服不吉利。[4] 李凤珍说，要穿着衣服睡觉，根据皇历确定财神所在的方位，吃完饺子睡觉就在财神所在的方位睡觉。现在则不强制要求守岁了，一般看完春节联欢晚会或者吃完年夜饭

---

1. 被访谈人：李凤珍；访谈时间：2014年1月29日；访谈地点：查哈阳农场金光管理区李凤珍家。
2. 被访谈人：杨俊章；访谈时间：2014年1月27日；访谈地点：查哈阳农场金光管理区杨俊章家。
3. 被访谈人：邵国荣；访谈时间：2014年1月30日；访谈地点：查哈阳农场总场家属区刘耀华、邵国荣夫妇家。
4. 被访谈人：杨俊章；访谈时间：2014年1月27日；访谈地点：查哈阳农场金光管理区杨俊章家。

后就可以睡觉了。[1] 邵国荣说："过去要守岁，现在不守岁了，没有精力了。"[2] 大年三十晚上守岁期间，小孩一般玩嘎拉哈（又称为羊拐，就是羊的膝盖骨），尤其是小女孩喜欢玩这个游戏。男孩则一般玩小鞭炮，大人会给孩子们准备一些小鞭炮，都舍不得放，一会儿放一个。每到夜晚，一个人一个小罐头瓶，瓶里放根蜡烛，瓶口绑一根绳子，用一根木杆挑着到处跑。互相追跑，打打闹闹。大人们会坐在一起打扑克、打麻将。

早年媒体不发达，娱乐方式很少，刘耀华说："那时候（指20世纪六七十年代）有个收音机就是好的了，没有其他娱乐活动了。"[3] 尽管如此，人们过得非常投入，非常快乐，邵国荣说："那时候过年特别有意思。"[4] 如今，人们的娱乐方式随着信息化时代的发展而增多，看电视、上网成为主要的消遣方式，全家人围坐在电视机前看春节联欢晚会成为各个家庭过年的一种方式。玩手机或者玩电脑游戏取代了传统的游戏。

除夕还有很多的禁忌。大年三十晚上不能向外面扔垃圾，要往屋里扫，堆在一处，有的人家初一扔垃圾，有的人家初三扔垃圾，还有的人家直到正月初五才扔垃圾。如果大年三十这天晚上扔垃圾，就会把一年的好运气和吉利扔走，并且会扫走这一年的"财气"。杨桂芬说，还有人家三天不刷锅。[5] 过年不往外倒垃圾这一习俗在管理区的许多家庭里一直保持着，不过，很多年轻人不再讲究这些规矩了。

---

1. 被访谈人：李凤珍；访谈时间：2014年1月29日；访谈地点：查哈阳农场金光管理区李凤珍家。
2. 被访谈人：邵国荣；访谈时间：2014年1月30日；访谈地点：查哈阳农场总场家属区刘耀华、邵国荣夫妇家。
3. 被访谈人：刘耀华；访谈时间：2014年1月30日；访谈地点：查哈阳农场总场家属区刘耀华、邵国荣夫妇家。
4. 被访谈人：邵国荣；访谈时间：2014年1月30日；访谈地点：查哈阳农场总场家属区刘耀华、邵国荣夫妇家。
5. 被访谈人：杨桂芬；访谈时间：2014年1月28日；访谈地点：查哈阳农场金光管理区杨桂芬家。

这一天忌言死、杀、没有、少了、病、输、败、破等不吉利的字眼，刘淑芬说："过年就挑好听的说。"[1]如长辈给晚辈添饭加菜，如果已经吃饱了，不能直接说"不要"，而要说"有了"；如果包饺子时饺子馅不够了，不能说饺子馅"没"了，而要说饺子皮"有余"了。刘永为说，母亲活着的时候讲究多，如果饺子煮破了，不能说"破了"，要说"挣了"。[2]为了防止小孩说错话，大人提前提示小孩，告诉小孩："晚上别吱声！"杨桂芬说："年午黑天不能多说话。"[3]接完财神后就不让小孩说话了，以免说错话。杨桂芬讲了一件发生在他们家的故事："三毛钱一斤黑冻梨，我3元钱买了10斤，年午黑天用凉水泡上，儿子、媳妇、我老头吃了，我没吃，第二天老头和我说：'我昨晚吃得肚子疼了，没敢说。'"[4]但是这种讲究越来越不受重视，刘永为说："到我们这一代就不管这些事了。"[5]

大年三十禁止动针线。至于为什么不能动针线，邵国荣给予了非常人性化的解释："为什么不能动针线，实际是对妇女的解放，平时总忙，过去，又做鞋又做棉衣服的，过年了给你点说法，到了过年的时候为了让女性得到放松。但是要强的女人该做的衣服裤子在年前就做完了。"[6]而有的人说，这天动针线，眼睛视力会不好。对于这一习俗有的人家严格遵守，甚至直到过了正月十五才动针线。有的人家虽然知道这一规矩，但是并无禁

---

1. 被访谈人：刘淑芬；访谈时间：2014年1月26日；访谈地点：查哈阳农场金光管理区刘淑芬家。
2. 被访谈人：刘永为；访谈时间：2014年1月24日；访谈地点：查哈阳农场总场家属区刘永为、杨桂荣夫妇家。
3. 被访谈人：杨桂芬；访谈时间：2014年1月28日；访谈地点：查哈阳农场金光管理区杨桂芬家。
4. 被访谈人：杨桂芬；访谈时间：2014年1月28日；访谈地点：查哈阳农场金光管理区杨桂芬家。
5. 被访谈人：刘永为；访谈时间：2014年1月24日；访谈地点：查哈阳农场总场家属区刘永为、杨桂荣夫妇家。
6. 被访谈人：邵国荣；访谈时间：2014年1月30日；访谈地点：查哈阳农场总场家属区刘耀华、邵国荣夫妇家。

忌，刘永为家便是后一种情况，他的解释是："你给公家干活，还能不干吗？"[1] 因为他们夫妇都是农场的职工，年三十也要工作。

年三十不能洗脚，若是在这天洗脚，那么家里腌制的酱缸会有臭味。

本命年的人，要扎红腰带、穿内裤、红袜子。过去家庭困难，就在腰带钉块红布。人们认为，本命年人有一道坎，不顺利，通过"扎红"来保佑本命年的人平平安安。

正月初一到十四

正月初一，新年的第一天，早饭必须吃饺子。吃早饭前必须先放爆竹。

拜年是大年初一的主要活动。在老家时，磕头拜年很盛行，吃过早饭后，长辈在家等着，晚辈到长辈家向长辈拜年，祝福长辈健康长寿，平平安安，长辈受拜后，会说一些祝福的话，如新的一年能事事顺心，吉祥快乐。到农垦以后无论是总场还是管理区虽然仍然有拜年习俗，但是拜年的方式已经发生了很大的变化，拜年就是简单地走访、串门，管理区的李凤珍说："拜年吧就是到你家坐会儿，唠会儿嗑，玩玩。"[2] 总场的杨桂荣说："拜年就是去亲戚邻居家走走，坐一会儿。"[3] 通常不带礼物，但是若是去给长辈拜年就要带一些礼物了，过去的礼物一般就是两瓶罐头、两瓶酒、两包长白糕（俗名"牛舌头"）、两包糖，俗称"四合礼"。但是，来自山东的杨桂芬、李凤珍和别人看法不同，她们说，过年送礼不能送罐头，因为罐头是

---

1. 被访谈人：刘永为；访谈时间：2014年1月24日；访谈地点：查哈阳农场总场家属区刘永为、杨桂荣夫妇家。
2. 被访谈人：李凤珍；访谈时间：2014年1月29日；访谈地点：查哈阳农场金光管理区李凤珍家。
3. 被访谈人：杨桂荣；访谈时间：2014年1月24日；访谈地点：查哈阳农场总场家属区刘永为、杨桂荣夫妇家。

送给病人的礼物。[1]

家里供奉老祖宗的家庭拜年有说法。供奉老祖宗山东人称之为"摆家堂",来拜年的小辈都要给老祖宗磕头,磕头的时候,家中的男人都要一同陪着给老祖宗磕头。祖籍肇源县的杨俊章说,过年供奉老祖宗的家庭,本家的人都来磕头。而外人来拜年则不必磕头。[2] 路上相遇,人们也互相恭贺新年,彼此祝福。现在没有上门拜年的了。而随着时代的发展,出现了许多新的拜年方式,兴起了电话拜年。杨桂荣说:"现在,有时候也互相走动,但是很少了,有时候就电话问个好。"[3]

初二或初三,姑娘回娘家拜年,拜年都会给老人带些礼物,过去经济条件和物质资源有限,最好的礼物就是四合礼。现在年前就把礼物给娘家送过去了,也有许多儿女不带礼物,直接给老人"甩钱"。

新结婚的夫妇在正月里有"串新门"的习俗,带着礼物到亲属家拜年,到谁家谁家都要挽留吃饭,离开的时候还会得到亲属给的钱,这一习俗一直保持,现在一般给前来串门的新婚夫妇一两百元。

在查哈阳农场,春节期间大型娱乐活动不多。据刘耀华、邵国荣夫妇回忆,在20世纪60年代以前,场部会组织扭秧歌,各单位组织在一起扭秧歌,还要进行比赛。秧歌队伍会走街串巷到处拜年,很是热闹。20世纪六七十年代,扭秧歌就没了。[4] 近几年出现了民间自发组织的秧歌队,这种扭秧歌已经变了味道,充满了铜臭味,多是以要钱为目的,刘永为说:"本

---

1. 被访谈人:李凤珍;访谈时间:2014年1月29日;访谈地点:查哈阳农场金光管理区李凤珍家。
2. 被访谈人:杨俊章;访谈时间:2014年1月27日;访谈地点:查哈阳农场金光管理区杨俊章家。
3. 被访谈人:杨桂荣;访谈时间:2014年1月24日;访谈地点:查哈阳农场总场家属区刘永为、杨桂荣夫妇家。
4. 被访谈人:刘耀华、邵国荣;访谈时间:2014年1月30日;访谈地点:查哈阳农场总场家属区刘耀华、邵国荣夫妇家。

来扭秧歌是好事，但是现在却变味了，上单位扭去，扭完了要钱。甚至到家属楼来扭，扭完了给钱给烟。"[1] 把这种娱乐活动商业化了，很令人反感。

初三早晨吃饺子，杨俊章称之为"吃元宝"。[2] 而祖籍山东的杨桂芬则认为初三不是吃饺子的日子，他们家仅是在年三十、初一、初五、十五吃饺子。[3]

正月初五，俗称"破五"。杨俊章说："初五，年就过完了。"[4] 过年期间的说头、讲究过了初五就都没了。这一天早上一定要吃饺子。吃饭前要先放爆竹。

过去初八这天女人不能动针线。杨俊章说："初八这天不能动针，这一天动针，女人容易得妇科病。"[5] 邵国荣说："初八是寡妇日，女人都怕啊，女人都记得这个日子。"[6] 初十也要忌针，否则女性会不孕。

整个正月的主要活动就是玩耍，过去玩耍的游戏内容很多，大致有藏猫、踢口袋、踢毽子、打出溜滑、打尜、弹玻璃球、欻嘎拉哈、象棋等，现在主要是麻将、纸牌。

正月初七、十七、二十七

当地流传着动植物的"生日口诀"：一鸡、二鸭、猫三、狗四、猪

---

1. 被访谈人：刘永为；访谈时间：2014年1月24日；访谈地点：查哈阳农场总场家属区刘永为、杨桂荣夫妇家。
2. 被访谈人：杨俊章；访谈时间：2014年1月27日；访谈地点：查哈阳农场金光管理区杨俊章家。
3. 被访谈人：杨桂芬；访谈时间：2014年1月28日；访谈地点：查哈阳农场金光管理区杨桂芬家。
4. 被访谈人：杨俊章；访谈时间：2014年1月27日；访谈地点：查哈阳农场金光管理区杨俊章家。
5. 被访谈人：杨俊章；访谈时间：2014年1月27日；访谈地点：查哈阳农场金光管理区杨俊章家。
6. 被访谈人：邵国荣；访谈时间：2014年1月30日；访谈地点：查哈阳农场总场家属区刘耀华、邵国荣夫妇家。

五、羊六、人七、马八、九果、十菜。每个日子人们都看天气，若是天气好，就说明对应的动物这一年会兴旺，有好的收成或好养活。若是初一天气好，老人会念叨："今年收鸡啊！""今年鸡好养活。"

初七是人的日子，叫"人日"，也称"人期日""人七日"。除了正月初七外，正月十七和二十七也是人日子，三天分别为小孩、中年和老人的日子。在这三天都有吃面条的习俗，寓意用长长的面条拴腿、缠腿，取长寿之意。在人日的三天观测天气，若是天气晴朗，风和日丽，则分别代表小孩、中年、老年这一年人身体安适，邵国荣说："初七这天天好，人们就说：'小孩好'，到二十七这天好，就说'老人好'。"[1] 若是阴雨天，则分别预示这一年小孩、中年、老年人将有病祸之灾。

但是也有些家庭不重视这个节日，这一天想起来便过，吃顿面条，在他们的心中并不认为这是一个重要的节日。

正月十五

正月十五是元宵节，农场职工都过元宵节。晚上家家通宵室内点灯，最初查哈阳农场没有电的时候，每户都点煤油灯。不仅室内点灯，许多家庭还在室外高高挂起红灯笼，通宵不灭。

过去，各家元宵节饮食习惯上有所不同，有的家庭吃饺子，有的家庭吃元宵。元宵有两种来源，一种是购买，过去买元宵很困难，当地没有卖元宵的，需要到齐齐哈尔市买，由于路途较远，加之交通不便，因此只有有条件的家庭才能买元宵。过去家庭普遍困难，舍不得买太多，买一斤两斤，每个人分几个。还有一种情况是自制元宵，刘国民说，"过去元宵不是买的，而是

---

1. 被访谈人：邵国荣；访谈时间：2014年1月30日；访谈地点：查哈阳农场总场家属区刘耀华、邵国荣夫妇家。

自己用黏稻子和米做的。"[1] 但是会制作元宵或者愿意制作元宵的家庭极少。

有的家庭在正月十五这天吃豆包，这应该看作没有元宵的家庭采取的变通之法，邵国荣说："那时候买元宵很困难，就把黏豆包蒸熟了，然后摁扁了，大点儿油，在锅里油炸一下或者煎一下，来代替元宵。"[2]

改革开放以后，物质丰富了，经济条件好了，十五吃元宵较为普遍。元宵的做法有两种，或煮或炸，邵国荣说，炸元宵之前一定要先把元宵蒸了，防止炸的时候溅油。[3]

正月十五走百步之俗一直保持到现在，晚饭后，到大街上散步，以此消灾祛秽。杨桂荣说："正月十五，走百步，肯定出去走。"[4]

正月十五也有滚冰的习俗。刘永为说："过去有那种笨井，好多人在井边的冰上打滚。"[5] 人们认为在冰上打滚能去除身上的晦气、病气与灾气。但是现在没有井了，也找不到冰了，所以也就没有滚冰的了。

夜幕降临、华灯初上之时，家家燃放鞭炮、烟花。过去农场买烟花，在正月十五的晚上在广场上集中燃放，场面壮观，引来许多大人孩子前来赏烟花。近些年，由于一些客观的原因，农场不再购买烟花。但是个人买烟花放鞭炮的较多，尤其做生意的人，一定会在这天晚上燃放大量鞭炮、烟花。

正月十五晚上要送灯，即去死者的坟地送一盏灯，一般在下午4点钟以后去送灯。早年所送的灯都是用萝卜、土豆挖制成灯碗，灯碗里放豆油，边

---

1. 被访谈人：刘国民；访谈时间：2014年1月25日；访谈地点：查哈阳农场总场家属区刘国民、刘殿华夫妇家。
2. 被访谈人：邵国荣；访谈时间：2014年1月30日；访谈地点：查哈阳农场总场家属区刘耀华、邵国荣夫妇家。
3. 被访谈人：邵国荣；访谈时间：2014年1月30日；访谈地点：查哈阳农场总场家属区刘耀华、邵国荣夫妇家。
4. 被访谈人：杨桂荣；访谈时间：2014年1月24日；访谈地点：查哈阳农场总场家属区刘永为、杨桂荣夫妇家。
5. 被访谈人：刘永为；访谈时间：2014年1月24日；访谈地点：查哈阳农场总场家属区刘永为、杨桂荣夫妇家。

沿处放一根用棉花捻成的灯捻，或者玻璃罐子里面放蜡烛，现在送的灯都是安装电池的电灯。如果坟地不在本地，则把灯放在十字路口，这种现象较多，许多农场职工当初都是只身来到农场，祖坟都在老家。为什么送灯，没人知晓，只是别人送，自己也跟着送。

过去也撒灯。集体组织大车拉着用锯末子拌油点着的火，沿街撒，走到谁家门口都撮一锹，撒个灯。

正月十五有"躲灯"的习俗，即新媳妇不能看婆家灯和娘家灯，说头儿是：正月十五看婆婆家灯，妨老公公，就是对老公公的命运有不好的影响。所以这天晚上新媳妇必须出去"找宿儿"，一般都到亲戚家住，邵国荣回忆说："我们家二儿子结婚时，二媳妇就出去躲了，上她姨姨家了。"但是现在各家已经没有这一忌讳，邵国荣说，她的三儿子媳妇就没躲灯。[1]

正月十五晚上有预测一年旱涝的习俗，杨桂芬说，正月十五晚上，先由家庭主妇坐在屋门的门槛上，一脚门里，一脚门外，搓一根正劲儿麻线、一根反劲儿麻线。取一节秫秸，从中间剖成两半，取其中一半从大头开始，等距离地摁进瓤里12颗豆粒儿，分别代表一年的12个月。然后将另一半秫秸按照原来的样式合在一起。再用搓好的两根麻线缠起来，一根从大头缠起，一根从小头缠起，缠得不能太紧，扔进水缸里浸泡。正月十六吃过乞巧饭以后从水缸里捞出来，看豆粒的膨胀情况。哪个豆子膨胀大，则对应的月份雨水多，反之则雨水少。[2]

正月二十五

正月二十五是填仓节。各家情形不同，场部的许多人听说过，在老家

---

1. 被访谈人：邵国荣；访谈时间：2014年1月30日；访谈地点：查哈阳农场总场家属区刘耀华、邵国荣夫妇家。
2. 被访谈人：杨桂芬；访谈时间：2014年1月28日；访谈地点：查哈阳农场金光管理区杨桂芬家。

时也见过家人过填仓节,但是到农场以后就没再过这个节日,如邵国荣一家便是这种情形,她说:"填仓节听说过,但是到了农场并没有过过。"邵国荣的老伴儿刘耀华也说:"最早在老家的时候听说过,并看到过如何过填仓节,貌似就是到门口院子里,拿灰撒在门口。"[1] 具体的情节他也记不清楚了。而管理区的杨俊章家则过填仓节,这天用灶灰在院外门口处画两个圆圈,圆圈中间画一横道,这两个圆圈即象征粮仓,以此祈祝新的一年农业丰收,粮食满仓。

填仓节这天饮食上也有表现,必须吃带馅的。管理区的杨俊章说,这天吃饺子。[2] 场部的刘永为两口子这天必须吃包子和饺子,杨桂荣说:"一定要把仓填上。"[3] 这些带馅的食物除了满足填仓的美好愿望外,在过去经济困难时期也是改善伙食。直到现在杨桂荣仍然重视填仓节,每到二十五的时候都要把儿女叫回家来,吃包子或者饺子等带馅的食物。

二月二

农历二月初二是"龙抬头"的日子,是万物复生的日子。这天要吃猪头肉、猪蹄子、猪耳朵。过去自家杀年猪的时候都把猪头、猪耳朵、猪蹄子留到二月二龙抬头的日子吃。现在生活条件好了,有的人家买生猪头自己做,有的人家则是去商店买熟食。

这一天也是剃龙头的日子,过去大家都遵守正月不剃头的禁忌,因为"正月剃头死舅舅",所以从大年三十直至整个正月都不剃头。二月初二这天都去剃头理发,谓之"剃龙头"。

---

1. 被访谈人:刘耀华、邵国荣;访谈时间:2014年1月30日;访谈地点:查哈阳农场总场家属区刘耀华、邵国荣夫妇家。
2. 被访谈人:杨俊章;访谈时间:2014年1月27日;访谈地点:查哈阳农场金光管理区杨俊章家。
3. 被访谈人:杨桂荣;访谈时间:2014年1月24日;访谈地点:查哈阳农场总场家属区刘永为、杨桂荣夫妇家。

这一天妇女要忌针线，怕"扎瞎了龙眼睛"。也不能动刀，所以这天吃的食物最好在前一天准备好。

这一天做龙尾儿，所谓的龙尾儿就是用秸秆和花布做成的类似于流苏的东西，秸秆就是高粱秆最上边的那节，将其剪成寸长，两节秫秸之间夹一个圆花布，直至串联成长一尺多长，中间用线绳串联，上部有个绳套，底部有用花布做成的穗子。这些龙尾或者戴在胸前、肩部，或者挂在门上。

祖籍山东的人家在二月二这天过填仓节，来自山东的李凤珍在这一天在自家院门口用炉灰撒两个圆圈，再用炉灰撒一条线贯穿两个圆圈，在圈内放上少许五谷粮食，再用砖头将粮食盖住，称之为"打囤"，祈求风调雨顺，五谷满仓。来东北以后她家仍然沿袭过填仓节的传统，早晨吃饺子。

在这一天要炒黄豆，吃炒黄豆，寓意粮食不生虫子。

二月二烀大酱。下完大酱禁止怀孕的人看见。

二月二一过，年就过完了。

四、结论

国营农场是社会主义计划经济的产物，查哈阳农场是一个县处级单位，总场场部所在地属于城镇，尽管是城镇，但是具有双重属性，既有农村的特点，也有城镇的一些特点，是介于农村和城镇之间的一个社会组织和聚落。表现在过年习俗方面，居于城镇之中的总场职工，过年也有农村特色。管理区属于纯农区，以农业为生，尽管是农民，但是和其他地区农民又有所区别，他们是国家职工，在计划经济时代，吃供应量，挣工资。作为国营职工必须遵循农场的作息时间，在过年前夕，给职工准备年货的时间很短，如果是腊月三十过年，农场往往在腊月二十九才给职工放假，若是腊月二十九过年，则在腊月二十八下午给职工放假。过去上班时间紧，除了三十而外，其他的时间点上多是在晚上改善伙食,邵国华说:"过去上班时间紧,没时间整。"刘永为说:"我们都上班,不太注重这些。"[1]这也使农场职工失去了为忙年而有的许多乐趣。

农场职工来自全国各地,各个家庭文化背景各不相同,由此也造成各个家庭的节日习俗有所差异。最初迁来时,各个职工情形也有所差异,有的家庭是全家迁过来的,有的人是年轻时只身过来的,到这之后成立的家庭。整家搬过来的家庭,节日氛围较为浓厚,节俗相对保持完好;而若是当初来的时候就一个人孤身过来的,到这里组成的家庭,这些家庭的节日氛围不够浓厚,对传统文化的继承较少。杨国荣说:"我老家是吉林省,6岁到这里来,根本不知道老家的风俗是什么样的。"由此造成他们同家乡文化出现断层,带来的家乡文化有限。

农场职工分为干部家庭和普通职工家庭,对干部家庭而言,过年较为简单,刘永为说:"我们这一代走出家门,念书,工作,整个过程都是接受共产党的正统教育。"[2]祭拜祖宗、接神等仪式都没有。而普通职工和农民家庭则讲究较多。

如今的查哈阳农场,不管是总场还是金光管理区,人们的生活较以前都有了巨大的提高,由于物质生活质量的提高,人们不再将更多的期许放在春节这天,杨桂荣说:"小时候我们就盼着过年,好吃几块糖,好穿新衣服。现在连孩子也不盼了。"刘永为说:"你平时也吃不了几块糖,也穿不了几件新衣服。过去连队有一家七八口人,一个劳动力,一个月挣40多块钱,过年的时候,一口人就分一块糖。"而现在即便平时吃的穿的都比过去过年的好,刘永为说:"平时和过年吃的都差不多了,每天都不断肉

---

[1]. 被访谈人:刘永为;访谈时间:2014年1月24日;访谈地点:查哈阳农场总场家属区刘永为、杨桂荣夫妇家。

[2]. 被访谈人:刘永为;访谈时间:2014年1月24日;访谈地点:查哈阳农场总场家属区刘永为、杨桂荣夫妇家。

了。"[1] 所以人们对年缺少了期盼。

附录：本文调查对象情况一览表

姓名	性别	出生	简介
刘耀华	男	1940年	祖籍吉林省扶余县，1958年来到查哈阳农场，一直是国营农场总场职工。
邵国荣	女	1945年	刘耀华妻子，6岁时从黑龙江省克东县迁徙过来，二人来到查哈阳农场后组建家庭。
刘永为	男	1944年	原籍辽宁盖州，后长期居住在黑龙江省北安市，1964年来到查哈阳农场，先是在分场开拖拉机，在修理厂从事修理、鉴定工作，后来到连队，回到总场后先后在技术室当技术员，农机科科长，退休前为查哈阳农场副场长。
杨桂荣	女	1949年	刘永为妻子。祖籍吉林省乾安县，因父母一直在查哈阳农场，7岁时便来到了查哈阳农场。
刘国民	男	1942年	来自河北省昌黎县，在来查哈阳农场前在哈尔滨居住了一段时间，属于初中毕业后支边，于1963年来到农场，但是父母并未跟随到农场。到农场后最初的工作是开拖拉机，并先后在修配厂、砖厂工作过，最后在总场做设备科长直至2002年退休。
刘殿华	女	1942年	刘国民的妻子。河北省昌黎县人，1968年来到农场。
刘淑芬	女	1936年	祖籍吉林省长春市，20世纪50年代来农场，是查哈阳农场金光管理区的农民。
杨俊章	女	1941年	祖籍黑龙江省肇源县，下放到泰来县，1965年来查哈阳农场，她是查哈阳农场金光管理区的农民，丈夫生前为农业技术员。
杨桂芬	女	1929年	祖籍山东省潍坊市，1956年随丈夫来到农场，丈夫为转业官兵，查哈阳农场金光管理区农民。
李凤珍	女	1940年	祖籍山东省昌邑市，1961年来到农场，查哈阳农场金光管理区农民。

---

1. 被访谈人：刘永为、杨桂荣；访谈时间：2014年1月24日；访谈地点：查哈阳农场总场家属区刘永为、杨桂荣夫妇家。

2015年大庆石油管理局
总机械修理厂春节习俗调查报告

于学斌　朱思锦

大庆是一座新兴工业城市。它因石油而产生,我国的第一口油井就诞生在这里;也因石油而发展壮大,石油产业是大庆的支柱产业,因此有"油城"之称。他们的春节习俗也具有鲜明的油城特色。2015年春节期间调研组对大庆市市区的春节习俗进行调查,本次调研得到了大庆市博物馆副馆长颜祥林和原总机械厂退休职工孟繁兴的全力支持,孟繁兴全程陪同。本次调查以大庆市原总机械厂的职工家庭为调查对象,以卡尔加里路小区、中林街小区为田野调查点,这两个小区是总机械厂的家属区,集中居住着总机械厂的家属。主要采取的方法是入户访谈,共10多人次接受了我们的调查采访,他们都是从会战时期就生活在大庆的老大庆人,他们所走过的道路就是大庆石油工人所走过的道路,他们的春节经历集中代表了大庆石油工人的春节习俗和变迁情况。

一、前言

大庆市位于黑龙江省西南部,松嫩平原的中部,东与绥化市相连,南与吉林省隔江(松花江)相望,西部、北部与齐齐哈尔市接壤。地处北温带大陆性季风气候区,冬季寒冷有雪,春秋季风多,年平均气温4.6℃,年均降水量431.1毫米。

清初这里为蒙旗杜尔伯特蒙古族的游猎地,1897年沙俄修建中东铁路时,在此建立了萨尔图站。1904年开始放荒招垦,村屯渐多。1906年在安达任民镇设置了安达厅,1913年改为安达县。伪满时萨尔图改为兴仁村,1946年解放后恢复萨尔图名称。1947年人民民主政权在萨尔图一带建立了几个牧场,1955年合并为红色草原牧场。同年,松辽石油勘探局开始在安达县大同一带进行石油资源钻探。1959年9月26日,大同北面高台子附近的"松基三井"喷出了工业油流,适逢中华人民共和国成立10周年,因此把油田定名为大庆油田。1960年4月29日,中共中央、国务院为加快松辽石油基地建设,决定成立安达市(地级),安达市人民委员会驻安达镇,隶属松花江专区。同年10月,松辽石油会战指挥机关移驻萨尔图。1964年6月23日,撤销安达市,设立安达特区,为了保密,对外仍称安达市。1979年12月14日,经国务院批准,安达特区更名为大庆市,由黑龙江省直辖。1992年8月21日,国务院批准将齐齐哈尔市的林甸县、杜尔伯特蒙古族自治县、绥化地区的肇州县、肇源县划归大庆市管辖。现在,大庆辖5个区、4个县和1个国家级高新技术产业开发区、1个国家级经济技术开发区、30个镇、28个乡、70个社区、482个行政村。全市总面积2.1万平方公里,其中市区面积5107平方公里。全市湿地总面积59.71万公顷,面积在100亩以上的湖泊有262个;草原总面积68.9万公顷,占全市总面积的32.8%,居全省第1位。被誉为"绿色油化之都、天然百湖之城、北国温泉之乡"。[1]

二、总机械厂概况

  大庆总机械厂建于1960年,最初的名字叫水机电指挥部,是大庆油田会战时期成立的钻井、采油、油建和水机电等八个指挥部之一,全称叫"松

---

1. 大庆市概况由大庆市委宣传部提供。

辽石油勘探局水机电指挥部总机修厂",是大庆油田会战初期第一座机械修理厂,主要负责钻井的钻头等前线关键设备维修工作,此外还担负着拖拉机、柴油机等设备的维修及一些配件的生产工作。

会战时期,来自全国各地的职工住在干打垒的土房里,上下铺,烧的是地炉子,取暖燃料是原油,地炉子上面搭个火墙。整个室内都是烟熏火燎的,李玉莲说:"那时候除了牙齿是白的,眼白是白的,其他都是黑的。"[1]

1980年大庆油田改制,按国务院有关规定实行政企分家,成立大庆石油管理局,总机厂直属大庆石油管理局领导,全称是"大庆石油管理局总机械修理厂"。

1998年,中国石油天然气集团公司(CNPC)进行重组,重组之后分为中国石油天然气股份有限公司和存续企业两个部分,前者以原油生产、石化加工为主,存续部分成为专业服务公司,两部分的经济联系以关联交易的方式进行,实质上已变成甲乙方关系。大庆总机械厂作为存续企业脱离了与油田的行政隶属关系,整个厂子归并到大庆油田装备制造集团。

三、春节习俗

大庆市总机械厂(以下简称总机厂)在腊八、腊月二十三、大年三十、正月初一、初五、初七、十五、二月二等时间点上有着较为丰富的民俗活动,这些活动构成了大庆的春节习俗。由于大庆市是石油城,所以在过年习俗上也具有石油城的特点,它伴随着石油城的发展变化不断变迁,从石油会战到20世纪六七十年代再到改革开放,每一个时间段上的春节习俗都是

---

1. 被访谈人:张启海、李玉莲;访谈时间:2015年2月12日;访谈地点:大庆市萨尔图区中林街小区张启海、李玉莲家中。

不同的。作为一座新兴城市，大庆市民来自全国各地，由于来自不同地域，所以每个家庭都传承着不同的春节习俗，又由于来到这里的家庭组成情况千差万别，所以接收、重视春节及其习俗的情况也有所区别，因此对大庆市春节习俗的调查和研究不能不重视家庭差异。

腊月初八

腊月初八是腊八节，虽然都知道这一节日，但是对这一节日重视程度较弱，腊八节的过法因时代的不同和祖籍的差异而表现出不同。

这一天的习俗是喝腊八粥，会战期间（1960—1963）不喝腊八粥，李玉莲说："我们那个时候哪有腊八节，没有腊八，就是过个元旦，搞开门红。"[1] 会战时期是大庆的最困难时期，经济条件非常艰苦，物资短缺，很多人吃不饱肚子，所以喝腊八粥是奢求，季德源说，那时候只有窝窝头，即便窝窝头也非常有限，填不饱肚子。[2] 这一时期，来自全国各地参加会战的人多数住集体宿舍，吃集体食堂，食堂做什么饭就吃什么饭。人人都忙碌地工作在各自的岗位上，在人们的心目中，几乎没有腊八节的概念，张启海说："会战时期就一个心眼，填饱肚子搞会战。"这一时期总机厂职工都吃供应粮，在供应粮指标中没有黏米，只有过节的时候厂子才有可能发些黏米，即便发黏米，也只是很少量的。虽然供应的黏米很少，但是许多家庭仍然不要，而是用这点粮食指标买其他粮食，褚敬党说："因为黏米不出数，不出饭。"[3] 在这个温饱问题都没解决的年代，人们还是选择比较实惠的粮食来买。

---

1. 被访谈人：张启海、李玉莲；访谈时间：2015年2月12日；访谈地点：大庆市萨尔图区中林街小区张启海、李玉莲家中。
2. 被访谈人：季德源；访谈时间：2015年2月14日；访谈地点：大庆市萨尔图区卡尔加里路小区季德源家中。
3. 被访谈人：褚敬党；访谈时间：2015年2月11日；访谈地点：大庆市萨尔图区中林街小区闻玉金、褚敬党家中。

1964年以后，生活条件比会战时期好些了，至少在这一时期可以填饱肚子了。这时候人们开始过腊八节，虽然喝腊八粥，但是由于对腊八节重视程度不同以及各家经济条件的好坏不同而存在着差异。季德源家为双职工家庭，经济条件较好，他非常重视喝腊八粥，从1964年以后就一直坚持喝腊八粥。闻玉金和褚敬党一家虽然不重视腊八节，但是习惯在这一天喝点腊八粥。张启海和李玉莲一家直到改革开放以后才开始过腊八喝腊八粥。而周庆祝家从来没有吃过腊八粥。

在条件较差时期，用来做腊八粥的食材非常有限，人们都吃供应粮，所以做法都比较简单。腊八粥的主要食材是黄米，若没有黄米，就用小米或者苞米面熬粥。

改革开放以后，家家经济条件都好了，腊月初八喝腊八粥较为普遍，有的自己配料熬粥，一般都提前几天准备材料，用黄米、大米、小米、江米以及花生豆、大枣等凑够八样熬粥，称作"八样粥"。也有的家庭图省事，去商店买配制好的腊八粥食料，回家熬粥。吃的时候有的喜欢拌少许糖。

现在，腊月初八这一天早上大多数人会喝腊八粥，而中午或者晚上一定吃一顿饺子。

腊八节喝腊八粥的原因，闻金玉、褚敬党夫妇给予的解释是："因为怕冻掉下巴，通过喝腊八粥把下巴粘住。"[1]

来到大庆以后，老家的一些过腊八节的传统也不同程度地保留着，如周庆祝来自山东，老家在腊月初八这天吃粽子，而这一习俗直到现在他们家仍然保持。季德源来自湖南，他家则继承了湖南的传统在这天吃汤圆。

腊月初八泡腊八蒜虽然多数人知道这一习俗，但是并不是每家都保持这一习俗。季德源说，泡腊八蒜又叫"憋腊八蒜"，做法就是把蒜瓣放进一

---

1. 被访谈人：闻玉金、褚敬党；访谈时间：2015年2月18日；访谈地点：大庆市萨尔图区中林街小区闻玉金、褚敬党家中。

个密封的坛子里，倒入适当的醋和少量的糖，把坛子封上，等到大年三十吃饺子的时候拿出来吃。他还说，泡腊八蒜这一习俗在会战时期就已经出现了。[1] 而闻玉金与褚敬党一家知道做腊八蒜的方法，也曾经做过，但是并不是每年都做，而是想起来就做。

腊月二十三

腊月二十三是小年，在会战时期，总机厂职工不过小年，一是因为那时候条件艰苦，二是因为那时候工作非常忙碌，没有时间过节。周庆祝说，领导不提过小年的事情，群众都不知道过小年。[2] 在会战时期吃不上饺子。

大庆开始重视小年是在石油会战结束以后。随着石油会战的结束，随着来此会战的年轻人的结婚成家，在腊月二十三过小年这天也有一些民俗活动。在20世纪六七十年代，各个家庭的经济条件普遍很差，孩子多，物资不丰富，平时都以窝窝头或大饼子（窝窝头和大饼子都是用玉米面做的）为日常主食，而到了腊月二十三这天即便条件再差，也会象征性地吃点细粮。小年这天的伙食尽管各家不同，但是吃饺子较为普遍，饺子馅根据每家的喜好而定。来自山东的季德源家在这天吃年糕，他说年糕代表的寓意是"年年高"，他每年都会提前买年糕，即便在会战时期他家也一直坚持在这一天吃年糕。季德源说："过去的生活条件特别艰苦，平时很难吃到细粮。"仅有的一点细粮大人舍不得吃，都给孩子吃，以至小孩形成了只有小孩才能吃细粮的认识。季德源讲了一个他们家的故事，在1970年左右，有一次大人们和孩子们一起喝大米粥，6岁的女儿不解地问他："大人也可以喝大米粥

---

1. 被访谈人：季德源；访谈时间：2015年2月14日；访谈地点：大庆市萨尔图区卡尔加里路小区季德源家中。
2. 被访谈人：周庆祝；访谈时间：2015年2月16日；访谈地点：大庆市萨尔图区卡尔加里路小区周庆祝、秦锡芬家中。

吗？"¹从孩子稚嫩的话语中就能体会到过去的生活该有多么艰苦。自从改革开放以后，家庭经济条件普遍好了，很多家庭都过小年，这一天很多家庭吃饺子，除了吃饺子外，还要做几个菜。

  腊月二十三辞灶习俗始终没有，对辞灶习俗人们更多地来源于老家的记忆。闻玉金说："在哈尔滨的时候曾看见过父亲祭灶神，晚上把贴在灶台上的灶王爷像拿下来，在灶王爷嘴上抹上灶糖，目的是让灶王爷上天之后说好话，保佑一家平安，然后在灶坑里把灶王爷像烧掉，嘴里还叨念着保佑平安之类的话，之后再在原来的位置贴上新的灶王爷像。"灶王爷像上一般都印有日历，两旁贴上对联"上天言好事，下界保平安"，横批为"一家之主"。闻玉金说："在灶王爷像下边印有狗的图案，狗的姿态有三种，即站着、趴着和跑着，这三种姿态预示着新的一年不同的年成，若图像中的狗是站着的，则说明这是一条正在找食吃的狗，预示这一年可能吃不饱肚子。若是图像中的狗是跑着的狗，则说明这是一条到处讨食吃的狗，表示这一年要饭的人多。若是图像中的狗是趴着的狗，则表明这是一条不愁吃喝的狗，预示这一年有饭吃。因为灶王爷像都是买的，所以同一年内各家灶王爷像下面狗的姿势都是相同的。"²周庆祝在山东老家时也看见过祭灶，他们老家将二十三这天叫"祭灶"，家家在灶台上都供奉灶王爷，灶王爷像两边的对联是："二十三日去，初一五更来。"初一十五都要给灶王爷烧香。二十三这天吃完晚饭送走，老太太拿着一把草、一碗料，在盆子里边烧边念叨："一把草，一碗料，喂得小马吱吱叫"，因为灶王爷是骑着马上天的，这些是灶王爷坐骑的草料。³

---

1. 被访谈人：季德源；访谈时间：2015年2月14日；访谈地点：大庆市萨尔图区卡尔加里路小区季德源家中。
2. 被访谈人：闻玉金；访谈时间：2015年2月11日；访谈地点：大庆市萨尔图区中林街小区闻玉金、褚敬党家中。
3. 被访谈人：周庆祝；访谈时间：2015年2月16日；访谈地点：大庆市萨尔图区卡尔加里路小区周庆祝、秦锡芬家中。

来到大庆以后都不祭祀灶王爷的原因有两点，一是不敢供奉，大庆重视政治，不允许供奉。闻玉金说："在会战时期，各厂集中管理，领导就在身边，做错事情就会被别人捅出去，谁敢供呀？"[1] 二是没有条件供奉，褚敬党说："会战那时候也没有地方供啊，就这一个30平方米左右的屋子要住八家，一个双人床一家。"[2] "文化大革命"中，灶王爷等作为封建迷信都在国家禁止之列，那时，总机厂所有职工都住在一起，都住平房，每家在干什么大家都看得清清楚楚，所以没人敢供奉灶王爷。改革开放以后仍然没人供奉灶王爷。所以，对于总机厂工人来讲自始至终就没有祭灶王爷的习俗。

虽然不祭祀灶王爷，但是有吃灶糖的习惯。灶糖又叫大块糖，在20世纪六七十年代，大庆并没有卖灶糖的。改革开放以后条件好起来了，商店或大街上开始有卖灶糖的了，有的人家会买一些给孩子吃，有的人在给孩子吃灶糖的时候还会讲吃灶糖的来历和供奉灶王爷的习俗。但是吃灶糖一习并不普遍，有的人家一直就没有买过灶糖，如来自安徽的孙万发家里就是这样。

扫房是腊月二十三这天一以贯之的习俗。家家在这天用笤帚扫扫屋顶的灰尘，所用的笤帚必须是新的，即便是旧的，也要洗干净。尽管这一习俗较为普遍，但也存在家庭之间的差异，首先，并不是每一家都是在腊月二十三这一天扫房，如张启海和李玉莲一家就是在腊月二十四这一天扫房，而季德源家是在腊月二十一或者腊月二十二扫房。其次，有的人家每年一定会在腊月二十三左右扫房子，而有的人家则是想起来就扫房，想不起来就不扫房了，特别是在会战时期，只顾着工作，往往根据时间的空闲来安排扫房的时间。

1980年总机厂职工告别平房搬进了楼房，自从住进楼房以后，屋内没

---

1. 被访谈人：闻玉金；访谈时间：2015年2月11日；访谈地点：大庆市萨尔图区中林街小区闻玉金、褚敬党家中。
2. 被访谈人：褚敬党；访谈时间：2015年2月18日；访谈地点：大庆市萨尔图区中林街小区闻玉金、褚敬党家中。

有那么多灰尘了，但是每到腊月二十三小年这天仍然会象征性地扫扫房，褚敬党说："过年总得干干净净的。"[1]

在会战时期，物资紧缺，总机厂职工没有置办年货的概念，张启海说："会战初期什么也没有，还办什么年货啊，特别艰苦。职工都吃食堂，能把肚子吃饱就不错了。我在玉门的时候，我母亲给我做了一件学生蓝的上衣，没舍得穿，我把上衣拿到市场上去卖了6块钱，在旁边自由市场里面买了三斤粮票，到食堂里面换成食堂的粮票，就是为了吃饱肚子。"[2]在这一时期，即便有钱也买不到新鲜的蔬菜，只有大白菜和土豆。人们都一门心思搞会战，工作繁忙，没有时间准备年货。食堂做什么就吃什么，厂子供应什么就做什么。

1964年经济形势开始好转，职工能吃上鸡蛋了，自此以后有了忙年活动，一般从腊月二十三小年后就开始置办年货。

猪肉是年货中必备的，猪肉的获得有不同的渠道。1980年以前住平房时，有的家庭养猪，但是养猪的家庭不多，仅是有大院子的家庭才能养猪，养猪户在年前会杀年猪。若是谁家杀猪，同事们就会主动前来帮忙，即便没邀请也去帮忙，杀完猪后全体吃一顿杀猪菜，杀猪菜就是用猪肉、猪杂、血肠和酸菜在一起炖。绝大多数家庭没有养猪的条件，因为没有养猪的地方。不养猪的家庭获取猪肉的方式有两种，一是厂子过年分肉给职工，过去重机厂养猪，多数情况是免费分给职工，厂子杀年猪之时，食堂会做一大锅杀猪菜，每人一碗，自1980年左右厂子就不再养猪杀猪了。二是凭票购买，在计划经济时代，平时吃肉都凭票购买，每人每月的猪肉定量供应，但是许多家庭平时舍不得买猪肉吃，都把这些猪肉攒到一起在年前集中购买。自从1980

---

1. 被访谈人：褚敬党；访谈时间：2015年2月18日；访谈地点：大庆市萨尔图区中林街小区闻玉金、褚敬党家中。
2. 被访谈人：张启海、李玉莲；访谈时间：2015年2月12日；访谈地点：大庆市萨尔图区中林街小区张启海、李玉莲家中。

年住上楼房后，无论是工厂还是各家都不再养猪杀猪，而市场渐渐活跃，商品越来越丰富，职工吃肉或者购自市场或者购自农村。

在会战时期，没有余粮，所以一般各家不会在年前准备干粮。从1964年经济条件好转以后，家家户户开始在年前准备些干粮，但是在计划经济时代，各家凭粮票或者粮本买粮，供应的细粮很少，留够过年包饺子的面之后，用来蒸馒头的面很少，所以即便蒸馒头、蒸豆包，数量也是非常少的。有的家庭到农村买黏豆包，如张启海家便是。现在有的家庭年前蒸干粮，为的是来客人吃着方便。有的家庭图省事，在市场上买干粮。

在置办的年货中鱼是必备的，即便是在困难时期也要买一条鱼，因为它是吉祥的象征。

一般过年时也要买些豆腐，不过豆腐仅仅是一般食品，过去买豆腐是因为它便宜，而且在物资匮乏的年代也无其他副食可买。1963年以后大庆油田开始开荒种地，局长带头干，组成农业生产队，由不是正式工人的职工家属组成，种了很多地，最远的地都开到泰康（现在的杜尔伯特蒙古族自治县），种荞麦、玉米、大豆，人拉肩扛。自从厂子有了农业以后，每年职工都能分得黄豆。职工在年前用这些黄豆换豆腐，总机厂建有豆腐坊，豆腐坊职工都是编制外的职工家属，职工拿着黄豆到这里换豆腐，一斤黄豆可以换三块豆腐。有时候厂子还给发豆腐票，凭豆腐票到厂子食堂吃豆腐。到20世纪80年代以后，总机厂不种地了，豆腐坊也取消了，职工都到市场买豆腐。现在经济条件好起来了，到哪里都能买到豆腐了，各家就根据各家的习惯而定是否买豆腐。豆腐的吃法有多种，一种是炖菜，同白菜、土豆一起炖；一种是炸豆腐泡。闻玉金每年都沿袭老家的传统炸豆腐泡，每年过年的时候都用豆腐泡做一大锅大烩菜。

年前为逝去的亲人上坟烧纸是一个古老的习俗，但是，改革开放以前总机厂职工没有上坟烧纸之习，其中的原因有两方面：一方面，大庆职工的坟地都在老家，不可能上坟；另一方面，当时也没人敢烧纸，在20世纪六七十年代国家禁止烧纸，由于所有职工都住在一起，互相监督，偷着烧纸也是不可能的。闻玉金说："其他地方的人因为居住分散，企业和工人住的距离较远，谁也管不了谁。大庆这里不行，领导就在眼皮底下，你干什么他都知道。我们这个地方特殊，职工都住一起，没准明天就捅领导那去了。谁敢啊？今天没等做完呢，领导就知道了。一趟房子都是一个车间的，只要做了，领导就知道。"[1]这一时期街上或商店里也没有卖冥币的。改革开放以后，由于大庆人都是从外地迁徙过来的，坟地都在老家，所以他们一般都选择在十字路口烧纸，在地上画一个圈，圆圈留一个口作为门，在信封上写上死者的姓名和邮寄地址，同冥币一起烧掉。

过新年穿新衣。改革开放之前，家里条件都不富裕，所以大人一般都穿不上新衣服，但是不管条件好不好，大人都会想办法给孩子弄一身新衣服，即便是会战时期也是如此，所以小孩都盼着过年。在20世纪六七十年代的特殊时期，平日里穿新衣服也被视为不正常，李玉莲回忆说："我记得有一年会战，我穿了一件新衣服，师傅就把我叫到一旁去，问我平时为什么穿新衣服呢，你这是资产阶级思想。他说，新衣服要留到过年的时候穿，旧的衣服补补穿。"[2]现在经济条件都好起来了，并不一定非要在过年才能穿新衣服。闻玉金说："现在无所谓了，平时都穿新的。"

在新年来临之际，人们都会提前洗头、洗澡或者剃头发，以全新的面貌迎接新年。季德源说了一句顺口溜："有钱没钱，剃头过年。"[3]

1．被访谈人：闻玉金；访谈时间：2015年2月11日；访谈地点：大庆市萨尔图区中林街小区闻玉金、褚敬党家中。
2．被访谈人：李玉莲；访谈时间：2015年2月12日；访谈地点：大庆市萨尔图区中林街小区张启海、李玉莲家中。
3．被访谈人：季德源；访谈时间：2015年2月14日；访谈地点：大庆市萨尔图区卡尔加里路小区季德源家中。

腊月三十

腊月三十，这是农历年的最后一天，总机厂职工通常称其为"大年三十""过年"，在比较正式的场合叫春节，以和元旦相区别。刘瑞民说："'春节'这一词语是从办春晚以后才开始兴起的。"[1]

大年三十早上首先要做的事就是贴对联、春条和福字。在会战时期，并不是每户人家都贴对联，有的人家贴，有的人家不贴，这一时期街上没有卖对联的，一般都是去厂里找爱好书法写字的人写一副对联。季德源说了一句俗语："二十四写大字"，他说，过去一般都会在腊月二十四左右开始找人帮忙写对联，免得大年三十那天贴春联的时候来不及。[2]会战时期贴对联的时间是年三十中午，因为这一天上午不放假，要等到下午女员工都放假了才能回家贴对联。20世纪六七十年代，虽然有卖对联的，但是那时候各家很少买对联。改革开放以后，商店里和大街上有许多卖春联的摊位，人们根据自己的喜好购买春联。作为大型国有企业，春节时也要在单位的大门口贴一副大对联。

与对联相伴而生的是贴福字，总机厂职工家的福字有贴在门上的，也有贴在窗户上的，还有贴在自家的仓房门上的；既有正贴，也有倒贴福字的。倒贴"福"字在会战时期就比较普遍，这也是老家习俗的延续，季德源说："在山东老家的时候一般都倒着贴，来到大庆时仍然倒着贴。"[3]至于为什么要倒着贴"福"字，闻玉金给予这样的解释："过去小孩去别人家拜年，看到别人家倒着贴'福'字，小孩子不懂事就会大声喊'快看，你家福

---

1. 被访谈人：刘瑞民；访谈时间：2015年2月15日；访谈地点：大庆市萨尔图区卡尔加里路小区刘瑞民家中。
2. 被访谈人：季德源；访谈时间：2015年2月14日；访谈地点：大庆市萨尔图区卡尔加里路小区季德源家中。
3. 被访谈人：季德源；访谈时间：2015年2月14日；访谈地点：大庆市萨尔图区卡尔加里路小区季德源家中。

倒了！'""福倒了"就是"福到了"的意思。[1]现在，绝大多数家庭延续倒着贴福字的习惯。

过去也有人家贴春条，春条上的词一般为"抬头见喜""出门见喜"，但是现在贴春条的家庭少了。

过去，大庆没有贴窗花的，直到改革开放之后，大街上有卖窗花的了，才有人家贴窗花，但也只是少数人家贴。

贴年画在总机厂职工中较为普遍，会战时期，贴年画的家庭很多，年画上的图像都是胖娃娃抱鱼、古典小说人物关飞等画像、毛主席像以及四大伟人像等。闻玉金家现在仍然延续挂四大伟人年画的传统。20世纪六七十年代，贴样板戏剧照较多。80年代曾流行贴年历画。年画以其独特的表达手法为新年增添了喜悦的气氛。但是现在贴年画的人家越来越少了。

如果家里有人去世，则三年之内不能贴对联、年画。即便贴对联，也只能贴白色对联。衣服也不能穿鲜艳的，起码第一年不能穿鲜艳的。有的人家甚至连电视都不能看。

大年三十，吃是主要内容，也是重头戏。会战时期，来自全国各地的职工绝大多数是单身，他们住单位集体宿舍，由于吃单位食堂，春节的饭食都是由食堂提供的，饭菜不是太好，那时候能填饱肚子就不错了，季德源说："到大庆第一个年就是一碗白菜汤和几块大饼子。"[2]张启海说："曾经有一年的年夜饭只有一盘尖椒炒肉。"[3]但是总体而言，食堂在这一天通常根据条件尽可能改善伙食，和家庭一样，食堂在年三十也吃四顿饭，即早、中、晚、半夜。而有家室的人和单位的工作节奏吻合，吃四顿饭，白天

---

1. 被访谈人：闻玉金；访谈时间：2015年2月18日；访谈地点：大庆市萨尔图区中林街小区闻玉金、褚敬党家中。
2. 被访谈人：季德源；访谈时间：2015年2月14日；访谈地点：大庆市萨尔图区卡尔加里路小区季德源家中。
3. 被访谈人：张启海；访谈时间：2015年2月12日；访谈地点：大庆市萨尔图区中林街小区张启海、李玉莲家中。

早、中、晚三顿，外加半夜一顿，这是由他们的工作特点决定的，因为人们都一心搞会战，即便年三十也不休息。张启海说："那时候春节不放假，成天都在单位上班。"[1] 由于上班，所以白天必须吃三顿饭，直到现在职工家庭仍然白天三顿饭。其中下午5点钟左右的这顿晚饭是最丰盛的，孙万发说："要把所有的好吃的都拿出来。"[2] 这是一顿团圆饭，全家老少都聚在一起吃这顿饭。

会战时期的食材很少，过年也只有大白菜和土豆，平时吃的菜只有冻白菜，个别年份级别高的干部能分到一条鱼。单位在过年的时候每人发半斤面、饺子馅，自己回家包饺子。从1964年开始，经济状况好转，因为开荒种地的缘故，职工因此而能吃到豆腐、鸡蛋和细粮。这时候单位职工也多了，各个战区来的人很多，单位开始重视春节，春节开始放假，假期先是一天，后来变为三天。此时，条件好的家庭年三十晚上这顿饭能做上四个菜，条件相对较差的人家也能做上一锅白菜土豆炖肉。20世纪六七十年代，很难买到青菜，肉凭票购买，每个人的肉票非常有限，所以这一时期过年的饭菜非常少。改革开放以后，家家户户经济条件好了，年三十这顿团圆饭越来越丰富。祖籍山东的闻金玉、祖籍甘肃的张启海又恢复了老家的传统在大年三十上午制作油炸食品，包括炸鱼、萝卜丸子、面片、麻花、苏子叶、茄子条等。制作这些油炸食品除了喜欢吃而外，还有一个重要原因就是方便，当兄弟姐妹、亲戚朋友来家过年时只需一热就可以在餐桌上凑上几个菜。这些食品做好后装在面袋子里，放到冷仓中，住楼后放在阳台上，可以一直吃到正月十五。张启海家晚饭主食一定是臊子面，这是对老家传统的继承。

除夕夜12点家家都吃饺子。这顿饺子必须是现包的，因为现包饺子比

---

1. 被访谈人：张启海；访谈时间：2015年2月12日；访谈地点：大庆市萨尔图区中林街小区张启海、李玉莲家中。
2. 被访谈人：孙万发；访谈时间：2015年2月13日；访谈地点：大庆市萨尔图区中林街小区孙万发家中。

较有过年的气氛。在过去条件不好的时候都吃素馅饺子，以白菜馅或是酸菜馅为主，酸菜馅饺子最多，因为东北冬天比较寒冷，白菜不好储存，所以一般都把白菜腌制成酸菜食用。现在各家生活条件好了，饺子馅也丰富起来，根据自己的喜好而选择不同的饺子馅。闻玉金和周庆祝家吃饺子讲究很多，过年这天的饺子不能包肉馅的，只能吃素馅的，如韭菜鸡蛋馅、芹菜鸡蛋馅等，这是山东老家的习俗[1]，直至现在一直保持，至于为什么，他们也说不出个缘由。

包饺子的方法和包出的形状略有差别，闻玉金和褚敬党一家包饺子的习惯是，从一边开始，一点点掐褶，这样的饺子形状偏圆，形如元宝，称作"元宝饺子"。张启海家包饺子的方法是，将饺子皮对折，双手掐住两边，往中间一捏，这样的饺子形状偏长，制作简单，速度快。改革开放以后，饺子里包钱币、糖果、花生等做法开始流行起来，吃到这些东西的人自然高兴，因为它象征着在新的一年有好运，包这些东西一方面是为了哄小孩子开心，另一方面也增添了年味。闻玉金说："小孩子们都瞪着眼睛看谁能吃到！"[2] 不过有的家庭在老家时有往年夜饺子馅里加东西的习俗，而到大庆之后则没有了，季德源家便是这样，他说："小时候，大人在饺子里面包东西，如栗子、枣、年糕等，包上年糕寓意是'节节高'。"[3] 但是到了大庆以后他们家再也没有往饺子馅里加这些东西。年夜饺子讲究有"余头"，即饺子皮和饺子馅都要有剩余，剩饺子皮寓意新的一年有穿的，剩饺子馅寓意新的一年有吃的。下饺子的时候，盖帘中间的几个饺子留下来。饺子捞出来后，要在锅里留几个。吃饺子时，最后要在碗里剩几个饺子。"有余头"寓意"年年有鱼"。

---

1. 被访谈人：闻玉金；访谈时间：2015年2月18日；访谈地点：大庆市萨尔图区中林街小区闻玉金、褚敬党家中。
2. 被访谈人：闻玉金；访谈时间：2015年2月18日；访谈地点：大庆市萨尔图区中林街小区闻玉金、褚敬党家中。
3. 被访谈人：季德源；访谈时间：2015年2月14日；访谈地点：大庆市萨尔图区卡尔加里路小区季德源家中。

20世纪六七十年代,大庆禁止燃放鞭炮,主要原因是大庆遍地是石油,怕引起火灾。这时,原油采出来以后所有的贮存设施都裸露在外,一旦碰到明火后果不堪设想。如今,原油都走地下管道,所以禁止烟花令取消。每到年三十半夜吃饺子之前都鞭炮齐鸣,一派火热的节日场面。

燃放鞭炮的同时也发纸,在院中拢起一堆火,这是东北过年的习俗。但是发纸的家庭很少,周庆祝家是这少数家庭中的一员,他们吃饺子之前一直坚持烧纸,代表着把逝去的人、财神、喜神请到家里过年。

长辈一般都给晚辈压岁钱。过去长辈给晚辈压岁钱之前,晚辈都要给长辈磕头,但是随着时代的发展,磕头这一习俗已经逐渐淡化了,很多家庭都不再讲究了。随着各家经济条件的好转,压岁钱的数额已经由过去的几角钱增至到现在的几百元,张启海说,现在压岁钱多的能达到1000元。压岁钱体现了长辈对晚辈的关爱。

三十晚上有的家庭通宵点灯。住平房的时候室外没灯。1980年住进楼房后,有的家庭室内通宵点灯,即便室内不通宵点灯,阳台的灯也必须通宵亮着,许多家庭阳台的灯都亮到正月十五。

守岁是年三十晚上的主要习俗。所谓的守岁就是指除夕夜整宿不睡觉。至于为什么要守岁,刘瑞民给予的解释是:"这一宿精神,这一年都精神。"[1]但是这个习俗有人遵守,有人则不遵守。

三十晚上娱乐活动是必不可少的。现在最流行以及最普遍的娱乐方式就是打麻将。但是在会战时期没有麻将,甚至扑克也很少见,张启海说:"那时候娱乐方式很简单,就是看看电影,跳跳舞。"[2]年三十晚上会在食堂或者大的厂房里组织跳舞,参与的人很多,不管是否结婚的都参加,不会

---

1. 被访谈人:刘瑞民;访谈时间:2015年2月15日;访谈地点:大庆市萨尔图区卡尔加里路小区刘瑞民家中。
2. 被访谈人:张启海;访谈时间:2015年2月12日;访谈地点:大庆市萨尔图区中林街小区张启海、李玉莲家中。

跳的也在这里学习跳。单位有时候也组织放几部电影。20世纪80年代以前娱乐活动不多，那时候媒体很少，季德源说："以前有录音机的人都很少，能听一个新闻就很了不起了。"[1] 如今，家家都有电视机，一家人聚在电视机前看春节联欢晚会是非常普遍的现象。

年三十晚上，不扫地，不刷碗，意思是不扫走财气，直到初一或者初三早上才扫出去。从除夕到初五避免打碎东西。不能乱说话，不能说死、穷、坏等不吉利的话，即便现在也保持这一传统。刘瑞民说，春节看电视的时候，如果电视出现哭哭啼啼的镜头，他母亲会气愤地骂一句："这是什么玩意儿，关了！"[2]

本命年的人都换上红衣服、红裤子、红腰带。无论老人还是年轻人都很重视，很多商家推波助澜，借此兜售相关商品。

年三十晚上有许多工人仍然工作，单位领导要给仍然生产在第一线的工人拜年，单位包些饺子送到车间，这一拜年方式从20世纪60年代直至今日未曾间断过。不过最初由于经济条件所限，饺子不能随便吃，每个人分得饺子的数量是固定的，给你多少就吃多少。虽然加班，但是在会战初期年三十上班没有假日加班费。

正月初一到初五

大年初一是新年的第一天，现在，总机厂职工早饭都吃饺子，这顿饺子是年三十包出来的，菜多为年三十的剩菜。饭前要放鞭炮，但是并不普遍，有的家庭非常重视，有的家庭则不重视。

拜年是初一的主要习俗。在20世纪80年代以前，由于总机厂职工都住平

---

1. 被访谈人：季德源；访谈时间：2015年2月14日；访谈地点：大庆市萨尔图区卡尔加里路小区季德源家中。
2. 被访谈人：刘瑞民；访谈时间：2015年2月15日；访谈地点：大庆市萨尔图区卡尔加里路小区刘瑞民家中。

房,同一单位的人都集中居住在一起,所以很注重拜年。拜年的方式很简单,就是到同事朋友(这里的人最初多数没有亲属关系)家坐坐、聊聊家常,早上七八点出去直到中午才能回来,岁数大的、家里有老人的家庭不能落下。见面说"过年好!"初一拜年不带礼物,不留吃饭。初二出去拜年要带礼物,主人要留吃饭。路上碰见,互相都会道一声"过年好啊"等问候语。在1978年和1979年两年,互相拜年被视为最重要的事情,过年期间一定登门拜年。为什么这两年拜年之风特别盛行呢?原来这两年单位评级、涨工资都要凭群众投票而定,所以人们拜年是为了联络感情,带有很强的功利性。自从1980年搬进楼房以后,各家拜年的习俗逐渐淡化,各家走动少了。随着各种电子设备以及通信技术的发展,打电话、发短信、微信等拜年变成了主流的拜年方式。

　　从1961年开始,总机厂领导在初一这天有团拜活动,车间主任领着班组长到厂房里、车间里给大家拜年。总机厂的厂级领导干部、领导班子成员集体挨家挨户拜年,给在家里、宿舍里的工人们送上新年祝福。另外,各指挥部之间也组织人员相互拜年。20世纪80年代以后,单位领导的团拜制度逐渐取消。

　　初二或初三是出嫁的女儿回娘家的日子,刘瑞民给出的原因是,姑爷不能看岳父家的老祖宗。[1]而季德源的解释是,年三十和初一,姑娘必须在公公婆婆家过。[2]过去,回家一般都要带"四合礼",即酒、香果、糕点、罐头等四样八件。现在女儿回家不拘泥于老说头儿了,在父母家过年也是常事,过年也带礼物,礼物多讲究实用性。

　　初五这一天当节日过是改革开放之后兴起的,之前这一天是不过的。初五,又叫"破五",闻玉金说:"破五的意思就是这一天不能出门,不能

---

1. 被访谈人:刘瑞民;访谈时间:2015年2月15日;访谈地点:大庆市萨尔图区卡尔加里路小区刘瑞民家中。
2. 被访谈人:刘瑞民;访谈时间:2015年2月15日;访谈地点:大庆市萨尔图区卡尔加里路小区刘瑞民家中。

串门，若是出门，'五'就破了。"[1] 初五这一天早上要吃饺子，过去有句老话说："初五吃顿弯弯饭，一亩地打八石。"所谓的"弯弯饭"就是饺子，"打八石"指的是庄稼丰收，一亩地能打八石（一石等于十斗）粮食。过了初五，年就算过去了，所以这顿饺子又叫"滚蛋饺子"。

正月期间的娱乐活动较少。在会战期间主要抓生产，除了劳动就是劳动，没有娱乐活动。1964年以后开始好转，除了工厂组织舞会、露天电影外，每年正月厂子工宣队还搞文艺会演，总机厂厂长等领导一到过年就必须表演文艺节目。1966—1976年，注重政治学习，据回忆，当时为了政治学习，连吃饭的时间都很少，下午5点下班，回家赶紧吃点饭，18时开始集体政治学习，一直学习到晚上9点，天天如此，礼拜天都不休息。到20世纪80年代，总机厂的文化活动开始多了起来，灯展搞起来了，每到春节的时候，从一号门开始整个街道两边全是单位制作的灯，在世纪广场、铁人广场等地还会举办大型的灯会。每年临时搭个舞台举行灯展开幕式，总机厂的工宣队表演节目，看完节目之后欣赏灯会。灯展到正月十五达到高潮，引来无数人前来参观。办灯展活动一直持续到21世纪初。

正月初七、十七、二十七

总机厂职工也过人期日，正月初七、十七、二十七分别是小孩、中年人、老人的日子。在过去并不注重这三天，也没吃面条的习俗。改革开放以后逐渐兴起每到人日吃面条，尤其有小孩的家庭更为重视。很多家庭跟风吃面条，张启海、李玉莲夫妇在老家时并没有听老人说过有"人日"，也没有正月逢七吃面条的习惯，但是现在若是听别人在这一天提起吃面条，就会做点面条吃。

---

1. 被访谈人：刘瑞民；访谈时间：2015年2月15日；访谈地点：大庆市萨尔图区卡尔加里路小区刘瑞民家中。

正月十五

正月十五是元宵节，总机厂职工普遍过元宵节。"元宵节"这个词虽然过去一直有这一叫法，但是人们习惯称这一天为"正月十五"，较为正式的场合才会叫"元宵节"。吃元宵是这一天的传统习俗。在会战时期，物资条件差，只有个别厂子会给职工发一些元宵。到1966—1976年才开始能买到元宵，但是也并不是家家都买，一方面的原因是家庭的经济条件有限，舍不得买；另一方面的原因是元宵比较紧缺，季德源说：在1966—1976年大庆的物资条件非常匮乏，很难买到元宵。[1] 改革开放后，各家经济条件都好起来了，在超市或街上就能买到元宵，每到元宵节的时候，绝大多数家庭都会买元宵吃元宵。

孙万发在安徽老家的时候吃过元宵，而且是自己用糯米包的，但是在老家那里并不叫"元宵"，而叫"汤圆"。来自河南的一位老人说，在老家的时候他们家并不吃元宵，而是吃饺子或是年糕，来到大庆以后，也开始吃元宵了。

过去只要有条件，这一天饺子是一定要吃的。一般早上吃元宵，晚上吃饺子。

会战期间和1966—1976年，由于油田防火的需要大庆禁止烟火，所以正月十五灯花节期间不能燃放鞭炮。近些年，每到正月十五家家都放鞭炮，总机厂也会举行大型的烟花燃放活动。

20世纪六七十年代，在元宵节期间单位会组织猜灯谜、举办文艺会演等活动，但也并不是每年都组织这种活动。

正月十五有送灯和撒灯的习俗，但是很少见。闻玉金看到过楼上的人家在正月十五这天撒灯，就是把白菜根抠出一个洞，在里面放一个捻，再放

---

1. 被访谈人：季德源；访谈时间：2015年2月14日；访谈地点：大庆市萨尔图区卡尔加里路小区季德源家中。

点油,做成灯,然后从自己家门口开始,每个台阶都放上这种灯,一直摆到外面。

二月二

二月二是"龙抬头"的日子,这一天吃猪头肉。过去条件艰苦,总机厂职工并不吃猪头肉。现在经济条件好了,吃猪头肉较为普遍,即便像闻金玉在老家山东不吃猪头肉的人也开始入乡随俗了。

季德源家在这一天往往就只吃顿饺子。

闻玉金沿袭山东老家的传统在二月二这天炒"蝎子爪",先将黄豆用水泡一天,使之膨胀起来,晒干,在二月二这天用油炒至酥脆,叫炒料豆。炒好的料豆叫蝎子爪,大人小孩以蝎子爪当零食吃。闻玉金到大庆以后直至现在都保持着这一习俗。

总机厂职工也有"正月里剃头死舅舅"的说法,所以有在整个正月不剃头的规矩。二月二是剃龙头的日子,所以都去剪"龙头"。不过,现在"正月里剃头死舅舅"的说法有些淡化。尽管如此,二月二这天仍然是理发馆最忙碌的一天。

四、结语

总机械厂的春节习俗是大庆市区石油系统职工春节习俗的缩影,通过对总机械厂职工春节习俗的调查,我们会发现,大庆的春节习俗具有典型的油城特色。从历史上看,它随着油城的发展变化而变化。大庆春节习俗变化大致分三个阶段,第一个阶段是石油会战时期(1960—1963),1960年4月29日的万人誓师大会标志着大庆会战正式开始,从此之后的三年多大庆油田正式投入开发,大批的转业兵、工人以及技术人员都赶往大庆这片荒芜的土地参加会战。这一阶段物资匮乏,年嚼咕非常少。人们忙着会战,工作量特别大,根本没有时间过节。在这一困难时期产生了铁人精神。第二个阶段是1964—1976年,这一时期春节的习俗受到强烈冲击,很多传统的习俗在这一时间段都被强行禁止了。第三个阶段是改革开放至今这段时期,各家条件都好起来了,年节有假期,很多习俗又开始逐渐恢复。

大庆的春节习俗具有多元文化复合的性质。总的来讲,大庆的春节习俗是同全国各地春节习俗一致的。但是由于大庆的职工来自全国各地,每个人的文化背景各不相同,他们带来了各自的不同文化,所以,多元文化在这里汇集。每一家庭在不同程度地传承自己家乡的文化,老家的过年习俗在各自家庭不同程度地保留着。

这些来自全国各地的人在这里组成的集体是一个地缘组织,缺少血缘纽带联系,人和人之间的关系多数是同事关系、上下级关系、朋友关系、邻里关系,正因为如此,节日期间的联系、走动相对较少。

总机厂的职工尽管来自全国各地,但是却是一体的,他们有共同的组织和领导,是总机厂、大庆油田指挥部、大庆石油管理局领导下的职工,所以在习俗方面又表现出一致性,过年的步伐、程序和内容在很多方面都是相同的。

大庆春节习俗又具有文化断裂的性质。大庆的职工从全国各地来到这里时多是孤身一人过来的,这就使得他们脱离了母体文化,住进了集体宿舍,接收了主流文化。所以他们的春节习俗和其母体呈现断裂状态,这也使得大庆的春节习俗自始至终都是比较淡化的。来自安徽的孙万发回忆道,在来大庆之前,在老家的时候也烧纸,那时候都是到坟头烧纸,而且讲究比较多,一般是把纸折成扇子形再烧掉,还要在坟前磕三个响头,到大庆之后这一习俗就没有了。季德源老家是湖南,他们老家腊八这天吃汤圆,到大庆以后也开始吃腊八粥。这些大庆的最初建设者当时都是十七八、二十几岁的年轻人,到这里以后都过集体宿舍,所以祖上传下的习俗在这里无法实施,而且随着时间的推移逐渐淡化。

　　大庆历史上的春节习俗政治色彩浓厚，石油会战时期、1966—1976年，人们的节日活动政治化色彩非常浓烈。孙万发说，在20世纪70年代以前流行一句话"不过节日，过党日"。[1] 党日胜过传统节日，五一、七一、十一等时期是最受重视的，在过去，政府似乎更重视元旦，1月1日才算新年。大庆会战时期还有其独特迎接新年（元旦）的活动，就是搞"开门红"。这一天要干出3—5天的活，一定要创高产，给新的一年带来好兆头。"那一天要玩命地干活！"那时工作是第一位的，没有时间过节。如今，大庆的春节习俗也和全国各地城市的春节习俗相类似，仪式性活动少且简单，过节的讲究、规矩少了，家庭之间的差异比较小，趋同现象是不可阻挡的潮流。

附录：本文调查对象情况一览表

姓名	性别	出生	简介
闻玉金	男	1942年	来自山东，1951年随父母到哈尔滨，先是在汽轮机厂当工人，1962年来到大庆市成为一名石油工人。
褚敬党	女	1943年	辽宁省抚顺人，父亲原为抚顺油田一厂职工，1959年父亲来大庆工作，1960年褚敬党来大庆市探亲时，经人介绍与闻玉金相识并确立了关系，于1969年调到大庆市工作，并于同年二人结婚组建成家庭。
张启海	男	1942年	甘肃省玉门市人，1961年技工学校毕业后分配到大庆，先是当工人，1961年11月调到总机械修理厂工会工作直至退休。
李玉莲	女	1943年	甘肃省玉门市人，与张启海为技工学校同学，1961年来到大庆工作，1967年二人结婚。

---

[1] 被访谈人：孙万发；访谈时间，2015年2月13日；访谈地点：大庆市萨尔图区中林街小区孙万发家中。

续表

孙万发	男	1935年	祖籍安徽省亳州市,在老家时为农民,曾当兵四年,后转业到玉门工作两年,又在上海学习两年,于1961年来到大庆工作,工人。1965年调到车间当指导员,后又调到厂里工作,先是担任政治部主任,1971年担任副书记,直至1993年退休。1959年与妻子结婚,1963年带妻子来到大庆,妻子一直在大庆从事农业工作。
季德源	男	1935年	祖籍山东,1960年毕业于哈尔滨工业大学,先是被分配到宁夏工作。1961年来到大庆参加会战,一直在总机械厂工作达35年,曾在18个岗位上工作过,退休时为副处级。妻子是其同学,二人在大庆结婚。
刘瑞民	男	1945年	哈尔滨人,1965年来到大庆,1967年下厂工作。
邱孟岭	男	1955年	祖籍江苏省连云港市,1978年来大庆工作。
周庆祝	男	1938年	祖籍山东省菏泽市农村,1958年到青海工作三年,1961年8月来大庆参加会战。
秦锡芬	女	1943年	和周庆祝是同乡,在家里的安排下1963年二人结婚,1965年随之来大庆,一直从事农业生产。
孟繁兴	男	1945年	祖籍黑龙江省庆安县。1960年父亲从哈尔滨铁路局调到安达机务段。1961年孟繁兴高中毕业参加工作,在大庆参加会战,一直在总机械厂工作。

2015年大兴安岭塔河林业局盘古林场春节习俗调查报告

于学斌　丁先南

国有林场自中华人民共和国成立以来就是国民经济的重要部门，为我国的社会主义建设做出了重要的贡献。黑龙江省作为森林覆盖面积最大的省份，国有林场的数量和覆盖面积在全国都属第一。林场职工的过年有着林业的特色。2015年2月春节期间课题组深入大兴安岭地区塔河林业局盘古林场进行调查，了解盘古人的春节习俗及变迁情况。本次调查得到塔河县政府和盘古镇政府的大力支持，副县长关金红、盘古镇党委书记陈大勇周到安排，盘古镇社区书记、主任、党办书记李栋全全程陪同，调查顺利而圆满。

一、前言

大森林是黑龙江的自然特点，黑龙江省林地面积2453万公顷，其中有林地面积2080.3万公顷，活立木总蓄积量17.6亿立方米，森林覆盖率达45.7%。黑龙江省森林资源丰富，是我国北方重要的天然生态屏障，在维护国家生态安全、粮食安全、国土安全及促进经济社会发展等方面发挥着重要作用。

国有林场是国家培育和保护森林资源的林业生产性的事业单位，20世纪90年代以前，林场属于国营单位，现在，绝大多数国有林场属于事业单位，由国家全额拨款或者差额拨款。林场的主要任务是扩大森林资源，提高森林质量，充分发挥国有林地生产潜力，提高生态、社会和经济效益。

林地资源属于国有，国有林场的林地、林木等全部生产资料和产品都是国家财产，由各级政府部门分级管理，按照行政隶属关系，林地有省属林场、地市属林场和县属林场三种类型。绝大部分国有林场归林业部门管理，少部分归景区管理局、旅游管理局、院校等非林业部门管理。有些国有林场又与自然保护区、森林公园等交织在一起。

二、盘古林场概况

黑龙江省大兴安岭地区塔河县盘古林场位于黑龙江大兴安岭塔河县西北部100公里加漠公路线上。因盘古河得名，盘古，鄂伦春语为"弯曲"之意。盘古林场始建于1969年，建场之初，林场职工来自河北、河南、山西、内蒙古、哈尔滨等地。成立之初，正是知识青年上山下乡的时候，林场也接收了许多知青来这里"接受再教育"，共接收两批知青，第一批是1969年来自上海的知青，第二批是1970来自浙江的知青，不过，"文化大革命"之后这些知青大都回城了。

1989年8月24日建镇，镇政府与盘古林场"政企合一"，盘古镇辖3个林场，1个管护经营所，1个贮木场，并有17家外驻单位。镇辖盘古一个社区，社区内下设盘古1—4委、樟岭、蒙克山、沿江7个居委会，共有3个居民点。辖区2011年年末总人口6744人，常住人口6270人，流动人口474人，以汉族为主，汉族人口6639人，占总人口的98%，另有满族、蒙古族、朝鲜族、鄂伦春族、达斡尔族五个少数民族。现在盘古林场人口越来越少，常住在盘古林场的人多数是40岁以上的人，60岁以下居住在这里的人多为有工作的人。林场在册职工714人，青工413人，退休职工443人。没有工作的青年人多数出去打工。自从2015年开始，实行棚户区改造，用现在的平房到塔河换楼房，用不了多少钱就可换一套楼，这一政策也使得一些家庭离开了林场。现在禁止商业性森林采伐，所以现在冬天烧柴都不容易弄到了，因此即便年岁大的人也不愿意在这里居住了。目前盘古镇人口最多的时候是每年八九月的时候，这是采山的季节，每到7月的时候在外地工作的人都回来采山，也有许多不是此地的人来此采山，红豆和蓝莓是主要采集对象。

盘古镇居民住宅均为平房。路面已经硬化，一马路是7米宽黑色路面1.5公里，二马路是6米宽水泥路面1.3公里，贮木场进场路1公里，连接一、二马路巷道3条0.9公里，其他主次干道43公里，均是沙石路，其中主干道15公里，次干道28公里。

辖区总面积4754平方公里，其中盘古林场1521.3平方公里，盘中管护经营所1018.6平方公里，蒙克山林场836.7平方公里，沿江林场1377.4平方公里，人口密度为每平方公里1.42人。

盘古镇地处北温带，属寒温带大陆性季风气候区北部，昼长夜短，由于受大陆海洋高低压季风交替影响，气候变化显著，特点是：春季风大少雨；夏季短，温度高；秋季急剧降温霜期早；冬季漫长，干燥而寒冷。全镇年平均气温为－4℃——5℃，月平均气温在0℃以下的月份达7个。年降水量为450毫米，全年降水25%以上集中在7月，5—6月为旱季，7—8月为汛期，年日照2015—2865小时，作物生长有效积温1000℃—1400℃，无霜期80天左右。流经盘古镇境内的大小河流达51条之多，其中最大河流为盘古河，是黑龙江支流，发源于白卡鲁山。

境内有耕地面积0.38万亩，粮食作物主要以小麦、大豆为主。畜牧业以猪、羊、禽为主，2011年生猪饲养量430头，年末存栏242头；羊饲养量1230只，年末存栏1125只；家禽饲养量4836只，畜牧业总产值221.2万元。境内有林地面积659.8万亩，森林覆盖率为92.5%，截至2011年年末累计造林102.2万亩，居民区四旁树木1.1万株，活立木蓄积量3426.2万立方米。盘古是塔河林业局主要的木材生产基地之一，林产工业主要以木材加工业为主，境内有7家木材加工厂，1家活性炭厂和1家机制炭厂。镇里有建筑面积260平方米的文化站1个，文化站的公共图书室藏书5000册；有幼儿园1所，专任教师7人；小学1所，专任教师32人；有卫生院1所，病床16张，每千人拥有医疗床位2张。固定资产55万元，专业卫生从业人员18人，全年完成诊疗0.5万人次。[1]

三、盘古林场的春节

盘古林场是国家设置的国营林场、国有林场。盘古林场职工的祖籍各不相同，他们带着各自的传统，生活在这一国家设置的国营林场里，所以他们的节日习俗表现出差异性，同一节日习俗，各个家庭的过法和理解有所差异，春节文化表现出杂糅性。刘凤喜说："林场职工都是南来的北往的，有的信神，有的不信神。"[2]

盘古林场人员尽管来源于不同的地域，每个人文化背景不同，文化传承亦不同，但是由于大家居住在一个村子里，来往密切，习俗文化互相仿习，所以在过年习俗方面共性大于差异性，在年俗的时间和节日内容上大体保持一致。盘古林场的春节从农历腊月初八开始一直延续到农历二月二，其间包括腊八节、小年、除夕、正月十五元宵节、二月二龙抬头日，每个过年的时间点上都有丰富的节日活动内容。

腊月初八

每年农历腊月初八，盘古林场都过腊八节，但是并不是大节，无论是

---

1. 有关盘古林场的自然状况由盘古镇政府提供。
2. 被访谈人：刘凤喜；访谈时间：2015年2月18日；访谈地点：大兴安岭地区塔河林业局盘古林场刘凤喜家。

家庭还是单位都不十分重视，孙芳珍说："腊八不算个大节。"[1] 时有忘记腊八的现象，李江池说："忘了也就忘了吧。想起来就过，想不起来也就算了。"[2] 在改革开放以前的集体经济时期，单位在腊月初八这天不休假，现在，个体从业者腊月这天也不停业。

　　林场最具象征意义的腊八节活动是吃"腊八粥"，每到腊月初八这天各家都要做一锅粥，这是林场人一直保持的传统。腊八粥的制作方法因家庭经济状况和家庭传统的不同而不同。综合各家，腊八粥的做法有以下三种，一是黄米饭，黄米是东北地区常见的农作物糜子去皮后而成的米，用黄米熬制的粥呈黏性。由于林场没有农业，不产糜子，因此黄米都取自外地，在20世纪80年代以前的集体经济时期，黄米的来源有两种，一种是从老家带过来，如刘淑琴的老家是黑龙江省兰西县，每年都从老家带过来一些黄米；一种是从邻近的农区购买黄米，这是林场职工最主要的获取黄米的方式。有的家庭做黄米饭时里面放芸豆，有的家庭在黄米饭里放大枣、绿豆，但是并不普遍，因为在改革开放以前，林场职工吃国家供应粮，获取大枣、饭豆等食物不容易。刘凤喜家制作的黄米饭里面放的材料较为丰富，除了黄米外，还放豆腐、菠菜，黄米饭熬好后，把豆腐和菠菜放粥里，对此，刘凤喜的解释是，豆腐是"都福"的意思，菠菜的"菜"是"发财"的意思，吃豆腐、菠菜的含义是幸福、发财[3]。吃黄米饭时，一般在黄米饭中拌以荤油（猪油），有时也拌以白糖，也有在饭里放酱油、葱花的。

　　另一种腊八粥是八宝粥，一般来自山东、河北等地的人都做八宝粥，即孙芳珍所说的"凑八样谷"。不过改革开放以前，各个家庭经济状况普遍

1．被访谈人：孙芳珍；访谈时间：2015年2月17日；访谈地点：大兴安岭地区塔河林业局盘古林场孙芳珍家。
2．被访谈人：李江池；访谈时间：2015年2月19日；访谈地点：大兴安岭地区塔河林业局盘古林场李江池、张希茹夫妇家。
3．被访谈人：刘凤喜；访谈时间：2015年2月18日；访谈地点：大兴安岭地区塔河林业局盘古林场刘凤喜家。

不好，所以各家腊八粥的做法极其简单，家里有什么就放什么，实际上很难凑够八种材料，因为国家对每个人供应的粮食的种类和数量很少，所以做腊八粥时，只能凑个大概。八宝粥里不拌荤油和糖。还有一种腊八粥是小米粥。这是最低层次的腊八粥了，家里既无黄米，也无糯米，索性用小米熬粥。过去腊八这天不做菜，吃腊八粥时仅吃一些自家腌制的小咸菜。

20世纪80年代以后，随着商品经济的发展，物质资料越来越丰富，各个家庭的生活条件也有了明显的改善，腊八粥的做法也发生了改变，现在的腊八粥都是多种米混合做成的粥，马莲凤家一般用糯米做腊八粥，里面加绿豆、大枣、红小豆、黑米。许多家庭直接到商店里买已经配好的腊八粥配料回家熬粥，这种粥口味比起自己做的要好吃得多。

对于为什么要吃腊八粥，刘凤喜给的解释是："吃腊八粥，把嘴粘上，腊八粥有黏性，意思是说过年话，说吉利话。"[1] 邹丽娟的解释是："粘下巴，怕冻掉下巴，因为进入腊月就冷了。"[2] 绝大多数盘古人不知道吃腊八粥的原因。

如今，盘古林场各个家庭尽管不把腊八看作一个节日，但是腊月初八吃腊八粥的家庭越来越多。而且每到腊八的时候还会做几道菜，儿女们也会回来，全家在一起吃顿饭。

"过了腊八就是年"，从腊八以后各家就开始为过年做准备了，年味逐渐浓厚起来。

腊月二十三过小年

盘古人在农历腊月二十三过小年，小年是盘古林场的一个较为重要的

---

1. 被访谈人：刘凤喜；访谈时间：2015年2月18日；访谈地点：大兴安岭地区塔河林业局盘古林场刘凤喜家。
2. 被访谈人：邹丽娟；访谈时间：2015年2月18日；访谈地点：大兴安岭地区塔河林业局盘古林场邹丽娟家。

节日，绝大多数人认为，过年从小年算起。小年这天饺子是必不可少的，以前对于普通百姓唯一能体现小年味道的就是小年这天能吃顿饺子，于杰说："再困难，到小年也要包顿饺子，因为孩子盼小年。"[1] 改革开放以前老百姓家里普遍贫穷，特别是大集体时期，粮食凭票供应，发的米、面、肉非常少，平时舍不得吃面，都留到过年的时候吃，所以平时很难吃饺子，只有逢年过节才会包饺子。经济困难的家庭吃纯素馅饺子，一般为芹菜、白菜、酸菜、韭菜，只有较为殷实的家庭才能视情况在菜馅里加些肉。一般在腊月二十二晚上就把饺子包好了，之所以要提前包出来，是因为天气冷，早晨起来室内温度非常低，干活不方便。小年这天一般不做菜，这是因为过去经济条件普遍不好，张希茹说："以前的日子苦，小年包点饺子就算不错了，根本不炒菜。"[2] 如今，这一天家家都吃饺子，饺子馅较之以前丰富了许多，每到小年也会家庭内小聚一次，炒几个菜，喝点酒。

刘凤喜在山东老家祭奠灶王爷，到盘古后依然保持这个习惯，他家供奉的灶王爷像贴在室内东墙上（不是厨房锅台边，这是他家的特点），像的下面是日历，两边是一副对联，上联是"上天言好事"，下联是"下界保平安"，横批是"一家之主"。二十三晚上送灶王爷升天，把对联的横批撕下来烧掉就代表灶王爷上天了。烧横批现象有可能是20世纪六七十年代的一种祭祀灶王爷习俗，因为那时买不到灶王爷像，于是不烧灶王爷像，每年都贴同一张灶王爷像，而将写有"一家之主"的横批烧掉仪式相当于原来的烧灶王爷像仪式。二十四把横批贴上去，就算是把灶王爷请回来了。刘凤喜说，腊月二十三这天灶王爷上天到玉皇大帝跟前汇报人间的情况，人们都希望他

---

1. 被访谈人：于杰；访谈时间：2015年2月20日；访谈地点：大兴安岭地区塔河林业局盘古林场于杰家。
2. 被访谈人：张希茹；访谈时间：2015年2月19日；访谈地点：大兴安岭地区塔河林业局盘古林场李江池、张希茹夫妇家。

多说好话,给自己带来运气和福气。[1]

盘古林场的历史很短,林场成立之时又适逢"文化大革命",因此多数家庭不供奉灶王爷,刘淑琴小时候在老家时看过母亲祭祀灶王爷,到盘古就没有了,从1969年来到盘古,没看见过祭灶,没看见卖灶王爷像的。李江池在老家时供奉过灶王爷,到东北之后就不供了,他的老伴儿张希茹说:"在关里家供过,到这之后就啥也没有了。"[2] 关里供奉的灶王爷像上有月历牌,祭奠灶神很简单,二十三这天晚饭前把写着二十四节气的灶王爷像撕下来烧掉,年三十把新的贴上。于杰在吉林老家时是祭灶神的,他家的做法是,吃完晚饭以后,就用高粱篾扎个"小鸡""小车""小马",然后弄个碗,里面放点粮食,把小鸡、小马插在米里,粮食是给小鸡和小马吃的。有时候也会在灶王爷嘴上抹"大块糖",目的是让灶王爷上天的时候多说些好话,然后将扎的东西跟灶王爷一起在灶坑旁边或者十字路口烧了,预示灶王爷上天了。她家请灶神回来的时间是大年三十,同老祖宗、财神、天地牌(在室外)一起请回来。然而,她家定居盘古以后由于正赶上一个特殊的年代就不再祭灶神了[3]。马莲凤在老家时也见过祀灶,腊月二十三这天将灶王爷像在灶坑门烧了,然后嘴里念叨:"上天言好事,下界保平安。"过年的时候把新的灶王爷像贴在灶台上面的墙上。[4]

"扫房"是小年最重要的习俗。这天每家都打扫卫生,邹丽娟家每个小年早晨起来都要把炉子、灶坑的炉灰掏干净,用新笤帚打扫一下屋子里

---

1. 被访谈人:刘凤喜;访谈时间:2015年2月11日;访谈地点:大兴安岭地区塔河林业局盘古林场刘凤喜家。
2. 被访谈人:张希茹;访谈时间:2015年2月19日;访谈地点:大兴安岭地区塔河林业局盘古林场李江池、张希茹夫妇家。
3. 被访谈人:于杰;访谈时间:2015年2月20日;访谈地点:大兴安岭地区塔河林业局盘古林场于杰家。
4. 被访谈人:马莲凤;访谈时间:2015年2月17日;访谈地点:大兴安岭地区塔河林业局盘古林场马莲凤家。

的灰尘，擦拭玻璃，据说，扫房的目的是扫去旧年的晦气，迎接新年的到来。对于"扫房"的具体时间盘古的各个家庭不一致，有的人家固定是腊月二十三吃过早饭之后扫房；有的家庭在腊月二十四扫房；有的则在腊月二十三过后到三十之间哪天扫都可以；也有在腊月二十三之前扫房的，不过刘凤喜说，在腊月二十三之前扫房必须选择时辰，在皇历上找到适合扫房的吉时[1]。扫房必须用新笤帚。扫房当日也拆洗被褥、洗衣服。也在这一天裱糊墙壁，在20世纪六七十年代都用报纸糊墙，撕去旧报纸并覆上新报纸，也有用白灰粉刷墙壁的，糊墙和粉刷墙壁同扫房具有相同的意义——除旧布新。现在，各家仍然保持扫房、洗衣服的传统，尽管家家房屋都非常干净，但是仍然要买把新笤帚扫扫房屋。

由于生活水平提高了，现在每到过小年的时候，许多家庭也将灯笼挂出来，亮到晚上10点左右。这在以前是没有的，以前从小年开始冻冰灯，直到年三十才点亮。

小年之后就开始准备年货了，年货包括馒头、豆包、花卷、年糕、豆腐、鱼、肉、花生、瓜子、糕点等食物。绝大多数家庭由于面少而舍不得用白面做馒头、花卷。马莲凤说，过去每人每年就供应40斤小麦，面太少，不能蒸馒头，否则五月节、八月节、过年、平日来客人就没有面可吃了。家里仅有的面除了过年用来包饺子外，还要留点等中秋其他节日时包饺子、包子用[2]。许多家庭在年前蒸些玉米面饼子、窝头之类东西取代馒头。两种家庭要蒸馒头，一是家里供老祖宗，要蒸些馒头上供；二是经济条件较好的家庭蒸馒头、花卷。如今，各家过年都到市场买馒头。豆包有两种，一种是"白面豆包"，一种是用黄米面蒸的"黏豆包"，具体包什么豆包视家庭条件而

---

1. 被访谈人：刘凤喜；访谈时间：2015年2月11日；访谈地点：大兴安岭地区塔河林业局盘古林场刘凤喜家。
2. 被访谈人：马莲凤；访谈时间：2015年2月17日；访谈地点：大兴安岭地区塔河林业局盘古林场马莲凤家。

定。豆包里的豆子是"饭豆"。过去由于很难弄到黄米,所以绝大多数家庭不做黏豆包。现在有的家庭如刘淑琴邹丽娟母女俩每年都淘米蒸豆包,一进腊月就蒸豆包,现在轧黄米面都用电动机器。于杰家在改革开放以后也自己蒸豆包,近几年不蒸豆包了,主要原因是嫌麻烦,想吃就到商店买,因为商店很容易就能买到,于杰说:"黏豆包随时买,随时有。"[1]

猪肉是过年必备的。在20世纪六七十年代的计划经济时代,林场的各个家庭都不养猪、不杀年猪,因为过去林场没有农业,林场职工都吃供应粮,每人的口粮每月仅30余斤,仅有的这些粮食都不够人吃,所以因缺少猪饲料而无法自家养猪。在计划经济时代,各个家庭过年的肉食主要靠供应,职工们凭票购买。20世纪80年代以后,也就是改革开放以后,养猪的家庭逐渐多了起来,不过并不普遍,仅为退休林场职工养猪,孙芳珍说:"来到盘古40多年,就在1992年杀了一次猪。"[2] 年猪多为隔年猪,也有的人家杀当年养的猪,春天四五月份开始"抓"猪崽儿,年猪多为三四百斤,以肥为好,若是能达到四五指膘为最好。一进腊月就开始陆续杀年猪,因为天冷后,猪不长膘了,即便再养也是白浪费粮食。杀猪这天,非常的热闹,邀请亲属和关系不错的朋友一家老少前来大吃一顿,叫作吃"杀猪饭"。刘淑琴家每年杀猪都要请三四桌人。刘凤喜说:请谁不请谁"看交情,交情密切的,则请全家"。"吃杀猪饭不光是为了吃,也是借这机会聚一聚,热闹一番。"[3] 每次能吃将近一角儿肉,其余的肉有的家庭会卖掉一部分,其他的肉冻起来留到过年时吃。

近年,林场没有养猪的了,原因有很多,一种原因认为,养猪太麻烦。另

---

1. 被访谈人:刘凤喜;访谈时间:2015年2月11日;访谈地点:大兴安岭地区塔河林业局盘古林场刘凤喜家。
2. 被访谈人:孙芳珍;访谈时间:2015年2月17日;访谈地点:大兴安岭地区塔河林业局盘古林场孙芳珍家。
3. 被访谈人:刘凤喜;访谈时间:2015年2月11日;访谈地点:大兴安岭地区塔河林业局盘古林场刘凤喜家。

一种原因认为林场不种地,饲料太贵,养猪成本太高。还有一种原因认为,没地方养猪,现在林场住宅尽管仍然是平房,但是规划很好,养猪势必污染环境,猪的活动区域不仅脏乱,而且臭味难闻。杀年猪这种习俗由此也逐渐淡出人们的视线。每到过年时都买肉,而且不买很多,因为经常有杀猪的,可以随时买到新鲜的猪肉,所以像过去年前囤积很多猪肉的现象没有了。

鸡肉是过年期间必备的食物,鸡都是自家养活的,每年都要杀几只。天冷之后,鸡不愿意吃食,不但不长肉,反而会掉膘。所以天冷下第一场雪就杀鸡,冻到外面过年时才吃。现在有所改变,一般过了小年之后才杀鸡,邹丽娟认为,冻时间太长的鸡肉不好吃。[1]

过年的时候,每家都会买一些豆腐,刘淑琴说:"过年买豆腐,多少都得买点。"[2]多数在腊月二十八、二十九买豆腐,过年时候通常做些油炸豆腐泡、豆腐片。过去,林场没有豆腐坊,临近过年的时候街上会出现卖豆腐的毛驴车。改革开放以后,林场出现了豆腐坊,刘淑琴就曾经开过豆腐坊。至于过年为什么要吃豆腐,刘淑琴给出的原因是:"豆腐,兜福。都那么说,谁(知)道了?"[3]

家家年前也买些瓜子、花生,一是家人闲来无事作为消遣的食物,二是用来招待前来串门、拜年的亲戚朋友、左邻右舍。有些人家自己种植葵花,则无须购买瓜子。虽说林区盛产松子,但是都嫌其太小,很少有人炒松子。

至于蔬菜,早年这里没有新鲜蔬菜,自从改革开放以后,冬天也有蔬菜了。为了保证蔬菜新鲜一般在腊月二十七八才买。林场山产品很丰富,尤其盛产蘑菇、木耳,这些东西都是自己到山上采摘,无须购买。

---

1. 被访谈人:邹丽娟;访谈时间:2015年2月18日;访谈地点:大兴安岭地区塔河林业局盘古林场邹丽娟家。
2. 被访谈人:刘淑琴;访谈时间:2015年2月17日;访谈地点:大兴安岭地区塔河林业局盘古林场刘淑琴家。
3. 被访谈人:刘淑琴;访谈时间:2015年2月17日;访谈地点:大兴安岭地区塔河林业局盘古林场刘淑琴家。

过年期间，鞭炮是不能少的，年三十晚上、初一至初五每顿饭前必须放炮仗，最为激烈燃放鞭炮的时间是大年三十半夜和正月十五，届时整个村子鞭炮齐鸣。每家年前都要购置一定数量的鞭炮，过去家庭经济条件好的，炮、鞭、花都要买，还要给小孩买一些拉炮、摔炮，经济条件差的家庭往往就买点炮仗，孩子们稀罕鞭炮，但是不能管够，只能每个人分几个。李栋全回忆："小时候家里买一挂鞭，打开，摘下来，一个孩子分几个。有的孩子还会偷着摘几个。"[1] 如今家家经济条件都好了，各家购置的鞭炮、烟花很多，以此增加节日的喜庆气氛。若是家里有老人去世，则三年之内不能燃放鞭炮。

当然，将所有这些物品都购置齐全也只是现在才能做到，以前，经济条件差，购置全部物品是非常困难的事。现在临近过年虽然仍然要准备一些年货，但是已经不用特别忙碌了。因为商品经济的发展，人们买东西变得容易了，不管什么时候都能买到肉、鱼、酒等物资，所以也没必要大量地储备年货了。

过年的时候只要家庭条件允许都穿新衣服。于杰说："过年都做套新衣服。"[2] 改革开放以前，年前裁缝铺是最忙的，因为每家都赶在年前短暂的时间内买布做衣服，所以需要排号做衣服。有的人家托上海知青从上海带新衣服。农村有亲属的则让农村的亲戚做些小棉鞋邮寄过来。但是过去穷人多，许多家庭买不起新衣服，刘凤喜说："有钱买新衣服，没钱买啥啊？"[3] 邹丽娟说："过年买件新衣服，那都乐坏了。许多人家买不

---

1. 被访谈人：李栋全；访谈时间：2015年2月17日；访谈地点：大兴安岭地区塔河林业局盘古林场招待所。
2. 被访谈人：于杰；访谈时间：2015年2月20日；访谈地点：大兴安岭地区塔河林业局盘古林场于杰家。
3. 被访谈人：刘凤喜；访谈时间：2015年2月18日；访谈地点：大兴安岭地区塔河林业局盘古林场刘凤喜家。

起。"[1] 实在太拮据，则至少要给女孩买个红头绳。如今，生活条件好了，过年都买成衣，讲究的人家从里到外都换新的。若是家中有老人去世，则不能穿红、绿等颜色鲜艳的服装。

由于人们认为腊月二十三至大年三十都是吉利的日子，在这一时间段内结婚不用找人选日子，所以每年小年以后，盘古林场结婚的人很多。

以前，欠债的要在年前还钱，马莲凤说："饥荒不隔年。"[2] 如果实在没钱还，要买点烟酒，到债主家去说明情况，说"今年我家手头有点紧，等我来年有钱了再还你"之类的话。现在基本上没有借钱讨债的了。

于杰说，林场这里在年前要到实在亲属、特别好的朋友家拜年，每次都要带礼物，过去礼物很简单，就是糖或者罐头或者酒，两斤白糖两瓶水果罐头就是非常好的礼物了。现在一般送成箱的水果或者啤酒等。[3]

腊月三十

腊月三十林场称作"大年三十"，是林场最为热闹和繁忙的一天。临近过年的时候，在外地工作的人都赶回家过年，同家里老人在一起过团圆年。

"千门万户曈曈日，总把新桃换旧符。"三十这天的第一件事就是贴春联、福字和挂签，吃过早饭、10点左右天气变暖和了开始贴。以前春联、福字并非购买，刘淑琴说，在腊月二十六七就得找人帮忙写对联和福字，家家都集中在这个时间段写，所以要排号。[4] 挂签以前也多是自己手工制作，

---

1. 被访谈人：邹丽娟；访谈时间：2015年2月18日；访谈地点：大兴安岭地区塔河林业局盘古林场邹丽娟家。
2. 被访谈人：马莲凤；访谈时间：2015年2月17日；访谈地点：大兴安岭地区塔河林业局盘古林场马莲凤家。
3. 被访谈人：于杰；访谈时间：2015年2月20日；访谈地点：大兴安岭地区塔河林业局盘古林场于杰家。
4. 被访谈人：刘淑琴；访谈时间：2015年2月17日；访谈地点：大兴安岭地区塔河林业局盘古林场刘淑琴家。

▲ 2015年塔河县城年货市场上卖对联的摊位/焦芳梅 摄/2015年

若是自己不会制作则找别人代劳，邹丽娟说："抠挂签要去求人家。拿几张五彩纸放到人家，人家什么时候有时间了，就给你抠出来。"[1] 挂签的制作有用剪刀剪的，有用类似于凿子的刀"抠"的。年画并非每家都贴，因为年画不能自制，都购自商店，马莲凤说："以前贫穷，根本买不起年画，只有富裕的干部家庭才贴年画。"[2] 现在，生活富裕了，有经济能力购买各种加工精美的春联、年画、福字，一过腊月二十三，大街上有很多卖对联、福字、挂签的。但是贴年画、挂签的并未增多反而减少了。若是家中有老人去世，则三年之内不贴对联、福字、年画和挂签。

财神和门神在20世纪六七十年代没人敢贴，20世纪70年代以后，有的人家开始贴财神，做买卖的人家贴财神比较多。一进入腊月就有小贩背个放着财神像的兜，挨家挨户地"送财神"，说是"送"其实就是卖，人们的心理是，不能把财神拒之门外，所以这一买卖成交率非常高，给一张财神爷像后能得到主人两三块钱。小贩儿这一送财神活动促进了财神爷的供奉，本来不贴的人家也开始贴财神爷了，张希茹说，有人来送，就贴财神，如果没人来送财神像，也就不贴了。[3] 财神像的位置并没有限定，一般贴在一个显眼

---

1. 被访谈人：邹丽娟；访谈时间：2015年2月18日；访谈地点：大兴安岭地区塔河林业局盘古林场邹丽娟家。
2. 被访谈人：马莲凤；访谈时间：2015年2月17日；访谈地点：大兴安岭地区塔河林业局盘古林场马莲凤家。
3. 被访谈人：张希茹；访谈时间：2015年2月19日；访谈地点：大兴安岭地区塔河林业局盘古林场李江池、张希茹夫妇家。

的位置，不选择贴财神像的时间，什么时候买回来就什么时候贴上。孙芳珍在山东老家看见过贴门神，到盘古之后就没贴过门神，类似的情况在盘古很多，这是时代造成的。现在，贴门神之习又有所恢复，刘凤喜家每年都贴门神，2015年2月18日，刘凤喜贴对联的同时也将新门神分别贴在院子大门左右两扇门板上，刘凤喜说，他们家贴的门神一个是秦琼，一个是尉迟敬德。[1]

祭祖在三十这天是很多家庭要做的，但是在20世纪六七十年代这些活动是不被容许的，因为这些活动都算作封建迷信，马莲凤在老家看见过家人供奉三代宗亲，三代宗亲就是一个纸牌，上面写着"供奉三代宗亲之位"，在其前面的供桌上摆放有馒头、鱼等供品。除夕半夜在院子中烧纸，在院中放一个火盆，火盆里放些豆秆儿，点着火，"豆秆，都该"，意思是都该我的，都欠我的钱。到院外十字路口接财神、喜神。到盘古以后，她家一直没供奉祖神。于杰说："'文化大革命'那时候'破四旧''立四新'，这些封建迷信都是不被容许的，我家老人什么都不信，就信共产党。"[2] 刘凤喜说，那个时候凡是共产党员都不容许有这些迷信做法，否则就要被开除党籍。[3] 但是仍然有个别家庭坚持秘密接神、祭祖，刘凤喜便是其中一员，即便在20世纪六七十年代他家也祭祖。不过，像刘凤喜家这样供奉家谱、接神的习俗仅存在于个别家庭，绝大多数家庭祭祖的礼仪变得非常简单，仅是在年三十傍晚去坟地上坟，若是坟地不在本地，则在十字路口为死去的亲人烧冥币，甚至烧冥币的习俗也被有些人认为是无意义的行为。马莲凤说："都看见活人遭罪，没看见死人享福。活着的时候对他好点，给好吃的好喝的，

---

1. 被访谈人：刘凤喜；访谈时间：2015年2月18日；访谈地点：大兴安岭地区塔河林业局盘古林场刘凤喜家。
2. 被访谈人：于杰；访谈时间：2015年2月20日；访谈地点：大兴安岭地区塔河林业局盘古林场于杰家。
3. 被访谈人：刘凤喜；访谈时间：2015年2月18日；访谈地点：大兴安岭地区塔河林业局盘古林场刘凤喜家。

那比烧纸强多了。"[1]尽管如此说,马莲凤在年前偶尔也到十字路口烧纸,也曾经想去上坟。

因为林场放假,所以年三十这天家家都吃两顿饭,早饭时间在八九点左右,晚饭时间在下午三四点,这一吃饭习惯一直延续到初五,正月初五过后很多家庭就开始吃三顿饭了。至于为什么吃两顿饭,刘叔琴的解释是:"过年时候忙着玩,老做饭就没时间玩了,再说过年时候做的菜也多,(吃多餐会)很麻烦。"还有一层原因是,初五之后,林场职工开始上班。下午这顿饭是最为丰盛的,餐桌上菜的数量必须是双数,六个、八个、十个不等,双数为吉,取好事成双之意。饭菜没上齐不能吃饭。这顿饭中鱼、鸡都是不能少的,鱼预示着"年年有余",要选大鱼,过去都买冻鱼,现在则买活鱼。禁止马、牛、羊、鸭肉上桌,马、牛、羊、鸭子属于大牲畜,是有功之臣。刘凤喜家因为供有家堂,所以鸡、鱼、肘子等菜必须先在家堂上摆过,烧完香之后才能拿到饭桌上全家吃。

年三十晚上,节日气氛达到高潮。室内室外通宵点灯。过去,天黑之后各家室外的冰灯就亮了起来,冰灯里放煤油灯或者蜡烛,现在则悬挂大红灯笼,初一到初五,在睡觉之前灯笼一直亮着。

年三十晚上11点左右,发纸、燃放鞭炮,马莲凤说:"因为过年祖宗都回家了,所以在院子里烧就可以。"[2]有的家庭只放鞭炮,李江池家每到半夜煮饺子时,就会说:"煮饺子了,放鞭炮去吧!"鞭炮声不断,此起彼伏,标志着旧年过去了,新的一年来到了。

烧完纸、放完鞭炮后,全家围坐在一起吃年夜饭。菜一般就是三十下午的剩菜,热热之后就直接端上桌。饺子是必吃的美食,这顿饺子都是现

---

1. 被访谈人:马莲凤;访谈时间:2015年2月17日;访谈地点:大兴安岭地区塔河林业局盘古林场马莲凤家。
2. 被访谈人:马莲凤;访谈时间:2015年2月17日;访谈地点:大兴安岭地区塔河林业局盘古林场马莲凤家。

包的饺子，不吃冻饺子。饺子在这一时刻不仅仅是美味，而且具有美好的意蕴。过去饺子馅种类不多，主要是猪肉、白菜、芹菜、酸菜。改革开放以后，蔬菜种类增多。饺子馅最好是芹菜馅或韭菜馅，吃芹菜馅的人就会变勤快，吃韭菜馅的人预示天长地久。马莲凤、孙芳珍均说，最忌讳吃酸菜馅饺子，因为人会脾气不好，容易犯酸性。饺子皮和饺子馅的数量很难正好，但不管剩皮还是剩馅，都有美好的解释，马莲凤说："剩馅了，有粮食吃；剩皮了，有衣服穿。"[1] 包好的饺子摆放在盖帘上，摆放时不能对脸摆，排列方法有两种，一种是同心圆似的四周转着摆，另一种是一排一排地竖着摆。在饺子里包上钱币、大枣是一种普遍的做法，谁吃到了钱就说明他在新的一年里有钱花，运气好。以前包在里面的是方孔铜板，后来包1分、5分、1角、5角等币值的人民币硬币。每年吃年夜饭的时候孩子们都会吃很多饺子，不吃到钱不停止。煮饺子也有讲究，刘凤喜说："有的会下饺子的，有的不会下，不会下的就会把饺子煮破了。"[2] 煮饺子方法是用锅铲子沿着锅边往里圈饺子，意思是往里圈财。

年夜饭是一顿团圆饭，阖家团圆，其乐融融。早年，饭桌上的坐法是有讲究的，面对门的位置是正座，这里只能由长辈坐。一般家里的儿媳妇不上桌，刘凤喜说："儿媳妇是不能上桌的，在老人喝酒的时候，她要在外边伺候着。"他还说，"我父亲在世的时候，他喝酒的时候，我的妹妹、妹夫都不敢和他在一个桌子吃饭，我都上不了桌。我的姑爷[3]们都不敢上桌，必须到别的桌上吃饭去。"[4] 但是这些规矩早就没有了，吃饭的时候，不管男

---

[1]. 被访谈人：马莲凤；访谈时间：2015年2月17日；访谈地点：大兴安岭地区塔河林业局盘古林场马莲凤家。
[2]. 被访谈人：刘凤喜；访谈时间：2015年2月18日；访谈地点：大兴安岭地区塔河林业局盘古林场刘凤喜家。
[3]. 姑爷：女婿。
[4]. 被访谈人：刘凤喜；访谈时间：2015年2月18日；访谈地点：大兴安岭地区塔河林业局盘古林场刘凤喜家。

女老少都可以上桌。

近年，年夜饭的食物更为丰富，年夜饭的餐桌上出现了鸡爪子、猪蹄子，每人都要吃一个鸡爪子或者猪蹄子，其含义是"挠财"，预示着新的一年发财、有福。张希茹说："现在家家户户都买鸡爪子，我说：'鸡爪子有啥吃的？''哎呀，鸡爪子，挠（财）啊！'在过去没有这个习俗。"[1]有的人家餐桌上也出现了凉菜。

长辈要给晚辈压岁钱。不过，给压岁钱的时间各不相同，李江池、刘希茹夫妇年三十白天就把压岁钱给孙子了，而于杰家给压岁钱的时间是除夕夜吃完饺子之后，马莲凤家的压岁钱是在除夕夜吃年夜饭之前。以前，晚辈要给长辈磕头，不过一般男孩磕，女孩不磕，磕完头后老人再给小孩压岁钱，现在则没有磕头之礼。以前压岁钱一般为一两块，现在则为一两百，新婚的小夫妻也享受到小孩一样的待遇。压岁钱一般都是双数，在给压岁钱的时候，孩子会礼貌地说声"谢谢"。如今，工作了的儿女也给老人钱，因为老人没工作了，手里的积蓄也不多，儿女们都会在这一时间孝敬老人一些，不光春节，如父亲节儿女也会给父母钱，而许多老人往往通过其他的方式把这些钱再返回给子女，刘凤喜说："他们（指他的子女）年前给我的钱，等过年的时候，我都要给我的小孙子、孙女，成绩好的会多给点，鼓励他们好好学习。"[2]

年三十晚上要守岁，民间说法是"一夜连双岁，五更分二年"，在这新旧交替的时刻，通宵不睡觉，以前，家家基本都能做到，刘凤喜说："那天晚上亲人都在一起说话唠嗑，根本不会困。"[3]不睡觉的孩子们到处串

---

1. 被访谈人：张希茹；访谈时间：2015年2月19日；访谈地点：大兴安岭地区塔河林业局盘古林场李江池、张希茹夫妇家。
2. 被访谈人：刘凤喜；访谈时间：2015年2月18日；访谈地点：大兴安岭地区塔河林业局盘古林场刘凤喜家。
3. 被访谈人：刘凤喜；访谈时间：2015年2月18日；访谈地点：大兴安岭地区塔河林业局盘古林场刘凤喜家。

门。马莲凤说:"以前当姑娘的时候真一宿不睡觉,大人说:'一宿不睡觉,精神!'我们拿着小灯笼到处走。"[1]如今很少有人能坚持守岁了,许多家庭吃完年夜饭、看完春晚就睡觉了,于杰说:"一家人一起看春晚,看完春晚也就都睡觉了,12点之前不睡觉就算是守岁了。"[2]小孩也不到处串门玩了,大多待在家里上网,或者玩手机,这是无论大人小孩们过年期间的主要活动。大人之间除了玩麻将和扑克外,没有其他的娱乐方式。年三十晚上的主要活动就是看春节联欢晚会。

过年有许多禁忌,不能说不吉利的话,否则被家人骂,为防止说错话,每个人都不随便说话,尽量少说话,于杰说:"过年这两天要少说话。到神送走了之后,你愿意说啥就说啥。"[3]李栋全、邹丽娟说,小时候都不敢说话,说错了就会挨骂。不能骂人、打架。从年三十开始直至正月初五,禁止干活,否则忙一年。不能动针线,动针线会瞎眼睛。[4]不能打扫卫生,于杰家的垃圾扫到旮旯,洗碗水倒在泔水缸里,到初二以后才倒垃圾和泔水。三十不往外扔垃圾,不能扫到门外,否则就会把财运扫出去了。直到初三才能往外倒垃圾。以前有三、六、九放水之说,即正月初三、初六、初九是倒垃圾水的日子,在这三天可以洗衣服、洗头,现在没有人囿于此说。若是家中当年有人去世了,三年内不能燃放鞭炮,不能挂灯笼,有的人家不出去串门、拜年,这一习俗直至今日仍然保留着。

---

1. 被访谈人:马莲凤;访谈时间:2015年2月17日;访谈地点:大兴安岭地区塔河林业局盘古林场马莲凤家。
2. 被访谈人:于杰;访谈时间:2015年2月20日;访谈地点:大兴安岭地区塔河林业局盘古林场于杰家。
3. 被访谈人:于杰;访谈时间:2015年2月20日;访谈地点:大兴安岭地区塔河林业局盘古林场于杰家。
4. 被访谈人:邹丽娟;访谈时间:2015年2月18日;访谈地点:大兴安岭地区塔河林业局盘古林场邹丽娟家。

2015年2月18日刘凤喜摆家堂接神

2015年2月18日大年三十。

上午8点多钟,刘凤喜就开始摆家堂。把供奉老祖宗像的供桌摆放在室内北墙正中位置处,擦拭干净。

悬挂上家谱,刘凤喜家的家谱是用红布写的,刘凤喜说:"山东老家的家谱不是这样的,山东老家的家谱是用纸画的,类似山水画。"[1]

刘凤喜老伴一早起来就开始准备供品,首先"捞饭",具体做法是,做一锅米饭,两个碗各盛一碗米饭,然后对扣在一起,一个碗底朝下,另一个碗底朝上,然后将上面的碗拿走,于是两碗米饭装在了其中的一个碗里,上面呈圆形,在圆形的饭的顶部按进三个大枣,再放上菠菜。将这碗米饭放在供桌上,上面插三炷香。然后依次摆上肘子、鲤鱼、馒头等供品。禁止用牛羊马肉做供品,刘凤喜说:"牛羊马都是大牲畜,是有功之臣,所以不能上供。"[2] 供桌上也不能摆鸭肉,鸭子也属于大牲畜。不长鳞的鱼也不能作为供品。

下午3点左右,刘凤喜去坟地接祖先回家过年。到坟地后先放鞭炮,然后烧些冥币,口喊:"爷爷、奶奶、爸爸、妈妈,回家过年了!"即表示把祖宗接回家过年了。下午近4点,刘凤喜回到家,在家堂上点上三炷香,烧些纸,面对家堂说:"回家过年吧,今年收成不错,什么都有。"然后带领子孙磕头。出嫁的女儿不能参与祭祖活动,因为女儿是泼出去的水,嫁出去的女儿就属于夫家那边的人了,刘凤喜说:"我那屋供老祖宗的,出门的女儿都不许进。"[3]

---

1. 被访谈人:刘凤喜;访谈时间:2015年2月18日;访谈地点:大兴安岭地区塔河林业局盘古林场刘凤喜家。
2. 被访谈人:刘凤喜;访谈时间:2015年2月18日;访谈地点:大兴安岭地区塔河林业局盘古林场刘凤喜家。
3. 被访谈人:刘凤喜;访谈时间:2015年2月18日;访谈地点:大兴安岭地区塔河林业局盘古林场刘凤喜家。

家堂摆好后，家里吃什么就要给供桌上摆上点什么。

2015年2月18日邹丽娟家过大年

邹丽娟一家有三口人，自己、丈夫和儿子。邹丽娟因病提前退休，丈夫在林场上班，儿子在天津上班。儿子是腊月二十二回家来过年的。每年一家三口都到公婆家过年。邹丽娟的丈夫兄弟姐妹共四个，一个姐姐和两个弟弟，两个弟弟是孪生兄弟，都已经43岁，一个弟弟是林场管护队队长，弟妹在盘古邮局工作，同父母一起过，另一个弟弟在哈尔滨市的一家建筑工地上打工，过年不回来。姐姐林场买断工龄以后就到北京打工，每年都回来，不过他们会在公婆家过年，正月初二才能来这里拜年。

2015年2月18日，农历腊月三十，早上10点多钟，邹丽娟的儿子把对联、福字贴上。邹丽娟说："盘古这个地方贴对联不能太早，因为10点之前可冷了，室外温度能达到零下40多度。"[1] 贴完对联后，一家三口按照往年的惯例去公婆家过年，虽然娘家妈也在本村，但是按照规矩，除夕这天不能在娘家过年。到公婆家吃的早饭，早饭很简单。

饭后就开始准备下午餐。由于邹丽娟有病在身，没有干活，而是在室内看电

▼ 大年三十早上，邹丽娟家贴春联和窗花/焦芳梅 摄/2015年

---

1. 被访谈人：邹丽娟；访谈时间：2015年2月18日；访谈地点：大兴安岭地区塔河林业局盘古林场邹丽娟家。

视,过年大餐是由婆婆王玉兰和妯娌准备的。总计做了十个菜,鱼是必有的一道菜,红烧鲤鱼是用一条活鲤鱼做的,是腊月二十九买的,邹丽娟说:"现在过年都吃活鱼,不像过去买不到活鱼,大道上一来卖鱼的,大伙都抢着买,都是冻鱼。"一盘整只烧鸡,取大吉大利之吉祥含义;猪手、鸡手拼一盘,这是每年必有的一道菜,取挠财之意;一盘猪肉,邹丽娟说:"以前过年都成半儿成角儿买,现在都买不多少肉,吃不了多少肉。现吃现买,过了正月初五六就开始有杀猪的了。"一盘凉菜、一盘红肠、一盘鸡蛋炒蒜薹、一盘芹菜炒肉、一盘螃蟹腿、一盘大虾,这几道菜都是自从20世纪90年代开始生活好了、物资丰富了之后才有的年嚼咕。

下午2点50分,饭做好了。全家围坐在一张大圆桌上吃过年饭,全家一共八口人,分别是公公、婆婆、邹丽娟一家三口、小叔子一家三口,饭前公公张培元到外面燃放了两挂长长的鞭炮,每挂鞭炮有一千响。家里人没有喜欢喝白酒的,喝了点红酒和饮料,每个人在饭桌上都说了几句祝福的话。

饭后,收拾完饭桌子,洗完碗筷,稍事休息后,婆婆和邹丽娟的妯娌开始剁饺子馅,和面。馅子和面准备好以后,家里人摆上麻将桌开始打麻

▼ 邹丽娟家丰盛的过年饭/焦芳梅 摄/2015年

将，没有玩的人看电视。

晚上8点50分，停止打麻将，开始包年夜饺子。饺子馅是芹菜白菜肉馅，即猪肉和白菜、芹菜混合在一起而成的饺子馅，每年年夜饺子都吃芹菜白菜肉馅，在其中六个饺子馅里分别加了硬币。

晚11点40分，刘培元和孙子出外燃放鞭炮，他们家没有发纸。王玉兰在外屋地热菜、煮饺子。煮好的饺子分别盛到每个人碗里，这是邹丽娟公婆的过年规矩，自己吃自己碗里的饺子，自己碗里的饺子吃不了也不能说"吃不了"，而要给别人吃。白天的菜又重新热热端上了桌，总共摆上桌六个菜，红烧鱼、猪手鸡手拼盘、螃蟹腿、蒜薹炒肉芹菜炒鸡蛋拼盘、凉菜一盘，除此之外又格外切了一盘皮冻。当邹丽娟儿子吃到了包有钱币的饺子时，邹丽娟一家三口都非常高兴，爷爷奶奶连声说："孙子今年能挣大钱。"

吃完年夜饭，收拾完饭桌后，家庭内开始拜年，晚辈站成一排，依次给刘培元王玉兰夫妇拜年。邹丽娟和丈夫给刘培元王玉兰行礼，口说："爸妈，过年好！"邹丽娟的儿子给爷爷奶奶行礼拜年，刘培元夫妇给邹丽娟100元压岁钱，给孙子200元压岁钱。邹丽娟小叔子一家也是如此拜年，也得到相同的压岁钱。邹丽娟说："我们家一直这样，

▲ 大年三十下午2点50分，饭前王培元燃放鞭炮，辞旧岁，迎新春/焦芳梅 摄/2015年

▲ 全家一起包年夜饺子/焦芳梅 摄/2015年

▲ 邹丽娟家的年夜饭/焦芳梅 摄/2015年

别人家什么样我不知道,我结婚都快30年了,每年都要给公婆拜年,公婆给压岁钱。"小叔子一家也给邹丽娟夫妇拜年,口称:"哥哥嫂子过年好!"侄子也给拜年,口称:"大爷大娘过年好!"邹丽娟给侄子200元压岁钱。邹丽娟的儿子给叔叔婶子拜年时也得到了200元压岁钱。

拜完年后,邹丽娟一家三口就回家睡觉了。

正月初一到初五

正月初一为一年的第一天,各家在饭前都燃放鞭炮,饺子是这天早晨必吃的食物。总体上初一的饭菜仍然很丰盛,即使是最困难时期、经济情况不太好的家庭,初一也要吃最好的,不过多是年三十的剩菜。

初一的主要活动是"拜年",晚辈去给长辈拜年。长辈一般待在家里,准备好瓜子、花生,等着小辈前来拜年。拜年分个人和群体两种,有的个人去拜年,有的一家集体去拜年。邹丽娟回忆她小的时候说道:"过年很有意思,很盼过年,我们小孩子到处串门,一走一大圈,挨家挨户拜年,到人家给糖吃,很开心。"[1]刘凤喜岁数大、辈分高,他说,每年街坊邻居给他拜年的很多。邻里之间也会拜年,互相问好,说些"恭喜发财""新年快乐""新年好"等过年话。刘凤喜说,是否拜年,要凭交情。即两家关系

---

1. 被访谈人:邹丽娟;访谈时间:2015年2月19日;访谈地点:大兴安岭地区塔河林业局盘古林场邹丽娟家。

好，就去拜年，关系不好或者关系一般，也就没有拜年之礼了。[1] 拜年的时间可能从初一一直延续到初二，拜年不出村子。现在仍然有拜年习俗，正月初一仍然有拜年活动，所以2015年2月19日正月初一一大早6点多钟，邹丽娟一家三口就到公婆家，赶紧吃完早饭，避免别人拜年时赶上饭碗。[2] 邹丽娟夫妇吃完饭后就到有老人的家庭去拜年。拜年都不带礼物，因为年前该送的礼都送完了。

近年由于通信业的迅猛发展，从腊月三十就开始电话拜年，远在外地的儿女要给父母打个电话，慰问一下。亲戚朋友也会通过电话、短信、微信互相拜年。

送神是一项重要的活动，凡是年前接神"回家过年"的家庭，在正月要把神送走。刘凤喜家称送神为"送年"，2015年2月21日正月初三，太阳还没出来，刘凤喜就起来，在族谱前烧点冥币，面对族谱磕了三个头后说："你们走吧！回家吧，该走了，明年再回来。"说完之后把家谱、供品撤下来，如此就算把祖宗送走了。

根据各调查对象对老家送神活动的回忆，各家送神的时间有很大不同，有的人家在初二送神，有的人家在初三送神。送神的方式也不同，如于杰老家送神方式是，吃完晚饭，把门打开，在屋里放点鞭炮，然后提个水壶，拿着一个装有供果的簸箕，到十字路口，在地面上画个圈之后，叨咕几句，就算把神送走了。李江池家在初二这天要上坟，初二这天早上带着初一剩下的饺子到坟前上供，烧些冥币，这一送神仪式就是初二这天把年三十接回来的祖宗送回坟地。送完年后年味就淡了。

出嫁的女儿在正月要回门，但是具体哪天回门各家也有所不同，有说

---

1. 被访谈人：刘凤喜；访谈时间：2015年2月18日；访谈地点：大兴安岭地区塔河林业局盘古林场刘凤喜家。
2. 赶上饭碗：东北话，就是来串门时，主人家还没吃完饭。

是初二的，有说是初三的，这可能和每家送神的时间不同有关，因为出嫁的女儿不能看娘家的族谱。于杰说："初一在婆家那边拜年，初二婆婆家送神，送完神之后初三就可以回娘家了。"[1] 新出门的姑娘和姑爷回家的时候要带些酒、槽子糕、白糖、罐头，这是20世纪80年代以前最上等的礼物，名曰"四合礼"。如今回家这一时间限定已经没有，用刘淑琴的话说就是："没说道，我家姑娘哪天都能回来。"[2]

新结婚的夫妇结婚的头一年要给直系亲属拜年，他们带着礼物前来拜年，到谁家，谁家都要留他们吃饭，走的时候一定要给钱。

以前林场的主要工作就是采伐树木，即便冬天也采伐。初四进山开工，开工前，要举行祭祀山神的仪式，带着猪头、猪肘子、鸡，挂在一个较粗的树上，跪下，磕头，求山神说："我们开始生产了，求你保个平安。"再磕个头，然后回去一起吃一顿，这叫"开山"。但是这一习俗在20世纪六七十年代开始后就不存在，因为那时候"破四旧"，像这些鬼神信仰都属于封建迷信被破除了。现在林场禁止采伐，刘淑琴说："（19）87年的大火把林子几乎烧没了，要不然有60年采伐计划。"[3] 所以这种祭山神的做法也就不再有了。

正月初五，俗称"破五"，因之前诸多禁忌过此日皆可破而得名，所以这天之后就可以扫地、倒垃圾、缝补衣服了。初五这天饺子是必须吃的，饺子都是现包现吃，李栋全家、孙芳珍家在年三十包饺子时一定把初五的饺子也包出来，初五的饺子必须用年前留下的面和馅，至于为什么，孙芳珍说不知道，是老人留下来的规矩。鞭炮在吃饭前是必须放的。有的人家这天还会给祖宗

---

[1] 被访谈人：于杰；访谈时间：2015年2月20日；访谈地点：大兴安岭地区塔河林业局盘古林场于杰家。

[2] 被访谈人：刘淑琴；访谈时间：2015年2月17日；访谈地点：大兴安岭地区塔河林业局盘古林场刘淑琴家。

[3] 被访谈人：刘淑琴；访谈时间：2015年2月17日；访谈地点：大兴安岭地区塔河林业局盘古林场刘淑琴家。

上供，但是不用烧纸、烧香，只是摆上供品，过完初五供品就取下来了。

对林场职工来说，以前就放三天假，初四之后就开始上班干活了，所以初三一过意味着年就过完了。现在包林到户，机关事业单位的假期也长了，所以职工的业余时间多了，过年的持续时间较之以前长了。

林场的集体娱乐没有，讲大书的、看二人转的传统娱乐项目在"沟里"从来没出现过。马莲凤说："过去没有电视，也没有文娱活动，就拎着个小灯笼各家串门。"[1] 林场最流行的就是扭秧歌，这是近年才开始出现的娱乐项目，多为徒步扭秧歌，正月初一就开始有秧歌表演了。扭秧歌分为两种，一种是人们自发组织，自己准备服装，没有主持人和领头的，纯属自娱自乐。另外一种就是有人专门组织的秧歌队，这个秧歌队会到各家去表演，各家看完表演总会给些钱或者物品酬谢一番，这是改革开放以后出现的一种现象，他们往往在林场领导家、商家门口逗留的时间最长，林场领导、商家一般都会给以资金上的奖赏。刘淑琴家2000年开商店，过年时秧歌队来表演，她不但给些钱财、烟，还留秧歌队队员吃饭，刘淑琴说："大过年的，图个吉利，还能撵人走吗？"[2] 从林场建立到现在一直延续过年扭秧歌的传统。

正月初七、十七、二十七

马莲凤能流利地说出正月每一天对应的动物，她说："一鸡，二鸭，猫三，狗四，猪五，羊六，人七，八马，九果，十菜。"于杰能熟练地背出前七个。初一是鸡的日子，初二是鸭的日子，以下依次是猫、狗、猪、羊、人、马、果、菜的日子。而刘凤喜说出了另外一种从初一到初十所主物体的排序方法，他记不完全了，只记得初八是麦子的生日，初十是石头的生日。不管如何排序，在

---

1. 被访谈人：马莲凤；访谈时间：2015年2月17日；访谈地点：大兴安岭地区塔河林业局盘古林场马莲凤家。
2. 被访谈人：刘淑琴；访谈时间：2015年2月17日；访谈地点：大兴安岭地区塔河林业局盘古林场刘淑琴家。

这些日子里人们的主要活动都是观测天象，通过观测天象，以判定一年中所对应动植物的好坏，于杰说："这天天气好，这种东西就兴旺。"[1] 如初一若是晴空万里，风和日丽，则这一年鸡会繁殖快、无病无灾，反之则会发展不顺。其他日子依次类推。在这些动物和植物的日子里，除了观测天气之外没有其他民俗活动。到盘古以后，都不从事农业了，所以对这些日子的关注度减少了，只是有些家庭关注初一、初二，若是初一是好天气，就会在当年养几只鸡，若是初二天气好，则会在当年养几只鸭。

人日则较为重视，要庆祝一下。初七、十七、二十七是人的日子，称为"人期日"，其中，初七是小孩的日子，十七是中年人的日子，二十七是老年人的日子。人们会在正月初七、十七、二十七这三天看天气，若是天气好，人就太平，不爱长毛病；若是天气不好，刮风、下雪，则人将不太平。每逢人期日都吃面条，以此祝孩子、中年人、老年人健康长寿。对于为什么要吃面条，张希茹的回答是"顺溜"。

正月十五

农历正月十五是中国传统的元宵佳节，祖籍河北的李江池以前并不知道元宵的说法，只称这个节日为"正月十五"。祖籍黑龙江兰西县的刘淑琴以前把这一节日叫"灯花节"或"灯节"，20世纪90年代才听说过"元宵节"这个词语。

于杰在老家时就吃过元宵，到盘古之后没有元宵，则在十五这天吃豆包。大约20世纪90年代才开始有卖元宵的。如今盘古人一般早上吃家常饭，晚上吃元宵，有时还会饺子和元宵同时吃。因为现在生活条件好了，所以晚饭的餐桌上也会摆上几道菜，这也是精心制作的。

---

1. 被访谈人：于杰；访谈时间：2015年2月20日；访谈地点：大兴安岭地区塔河林业局盘古林场于杰家。

家家成宿点灯，不光室内灯整宿不灭，而且门前挂灯笼。以前的灯比较简单、粗糙，或是蜡烛，或是煤油灯，为了防风，通常在灯的外面罩上一层纸。如今，电灯已经普及，那些老的取亮方式自然取消，不仅挂大红灯笼，而且还挂串灯。有的人家正月十四就开始挂灯，持续三天，到十六结束。

晚上有"送灯"习俗。所谓送灯就是在太阳落山时，在祖宗的墓碑前放一对灯。刘凤喜说，灯以前是用罐头瓶子做的，用棉花做捻子，在里面加上煤油[1]。现在都用塑料电灯送灯了，这种电灯安上两节电池就能发亮。有的家庭送灯的时候，还在坟地燃放鞭炮、礼花，但是并不普遍。有的家庭一直没有送灯习俗，如李江池家在河北老家直至到东北，一直没有送灯习俗。

十五晚上也撒灯，这种灯叫"火灯"。具体做法是，晚上天黑时，将锯末子拌以柴油，点燃之后一堆堆地撒在大路上。至于为什么要点火灯，刘凤喜的解释是："点火灯，干啥都红火。"[2] 近两年没有撒灯的了，于杰说，因为柴油不容易弄到了，柴油太贵了。[3]

夜晚，各家要燃放烟花，有的在家门口竖立摆上两排烟花，有的人家排十几根、二十几根不等。有时候林场场部也会买礼花燃放，绚丽多彩的烟花耀眼美丽，节日的气氛顿时火热起来。当我们担心林区火灾时，刘凤喜说，虽然是林区，可并不用担心燃烧的烟花会引起火灾，因为过年时候天气寒冷，一般都在零下40℃左右，即使不下雪，树上也会结满了霜。[4]

---

1. 被访谈人：刘凤喜；访谈时间：2015年2月18日；访谈地点：大兴安岭地区塔河林业局盘古林场刘凤喜家。
2. 被访谈人：刘凤喜；访谈时间：2015年2月18日；访谈地点：大兴安岭地区塔河林业局盘古林场刘凤喜家。
3. 被访谈人：于杰；访谈时间：2015年2月20日；访谈地点：大兴安岭地区塔河林业局盘古林场于杰家。
4. 被访谈人：刘凤喜；访谈时间：2015年2月18日；访谈地点：大兴安岭地区塔河林业局盘古林场刘凤喜家。

正月十五晚上有"滚冰"习俗,就是在冰上滚一遭,把身上的各种病去除掉。于杰、马莲凤虽然知道这一习俗,但是从来没去滚过冰。

正月二十五

正月二十五,俗称填仓节,所谓填仓,意思是填满谷仓。李江池家以前过填仓节,他家叫"打囤",早上起来,男人在院子用草木灰画一个圆圈,里面画个"十"字,圈里放粮食,叫"粮囤",圆圈的外面画两个梯子;在室内用草木灰画一个圆圈,圈里放钱,叫作"钱囤",圆圈外面画两个梯子。对于这种做法的寓意,李江池的解释是:"这样能保证来年丰收,有财。"到了东北以后,李江池家就不"打囤"了,李江池说:"这地方也不种粮食,就不打囤了。"[1]但是仍然把这一天视为一个节日,每到正月二十五的时候,早晨要吃面条,晚上吃饺子,李江池说:"只要是个节,我们家都要吃饺子的。"[2]

有的人家也称正月二十五这天为"龙凤日",于杰家的过法是,用草木灰和谷糠在院子中间分别画两个圆圈,然后,从圆圈这里分别往井沿儿撒灰和谷糠,灰一行,谷糠一行,于杰说:"一行比作龙,一行比作凤,图的也是个吉利"[3]。

马莲凤说:"这天棺材铺和皮袄铺争风。要是刮南风,人脆弱,爱死,棺材铺发财;要是刮北风,人冷,卖皮袄的地方就发财。这都是老人

---

1. 被访谈人:李江池;访谈时间:2015年2月19日;访谈地点:大兴安岭地区塔河林业局盘古林场李江池、张希茹夫妇家。
2. 被访谈人:李江池;访谈时间:2015年2月19日;访谈地点:大兴安岭地区塔河林业局盘古林场李江池、张希茹夫妇家。
3. 被访谈人:于杰;访谈时间:2015年2月20日;访谈地点:大兴安岭地区塔河林业局盘古林场于杰家。

说的。"[1]

拴龙尾儿也是这天最重要的习俗。将五颜六色的布剪成直径寸长的圆圈，将秸秆最上一节剪成约一寸等长的一个个骨节，在两个布圆圈的中间垂直竖串一个骨节，如此串接若干，便成为一个龙尾儿，挂在屋里，挂在小孩右边肩膀上，象征吉祥。现在没有这一习俗了，也很少有人知道这一习俗了。

农历二月初二

盘古人都知道二月二"龙抬头"。这天饮食上要吃饺子，最主要的食品是猪头肉。

二月二是剪头的日子，俗称"剪龙头"。正月初一开始，不能剪头发，马莲凤说："正月里剪头会死舅舅。"[2] 头发一直留到二月二"龙抬头"这天才能剪掉。现在都不忌讳这些了，刘凤喜说："现在过了初三就剪头。"[3] 马莲凤说，二月二穿龙尾儿，戴在孩子右肩膀上，她小的时候还戴了呢，她的子女都不戴了。[4]

至此，春节的有关活动就全部结束了。

---

1. 被访谈人：马莲凤；访谈时间：2015年2月17日；访谈地点：大兴安岭地区塔河林业局盘古林场马莲凤家。
2. 被访谈人：马莲凤；访谈时间：2015年2月17日；访谈地点：大兴安岭地区塔河林业局盘古林场马莲凤家。
3. 被访谈人：刘凤喜；访谈时间：2015年2月18日；访谈地点：大兴安岭地区塔河林业局盘古林场刘凤喜家。
4. 被访谈人：马莲凤；访谈时间：2015年2月17日；访谈地点：大兴安岭地区塔河林业局盘古林场马莲凤家。

四、结语

盘古林场是国营林场，以养林、护林、伐木等为主要生存方式，他们的过年方式有林区特色。

没有大田农业是林区的特色，农作物仅见于房前屋后的自留地中，农作物仅有蔬菜，仅能满足部分夏天对蔬菜的需求。据当地人说，该地土层很薄，开辟的菜园子要从别的地方运来很多土。农业的缺失，制约了林区年文化的开展，使得林场的年文化与农区年文化有所不同。计划经济时代由于林场职工吃国家供应粮，粮食很少，所以他们的年货尤其是干粮的储备明显不如农区农民储备得多。

林场属于国家事业单位，林场职工家庭活动的安排一般都要服从林场的统一安排，在计划经济时代，正月初三之后就上班了，年也就结束了。

林场是中华人民共和国成立以后建立的，职工接受的都是新思想，这里的职工绝大多数是转业复员军人，所以人们过年的说头儿、讲究相对较少。刘凤喜说："到林业啥也不讲究了。都是年轻人，家也不在这里，所以就不讲究了。就我们这些老人还记得一些东西。"[1]

现在长期居住在林场的人越来越少，从前每到过年的时候大街上的人很多，现在街面较为冷清，从前热闹的过年场面看不到了。而且随着国家移民政策的实行，盘古林场的常住人口会越来越少，这是所有林场共有的现象。

---

1. 被访谈人：刘凤喜；访谈时间：2015年2月18日；访谈地点：大兴安岭地区塔河林业局盘古林场刘凤喜家。

附录：本文调查对象情况一览表

姓名	性别	出生	简介
刘凤喜	男	1932年	祖籍山东省高密县。1969年3月18日，盘古林场建立的第一天起就来到盘古，只身来到东北。林场工人，从事采伐、装车、抬木头等活，后来带领知识青年干活。
马莲凤	女	1950年	祖籍黑龙江省海伦市，丈夫为转业军人分到盘古，1969年过来的，是第一批林场职工。
李江池	男	1933年	祖籍河北省阜城，1953年来到大兴安岭。
张希茹	女	1936年	祖籍河北省阜城，李江池的妻子。
于杰	女	1947年	祖籍吉林省德惠市，1972年搬到盘古林场，林场家属，丈夫王福贵是转业军人，储木场工人。
刘淑琴	女	1948年	祖籍黑龙江省绥化市，林场家属，丈夫生前为林场正式职工。
邹丽娟	女	1970年	刘淑琴女儿，生在盘古，原来在林场商店上班。
孙芳珍	女	1933年	祖籍山东省泰安市，1969年来盘古。
艾恩博	男	1927年	祖籍辽宁省景县。

2014年中国第一重型机械集团公司春节习俗调研报告

于学斌　王　威

东北是最早解放的地区，中华人民共和国成立初期国家在东北建立了许多重工业企业，使得东北地区成为我国重工业基地，这里成为新中国工业的摇篮，这里的企业和产品在新中国的社会主义建设中发挥过重要作用。改革开放以后，东北的国有企业面临着严重的挑战，重新振兴是时代赋予的重任。位于齐齐哈尔市富拉尔基区的中国第一重型机械集团公司就是一个从中华人民共和国成立之初走来的老企业，是新中国"一五"期间建立的大型国有企业。2014年春节期间调查组深入中国第一重型机械集团公司职工家对这里的春节习俗进行调查，通过调查反映我国东北老工业基地老企业的节日文化特点。同时，中国第一重型机械集团公司位于齐齐哈尔市富拉尔基区，这些职工家庭的过年习俗也一定程度上反映了目前黑龙江省城市市民的过年习俗。本次调查得到了齐齐哈尔市富拉尔基区文化站站长李国良的支持。

一、前言

中国第一重型机械集团公司（以下简称一重）前身为第一重型机器厂，始建于1954年，1960年正式投产。是目前中央管理的涉及国家安全和国民经济命脉的53户国有重要骨干企业之一。2008年12月发起设立中国第一重型机械股份公司，2010年2月成功实现整体上市。现拥有23个子公司、事业部及科研单位，地跨7省市，资产总额373亿元。

一重集团始终以振兴和发展我国民族工业为己任,主要为钢铁、有色、电力、能源、汽车、矿山、石油、化工、交通运输等行业及为国防军工提供重大成套技术装备、高新技术产品和服务,并开展相关的国际贸易。现已形成以核电、水电、风电成套设备及煤化工设备、石油开采与加工设备为代表的能源装备,以冶金成套设备、汽车成套设备、热锻设备、海水淡化设备、重型机床为代表的工业装备,以钢渣处理成套设备、城市垃圾焚烧成套设备为代表的环保装备,以核电铸锻件、火电铸锻件、水电铸锻件、重型容器铸锻件、船用铸锻件、冶金备件为代表的装备基础材料四大产业板块。同时,富拉尔基、大连、天津、长三角四大核心制造基地建设日趋完善,生产能力进一步提高。

到目前为止,一重集团共为国民经济建设提供机械产品300万吨,开发研制新产品400多项,填补国内工业产品技术空白400多项。设计制造的产品先后装备了鞍钢、宝钢、武钢、首钢、本钢等各大钢铁企业,一汽、二汽等各大汽车企业,中石油、中石化、中海油所属各大石油化工企业,东北轻合金、西南铝、渤海铝业等有色金属企业,神华、平朔、准噶尔等大型煤炭生产基地。不仅提升了我国重型机械产品的制造水平,而且有力地支持了国民经济和国防建设。

一重集团坚持立足国内、着眼全球的发展战略,在巩固和拓展国内市场的同时,积极实施走出去战略,不断开拓国际市场,与德国西马克、美国P&H、法国阿海珐、奥地利奥钢联、韩国斗山重工等国际知名公司建立了广泛的合作关系,产品出口到美国、德国、奥地利、日本、韩国、印度、马来西亚等国家。

目前一重拥有在岗职工11679人,其中工程技术人员2270人。[1]

---

1. 中国第一重型机械集团公司概况由中国第一重型机械集团公司提供。

二、一重的春节习俗

一重集团职工在春节习俗上既有东北春节习俗的特点,过腊八、过小年、隆重庆祝除夕、闹十五元宵、二月二龙抬头,所有的时序和节日活动都和东北的其他地区保持一致;同时作为一个大型国企,其职工的过节习俗也一定包含企业文化在其中,因此其春节文化不可避免地浸染有大工业、大企业的特点。

腊月初八

腊八是春节的序曲,从腊月初八开始,春节的"大幕"徐徐拉开,各种关于"年"的习俗和活动一项一项有条不紊地开展起来。

一重职工来自全国各地,在老家时有的过腊八节,有的不过腊八节。曹民荣是1962年到这里工作的清华大学毕业生,祖籍浙江,他说:"我们老家那里没有腊八。我到北京念书的时候(1956—1962)才听说有腊八这个节日,才知道腊八要喝腊八粥。"[1] 程绍侯小时候家里贫穷,家里从来不吃腊八粥,所以对腊八粥不了解,一直对腊八没有概念。来自湖南的石朝龙在老家时不过腊八节,所以年轻时并不了解腊八。陈士芬是黑龙江省本地人,在年轻的时候,知道有腊八这个节日,但是没有把这一天当作一个节日过。张国军小时候家住齐齐哈尔市里,每到腊八的时候都要吃黄米饭,比较富裕的家庭在黄米饭里放饭豆或猪油。

第一重型机械厂自建立之日起就不重视腊八。程绍侯、陈士芬等人都说,在工厂,腊八节不受重视,腊八节味很淡。工厂没有任何对民俗活动的呼应行为,在这一天工厂不放假。作为职工,必须服从工厂的统一作息时

---

1. 被访谈人:曹民荣;访谈时间:2014年2月1日;访谈地点:齐齐哈尔市富拉尔基区曹民荣、陈士芬夫妇家。

间,由于这天是正常上班,所以腊八节这天和平常的日子基本没有区别。腊八对于工厂工作的人来说是可有可无的,曹民荣说:"不太把腊八当回事。想起来就过,想不起来就不过。"陈士芬说:"知道腊月初八喝腊八粥,但是上班之后忙忙活活的就忘了。"[1] 作为工厂职工,大家记时间往往都记阳历,而忽略阴历。

一重建立初期,工厂职工过腊八节有两种情况,第一种是单身,一重建立之初单身职工非常多,他们吃食堂,没有条件过腊八节。第二种是组成家庭的职工。组成家庭的职工们偶尔在腊月初八这天做点黄米饭或者江米饭,想起来就过,想不起来就不过。但是在改革开放以前,并不是家家都能吃上腊八粥,因为在计划经济时代,作为国家正式职工的一重的干部和工人的口粮都是定量供应,每种粮食都数量有限,加之生活困难,所以能吃上黄米饭、江米饭也是非常难得的,如果能加点饭豆,那是非常奢侈的了,只有生活条件相对较好的家庭才能吃上黄米饭,通常下班后做黄米饭。

真正形成腊八吃腊八粥习惯是在改革开放之后。改革开放以后,生活好了,市场货物齐全,想吃什么都可以买到,也有能力买,大家才真正开始过腊八节。程绍侯说:"我们家吃腊八粥是从1979年结婚以后开始的。在此以前没吃过。到一重住单身的时候也不过。这几年生活好起来了,想起来腊八粥这码事儿了,也就凑热闹熬点粥。"每逢腊月初八的时候都尽量喝腊八粥,按照个人喜好选择八种粮食熬粥,但是放几种米并不严格,超过八种抑或是不够八种都是可以的。有些家庭也在超市买腊八粥的配料回家熬。有些家庭偶尔也会腌制腊八蒜,如张国军家便是如此,但并不普遍。即便如此,各家也不拿腊八当作重要的节日过。

现在吃腊八粥有两种现象,一是跟风,每到这天大家都张罗吃腊八粥,

---

1. 被访谈人:曹民荣、陈士芬;访谈时间:2014年2月1日;访谈地点:齐齐哈尔市富拉尔基区曹民荣、陈士芬夫妇家。

所以也做点腊八粥；二是调节生活，生活好了以后，腊八吃腊八粥作为一种应景性的闲情逸致，没有特殊意义，程绍侯说："吃腊八粥就是图个热闹。"

至于为什么吃腊八粥，职工们给予了不同的解释，但是他们的解释都过于理性，程绍侯向我们讲述了他们家老辈人关于腊八粥由来的一个说法："过去我听老人讲，腊月初八是年底，那时候生活都非常拮据，粮食不足，在这种情况下怎么办呢？划拉划拉点小米、划拉划拉点大米，凑个几样，熬锅粥，所以形成了到年末打扫打扫吃腊八粥的习惯。"[1]

腊月二十三

腊月二十三是小年，是灶王爷升天的日子，在这一天民俗活动很多，但是我们的调查对象所津津乐道的是家乡的小年祭灶习俗。过去家家供奉灶神，灶神即灶王爷，又叫灶君菩萨，灶王爷神像两旁写有"上天言好事，下界保平安"的对联。在家中留了一年的灶王爷到了腊月二十三便要升天，去向玉皇大帝汇报。因此，对每一家人来说，都希望灶王爷向玉皇大帝报喜、报善，于是每到腊月二十三灶王爷升天的时候，家家户户都要在灶王爷的嘴上抹上灶糖，以祈望能为自家说好话。陈士芬说，在老家，腊月二十三要把锅灶正上方贴了一年的灶王爷神像揭下来在灶膛里烧掉，换上新的灶王爷神像，并给灶王爷供上用油炸过的粉条、果子和一些蔬菜水果等供品。[2] 曹民荣回忆小时候在家乡浙江过小年的情景：浙江老家称灶王爷为灶君菩萨，腊月二十三每家都给他好好吃一顿，把嘴用黏食粘上，防止上天说坏话，晚上要把在灶膛上供奉了一年的灶君像烧掉。当天晚上，烧芝麻秆，发出噼噼啪

---

1. 被访谈人：程绍侯；访谈时间：2014年2月2日；访谈地点：齐齐哈尔市富拉尔基区程绍侯家。
2. 被访谈人：陈士芬；访谈时间：2014年2月1日；访谈地点：齐齐哈尔市富拉尔基区曹民荣、陈士芬夫妇家。

啪类似鞭炮的响声，寓意芝麻开花节节高。[1] 张国军看到的祭祀灶王爷是将灶王爷像扔到灶坑里烧掉，平时灶王爷供在锅台后面墙上，烧之前要给灶王爷的嘴上抹灶糖，傍晚烧的时候跪在灶坑门口。送走之后贴上新的灶王爷像。[2]

来到一重以后，供奉灶王爷、祭灶、辞灶习俗从一重职工的生活中消失了，留下的只是记忆。分析消失的原因主要有以下几方面，一是受主流文化影响所致，中华人民共和国成立以后，一重职工接受的都是马克思主义的无神论教育，一重作为国家的大型国有企业，政治化色彩非常浓，供灶、祀灶习俗被贴上"封建迷信"标签，张国军说："解放以后要破除迷信，没人敢供。也没有卖灶王爷像的。"[3] 二是居住条件也限制了这一习俗的延续，一重最初的建设者们多数是年轻人，多数是单身，住集体宿舍，没有条件供奉灶王爷。成家的职工中独门独户的家庭很少，多数家庭都是共用一个灶房，因此即便有信奉灶王爷的心理，客观条件也不允许供奉。

企业一直不重视腊月二十三，并不把它作为一个节日看待，腊月二十三这天不是法定假日，若非周末，腊月二十三是工厂职工正常工作日，职工都在工作岗位上上班，也不能因为过节而擅自请假。厂里没有特殊活动，也没有针对这一节日制定相应的过节政策，因此过小年的气氛受到影响。多数人并不把小年作为一个重要的节日，尽管如此，每个家庭还是有一些民俗表现。一重职工普遍知道小年，也知道小年的有关习俗，也过小年，因为家庭背景的不同，各家在腊月二十三这天的过法有所不同。由于本日不放假，所以对上班的职工来说所有的节日活动多数是在下班之后进行。

---

1. 被访谈人：曹民荣；访谈时间：2014年2月1日；访谈地点：齐齐哈尔市富拉尔基区曹民荣、陈士芬夫妇家。
2. 被访谈人：张国军；访谈时间：2014年2月3日；访谈地点：齐齐哈尔市富拉尔基区张国军家。
3. 被访谈人：张国军；访谈时间：2014年2月3日；访谈地点：齐齐哈尔市富拉尔基区张国军家。

扫房、洗衣服、洗被褥习俗是这一天必须的劳动,直到现在仍然坚持这一传统,虽然上了一天的班,但是下班回家后也要开始打扫房间、拆拆洗洗。来自湖南的苗族职工石朝龙说:"小时候在家,小年扫扬尘。现在老伴儿仍然在小年这天扫房、洗衣服、拆被子。"[1] 程绍侯说:"小时候,在老家除了打扫房间的尘土外,还会换一领新炕席。即使到了现在生活条件好了,我老伴儿也一定要在小年前后洗洗涮涮,好像没有这个东西就不算是过小年似的。"[2] 不过整体而言,扫尘一习在一重逐渐弱化,一是年轻人不重视甚至不了解这一习俗,张国军说:"像我们这些到岁数的,二十三会象征性地划拉划拉房子。年轻人都不讲究这些了,甚至都不知道咋回事。"[3] 二是现在的房屋都是楼房,室内外整洁,不烧炉子,使用的是煤气,灰尘很少,平时就打扫得很干净了。

小年这一天普遍的习俗是全家人一起吃顿饺子。老家的小年饮食传统没有了,石朝龙小时候在湖南家乡每逢小年要吃粑粑。所谓的粑粑又叫糍粑,就是用糯米做成的一种黏食。做粑粑叫打粑粑,腊月二十三是打粑粑的日子,把糯米蒸熟后放在木槽里,像朝鲜族做打糕一样不断捶打,直至成为黏团为止,每次做的粑粑一直能吃到二三月。[4] 曹民荣的老家在这一天要吃黏食,他回忆,小时候在家乡浙江小年用石磨磨江米面制作年糕,年糕有红糖糕、白糖糕、桂花糖糕、猪油糖糕等多种,这些年糕做好后就放在堂

---

1. 被访谈人:石朝龙;访谈时间:2014年2月4日;访谈地点:齐齐哈尔市富拉尔基区石朝龙家。
2. 被访谈人:程绍侯;访谈时间:2014年2月2日;访谈地点:齐齐哈尔市富拉尔基区程绍侯家。
3. 被访谈人:张国军;访谈时间:2014年2月3日;访谈地点:齐齐哈尔市富拉尔基区张国军家。
4. 被访谈人:石朝龙;访谈时间:2014年2月4日;访谈地点:齐齐哈尔市富拉尔基区石朝龙家。

屋里，刚做好的年糕很好吃，但是放时间久了以后就变得非常硬。[1]到了东北，到了一重，因为地域环境和社会环境的改变，他们都不再做这些老家的食物了，取而代之的是家家小年包饺子、吃饺子，这一习俗直至今日仍然在延续。

每年的腊月二十三都要买点灶糖，灶糖本来是祭祀灶王爷时用来抹灶王爷嘴的，同时也是这天人们要吃的食物，尤其小孩都愿意吃灶糖，在过去没什么好吃的，能吃上灶糖也是改善伙食了，这是南北共有的习俗。即便后来不祭祀灶王爷了，但是各家每逢小年仍然会买灶糖吃。现在，每到腊月二十三，街上就会出现卖灶糖的小贩。

从腊月二十三开始一重职工表现出忙年的迹象。即使再忙碌的人们也会意识到，年已经来临，从腊月二十三这一天开始陆续置办年货，程绍侯说："一直都是这样的。"在计划经济时代，虽然生活比较贫困，每个人、每个家庭都享受国家定量供应，但并没有因此影响人们对于过春节的热情。在计划经济时代，物资匮乏，过年时仅能分得一两木耳、一条鱼、半斤肉、一斤油、半斤糖。这些定量供应的年货必须提前买回家，否则到年底就买不到了，所以都排队购买。除了凭票供应品之外，其他能买到的商品非常有限，临近过年虽然也要去街上逛逛，但是并不能买到很多东西，原因有两点，一是当时的物资匮乏，二是家里经济拮据。在商店购买的主要东西就是冻柿子、冻梨，这是当时过年时必吃的水果，那时候买不到鲜货，在改革开放前的东北，在冬天，新鲜的水果罕见，过年最常吃的水果就是冻梨、冻柿子，这些也是那时的美味。有时候过年会分得半斤花生米，但并不总有，程绍侯、曹民荣说："那时候花生米很金贵的。"[2]若是山东的亲属带过来一

---

1. 被访谈人：曹民荣；访谈时间：2014年2月1日；访谈地点：齐齐哈尔市富拉尔基区曹民荣、陈士芬夫妇家。
2. 被访谈人：曹民荣；访谈时间：2014年2月1日；访谈地点：齐齐哈尔市富拉尔基区曹民荣、陈士芬夫妇家。

些,那是非常令人高兴的,石朝龙的爱人祖籍山东,有时候老家的亲属会带来一面袋子花生米,每个亲属分点儿,程绍侯说:"那也就叫过年了。"年前也要准备葵花子,计划经济时代,瓜子也是凭票供应,如果农村有亲戚则能从农村弄些葵花子,石朝龙和陈士芬两位职工回忆,那时候农村亲戚给送来的各种食物对经济困难时期的他们帮助很大。而对那些没有农村亲戚的家庭来说,他们大多把每年凭票供应的瓜子全部积攒到过年时候才买,非常少,非常珍贵,在没有招待完拜年的客人之前,谁也不能吃,包括孩子。现在花生米、葵花子虽然过年期间仍然要买些,但对其来说没有从前的亲切感了,仅是过年期间的普通零食。在年货中,鱼是家家户户必备的食物,有些家庭图吉利会在除夕之前准备鲫鱼("鲫"谐音"吉","吉利"的意思),但是过去供应的鱼中,鲫鱼、鲤鱼很少,而带鱼较多。

年前各家都会蒸些馒头、豆包等干粮,准备这些干粮的目的有三个,一个是过年时吃着方便。张国军说:"过年时谁也不愿意干活,都在玩呢,打麻将、玩扑克。"[1]这些干粮只需热热就可以吃了,为人们的玩耍节省了时间。二是过年时商店都休息了,不容易买到干粮。三是过年亲戚走动频繁,亲戚来了,嫌做饭太慢,这些干粮只需热热就可以端上桌了,省时省力。因此即便在计划经济时代,家里供应粮食非常有限的情况下也多多少少蒸些干粮。张国军回忆,早年在农村时,蒸馒头时还要蒸一个苍龙,红小豆做两个眼睛,笤帚糜子做两个须子,放在仓子里,寓意吉祥,期盼来年丰收。但是上班之后张国军只是偶尔做两个苍龙,那是用来哄孩子的。[2]如今自己蒸干粮的少了,多数在市场上购买。

杀年猪是北方过年的习俗,处于这一文化圈的一重职工尽管来源于祖

---

1. 被访谈人:张国军;访谈时间:2014年2月3日;访谈地点:齐齐哈尔市富拉尔基区张国军家。
2. 被访谈人:张国军;访谈时间:2014年2月3日;访谈地点:齐齐哈尔市富拉尔基区张国军家。

国各地，但是受东北文化的影响也有杀年猪习俗，不过不是家家都杀猪，对一重绝大多数职工来说，是没有养猪杀猪的条件的。养猪要具备养猪的条件，即家里有小院或者空地。杀猪对于每一个家庭来说都是一件大事。每当杀猪的时候，亲戚朋友、左邻右舍都会因此收到邀请，像过节日一样大家聚在一起，吃猪肉，偶尔也会送一些猪肉给这些帮忙的亲戚、邻里，为当时贫困的生活添加一些喜庆的气氛。据回忆，厂统战部部长有几年在他家的煤仓中养猪，杀猪时请客，同事、亲戚朋友大吃了一两天。我们的调查对象张国军家里也曾经养过猪，他说，入冬天冷了就杀。没有养猪的家庭会根据自家的定量赶在过年前把猪肉买回来。一重在20世纪六七十年代集体养猪，每到过年的时候厂里集中宰猪分给职工，以解决职工过年的食肉需求，这也是那个年代企业职工的一种福利形式。1959—1961年是我国三年困难时期，三年困难时期刚过，猪养得太多，超出了当时人们对猪肉的需求，于是国家号召百姓帮助消费，名曰吃"爱国肉"。当时每个车间都分很多头猪，每个车间再分到每个工段，所有的猪都要自己杀。据曹民荣回忆，每逢过年他们家都要买"爱国肉"。[1] 改革开放以来，人们的物质生活水平得到了很大的提高，节日市场供给极大地丰富了。现在一重人过年再没有集中杀猪分肉的现象了，而是按自家所需到市场上购买。

所有的美味都等到过年吃，在20世纪80年代以前，物资十分匮乏，过年便因此成了人们的期盼。改革开放之后，人们的生活水平得到了极大的提高，许许多多以前吃不到甚至是想不到的食物都走上了百姓的春节期间的餐桌。只要自己的口袋里有钱，什么美食都能买到。也正是因为如此，在采访过程中，老人们感慨地说：现在是天天过年，所以一到了过年，再也没有以前的兴奋劲儿了。

---

[1] 被访谈人：曹民荣；访谈时间：2014年2月1日；访谈地点：齐齐哈尔市富拉尔基区曹民荣、陈士芬夫妇家。

春节期间，大人孩子都要穿新衣服，以喻示新年新气象，女孩子们会把自己各种头饰系在头发上。在生活困难的时候，为了避免把新衣服弄脏，直到过年才能穿，有的在大年三十除夕夜穿上新衣服、新袜子，陈士芬说："必须在煮饺子之前穿上新袜子踩小人。"[1] 也有的在大年初一拜年的时候才穿上新衣服。据程绍侯回忆，曾经有一年10月做了一套中山装，布料是涤卡的，"带劲"[2]，他就想马上穿，爱人就不让穿，必须过年时穿，为此和爱人发生了争吵。[3] 如今，随着人们生活水平的提高，平时穿的衣服就很好了，所以过年期间做新衣服这一习俗也就淡化了。

在一重集团，人们每逢春节会在自家附近的路口为已经逝去的亲人烧纸寄托思念之情，因为祖坟都不在这里。20世纪六七十年代，国家禁止烧纸，有许多人偷着烧纸。现在烧纸现象较为普遍。烧纸在日落以后，在地上画个圈，在圈里烧纸，烧的时候嘴里要叨咕叨咕。最近几年除了烧冥币之外，还出现了烧银行卡的现象。因为死人的骨灰盒都寄放在火葬场，所以有的家庭也到火葬场烧纸，这一行为相当于过去的上坟，都要白天去。烧纸从小年开始直至年三十的任何一天均可，但是现在人们烧纸都提前，以让死者提前"买年货"。过去，禁止长辈给晚辈烧纸，但是当曹民荣的二儿子去世的时候，二儿子没有后代，父母也给儿子烧纸。

腊月三十和除夕

一年一度的大年三十和除夕夜是中国人传统春节里的最重要的时刻，无论是工厂还是职工家属都非常重视。

---

1. 被访谈人：陈士芬；访谈时间：2014年2月1日；访谈地点：齐齐哈尔市富拉尔基区曹民荣、陈士芬夫妇家。
2. 带劲：东北话，漂亮的意思。
3. 被访谈人：程绍侯；访谈时间：2014年2月2日；访谈地点：齐齐哈尔市富拉尔基区程绍侯家。

年三十早上起来和全国各地的步伐一样，一重的家家户户就开始忙碌起来。贴春联、福字是第一桩大事。过去，春联、福字大多是请周围会写毛笔字的亲戚、朋友或者同事帮忙写，也有在车间写对联的，谁会写毛笔字谁来写，红纸自备。张国军回忆说："在车间写对联时很热闹，大家你一句，我一句，他说给我写这个词儿，他说给我写那个词儿。"[1] 石朝龙的毛笔字写得好，过去在车间就是给别人写对联的人之一。如今每逢过年大街小巷都有卖春联、福字的商贩，每家都从市场上购买。程绍侯说："过年时候农村的气氛更浓烈，除了福字、春联外还贴'抬头见喜'等。连院子里的牲口棚和鸡舍鸭舍都得贴上'鸡鸭满架''肥猪满圈'。"[2] "鸡鸭满架""肥猪满圈"这样的春条当然不可能出现在城市。一重职工家庭也有不贴春联的，不贴春联的家庭各有不同的原因，曹民荣家直到1987年搬进新居以后才开始贴对联，据他说，在此之前之所以不贴对联有两个原因，一是经济困难，二是住的都是筒子楼。[3] 也有的家庭直到现在仍然没贴春联的习惯，程绍侯家便是如此。20世纪六七十年代，都不贴福字，直到20世纪80年代以后才开始广泛贴福字。以前家家福字的贴法有正贴和倒贴两种，不过最近几年，倒贴福字有了新的解释，在进户的大门上，福字一定要正着贴，而房间里的福字则要倒着贴上，以预示"福到（倒）了"。进户门上的福字之所以正贴而不能倒贴，陈士芬、张国军的解释是：如果这个福字倒着贴，那么福只到门口不会进屋里。[4] 我们看到，2014年春节陈

1．被访谈人：张国军；访谈时间：2014年2月3日；访谈地点：齐齐哈尔市富拉尔基区张国军家。
2．被访谈人：程绍侯；访谈时间：2014年2月2日；访谈地点：齐齐哈尔市富拉尔基区程绍侯家。
3．被访谈人：曹民荣；访谈时间：2014年2月1日；访谈地点：齐齐哈尔市富拉尔基区曹民荣、陈士芬夫妇家。
4．被访谈人：张国军；访谈时间：2014年2月3日；访谈地点：齐齐哈尔市富拉尔基区张国军家。

士芬的家里就采用这种贴法。如果家里有刚刚过世的老人，这样的家庭在三年的时间里不贴春联和福字。

祭祖是所有家庭过年的重要内容，无论是哪里人，到春节都会为自己的祖辈烧香祭奠。曹民荣介绍，在他的家乡浙江嘉兴每逢过春节都要供奉神佛、祖先，供奉的时间要持续两到三天，过春节的食物要在第一天供奉给神佛，第二天供奉给祖先牌位，这些牌位都摆放在堂屋里。第三天人才能够吃。过年供奉时一定要用一只在尾巴上和翅膀上留有鸡毛的公鸡作为祭品，当地人称作"元宝鸡"，千万不能用母鸡。供品还要有大鱼和一些菜品。这些食物在供奉结束之前是不可以食用的。[1] 祖籍湖南的苗族人石朝龙回忆，他们那里家家都有堂屋，堂屋里面供着老祖宗。每逢过年都要把家谱摆在堂屋中间，条件好一点的建有祠堂。小时候在家乡，年三十晚上小孩都在家点香，然后插在梯田边上。[2] 陈士芬回忆，在老家时，父亲供奉三代宗亲，前面的供品有油炸粉条子、大白菜、槽子糕等。曹民荣依稀记得，居住在里木店岳父家三代宗亲上面对联的横批写的是"俎豆千秋"[3]，这种祭祖方式调查组在呼兰区孟家乡孟家村张起栋家见到了[4]。张国军家过去的家谱供奉在大伯家，家人都到大伯家祭祖，每年拜年的时候都要首先拜祖宗。到一重以后祭祖习俗停止了，在20世纪六七十年代，一切与传统有关的祭祀活动全部停止。改革开放之后，关于春节期间祭祀祖先的习俗又开始恢复，在除夕夜，也会有人家在自己的房间内专门摆上祖宗牌位，摆上祭品焚香供奉。

除夕夜临近12点钟声敲响的时候，家家户户开始放鞭炮、吃饺子。在

---

1. 被访谈人：曹民荣；访谈时间：2014年2月1日；访谈地点：齐齐哈尔市富拉尔基区曹民荣、陈士芬夫妇家。
2. 被访谈人：石朝龙；访谈时间：2014年2月4日；访谈地点：齐齐哈尔市富拉尔基区石朝龙家。
3. 被访谈人：曹民荣、陈士芬；访谈时间：2014年2月1日；访谈地点：齐齐哈尔市富拉尔基区曹民荣、陈士芬夫妇家。
4. 参见本书2015—2016年"哈尔滨市呼兰区孟家乡孟家村春节习俗调查报告"。

曹民荣家里，燃放鞭炮由儿子和儿媳妇两人负责，历年如此。半夜仅是燃放鞭炮，没有接神的概念。当然，在这新旧交替的时刻，也有许多家庭不放鞭炮。

年三十的晚饭和年夜饭是最受重视的，它们是团圆饭，也是辞旧迎新饭。吃完早饭就开始准备这两顿饭的食材。这两顿饭的讲究非常多，吃什么不吃什么都有很多讲究，其中鱼是必不可少的，因为它具有"年年有余"的吉祥寓意，如果能弄到鲫鱼更好，这不仅有余，而且吉（鲫）利。如果条件允许，还要准备猪肉、肘子，程绍侯家、陈士芬家还要炸丸子，这叫"过油"，用今天的话叫油炸食品，是过去受欢迎的美食。也会有豆腐，豆腐具有吉祥含义，程绍侯说："豆腐，兜福。"[1] 近年，随着人们生活水平的提高和物质的极大丰富，过年餐桌上的美味更多了，出现了海鲜、青菜等北方冬季没有的食品。不过，念念不忘的还是过去的美味，程绍侯说："最难忘过去吃的酸菜炖肉。"[2] 除夕晚上的年夜饭是否吃鸡肉则有不同的看法，有的家庭没说头，将其作为美味摆到餐桌上；但有的家庭不能吃鸡，因为鸡和饥同音，由饥联想到"饥荒"，拉饥荒就是欠债的意思，因此是个非常不吉利的词语，所以禁止年夜饭的餐桌上出现鸡。

在这两顿最重要的饭中，菜品的数量一定是双数而不能是单数，因为按照中国人的传统，偶数代表着成双成对的意思，是吉利的象征。在这些偶数中，六、八、十是人们最多选取的数字，所以在大多数人家的年夜饭餐桌上，菜品的数量大多为六个、八个或者十个。即使在生活困难的年代，虽然物质极其拮据，人们也会尽自己最大的可能，为年夜饭的餐桌凑上这些吉利的数字。饭、菜都必须剩一些，不能吃完，剩下的饭菜叫"压年饭"，明年

---

[1]. 被访谈人：程绍侯；访谈时间：2014年2月2日；访谈地点：齐齐哈尔市富拉尔基区程绍侯家。

[2]. 被访谈人：程绍侯；访谈时间：2014年2月2日；访谈地点：齐齐哈尔市富拉尔基区程绍侯家。

接着吃。

大年三十新旧交替之际一定要吃饺子。这顿饺子是精心包的，说头儿很多，讲究很多。在饺子馅料的选择上，过去饺子馅的种类很少，只有白菜、萝卜、芹菜、酸菜等几种蔬菜，在计划经济时代，芹菜很难弄到。现在由于商品经济的发展可供做饺子馅的蔬菜越来越多，不同的家庭往往有不同的选择，但不管选择什么馅，其基本的含义是一样的，就是吉祥如意。有的家庭选择包酸菜馅饺子，酸菜又称渍菜，寓意吉财；而有些家庭则绝不会包酸菜馅饺子，认为年午黑天吃酸菜馅饺子，人的脾气会不好，犯酸性，"穷酸穷酸的"。有的家庭选择包白菜馅饺子，白菜喻百财。有的家庭选择包韭菜馅的饺子，韭菜喻久财。有的家庭选择吃芹菜馅的饺子，期望新的一年里家人们都勤勤勉勉，努力工作。包饺子剩饺子皮有衣服穿，剩馅则有钱花。饺子的形状有元宝形的，有麦穗形的。陈士芬按照老式方法包元宝形的，按进饺子馅以后，先捏住中间，然后两边分别捏，由于呈元宝形，所以饺边必然出现褶儿，褶儿越多越好，陈士芬说："按照迷信的说法，褶儿多儿子多。"[1]

家家有一个共有的习俗，就是除夕夜的饺子里会加入钱币、花生、糖块、葱等不同的东西，谁在年夜饭里吃到这些特殊馅料饺子，谁就是幸福的人，预示着在新的一年中会发财、生子、嘴甜幸福、聪明，所以吃年夜饺子的时候，大人小孩都非常渴望吃到这些饺子，尤其是小孩，不吃到一个这样的饺子绝不撂筷子。这些都增加了节日气氛，给节日增加了乐趣。

年三十晚上的饺子一定要现吃现包，一家人一起包。包好的饺子在盖帘上都是按照圆圈的方式摆，取团圆之意。

煮饺子的时候不能说不吉利的话，煮破了饺子不能说"破了"而要说

---

1. 被访谈人：陈士芬；访谈时间：2014年2月1日；访谈地点：齐齐哈尔市富拉尔基区曹民荣、陈士芬夫妇家。

"挣了"，"挣"和饺子里的馅合在一起就是"挣财"。

在这个团聚的时刻，家人一起喝上一点酒，说些祝福的话。

曹民荣在浙江老家时除夕夜并不吃饺子，而是吃暖锅（火锅），暖锅中一定要有鸡蛋，称为"聪明蛋"，以祈望孩子们聪明伶俐。而且年夜饭中一定要有鸡。但是到了一重后娶了一个东北的妻子，原有的习俗自然也就不复存在，过年吃饺子也是他们家的习俗。

除夕之夜，晚辈要给长辈磕头拜年，而长辈要给晚辈压岁钱。如今压岁钱要给，而磕头之礼则没有了。有些家庭晚辈给长辈拜年尤其是儿童给祖辈拜年时有时也会行叩头礼，主要是为了取乐、活跃气氛。石朝龙说，小孙子每到过年的时候都通过电话给他磕头拜年，在电话的另一头还实实在在地给他磕响头[1]，言谈中一种幸福感挂上眉梢。过去压岁钱很少，现在则很多，程绍侯家至少给1000元钱，程绍侯说："现在不给1000元钱，拿不出手。"[2] 石朝龙的孙子远在石家庄市，在电话中磕头拜年，也要给压岁钱。

除夕绝大多数家庭不守岁，三十晚上不串门，都在自己家过，过去在家都听收音机，现在最主要的活动是看春节联欢晚会，看完晚会后就休息了。只有那些打扑克、玩麻将的人能通宵达旦。

本命年的人这天晚上一定穿上红袜子，穿红袜子意在踩小人，也系上红腰带，有的人还穿上红内衣。这些东西都由姑娘、儿媳妇给老人买。我们的调查对象都未曾给儿女买过这些东西。

三十晚上禁忌很多，不能洗脚，因为这里人信奉"三十晚上洗脚臭大酱"；不准往外扫东西，不准倒垃圾，如果必须扫只能往里扫；从三十晚上开始，各家各户不可以动针线，人们认为从三十到初五动了针线的妇女会伤眼

---

1. 被访谈人：石朝龙；访谈时间：2014年2月4日；访谈地点：齐齐哈尔市富拉尔基区石朝龙家。
2. 被访谈人：程绍侯；访谈时间：2014年2月2日；访谈地点：齐齐哈尔市富拉尔基区程绍侯家。

睛。但是我们的调查对象一直没有人遵守以上诸种禁忌。从三十到初五不能说死、穷等不吉利的语言，尽管目前人们不相信这一迷信了，但是还是尽量说吉祥话。过去，禁止出嫁的女儿在父母家过年，有"三十晚上不看娘家灯"之说，张国军尽管知道这一说法，但是并不遵守，每年女儿都在他家过年。

一重一年365天不间断生产，不会因为过年而中断生产，即便除夕夜也有人坚守在工作岗位上，一重集团党委和工会每年都要在除夕为坚守在工作岗位上的职工送上热气腾腾的饺子，以表示慰问和奖赏。程绍侯回忆说："我们那时候都是单身，大多数单身都回家，我们不回家的单身还要工作，比如总机、总调、炼钢等工作岗位不休息，每年食堂要煮饺子，党委书记带领党委、工会干部下车间慰问。"[1]

正月

正月，作为大型企业，企业的节日文化达到高潮。而企业的职工在正月期间的各个时间点上也有不同的民俗表现。

重型机械厂非常重视职工的节日生活，每年都举行许多大型的活动，这些大型的节日活动是一重企业文化的重要组成部分，为节日增加了色彩，不仅丰富了职工文化生活、活跃了节日气氛，而且增加了职工的凝聚力和向心力以及归属感。

20世纪80年代以前，每逢节日都举行文艺会演，程绍侯说："你别看现在重机厂文艺舞台比较空荡，想当年是相当活跃了。那时候在厂部、党委、工会的领导下每年都要搞一场大戏。"[2] 程绍侯所说的大戏就是大型舞台剧，这一活动从1959年开始一直延续到20世纪80年代，是企业为职工奉献

---

1. 被访谈人：程绍侯；访谈时间：2014年2月2日；访谈地点：齐齐哈尔市富拉尔基区程绍侯家。
2. 被访谈人：程绍侯；访谈时间：2014年2月2日；访谈地点：齐齐哈尔市富拉尔基区程绍侯家。

的一场文化大餐。舞台剧既有模仿，也有自行创作的，剧种有京剧、评剧、话剧等，话剧《草原巨人》（1959年）、《信念》（1980年）是自创剧目，话剧《兵临城下》（1963年）、《霓虹灯下的哨兵》（1964年）、《针锋相对》（1966年）、《不平静的海滨》（1974年）、《年轻一代》（1975年）是模仿名剧，也表演革命样板戏京剧《红灯记》（1971年）、《智取威虎山》（1969年）等。在一重集团文艺演出最繁荣时期，企业的业余文艺团体甚至可以和当地的一些专业演出团体相媲美，在当地的春节文艺舞台上熠熠生辉。所有的演员都是业余演员，都是从各部门抽调上来的，即便除夕他们也不停止演出，程绍侯回忆，他曾经过年期间在一出话剧中扮演过死人，这对观念传统的人来说是难以接受的，所以一直没敢告诉他的父母。[1] 每场演出都非常受欢迎，所有的演出均免费，一票难求。可惜，这一大型文娱活动并没有延续，大约1985年以后就停止举办了。

  一重集团从正月初一开始要组织游园活动，活动内容有猜谜、套圈、抓宝、观赏冰灯花灯。据曹民荣介绍，一重制作冰灯的历史很长，20世纪70年代末就开始制作了，是黑龙江省最早制作冰灯的单位之一，曹民荣说："十二车间具体什么时候制作冰灯，我是记不清了，肯定是在1975年以后1979年以前，我是第一批参加制作冰灯的人，我们弄两个马车，到江边拉冰块，这些冰块都是人家凿完了没搬走的，说明别人已经开始制作冰灯了。取回冰后在车间里制作冰灯。做好的冰灯拉出去可费劲了。"[2] 1984年以后，每逢正月十五，一重集团都会在厂俱乐部门前举办大型灯会，程绍侯说："重机厂的灯会比富拉尔基区里搞得还要好。"[3] 从正月十四开始，一重下

---

1. 被访谈人：程绍侯；访谈时间：2014年2月2日；访谈地点：齐齐哈尔市富拉尔基区程绍侯家。
2. 被访谈人：曹民荣；访谈时间：2014年2月1日；访谈地点：齐齐哈尔市富拉尔基区曹民荣、陈士芬夫妇家。
3. 被访谈人：程绍侯；访谈时间：2014年2月2日；访谈地点：齐齐哈尔市富拉尔基区程绍侯家。

▲ 节日期间的齐齐哈尔市富拉尔基区红岸公园张灯结彩，欢度新年/王威 摄/2015年

属各个单位、部门就开始将自己制作的各种花灯运送到文化宫门口，部门之间还会相互比较各自做的花灯，这些灯各种各样，除了固定的花灯外，还有可以动的电动花灯。一重灯会与齐齐哈尔市政府正月十五花灯会及滚冰节一起，成为齐齐哈尔市一景，吸引周边的男女老幼相携观看。孩子们手拿小灯笼和家人一起走出家门，汇入观灯的人流，这样的人流一直能延伸到江岸公园的嫩江边上。

改革开放以后，一重每年都购买大量的礼花、鞭炮，在正月十五这天晚上集中燃放，很是壮观，吸引了周边农民赶着大马车、开着拖拉机前来观看。这天交通需要管制，因为人流拥挤，从重机厂到公园这条路全是人，水泄不通。

20世纪六七十年代，一重在春节期间要组织秧歌队和舞狮队沿街表演，秧歌队由家属组成，他们夜间扭秧歌的时候手里拿着白菜灯、五星灯等各种花灯。舞狮子队是由建筑队和十八车间组织的。这些大型的集体项目都是集体出资购买服装、制作道具，一重下属的各个单位都积极参与，而且都互相较着劲。

从1981年开始，每年大年初一厂工会都要举行团拜活动，举办盛宴邀请单身职工吃饭。

职工家庭正月期间的活动丰富多彩。

正月初一早上必吃饺子，这是前一天包的。饭前燃放鞭炮，不过也有从来不放鞭炮的，如曹民荣、石朝龙二人便是，他们即便年三十也不放鞭炮。曹民荣在浙江老家可不是吃饺子，而是吃圆子，他说："大年初一早上必须吃圆子，用江米面做的实心的。吃的第一顿饺子是1949年解放军给送的饺子。我们家房子大，解放军来了之后，就住在我们家，他们包饺子，我才吃到饺子。"[1]

从这天开始，各家各户开始走出家门，亲戚朋友邻里之间开始拜大年，这是中华民族的传统。早年在老家时都行跪拜礼，曹民荣回忆小时候在家乡，"抗日战争胜利之后，生活稍微好点，我拜过两次年，妈妈领着我们兄弟姐妹去给亲戚拜年，得两条腿都跪在地上拜，老太太哈着腰用两只手扶我们起来，给压岁钱。另一次到姑姑家拜年，也是两条腿跪下拜年，但是姑姑是一条腿跪下扶我们起来还礼，并且给压岁钱"。[2] 他的老伴儿陈士芬回忆两人年轻时候回农村娘家拜年的情景，乡里乡亲，远近亲属到长辈家，进屋就跪下磕头。[3] 祖籍湖南的石朝龙回忆："小时候到舅公家拜年要跪地磕头。"[4] 到了一重集团，跪拜这种隆重的拜年礼节基本消失，仅是到亲戚朋友家串串门、聊聊天，同事之间（如同一个车间、车组的）互相走动拜年，张国军说："那时候拜年都是成帮成伙地去各家拜年，大家一张罗说：走，到某某家拜年去。在街上碰上就跟着走，像滚雪球似的，越滚越多。"[5] 家家户户都准备瓜子、花生和一些糖果来招待拜年的客人。过了十五人们便不再拜年，陈士芬说："正月十五以前拜年不算晚。"[6] 有老人去世的家庭不

---

1. 被访谈人：曹民荣；访谈时间：2014年2月1日；访谈地点：齐齐哈尔市富拉尔基区曹民荣、陈士芬夫妇家。
2. 被访谈人：曹民荣；访谈时间：2014年2月1日；访谈地点：齐齐哈尔市富拉尔基区曹民荣、陈士芬夫妇家。
3. 被访谈人：陈士芬；访谈时间：2014年2月1日；访谈地点：齐齐哈尔市富拉尔基区曹民荣、陈士芬夫妇家。
4. 被访谈人：石朝龙；访谈时间：2014年2月4日；访谈地点：齐齐哈尔市富拉尔基区石朝龙家。
5. 被访谈人：张国军；访谈时间：2014年2月3日；访谈地点：齐齐哈尔市富拉尔基区张国军家。
6. 被访谈人：陈士芬；访谈时间：2014年2月1日；访谈地点：齐齐哈尔市富拉尔基区曹民荣、陈士芬夫妇家。

能出去串门拜年，因为戴孝，戴孝之人不能出去串门拜年。如今拜年方式发生了改变，走动拜年习俗没有了，朋友之间的拜年就通过电话或者网络，这种电话拜年和网络拜年从年三十就开始了，往往持续到初二、初三。人们见面行点头礼，道声"过年好！"

正月初二或初三，是出嫁的女儿回娘家的日子，嫁出去的女儿会在这一天带着丈夫、儿女和礼物回娘家拜年，多个女儿同一天归来，那么，这个家庭就如同过除夕一样热闹，甚至比过除夕还要热闹。这两天餐桌的美食不会次于年夜饭，陈士芬说，他们家年夜饭不上桌的鸡，在女儿回来的这天是一定要有的。[1]来拜年的夫妻二人当天返回。如今绝大多数人家只有一个孩子，生活中的传统礼仪、礼节、禁忌没有了，很多已婚女儿不拘泥于传统，她们很多会在过年前就回到家中和父母共同过年，共享天伦。不仅女儿会回到娘家过年，甚至会带着丈夫和孩子一同回家过年。张国军家里只有一个女儿，用他的话说："过年不回来我们还想呢！"也有的夫妻二人往往在双方老人家里轮流过年，今年在你家，明年在我家。

结婚第一年在正月期间新婚夫妇要到直系亲属家拜年，必须带礼物，这叫串新门子，走的时候亲属都要给新婚夫妇一定的礼金。这一习俗直至现在仍然保持。

正月初五，俗称"破五"。初五这一天必须吃饺子。张国军家把这天包饺子叫作"捏破五"，这天的饺子不可以大家一起包，而必须由包饺子技术好的人来包，因为这一天的饺子最大的忌讳是"破"。吃饺子之前必须燃放鞭炮。

过了初五，春节期间的禁忌就解除了，妇女可以动针线，过年期间的垃圾也可以随时往外倒，扫地也不必再拘泥于从外往里扫。陈士芬家初五之

---

[1]. 被访谈人：陈士芬；访谈时间：2014年2月1日；访谈地点：齐齐哈尔市富拉尔基区曹民荣、陈士芬夫妇家。

后也可以吃豆包了（之前不吃黏豆包）。

一重企业职工认为"破五"即意味着春节已经结束了。但是民间流行的其他活动也在不同程度地进行着。

农历正月初七、十七、二十七三天被称作"人期日"，分别是孩子、年轻人、老年人的"人日"，家家户户吃面条，寓意"拴腿"。面条又细又长像绳子一样，可以拴住人们的腿，防止被阎王爷"抓去"。

正月十五是元宵节，这天的热闹程度要高于除夕，程绍侯说："年三十各家自己活动，十五是整个集体活动。"[1] 这一天要吃元宵，但在改革开放以前，元宵属于"奢侈品"，据程绍侯回忆："小的时候家里没钱，元宵两分钱一个，每个孩子只能吃到一个元宵。虽然生活困难，但每逢过元宵节能吃点元宵应应景。"[2] 过去元宵以油炸为主。改革开放之后，经济发展，人们的生活越来越好，只要想吃，在市场里都能够买到，而且元宵的馅料多种多样。这天有些家庭也会炸些丸子、面果子等食物。

正月十五家家户户红灯高挂，通宵不灭，有些人家除了除夕之外只在正月十五这天红灯笼会整宿点着，还有的人家一直点到二月初二。小孩子则手持小灯笼到处玩耍，即使在改革开放以前，人们买不到小灯笼，大人们也会给自家的孩子用空

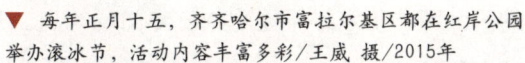
每年正月十五，齐齐哈尔市富拉尔基区都在红岸公园举办滚冰节，活动内容丰富多彩／王威 摄／2015年

---

1. 被访谈人：程绍侯；访谈时间：2014年2月2日；访谈地点：齐齐哈尔市富拉尔基区程绍侯家。
2. 被访谈人：程绍侯；访谈时间：2014年2月2日；访谈地点：齐齐哈尔市富拉尔基区程绍侯家。

罐头瓶儿放上一小块蜡烛制成简易的灯笼。

晚饭后会走出家门，走百步、去百病。也到冰面上打滚，通过打滚去除百病。如今，齐齐哈尔市已经将正月十五确定为滚冰节，每次滚冰节都人山人海，异常热闹，一重职工会走出家门来到冰封的嫩江上滚冰，"滚一滚，去百病"。

晚上7点前后，各家燃放烟花。过去经济拮据，烟花燃放很少，现在家庭经济条件好了，很多家庭买很多烟花。

二月二

二月二是春节的尾声。

"二月二龙抬头"，二月初二是吃猪头的日子。在20世纪50年代到70年代末这段困难时期，人们会把正月里留下来没舍得吃的猪头、猪蹄等拿出来吃掉，张国军说："自己家养猪的时候，无论是杀猪请客还是过大年，猪的头、蹄、下水是不能吃的，专门要等到二月二才拿出来吃。"[1] 随着生活越来越好，城里不养猪，人们也没有时间和精力养猪，各家都选择在二月二这天去商场或超市里买熟的猪头肉吃。受访者的共同感受是，现在二月二人们吃猪头肉纯粹是为了应景。也有的家庭如陈士芬、曹民荣夫妇家从来不吃猪头肉。

二月二这天也要剪头，叫剪龙头。因为正月里不能剪头发，迷信的说法是"正月里剪头死舅舅"。即使不剪头发，也要洗头发，被称作"洗龙头"。现在的年轻人没人理会"正月里剪头死舅舅"这一说法，只要想剪头，只要理发店开门营业都可以去剪头。尽管如此，很多人还是保持在这一天剪头发的习俗，所以这天理发店的生意异常火爆。

---

1. 被访谈人：张国军；访谈时间：2014年2月3日；访谈地点：齐齐哈尔市富拉尔基区张国军家。

三、结语

调查中明显感到，一重职工对老家的过年习俗介绍较多，而到东北齐齐哈尔市作为一重职工以后过年的习俗介绍较少。对过去老家过年津津乐道，而在一重的过年生活则往往一句话带过。这是有原因的，第一，一重职工尤其是老人绝大多数有两个家，一个是老家，一个是现在的家，老家是传统社会，节日文化保持得非常完整，到一重以后就进入新社会，传统的节日习俗受到了冲击；第二，一重职工都是受过教育的人，他们接受新思想、新文化的速度快；第三，经历了20世纪六七十年代的"政治洗礼"，作为一个集体性非常强的一重企业职工，他们受到政治的熏陶最强，所以许多被冠以"迷信"的节日活动越来越少；第四，一重职工处于城市之中，社会条件、自然条件都限制了职工们的节日活动和节日气氛；第五，作为国家大型企业，讲政治，受主流文化影响深，更注重阳历节日，如元旦、"五一"国际劳动节、"十一"国庆节都是重要的节日。

一重属于嵌入式社会组织，在该社会组织中的人来自全国各地，职工的成长经历、文化背景各不相同，所以关于节日文化的传承以及记忆各不相同，呈现出多样性，每一个家庭就是一个独立的文化单位，因此完整全面地反映一重的春节习俗是不可能的。

一重作为中华人民共和国成立以后成立的大型国有企业，节日文化也成为企业文化的一个重要组成部分。每逢过年之时，一重有一系列的活动来迎接新年、欢度新年，如企业门口也要张贴对联，每年都要举行大型的文艺表演，街道之上都张灯结彩，领导要到各个困难家庭举行慰问活动。这些既彰显了企业对传统文化的重视，也体现了企业对职工生活的关心和爱护。

如今来自各地的企业职工在长期的集体生活中也互相影响，逐渐实现了融合。随着接触的增多，基本上摒弃了家乡的习俗而融入东北的春节习俗当中，但是念念不忘的还是家乡的传统。

附录：本文调查对象信息一览表

姓名	性别	出生	简介
曹民荣	男	1937年	祖籍浙江省嘉兴市，1962年清华大学毕业后到富拉尔基区一重集团工作，最早在十二车间，后来到锻冶处，退休前为质量检查处处长。
陈士芬	女	1940年	曹民荣的妻子，祖籍黑龙江省呼兰县（现哈尔滨市呼兰区）。1953年来到富拉尔基区。先是在幼儿园工作，1958年"大跃进"之后进车间，任车工、保管员。
石朝龙	男	1946年	祖籍湖南，苗族，1958年军队转业以后分到第一重型机械厂，先是在二车间，退休前工作于一重集团经营计划处。
程绍侯	男	1944年	祖籍黑龙江省甘南县，1958年进入一重集团工作，先是在十五车间（参军之前）、十三车间（退役之后），退休前为一重集团工会干部。
张国军	男	1941年	土生土长的本地人，1958年一重集团第一届技校毕业生，退休前工作于一重集团技术组，工程师。

附录

中国节日志
春节（黑龙江卷）

附录1：口述2017年春节

于学斌整理

我在给全校本科生讲授《中国民俗》时布置了一篇作业，要求同学们将自己家2017年过年的方式完整地记录下来，学生们都认真地完成了作业。有些文章写得非常好，在此选录几篇来自黑龙江省的几名学生对自己过年的描述，这是90后亲历的春节和他们对春节的理解，每一篇描述文字都生动地再现了他们各自家庭的过年方式。他们的文字描述细腻、具体、翔实，有血有肉，感情真挚，通过他们的生动描述，一幅幅家庭过年场景跃然纸上，这是黑龙江省每个家庭过年方式的真实写照。

一、王宇柔的2017年春节

我叫王宇柔，文学院2015级学生。我家位于黑龙江省讷河市六合镇仁和村。讷河市隶属黑龙江省齐齐哈尔市，因讷谟尔河横贯境域而得名，是清朝皇后婉容祖居地，位于黑龙江省西北部。全市总面积6674平方公里，辖12个镇、3个乡和1个民族乡，171个行政村。有汉、满、回等25个民族。六合镇位于讷谟尔河南岸，素有"鱼米之乡"之称。仁和村是我从小生活的地方，它位于讷河的南面，以种植玉米土豆为主要农作物。全村以务农为生。为了追求更好的生活，壮年们大多出去打工，青少年们也离开乡村去城市里学习。村子只剩下一些老年人和小孩子，也有一些壮年人不肯出去打工，便留在村子里抚养孩子、赡养老人。因为地处东北，气候寒冷，农作物只能一年一熟。所以除了春种秋收外，村子里其余时间大多比较懒散。夏天，村里面的人们会在大树下乘凉，闲谈今年的雨水、别人家的趣事。每当吃过晚饭，老人们会坐在小凳上下棋，周围围着很多看客，大家都默契地遵守着"观棋不语"的原则，偶尔观棋的人说一句话，猛然使下棋的人悔悟。而青壮年们那边则不同，他们坐在地上铺上垫子，吵吵闹闹地打着扑克牌，会在结束一局后大嚷："我刚刚……就好了。"小孩子们在一旁嬉戏打闹，女孩子拿着各种花草，男孩子各种疯跑。妇女们则围坐一圈闲聊家长里短，近几年村里建了个广场，妇女们又开始领着孩子们去广场跳舞或者看着别人跳舞，其实也不过是把聊天的地方从家前屋后移到了广场罢了。冬天，天气寒冷，大家出门都穿着厚厚的棉袄，或者干脆躲在屋子里面"猫冬"。小孩子们好像天生不惧严寒，只叫着出去玩耍。父母们没有办法，便领着孩子去各家"串门"。到了别人家里，小孩子们在一起玩耍，妇女们坐在热炕头，吃着瓜子，喝着茶水，唠着闲嗑。有的时候，大家还会聚在一起打打扑克，玩玩麻将，其乐无穷。

由于爷爷奶奶去世得早，爸爸的三个哥哥也早已离开了这个村庄，彼此的联系也越来越少，于是我们便和外公外婆走得很近。外公有三个孩子，两个儿子一个女儿。我妈妈是外公外婆的二女儿。大儿子家有两个儿子，大的儿子21岁，小的儿子10岁，他们一家住在天津。我家只有我一个女孩子，今年20岁，我们一家和外公生活在同一个乡村里。小儿子家有一个儿子，今年9岁，住在齐齐哈尔。原本我外公有一个弟弟，可是由于喝酒，在2012年离开了人世，他的媳妇便随儿女们离开了这个乡村，去了城市。

小的时候，我并不了解过年是什么。只知道过年了，我便可以穿美丽的新衣服了；过年了，我便能吃到很多很多好吃的。我印象最深的便是外公在城里买到的一块好大好大的乳白色的糖，每次吃之前外公都会用刀切下一小块放进我的嘴里，好甜好甜。伴随着年龄的增长，现在的我对过年的渴望反而没有小时候那么强烈了。过年的"年味"也感觉没有那么浓了，总是不知不觉就迎来了春节，春节似乎只成为我们的一个假期，是提醒我们又长大了一岁的计时器。但是尽管这样,过年的热闹气氛总是不知不觉地影响着我们。当新年的钟声敲响,我们总是不由自主地欢喜。

在我的家乡,流传着"过了腊八就是年"的俗语。因此每年腊月初八,我和爸爸妈妈就会来到外公家,吃外公外婆煮的腊八粥。外婆煮的腊八粥香香的,如果里面没有豆子就更好了。我每次吃粥都会把豆子挑出去放在妈妈的碗里,然后偷偷地在自己的碗里填上更多的枣子,然后再在粥里放上一大勺糖,软软甜甜的粥,配上一个黄得流油的咸鸭蛋,简直是人间美味。因为爷爷奶奶去世得早,所以爸爸和妈妈经常领我来外公外婆家,每一次爸爸在外公家都会和外公喝很多的白酒。辣辣的酒,浓浓的情,在饭桌上萦绕着。吃完饭后,爸爸躺在外公家热热的炕上睡着了,我和外公伴着爸爸的呼噜声聊着学校的趣事。妈妈和外婆坐在旁边笑看我们的"嬉戏",时不时插上两嘴。天黑了,我才恋恋不舍地和爸爸妈妈拎着一袋袋外婆装的特制小咸菜回到家中。

春节真正的气氛是从小年开始有的。小年,即农历的腊月二十三,这也便意味着离春节只有一周了。在这一天早上,妈妈会煮热腾腾的饺子。吃完饺子,家里就开始为挂彩灯而忙碌着。爸爸在外面找根粗壮的树枝,妈妈和我则在屋子里面剪小彩旗、叠五颜六色的花朵。爸爸找到树枝后,便开始在树枝上挂大红灯笼,我在树枝上缠小彩灯,妈妈往树杈上粘小红旗和小花朵。然后我们一起将树枝立在屋前,拿重物固定上。结束后,妈妈开始做饭,而我和爸爸又开始了另一项工作,在屋檐上缠绕彩灯。凛冽的寒风丝毫挡不住我们忙碌的脚步。当天黑时,每家每户的门前红光闪闪,树上的彩灯形状不一,色彩斑斓的光影给宁静的村庄带来了几分喜悦的气氛。东北的室外很冷,但是我们的心里暖暖的。

腊月二十四是春节前扫尘的日子,我在妈妈的催促声中起床,和妈妈一起拆被罩。爸爸拿着长长的擦棚工具,开始清理屋顶的灰尘与蜘蛛网。等擦干净了屋子,妈妈便把我们的换洗衣物和窗帘被罩分批放进洗衣机。爸爸将干净的水倒进洗衣机，再将脏水倒出去。我把甩干的衣服拿到卧室，铺在热乎乎的炕上。我们默契地拆洗完衣物，看着满客厅的脚印和水渍，妈妈把我和爸爸撵到厨房，进行最后的清扫。这个过程虽然很累，但看着干净的屋子，自豪感油然而生。

腊月二十六，我和爸爸妈妈去集市买些瓜子和水果以备过年。超市里的人很多，熟人很多，每见熟人大家都会热情地打着招呼。在路上，妈妈遇见了我姨姥（我妈妈的姨），她家原本在天津打工，过年放假就回老家看看亲朋好友。舅姥和我们一起回了我家，进屋后直奔炕上。舅姥坐在热乎乎的炕头上，妈妈热情地拿着瓜子水果，我在旁边给大家倒水，以缓解外面的凉气。外面的寒冷丝毫影响不到屋子里面的热闹。

腊月二十九，春节的脚步越来越近了，家里过年的气氛也越来越浓了。我大舅一家也在归家的旅途中，中午，我和爸爸妈妈一起去姥爷家等大舅一家回来。姥爷一直站在窗户前望着路的方向。妈妈和姥姥在厨房里忙来忙去。看到小汽车停在门前，我们一同出门去迎接大舅一家进门。妈妈出来就抱起小弟，问他想不想自己。我大哥一回来就和我比身高。他现在一米八，而我的身高仍停留在高一。现在10岁小弟的身高都快赶上我了。进屋后，大家褪下冰冷的衣物，坐在暖气旁一边吃饭一边闲谈，说说路途的艰辛，工作的忙碌。吃完饭后，大舅一家躺在热炕头上，来缓解旅途的劳累。我和爸爸妈妈回家，准备明天的饭菜。走在回家路上，看着一辆辆车开过，车里载的一定是急匆匆回家的游子，家家的烟囱也兴奋地吐着烟。村子里好像好久都没有这么热闹了，原来真的要"过年"了。

回到家，妈妈开始炸麻花和素丸子，这是妈妈的习惯，这些油炸的面食是过年期间的零食。妈妈首先用牛奶和鸡蛋和面，然后等待发酵准备用来炸麻花。然后将萝卜和土豆切丝，加入面粉和辅料用来炸丸子。等所有准备工作完成后，爸爸去厨房炸丸子，我和妈妈在客厅卷麻花。将一小块面揉成长条，然后搓好后双股搓成绳状，再搓成四股，这样一个小麻花就成形了。

妈妈看我不时地往厨房看，就命我去看看丸子炸得咋样了，我一打开厨房的门，油烟直面扑来，吓得我直接关上了门。不一会儿我听见爸爸喊我尝尝好吃不，我便顾不上油烟，直接跑去吃了一个。太过兴奋的我，将一个热的丸子放进嘴中，烫得我不停地张着嘴。爸爸看着我的样子无奈地将丸子盛出锅，让我端进了屋。金灿灿的丸子刚咬下去是酥的，遇到萝卜和土豆是脆的，里面的面又是软的。不同的层次感混在一起好吃极了。当麻花出锅时，丸子已经填饱了我的肚子。麻花大概火候有些大了，表面有点黑黄，不过一口咬下去，很酥。吃完后嘴中留有淡淡的甜。妈妈颇自豪地将丸子和麻花分成两份，让我给外婆家送去一份。

大年三十，这一天是一年的最后一天，是两年的交界。每到这个时候，爸爸妈妈总会很早把我叫醒，不许我睡懒觉。大家早早地开始放爆竹，煮饺子。早上，吃完饺子，我和爸爸开始贴春联了。我负责在春联上抹上糨糊，爸爸把春联贴在门上。小的时候我看到爸爸把福字贴倒了，还以为爸爸贴错了，便告诉爸爸福倒了。爸爸告诉我，没错，福到啦。那时我才恍然大悟，中国文化博大精深。结束后，我们又来到姥爷家，等着小舅一家回来。小舅的工作很忙，但是幸好离家很近，他们当天开三个小时的车便能回到家中。小舅家有一个孩子，和大舅家的老二年纪差不多大。下午，小舅一家也到了，屋子里面顿时热闹了起来。彼此即使一年没有相见，可是浓浓的血缘让大家丝毫不感到陌生。一进屋，舅舅便调侃我又胖了，淘气的弟弟们一见面丝毫不陌生地开始摔跤。外公笑着看自己的孙子们，要他俩比身高。舅妈们一见面便聊起了孩子们的学习成绩和各家的工作状态。大家各自问完好后，哥哥带领弟弟走向了有电脑的房间，两个小家伙瞬间安静了下来，认真地打起了游戏。爸爸和舅舅们在客厅玩着扑克，妈妈和舅妈们在厨房做饭。我跑到电脑屋玩着手机，感受着手机屏里屏外的春节味道。下午2点多钟，大家围坐在一张大桌子上吃团圆饭。鸡爪子和鱼是必须有的两道菜，听爸爸说，吃鸡爪子有新的一年多赚些钱的意思，鱼有年年有余的美好寓意。吃完饭后，我们一家三口就回家了，妈妈准备白面和芹菜馅，我们边看春晚边包饺子。妈妈说包饺子是有学问的，芹菜馅的饺子寓意勤劳，年三十把初一的饺子包出来意味着年年有余，在饺子里放硬币，谁吃到寓意一年幸运，而且在这一天还不能说不吉利的话……包完饺子，开始给朋友送新年祝福。晚上10点的时候，我和爸爸出去放爆竹和烟花，听着各家接连不断的爆竹声和满天的烟花，瞬间感觉新的一年真的来了，而2016年正如烟花般转瞬即逝。放完爆竹后，热腾腾的饺子也出锅了，在吃饺子前要先洗脸洗手，干干净净地吃饺子。我趁爸妈没上桌，偷偷在饺子上插了插，把感觉里面有硬币的饺子放在了自己的碗里。果然，我吃到了硬币，我兴奋地告诉爸爸妈妈，他俩笑着说，我们还没上桌，你就吃到了！我哈哈一笑，表示自己很有福。我们一起举杯，恭祝2017年的幸福生活。吃完饭，我把屋子好好地扫了一遍。据说大年初一不能把垃圾扫出去，那样会把财气扫走。之后要做的便是守夜了，春晚对于我们家来说，早已成为过年的一部分，晚上8点准时调到中央一频道，然后伴着春晚度过旧年的尾声，又伴随着新年钟声的敲响，迎来新年的新生。今年的春晚最令我感动的是哈尔滨分会场，可能这就是作为一个黑龙江人对这片土地最深沉的热爱。

大年初一，一大早向爸爸妈妈拜过年后，收到了几张"红票"后，一起去了外公外婆家拜年。爆竹声在我们耳边响着，祝福声布满整个清晨。到了外公家，一进门我的弟弟们就跑向我妈妈，向我们拜年。而处在一个尴尬的年龄的我，还被家人认为是孩子，享受着专属孩子的福利。弟弟们跑到小屋里，相互打闹着，看着他们的无忧无虑，我和哥哥聊起了我们的未来。大人们依旧聊着天，打着牌，看着剧。就这样，我们又长大了一岁。

大年初二，我外公和舅舅们来到了我家，我妈妈恨不得把所有的东西都拿出来给家人们吃。今年家里没怎么下雪，但是天气很冷，我领着孩子们出去打雪仗。玩完了雪，我们去超市买了零食后回家。一向不怕冷的弟弟，脸蛋儿冻得通红。回到家，才发现爸爸们杀了羊，烀了羊肉。香喷喷的羊汤配上嫩嫩的肉，里面放上几根香菜，味道好极了。晚上，哥哥领着我和弟弟们打扑克。小弟弟总是输牌，我们故意放水让他赢，他还是不开心，最后竟然输哭了。孩子之所以是孩子，大概就是他们的心灵天真、情感直露吧。

  大年初三，舅舅们又要回到工作的城市。两个小孩子分别的时候，弟弟问妈妈，我们什么时候还能在一起玩。舅妈说，等过年的时候就可以了。我在想大概那个时候弟弟的心里便种上了过年这个美好且神秘的种子吧。新年随着舅舅们的离开，又回归了平静的生活。

  春节真正的结束大概就是在正月十五。元宵节，是我最喜欢的一个节日。虽然不像春节般热闹，但是我除了可以吃到甜甜的元宵外，还可以和妈妈爸爸一起去送灯，给逝去的人送去我最新的消息和最真挚的祝福。送灯的地方离家并不远，头几年，送的灯还是自己家手工做的，用报纸包上稻壳和柴油，做成一个个油包，在墓前点燃这一个个油包。那个时候，每家都等天半黑的时候去送灯，远远一望，墓地前星光点点。现在送的灯都是在集市上买的小灯笼，它持续光亮的时间长，也比油包更环保。送完灯后，回到家里和爸爸一起撒灯，所谓撒灯，就是把柴油倒在豆皮、稻壳里，搅拌，放在盆里，在地上堆成一个个小堆。爸爸在前面撒，我在后面拿着带有火的小锹，把每一堆都点着。点点星光预示着希望，祈求明年更好。我喜欢站在院子里点起每一堆火，看着每一堆将灭的火在我的手上重新燃起。院子里、大街上一团团火，使人们充满了希望。天空中，月光在绚丽的烟花下显得暗淡，孩子们在大街上仰视着烟花，其热闹不亚于除夕。

  元宵节的结束预示着春节的彻底结束。这样的我们一切又回归了平常的生活。我的2017年春节也到此结束了，但我的2017年仍在继续，我的2018年也并不遥远。

二、田海涛的 2017 年春节

我叫田海涛，2014级化学化工与材料学院学生，我的家乡在黑龙江省宾县胜利镇下属的一个小村子，叫四合村，我家所在的屯子叫立安屯。在我家那一片，十里八村的我们屯子算是最大的，有145户人家，村口有一条小河，我管它叫护屯河，这些年来从来没有丢失过它的清澈，静静地流淌着，养育着这一方百姓。村子被大山围着，大山不仅风景美，而且全村烧柴都来源于此。似乎是被大山默默地守护着，村子从来没发生过什么意外，一直安安静静地迈着它厚重与踏实的脚步前行。

我家有六口人，爸爸、妈妈、爷爷、奶奶、姥爷和我。由于姥姥去世，姥爷身体不太好，为了照顾姥爷的方便，姥爷一直和我们住在一起。爷爷奶奶虽然和我们分开住，但离得并不远，只要三分钟就能走到。三叔一家在外地打工，过年时也会回家过年。今年过年都聚集到我家过。

在我家这边，从小年开始过年就算开始了，三十之后，过完十五才大概算过完年，而且之后的正月二十五以及二月二也会过。每年过年之前妈妈会找来她的一群好姐们儿来到我家帮我家包好多好多的冻饺子，全是人工的，大概有牛肉馅儿、酸菜（自己家腌的）馅儿、韭菜馅儿和萝卜馅儿的这四种，从和面、剁饺子馅儿、拌饺子馅儿、揪剂子、擀饺子皮、再到包饺子，我妈和她的几个姐们得忙活一下午和一晚上，最后把这些饺子放到仓库里自然冷冻就好，毕竟我们东北这边的冬天还是有这个条件的，什么时候想吃了就随便煮点儿，包这么多饺子既是为了过年这段时间吃着方便，也是提前沾沾年气，但是这并不意味着过年就吃这些冻饺子。逢小年和大年三十吃的饺子是需要现包的，毕竟新年是要图个新嘛，自然要吃新包的，基本上小年早上吃的都是酸菜猪肉馅的，三十早上吃的是牛肉萝卜馅的。农忙了一年，冬天是爸爸妈妈放松的时候，但是农村的娱乐项目比较少，从小年到年后他们就去村里的小商店打打麻将，大家并不图赢多少钱，只是为了排解这一年因为农活和一些生活中的琐事所造成的压力。不过,小商店摆台是为了挣钱的,谁赢了钱必须给店家两三块钱算是台费。

  我也出去找发小们玩,聊聊天,谈谈理想,他们有的初中时候就不念书了,每年出去打工,一年才回来一次,所以我们也会趁过年一起喝点,出去作一番,沟通沟通感情。我家每年过年都要买一整头猪肉,够家人吃一整个冬天。小年到大年的这几天家里会间歇性地买买年货,水果和蔬菜是我和爸爸大年的头两天开车到县城买的,那天我三叔一家从外地打工回来,正好接他们一起回家。扫除工作也是这几天之间需要完成的,不过值得可怜的是这些工作都是老妈推给我的,什么扫地、擦地、擦玻璃等,虽然不太愿意干但我不会拒绝,我也理解并且也想帮助妈妈干一些零活,来减轻一些她的负担,也算是对妈妈辛辛苦苦一整年的体谅吧。也不知道是从什么时候改的习惯,大家都喜欢在腊月二十九的下午就把对联贴出来,全村基本上都是这样,我记得以前都是三十当天的早上贴的。我家今年没贴对联,因为姥姥去世还没有满三周年,在我家这边的说法是家里人要是去世没有满三年就贴对联是犯说道的。现在比以前有钱了,家家户户的门口都会挂着两个大大的红灯笼,里边放两个灯泡再接上电线,等到天黑的时候打开门灯就亮堂了,意味着新的一年红红火火,大吉大利。

  三十这天早上,家里人都起得很早,因为需要新包饺子,吃过早饭后就没什么事情了,不过这只是对三叔和爸爸来说,他俩吃完饭就去商店打麻将了,我和奶奶帮妈妈准备中午饭,因为需要做的菜有很多而且还有几个菜是需要长时间炖的,所以就得提前好几个小时开始准备。农村是用灶台做饭的,这种厨房形式我估计现在城里的好多孩子都没有见过,没有煤气,不用电锅,灶台是需要烧柴火的,柴火是爸爸每年临近冬天的时候开着拖拉机去周边的山上拉回来的,到外边抱柴火的活儿自然是我的任务了。抱完了柴火,妈妈分配给我的任务是把那一捆蒜薹掐出来,这对我来说倒是很简单的,只要将其尾部那带着类似小骨朵的部分掐掉就好了。弄好了蒜薹还要剥蒜、剥毛葱。由于需要做很多的菜所以就会产生很多的泔水，倒泔水也归我管，农村是没有下水道的，只有大门前的水沟是用来排放生活中的废水的，其实一满桶还是很沉的，而且一不小心很容易将水溅到自己的身上，嘻嘻，说实话我的内心深处是有一点排斥这个活计的。这几个小时内妈妈是要在我和奶奶的帮助下做完12道菜的。大概中午11点半的时候，妈妈的菜基本上做完了，爸爸和三叔也从外边回来了，于是放好了桌子，准备吃饭，满满的一桌子菜着实让人想要大快朵颐。因为过年，一家人无论老少都要喝点小酒，酒兴上来了一家人就从年初谈到年尾，从东头谈到西头，似乎是攒了一年的话就等着今天这顿饭一起都说了。总之，这是一顿团圆的、开心的、尽兴的年饭。

开开心心地吃过了中午饭收拾好了屋子，大家就出去溜达了，或者去打麻将或者串门，我去找我的朋友们。晚上七八点的时候，妈妈和奶奶回家，开始包芹菜猪肉馅儿饺子，这似乎是我家的一个习惯，每年过年的晚上吃的饺子都是芹菜馅儿的，还要在其中的两三个饺子里边包硬币，谁有幸能够吃到硬币，就意味着他接下来的一年会走好运。还记得小的时候为了吃到一个硬币会拼了命地吃，最后吃得差点撑破肚皮也没有吃到，还会被全家人笑话，那种感觉真的有一点囧。晚上10点多的时候，爸爸和三叔回来了，第一件事情就是放炮仗，今年家里买的烟花很多，都是那种大的坐地花，不像小时候买的都是小细杆的那种。今天晚上是各家各户的炮仗争相斗艳的时候，奶奶和妈妈会停下手里的活儿出来看烟花，毕竟这是一年之中最漂亮的一个夜晚。放完了烟花就开始吃年夜饭了，年夜饭有我最爱吃的酱猪手。今年我很幸运，吃到第三个饺子时就吃到了一枚硬币，笑得我合不拢嘴，真的，这是我记忆中10多年来第一次吃到，那种感觉就像捡到了宝一样。年夜饭吃完了还不到午夜12点，一大家子人一起坐在电视机前看春晚，等着12点的来到，和电视里的全国人民一起跨年，然后再看一会儿小品什么的就睡觉了，就这样度过了一年的最后一天。

初一到初五期间没有什么特殊的事情。初六以后村子里的亲属们就开始相互走动到各家吃饭，没有人会在乎吃多少或是吃得好坏，目的只有一个，就是图个团团圆圆、和和美美。正月初八，爸爸的舅舅我的舅爷他老人家出钱请外甥、外甥女、孙子、孙女到宾县街里吃的饭，20来人坐在一张大桌子上，当时的气氛真的很足，大家都兴高采烈的，都喝了很多酒，我也喝了三四瓶啤酒，大家似乎将心里话一股脑儿地都说了出来，我想没有什么比亲戚之间毫无保留的相互信任更值得高兴的了，那天回到家时，夜已经很深了。

农历正月十五，也就是元宵节，这天也算是除年三十之外最热闹的一天了，我家的元宵是自己做的，不是图省钱，而是妈妈说买的元宵没有团圆的家的味道，所以都是妈妈自己一个一个包的。说真的，味道真的不一样，有家的味道，一个人自己在外边久了，就会特别想吃妈妈做的菜，因为有家的味道。到了晚上才是最热闹的，孩子们和一部分大人们会去冰上拢火，拢火用的材料并不统一，有的用树枝，有的用车带，还有的用汽油，用车胎是最好的了，火烧得旺而且烧的时间长，之后找个相对平坦的冰面上滚冰（滚好运的意思），人很多，所以不知不觉间就会撞到一起，我就被撞到了一次。做完这些，元宵节也就过去了，年也就过去了，真正能够团圆放松的时光也就这样过去了，而一年初始的新一波劳作与奔波也就快开始了，我也快开学了。

这就是我的2017年春节，一个虽然普普通通却又不失意义的春节！

三、凤昕羽的 2017 年春节

我叫凤昕羽，2015级法学院学生，哈尔滨人，家住哈尔滨江北，我家所在的小区是我父亲单位的家属楼，楼上楼下、左邻右舍基本都熟悉。我家四口人，爷爷、奶奶、父亲和我。我爸曾经是一个高级工程师，很聪明，朋友也很多，但是脑出血，几乎失去了一切。我妈，病故。我奶是会计，我爷曾是给领导开车的司机。

我父亲的弟弟一家在绥化，他们家三口人，我叔叔、婶婶和堂姐。我叔，脾气貌似不好，抽烟喝酒。我婶儿，跟我审美和爱好挺合的，挺能聊得到一起去的。我姐，我俩从小吵到大，无休无止地吵，却又非要在寒暑假凑到一起，现在大了，不吵了，反倒莫名地觉得疏远了。

他们每年都从绥化来到我家，我们一共七个人一同过年。对于帮我们家置办很多年货的叔叔其实我是最反感的，最主要的原因是因为我们家中四个人没有人抽烟、喝酒，而叔叔由于工作性质，经常性地喝酒抽烟，而且情节十分严重。我患有轻微的哮喘，对烟酒的味道十分厌恶，我私下曾经找到奶奶沟通过无数次，叔叔只是选择避开大家，去窗户边抽烟或者去阳台抽烟，而事实上在一个生活中没有烟酒味的家里，对于这种味道是十分敏感的，虽然我知道我不应该如此，他们对我们家的帮助十分大，更何况叔叔还是我父亲的亲弟弟，所以每年的这个时候我内心都充满矛盾。

过年之前亲戚之间会有走动，我母亲这边，姥姥会组织一次家庭成员在饭店的集体聚餐，由姨姨、舅舅们轮流支付，各家也都会准备好等额的红包给晚辈，以免家庭与家庭之间有所嫌隙，自从母亲去世、父亲病了以后，每年我家就只有我一个人参加这种家庭聚会。而我父亲这边，各家支就带着水果酒水、粮油米面互相拜访。由于爷爷奶奶身体不好，而且我爷爷在他的那一辈是老大，所以通常我们不会太频繁走动，而是在家里等着其他家支的伯伯、叔叔、堂哥、堂弟、堂姐、堂妹妹们前来拜年，每次他们来拜年，我家都会拿出最大的诚意迎接他们。

过年之前由于我的高中同学也都从各自的大学陆续回到了家乡，我们也进行了几次同学聚会。偶尔也和女生朋友一起逛一逛街，聊一些过去的回忆，聊一些最近的情况，彼此抱怨几句，彼此聊一些新鲜的有趣的事情。每次的寒暑假能迎来自己过去的好友归来我也是十分的开心。

今年和往年一样，一进腊月，我叔叔和婶婶每周末都来到我们家，送一些过年必备的米、面、油和肉类。腊月二十左右，奶奶和我到超市采购，干果零食类、酒水饮料都是必须购置的。更临近年关的时候，我们开始准备一些新鲜的食品，例如新鲜的蔬菜、鸡蛋、鲜肉、海鲜、水果等。我们家里过年的主要基调其实就是准备食物。当然，对联福字儿也会在碰到摊点的时候随时买回来，我出门逛街的时候也会为自己挑选一些新衣服。

在准备好了年货之后，大家也会对年夜饭的菜谱进行研究，并不时检查还有哪些食材没有买回来。

过年倒计时的最直观的感受来自商场的背景音乐，如果开始播放《中国娃娃》《新年好》《财神到》这些歌曲，毋庸置疑的就是新年即将来临；再就是超市的挂牌和广告宣传册都变成了红黄相间的喜庆颜色；再有就是刚刚流行起来的支付宝集福；还有就是各大社交媒体APP开始抢红包活动；各路明星在微博等社交媒体出面恭贺大家新年好；各大卫视开始筹备各自的春节联欢晚会，宣传各自的明星阵容。而真正感受到这新年来临的脚步更紧迫的往往是中央电视台春节联欢晚会节目单刊登在《生活报》或者《新晚报》上，奶奶买回报纸后，翻到印有节目单的那一页，叠得整整齐齐地摆在茶几上，压在装满了瓜子和花生以及各种坚果的收纳盒下面，等到三十那天晚上拿出来，记住自己喜欢节目出现的时间。

腊月三十的早上，叔叔家去海鲜市场购买新鲜的活鱼和海鲜，我和奶奶则去超市购买一些熟食。中午开始做饭，依然是每年固定的菜品，软炸虾仁，是婶婶的拿手菜，也是我和堂姐最喜欢的菜，小时候是专门给我和堂姐准备的菜，炸两盘可能都不够我们吃，虽然我和堂姐慢慢长大，开始节食减肥，但是每每过年我却依旧抵挡不住诱惑；家常凉菜，每年放的原料是一样的，无非是黄瓜丝、干豆腐丝、白菜丝、细粉丝、肉酱、土豆丝，每年都是爷爷放调料，但是每年的味道都不一样，最爱吃的是里面刚炸好的特别细的土豆丝，刚炸好的时候香酥极了，吃上一口真的比薯片要好吃得多，也油腻得多；一盘油炸腰果和花生米，一盘切好的秋林红肠和松仁小肚，每年我都认为这凉菜其实就是用来凑数的；大辣椒炒肉，做这道普普通通的菜其实是因为堂姐特别爱吃，每次爷爷炒大辣椒炒肉的时候，她都能就着一盘菜，生生吃下去两碗米饭，所以每年过年，都会把这道菜做出来；红烧鱼，爷爷最爱吃鱼，我一口不动，所以我实在不清楚鱼是什么味道，只看到每年爷爷抱着那盘红烧鱼，吃得意犹未尽；还有就是鲍鱼螃蟹，对爱晒朋友圈的朋友来说是极好的年夜饭菜品，螃蟹我和堂姐都特别爱吃，俩人各自拿一只能细细地吃好久，碗里的米饭都凉了，爱吃到只来得及吃几口其他的菜；蒸扇贝，是我最喜欢的过年固定菜，蒜蓉加上粉丝，放一点蒸鱼豉油，跟烧烤摊的烤扇贝烤生蚝一样的味道，却更新鲜，蒸的比烤的更嫩更好吃；酱猪蹄，大人说吃这个抓钱，我只是单纯乐得好吃。

然后一家人聊天，换福，看央视播出的历年春晚的回放。

我小时候家里还有一个传统，就是举行家庭春晚。在没上初中之前，不知道哪里来的自信，每年腊月三十的上午，我和堂姐都要让所有大人围坐好，看我们准备的小型春晚，而且还有正规的节目单。我记得我朗读过英语课文，还弹过电子琴，给动漫搞笑配音，还有和姐姐合唱歌曲。认认真真地报幕，全力以赴地表演，最后心安理得地接受大人们的欢笑和鼓掌。很感谢我的家长们都很骄纵我，所以给了我无比多的自信，哪怕我的电子琴上面还用水彩笔标注了每一个按键的简谱数字，哪怕在唱歌的时候紧张到盯着地板。这个传统后来断了，这些小孩子拿来找自信和存在感的事情，上了初中之后我便会羞于去做。但是真的很感激这段经历，我不是一个怯懦的小孩，始终敢于表现自己，也因此收获良多。也很幸运赶上计划生育期间出生的自己还能有一个亲密的堂姐，每年过年可以一起过。

晚上8点的时候，春晚开始。与此同时，我奶奶、婶子也开始准备包年夜饺子，和面、拌饺子馅，一切准备好了之后，开始包饺子。家里过年饺子只会包韭菜鸡蛋虾仁的。我和表姐从小不爱吃饺子，小时候还曾经像煞有介事地发动过"反对饺子主义，建立面条主义"的斗争，但是拗不过传统文化，不爱吃终归也是要吃的，我俩唯一能接受的就是韭菜鸡蛋虾仁的饺子。现在大了，觉得饺子其实真的蛮好吃的，平时自己也会买一买速冻饺子，吃一吃饺子馆，什么猪肉香菜、猪肉酸菜、三鲜什么馅的都可以接受了，但是每年过年的时候，家里依旧是雷打不动的韭菜鸡蛋虾仁饺子，这是家的味道，不会吃腻。

每到自己喜欢的节目出现的时候，就会放下手里的饺子皮，火急火燎地赶到电视跟前。因为爷爷身体不太好，看电视会有轻微的眩晕，所以每年很有特点的一个景象就是我们这边一群人围在电视跟前，而爷爷则开着他的收音机，听着春晚，在另一间房间摆扑克，叔叔则在爷爷的房间里面陪着爷爷一起听春晚。奶奶、爸爸和婶婶坐在沙发上看电视，我和表姐因为近视的原因，离太远看不清楚电视，所以便一个人拿一个坐垫，挨着沙发靠前一些坐在地上。爷爷摆的扑克也是非常有意思的一种摆法儿，老一辈人说一年只能玩儿一次，只能在三十儿晚上玩儿，用来测试自己新一年的运势，如果多玩儿或者其余时间玩儿就不准了。具体的玩儿法就是把扑克牌中的大小王和四个K拿出来，剩下一共有十二种数字牌各自代表十二个月份中的一个月份，进行洗牌之后，拿出一张扑克牌，倒放在桌上，一共拿出十二张，各自分开分为十二堆，也就是十二个位置，每一个位置代表一个月份，依次是十二个月份，然后再按照顺序分别在十二个位置上各叠放一张扑克牌，依次类推，直到所有扑克牌都放好，总共分为十二摞，每摞四张扑克牌。给每一摞牌进行编号，从一到十二，各自代表一个月份，翻开一月的第一张牌，按照这张牌的数字所代表的月份将这张牌插到其所代表的月份的那一摞的最后面，然后翻开这一摞牌的第一张，再根据所翻开的牌的数字将这张再插到其所代表的牌摞最下面并翻开此牌摞的第一张，以此类推，这样渐渐会有一些月份四张牌都被翻开，而当进行到所翻开的最后一张牌所应当插入的牌摞已经没有倒扣的扑克牌，就结束了，四张都翻开的牌摞所代表的月份将运势大顺，而所代表的月份所未翻开的扑克牌数越少则这个月份越不顺。说不上来是老一辈的迷信还是只是一个普通的小游戏却被莫名赋予了这种意义，但是这个游戏对我来说还是很有意义的，是一份很美好的回忆，小时候会因为未翻开的扑克牌太少而偷偷从别的摞偷翻一张牌，然后天真地看着全部翻开的牌面暗自庆幸自己的新一年将十分幸运。

  晚上11点左右，开始煮饺子，中午的饭菜在锅里热了热端上饭桌，中午吃光了的，便再炒一盘，大家都开始围坐在饭桌边上开始吃这一顿意义重大的年夜饭。家里的桌子平时靠着墙，这个时候就要挪出来了，我和堂姐各自拿一个小板凳坐在墙和桌子中间。大人像煞有介事地喝着酒，给我们准备了饮料，还会调侃我们，说姑娘家不会喝酒，而实际上我们这个年龄的大学生同学聚会也很少有人不喝酒了。我知道不是所有人喝多了都会脸红，但我叔叔是，过年家里只有他一个人喝啤酒，奶奶却还偏要准备一箱可乐，他喝得脸红脖子粗，在饭桌上跟爷爷不停聊老家的事情、过去的事情、别人的事情、我家的事情，爷爷也会跟着喝一小杯白酒，然后同样红着脸跟叔叔聊天。我只顾吃自己的，有人问我我就回答，没人问我我就吃饭。叔叔每年最愿意问我：怎么样？我给你买的这个那个好不好吃？然后我就只能表现得过于夸张地称赞他，给他留足面子。堂姐时不时给爷爷拿纸，给奶奶夹菜，这些事情我做不来，平时跟爷爷奶奶熟透了，我不爱说甜话，对谁好也都是用最蠢的方式表达，比如跟奶奶去逛超市她非要买好多东西回来，还偏要自己拎沉的袋子，我就会狠叨叨地说："你能不能撒手？赶紧撒手。"然后把最沉的袋子拿过来，把轻的袋子留下，再命令一样说："你拿这个吧！"嗯，一个不会说甜话的姑娘，给爷爷奶奶夹菜真的会觉得别扭，我只会少吃几口，或者先把小块的吃掉，留下大的，然后把盘子往中间一推，说我不吃了，心里知道爷爷奶奶不舍得浪费的心理，就能都吃掉了。

  吃完这顿饭，一家人便吃着瓜子花生，等待凌晨的敲钟声。凌晨的时候，每个人也都困了，没有人有力气接着看完春晚，这时候叔叔一家三口人开车回到他们在哈尔滨的家，我们四个也收拾收拾东西睡觉了。初一早晨，我们七个人再聚在一起吃一顿饺子。

我的2017年春节就是这样过的，和往年一样，自己却又成长了很多，有幸有这篇文章能用心记录下自己的春节是如何度过的，回想起来觉得自己还是很幸福的，也是有很多有意义的事情可以去做的。

四、张雪的 2017 年春节

"爆竹声中一岁除，春风送暖入屠苏。千门万户曈曈日，总把新桃换旧符。"这大概是我从儿时到今日所感受到对春节描写的最浓烈的一首诗。在我儿时的印象中，春节就该如诗中描述的一般随着第一声炮竹的声音响起，一群群孩童穿过热闹的街市，左家吃一口肉，右家舔一颗糖，街巷里飘着各家各户鱼肉饭香。许是儿时被这种画面深深"荼毒"，至今过的所有年我都觉得差了一点。

我叫张雪，生命科学学院2015级学生。我的家在哈尔滨市阿城区平山镇，镇上有2万多人，主要以汉族为主，也有朝鲜族和我们一起享受这里的山水，父母由于务农，所以冬天几乎没有什么事。我不知道我的春节是不是大多数90后孩子的春节，对我来说，爸妈、一台电视机、一部手机，几乎是整个春节的元素。孩提时期还对过年有些许的憧憬，想着可以放烟花、吃美味、收压岁钱、买新衣服，随着自己渐渐长大，对烟花再无兴趣，对美味也不再憧憬，压岁钱也不再有，新衣服想买就买。年的味道渐渐感受不到了。

哈尔滨人过年的前奏普遍很长，踏入腊月，家家就开始盘算着为过年买多少肉买多少年货，而今年对于我的父母来说最重要的、最热切的讨论是我何时能回家。以前过年都是和父母欢欢喜喜囤年货，讨论过年要做何种美味,要去谁家串门,买怎样的新衣服,可是今年由于自己在外面学习和假期打工,却少了这样一份乐趣。

我到家时离过年仅剩三天,踏入家乡的土地的那一刻,我才意识到年对于我的意义。在2017年以前我从来没有好好感受过年的味道、年的气氛,作为一个北方女孩儿,习惯了热热闹闹的氛围,对于一个只有三口之家的冷清气氛并不喜欢,可是,今年我才体会到家不是人口多的热闹,而是父母在身边的温馨。

回到家看到街市上很热闹,即使不是周末(我家所在平山镇只有礼拜天才有集市),在路的两边也有很多的摊位,也会听到小贩的叫卖声以及买卖双方的讨价还价声。

除了囤年货,年前最重要的事就是大扫除,扫掉一年的霉运、一年的不开心,迎接崭新的一年。腊月二十八,我早早就起床,和妈妈忙着收拾屋子。大扫除中最重要的一项就是洗被子,被子承载了一个人太多的难过,无论何时,被子都是一个人脆弱时最后的温暖。妈妈在一旁欣慰地看着我劳动,老爸却在一旁取笑:"姑娘你看这日头可是从西边出来的?"我朝我老爸翻了个大白眼,表示我的不满。以前我最讨厌过年大扫除,忙忙碌碌的一天,累得要死,但是,今年却格外享受这份忙碌,享受这份与家人的欢愉与温馨。收拾完日头已走过了大半,妈妈做了一桌子的饭。其实,对于北方人而言,过了小年之后,桌子上的饭菜就开始变得丰富,有了年的味道。我家有一道特色的年味叫焖子,焖子的长相和东北的肉冻差不多,味道确实独特且香嫩。由地瓜粉与肉汁完美融合而成,经由老爸的妙手几番折腾,一份份飘香四溢的焖子就呈现出来。因为焖子是爸爸老家的一道特色菜,承载着他儿时的记忆与怀念,所以每年过年的前几天老爸都会把从老家带回的地瓜粉做成焖子,这样一年又一年从未缺过席的焖子也成了我小时候的专属味道。腊月二十八在忙忙碌碌中度过,却又深深地感受到年的氛围。

腊月二十九,除夕前的最后一天,早早被妈妈叫起来,妈妈说今天是最后一天置办年货啦，要一起去集市上买点年三十晚上吃的零食！我虽然不太情愿，但也冲着好吃的爬了起来。简单地吃过早饭，我和妈妈就一起去集市上了，许是过年前的最后一天，大家都抱着买不了吃亏、买不了上当的心理，一股脑儿地全冲到了集市上，原来看起来很宽的街道，竟然挤到无处下脚了，不过我看到了小贩们得意扬扬的笑容，买客们大买特买的架势，年的味道，一下子冲进了我的心里，暖暖的，幸福的！许是以前还太小，从未感受到这种其乐融融的氛围，整个小镇都因为年的到来，变得温暖！妈妈拉着我，走到卖瓜子的摊位前，挑了好大一袋子妈妈认为长得最好的瓜子，我问道：你买那么多干什么，也吃不了，都该潮了！妈妈一脸得意地说：到时候家里来人串门得吃啊，这一大包都不一定够吃。然后妈妈转身又要再来一袋，我迅速把妈妈拉出战场，妈妈要是再买，苦的可就是我了，这左一袋右一袋的，真真是把我当苦力了！逛了一上午，我和妈妈来到姥姥家，每次过年之前都会来姥姥家一趟，妈妈给姥姥买些水果，而姥姥给我压岁钱，像是一种仪式一样年年岁岁如此，不过今年有些许不同，我们依然给姥姥买了好吃的水果，但是却不再是姥姥给我压岁钱，而是我把自己打工的钱给姥姥当"压岁钱"，姥姥一副满足的模样，夸着我，说我长大了、懂事了！这大概就是中华民族的传统美德，一代一代地供养，尽着自己的孝心！

　　腊月三十，伴随着第一声爆竹的响起，我知道，人们一年最重要的一天到了，想着小时候我喜欢到外面和小朋友打雪仗、堆雪人然后晚上在一起吃零食，那时候还真是可爱！今天我起来和爸爸一起到门外贴对联，我一直都是抢着贴，觉得一家人的喜庆都掌握到我的手里了。爸爸看到我这么勤劳，满脸幸福地说我小时候可懒了，就不爱干活，一干活就说难受，我不好意思地笑道："那时候不是小嘛！"我忽然感到一阵心酸，不知道自己还能在家陪父母过几次年，觉得自己特别不孝顺，像一个把父母落在后面的坏人！贴完对联，和爸爸左一嘴，右一嘴地拌嘴，也是其乐融融。回到屋子里，妈妈已经做好饭，一进屋就飘来了烀肉的香味，年年都闻的味道，今年觉得格外的香，我和妈妈说，一会儿炜好了，给我来一大碗瘦肉，妈妈笑着说，小时候你最爱吃肥肉，后来一下子吃顶到了！想想小时候还真是蠢啊！

我从昨天晚上就开始设计今天的菜单，这是我最爱做的事，我平常就爱做菜，瞎捣鼓，爸爸是我最忠实的粉丝。今天我总共做了三道菜，一个口水鸡，一个糖醋排骨，一个酱鸡脖子。我对妈妈说，你以后要教我做饭，我要做一个上得厅堂下得厨房的优秀女子。妈妈开心地说道：行啊，我把我会的都教给你！我们娘俩在厨房里舞刀弄棒，妈妈做我的下手，帮我准备好材料，我按着网上的菜单，忙活起来。妈妈做了鱼，还做了其他的小菜。厨房一下子就热闹起来，以前觉得家里就三个人很冷清，今天觉得足够了！爸爸在外面点起了鞭炮，还是想起了那首诗："爆竹声中一岁除，春风送暖入屠苏！"风风火火地做过饭后，下午2点多，我们一家人打开电视机，坐在饭桌前，斟上一杯酒，三口之家看着去年的春晚，享受这一天的美味！中国人最讲究的就是一个"和"字，家里其乐融融的气氛，团圆的氛围，都是年的体现！

随着夜晚的到来，外面却格外的亮，每到过年家家户户把屋里屋外的灯都打开，整个夜晚一下子亮了起来。其实我一直不太知道为什么要每一盏灯都打开，大概是为了给游子照亮回家的路吧。邻居大娘来到我家里做客，她每年都会来，似乎是我们两家的传统一样，唠唠家常，便也迎来了一年最重要的节目——春晚。以前春晚我都在别人家看，因为以前我吃过晚饭，就到同学家打麻将，但今年我要陪爸爸妈妈看春晚、熬岁。今年春晚最大的亮点就是鲜肉帅哥充满屏幕，妈妈似少女一般欣赏着"鲜肉"帅哥，引得爸爸直抱怨！熬着熬着，把邻居大娘熬走了，离午夜12点也不到两小时了，妈妈开始准备包饺子的东西，我们一家人迅速包好了饺子，还在饺子里面放了硬币和糖，妈妈说，硬币是财运，糖这是这个人一年能否顺利，嘴甜！在煮饺子的空当，我给姥姥、姑姑还有其他长辈打了电话，拜了年，虽然每年我都不愿意打，但是爸爸教导过我要做一个懂礼貌的、懂事的人！简单拜过年后，妈妈的饺子也煮好了，我挑着包钱的那个饺子，爸爸妈妈也把认为有钱的饺子挑给我，爸爸妈妈是唯一无条件希望我好的人！饭桌上和爸爸妈妈回忆小时候，他们总是把我小时候的糗事一件件摆出来，以前总觉得爸爸妈妈很唠叨，今天却格外享受他们的唠叨！只是我不能长长久久地陪在他们身边。哦，对了，我吃到了带硬币以及带糖的饺子，是爸爸妈妈给我的！

　　吃过饺子，妈妈拿出新买的袜子，让我洗过脚后穿上，我说我脚干净，妈妈严厉地说不行，一定要让我洗过脚再穿，说这是摆脱霉运！我和爸爸洗过脚，穿上新袜子，妈妈露出了满意的笑容，仿佛我们明年一定会顺顺利利一样！零点的钟声准时响起，春晚也到了最经典的《难忘今宵》，随着春晚的结束，我们也都进入梦乡，梦里我好像见到了小时候的自己，她笑着对我说，新年要快乐！

　　不知是梦太美，还是新年的气氛太好，初一这一天我早早地醒来。北方有个传统，大年初一什么操累的事情也不要做，静静地享受新年，说是初一忙会一整年都忙，哈，可能北方人的骨子里都喜爱享受！今天我们一家吃着饺子感受2017年第一天的温度，和爸爸一起下下棋，和妈妈一起看看剧，大家都已经过了那个喜迎新年的激情。这一天很平静，但内心却很欢喜，我很感激我和爸爸妈妈又一起度过新年！

　　这就是2017年对于我来说不同以往的年！

五、谷春萍的2017年春节

　　我叫谷春萍，是艺术学院2014级学生。我家在黑龙江省绥化市青冈县祯祥镇北安村，一个风景秀丽、村民和谐的小村庄，家有爸爸、妈妈和一个姐姐。父母都是农民，农忙之余父亲出去打打工，姐姐大学毕业在外工作。从小，爸爸妈妈就特别注重我们姐妹俩的教育问题，在学习方面的开销从来都是支持，也从不会给我们太大的压力。家庭生活虽算不上富裕，但一直是不缺吃少穿，我的童年一直是无忧无虑的，我真为我能生活在这样一个幸福快乐的家庭中而感到骄傲。2017年正好是我大学三年级，几门考试结束后，我也是归心似箭地回家。由于爸爸外出打工，姐姐在外工作，所以一直是妈妈一人在家，我放假回家也是妈妈盼了许久的。放假的前一天，我特地去超市买了妈妈爱吃的哈尔滨红肠，满心欢喜地打电话给妈妈问还想吃些什么，妈妈还是一如既往地说："你回来就行了，别买东西了，带着多沉。"妈妈总是为我们着想。回家的那天，妈妈还是像往常一样在路口等我，下车看到妈妈真是开心，妈妈也露出了开心的笑容，一路上我们说说笑笑。一进家门我就闻到了香味，一桌子好菜，都是我爱吃的，顿时觉得回家的感觉真好。这时离春节还有30天。

　　通常，春节都有一些习俗，我们家也不例外，年前一般会陆续地把年货买回来，没事我就和妈妈出去采购，这也是一件累并快乐着的事哈。有一件比较头疼的事就是大扫除，辞旧迎新嘛，把所有的东西都清理一遍，焕然一新。我和妈妈把要干的活列出来，分出先后顺序，分几天干完。当然了，我们也要留点儿活给我姐回来干。

　　我们这里过年一般都要蒸黏豆包，储存在外面的大缸里随时吃。蒸黏豆包是个比较烦琐且麻烦的过程，每次包豆包邻里之间都要相互帮忙，今天帮他家包，明天帮我家包。趁着这个机会我也学了学正宗东北黏豆包的制作方法。第一步是"淘米"，先把大黄米泡上半日，然后沥水，之后晾干，磨成面。在黄米面里掺适当玉米面，用冷水和面，放在炕头上发酵，待发出酸味，开始用手揉面。发面很重要，这一环节关系着整个黏豆包制作的成功与否，也关系到成品的口味和色泽，所以对发面人的要求较高，我估计是一时半会儿掌握不了的。黄米面豆包是黄色的，特别有口感，糯糯的。我家除了蒸黄米面豆包外，也用黏大米发面蒸一些豆包，黏大米豆包是白色的，我非常喜欢，特别是在外皮稍凉一点的时候吃特别筋道，能吃到大米那特有的香味。第二步就是制馅，将红小豆或大芸豆煮熟(不可煮破皮)，捣成酱，放入细砂糖，攥成核头大的馅团。我攥的馅一般都不太圆，大小不均匀，妈妈和邻居们特别熟练，聊着天就轻轻松松把活干完了，真是佩服啊！制馅这一步掌握好煮豆的水分和火候至关重要，如果干了或者稀了，都意味着馅料的失败。对于糖量，我喜欢糖稍少一点的，因为吃的时候还可以蘸糖或者蜂蜜。第三步是用揉好的黄米面将豆馅团包入里面，团成豆包状，放入大锅中蒸20分钟左右，即可出锅。还有最后一步就是我最擅长的活了——起锅，用小铲子蘸点水（防止粘连）将豆包或两三个或一个一组从帘子上起出，放在盖帘上，在室外冷冻。

　　到了腊月二十五，家中的年货都已经准备得差不多了。爸爸和姐姐先后到家，今年和往年不同的是姐姐和她男朋友一起回来的，家中又多了人，变得更加热闹了。年前几天每天几乎就是想着吃什么，爸爸妈妈真的是想把家里所有好吃的都给我们吃到，有一样没吃着都觉得有些小遗憾。闲着的时候妈、姐、姐的男朋友和我四个人玩扑克或者打麻将娱乐，爸爸则是伺候局儿的。

　　以往每天我都是起得最晚的人，可腊月三十这天我争了个第一（我们那也有"抢先"一说），因为极想闻闻那香气扑鼻的爆竹烟味儿。记得小时候最怕放鞭炮，一放鞭炮我就躲到妈妈的怀里捂着耳朵；可现在不怕了，看着一串串鞭炮在人们手中点燃，大大的声音，四处飞溅，仿佛要把每一个祝福送到千家万户，爆竹声接连不断，噼里啪啦的，热闹非凡。每年春节那一天都是早晨简单吃个早饭，然后贴春联和福字，中午有一顿丰盛的大餐，晚上守岁等着跨年并吃除夕饺子。我们那还有个说法就是吃点猪蹄——新的一年有挠头，吃鱼——年年有余。饺子里通常包上硬币——吃到有福，包上花生——吃到有智慧，包上大葱——吃到聪明，等等。这些说法和习俗也都是祖先们传下来的，代代相传，到现在也会有一定的演变，但也都是因人而异，最终的目的都是大家过得开心快乐。

我们吃完早饭，先是贴春联和福字，然后就是早早地开始准备中午丰盛大餐的食材了。我一般扮演的角色就是切墩和装饰，所有的菜品都是由我改刀，有不用再次加工的菜都是由我切好摆盘，就算是我的作品了。妈妈是大厨，所有的重量级的菜都是妈妈主厨；姐姐也能炒几个简单的小菜；爸爸是后勤保障；姐姐的男朋友也可以说是准姐夫吧，和姐姐一起合作了一个菜。总之，大家都参与进来，相互配合，完成了中午这顿最丰盛的大餐。这顿饭我们都喝了点小酒，按照我家每年的惯例就是每个人都要敬酒并讲几句话。首先是姐姐讲："2016年即将过去并迎来崭新的一年，回顾2016年自己很不容易，工作有所变动而且并不满意，在工作之余进行学习考研究生，是觉得挺苦挺难的，但是这不也过来了嘛，而且还遇到了他，所以我觉得2016年是我成长并收获的一年。感谢爸爸妈妈，你们辛苦了，也希望我们家越来越好。"接着就是准姐夫了："这是我第一次来，见到叔叔阿姨很开心也很荣幸，希望能早日成为家中一员，祝叔叔阿姨身体健康。"我和妈妈一直是比较腼腆的，所以我俩就没怎么说，全在酒里了。最后当然是爸爸压轴总结了，爸爸说："虽然2016年庄稼的收成不算太好，我这打工也挣了些钱，我在外边不怕辛苦，主要是苦了你妈，守着这个家真不容易。我这俩孩儿一直都是我的骄傲，特别优秀。希望俩孩越来越好，我这也努力赚钱，我们家会越来越好。"然后我们就开始吃饭啦！虽然我没怎么说，但一切都在我心里。

大约下午5点的时候，开始包饺子，今年的饺子我们大家一起包，不太会包饺子的我赶紧和妈妈学，学会了精髓就开始创新，捏成麦穗、小兔子等各种形状，看着这些稀奇古怪、各式各样的饺子，很有意思。除夕夜的传统是看春节联欢晚会，守岁，吃饺子。晚上8点，我们打开电视机，一边嗑瓜子儿，吃零食，一边观看春节联欢晚会。但我觉得春晚真是越来越没意思了，可能是人们的欣赏水平越来越高了或者说没有我最喜爱的赵本山了，所以就没太认真看，我们还是继续打麻将，春晚就是伴奏了，哈哈。现在通信发达，手机微信视频什么的使得人和人之间的联系特别方便，远方的亲朋好友也可以多聊聊天。最有感触的是和四姨姥视频，由于老人身体不太好和我们有好多年没相聚了，通过视频两大家子人一起聊天，视频中的好多亲戚变化特别大，都快不认识了。我们村子一般在晚上10点左右就陆续放鞭炮吃除夕饺子了，我家也赶早，煮了香喷喷的饺子，饭桌上还有少不了的鱼和猪蹄。今年的"福"还是被妈妈吃到了，希望妈妈一直都有福气。姐姐吃了个花生，我吃了个大葱，新的一年我一定继续聪明下去！还有两秒钟就12点了！我们一家人一起跨年！新年快乐！

大年初一，也就是农历新年的第一天，我们开始拜年，由于我家的亲戚多数不在本地，所以我们的拜年方式是电话或者视频拜年。除了亲属之外，同学朋友之间也通过电话和微信拜年。

按照惯例，初三回奶奶家聚会，奶奶和伯父一起住，家住在30余公里之外的另外一个村子。我父亲总计哥五个，两个哥哥、一个弟弟、一个姐姐，他们都全家来到奶奶家。爷爷奶奶、伯父伯母、叔叔婶子、姑姑姑父，还有我伯父、叔叔、姑姑家的哥哥嫂子、姐姐姐夫以及他们的孩子们，总计20多口人，可谓四世同堂的大家族。几大家人把奶奶家的小屋占得很满，大家聊着天，一年的工作、孩子的状况、过去的事情、未来的打算等，无所不谈，其乐融融。

正月初六，姐姐和她的男朋友就走了。我离开学时间尚早，还能在家多陪爸爸妈妈几天。

正月十五也就是元宵节，我们一般就是吃元宵，看元宵晚会，大家猜猜灯谜。记得小时候还会提着自制的手提的小灯和小伙伴们凑到一起玩耍，提着自己做的作品美滋滋的，大家也会比较谁做得好。印象中最简单的小灯是用罐头瓶制作的，做法是：先取两个一样长的木条十字交叉钉在一起，交叉点处钉尖露出，这是用来插蜡头的；然后将十字木架放入干净的罐头瓶里固定；瓶口缠一条线作为提绳，提绳上系一根小木棍，一个简单的小手提灯就做好了。注意蜡的高度不要高过瓶口，否则风一吹就灭。其实现在市场上卖的小灯笼很漂亮，但我还是更怀念儿时自己动手制作的小灯笼。天渐黑了，天空也开始热闹起来，家家户户都开始放烟火，我们走出去看美丽的烟火，色彩斑斓，美不胜收。我们也自己动手点了烟火，还放了小时候最爱放的摇鞭和蹿天猴。2017年2月11日，东北的天很冷，但我们都很开心。

这就是我的2017年春节，开心快乐，其乐融融，同时我也觉得自己成长了不少。大学的生活和学习让我开阔了视野，锻炼了能力，课余时间的兼职也让我认识到了赚钱的不容易，特别心疼爸爸妈妈，他们真的是辛苦了。希望新的一年爸爸妈妈身体健康，新的一年姐姐工作顺心，新的一年我自己好好学习、努力成长，新的一年我的家越来越好！

六、索越的2017年春节

我叫索越，信息管理学院2015级学生，我的家乡在黑龙江省齐齐哈尔市，这里生活节奏比较慢，经济也不甚发达，是中国众多普通小城市中的一个。地处东北，城市虽小，人们的嗓门可不小；经济不突出，人们的性格特点却很突出，人与人之间的交往都有着浓浓的东北传统风俗人情。在我家所住的小区里也能体现，我家的小区并非高档小区，也不像电视剧或文学作品中表现得那样冷漠，反倒是人情温暖，对门乃至楼上楼下都相处融洽。在过年时，这份风土人情就体现得最为透彻了。

我家三口人，爸爸、妈妈和我。爷爷奶奶家同在一个小区。爸爸的其他兄弟也都住在齐齐哈尔市。姥姥住在乡下的大姨家，妈妈的其他兄弟姐妹也都住得较远，每年只有过年才能聚到一起。因为去年10月爷爷的去世和今年年初姥姥的去世，今年的年还是有些不同寻常。

从腊月二十三，也就是小年这天，照例要吃麻糖，卖糖的人将糖摆在露天的地方，这是东北冬天典型的卖物方式，冻柿子、冻梨、冰棍都摆在外面任大家随意挑选。麻糖刚从外面买回来是凉凉的，吃起来脆脆的，在屋子里放一会儿就变软了，吃起来粘牙。小时候真的贪图这份甜，长大后就越来越变成一种形式，只是买回来放在那，任它在冰箱的角落里或窗台外面被遗忘，最后总免不了被扔掉的命运。

从这天起，年也算正式开始了，家人陆陆续续地开始置办年货，家人自己吃用的，给来串门的客人预备的，烟酒糖茶，瓜子花生，样样都不能少。孩子们磨着爸爸妈妈去买新衣服，暗暗算着今年自己能得多少压岁钱。像我们这种20岁左右的小辈越来越尴尬，出主意买东西的时候希望把自己当大人，领压岁钱的时候又希望把自己当小孩儿，暗喜又羞愧。

二十四扫房日，也就是大扫除，通常一天之内是完不成的，只好和置办年货交替进行。玻璃擦个一半，听说哪个超市大减价，就急匆匆地撂下抹布去买。爸爸在这种形势下向我开出了"把玻璃都擦了给你1000元"的诱人条件，但最后我也没有完成。

每个人都在忙，小小的城市在冬日平添了很多热乎气。超市商场里挤满了购物的人群，早起的菜市场也水泄不通。爸爸妈妈叔叔婶婶买的年货自家不留多少，统统运到奶奶家去，因为三十是要在奶奶家过的。我跟着一群好友出门去躲清闲，天寒地冻没有什么娱乐活动，只管窝在谁家里打扑克、玩麻将，泡杯咖啡一起看电影。还在上中小学的孩子们都摆脱了平日里的重重约束，抛开寒假作业大看电视剧或者玩游戏。

到了三十这天，就都要老老实实地待在家里了。妈妈在上午赶回了乡下姥姥家，因为这一天恰好是姥姥去世后烧"三七"的日子。又因为去年爷爷去世，家里三年不能贴春联，小孩子也不能像往年一样穿得红火鲜艳。但年的气息并没有因此而减少，早上6点刚过就被小区的鞭炮声吵醒，起床之后吃点早饭，再最后简单打扫一下屋子，开门就见对门的邻居在贴春联，互道一声过年好。待到中午左右出门，要避着楼上的小孩儿扔摔炮——我小的时候也极爱玩的。

过去午饭都在爷爷奶奶家自己做饭吃,近几年都是在饭店定桌了。奶奶的五个儿子,也就是我的爸爸和叔叔大爷们[1]在这一天都带着自家老小聚在一起,还包括有奶奶的两个重孙,一共有十多口人呢。席上大家聊天喝酒,叔叔大爷们上了高兴劲儿硬是要让我们这些小辈也跟着喝几口,我们既接了压岁钱也不好意思拒绝,所以说东北孩子的酒量高一点是从小就被练出来的。奶奶不喜欢饭店喧闹,我们小辈吃完了就即刻陪着奶奶回家去,叔叔大爷们且要喝上一会儿呢。

大家都陆续回到奶奶家之后,歇一会儿,就要开始准备晚饭了,也就是年夜饭。茶几上放上早早准备好的花生瓜子还有糖果,再准备一点简单的家常菜,最重要的还是饺子了。男士们躲起来打扑克,女士们和面、做馅儿、擀皮、包饺子。一大群人在这样一间房里,就让平时略显空荡的屋子满满当当了。妹妹在旁羡慕地看着,童心未泯地认为和面包饺子和她玩泥巴差不多好玩,丢一块面给她,就能玩个半天。记得小时候会在饺子里包硬币,吃的时候大家都期待着自己会是那个幸运的人,这大概意味着接下来一年你将会迎来好运气。不过后来出于卫生的考虑就不再包硬币了,换成了小颗的枣或糖。而近几年,为了避免麻烦,最重要的是最看重这个的小孩子都长大了,便什么都不再放了。电视一直开着,却被外面持续不断的鞭炮声吵得什么也听不见。一年也没有几回这样热闹的时候。

饺子包好下锅,已是接近半夜12点,伴着央视春晚的倒计时"过年啦!"吃下这顿饺子,心里和胃里都暖和和的,饺子汤也是特别的美味呢。由于家里有人去世,往年的放鞭炮的传统也省过了。

吃过年夜饺子我们一家三口以及叔叔大爷们就都回各自的家了。一路上烟花不断,非常好看。到了家,持续兴奋的身心马上放松下来,感到了疲

---

1. 大爷:伯父,父亲的哥哥。

急,不多时就睡了,一宿是熬不过的。

第二天即是大年初一。按照往年的惯例,是要去乡下姥姥家住几天的。今年姥姥不在了,也就没有心情再去乡下,只在家怅然若失了。这样的变化也让我担忧,家里的老人去世,年就不在一起过了,家人的亲情,不就越来越淡了吗?年,也就没什么好过的了。

初一一过,年味就开始减淡了,初一到初七,偶尔有走动的亲戚,看望看望,客套客套,着实无趣。往年的初七,都在姥姥家,有大姨做的面条吃,说是小孩儿吃了"拴腿",一年之内就能无病无灾,平安健康。今年没去乡下,早起大姨舅舅倒是在微信群里问了,小孩子都吃面条了没有。我没有吃面条,懒得去煮。大人过了初七就开始上班工作了,上中学的妹妹也要开始上补习班,只剩我一个无所事事的大学生伴着家里的一只懒猫。

到了十五,也就是年的最后一个小高峰,家人再次聚在奶奶家一起吃一顿饭,聊聊天。大娘给哥哥嫂子盛汤圆,告诉他们吃了就"团团圆圆"。不管饿与不饿,都是要吃的。饭后我靠在阳台边看着月亮,心里想的是尽快返校,假放久了,也会无聊的。爸爸笑骂我:"在家太闲了,你就想去学校,到学校不出一个月你就该想家了。"果然如爸爸所说,到校后不久的二月二,就开始想家了,想的是和家人一起吃猪耳朵。过节,总是少不了吃的。有人说,正月过完了,才算过完年呢。

一年又一年,年年都相似。过年最重要的不是吃什么喝什么,而是一家人在一起共享的那一段愉悦放松的时光。我还像小时候一样喜欢过年,喜欢大家一起忙碌的神情,每个人的脸上洋溢着幸福的微笑,温暖了整个寒冬。

七、郑玮的 2017 年春节

我叫郑玮,郑姓的郑,玮艺的玮。有点小尴尬的是,我这名字一喊起来就成了"政委",活脱脱一官名。嗯,虽然我此生志向并不在此。我是艺术学院2016级学生。

  我的家乡海林市虽然很小,却是一个很美丽的地方,至少我是这么认为的。它是隶属牡丹江市的一个小城市,居住着上万人。这个城市犹如它的名字一样有随处可见的大树。在这个城市里,有革命烈士杨子荣的陵园,陵园就位于这个城市东方的山顶,站在墓碑的下方俯瞰城市,一条笔直的大道直冲远方,两边的高楼耸立着。陵园的东北方向的山头上有座寺庙,在我有着记忆的时候,这个寺庙就一直在整修扩建,现在已经有了很大的面积,有着自己独特的美,在这个城市里生活的人已经习惯了逢年过节必上寺庙陵园观看的习惯。山下一条大河贯彻整个城市延伸出去,将城市分割开来,河的两边郁郁葱葱的大树整齐地排列着。河水越来越少了,没有了小时候记忆中的样子。小时候的我们是在这条河里长大的,它是我们的乐园,每天最幸福的事情就是叫上三两伙伴一起在河里走一走,抓一抓鱼,躲避着大人,以免被捉回家睡午觉。也是因为人为的破坏,它没有了往日的风光,我却依然相信,它会越来越好,因为我们都爱这个城市,这个生养我们的地方。我喜欢我的家乡,这个不大却有人情味的地方。没有大城市的喧闹,也没有大城市的快节奏,只有平平淡淡,节奏缓慢。

  我从小和姥姥姥爷生活,我姥爷可以说是我们家的土皇帝,家里所有人都得听我姥爷的安排。管这么一大家的人,这脾气自然也是家里最大的,但是姥爷对我可从没发过脾气。我自小就喜欢吃姥爷亲手包的大粽子,姥爷总是在过节时包很多,放冰箱里冻着等我回去吃。小时候姥爷还总会背着姥姥偷给我些零花钱,让我自己去买糖吃。虽说我姥爷是"皇上",但是家里的银子还是归我姥管的,就算姥爷要花钱,也得向姥姥请示批准,我姥平时特温柔,和她老人家提什么都好说,就是提钱不高兴。温柔和管钱这两点我妈倒是都没继承,脾气倒是遗传了我姥爷,经常要我和我爸联合起来才敢和我妈对抗,不过我通常都是孤军奋战,因为我这父亲大人常年在外地赚钱,总是没时间和我一起胡闹。在我姥爷管辖下的还有我舅舅、舅妈和一个大我四岁的姐姐，舅舅年轻时就去了南方打拼，还娶回了一个漂亮的南方媳妇，我很爱听这个来自南方的舅妈讲关于南方的所有我没有经历过的见闻。我和爷爷奶奶的感情比较冷淡，小时候因为种种原因（具体是什么原因我也不太清楚，妈妈说那是大人间的事情）和爷爷奶奶很少联系，虽说是住在同一个城市，但一年也就过年过去一下看看，这几年爷爷奶奶年岁大了，身体也不是很好，由此我们联系得比以前多了许多。我这一大家子的"英勇传奇"在此也就简而概之啦！

新年打头阵的节日，莫过于小年了。早上这顿饭吃姥姥亲手包的饺子，姥爷负责放上一挂响亮的鞭炮，这是为大年做个预热，庆祝新年即将到来。这一天有许多讲究，比如说妈妈会做一些花生糖来吃，吃花生糖是我们家的习惯。在这一天大家都会吃一些甜食或是糖果，不过花生糖并不是每家都会做的。

民谚称"腊月二十四，掸尘扫房子"，扫房就是年终大扫除，全家人都参与，把房子从里到外地打扫一遍，扫除一年沉积下来的"疾病"和"晦气"，干干净净地迎接新年。不过说真的，全家大扫除的时候，我大多都是懒懒的有些不大想动，然后就可能在某个角落被姥爷笑着揪出来。

腊月二十五、二十六、二十七、二十八这几天有着"家家发"的说道，也就是这些天家家户户都会做很多面食，蒸包子、馒头之类的食物，面食蒸得多就预示着明年能够发大财。

腊月二十五，老人们说在这天玉帝会下界查访，看各家的生活情况，于是各家各户就吃豆腐渣以示清苦，瞒过玉皇的惩罚。这是很老的说法了，现在不常听人们讲这些了，因为姥爷年轻的时候是做豆腐的，所以在我家这个习俗也就被留下了，在这天就算家里再忙、有再多的事，都会在晚上做些糖醋豆泡或者煎豆腐。所以我觉得吧，这些习俗在古时候其实也难免有一些封建迷信，但是到了现代，却成了小孩子的福音，想当初，这些姥姥的手艺我可是期盼了好久。即使到了现在，吃到过很多的美食，但是姥爷做的豆腐是其他任何美食所不能替代的。

腊月二十七，妈妈把我们家许久不用的洗衣机拿出来洗衣服，我妈差遣我去把家里的衣服洗个遍，在我看来这就是一场家里的大洗涤。唉，真不是我懒，过个年不是应该吃好喝好吗，居然还要洗衣服。不过，抱怨归抱怨，该做的也还是一件都不能少。在传统民俗中二十六、二十七、二十八这几天有着洗晦气的说法，据说这几天洗澡、洗衣服能够洗走疾病洗来福禄。

最让我兴奋的还是办年货。腊月二十六以后，集市一改从前的固定赶集日期，把最后几天都作为大家淘宝的好日子。这个时候才是我的真正舞台，这个时候提出的要求几乎没有被拒绝的，一直被姥姥说不干净不能多吃的南方卤菜，还有被妈妈念叨小孩子不能多喝的米酒，我都能肆意地享用了，姥姥无可奈何笑着掏钱埋单。集市上的物价普遍要比平常高，但是这并不影响人们购买的热度。春节是一年的结束，也是新的一年的开始，一年的辛勤全为了这年尾的一点欢乐，一年的积蓄不管有多少，也都不能在春节的时候吝啬。经常看到有老人独自来置办年货，他们有的只买一串糖葫芦，有的买他们咬不动的开心果，这个时候我就知道，他们家里一定还有人在等他回家，也许是年岁太小不被允许出门的小孙子。

办年货大有讲究，既要讨人欢心，让人爱吃，同时，寓意也是不能少的。如吃核桃有利于小孩子智力发育，小孩喜欢吃，同时吃核桃还有美好的寓意，桃辟邪，核有"和""合"之意，因此核桃象征着平安幸福，和睦康泰。再比如糖果是受小孩子欢迎的甜食，但是春节吃糖更有甜甜蜜蜜的寓意。

腊月二十九，我们一家三口来到奶奶家。吃过早饭后全家一起去上坟，我们家的祖坟在山上，大半的路程都要靠徒步行走，小时候我都是在爸爸的臂弯里走的这条路，他一只手里拿着祭品，另一只手牵着或抱着我。现在长大了，被抱着的福利自然没有了，我和爸爸妈妈一起走这条路，手里拿着祭祖的东西，一改以前的懵懂，抱着尊敬而又敬畏的心态，去经历这春节为数不多的几次爬山运动。回到家的时候已经是下午1点多钟了。

腊月三十，这一天非常忙。早晨起来，打糨糊、贴对联。小时候最喜欢看爸爸贴对联，他站在高高的梯子上，我跑到较远的地方指挥着他："再高一点，对，就是这样。"

吃过午饭，我们就早早地去奶奶家，准备晚饭，这是一天中我最喜欢的时刻了，作为小辈的我也参与其中，虽然我不会做饭，但是我能帮我们家的大厨们打打下手，偶尔偷吃点小菜什么的，可能一不留神，等到吃饭的时候我就已经饱了。这顿饭要做很久，像什么猪蹄、肘子、鱼、鸡这些都是必需的菜品，不光菜的道数多，分量还得足呢！每道菜都不会被吃完，这和分量有关，当然也和习俗有关，有个说法是要留到第二天大年初一继续吃，这样才表示今年的饭我们能吃到明年，说明我们家年年都有富余，年年都有饭吃。

春晚是中央电视台每年除夕为庆祝农历新年举办的综艺性文艺晚会，上面有姥姥姥爷爱看的幽默风趣又引人深思的小品，有我爱看的眼花缭乱让人赞不绝口的魔术，也有爸妈欣赏的美轮美奂的歌舞表演。

对了，手机抢红包是这几年新兴的一个活动，尤其是在过年期间微信红包可是不能少的，有什么亲戚家人不在身边，想表达关爱可以直接红包哦。我们自家有一个微信群，平时负责交流，过年就是负责收红包了，一家人围在饭桌上盯着手机抢红包的场景也是挺壮观的啊！其实也不是觉得抢到多少钱就多高兴，这是一家人的另一种交流方式。我们这个微信群由舅舅一家三口、我家一家三口组成。舅舅一家在姥姥姥爷家过年，他们抢红包一般都是在姥姥姥爷忙碌的时候，不然，小辈捧着手机，老一辈大眼瞪小眼，还不得被姥爷训啊。

与往年不同的是，今年我们家还多了一个特殊的活动——和远在南方的表姐（舅舅的女儿）视频。我表姐在南方工作，由于过年春运道阻而不得已滞留在南国。放在过去，也许我们也只能"千里共婵娟"，但是随着网络的出现，人与人之间的距离不再是天涯海角了，"天涯若比邻"的愿望终于实现。通过视频聊天，我可以看到姐姐的一举一动，她那边的过年气氛怎么样，她的年夜饭是什么样子的。为了满足我的好奇，姐姐还在网上开了她做年夜饭的直播。不得不说只要有网，你的家人真的就在你身边陪你守岁。

晚上10点多钟，开始包年夜饺子。我家里晚上零点的时候是一定要吃饺子放鞭炮接财神的。我认为包饺子手艺最好的是我妈妈，饺子包得皮薄馅多。小的时候大人不让我们熬夜，但是在过年这天却是一定要晚睡的，就算零点前撑不住不小心睡着了，也会被家人叫醒，硬往嘴里塞两个饺子才能继续睡，睡眼惺忪地起来时也发过一些小脾气。除夕夜，是一场视觉的盛宴，这个时候，你一定可以听到远近响起的轰隆隆的鞭炮声，也会听到带有颗粒性声音的震天雷，然后慢慢地，声音小了。你以为这就是结束？不，你错了，这仅仅是开始。爆竹声后，碎红满地，一片吉祥的场景。我忽然记起脑海里面关于年兽的故事，那个时候的鞭炮还是用来驱赶怪兽，也不知何时开始，变成了大吉大利的象征。

大年初一早起，也是我们那边的习俗，说法是早起可以为新年带来好的精气神，让一个人的一年都红火兴旺。其实就是图一个好开头吧。正月初一叫醒你的不是闹钟，而是连绵不断的鞭炮声。家家户户赶着起早开门迎福气。早晨起来第一件事就是下饺子放鞭炮，各家都比着看谁家的鞭炮响。

爸爸小时候大年初一的一项重要活动就是到各个亲戚朋友家拜年，向长辈们问好。爸爸说，他们以前小时候拜年的范围可不仅仅是亲戚，周围的邻居甚至到别的村子串门拜年，说几句吉利话，讨两颗糖果，常见的场景是一群小孩子笑闹着进屋七嘴八舌地说着讨喜的话，然后再笑着接过主人家塞过来的糖果挤进自己已经装满吃食的小衣兜。现在我们则不出去拜年了，我的亲属们都前来爷爷奶奶家相聚，大姑奶和她的小孙子、小姑奶老两口和他们的儿子、舅爷老两口、舅爷女儿一家三口，一大早就来到爷爷家里，所以初一我们家格外热闹，许久不见的兄弟姐妹们聚在一起聊聊家常、谈谈心、叙叙旧。家人的团聚往往令爷爷奶奶在精神上得到安慰与满足。作为一个小辈中的大姐姐，我这个身份在大年初一该干的事就是带带小朋友啦，叮嘱他们大年初一绝对不能哭啊（这也是小时候大人嘱咐我的），想吃什么想玩什么就和我说。有时候和大人报备一下，还能带他们出去堆个小雪人。在这个时候，我的存在感就充分体现出来了，就好像是一群小猴子在扯着你的衣袖问："大王，我们去水帘洞玩好不好？"不过这个感觉好是好，却不是最好的，最好的感觉应当是小时候长辈们叙完了旧、给压岁钱的时候，接过一个个红包的感觉真是美妙，虽然接到的压岁钱在自己身上揣不了两天就会被爸妈或哄或骗地以各种名目顺走。初一团圆大餐是必不可少的，一年一次的团圆饭充分体现出中华民族家庭成员的互敬互爱，这种互敬互爱使一家人之间的关系更为紧密。

　　正月初二，也就是传统的姑爷节，姑爷们要去给岳父岳母拜年，所以一大早我们一大家子就从奶奶家出发到姥姥家。姥姥家住的是平房，所以通常不等我们进到院子就能闻到浓浓的饭香味。这天我们没有回自己家，一般年前姥姥就会早早地为我们一家收拾好床铺，不管在姥姥家住几晚，被子永远都是满满的阳光的温暖。按照惯例，我和姥姥一起睡。

　　一夜无梦，正月初三吃完早餐后，我们一家三口和姥姥姥爷开始了新春的第二个旅途。这次的目的地是去沙虎村的大姨家。在大姨家住了一晚，初四上午我们坐上火车带着满满的祝福继续赶往下一个地点大姨姥家。大姨姥家住在鸡西，路程比较远，等到了地方已经是下午了，姥姥和大姨姥一点都不觉得累，一个赛一个地有精神，忙忙活活地又开始张罗做饭了，等吃过晚饭安排好了住处，这一天的忙碌也就算结束了。晚上我去上厕所，居然还能听见两位老太太在房间里聊天。大概过年就是这样吧，让人忙碌，让人疲惫，也会让人温暖，在这样一个中国传统的节日里，让奔波的人有一个理由回到家里，让想念的亲人们有一个命题相聚在一起。

　　正月初五俗称"破五"。这是一个每户人家都很看重的日子，在这一天按照旧的习俗是要包饺子的，寓意为捏"小人嘴"。正月初五迎财神，送穷，姥爷告诉我财神即五路神，所谓五路，指东西南北中，意为出门五路，皆可得财。因此，人们都在正月初五放爆竹，点烟花，向财神表示欢迎。

正月初七是老话讲的"人日子"，这天不出远门，不走亲串友，在家团聚，吃长面。2017年的正月初七恰和二十四节气的立春重合，这意味着天气快要变暖和了，吃春饼是打春的习俗。妈妈做的春饼搭配土豆丝，确实很香。这个时候真的就不得不夸我妈两句，上得了厅堂入得了厨房的新一代女性，既懂得紧跟时代潮流，还会做这种传统美食。

正月初八是很多单位年后上班的日子，"八"谐音"发"，所以选择在初八开业的商家很多，希望图个吉利，新年发大财。每年初八我们一家三口都会去火锅店美美地吃一顿，在寒冬季节，吃火锅不仅可以让人暖和，还有新的一年红红火火之意。

不知不觉在喜悦中，又到了元宵节，元宵节的美食汤圆我是爱吃的，甜甜糯糯的，里面还有夹心。夜色降临，圆月初挂，各种庆祝相继出动，天空中炸出了一声声鞭炮声，接二连三，不绝于耳，炸红了地上的白雪，炸暖了冬夜里小小的心。空地上有人放起了祈福的孔明灯，小孩子们穿着厚厚的棉袄，像个小福娃一样手里舞着烟花棒。每个人都在尽情地狂欢。吃完汤圆不等擦嘴我就冲进小伙伴中了，或许这个时候妈妈还会在后面追着喊多穿点，不玩到筋疲力尽我是不愿意回家的。

2017年的这个年，就这么过完了。

八、曹宇涵的2017年春节

我叫曹宇涵，是经济管理学院2016级学生，我居住的小城有个让人向往的名字——五大连池，十三座火山遥遥相望，五个堰塞湖连城一片秀丽风景；小小的地方蕴藏着巨大的自然资源，喷涌而出的冷矿泉，富含人体所必需的多种元素；蓝天、白雪，清新的空气，我一直为能够住在这里而自豪。几十年前的浩劫，黄河母亲的震怒，中原百姓一路向北，闯入了这片陌生的土地，我的爷爷便是这大迁徙中的一员，将我们一家人的未来和大东北紧紧联系在了一起。几十年过去，我们一家人三代早已安居乐业，习惯了东北的习俗，我的父母、叔叔婶婶、姨和姨夫各自在市内有着稳定的工作，给老人购置了房子，我也在这里的学校读书，稳定而幸福。期待已久的2017年新年又一次悄然来到，大年三十的前一个月，家里便开始了忙碌的准备工作。

最先迎来的是腊月初八腊八节。喝下妈妈熬了一个上午的七宝五味腊八甜粥，年就这样到来了。

腊月二十三，俗称小年，我家、姥姥家、奶奶家还有姨姨家、婶婶家开始大扫除。大扫除俗称"扫棚""扫尘"，俗话说，腊月不扫尘，来年招瘟神。我们一家三口齐动员，罩起家具，戴上报纸帽，挥起扫把抹布，把家里的天花板和墙壁统统打扫一遍；洗被子、窗帘，换上干净的被套床单；再清理地面。最后打开门窗，放入新鲜的空气，家里变得明亮整洁，萦绕着清洁剂的清香和清新空气的冷冽气味。疲惫的我们洗了一个热水澡，一同瘫在沙发上，看着焕然一新的家，心里甚是满足。

一夜好梦，疲惫的人睡得特别香，腊月二十四一早起来神清气爽，被妈妈告知要去买年货。街上热热闹闹，小贩们趁机大赚一笔，讨价声、嬉笑声、谈话声，此起彼伏，人们提着一堆袋子，小孩帮忙抱着馒头，乖巧地等待着买完年货的长辈给自己添一套新衣服。过年期间商店关门，每家都要提前囤点吃的喝的，对联、福字、灯笼和放的鞭炮也是必须买的年货，除此之外，妈妈还买了点冻梨、冻柿子和花红，这些冻的水果别有风味，非东北吃不到，酸甜酸甜，冰凉清香，含一口进嘴里，哈出一口冷气；还买了些榛子、瓜子、糖果。爸爸搬回来几箱好酒。

腊月二十五，我们给逝去的亲人上坟，让逝去的亲人也能感受到过年的温暖，愿他们在天上能够富足、幸福。上坟要烧金箔纸叠的元宝以及大黄纸印的冥币，这是给已逝的亲人的钱；坟前要放一盏煤油灯，煤油灯能够照亮他们回家的路；坟前还要摆放一些食品、水果和亲人生前喜欢的东西，表达家人对他们深切的思念和衷心的祝愿。为了这次上坟，我和母亲在小年之前就开始做起准备工作，这些上坟的元宝、煤油灯都是小年之前我和母亲用了几个晚上亲手叠制、制作的。

奶奶虽然已经过了耳顺之年，但身体很好，精神头十足。奶奶给我们送来一袋黏豆包，黏豆包外皮口感黏软，又有韧性，红小豆馅绵软香甜，入口即化，如果用油煎至金黄，更是我的最爱，一咬脆脆的，再咬软软的。

腊月二十六清晨，快递小哥敲门，送来了我家给叔叔家两个小妹妹买的新衣服和小礼物，我把它们放在柜子里，等大年三十一起送给妹妹们。吃完午饭，拉着爸爸陪我逛街买新衣服，挑了一件喜庆的红色。

腊月三十，就是我们所说的大年三十，当我还在睡梦中，爸妈已经起床了，去奶奶家帮忙贴了对联，挂了彩灯。回到家把我叫醒，我们将我和妈妈精心挑选的对联和福字贴上了我家的大门，我把小小的福字剪纸贴到了我家的各个角落，抬头低头都是福。我家的轿车上也贴上了出入平安的小对联，愿我爸爸能行车安全，愿全家人幸福安康。

全家人在微信群里商讨了一下，决定大年三十只吃两顿饭，早饭在自家吃，9点半吃过早饭，各自在家里准备一下，打扮一下自己，中午12点午休一个半小时，养精蓄锐，下午2点钟，除了远在河北的二叔一家，我们一家三口和老叔一家四口准时相聚在奶奶家，手中拎着各式各样的食材。一家人相聚，总要热闹热闹，作为姐姐，我领着两个妹妹给爷爷奶奶打了招呼后就去另一个房间玩，长辈们坐在客厅嗑着瓜子唠嗑，各自聊聊近况如何，一家人说说笑笑，其乐融融。不一会儿，客厅支起了麻将桌，在我的印象里，只要打起了麻将，喧嚣的声音和说笑的声音就会充斥着不大的屋子，年味一下子就浓了。小妹妹转着圈给我展示她的新衣服，告诉我她在幼儿园里学到了许多好玩的东西，还交到了许多有趣的朋友；大一点的妹妹刚刚上初三，学习正紧张，好不容易才能见我一面，拉着我问大学里的好多事情，一脸好奇。我们姐妹三个虽然不在一个年龄段，但是却没有一点的不和谐。

打了一个多小时的麻将，妈妈、老婶和奶奶开始做饭了，厨房里各种食材堆满了桌子，鸡鸭鱼肉样样不少，三口锅齐上阵，糖醋鲤鱼、酱猪蹄、酱肘子、猪头肉切片蘸蒜酱、玉米炖排骨、小鸡炖鲜蘑、炸蔬菜丸子、香芋球、炒油菜、菜花、必不可少的家常凉菜、一锅白菜豆腐汤，12道菜在下午5点钟前摆满餐桌。逢年过节团聚吃饭，菜数总是凑个吉利，六、八、十、十二，双数才叫圆满。菜品的摆放也有讲究，圆桌中间放大盘鲤鱼，象征年年有余，鸡鸭猪肉绕一圈，最后按周围坐着的人的喜好放素菜，不仅寓意好，而且美观，又方便大家夹菜。摆好碗筷，倒好饮料和酒，家人陆续入座，各自举起杯子，给大家一句祝福的话，拜个年，大家齐齐举杯，齐说一声"干杯！"我和两个妹妹迫不及待地拿起筷子，狼吞虎咽起来，虽说应该让老人先动筷子，但是一家人在一起，就没那么多规矩了。

二叔打来视频电话，在河北家里，二叔、二婶、三妹向我们打招呼，视频里的他们也在吃着饭，二叔说他为不能回家过年而感到遗憾。现如今即使相隔很远，也能互相看到彼此。

这顿饭吃了很久，高超的厨艺让每个人都吃了好多。饭后，我拉着妹妹帮妈妈们收拾碗筷，大人们打开电视，准备看今年的春节联欢晚会。虽说现在的春节联欢晚会并没有那么吸引人了，但是作为一种习惯，一家人还是会看的，坐在一起，边吃着零食边享受着一家人在一起的美好时光，偶尔为小品一笑，偶尔为杂技惊叹，一个人看固然没意思，但一家人看就多了些不知名的趣味。

不知不觉到了晚上9点钟，新年的主角登场——饺子，小桌子搬到客厅，早和好的饺子馅和面躺在上面，两个人擀皮，三个人包饺子，一个个如元宝般的饺子在我们手下成型，奶奶拿来两个沸水烫过的硬币，笑着包进两个饺子里。这是新年的习俗,吃到带硬币的饺子在新的一年里会发大财,行大运。包好的饺子下了锅,我和妹妹们拿着筷子期待地等着,春晚演了一半,热腾腾的饺子出锅,顾不上烫,我吹了吹夹起一个就咬下去,汤汁醇厚,味道鲜美,一尝就知道是我妈妈和的饺子馅,我一连吃了好几个,又夹起一个大口咬下去,"哈哈!"我吃到硬币了!两个妹妹用羡慕的眼神看着我,嘴上也不停地吃,然而事与愿违,最后的硬币被我妈妈吃到了,我们一家人今年一定会顺顺利利,好事多多。

吃得差不多了,两个妹妹嚷嚷着困了,天色已晚,我们就都各自回家了。我挽着爸爸妈妈走在无人的街道上,夜凉如水,但天空却被绚丽的烟花所覆盖,人们以这种传统的方式庆祝着新年。爸爸手上也拎着一挂鞭炮,在我们家门前的空地点燃,我们仨站在家门口,捂着耳朵看鞭炮噼里啪啦地响完,才进了家门。这时候已经夜里11点多了,一家三口折腾了一天都很疲惫,带着心里的喜悦坠入了梦乡。

正月初一初二早上都要吃不同馅的饺子以表喜庆。正月初二我们去姥姥家,在这里和姥姥姥爷大姨二姨团聚。我们家离姥姥家稍远,一年去看望姥姥也没几次,我对那边的亲人们很是想念,看得出他们也很想念我。大年初二我们一家三口来到姥姥家,大姨一家三口、二姨一家三口也如约而至,在这里团圆。迎接我的除了温暖的怀抱、丰盛的饭菜,还有一大堆的红包。

从初三开始,我家、大姨家、二姨家轮番请客,每天忙忙碌碌地各家串门,吃各家的丰盛饭菜,我胖了好几斤,也收到了不少压岁钱。

忙碌的日子总是过得最快,正月十五元宵节悄然到来。早上吃了黑芝麻馅的汤圆。几天不见的一家人包括我家三口、老叔一家四口又再次团聚在爷爷奶奶家。吃过饭,散步去看烟花晚会,多姿多彩的烟花在空中绽放。广场上的人很多,每个人手中都有一盏孔明灯。我拿起毛笔,在半透明的纸上写下我对未来一年的祈愿,愿我的家人幸福安康,愿幸运眷顾我和我的家人。将孔明灯打开成一个倒过来的四角形口袋,点燃酒精块,空气在火的作用下慢慢加热，孔明灯徐徐升起，点亮了夜空，据说飞得越高，愿望实现得就越彻底。我看着我的孔明灯飞到很高的天空，心里对未来一年的期待也越来越高。

新年总是过得最快，然而旧年的结束也同样是新年的开始，是时光的轮回，和岁月的延续，提醒每个人如梭之日，白驹过隙，应且过且珍惜。2017，请善待我和我的家人，我期待你带给我的一切。

附录2：地方志文献对黑龙江春节习俗的描述

巴彦县志

王岱修，李麟兮纂，民国六年(1917)修抄本。在财经志风俗条下有关于巴彦春节习俗的描述。

时令

旧历元旦，互相庆贺，必著衣冠，常服亦新洁。酒食自劳，先数日以黄米粉和豆沙，蒸为饽饽，又馅肉蔬于面，置门外盛以缸盎，名冻饺子，食时取而热之。

半月而后止，上元夜必张灯。市人或各持一灯；或聚成龙狮等形，杂以金鼓喇叭，间有多人饰如戏剧，足踩高跷，歌舞市上，名曰秧歌。更选粳米之极黏者磨成粉团，而馅以甘饵，或煮或煎，名曰食元宵。备然各种花爆，有吒花箭、爆打灯、手把花、吒花爆、盒子、歌子等，类其古行傩、粉团、火树银花之遗欤。

二月初二，本古社日，俗呼龙抬头，各种玩具一如上元，惟不食元宵而已。

五月初五日，天中节；又名端阳或端午，用芦叶裹黄黍为粽，和雄黄于酒，杂肉食之。门外插艾蒲，以逐疫。

八月十五，为中秋节，亦具酒食，遍饷家人，以饼饵瓜果祀月。

腊月二十三，夜用饧祀灶。

除夕，剪红纸为联，贴于门外。爆竹填声。

近年改用阳历，民间旧习难改。惟张灯挂旗鸣盛而已，鲜具酒食。至于上巳修禊，七夕乞巧，重九登高，士夫有行之者。国庆日，必挂旗张灯，是夜军、警、学界倡举提灯会，秩序井然，导以军乐，渐挽杂沓纷嚣之习。

大商巨户恒于此等夜间防范，子弟任其鸣金击鼓，期间以丝管，洋洋盈耳，各乐其乐焉。

望奎县志

由严兆霖修，张玉书纂。民国八年(1919)铅印本。

卷三《礼俗志》关于过年的描述如下：

十二月初八日为"腊八"，人家皆用米、果八样煮而食之，谓之"腊八粥"。二十三日，谓之"过小年"，是日天初晚，于皂(灶)神位前，点烛焚香，以粱秸心制成马、鸡、狗等物，供诸案前，高粱一握，锉草一把，饧糖一碟供片时，以糖少许抹于灶门，焚香奠酒，取马、狗等物附于灶神纸牌焚之，放爆竹数声，谓之"送灶神"。三十日为"除夕"。家家于各神堂焚香，点烛，香火彻夜不绝。至十二点钟后，家长率子弟执香，依各向接神(如喜神正北，则向北迎喜神，财神正东，向东迎财神之类)。接毕，焚香奠酒，行三叩首礼，爆竹声喧，约数分钟始已；继则子弟各按长幼行辈拜年。拜毕，家人团饺子，谓之"揣元宝"，煮时生者则佳(取生与升同音)，唯谨忌说破，说破则不吉。

…………

正月过旧历正月十五日，着新衣履，来往过从，谓之"拜年"。若近亲、契友之家，则拜其祖先堂，次及尊长；若携小儿至者，主人必与以钱，以示亲爱之意。去年娶妇，今正必往近亲之家拜年。新妇乘车携礼物，由其妯娌带领而往，至则留饭，去时必与新妇钱，以示亲厚。正月为农暇之时，村人每相集赌钱，或看纸牌，或掷骰子，或斗骨牌，设局之家，必村中无赖子弟，过灯节后，则渐少矣。初五日，谓之"破五"。必食饺子，谓之"捏破"。此五日内不泼水，不倒灰，不开柜，其意未详。正月间，幼女少妇，共聚一室，以猪肘中间之骨，掷之为戏，谓之撮(俗读粗瓦切)子。妇女有忌针之说。按旧历初八、十八、二十八等日为"莲花日"，动针则不吉。

十五日，谓之"灯节"。家家皆食元宵，又谓之"元宵节"。二十五日，谓之"添仓"。于空屋内，将灰撒为细条，或圆形，或方形，多多益善。各圈皆留口，谓之"仓门"。门口置高粱者，谓之"高粱仓"；置谷子者，谓之"谷仓"；置米者，为米仓，豆者，为豆仓。粮上压土坯一块，上置馒头一个，插香一支，谓之"供仓神"。又从室内撒灰线于井沿，谓之"引仓龙"。此日亦忌针，恐刺仓龙之首也。正月内不准剃头，俗云正月剃头，不利于母舅也。

二月初二谓之"龙抬头"，盖以节气交惊蛰也。此日亦忌针，动针恐刺龙头。幼童有戴龙尾者。龙尾之制造：以极细秫秸梢切成小段，每段长二三分，剪五色布如鹅眼、钱形，以线实(贯)之，每秫秸一段，间布一块，连成四五节，谓之"龙尾"，系于衣领间，大吉。

　　…………

习惯过年，供天地等神。有供于中堂者，香烛、茶点，虔诚供奉，谓之"供大纸"。除夕之夜，香火终宵不断，嗣则每日焚香三次，至正月十五日焚牌撤供。至于院中之天地牌位，有于户柱之间设纸牌以供者，常年每朔望焚香礼拜；有于院中搭席棚而北面供之者，过正月十五日，撤供焚牌。

绥化县志

常荫廷修，胡镜海等纂，民国九年铅印本。

卷十一《礼俗志》记有春节习俗的记载内容如下：

十二月八日为"腊八节"。各家杂五谷、果实合而煮粥，或以馈送邻里，名曰"腊八粥"。二十三日，相传灶君朝天，设糖以饯送灶君。嗣后，扫舍不择日，俗云舍禁忌也。"除夕"，易门神，换桃符、春联，祀天地、祖先，祭品较常丰盛。

　　…………

正月"元旦"，鸡初鸣，长幼皆起，致祭于天地、灶君、迎喜、财神,叩拜父母、尊长。见亲戚、邻里,鞠躬行礼,互相请席,名曰"吃年茶"。五更燃爆竹,早晨食饺子,家家如是。十五为"元宵",张灯火,放花炮。二十五日为"填仓日"。

双城县志

《双城县志》刊行于民国十五年,铅印本,由高文垣修,张嚞铭纂。

第六卷《礼俗志》专列"年中行事"条目。

十二月

是月,人家宰豕,打年纸,预备度岁。打年纸者,即购备各种神纸及过年所用一切物品之谓也。

初八日,俗称"腊八"。以杂粮治粥,或做黍米饭食之,曰:"吃腊八粥",以应节令。人家女儿归宁者,过是日即返其夫家。谚云:"吃腊八粥,往家溜。"即指此也。

二十三日,曰"过小年"。晚祀灶神,谓之"辞灶"。以糖瓜为供品,系专用以祀灶者,故称"灶糖",即饧制之糖也。并以秫秸制小马、小犬、小鸡各一,陈粮草及水各一盂,意谓饲之。然后焚香、放炸(鞭)爆,撤神像跪焚之,曰送灶王朝天也。用糖以祀者,谓神食而口甘,俾上天言好事也;又或以糖粘灶门上,谓以粘神口,俾上天不能言恶事云。

小年前后,家家预先储备过年食品,包饺子,蒸各种饽饽,必足半月之需,昼夜忙碌,谓之"忙年"。又择日行大扫除,谓之"扫房"。于庭前立松枝一对,或立长杆,顶缚松枝,名"灯笼杆",为过年时夜挂天灯之用。

三十日前,商户讨欠结账,为一岁之收束;人家扫墓。至是日,家家贴春联,谓之"贴对子",粘挂钱纸,贴新画,有服者否;天地门灶各神,皆易新牌位及像。千门万户,气象同新。煮粟饭,备过年后餐用,曰"接年饭"。

午后,天地位前置香斗,插全神马于中,谓之"供大纸"。全神马者,上绘天上众神像之纸也。陈设甚丰之供品,于诸神及祖先之神位前,每以成串铜钱压之，燃香烛，裸酒跪拜，焚纸马，放炸(鞭)爆，谓之"安神"。于是炉不断香。

入夜，诸神位前及室内外遍燃灯烛达旦，以主家宅光明。其沿门贺岁及送财神冀以博资者，人声鼓乐彻夜不绝。夜半，"接神"，炸(鞭)爆之声四起，而新旧岁乃交替矣。是夜，俗称"年五更"，或"五更黑间"，忌恶语及碎器皿。以米饭饲骡马，并语曰："打一千，骂一万，全仗五更黑间这顿饭。"盖慰劳意。如终夜不寝，谓可一年常有精神，亦守岁遗意耳。满俗，则于是夕用纸袋盛冥资，送十字路口焚化，祭其先人，曰："烧包袱"。是夜天气佳，则主来年太平丰收。如十二月为小建，则是日一切以二十九日行之。

……………

正月

初一日为"元旦"，俗称为"大年初一"，谓新神下界。天未明时，家家行"接神礼"。焚香叩拜，迎财神、喜神、贵神于大门外，然后裸酒，焚纸马，放炸(鞭)爆，礼天地、神祇、灶神、门神及其他各神，祭祖先，祷祝一年吉顺。于各神及祖先位前咸陈供品甚丰，燃烛焚香，使达于旦。斯时，聚薪中庭燃之，犹是庭燎遗意。旋家人卑幼者以次向尊长叩拜贺岁，尊长赐压岁钱，于是食水饺，谓之"揣元宝"。

天既明，亲友往来互贺，谓之"拜年"。拜年之举至初五日为止，但以愈早为愈有礼，路远者则十五日以前皆可。初次出门，必择吉方行。宗族亲戚来拜，入室先礼祖先。

是日，人皆衣新，室内外张灯彩，地下扫除，水不外泼，忌动糨糊，忌窗破，一切取吉。戒恶言，见则以吉语酬答，或道"新喜"，或道"见面发财"，揖拜如仪。家家饮食从丰，亦有素食以禳灾要福者。

自是日至初十日，日各有所主，即一鸡、二鸭、三猫、四狗、五猪、六羊、七人、八谷、九果、十菜，以天气之佳否占所主物一岁之吉凶。

民国改历，定是日为"春节"，然各机关仍从俗，过年宴饮互贺。警察以防火灾，每有禁子夜间放炸（鞭）爆之举。

此月富者多食火锅，以之饷客为特别敬意焉。此月中，赌风特盛，禁不胜禁，由于过年无事，借聚赌以为娱乐者多故耳。人家小儿、妇女则以猪膝骨相聚为戏，名"噶什哈"，多者积至数百。

初五日，曰"破五"，谓是日不吉，皆不出门。自初一日至是日，为过年之期，无论执何业者皆休息，街市及人家多锣鼓声。惟市上之卖玩具、乐器及拉西洋镜者利市三倍焉。过此日，秧歌、高跷、旱船、推歌、龙灯诸杂剧，常扮演而出，至十五日为止。

初六日，商贾开市，天未明即闻炸（鞭）爆声。是日设宴，曰"功成宴"。伙友之不用者，于是宴发表遣之。自是日至十五日，每日贸易半日而辍。住户家家送神，焚香、燃烛、裸酒、焚纸马、放炸（鞭）爆，一如接神时礼，嗣即撤去供品。

"立春日"（立春不必在正月，有时在十二月，因便宜故置此），人家多买萝卜食之，曰"啃（音"肯"，谓咬也）春"，谓可以却春困也，富者多食春饼。迎春大典，前清时由地方官吏奉行，于前一日以纸为勾芒，春牛，迎春于东郊；在城东门外关帝庙行鞭春礼，即以棒鞭挞春牛也，谓之"打春"。其时，诸戏杂陈，士女倾城往观，颇形热闹。今此典久废矣。

立春前后，正放风筝时，种种色色不一而足，仰首天际，颇足悦目。

十五日为"元宵节"，亦名"灯节"。连十四、十六两日凡三日，而本日为正节。先一日即设三官（天官、地官、水官也）神位，并天地、神祇、灶神、其他各神及祖先前，仍陈供品、燃香烛，裸酒行礼，如过年时，而另用元宵陈供焉。入夜，家家张灯。尤以各商家之灯为多，种类亦不一，五光十色，遍照街市，间花爆愉目，声歌悦耳。诸杂剧皆出演，复有号称灯官者，曰"灯政司"，列仪仗巡行街市。男女出游，肩摩毂击。农家是日蒸面灯，以占一年各月之旱涝。晚间妇女请姑姑神，卜问本年一切休咎。

法，以木勺为首，横缚一木为两臂，下缚有叉之木为两足，勺上包纸，绘眉、目、口、鼻，顶插花，身着衣，携之厕中念数语，入室以秤称之，较重于前，则神至矣，扶置炕桌旁，向问诸事，以前后磕头为休咎所由判。此即古之赛紫姑耳。又，元旦所残蜡烛于是晚燃之，遍照庭院四周，谓可不遭盗窃，照园圃，谓可不生虫云。元宵节过，人人乃照常执业矣。

二十五日为"添仓"。祀仓神，并撒灰于庭中，作各种仓廒形，以各种粮分置少许于内，复焚香焉。室中亦以灰洒作柜箱形，各置钱于内。金斗满日(其日所分配之五行，二十八宿，十二星字，适遇此三字者，在何月无一定，因便置此)打造仓箱，缝制荷囊、钱袋，谓此等物成于是日，其中可常满；但非经历多年，不易一觏金斗满日也。是日，妇女忌针之日甚夥。忌针之日不为缝纫之事，否则谓将有种种不吉云。

二月

初二日，俗称"龙抬头"。洒灰由家直至井旁，曰"领龙"。妇女忌针黹，恐刺龙目。门窗、炕沿各处插香，谓可熏虫类使绝。

是日，家家食过年所留之猪头肉，啖春饼。小儿女佩带(戴)龙尾，系以各色布剪小圆形。杂细秫秸串成者。是日晚，人家亦有燃放花爆者。

珠河县志

孙荃芳修，宋景文纂，民国十八年铅印刊行。

卷十五《风俗志》中的"岁时篇"有年俗的较为详细描述如下：

十二月，旧历年临迩，商民交易于是月结束债权债务。乡民购买新年物品，谓之"打年纸"。

二十三日，"过小年"。俗于是日"送灶神"，祀以饧糖，谓灶神享之，出言必甘；祖饯时，焚香燃竹，撒像焚化。小年后，制年糕暨各种食品，谓之"忙年"。扫除屋宇尘垢，门首点缀苍松，缚松枝于竿头，竖之庭前，以备悬灯，亦烛天祈谷之义也。

三十日，即"除夕"。迎灶神，俗称"司命"，张春联，贴年画，供门神。神位前皆粘彩挂，比户迎神。储宿岁饭，酒肴务求美备。入夜秉烛，即焚香罗拜，燃爆竹以慷山魈，烛以达旦，炉不断香。夜午，爆竹齐鸣，共欢新故岁，迎送一宵中。酒绿灯红，彻夜不寐，以卜一岁精神。食水饺，曰"元宝饭"。腊味迎浮，而寒暖交替矣。是夜戒疾言，恐亵神明也。

…………

正月一日，俗称新年，百神下界，按喜、贵、财神方位焚香罗酒，燃爆竹，欢迎神祇，祇（祈）祷一岁吉祥，家长率子弟捧香案行迎神礼。燎薪于庭，彻夜不寐。黎明，子弟贺尊长新年，行叩拜礼，长者赐以钱，名曰"压祟"。朝饮屠苏酒，食元宝饭。邻里致贺，拜家堂，依次拜尊长，互相恭维，皆用吉语。是日，饮馔从丰，唯信佛教者戒肉食。

初六日，商家开市庆贺，是日酒席，曰"功成宴"。旧俗于是日辞退伙友，新俗展至十六日执行，人情较为优厚。

春节至，俗放风筝，以纸制鸢，或蛱蝶、蜈蚣形，系以长绳，乘风纵放，儿童注目，颇绕兴趣。秧歌、旱船、高脚种种跳舞，游行街市，观者塞途。秧歌角色一人，扮演老鞑子，着胡服，执春秋刀；俗传胡元入主中华，乡人大傩，百十成群，蒙古疑为不轨，派一人览视之，相演迄今，遂为丑末。踢球，明季熊廷弼守辽东，屡败清兵，清人诅之，制皮为球，名曰"踢熊头"。踢毽，孔方三枚，制以鸡毛或糁麻，儿童运动，以踢数多寡角胜负。

十四日，城乡人扮演灯官，夜游街市，家家门首悬灯以示欢迎，违者议罚。

十五、十六，每夜散放灯烛，俗谓离乡之鬼，游魂为变，假以灯光超渡（度）一切厉魄，以免作祟。

十五日，即"元宵节"。祭神礼一如除夕，比户张灯，照耀如昼。各种戏剧，浓妆淡抹，歌舞于灯光之下；灯官排列仪仗，武夫前喝，庄谐杂出。男女游观，有万人空巷之概。农妇蒸面灯，以卜一岁各月旱涝。

十六日夜送神，四民乃照常营业矣。

按新年习俗，咸辍业以嬉，为长时间之休息。一年计划常于岁首定之，积一年之辛勤劳苦，以迄于改岁，常有无穷之感触，而念此未来之一年，亦有许多之希望。人民虽多守旧，而际此除旧更新之年关，未尝无新理想、新感觉生于其时，是以社会状态多于新年时作兴革计划。

社会经济，以阴历除夕前为最困难，过此则顿现活动之象。亲朋故旧，交相往还，衣服、装饰，与时俱新，费用较平时为多，且似不甚计较。点缀风景，如春联、年画，元宵之锣鼓，上元之灯彩，震眩之耳目。儿童玩具，形形色色，触处皆是。惟赌风尤炽，老幼贫富各色人等，几无不为赌界一分子。

又，谓新年无处非鬼神，灯烛辉煌，香烟缭绕，媚神以求福，问卜以占吉凶，则又男女公共迷信。家家张贴各种纸画，墙头壁角，比户生春，非迷信之妄作，即诲淫诲盗之劣品，山村僻壤，此风尤炽，求其雅俗共赏，足以激发社会观念，殊为罕见。一般乡民喜于购买，画商亦只计销售，不知其荒谬怪诞害及人心风俗而不可解。

二月一日，祀仓神于庭院内，撒灰作仓廒形，内布杂粮少许，即祈年报赛之意。初二日，俗称"龙抬头"。由中庭撒灰至井，蜿蜒若龙。是日忌针刺。

宾县县志

赵汝楳修，朱衣点总纂，民国十八年(1929)铅印。

卷三《风俗略》下有"节令"条目记有春节习俗：

十二月

"腊八日"：以黍米、稻、粱、枣、栗合煮之，曰"腊八粥"。（按，《燕京游览志》："十二月八日赐百官粥，民间亦作腊八粥，以米果杂成之，品多者为胜，此盖沿宋故事。至以粥涂果树，希来年丰收，未识何据也。")

二十三：设香酒、糖瓜及编犬马以"祠灶"。祭毕，撤其像焚之，三十日易以新者。（按，《帝京景物略》："十二月二十三日，以糖饼、枣、栗祀灶。以草秣其马。谓灶君翌日升天，去奏家中一年事，祝曰好事多说，不好事少说。其信然欤。"）

"除夕"：贴门神，换桃符，设香供，接神祀先。拜尊长，曰"辞岁"。酒于尊，肉于厨，举家欢饮，曰"守岁"，亦曰"过年"。（按，此犹用汉家祖腊也。腊，祭名，故十二月以为名。《礼》："有功于民则祀之。"其祀天地各神者，亦岁终报赛之义也。其迎送神者，颇合清祀典三献之义。借迎而三日送之，非事神所宜，又供五日乃撤，皆失礼之精意，奈相沿已久，无能使之改良也。《东京梦华录》："除夕，禁中爆竹，山呼声闻于外。士庶之家围炉团坐，达旦不寐，分给孩童钱，曰'押岁钱'。则是过年风俗，易地皆然也。"）

…………

正月

"元旦"：朝食水饺。男女老幼皆着新衣，至各家贺年，互相拜揖，如新逢者。（按，古元旦早起，啖黍糕，曰"年糕"，今士民皆食水饺。唐人谓之牢丸，有汤中牢丸，即今水饺子，有笼屉中蒸牢丸，即今炀（烫）面饺也。我宾旧俗，多与古同，亦可异也。）

"破五"：正月初五日，俗称"破五"。妇女始缝纫，以生米为炊。

"开市"：初六日昧爽，商家开市，爆竹喧阗，焕然一新；但至十五日，均半日而辍。

"人日"：初七日，世称"人日"。天气清朗主吉，阴冷则有灾。

"元宵节"：自十四夜起，迄十六夜止，为"元宵节"。张灯演杂剧，火树银花，金吾不禁，馈元宵。（按《万历江都志》："元夕，家制米圆相饷，即呼为'元宵'。"乃知今之元宵，即古之浮圆子也。）

"天仓"：二十五日黎明，布灰于地，作圆形，置五谷少许，名曰"填仓"。（按，《天官书》："胃为天仓。"其必以正月二十五日者，未悉何考，然约为祈谷之义也。）

"立春"：饮春酒，食春饼，用葱、蒜、椒、姜、芥合切而调食之，谓之"五辛盘"。更有用红土写宜春字于门者。

二月

二月二：俗以此日为"龙抬头"。家食猪头，妇女忌缝纫。二区居民有以谷糠引钱龙至家者。（按，惊蛰为二月节，约取《月令》"蛰虫始振"之意。龙，蛰虫之大而为云、为雨者也，故重之。）

呼兰县志

廖飞鹏修，柯寅纂，民国九年（1920）哈尔滨铅印。

卷十一《礼俗志》关于呼兰县春节习俗的描述如下：

十二月初八日，以黍米和枣、栗、云豆煮粥食之，曰"腊八粥"。二十三日，俗曰"小年"，以皂（灶）糖"祀皂（灶）"。（按，《后汉书·阴兴传》：宣帝时，阴子方至孝有仁恩，腊日晨炊而皂（灶）神形见，家有黄羊因以祀之，自是暴至巨富云云。盖古人有五祀，皂（灶）居其一，例祀于夏。《周礼》："孟夏之月，其祀皂（灶）"是也。自汉以后，始仿照阴子方于腊日祀皂（灶）。至今仍之，唯无荐黄羊者矣。）三十日，贴春联、门神、挂钱，供祭祖先。是日夕，曰"除夕"。各家卑幼礼拜尊长，谓之"辞岁"。

…………

正月"元旦"五更，家长率族众焚香化纸，燃爆竹，迎神祭家堂，谓之"接神"。各以伦序拜贺，天明更赴亲友处拜贺，谓之"拜年"。"上元"，例弛夜禁。市商张灯悬彩，放炮，银花火树，箫鼓喧阗，各家吃元宵，故名"元宵节"。二十五日，晨起画地为仓廪状，内撒五谷少许，谓之

"添仓"。

二月二日,俗曰"龙抬头"。各家食猪头,以五色绸连缀成串,与稚子、女佩之,曰"戴龙尾"。

讷河县志

崔福坤主持编修,丛绍卿等撰,民国二十年(1931)。

卷十一《礼俗志》中的春节习俗内容如下:

腊八日:俗于是日均食"腊八粥"。(按,《燕京游览志》:"十二月八日,赐百官粥,民间亦食粥者。盖沿宋故事也。")

二十三:俗于是日曰"过小年"。晚则设糖饼"祀灶",并焚其像,三十日再易新者。(按,《帝京景物略》:"十二月二十三日,以糖饼、枣、栗祀灶,并以草秣其马。")俗谓灶神司人善恶,是夕升天奏闻,其信然乎。

除夕:十二月末日,俗曰"除岁"。张贴门神,新换桃符,并设香供,接神祀祖。夜深之后,先拜尊长,曰"辞岁",彻夜不眠,曰"守岁",亦曰"过年"。是夜爆竹声喧,达旦不已。按,此犹沿汉家祖腊也。腊,祭名,故十二月,亦名腊月。《礼》:"有功于民则祀之。"其祀祖及于天地、各神者,亦岁终报赛之义也。

…………

元旦:朝食水饺。男女老幼皆着新衣,至各家贺年,互相拜揖,如新逢者。按,古元旦,早起啖黍糕,曰"年糕"。今士民皆食水饺,唐人谓之牢丸者是也。

破五:正月初五日,俗称"破五",始炊生米。

开市:正月初六日昧爽,商家开市,爆竹声喧。

人日:正月初七日,俗称"人日"。天气晴和主吉,阴风主灾。

元宵:正月十四日起至十六日止,曰"元宵节",火树银花,金吾不禁。

立春：是日以葱、蒜、椒、姜、芥末调而食之，谓之"五辛盘"。

二月二日：俗以此日为"龙抬头"，妇女忌缝纫。

吉林新志

刘爽著，伪康德元年（1934）版。

汉族年中行俗

此段月日皆指阴历

十二月"八日"俗称为腊八。农户混各谷为粥，称为腊八粥。盖庆丰年之意。谚云："大嫂大嫂你别馋，过了腊八就是年。"又"小孩小孩你别哭，过了腊八就杀猪。"是二语虽近滑稽，而乡民终年操作，俭食素饮之状，已描写殆尽矣。

"二十三"为小年，酒筵，休业一日。各户以米糖祭灶。祭毕，扯其像焚之，谓之"辞灶"。谚云："糖瓜辞灶，闺女要花，小子要帽。"殆表示小儿欢迎新年之意也。且嘱灶神曰："上天多说好事，少说是非"云云。

"二十八九"为贴对联、门神与彩画及立灯笼杆之日。农村无论贫富，至是必立杆院内，夜间高悬腊灯，以示明亮吉祥之意。愈富其杆愈高美，是杆直至一月十五后始撤去。

"三十日"上午悬宗谱及财神、灶神之像于室内，天地像（俗称天地牌）于室外，陈供物其前，谓之"上供"。是夕，家人持灯笼、香纸向各神方位，请财、喜各神及祖宗来家过年，是曰"接神"（接祖宗多在屯西十字路口）。至一月二日或三日晚送之，唯财、喜神不送，是曰"送神"。自是至一月五日普通之家，即每日三餐盛筵，优游聚乐。

省内礼俗之烦琐，已如上述。惟居民生活其中，遗传承袭，多不解其意义。而迷信为之绳锁，自然为其大敌。害虫食禾，而不敢驱，雹霜为灾而归于命，其最可忧者，为以子孙之良否多寡（谚云："好的不用管，坏的管死不成人。"又云"是儿不死，是财不散"），事业之成败兴衰，亦一委之于天也。

……………

正月"一日"，是日为岁首，故人皆有振奋之气。家人早一点许皆起，着新衣，净面手。男至院中发纸，女出户观看，发纸者，置桌院中，上置供物、焚香，点烛。桌北堆谷草少许，上置纸箔及大馒首二、饺子四。其侧立木架，悬鞭其上。同时燃草、焚纸箔、点鞭放炮。男子按辈各集桌北南向跪拜，以表迎新送旧之意，殆祭天地之礼也。一时爆竹声隆，烟花高耸。子女提灯满院，踊跃欢腾，乃家庭中第一乐时。事毕，分道赴各庙献祭，祭毕归，则新年矣。故见尊长亲邻须揖拜问好，相贺新禧，及至家堂，拜祖宗后，依辈行先后，为家中尊长在宗谱前叩首（唯父母及祖父母之礼，则多至面前行之），礼毕，食饺子少许（谓发纸饺子），酒菜少许（谓消夜酒），复寝。唯自三十日至三日，俗不款衣，恐渎神也。

晨起出门，先向吉方走，然后始向他方。而妇人须至宗谱前行礼如男子。次则男女皆至族中及村内叩贺，曰拜年。尊长且给儿童岁钱，多寡不等。

"三日"送神，是夕家长率家属在宗谱前焚香纸叩拜后，谓祖宗曰："老爹老母，过完年啦，回去吧，过年再来家吧。"语毕，提灯携纸酒出至屯西十字路口，焚纸、叩拜而返，是曰送神。盖送祖宗还墓也。

"五日"为破五，妇女忌缝纫。

"六日"商人始交易（曰开板）。

"七日"与十七、二十七共为人七日，是三日之晴阴风静，分主少、壮、老各级人一年之顺适与否。

"十五"为灯节，是夕凡墓、庙、井、仓、碾、磨、畜圈、场园（打谷类之所）等处，皆送灯（灯用荞麦面蒸成），且以谷糠或木屑浸油，沿通路撒之使燃，曰撒路灯。谓可免行路者之危险也。自元旦至十五，凡祖宗及各神之处，每日皆三次送香，唯敬惟虔。

"二十五"为龙封日，忌缝纫，子女皆背戴龙尾。龙尾者，裁五色布为方或圆或三角形，以线串之，间以蒿秆也。

二月"二日"为雨节日。各家将年末所食肥猪之头蹄留至是日食之，故有"二月二，龙抬头，天上下雨地下流，家家户户吃猪头"之谚。并于是日晨用烧柴之灰，画圆圈于门前及院中，圈外并画梯子形与圆圈相接，是谓打灰囤。盖祈祷丰收之意也。

宝清县志

齐耀斌等修，韩大光纂。民国二十五年（1936）由哈尔滨广记印书局铅印。在志书卷十三的《礼俗志》中有关于春节习俗的描述如下：

十二月二十三日，俗称"过小年"。谓是日灶神上天去见玉皇，奏告一年所历之事，家家祭以饧糖，取其出言而甘也。三十日为"除夕"。家家张贴春联、年画，迎皂（灶）神，祀天地、祖先，各于神位前挂彩。供酒果、菜饭、馒首。炊此供饭，不厌其多，必敷数日之食乃可，名曰"压年饭"，意取由今年食至明年，有余积也。比及夜半，是交新岁之始，又一年矣。所谓一夜连双者，此也。

⋯⋯⋯⋯⋯

正月初一日，谓之"元旦"，俗曰"大年初一"。谓是日天神一齐下界，夜半时，家家设香案、焚纸马、放炸（鞭）炮，叩拜迎接财神、喜神、贵神。祭祖先，祷祝一年吉顺，并于神位及神祖前设供燃烛，焚香奠酒。聚薪柴燃于庭前，盖即庭燎遗意也。礼神毕，家人依次以卑向尊长叩首贺岁，尊长赐以钱，名曰"压岁钱"。食水饺，谓之"揣元宝"。终夜不睡，睡谓不祥。天明，亲友往来互贺，谓之"拜年"，直至初五日方止；路远者，则十五日以前仍可拜年。初次出门，必择吉日、吉方。宗族、亲戚来拜，入室先礼祖先，然后互拜。自元旦日至灯节，人皆衣新衣，室内外张灯挂彩，地不扫除，水不外泼，忌动糨糊，戒恶言，相见互以吉语问答，家家饮食丰盛，倍于平日。十五日，谓为"元宵节"，亦名"灯节"。家家张灯，愈多愈好，城市中并燃放花炮。先一日,即设三官神位,并天地神、灶神及神祖各牌位,仍陈供燃烛,焚香行礼,一如过年,并送灯火于先人坟墓,谓之"送灯"。

二月初二日,俗称"龙抬头日"。是日晨起,用灶灰由庭前洒至井旁,湾(弯)曲如龙,谓之"领龙"。妇女忌针黹,谓恐刺伤龙目。食猪头,啖春饼。

安达县志

高芝秀修,潘鸿威纂。民国二十五年(1936)和二十七年(1938)两个版本。

《安达县志》卷七《礼俗志》对春节习俗的描述是:

十二月初八日为"腊八节"。家家以黍米掺以稍许杂粮,或加果实煮粥食之,曰"腊八粥"。二十三日,相传为皂(灶)君朝天之期,家家于是日晚间购置饴糠(糖),并具刍马,以饯送之;当将平日所供之皂(灶)君牌位焚毁。嗣后扫舍,即无须择日,俗云舍禁忌也。"除夕"前一、二日,各家贴春联,易桃符,挂彩纸,树灯杆,备办食品,名曰"忙年"。届时,设祭品,焚香楮,祀天地,祖先,必敬必诚,是为"过年"。

…………

正月初一日,是为"元旦",家家早餐必食饺子。饭罢,则至亲邻家拜贺。睹面时,行礼(昔日一揖,今改鞠躬)问好,名曰"拜年",到屋时,必先向其祖先堂焚香行礼,然后则向尊长一一叩拜,主人则敬以烟茶,亦有给其家小儿压岁钱者,但以亲疏而论,不能皆与之。

二日,薄暮时,焚香楮,送祖先归去,曰"送神";亦煮饺子,名曰"送神饺子"。

三日,凡新婚夫妇则相偕赴娘家归宁,俗曰"拜新年",亦有初六行之者。

五日,俗称为"破五"。除饮食玩乐外,谓诸事皆不宜也。

六日，一般人则于远道亲戚家互相往还，庆贺新年，或有携送礼物者。而商家则于是日晨开市，燃放炸（鞭）炮，以示庆祝，并邀财东及契友，饷以盛馔，名曰"开市筵"。

七日，俗曰"人日"。民间多于是日煮食面条，取长寿意也。

十五日为"元宵节"。商民人等均于是晚张灯、放花炮，形形色色，颇为美观；而城市间尤为热闹，有办灯官及秧歌者，化装游行，锣鼓喧阗，男女翘足围观，极形拥挤焉。慈善家则于是晚撤路灯，富庶家则于是晚吃元宵，亦习俗使然也。

十六日晚间，城市之中仍与十五日同，惟不放花炮耳。由是以后，则新年已过，人皆照常工作矣，不似十五以前，家家饱食无事，咸以赌耍为消遣。乡村之间，则以看纸牌、掷骰子为最多；城市之人，则以打麻雀、推牌九为盛行，往往有一掷千金者。近来官府虽严加禁止，然以习俗相沿已久，终未能尽绝也。

二十五日，俗曰"龙凤日"，亦曰"填仓日"，并有观风向以定年景良否之说。俗于是日院中，以灰洒成圆圈，中置五谷少许，名曰"打灰囤"，即填仓意也。

二月二日，俗曰"龙抬头"，以春蛰将动也。家家煮食猪头，燃香向各处熏之，名曰"熏虫"。并用五色布剪成小圆块，以线穿之，中间以细秫秸，作长虫形，戴于小儿衣帽上，名曰"戴龙尾"。亦有由房门洒灰线至井沿者，曰"引龙"。间有于院中洒灰圈者，习俗之不同也。

春节谚语

哈尔滨市：

二十三送灶，不放鞭炮。（农历腊月二十三小年一般不放鞭炮，放鞭炮对灶神不敬）

正月连着十天晴，当年会有好收成。

元月过了地狱天，八月就能见神仙。（朝鲜族·哈尔滨市）

牡丹江市：

麻换线，蛋换盐，皮张换帽子，养猪为过年。[1]

佳木斯市：

一年忙四季，除夕算歇气。

除夕不扫地，初一不泼水。

齐齐哈尔市：

初一不借钱，借钱穷一年。（既不向别人借钱，也不借给他人钱。俗称"扎钱口袋"）

借物还物，不丢福禄。（指农历除夕之前必须把他人借的东西要回来）

双鸭山市：

回娘家，忌七八。

绥化市：

正月忌头，腊月忌尾。（指正月初一、腊月三十忌说不吉利的话）

正月三个卯，处处豆苗好。（如果农历正月逢三个卯日子则预示年成好）

正月三个卯，不收空心草。

耍正月，闹二月，沥沥拉拉到三月。

腊月初三晴，来年阴湿到清明。

伊春市：

不怕初一下，就怕初二阴。

雨逢十五六，沟里不断流。

不怕十五下，就怕十六阴。[2]

---

1. 中国歌谣集成·黑龙江卷[M]．北京：中国ISBN中心，2007．331．
2. 以上诸条谚语均选录自《中国谚语集成·黑龙江卷》中国ISBN中心2007年版。

后记

经过三年的调查和研究，《中国节日志·春节（黑龙江卷）》面世了，这是一部较为全面记载黑龙江省各地区各民族春节习俗的志书。本志书依据《中国节日志》的要求和风格确定编撰体例，主要的研究方法是文献法和田野作业法。在田野作业方面选定了13个田野作业点，这13个田野点是《中国节日志》专家组根据黑龙江省的具体情况结合全国的民族分布情况确定的。

在该书的调查和研究过程中，我的2012级、2013级、2014级、2015级、2016级的研究生们付出了很大的辛苦，他们参与了田野点的调查，非常认真细致地整理调查资料。有几位研究生还参与了某些调查报告初稿的撰写工作，其中，徐和青参与了《2016年齐齐哈尔市梅里斯达斡尔族区雅尔塞镇哈拉新村达斡尔族春节习俗调查报告》《2015年海林市横道河子镇春节习俗调查报告》的撰写，王威参与了《2014年中国第一重型机械集团公司春节习俗调研报告》《2015年五常市拉林镇和红旗乡满族春节习俗调查报告》的撰写，杜影参与了《2015—2016年哈尔滨市呼兰区孟家乡孟家村春节习俗调查报告》的撰写，朱思锦参与了《2014年黑龙江省农垦总局齐齐哈尔管理局查哈阳农场春节习俗调查报告》《2015年大庆石油管理局总机械修理厂春节习俗调查报告》的撰写，丁先南参与了《2015年海林市海林镇江北村朝鲜族春节习俗调查报告》《2015年大兴安岭塔河林业局盘古林场春节习俗调查报告》的撰写，刘君怡参与了《2015年讷河市兴旺鄂温克族乡鄂温克族春节习俗调查报告》的撰写。在调研过程中我的研究生们得到了锻炼和磨炼，专业素质在此过程中得到很大的提高。

　　黑龙江省图书馆研究员焦芳梅负责了本课题所有视频资料的整理和剪辑工作。

　　在田野调查过程中得到了所在地政府领导和群众的支持和配合，在举家团聚、热闹过年的美好时候，他们积极协助我们的田野调查，正是他们的全力支持和配合，才使本课题得以顺利完成。在此向他们表示由衷的感谢。

　　在为全校本科生讲授《中国民俗》课程时，布置了一份作业，每人以《我的2017年春节》为题写一篇记叙文，要求写自己家2017年的过年方式。本活动收到了很好的效果，在300多篇同题作文中优选了八篇收录在本志书中，这些作文不仅记述翔实，而且描述细腻；不仅详细记录了他们家的整个过年过程，而且内心活动也有描述，情真意切。通过他们的文字，我们看到的是一个更加真实的春节，内容丰富、具体，较之我们的田野调查更具有现场感、亲历感。

　　本书凝聚着审读专家和节日志课题组工作人员的心血，他们细心地审读，不辞辛苦地校稿，使得本书避免了许多错误。对他们的辛勤付出和无私劳动表示感谢和敬意。

　　蒙古族、锡伯族都是世世代代居住在黑龙江省的民族，他们都有聚居区，尤其是杜尔伯特蒙古族自治县是黑龙江省唯一的一个少数民族自治县，但是本书并没有这两个民族的春节习俗调查，这是本书的缺憾。该缺憾只能期待未来有再版机会加以弥补。

本志书可能有许多谬误、不足之处,也可能有一些挂一漏万的地方,诚恳希望各位专家、各位读者给予批评指正,待有再版之机,定加以改正和补充。

于学斌
2017年9月29日

图书在版编目（CIP）数据

春节. 黑龙江卷（上、下）/于学斌主编. -- 北京：光明日报出版社，2018.3

（中国节日志）

ISBN 978-7-5194-4145-6

Ⅰ.①中… Ⅱ.①于… Ⅲ.①节日－风俗习惯－研究－中国②春节－风俗习惯－研究－黑龙江省 Ⅳ.①K892.1

中国版本图书馆CIP数据核字（2018）第067116号

春节·黑龙江卷（上、下）

主　　编：于学斌		
责任编辑：宋　悦　朱　然		责任校对：仲济云
封面设计：龙　惠		责任印制：曹　净

出版发行：光明日报出版社
地　　址：北京市西城区永安路106号，100050
电　　话：010-67078251（咨询），63131930（发行）
传　　真：010-67078227，67078255
网　　址：http://book.gmw.cn
E-mail：gmcbs@gmw.cn　　zhuran@gmw.cn
法律顾问：北京德恒律师事务所龚柳方律师（De Heng Law Offices）

印　　刷：北京华联印刷有限公司
装　　订：北京华联印刷有限公司

本书如有破损、缺页、装订错误，请与本社联系调换

开　　本：170×240		
字　　数：702千字	印　张：44	
版　　次：2018年6月第1版	印　次：2018年6月第1次印刷	
书　　号：ISBN 978-7-5194-4145-6		
定　　价：186.00元		

版权所有　翻印必究